清水盛光著

中國鄉村社會論

岩波書店刊行

序

ここに收めた一聯の論文は、後で加へた僅少の部分を除けば、いづれも大連に於てその執筆を終へ、昭和二十二年の春、當時の東京大學學生山本滿雄君に托して、故國に持ち歸へられたものである。今京洛の地にあつて羇旅の焦心を回想すると共に、同君の限りなき厚誼と勇斷とに對して、更めて衷心よりの謝意を表さざるをえない。なほ前記論文の繼續として執筆に著手しながら、私の歸國までに完結を見るに至らなかつた散稿一篇は、既成の部分から切り離して、次の機會を待つこととした。これは私の最初の意圖に背くものであるが、しかし中國鄉村社會研究の主要課題は概ねこの書の中で盡されてをり、したがつて私の主張の骨子も、一應本書を通じて明かにされうると考へる。

ただこの研究は、舊時代の中國鄉村社會をその主な對象としてをり、いはゆる主要課題の處理に際しても、資料の不足やその他の事情にもとづく種々の困難に遭遇せざるをえなかつた。しかし計畫の遂行は不可能でないといふのが私の最初からの確信であり、この確信を私に與へたのは、社會學的立場に對する私のふかい信頼感であつた。區々の議論の當否は別としても、この種の研究に社會學的見地を缺きえないといふ認識は、我々にとつて絕對的のものであるといつてよい。なぜなら、舊時代の中國鄉村社會は、それによつてのみ、始めて我々に親近のものとなるからである。進んでいへば、中國鄉村社會の研究は、單なる鄉村社會の構造を知ることを超えて、さらに鄉黨的人間をも至近の距離に於て捉へるものでなければならぬ。さうしてこれが我々の立場に於ける究極の問題であり、私が以下の諸篇に於て試みようとするのも、實はこの問題に對する一つの解答に他ならないのである。

昭和二十三年十二月

清水盛光

目次

緒論　郷村研究の課題

郷村は、都市或は都城に對立する概念である。舊五代史に引かれた後周顯德三年十月の勅に、「漳河已北の州府の界は、元と是れ官場にて鹽を糶す。今後城郭草市の内、舊の禁法に仍るを除き、其の郷村は竝に鹽貨の通商を許す」とある(1)のは、この區別を示す一例であるが、このやうに區別された郷村は、中國に於て、一般にどのやうに理解されてゐたであらうか。郷村の研究は、まづ郷村といふ言葉の意味を尋ねるところから、始まらなければならない。

ところで、郷村の意味は、ただ郷村といふ言葉の古來の用法を通してのみ、具體的に捉へられるであらう。なぜなら、言語は總じて歷史的社會的な生の表現であつて、郷村といふ言葉も、もしそれに古くから固定した用法があるとすれば、その用法の示す意味は、やはり生の一つの表現として尊重されなければならないからである。では、それは如何なるものであらうか。私は最初に、郷が中國に於て、どのやうな意味のものと解されてゐたかを述べて見たいと思ふ。

まづ第一に、郷は顧炎武が「縣を以て郷を統べ、郷を以て里を統ぶ」と述べた(2)やうに、秦・漢の頃から、縣と里の間にある行政區劃の名として用ゐられ、人の籍貫をいふ場合にも、縣と里と共に、郷の名を擧げるのが普通であつた。しかし行政上の區劃は、區劃たる限りに於て地域的なものであり、したがつて行政區劃としての郷は、同時に一つの地域的な區劃をもなしてゐた。人の生地を郷の名によつて呼ぶのも、その郷が一つの地域的區劃をなすからに他ならない。卽ち人は、地域的區劃としての鄕に屬することによつてのみ、その鄕を範圍とする一つの行政區劃に屬することとが出來た。

第二に、鄕の右の規定と關聯して、秦・漢時代の鄕には敎化、警察、徵稅等のための鄕官が置かれ、それらの鄕官は鄕人の間から擇ばれて、縣治の補助機關としての役割を果した。卽ち上に述べた行政區劃としての鄕は、實は、いはゆる地方自治の行はれた範圍であるが、地方自治範圍のこの地域的限定は、鄕人間の接觸と統轄の範圍が、ほぼ鄕の內部で終つてゐたことを敎へる。語を換へていへば、鄕は行政區劃であると同時に地緣結合の可能的限界であり、またそれは政治權力に直接觸れることのない、庶民のみの生活空間をも形成してゐたのである。

が次に注意されるのは、鄕が習俗の共同範圍と考へられてゐたことである。管子の宙合篇に「鄕に俗あり。國に法あり」とあり、また侈靡篇に「鄕は俗を殊にし、國は禮を異にす」とあるのがそれであつて、國が禮と法とを共にするのに對して、鄕はただ習俗のみを等しくする範圍に過ぎなかつた。これは鄕の第三の規定であるが、習俗の共同はいふまでもなく、地緣的共同態の存在を示す指標であり、また鄕每に異なる習俗の地域的特殊性は、鄕と鄕との間に社會的公共性の缺如してゐたことを示すものである。とすれば、鄕が一つの地域的區劃と考へられたのも、鄕にこのやうな存在の共同性と閉鎖性とがあるからでなければならない。

ところで第四に、鄕は民の歸向する所とも解せられてゐる。この立場にあるのは、鄕を「民の封鄕する所なり」と解した漢の許愼であるが、段玉裁がこれに敷衍して

封猶域也、鄕者今之向字、漢字多作鄕、今作向、所封謂民域其中、所鄕謂歸往也

と述べてゐる(4)のを見ると、郷が「向」の意味から發展して、さらに民の「向ふ所」を意味するに至つたことは明かである。かく見れば、「郷は向なり。衆の向ふ所なり」と書いた漢の劉熙(5)も、許愼と全く同じ立場にある者といふことが出來る。

郷概念のこのやうな規定が可能であることは、例へばテンニースが、「故郷（Heimat）は一般に、人々の好ましき記憶の場所として、その心胸を束縛し、その分離を困難ならしめ、遠く離れたる者をも、思慕（Sehnsucht）と郷愁（Heimweh）とを以て引きもどす」と述べてゐる(6)のを見れば、明かであらう。なぜなら、彼にとつて、故郷は思慕と郷愁とを以て人々を呼び戻すものであるが、それは故郷が、思慕と郷愁とを以て人々の向ふところのものである、といふ意味に等しいからである。しかしテンニースに於ては、人々を呼び戻すといはれた故郷が、實は習俗（Sitte）を結合の紐帶とする、いはゆる地域共同社會（Gemeinschaft des Landes）に他ならなかつた。とすれば許愼等によつて民の向ふ所と規定された郷についても、當然、地緣的共同性の如きものが豫想せられうるのではないか。私はこの疑問に答へるものとして、郷が習俗の等しい、したがつて閉鎖的な地緣的存在共同圏をなすといはれた、既述の如き郷の規定を擧げたいと思ふ。要するに、地緣共同態は人々の歸向するところのものであるが、その場所は、人々がそこへ歸向するといふ關係を有つことによつて、始めて郷の名に値ひすることが出來たのである。さうしてこれが地緣的存在共同圏を郷と呼ぶに至つた理由であり、また郷が地緣的存在共同圏に他ならない理由でもある。

ところが羅振玉によると、卜辭に現はれた郷の文字は、饗食の際の賓・主の相嚮ふ貌を寫したものに過ぎないといふ。即ち羅氏の『殷虚書契考釋』に

此字从𠨍从皀、或从𨛜从且、皆象饗食時、賓主相嚮之狀、卽饗字也、古公卿之卿、郷黨之郷、饗食之饗、皆爲一字、後世析而爲三

とある(7)のがそれであつて、郷と饗とは、始め同字であつたといふのである。羅氏はまた卿も郷と同字であつたと書いてゐるが、郷と卿、及び卿と饗との關係はしばらく措き、問題を今の我々に必要な郷と饗との關係に限つて見ても、郷と饗が如何にして二字に分かれ、また賓・主相嚮の狀を寫したといはれる郷の文字が、如何にして一定の地域の名として用ゐられるに至つたかは明かでない。しかし郷がもと相嚮の貌であつたといふ羅氏の說は、郷のもつ「向」の意味が、恐らく相嚮の貌に淵源したことを暗示する。卽ち郷は、賓・主の相「嚮」ふ貌を寫すことによつて、少くとも「向」の意味を始めから有つてゐたのである。

なほ郷字に關聯して、許愼には、前記の解とは別に「𨞑は國の離邑なり」といふ說明があつて、段玉裁はこれに

離邑如言離宮別館、國與邑、名可互偁、析言之、則國大邑小、一國中、離析爲若干邑

といふ注を加へてゐる。卽ち段氏によると、郷は邑であり、その邑がいくつか集まつて國をなし、郷字の構造は、國の離邑、卽ち國の全體に對する部分としての邑の關係を表はしたものに他ならないといふのである。この說はいふまでもなく、郷が邑字をその構成要素として含むに至つたために生じたものであるが、しかし卜辭中の郷がすでに賓・主相嚮の狀を寫したものに過ぎないといはれてゐる以上、ひとはもはや「國の離邑」を以て、郷の原義と見ることは許されないであらう。しかも許愼は、郷を國の離邑と解しながら、その郷が如何にして特に「向」の意味を取るに至つたかの理由を說いてゐない。が私はこれらの點について、一方に於て、郷を民の歸向する所と見る許愼及び劉熙の

說に贊すると共に、他の一方に於て、鄉のもつ「向」の意味を尋ねて、さらに羅氏の鄉字相嚮の說まで遡りたいと思ふ。即ち私は、許愼の「國の離邑」の說を棄てて、ただ鄉字の地域的區劃名への轉化のみを、許愼等の說に本づけて說かうとするのである。鄉はかくしてのみ、人々の「向ふ所」の名にふさはしいものとなるであらう。

以上に述べたやうに、鄉は習俗を同じくすると共に、閉鎖的な地緣的存在共同圈であり、國と縣との部分をなすと共に、地方的自治生活の可能的範圍でもあつた。尤も鄉は、つねに行政區劃としての地位を與へられてゐたわけではない。なぜなら、鄉はしばしば行政區劃としての地位を失つて、單なる地域的區劃、即ち地方區劃の名としてのみ用ゐられ、その場合に於ける地方自治の範圍は、鄉以下のより狹い地域に移されてゐるからである。しかも行政區劃としての鄉の中には、地域的區劃としての鄉をそのまま地盤とするものの他に、法定の戶數によつてその範圍を限られるものがあつた。(8)この意味で中國の鄉は、時代的に異なる機能を營むと共に、時代的に異なる構成をも有つてゐる。しかし戶數原則にもとづく鄉も、實は地域的區劃の一種であり、したがつて廣さの上の多少の出入を除けば、中國の鄉は、結局そのあらゆる場合を通じて、國若くは縣と村里との中間的地域を占めてゐたといふことが出來る。さうしてこのことは、さきに擧げた存在の地緣的共同性が、鄉の一般的特質としても、ほぼ妥當しうることを敎へるであらう。近世の例を見ると、江蘇嘉靖吳江縣志に

邑人重去其鄉、離家百里、則有難色、非公差任宦、不遠遊、故無商賈、而事農業、業雖最勤、然習而安焉、不之怨也

とあつて、(9)これと類似の文が、湖北光緒羅田縣志や湖北光緒蘄水縣志に見出され、(10)また陝西雒南鄉土志にも、同じ趣

旨の

　雒境民俗、皆耕蠶相安、老死不離郷井

といふ文[11]があるが、ここに記された郷外への移動の缺如は、近世の郷がやはり、閉鎖的な地域的共同圏をなしてゐたことを暗示してゐる。が、なほここで注意して置きたいのは、郷外への移動の缺如が、これらの文によつて、農民の定住生活との關聯に於て說かれてゐることである。郷に住むのは多く農民であり、その生活の原理は、農耕を通じての土地への定著であるが、これまでに述べた地緣共同態の閉鎖性は、結局農民生活のこの定著性にもとづき、それは恐らく、より古い時代にも認めらるべき郷生活の一般的特質であつた。要するに、郷村は農村であり、郷をして閉鎖的な地緣的存在共同圏たらしめる究極の原因は、郷が、農民の生活の場所であるといふ事實の中にある。さうして郷村を都市から區別する特徵も、實はこの點に求められるであらう。もちろん、都市生活に地緣的契機の作用してゐることは疑ひないが、しかし都市生活の成立のためには、地緣以外のものが、さらに有力なる契機として加はつて來なくてはならぬ。とすれば郷を特に、地緣共同態の成立する場所と見ることも、決して不合理ではない。

　以上に述べた如く、郷字の種々の用法は、郷が古くから、閉鎖的な地緣的存在共同圏と見られてゐたことを敎へる。いひかへれば、郷の範圍は、ほぼ地緣共同態の可能的な廣さに他ならなかつたのである。では次に、村とは如何なるものであらうか。

　段玉裁によると、村は邨の變字であり、邨は屯聚の意味を有つといふ。しかし許愼は、ただ

　　邨地名、从邑屯聲

とのみ記し[12]、邨は地名であり、それは屯を音聲とする、いはゆる諧聲文字に過ぎないと說明せられてゐる。では地名に過ぎない邨が、如何にして屯聚の意味を取るに至つたのであらうか。

屯聚はいふまでもなく、聚落を意味する。しかるに許愼によると、屯の原義は「難」であり、初生の艸木が、一時伸びなやんで、屈曲せる狀に象つたものであるといふ[13]。しかも許愼によれば、邨字中の屯は、上記の如く、ただ音聲のみを示すための語に過ぎない。とすれば邨の字義を、屯から導いて屯聚とすることには、二重の困難があるであらう。そこで考へられるのは、邨のつくりが邑であつて、この邑が、羅振玉によつて「人の居る所」と解釋されてゐることである。卽ち羅氏によると、卜辭中の邑は、[illegible]または[illegible]の形に描かれてゐるが、二つの文字の下部にあるのは、いづれも人の跽形であり、これに冠する上の丸と四角は、共に一定の場所または地域の象形に他ならない。つまり邑は口に从ひ人に从ひ、そこから「人の居る所」の意味が導き出されるといふ[14]のである。ところで人は必ず他の人と共に居るのであり、邑字中の人を多數の人と見ることによつて、「人の居る所」は聚落の意味となり、また屯聚の意味となる。要するに、邨字中の屯が聚落の意味を取るためには、邨がまづ聚落の意味を有つことを必要としたのである。

かくして邨卽ち村は、人の聚居する場所である。が人の聚居する場所は、鄕よりも狹い。なぜなら、人は各所に聚落を作りながら、その聚落はすべて、鄕の中に點在してゐるからである。卽ち鄕村は、點在する多くの聚落と、それらの聚落を內に含みつつ、しかも聚落を超えて、人々の間に共同關係の成立しうる地域の全體である。さうしてこれが、鄕村の語のもつ具體的な內容でなければならぬ。

村はこの意味で、地域社會に於ける第一次的な場所の共同を實現する。しかし場所の共同は、單なる空間的接近の關係ではない。なぜなら、人々が村を超えてひろく接觸しうるところに郷が成立するとすれば、村内の人は、地域的接近にもとづくより緊密な接觸を有つはずであり、また郷が地緣共同態の成立する場所であるとすれば、村は、それよりも鞏固な地緣共同態の成立する場所でなければならないからである。このやうに見れば、郷村の結合は、むしろ村内に始まつて郷の周邊へ擴がり、それと共に結合の段階を異にする大小の共同態が、地域の廣狹にもとづく上下の成層關係を現出せしめるであらう。地緣的存在共同の成層性のないところには、恐らく郷村の觀念は生れない。つまり郷村は、地緣共同態を、地域の廣狹に即して成層的に見るところに生れる概念であり、それは、地緣共同態の右の構造を、土地に投影することによつて得られた、地域的な概念であるとも解することが出來る。この意味で地緣共同態の成層性は、郷村概念を成立せしめるための不可缺の要件をなし、中國郷村研究は、結局、地緣共同態のこの構造とその性格とを明かにする、中國郷村社會の研究とならなければならないのである。

しかるに郷を共にする人々は、普通郷黨の名を以て呼ばれてゐる。通說によれば、郷黨の語の起源は、五百家を黨、一萬二千五百家を郷と定めた周禮の制にあるといはれてゐるが、周禮は漢代の僞書と見られてをり、したがつて先秦以後の諸書に散見する郷黨の文字が、周禮の右の制にその淵源をもつとは考へられない。しかも論語子路篇には「宗族は孝を稱し、郷黨は弟を稱す」とあつて、(15)郷黨は古くから、宗族の語と共に擧げられ、また後世に於ても、郷黨の語は、しばしば宗族の語と併用されてゐる。ところで族は聚であり、宗と族とを連ねることによつて、祖を同じくする人々の全體を表はす宗族といふ言葉が生れる。とすればそれに對應する郷黨が、郷を共にする人々の全體であることとは、明かであらう。淸の康熙聖諭を敷衍した世宗の「聖諭廣訓」は、郷黨を定義して

怎麼叫做鄕黨、是同在一塊土上住的人

といつてゐるが、(16)廣訓に見えるこの解は、上記の我々の說明を補ふものとして注意されなければならない。

しかし鄕黨は、鄕を共にする人々の單なる聚まりではない。なぜなら、鄕村を地盤とするあらゆる共同關係は、ただ鄕に住む人々の間にのみ成立するのであり、その限りに於て我々は、鄕黨をただちに地緣共同態そのものと見ることが出來るからである。しかし同樣の立場は、すでに宗族に關しても存在してゐる。例へば、白虎通に「族は湊なり、聚なり。恩愛相流湊するなり。生きては相親愛し、死しては相哀痛す。會聚の道あり。故に之を族と謂ふ」(17)とあるのがそれであつて、白虎通のこの立場は、疑ひもなく、宗族を以て血緣共同態と見るものであつた。古くから行はれる宗族と鄕黨の語の併用は、恐らく二概念間のこの性質上の類似に起因する。要するに、鄕黨は、鄕を共にする人々の全體であると同時に、それらの人々の形成する地緣共同態をも意味してゐる。さうして言葉のこのやうな約束の下では、我々の意圖する中國鄕村硏究の課題は、中國に於ける鄕黨的人間を捉へるところにある、ともいひかへることが出來る。

私は以上に於て、鄕村及び鄕黨といふ言葉の意味をたづね、我々の硏究が、中國に於ける地緣共同態の構造と性格を、その地緣に卽しつつ分析解明するところにあることを指摘し、またその硏究が、結局、中國に於ける鄕黨的人間の硏究に歸著すべきことを明かにした。しかし問題のこのやうな規定の仕方が、果して事實の檢證に堪へうるものであらうか。本論に入るに先だつて、私はこの點に關する二三の疑問を述べて置きたいと思ふ。

その第一は、資料の不足にもとづく鄕村硏究の困難である。中國の鄕村生活に關する記錄は、中國の他の庶民生活に見られると同様にその數が極めて少く、我々の利用しうる資料は、到底、中國郷村の共同的性格を結論づけるには足りない。

第二は、中國の郷村が、戸數編成の原則にしたがつて組織されたといふ説の存在である。戸數編成原則は、普通、村落の存在を無視して作られてをり、したがつて戸數編成原則が嚴密に實施される限り、村落の分合といふことが、不可避とならなければならない。さうして村落の分合の行はれるところ、村落の共同性は傷けられ、また村落の共同性を究極の基盤とすべき郷村全體の共同性も、甚だ歪められたものとなる。

が第三に、郷黨の和を説く中國の郷黨道德思想も、我々の右の疑問を強めるに役だつであらう。周知の如く、中國に於ては帝王は教化の主であり、民衆の教化が政治の一條目とされて、勸導の種々の方法が考へられ、またそれはある程度まで實施せられた。郷黨道德思想の中心は「和郷黨」の思想であり、和郷黨の思想の中心は、地緣共同態實現の要求である。この道德的要求は明かに、郷黨が和の喪失態にあるといふ道德的評價の立場を前提としてゐる。この立場を最も露骨に示したのは、夏・殷・周の三代を人倫の完全に實現された社會、秦・漢以後を人倫の完全に失はれた社會と見、後世に對する道德的評價の根據を、三代の郷村に求めるところの思想である。さうして失はれたる人倫の回復を求めるところに、政治に於ける教化政策の任務があるとされた。したがつて政治に於ける教化政策のこの重視は、郷村の中に、ただちに地緣共同態の存在を認めようとする我々に對して、大きな反省の立場を提供するものである。

しかし反面から見れば、これらの疑問はかへつて、本書に於ける我々の論述が、右の疑問との對決といふ線に沿つて、展開せらるべきものであることを教へる。そこでこの見解にしたがつて我々の問題をいへば、第一は、中國の郷村編成に關する通説を批判しつつ、郷村統治中に占める自然村の地位を決定し、郷村統治が一般に、自然村及び郷村のもつ共同性と統一性とを前提とせずしては、成り立ちえないものであることを明かにすること、第二は、郷黨道德思想の內容と敎令の意義とを檢すると共に、郷黨道德に關する一切の問題を人倫の地盤に返すことによつて、それを中國に於ける郷村共同態の發見手段《ホイリスティツシエス・ミツテル》たらしめること、第三は、郷村生活に關する零葉斷簡を出來るだけ蒐め、共同生活の實態の把握を通して、中國郷村社會の構造と性格とを正確に理解すること、卽ちそれである。本書の內容はこの問題區分にしたがつて、第一「郷村統治の原則と自然村」、第二「郷黨道德思想と敎化の法」、第三「通力合作と郷村の共同性」の三つの篇に分れるであらう。私は以下この篇目を追つて、順次に說明を加へて行きたいと思ふ。

（1）舊五代史卷一百四十六、志第八、食貨。　冊府元龜卷四百九十四、邦計部、山澤。
（2）顧炎武、日知錄集釋卷二十、郷里。
（3）管子卷四、宙合第十一。　同上卷十二、侈靡第三十五。
（4）段玉裁、說文解字注、第六篇下。
（5）劉熙、釋名卷二、釋州國第七。
（6）Tönnies, Gemeinschaft und Gesellschaft. Sechste und siebente Auflage, 1926, S. 215.
（7）羅振玉、殷虛書契考釋卷中、文字第五。
（8）晉書職官志に「凡そ縣五百以上には皆郷を置き、三千以上には二郷を置き、五千以上には三郷を置き、萬以上には四郷を置く」とあり（卷二十四、志第十四）、隋書高祖紀に「五百家を郷と爲し、正一人。百家を里と爲し、長一人」とあり（卷二、帝紀第二)、また舊唐書食貨志に「百戸を里と爲し、五里を郷と爲す」とあるのは(卷四十八、志第二十八)、いづれも郷の廣さを戸數によつて制限しようとした例である。

(9) 江蘇嘉靖吳江縣志卷十三、典禮、風俗。

(10) 湖北光緒羅田縣志卷一、地輿、風俗。　湖北光緒蘄水縣志卷二、地理、風俗。

(11) 陝西雒南郷土志卷三、人類。

(12) 段玉裁、前揭書、第六篇下。

(13) 同上、第一篇下。

(14) 羅振玉、前揭書卷中、文字第五。

(15) 論語卷十三、子路第十三。

(16) 聖諭廣訓、第三條、和郷黨以息爭訟(口語解)。後で述べるやうに、聖諭廣訓には、文語によるものと口語によるものとの二種類ある。

(17) 班固、白虎通德論卷八、宗族。

第一篇　鄕村統治の原則と自然村

中國に於ける鄕村の統治が、主として警察、徵稅、勸農、敎化の四つの面に於て行はれたこと、及び中國に於ける官治機構の末端が州縣衙門に止まり、州縣以下の鄕村統治に關しては官みづからの機關を以て直接これに關與することなく、庶民に役を課して官治の補助機關たらしめ、いはゆる鄕人をして鄕を治めしめるといふ方法を採用したことは人の知るところである。職役の制卽ちこれであつて、職役の設置はつねに鄕村の編成と結びつき、職役はいづれも鄕村組織の統轄者として官治を佐けるものであつた。尤も、鄕村を治めるために選ばれた鄕人の資格は北朝以前と以後とでは異なつてをり、例へば漢、晉及び宋の時代にはこれを鄕官と呼んで地方官吏の列に加へ、その職制も正史中の百官志に載せられてゐるのに對して、魏・隋以後に於ける鄕村自治體の統轄者はいづれも役として課せられ、地方官としての資格を奪はれて、その記事も正史中の食貨志に載せられるに過ぎないものとなつた。卽ち嚴密なる意味の職役は、魏及び隋の時代に始まるのである。しかし鄕官も職役も鄕人の間から選ばれたのであつて、鄕人をしてその鄕を治めしめるといふ原則に於ては、歷朝變はることがなかつた。劉掞の「鄕保論」に

今天下親民之官、莫如縣令、而一縣所攝周方數百里、其村落市場窮鄕僻井、縣令未能盡到也、目未能盡悉也、鄕保之責成、誠不可不嚴矣、夫今之郡縣、未嘗無鄕保也、然任之不專、責之不重、待之不以禮、授之不得其人、則

不如其無也、何則今之鄕保賤役也

とあつて、[1]彼は後世の鄕保が賤役に墮したことを嘆いてゐるが、とにかく州縣官が、鄕村統治のための補助機關を必要としたことは、右の一文を見ても明かにされるであらう。

ところで、いま官治の補助機關として職役を設けしめた諸目的、即ち警察、徵税、勸農、敎化等を鄕村統治の内容とすれば、職役の設定に伴ふ鄕村の編成は、鄕村統治の形式と見ることが出來る。鄕村統治と自然村との關係がまづ問題となるのは、鄕村統治の形式的側面、即ち鄕村の編成樣式に他ならないのである。が中國の鄕村統治には、私のいはゆる内容的側面から見て、鄕村のもつ共同性の利用によつてその目的を達成しようとするものと、鄕村のもつ共同性そのものの規制を目的とするものの二種類があるやうに思はれる。この意味で、中國に於ける鄕村統治の研究は、鄕村編成の問題から、鄕村統治と鄕村の共同性との關係の問題に我々をみちびく。しかもこの第二の問題は、上記の第一の問題と密接に結びついてゐる。私はこのやうな立場から、第一章に於て鄕村編成の原則と自然村との關係を明かにした後、さらに第二章と第三章に於て、鄕村統治と鄕村の共同性との關係を論じて見たいと思ふ。

(1) 劉捴、鄕保論（湖北光緒沔陽縣志卷十一、藝文）。

第一章　郷村統治に於ける郷村編成の形式

第一節　編戸の原則と自然村

一

上に述べた如く、中國の郷村統治は種類を異にした種々の統治目的を有する。しかるに郷村の編成は郷村統治の目的の異なるに從つて異なり、また目的を等しくする場合にも、その編成方法は時代によつてさまざまに異なつてゐる。ではここで郷村統治に於ける郷村の編成と自然村との關係が問題となるのは、如何なる理由からであらうか。

和田博士によれば、中國の村落は大別して三種とすることが出來るといふ。即ち第一はいふまでもなく自然發生的な村落であつて、交通運輸の情況や耕地牧野の位置などに規制せられ、それぞれの土地の歴史と地理とに基きつつおのづから發生したものであり、第二は中國に於ける家族制度の一特色をなす同族組織の發達の結果、同族のみを構成員として形成された村落である。これに對して第三は、國家の徵稅上の必要から、第一種或は第二種の村落を任意に分割併合することによつて組織された新村落自治體であり、この新村落自治體は、十戸を甲となし、十甲を里となすといふやうな戸數上の制限を伴つてゐる。したがつて例へば、一大村が分れて一里、一里半若くは數里をなし、また小村が一個、一個半若くは數個集まつて一里をなすといふやうな不自然がしばしば行はれる(1)。

私はかつて中國の村落を自然村と行政村の二つに分かち、自然村をさらに地緣的村落と血緣的村落とに分けたことがあるが、(2)和田博士の第一の村落は自然村中の地緣的村落にあたり、第二の村落は同じく自然村中の血緣的村落にあたり、第三の村落は特に行政村と呼ばれたものに該當してゐるといふことが出來るであらう。ところで問題となるのは、私が自然村と區別して假りに行政村と呼んだものが、和田博士によつて自然村を任意に分割或は併合して作られた村であると解釋されてゐる點である。

行政村の例として和田博士の擧げられたいはゆる里甲の制は、はじめ明代に設けられ、その後淸代に承けつがれた租稅徵收のための組織であつて、嚴密にいへば、一里の大きさは百十戶であつた。卽ち十戶を一甲、十甲を一里とし、これに一年每に交代する里長の戶十を加へて百十戶たらしめたのであり、和田博士によつて行政村の典型と見られた明の里甲は、明かに戶數單位の編成を有つてゐた。しかし戶數原則による鄉村の編成は、徵稅のための里甲制にのみ止まつてゐたのではない。治安の維持を目的とした宋や淸の保甲法も、戶數單位の行政區劃を鄉村に設定しようとしてゐる。例へば王安石の定めた宋の保甲法が、十戶を保、五保卽ち五十戶を大保、十大保卽ち五百戶を都保と呼び、淸の康熙時代の保甲法が、十戶を牌、十牌百戶を甲、十甲千戶を保と名づけた如きがそれである。

後で述べるやうに、中國の鄉村に實施せられた戶數編成の實例は、右の三種には盡きない。が以上の簡單なる記述を見ても、中國の戶數編成原則が、自然村の存在について何らの考慮をも拂つてゐないことは容易に看取されるであらう。さうして鄉村統治に於ける鄉村の編成が、かくの如き原則に基いて行はれる限り、自然村の分割併合による行政村の設定、したがつてそれに伴ふ自然村と行政村との地域上の喰ひ違ひは、避け難き運命とならなければならない。

しかもその場合に於ける自然村と行政村との乖離は、和田博士の指摘された以上に複雑なのである。それは如何なる意味に於てであらうか。

既述の如く、和田博士は大村が分れて數里となる例と、數村が合して一里をなす例とを擧げられた。が初めの例は、ただ大村の戸數が百十戸の倍數より成る時にのみ可能であり、後の例は、ただ數村の戸數が百十戸に達する場合にのみ可能である。しかるにまた和田博士は、大村が分れて一里半となる場合や、一村半が集まつて一里を成す場合のあることを指摘されてゐる。さうしてこれらの場合には、明かに自然村の分割併合が行はれるであらう。一里が一村半より成るといはれてゐる場合にはそれが極めて明瞭であつて、この時の一里は一村の全體と分割された他村の半分とを合して作られ、またその時分割された村の殘りは、第三の村の全體若くは一部と結びつくのである。しかし大村が分れて一里半を成すといはれる場合にも、大村中の半里は、所定の一里の大きさを有つために、半里の戸數をもつ他村の全體、若くはその一部と合併せしめられなければならないであらう。大村中の半里と合して一里を形成するものが、他村の全體であるか或はその一部であるかは、その村の戸數の如何に關はつてゐる。しかも大村必ずしも百十戸或は百十戸の倍數より成らず、また小村を數個合して常に百十戸たらしめることも、恐らく困難であるといふ事情を考へれば、百十戸の里を編成するための普通の方法が、自然村の分割併合以外にないことは明かであらうと思ふ。しかし中國の行政村は、果して自然村の分割併合を常則としてゐたのであらうか。自然村の分割併合はいふまでもなく、自然村の統一性と自主性とを破壞する。しかし自然村は、郷人の日常生活の地盤であり、彼等の共同生活の營まるべき場所である。中國の郷村統治は、自然村の統一性と自主性との破壞、郷人のもつ共同生活の犧牲に於て、その統治目的を貫徹しようとしたのであらうか。またこの方法を强行した場合に、その强行は永續性を保ちうるであらうか。

(1) 和田淸編、支那地方自治發達史、四―五頁。
(2) 拙著、支那社會の研究、一七四、二〇〇頁。

二

私の寡聞によれば、中國に於ける鄉村編成の原則は、次の三つの型に分けられる。その一は、自然村をそのまま鄉村統治上の單位とするものであり、その二は、一人の首長を設くべき鄉村編成單位の戶數を明示しながら、しかも自然村を破壞せず、自然村の大小に從つて或は一村に一人の長を置き、或は一村內に二人以上の長を置き、また或は規定の標準に達しない小村を集めて一人の長を置くものであり、その三は、自然村の統一性を全く無視し、戶數編成の原則のみを以て鄉村を組織せんとするものである。

自然村をそのまま行政上の單位たらしめようとする第一の制度が、戶數編成の原則と何らの關はりを有たぬことはいふまでもない。私はその例として、梁と後唐の二つを擧げる。梁書の武帝本紀に

天監十七年春正月丁巳朔詔、……若流移之後、本鄉無復居宅者、村司三老及餘親屬、卽詣縣告、請村內官地官宅、令相容受、使戀本者、還有所託

とあり、(1)また冊府元龜の後唐の制を述べた個所に

長興二年六月詔曰、……宜委諸道觀察使、於屬縣每村、定有力戶一人充村長、於村人議、有力人戶出剩田苗、補

下貧、不迨頃畝自肯者、卽具狀徵收、有詞者卽排段簡括、便自今年起爲定額

とある(2)もの卽ちこれであつて、初めの例は、流移して鄕里に居宅を有たない者には、村司、三老及び親屬から縣に申請して、村内の官地官宅を受容せしめるといふに止まり、村が行政上の單位をなしたといふ明白なる證據はないが、しかし村司といふやうな言葉が單なる民間のみのものとは思はれず、それは疑ひもなく行政上の一職名であつて、しかもその職名が村司と呼ばれてゐるところに、村を鄕村統治上の公けの單位としてゐたことが、推測せられるのである。これに反して後の例は、村毎に村長を選んで、貧富間の租稅の負擔を調整せしめるといふのであるから、自然村がそのまま行政上の單位とされてゐたことは極めて明瞭である。

次に、第二の自然村の大小に應じて首長の數を異ならしめた例は、元の社の制である。卽ち社規の第一條に

諸縣所屬村疃、凡五十家立爲一社、不以是何諸色人等、並行入社、令社衆推擧年高通曉農事、有兼丁者、立爲社長、如一村五十家以上、只爲一社、增至百家者、另設社長一員、如不及五十家者、與附近村分相併爲一社、若地遠人稀、不能相併者、斟酌各處地面、各村自爲一社者聽、或三村或五村、併爲一社、仍於酌中村內、選立社長

と規定せられ(3)、ここでは五十家以上の村を一社となして社長一人を置き、百家に達した村は社長一人を增さしめ、またもし一村が五十家以下に止まる場合には近村と合して一社を作り、さらに地遠人稀にして近村を合することの困難な場合には、地の廣狹を見て一村毎に一社を組織せしめるか、或は三村乃至五村を併せて一人の社長を設けしめるかのいづれかの方法によらしめてゐる。社の制に於ても、一村が必ず一社の範圍となるのではない。しかし社制には嚴格なる戶數上の制限が缺けてをり、與へられてゐるのはただ、一社を組織して社長一人を設くべき村落の大きさに關

する概略的な指示のみである。

類似の例は、不十分ながら金代にも見られるであらう。卽ち金史食貨志に

村社、則隨戸衆寡爲鄕、置里正、以按比戸口、催督賦役、勸課農桑、村社三百戸以上、則設主首四人、二百以上三人、五十戸以上二人、以下一人、以佐里正、禁察非違

といはれてゐるやうに、(4)鄕の里正を佐けて村落内の非違を檢察すべき主首の數は、村落の大小によつてさまざまに異なつてゐた。この種の制度が、村落をそのまま行政上の單位として、これに首長一名を置く前記第一種の例と內容的に異なるものであることは明かである。

しかるに金史によれば、金の右の制度は、唐の制度に倣つたものであるといふ。事實、唐の鄕村組織はしばしばいはれるやうに二重の組織を有つてをり、一方に五家を以て一保、百家を以て一里、五里卽ち五百家を以て一鄕を編せしめると共に、別に

在邑居者爲坊、別置正一人、掌坊門管鑰、督察姦非、……在田野者爲村、村別置村正一人、其村滿百家、增置一人、掌同坊正、其村居如不滿十家者、隸入大村、不得別置村正

といふ規定を設け、(5)十家以上百家までの村に村正一名を立て、それを超える時は百家毎にさらに一名を加へ、村の大小に從つて村正の數を異ならしめようとした點で、明かに金や元の制度の歷史的先驅をなしてゐた。

自然村を完全に無視し、戸數單位のみによつて鄕村を組織しようとする第三の例は、まづ周禮の中に鄕遂の制として典型的に示されてゐる。地官大司徒職の條に

令五家爲比、使之相保、五比爲閭、使之相受、四閭爲族、使之相葬、五族爲黨、使之相救、五黨爲州、使之相賙、
五州爲郷、使之相賓
とあり(6)、遂人職の條に
五家爲鄰、五鄰爲里、四里爲酇、五酇爲鄙、五鄙爲縣、五縣爲遂
とあるのがそれであつて(7)、前者は六郷の制、後者は六遂の制とよばれ、共に五家—二十五家—百家—五百家—二千五百家—一萬二千五百家といふ、上下六層に重なる整然たる統屬秩序を有するものと考へられてゐた。尤も周禮は漢代の僞書といはれてゐるが、とにかく右の郷遂の制が後世の郷村編成に與へた影響はすこぶる大きく、以下に擧げる北魏や北齊や隋の制度は、明かに周禮の制の影響下に作られたものである。即ち魏書食貨志に
五家立一隣長、五隣立一里長、五里立一黨長
と見え(8)、隋書食貨志所引の北齊令に
十家爲比鄰、五十家爲閭里、百家爲族黨
といひ、さらに同じ隋書食貨志所揭の開皇令に
五家爲保、保有長、保五爲閭、閭四爲族、皆有正、畿外置里正比閭正、黨長比族正、以相檢察
と記されてゐるやうに(9)、魏、齊及び隋の郷村組織は、共に戸數原則を採用すると同時に、その組織の名も多くは周禮の郷遂の制から取られてゐる。
右に示した隋初の制は、開皇九年に至つて一郷五百家、一里百家といふ新たな戸數編成の原則によつて置き換へら

れた。[10] さうして開皇九年のこの組織法と隋初の五家一保の法とを範として作られたと考へられるのが、次に掲げる唐の制度である。

諸戸以百戸爲里、五里爲郷、四家爲鄰、五家爲保、每里置正一人若山谷阻險、地遠人稀之處、聽隨便量置、掌按比戸口、課植農桑、檢察非違、催驅賦役。[11]

即ち唐では、さきに述べた如く、村に村正を置いて自然村を行政上の單位たらしめると同時に、それと竝んでかくの如き戸數編成の原則をも採用したわけである。

中國に於ける保衞組織の典型と見られる宋と淸の保甲法、及び中國に於ける徵稅組織の典型と見られる明・淸兩朝の里甲制もまた、戸數編成の原則によつてゐた。即ち宋の保甲法は、はじめ熙寧三年十二月に王安石の新法の一つとして設けられたもので、その保甲條制に

凡十家爲一保、選主戸有材幹心力者一人、爲保長、五十家爲一大保、選主戸最有心力及物産最高者一人、爲大保長、十大保爲一都保、仍選主戸最有行止材勇爲衆所伏者二人、爲都副保正

といはれてゐる[12]やうに、十家一保、五十家一大保、五百家一都保の制をとり、熙寧六年十一月の改正も、ただ各保の戸數をそれぞれ半ばに減ぜしめただけで、編成の規準は依然として戸數に置かれてゐた。五家一小保、二十五家一大保、二百五十家一都保の組織、即ちこれである。[13]

同樣に淸代の保甲法も、戸數編成原則の上に作られてゐる。後で述べるやうに、淸の保甲法は、十家—百家の二級制を採用した明の保甲法に最初の範を求めた。明は徵稅のための里甲組織のみを定制として設け、保甲法はただ一部

の地方官によつて任意にその地方に行はれたものに過ぎないが、各種の組織中におのづから定型的なるものが生れ、清朝政府はこれを郷村統治の定例として公けに取り上げるに至つたのである。順治元年の制に

各府州縣衞所屬郷村、十家置一甲長、百家置一總甲

とある(14)ものそれであるが、康熙四十七年の制は、右の組織を基幹としつつ、百家の上にさらに千家の團體を設け、十戸を牌、十牌百家を甲、十甲千家を保と呼ばしめてゐる。(15)

次に徵稅組織としての明の里甲制については、大明會典に以下の如き原則が載せられてゐる。

詔天下府州縣、編賦役黃冊、以一百一十戸爲里、推丁多者十人爲長、餘百戸爲十甲、甲凡十人、歲役里長一人、管攝一里之事、城中曰坊、近城曰廂、鄕都曰里、凡十年一周、先後則各以丁數多寡爲次。(16)

即ち十戸を以て一甲となし、十甲百戸と別に、丁糧の多き者の間から選ばれた里長の十戸を加へた百十戸によつて、一里を構成せしめようとしたわけである。清朝に於ても順治五年に里甲制を布いてゐるが、(17)その內容は明のそれの完全なる繼承であつた。

中國に於ても、戸數編成は郷村組織のための唯一の原則ではない。しかしその傳統が如何に久しく存續し、またそれが郷村組織化の原則として如何に重要なる地位を占めてゐたかは、以上の説明によつてすでに明かであらう。中國に於ける郷村編成の規準がつねに戸數にあると信ぜられ、戸數による編成が中國に於ける郷村組織法の一般的な特徴であるかのやうにいはれてゐるのも、故なきことではない。戸數編成の思想が如何に根づよい傳統性を有つものであつたかを示すために、私はなほ特殊な事例を二三擧げて置きたい。その一つは、管子の小匡篇に

制五家以爲軌、軌爲之長、十軌爲里、里有司、四里爲連、連爲之長、十連爲郷、郷有良人

とある[18]ものであつて、これは軍政を寓するための内政組織として述べられてゐるが、前漢書藝文志に作者不明と記されてゐる鶡冠子にも、左記の如きこれとほぼ同樣の戸數編成組織が見られる。

五家爲伍、伍爲之長、十伍爲里、里置有司、四里爲扁扁當爲甸、扁爲之長、十扁爲郷、郷置師、五郷爲縣、縣有嗇夫治焉、十縣爲郡、有大夫守焉。[19]

これを管子の制に比較すると、組織の名に多少の相違がある他、管子の組織が一郷二千家を以て終つてゐるのに對して、鶡冠子は新たに一萬家と十萬家の組織を加へてゐるが、思想史的にいへば、鶡冠子の郷村組織論は、實は管子のそれの發展的變形に過ぎないのである。

右の二つは、いづれも軍政を寓するところの内政の組織であり、一言にしていへば、結局治安維持のための組織に他ならなかつた。しかるに明の方孝孺は

民家十爲睦、睦者言相親也、十睦爲保、保者言相助也、十保爲雍、雍者言衆而無爭也、雍咸屬于縣、雍有長、以有德而文者爲之、保有師、以有行而文者爲之、睦有正、以忠信篤厚爲十家則者爲之

といふ、戸數編成にもとづく三層の組織を考へてゐる。[20]これは教化を目的とする郷村の組織であり、その名稱もこの目的に因んだ言葉が用ゐられてゐて異色のあるものであるが、このやうな場合にもやはり、戸數編成の原則を離れては、その組織を考へることが出來なかつたのである。

なほ最後に、以上の問題と關聯して一言して置きたいものに、漢代の郷村組織がある。漢代の郷村組織を詳しく說

いたのは、いふまでもなく、後漢書百官志にある

鄉置有秩三老、本注曰、有秩郡所署、……掌一鄉人、其鄉小者、縣置嗇夫一人、皆主知民善惡、爲役先後、知民貧富、爲賦多少、……三老掌敎化、……游徼掌徼循、禁司姦盜、又有鄉佐、屬鄉主民、收賦稅、亭有亭長、以禁盜賊、……里有里魁、民有什伍、善惡以告、本注曰、里魁掌一里百家、什主什家、伍主五家、以相檢察、民有善事惡事、以告監官

といふ文[21]と、漢制を述べた宋書百官志の

五家爲伍、伍長主之、二五爲什、什長主之、十什爲里、里魁主之、十里爲亭、亭長主之、十亭爲鄉、鄉有鄉佐三老有秩嗇夫游徼各一人

といふ文[22]の二つであるが、後漢書は五家―十家―百家の組織を傳へ、宋書はそれに加へてさらに千家に一亭、萬家に一鄉の組織を擧げてをり、兩書を通じて知られる漢代の鄉村組織は、明かに戶數にもとづく編成の法に從つてゐた。

しかるに、前漢書百官公卿表を見ると

大率十里一亭、亭有長、十亭一鄉、鄉有三老有秩嗇夫游徼

とある[23]のみで、前二書に於て重要な地位を占める里の戶數については、何ら記するところがない。岡崎博士はこの點を問題視して、前漢書の文を見るかぎり、里を戶數による組織と解すべき理由は毫もなく、したがつてそれは單に部落の意味にとるべきであり、十里に一亭とある言葉も、實はただ部落を十個集めて一亭を作らせるといふ意味のものに過ぎない。さうしてそれにも拘らず范曄が後漢書に於て里を百家と見たのは、彼が晉の人であつて、百家に里吏一

人を置く晉の制度を本として考へたからであり、また宋書の著者沈約が、百家に一里、千家に一亭、萬家に一鄕といふ戸數編成の原則を傳へたのも、彼が范曄の右の誤りをさらに擴充し、百家一里の說より推して、十里に一亭、十亭に一鄕の制をも戸數によつて考へたがためであらうと論じてをられる。(24) 尤も、博士は里を部落と解する前に、「十里一亭、五里一郵」とある漢官儀の文を引いて里は距離を示すとも說いてをり、里の解釋を距離から部落に移された理路には、納得し難いところもあるが、とにかく前漢書の里に、戸數上の制限を求めしめるいはれのないことは博士の指摘される如くであつて、この點で、後漢書と宋書の傳へる漢制の中に晉の制度の攙入を主張される博士の說は、注目に値ひするものといはなければならない。いづれにせよ、我々は以上の說明によつて、戸數編成原則の缺如するところにさへ戸數編成原則を推し廣めようとする興味ある事例が、正史の記錄中に存在することを敎へられるのである。

(1) 梁書卷二、本紀第二、武帝。
(2) 册府元龜卷四百八十八、邦計部、賦稅。　五代會要卷二十五、租稅。
(3) 元典章二十三、戸部卷九、農桑、立社、勸農立社事理。
(4) 金史卷四十六、志第二十七、食貨。
(5) 杜佑の通典には「其村居如滿十家者、隷入大村」とあるが(卷三、食貨、鄕黨)、本文の引用は仁井田陞氏の修訂による(唐令拾遺、二一五頁)。
(6) 周禮注疏卷十、地官司徒、大司徒職。
(7) 同上卷十五、地官司徒、遂人職。
(8) 魏書卷一百一十、志第十五、食貨。

(9) 隋書卷二十四、志第十九、食貨。
(10) 同上卷二、帝紀第二、高祖。
(11) 通典卷三、食貨、鄉黨。
(12) 續資治通鑑長編卷二百十八。 宋會要稿、兵二之五。
(13) 續資治通鑑長編卷二百四十八。
(14) 皇朝文獻通考卷二十一、職役考。
(15) 雍正大淸會典卷一百三十八、兵部、保甲。 光緒大淸會典事例卷一百五十八、戶部、戶口、保甲。
(16) 萬曆大明會典卷二十、戶部、戶口、黃册。 大明太祖洪武實錄には、「推丁糧多者十人爲之長」とある（卷一百三十五）。
(17) 光緒大淸會典事例卷一百五十七、戶部、戶口、編審。
(18) 管子卷八、小匡第二十。
(19) 鶡冠子卷中、王鈇第九（四部叢刊）。
(20) 方孝孺、遜志齋集卷三、雜著、成化（同上）。
(21) 後漢書卷三十八、志第二十八、百官。
(22) 宋書卷四十、志第三十、百官。
(23) 前漢書卷十九上、表第七上、百官公卿。
(24) 岡崎文夫、魏晉南北朝通史、五八〇―五八一頁。

三

私は以上に於て、中國に於ける郷村編成の三つの型をあげ、最もひろく行はれるのが戸數編成の原則であることを明かにした。では國家の定制として戸數編成原則が明示せられた場合、その原則はあくまで嚴格に實施を要求せられ、また實際に實施せられたのであらうか。いひかへれば、戸數編成原則は自然村を任意に分割併合し、行政村は自然村の統一性と自主性とを破壞するに至つてゐたのであらうか。

この問題を解くためにまづ注意を要するのは、戸數による郷村編成の原則を掲げながらも、その戸數が概略の數字に過ぎないことを明示した例があるといふことである。唐の通典に晉の制度を述べて

縣率百戸置里吏一人、其土廣人稀、聽隨宜置里吏、限不得減五十戸

といひ、(1)冊府元龜に後周の制を述べて

周顯德五年十月詔、諸道州府、令團幷郷村、大率以百戸爲團、每團選三大戸爲耆老、凡夫家之有奸盜者、三大戸察之、民田之耗登者、三大戸均之

と書かれてゐる(2)のがそれであつて、文中の「率」及び「大率」の二字は、疑ひもなく、そこに示された戸數が概定の數に過ぎないことを示してゐる。そこで我々は、我々の問題を次のやうに言ひかへることが出來る。卽ち、ただ戸數編成の原則のみが與へられて、その戸數が概數に過ぎないことを特に明示しない場合、その原則は何らの融通をも許さないものであるかどうか、といふことである。

由來、中國に於ける郷村編成のための戸數は、五若くは十、及びその倍數を以て組織上の定率とするのが普通であつた。しかし第一に、一村一鎭は必ずしも五または十の倍數を有たず、しかも第二に、一村一鎭の戸數は大小不定で

あつて、少きは二三戸に止まり、多いものは數百戸にも及んでゐる。保甲法や里甲制に見られる如く、戸數編成法の採用する最下級の戸數は五または十であるが、自然村は小村といはれるものでも、普通五戸或は十戸以上には達してをり、したがつて戸數編成組織の最下單位に關する限り、大部分の自然村について、戸數編成原則の原則どほりの實施を要求することが出來る。しかしその場合にも、村の戸數が必ずしも五或は十の倍數でないとすれば、自然村を五戸或は十戸づつに區劃した最後に、五戸或は十戸に滿たない剩戸の生じて來るのは當然であらう。同じ剩戸の現象は戸數の多いより上級の組織を編成せんとする場合に、一層起りやすい。なぜなら、五十戸若くは百戸の組織を作らうとする場合に、その村の戸數が五十或は百の倍數を示す可能性に乏しい以上、その超過分は、五十戸或は百戸の組織に對する剩戸とならざるをえないからである。さうしてそのやうな場合になほ、戸數編成原則の嚴密なる適用を求めようとすれば、他村の全體若くは一部分と、右の剩戸とを合して所定の編成戸數に達せしめるといふ方法のみが殘されてゐる。また自然村の中には、五戸或は十戸よりは多いが、なほ五十戸や百戸には達しないといふやうなものが少からず存在してをり、これらの村も、他村或は他村の一部と合してのみ、始めて所定の戸數編成原則を實現せしめることが出來る。

村と村とを併せて一つの組織を作るのは、村と村との單なる聯合である。しかるに一村の一部と他村の一部、若くは一村の全體と他村の一部とを合して所定戸數の組織を作る場合には、明かに自然村の分割併合が行はれてゐる。私は問題を二村間の關係に限つて述べたが、數村間の聯合が可能であるやうに、分割併合もまた、必要に應じて數村にわたつて行はれなければならない。しかしそればかりではなく、戸數編成法の規定する編成戸數は、布片を截斷するために作られた一種の型紙の如きものであつて、戸數による鄕村の編成は、あたかもこの型紙を用ゐて星散棋布する大小無數の自然村を截斷するのに似てゐるが、しかし戸數編成原則は、その場合の截斷の起點をどこに選ぶべきかの指示を何ら與へてゐないのである。例へば百戸の甲里を編成しようとする場合に、假りに五十戸の稅戸を有する村があるとすれば、その五十戸の全體を甲里に編入せしむべきか、或は二十戸を乙里に殘して三十戸のみを甲里に合せしむべきか、或はまた極端なる場合、四十九戸を甲里に加へて一戸のみを乙里に殘すべきかを決定するための、一義的な規準は、どこにも示されてゐない。これは戸數編成原則を强行しようとすれば、そこには、自然村の分割併合による行政村編成の可能的な無限の組み合せが、存在してゐるといふことを意味する。しかし我々は、このやうな鄕村組織法が、果して鄕村統治の目的によく適合しうるものであるかどうかを、問題とせざるをえないのである。

その不合理性の最も簡單にわかるのは、保甲法の場合であらう。なぜなら、假りにいま七十戸の村を二つに分け、五十戸を甲保、二十戸を乙保に屬せしめたとすれば、その村の甲保に屬する部分の人々は、治安の維持に關して、同村の乙保に編入された部分の人々よりも、甲保に屬する他村の人々により大なる責務を負ふこととなるからである。治安維持に於ける力の源泉は共同性であり、共同性はどこよりもまづ、自然村の日常生活の中に芽ばえるものである。かくて我々は、戸數編成原則に忠實ならんとする限り、鄕村統治の目的に必ずしも合致せざる組織を作らなければならぬ。また鄕村統治の目的に最も效果のある組織を考へようとすれば、戸數編成原則の嚴格なる實施要求は是正されなければならない。ではこの矛盾は、中國の鄕村統治に於てどのやうに解決されたであらうか。鄕村統治に於て、特に重要なる意義を有つのは、いふまでもなく治安維持の組織と租稅徵收の組織の二つである。そこで私ははじめに、治安維持組織の典型たる保甲法について、戸數編成原則と自然村との關係を論じて見たい。

(1) 通典卷三十三、職官、州郡、鄕官。

(2) 册府元龜卷四百八十六、邦計部、戸籍。 五代會要卷二十五、團貌。

四

後周の團の組織が百戸より成り、しかもこの戸數が最初より概數として明示されてゐたこと、及び團が徵税の單位であると同時に姦盜覺察の組織であつたことは、さきに指摘した如くである。卽ち、當時に於ける治安維持のための組織は、百戸に近い數であればよかつたのである。しかるに淸の戸部則例を見ると、第四條に

十戸爲牌 畸零散處通融編列、立牌長、十牌爲甲、立甲長、十甲爲保、立保長

とあつて(1)、一方に固定した戸數編成の原則を掲げながらも、他方では「畸零散處、通融編列」の法を公けの立場から是認してゐる。尤も、この場合の通融編列は畸零散處を條件としてをり、しかも特に牌の編成についてのみ述べられてゐるが、とにかくこの注が、上記の法定戸數に對して何らかの融通を認めようとしたものであることは、疑ふ餘地がない。淸代に於ける地方官の鄕村統治の諸方策中に、いはゆる通融編列への努力を示した例が少くないのも、恐らくそのためである。しかもその努力は、牌の如き下級の組織のみに止まらず、さらにしばしばより上級の組織に對しても向けられてゐる。

この種の通融編列の例としてまづ擧げられるのは、葉佩蓀の「七併八分之法」と稱せられるものである。彼の「飭

行保甲」と題する文に

如各里戶口零星、有不足十家十牌者、則當用七併八分之法、若剩八家以上、卽另立一牌

といはれてゐるのがそれであつて、七併八分の法とは、要するに八家以上の時は八家を以て一牌を編成し、七家以下の時は、これを同じ七家以下の附近の牌に合せしめようとするものに他ならない。さうしてこの原則は、甲の編成にも適用される。卽ち十牌に足らない場合には、八牌を以てすでに一甲を編することを許したのである。王鳳生も同じ方法を說明して(2)

如內有居民四散、不足十家者、遵用七併八分之法、以十四家爲一牌、若剩八家以上、卽另立一牌

と書いてゐるが、(3)ここに十四家を以て一牌を作るとあるのは、葉佩蓀に於けると同樣に、七家と七家を合して一牌を組織せしめるといふ意味である。なほ葉・王兩氏は、七併八分の法と異なる通融編列の方法をも敎へ、前者は

如山縣遼闊、居民四散、三五爲村、則當就近數處、合一二十家爲一牌

と述べて、居民の散居する所では一牌が二十家に達しうることを認め、また後者は

不必拘定十甲一里、以免繁瑣、其甲長各就路之遠近、或數十家爲一甲、或百二三十家爲一甲、牌亦如之、悉從其稽查之便、亦毋庸概以百家爲一甲也

といひ、稽査に便ならしめることを建まへとして、數十家或は百二三十家による甲の編成を許し、必ずしも一甲百家の數に拘泥する必要のないことを指摘してゐる。

李彥章の郷村編成法も、これに劣らず彈力性のあるものであつた。卽ちその「稟行保甲十家牌簡易法」に

如村戸畸零不等者、或三五家一牌、或七八家一牌、卽多至十四五家爲一牌、悉從其便、若十五家以上至二十家、卽皆分爲二牌、惟郡屬村戸旣稀、道里遠近不一、勢難拘定十牌十甲之數、一例分編、應酌定爲十村設一甲長、十甲設一保長、或村有多少懸殊、並限以里數主之、甲長以二十里爲度、保長以五十里爲度、俾易往返

と記されてゐるやうに、(4)ここでは三五家、七八家、十四五家のいづれの戸數によつても一牌を編しうること、人戸の稀薄な地方では、十牌一甲、十甲一保の原則を離れて十村を以て一甲を組織し、百村を以て一保を組織しうること、及び以上の戸數や村數上の制限に關はりなく、稽査の便のために甲保長の往返しやすい距離、卽ち甲は二十里、保は五十里を以て、それぞれ編成の範圍となしうることが認められてゐるのである。

次に問題となるのは、福惠全書に記された黄六鴻の保甲法である。彼の保甲法は當時の定制と少しく異なり、十家を一甲として別に甲長一人を選び、十甲を一保として別に保正一人を選び、總計百十一家を組み合せて一個の組織たらしめようとした。しかし彼に於てもこれは原則的規定たるに止まり、十家づつの甲を編してその最後に殘された戸數が一甲分に不足する時は、これを畸零戸と稱して末甲の甲長に附統せしめ、また十甲毎に保を編してその最後の甲數が一保に滿たない時は、これを畸零甲と呼んで末保の保正に附統せしめようとしてゐる。さらにまた一村の百戸に達しないものがあつて、しかもその附近に一二十戸乃至十餘戸の小村があれば、この小村を大村に附入せしめてこれを合保といひ、村外に獨戸のある場合には、大村内に移住せしめて照管の便をはかると共に、數家の孤村にして移住の困難なるものは、これを畸零莊と名づけて附近の保正をして兼統せしめることとした。(5)

右の規定に於て注意を要するのは、畸零莊が數家の孤村、合保が一保卽ち百家に滿たない村落と附近の小村とにつ

いて述べられ、これに對して、畸零戶の觀念は十家一甲を超える大小の村落、畸零甲の觀念は百家一保の大きさを超える大村大鎭に關して述べられてゐると考へられることである。黃六鴻は「一鄕の中、大にしては鎭集、小にしては村莊、或は千家數百家より、以て數十家に及ぶ」と書いてゐるが、上記の諸規定は、大小さまざまの村落に適用さるべき各種の融通方法を述べたものであらう。その中で特に畸零甲は一保を超える大村の、畸零戶は一甲を超える大小村の統一性を、それぞれ保持せしめるのに役だつ。なぜなら、まづ一保を超える村落に於て、一保を編してなほ一保未滿の剩餘の甲があれば、その剩餘の甲は畸零甲と稱して既編の保に附統せられ、したがつてその村は、一保を超える端數の甲を有ちながらも、その端數の甲は村から分割せられることがないからである。もし一村が二保以上に分統されてなほ餘りのある場合には、その餘りは畸零甲として末保に併入されることになるが、この末保への併入によつて、餘剩戶が村との統一性を保ちうることは右の場合と同樣である。

同じ關係は、甲と畸零戶との間にも認められるであらう。卽ち、一村內に十家づつの甲を編して最後に生ずる剩戶は、畸零戶と稱してその村落內の末甲に從屬せしめるが故に、これを村から離して、他村若くは他村の一部と合せしめるといふやうなことは全然起らないのである。ただ合保は聯村の形式をとるが、聯村は村と村との聯合であつて、分割併合ではなく、したがつて各自然村のもつ統一性は、聯村形式の採用によつて破壞せしめられることがない。因みに黃六鴻は、一鄕の統轄者として保正の上に保長を設けしめてゐるが、鄕は地域的區劃の名であつて多數の自然村をその中に含んでをり、したがつて鄕は、最初から戶數編成原則の適用外に置かれてゐる。

なほ黃六鴻の保甲法の原理は、彼自身の言葉によれば

按戸編甲、按村編保

であつた。一方に戸數編成の原則を明示しながら、編保及び編甲に當つて自然村の統一性を尊重しようとしたこと、いひかへれば、村落間の人爲的な分割併合を廻避しようとしたことは、これによつて一層明白となるであらう。また黄六鴻の保甲法が、自然村の統一性を前提として考へられてゐたことは、

各郷、之鎭宜設一鎭長、之集宜設一集長、之村宜設一村長、之莊宜設一莊頭

と述べて(6)、保正や甲長と別に、鎭に鎭長、集に集長、村に村長、莊に莊頭を置き、鎭集村莊の大小に關はりなく、自然村の各長をして柵門の建立、牆濠の築浚、瞭哨巡更の撥派を行はしめようとした點からも窺はれる。要するに、自然村はそのまま黄六鴻によつて、治安維持組織の構成單位とされてゐたのである。

私は以上四つの事例を通して、孤村から大村に至るまで、保甲法が決して自然村の統一性と自主性とを害ふものでなかつたことを明かにした。この他、張惠言は

編牌以十家爲常、或多少參差、附近合編、亦不拘一

といひ(7)、楊錫紱は

如泥定十戸一牌、十牌一甲之法、誠不無阻礙

と述べ(8)、また陳弘謀も

毎甲十戸、如聚居者多、則十餘戸二十戸、亦可編爲一甲

と論じて(9)、共に法定戸數に融通の必要なことを説いてゐるが、さらに戸數のことを問題とせず、ただちに單村若くは

聯村の組織によつて保甲を編しようとした試みもまた、少からず存在してゐる。例へば、陳應泰は郷長を立てて郷勇を統率せしめると共に、保甲の法を示して

一家有事、衆家救之、一甲有事、衆甲救之、一村有事、附近衆村救之

といひ、(10)徐文弼は、各村をして十家毎に一牌を編せしめる他、横直五里以内の諸村を連ねて要路に卡房を建て、卡長二人を同卡の諸村より選ばしめると同時に、治安の確保が村落を中心として行はるべきことを論じて

村外有盗賊、則協力追捕、村内有奸匪、則互相稽査、夫盤詰不出於其家、防護不出於其村、是一家一村、各自爲衞、亦互相衞也

と書き、(11)楊士達は、十戸一牌、十牌一甲、十甲一保の舊に拘泥せず、村莊の大小に從つて一人またはそれ以上の村長を設けしめ、また團練の法を說いて

某村與某村毘連、某啚與某啚同局、合數村團爲一總、而於各村中各立一練長、練長卽以村長承充

と記し、(12)山西の俗を傳へた張之洞にも

査晉俗、每一村爲一社、若一村有二三公廟、則一村爲二三社、社各有長、村民悉聽指揮、因令卽以社長爲約長、仿古人連村置鼓之法、令其鳴鐘鳴鑼相聞、平日則自淸窩匪、聞警則互相救援協助

といふ文があつて、(13)村落はここでも郷村保衞の單位とされてゐる。

張之洞のいはゆる連村置鼓の法は、周知の如く、魏の李崇が村每に一樓を置いてこれに鼓を懸け、盜發の際にこれを擊つて、次ぎ次ぎに諸村に及ばしめたといふ故事(14)に始まる。魏禮は、日なれば則ち烽をあげ、夜なれば則ち礮を放

つて號となすといひ[15]、于成龍も放礮、鳴鐘、擊鼓のことに言及してゐるが[16]、いづれも一村を單位として說かれてをり、これらの事實も、清代に於ける鄕村自衞組織の單位が村に置かれてゐたことを示すのである。

なほ右に掲げた諸例と同樣の方法は、州縣志の記載の中にも疊見してゐる。その具體例を一括してここに示すならば、まづ河南道光輝縣志所載の周際華の「勸保甲」に

有十家則十家同牌、或五六家或七八家、亦可相保

といひ[17]、安徽民國南陵縣志所載の左輔の「保甲規約示」に

村戸或十餘家或七八家、止可編作一牌、不必拘定十家之數

と見え[18]、また山西道光大同縣志に

此牌十家相共一張、其不足十家、或四五戸七八戸、亦共給一張

といはれてゐるのは[19]、十家一牌の定例に對して戸數上の融通を認めようとする例、次に、河北光緒平山縣續志所輯の能壽籛の「守望章程」に

今將各村支更、與鄰村聯絡

とあり[20]、山東光緒寧陽縣續志所輯の杜少農の「續增團練二次條約」に

大村或一村自爲一團、或數村合爲一團、均從民便小村併入大村

とあり[21]、江西道光石城縣志所輯の吳鳳徵の「平匪紀略」に

或一大村保護數村、或合數小村、結連守禦

とあり(22)、湖南同治長沙縣志所輯の駱中丞の「併村結寨諭」に

爲勸諭併村結寨、以收團練實效、……古人併村之法、行於平地者、或數十村爲一村、或就近十數村爲一村、均聽民自便

とあり(23)、廣東咸豐文昌縣志所輯の「安全社章程」に

每村設百家長十家長、嚴査有無通賊

とあり(24)、さらに河北乾隆雞澤縣志に

今各村自爲保甲、每村有保長一名、亦稱練總

といひ(25)、山東光緒霑化縣志に

自五村以至十村、相隣者合爲一社、……一村有警、諸村援之

と見え(26)、山西乾隆長治縣志に

設立保正、凡遇大村、各設一名

と記されてゐるのは(27)、いづれも單村または聯村の組織を採用した例であるが、この他に、前記の李彦章と同樣の見地から、方圓十里を以て保の範圍とした河南乾隆西華縣志と河南道光淮寧縣志(28)や、方圓十里を以て保の範圍たらしめると同時に、さらに方圓五里を以て甲の範圍となした河南乾隆光州志(29)の記載の如き例も、清代の州縣志中には見出されるのである。

(1) 同治戶部則例卷三、戶口、保甲。

(2) 葉佩蓀、飭行保甲（保甲書輯要卷二、成規上）。
(3) 王鳳生、保甲事宜（同上卷二、成規上）。
(4) 李彥章、稟行保甲十家牌簡易法（同上卷二、成規下）。
(5) 黃六鴻、福惠全書、保甲部卷二十一、保甲之制。
(6) 同上、保甲部卷二十二、建築柵濠。
(7) 張惠言、論保甲事例書（皇朝經世文編卷七十四、兵政、保甲）。
(8) 楊錫紱、奏明力行保甲疏（同上卷七十四、兵政、保甲）。
(9) 陳弘謀、籌議編査保甲疏（皇清奏議卷五十一）。
(10) 陳應泰、整頓邊圉疏（同上卷九）。
(11) 徐文弼、設卡房議（皇朝經世文編卷七十四、兵政、保甲）。
(12) 楊士達、上裕中丞論防禦事宜書（江西道光金谿縣志卷三十三、文徵）。
(13) 張之洞、張文襄公奏稿卷四、通行保甲并請定就地正法章程摺。
(14) 魏書卷六十六、列傳第五十四、李崇。
(15) 魏禮、代贛州弭盜議（皇朝經世文編卷七十五、兵政、保甲）。
(16) 于成龍、于清端公政書卷五、畿輔書、弭盜條約。
(17) 河南道光輝縣志卷十八、藝文、周際華、勸保甲。
(18) 安徽民國南陵縣志卷四十一、藝文、左輔、保甲規約示。　同一人の「保甲示」が安徽嘉慶合肥縣志に載せられてゐるから（卷三十五、集文）、右の文も舊記の再錄であつて、民國のものではない。

(19)　山西道光大同縣志卷尾、雜志、志餘。
(20)　河北光緒平山縣續志卷末、附錄、能壽籛、守望章程。
(21)　山東光緒寧陽縣續志卷五、杜少農、續增團練二次條約。
(22)　江西道光石城縣志卷八、藝文、吳鳳徵、平匪紀略。
(23)　湖南同治長沙縣志卷十五、兵防、駱中丞、併村結寨諭。
(24)　廣東咸豐文昌縣志卷七、海防、安全社章程。
(25)　河北乾隆雞澤縣志卷十一、武備。
(26)　山東光緒霑化縣志卷十三、藝文。
(27)　山西乾隆長治縣志卷七。
(28)　河南乾隆西華縣志卷三、建置、里甲。　河南道光淮寧縣志卷九、兵防、保甲。
(29)　河南乾隆光州志卷十、鄉里。

五

國家的制度としての淸の保甲法が、明の中葉以後各地の地方官によつて任意に主張せられ、また實施された保甲法の繼受であることは、さきに一言した如くである。明代の保甲法は行政上の定制ではなく、したがつてこの時代には、人によつて異なるさまざまの組織が存在し、また考へられてゐた。がそれらの組織は、その編成原則の相違にしたがつて、大體三種の型に分類することが出來る。卽ちまづ第一は、自然村を中心としつつ保甲組織を編成せんとするも

ので、弘治十六年七月の江西按察司僉事任漢の上文に

毎村大戸内、推選一人立爲團長、再于小戸内毎二十家或十五家、選一人立爲保長、遇賊入村劫掠、團保長領壯丁救護、其附近村落以次策應、……縱村戸爲盜、坐以窩主罪名、本村住人亦連坐

とあり[1]、嘉靖十五年二月の直隷巡按御史金燦の條陳に

歸併零村、以全民命言、宜曉諭近邊民居之孤遠者、併入大村、厚築牆垣、設立保甲

とあり[2]、また萬曆四十三年十一月の巡按直隷御史李嵩の條議に

或一村自爲一操、或合衆村共爲一操

とあるのは[3]、その例である。

正德十一年に南贛巡撫となつた王守仁(明陽)の有名な保甲法も、多分同じ系統に屬する。卽ち彼の保甲法は十家牌法とよばれ、初めはただ十家毎に一甲を編せしめるだけで長を置かず、そのうへ上級の組織をも缺いてゐたが、その後

各府州縣、於各鄕村推選才行爲衆信服者一人、爲保長

といふ規定[4]を設けて、諸甲を統べるための保長を增立し、さらに

一村擊鼓、各村應之

と述べて、いはゆる連村置鼓の法を採用せしめた。連村置鼓が村を單位とする防衞の組織であることは前に指摘した如くであり、また彼の「告諭廬陵父老子弟」と題する文にも

今縣境多盜、良由有司不能撫緝、民間又無防禦之法、是以盜起益橫、近與父老豪傑謀、居城郭者、十家爲甲、在

鄕村者、村自爲保、平時相與講信修睦、冠至務相救援、庶幾出入相友、守望相助之義

と記されてゐるから、(5)王守仁が鄕村に於ける防衞組織の單位をつねに村に求めてゐたことは明かであつて、上記の保長も村每に設けられ、一身を以て直接村內各甲の督領の任に當つてゐたものと考へられる。

以上の他、明史の丁瑄傳に、正統のころ福建省に礦盜が多かつたために、御史の柳華を派してこれを捕へしめようとしたところ、柳華もまた村聚每に望樓を立て、民を編して甲となし、その豪なる者を選んでそれに長たらしめたとあるが、(6)なほ江西道光新淦縣志に

嘉靖辛酉、廣冦入境、江撫行文、令民居五百家立保甲長一人、一保甲長統五村、一村長統十隣長、一隣長統十家、大小相維、有保障功

と見え、(7)また山西道光太平縣志に

明萬曆乙未志、惟汾陽趙康古城北柴相季史村六村有堡、明季冦警、知縣魏公韓勸諭、百姓築堡自衞、於是各村落有堡者、什之七八、有備無患

と記されてゐるやうに、(8)單村若くは聯村の防衞組織を採用した例は、當時の州縣志の記載中にもこれを見出すことが出來る。

次に、第二は保甲の編成戶數を概定したもので、その適例は萬曆十九年に山西巡撫となつた呂坤の鄕甲法に求められるであらう。卽ち「鄕甲事宜」に

每約百家、選保正一人、百五十家、量加選保正副各一人

とあるのがそれであつて(9)、この場合の編成戸數は約百家であり、しかも事情によつては、百五十家まで擴大せしめることが許されてゐた。

これに對して、編成戸數を一定した事例もまた存在してゐる。これは第三の種類であるが、嘉靖四十二年五月の巡撫浙江侍郎趙炳然の奏文に

宜挨屋編次、十家爲甲、十甲爲保、各立之長

といひ(10)、天啓元年四月の左都御史張問達の上言に

逐戸編集、十家一甲、十甲一保、互相稽査

といはれてゐるやうに(11)、共に十家に一甲、十甲に一保の組織を採用し、十家に一牌頭を置き、百家に一總甲を立てた清初の總甲制と同じ形式であつた。私がさきに、清代の保甲法はその範を明代のそれに求めたと書いたのは、この故であり、我々はこの事實から逆に、十家に一甲、百家に一保の法が、明代に於ける保甲組織の典型と考へられてゐたことを知るのである。

十家に一甲、百家に一保の法が、明代保甲制度の代表的形式をなしたといふ右の主張は、明の圖書編所揭の保甲規條に

毎一甲、即於十戸內審編甲長一名、毎十甲、即於百戸內審編保長一名

とあり(12)、さらに皇明經世實用編所引の張朝瑞の保甲說に

毎保統十甲、設保正副各一人、毎甲統十戸、設甲長一人

とあるのを見ても、うなづけるであらう。(13)

ただ注意を要するのは、上記の圖書編の文を挾んで、その前後に

如本地止有十二三戸、亦止編作一甲、止有六七八戸、亦止編作一甲、若獨家孤村、卽將鄰近孤村或四五六家、編作一甲、不必取盈於數。

每四街四關及大村大鎭、不拘甲數多少、各編保正一名、其小村小鎭或三四五處、酌量人多少地里遠近、共編保正一名

といふ二つの規定が設けられ、皇明經世實用編の上引の文の後にも

大村分爲數保、中村自爲一保、小村合鄰近數處、共爲一保、一保十甲、聽自增減、甲數因民居也、一甲十戸、不可增減戸數、便官査也、或餘剩三二戸、總附一保之後、名曰畸零

といふ言葉が載せられてゐることである。さうしてこれは明かに戸數編成の原則に對する融通の可能性を述べたものであり、しかもその融通はつねに、自然村を中心として考へられてゐた。このことは我々に、明代保甲法の典型と見られた第三の鄕村組織も、決して戸數の固定せるものではなく、實質上は自然村を中心とする第一の種類と大差のないものであつたことを敎へる。編成戸數を概定した第二の編成方式が、結局第一のそれに歸著せざるをえないことはいふまでもないであらう。かくて明代の保甲法は、編成の戸數を明示する場合にも、自然村の分割併合、したがつてその統一性の破壞を要求するものでなかつたことが、知られるのである。

ただ張朝瑞は、民戸の多少に從つて一保十甲の增減を許すのに反して、一甲十戸の增減を認めず、その理由を「官

査に便にす」るためといふ點に求めてゐるが、このやうな理由よりも、むしろ十戶づつの組織ならば、自然村の統一性を破ることなくして、それを自然村內に編成せしめうるといふ一般的な事情があつたためと思はれる。

(1) 大明孝宗弘治實錄卷二百一。
(2) 大明世宗嘉靖實錄卷一百八十四。
(3) 大明神宗萬曆實錄卷五百三十九。
(4) 王守仁、王文成公全書卷十七、別錄、公移、申諭十家牌法增立保長(四部叢刊)。
(5) 同上卷二十八、續編、告諭廬陵父老子弟。
(6) 明史卷一百六十五、列傳第五十三、丁瑄。
(7) 江西道光新淦縣志卷十三、兵衞、保甲。
(8) 山西道光太平縣志卷三、坊里、村堡。
(9) 呂坤、呂公實政錄、鄉甲約卷二。
(10) 大明世宗嘉靖實錄卷五百二十一。
(11) 大明熹宗天啓實錄卷四。
(12) 章潢、圖書編卷九十二、保甲規條。
(13) 張朝瑞、常平倉議、附保甲法(馮應京、皇明經世實用編卷十五、利集)。

六

ではさらに遡つて、宋代の保甲法に於てはどうであらうか。既述の如く、宋の保甲法は王安石の新法の一つとして始められたものであるが、新法による十家一保—五十家一大保—五百家一都保の制は、熙寧六年十一月戊午に至つてその戸數を半減せしめられ、三級組織を保持しつつも、新たに五家一小保—二十五家一大保—二百五十家一都保といふ編成に改められた。しかるに宋代に於ては、王安石の法の中に、すでに最下級の保に關する融通の規定が設けられてゐる。卽ち、熙寧三年十二月乙丑の保甲條制に

如同保不及五戶、聽併入別保、其外來人戶入保居住者、亦申縣收入保甲、本保內戶數足、且令附保、候及十戶、卽別爲一保

とあるのがそれであつて、五戶以上の時は十戶未滿でも一保を編することが出來、それと共に五戶以下のものは別保に併入して、必ずしも獨立の保たることを要せず、また外來の人戶は、十戶に達するまでは他の保に附屬せしめ、十戶に達した後にはじめて、獨立の保を組織せしめることと定められてゐたのである。(1)

次に、二百五十家を一都保とする改正後の保甲法にあつては、さらに上級の組織に關する融通の法が問題となり、熙寧六年十一月戊午の司農寺の言に

開封府界保甲、以五家相近者爲一保、五保爲一大保、十大保爲一都保、但及二百戶以上、並爲一都保、……卽戶不及二百者、各隨近便、幷隸別保、諸路依此

とある他、元豐四年春正月庚戌には、荊湖等路察訪蒲宗孟が(2)

以村疃五家相近者、爲一小保、內一人爲小保長、五小保爲一大保、內一人爲大保長、十大保爲一都保、保外復立

都副保正各一人、及三小保以上、亦立大保長一人、五大保以上、亦立都保正一人、不及者就近附別保、若地里隔絶不可附者、二小保亦置大保長一人、四大保亦置保正一人

といふ意見を提出してゐる。(3) このうち蒲宗孟の案は、三小保以上に大保長、五大保以上に都保正を置くことを許してこれ以下の時は別保に併入せしめ、また特に地里隔絶して別保に合することの困難なる場合には、二小保に大保長、四大保に都保正を立てしめようとするのであつて、當時の定制をかなり離れたものであつたことがわかる。しかしこれはなほ編成戸數の融通のみに關するもので、保甲組織と自然村との關係については、直接觸れるところがないのである。

しかるに續資治通鑑長編熙寧九年四月戊戌の條は、蒲宗孟の以下の如き注目すべき言葉を載せてゐる。

湖北路保甲、無一縣稍遵條詔、應排保甲村疃、並以大保都保、止於逐村編排、更不通入別村、全不依元降指揮、其監司違法、官乞施行詔、編排保甲、不當職官幷提擧官、並上簿。(4)

この文は、村の大小と無關係に大保或は都保の編成を一村毎に行ひ、聯村を必要とする場合にも敢て聯村を行はないことを難じたものであるが、聯村を必要とするのは、いふまでもなく、一村の戸數が一大保または一都保のそれに及ばない場合である。卽ち蒲宗孟は、逐村編排を一概に咎めたのではなく、ただ戸數の關係上當然に別村を通入すべき必要のある場合に、なほ逐村編排に止まらうとする弊のあることを問題としたのである。これは村の大小によつて、保甲編成に逐村編排と別村通入の二つの場合のあることを、明かにしたものでなければならない。卽ちここで考へられてゐるのは、單村による組織か聯村による組織かのいづれかであつて、自然村の統一性を破壞する分割併合の法の

實施ではなかつた。さうしてこの事實は、元豐四年の蒲宗孟の融通の案が、同樣に自然村の統一性を破壞するものでなかつたことを敎へるであらう。

なほ「寄劉孝叔」と題する蘇軾(東坡)の詩に

保甲連村團未遍

といふ句[5]があるが、蘇軾は保甲法の制定せられた當時の人であり、したがつてこの詩は、宋の保甲法に於て、聯村組織が、その制定の當初から如何に基本的な意義を有たされてゐたかを示す、一つの有力な材料となるのである。また續資治通鑑長編熙寧八年八月甲辰の條にある

衞州言、汲縣朝歌村保正斐公討、爲軍賊所擄、弟公詳率衆追賊、奪公討以還、仍獲賊首、詔以公詳代公討、爲都保正、賜錢百千

といふ文[6]も、保甲組織と自然村との關係を明かにするであらう。なぜなら、文中の「朝歌村保正」の語は、この村が都保正斐公討の鄕里であるといふ意味ではなく、朝歌村が一都保を組織して、公討がその長であつたといふ關係を示すものに他ならない、と考へられるからである。

かくて我々は、一つの結論を導くことが出來る。卽ち、宋の保甲法は十家―五十家―五百家、若くは五家―二十五家―二百五十家の編成を一應の規準としながら、しかも實際に於ては、一村または數村の聯合によつて、右の戶數に近い組織を作らうとしたに止まるといふことこれである。いひかへれば、保甲法の示す數字は槪定の數字であつて、固定せる數字ではなく、同時に自然村を破壞するところの數字でもなかつたのである。

右の結論は、最初保甲團體の名として用ゐられた宋の大保と都保が、後世に至つて地域的區劃の名稱に發展したということ事實によつて、裏書きされるであらう。都と保がそれであつて、都は都保の略稱であり、保は大保の略稱に他ならない。例へば、圖帳の法を說いた朱子の文に

圖帳之法、始於一保、大則山川道路、小則人戸田宅、必要東西相連、南北相照、以至頃畝之闊狹、水土之高低、亦須當衆共定、各得其實、其十保合爲一都、則其圖帳但取山水之連接、與逐保之大界總數而已、不必更開人戸田宅之闊狹高下也、其諸都合爲一縣、則其圖帳亦如保之於都而已、不必更爲諸保之別也

と見え、(7) また宋の袁燮の事蹟を傳へた眞德秀の言葉に

田野之政、自一保始、每保畫一圖、凡田疇山水道路橋梁寺觀之屬、靡不登載、而以民居分布其間、某治其業丁口老幼凡幾、悉附見之、合諸保爲一都之圖、合諸都爲一鄕之圖、又合諸鄕爲一縣之圖、可以正疆界、可以稽戸口、可以起徒役、可以備姦偸、凡按征發爭訟追胥之事、披圖一見可決

と記され、(8) 兩者は都と保を併稱すると同時に、等しく都を保の上に置いてゐるが、この場合の都と保が、縣または鄕の下にあつて、上下に統屬する二つの地域的區劃の名として用ゐられてゐたことは、明かである。

しかし都と保の地域性を示す文獻は、他にも存在してゐる。まづ都についていへば、南宋慶元二年十一月十八日の保伍規定に

諸縣管下鄕分、五家結爲一甲、……一甲之內、推一名爲甲頭、五甲之內、輪一名爲隊長、于都內又推一名、物力高者爲團長

と定められ、(9)五家に甲頭、二十五家に隊長をそれぞれ立てるのに對して、團長のみはこれを都內より選ばしめるとあるのはその一例であつて、この場合の都が、右の文に於て戶數編成と全然無關係に考へられてゐるといふ事實は、その都が地域的區劃に他ならないことを敎へるのである。そればかりではなく、南宋紹興三十一年二月二十七日の臣僚の言には

一都之內、膏腴沃壤、半屬權勢

といふ言葉(10)が見出され、都はおそくも紹興の頃までに、すでに地域的區劃の名として用ゐられてゐた。

これに對して保の地域性を示す他の資料としては、紹興十五年二月十日の權戶部侍郎王鐵の言にある

令村保田鄰幷逃戶元佳鄰人、指定見今荒廢逃產、是與不是元逃產土、有無將遠年荒閑田土、虛指作各人逃產

といふ文(11)と、朱子の「奏捄荒事宜畫一狀」にある、

若得奉承明詔、悉力經營、令逐村逐保、各有陂塘之利、如此則民間永無流離餓莩之患、而國家亦永無蠲減糶濟之費矣

といふ文(12)の二つを擧げることが出來るであらう。なぜなら、村と近隣はいふまでもなく一つの地域的區劃であり、村と近隣が一つの地域的區劃であるとすれば、その村や近隣と共に倂稱された保が、村や近隣と同樣の地域的區劃をなしてゐることは、理の當然だからである。このやうに解すれば、保もまたすでに紹興の頃にはその地域性を取得してゐたこととなる。では、保甲上の都保と大保が、地域的區劃に發展したといふ我々の主張は、如何にして支持されるであらうか。

すでに述べた如く、保甲組織としての都保と大保は、元來、一定の戸數によつて編成さるべき郷村團體の名であつた。しかし蒲宗孟の言葉の暗示するやうに、都保と大保は、共に逐村編排若くは別村通入のいづれかの方法によつて作られたのであつて、都保と大保の實際上の構成要素は、究極に於て自然村に他ならなかつた。しかるに、自然村を構成上の要素とする限りに於て、その保甲組織は團體でありつつ、しかも地域的區劃たりうる一面を有つてゐる。なぜなら、一村または數村の人々を以て保甲を組織するといはれる場合のその一つの村、したがつてまた數個の村は、明かな地域的區劃を成してゐるからである。ただ保甲組織が自然村を以て構成せられる場合にも、村と村との組み合せが時によつて異なる場合には、都保と大保の地域的區劃も、當然それに從つて變動しなければならない。と同時にこのことは、村と村との組み合せの固定化につれて、都保及び大保も地域的に固定化しうることを示してゐる。地域的區劃の名稱としての都と保は、恐らく都保と大保のこのやうな地域的固定化を前提として生れた。これが、地域的區劃としての都と保の名の作られるに至つた過程である。さうしてもしこの推定を認めることが出來れば、我々は、地域的區劃としての都と保の存在を以て、逆に、自然村を構成上の要素とした保甲組織のかつての存在を推定することが出來る。かくて、宋代の保甲組織と自然村との關係に關する我々の結論は明かである。即ち、宋代の保甲法もまた、明清時代のそれと同樣に、單村制若くは聯村制を以てその實際上の構成原理とするものであつた。

もちろん、かく述べることによつて、私は自然村の分割併合による保甲組織の編成が、絶對に不可能であつたと主張するわけではない。なぜなら、王培棠の江蘇省銅山區に關する報告を見ると、この地方には、現在二村の靠近の部分のみを連ねた半聯村の保甲組織が存在してゐると報ぜられてゐるからである。(13)しかし左表の示す如く、聯村形式が壓倒的に多くて單村形式これに續き、半聯村のものが最も少いといふ事情、及び聯郷、聯保等と呼ばれるものも、結局聯村を基礎としなければならないといふ事情を考へれば、自然村の分割併合による保甲組織の編成は、過去に於ても恐らく、ただ例外的な現象としてのみ行はれたのであつて、右の報告はかへつて、保甲が單村制若くは聯村制の基礎の上に作られたと見る我々の立場を、一段と強めることに役だつのである。

聯村　一八八　單村　九　半聯村　二　聯郷聯鎭　三　聯保　二　未詳　五一

(1)　續資治通鑑長編卷二百十八。　宋會要稿、兵二之六。
(2)　續資治通鑑長編卷二百四十八。
(3)　同上卷三百十一。　宋會要稿、兵二之一九—二〇。
(4)　續資治通鑑長編卷二百七十四。
(5)　蘇軾、集註分類東坡先生詩卷十六、簡寄、寄劉孝叔（四部叢刊）。
(6)　續資治通鑑長編卷二百六十七。
(7)　朱熹、晦庵先生朱文公文集卷十九、奏狀、條奏經界狀。　同上卷二十一、申請、經界申諸司狀（四部叢刊）。
(8)　眞德秀、西山先生眞文忠公文集卷四十七、行狀、顯謨閣學士致仕贈龍圖閣學士開府袁公行狀（同上）。宋史の袁燮傳にも、類似の文がある（卷四百、列傳第一百五十九）。
(9)　宋會要稿、兵二之四七。
(10)　同上、食貨一四之三七。
(11)　同上、食貨七〇之一二八。

(12) 朱熹、前掲書卷十七、奏狀、奏捄荒事宜畫一狀。
(13) 王培棠、江蘇省鄉土誌、三四〇―三四一頁。

七

以上に述べた如く、保甲法は自然村の統一性を活かしつつ、しかも大村は數保に分かち、中村は一村を一保とし、小村は數村を集めて一保を作るといふ方法によつて、各保の大きさをほぼ均一ならしめようとするのが常であつた。したがつて保甲法に、各保の大きさを均一化しようとする努力のあることは明かであるが、しかし定制に示された法定の戸數は、どこまでも概略の數字であつて、必ずしも自然村の分割併合を要求するものではなかつたのである。では、稅戸のみを一應の對象とする租稅徵收の組織についてはどうであらうか。

繰り返し述べたやうに、戸數編成原則を採用した徵稅組織の典型は、明の里甲制である。卽ち明の里甲制は、范敏の議に基いて洪武十四年に設けられ、百十戸を以て一里となし、その中の十戸を里長にあて、殘りの百戸を十戸づつの十甲に區劃した。私はこの原則に對して、融通の法が公けに認められてゐたか否かの問題を、最初に取り上げて見たいと思ふ。

結論をあらかじめいへば、官廳筋の文獻に關する限り、我々は遺憾ながら、右の原則に對する融通の規定を見出すことが出來ない。多くの記錄は、上記の定制を反復して傳へてゐるに過ぎず、そのうへ洪武二十四年の左記の「攢造黃冊格式」の如く、里内に人戸の變動の生じた場合に、これを定制の規格に復すべき方法を仔細に明示したものさへもあるほどである。

排年里長、……設有消乏、許於一百戸內、選丁糧近上者補充、圖內有事故戸絶者、於畸零內補輳、如無畸零、方許於鄰圖人戸內撥補。(1)

ここに畸零とあるのは、鰥寡孤獨にして甲首の役に堪へず、一甲十戸の框外に置かれてゐる者のことであつて、右の規定は、里內に事故または絶戸の生じた時は畸零戸中より取つてその缺を補ひ、もし里內に畸零戸の存しない場合には隣里より取り、以て里をつねに百十戸たらしめようとするのである。

正德十六年六月の御史簡欽の奏文にある撥補の法は、右の規定とはやや異なつてゐるが、一里百十戸の維持を明記してゐる點では、異なるところがない。

宜申明前例、通行天下郡邑、每里務以實在人戸一百一十戸爲準、如有消乏、許以附近流來有司軍衛人丁、及軍民官員事故遺下家人子弟寄居日久置成家業者補入

とあるもの(2)即ちそれであつて、ここでは缺戸の補充を同里內または隣里からでなく、附近に流來した有司軍衛の人丁及び軍民官員の遺家族子弟によつて行はうとしてゐる。

消乏の里を百十戸に復さしめようとするこの努力は、嘉靖九年の題准にも見られるであらう。即ちその中に

各處州縣、査審消乏里分、不成甲者、驗其丁產歸併、務使一十一戸爲甲

と記され(3)、甲に消乏の生じたる場合には、丁產歸併を檢して一甲を初めの十一戸に復せしめ、したがつて一里はつねに、百十戸の數を保持すべきものとされた。一甲十一戸の數字が十戸の里長を一戸づつ十甲に割りあてた場合の、一

甲の戸數であることはいふまでもない。

このやうに、明の里甲組織は、消乏の際の定制への復歸をしばしば要求された。とすれば里甲の定制に示された戸數編成原則の實施が、里甲制の制定當初から嚴重に要求されてゐたことは、疑ひなからうと思ふ。さうして右の定制がそのまま實行に移される限り、自然村の分割併合は、避け難き運命とならなければならない。洪武二十四年の攢造黃冊格式を見ると

如一都有六百戸、將五百五十戸編五里、剩下五十戸、分派本都、附各里長名下、帶管當差

とあつて、一都內に六百戸ある場合の里甲編成方法を例示してゐるが、この例示の意味は、まづ百十戸づつの里を五つ編成し、殘りの五十戸は、十戸づつ五里に分派附統せしめるといふのであつて、里の編成は定制どほりに行はれてをり、そのうへ剩戸を各里に分派する方法も極めて機械的であつて、自然村との關係については、何らの考慮も拂はれてゐない。その意味で、この例示に現はれた自然村の無視は二重であり、我々はこの例示を通して、自然村に對する里甲制制定者の一般的態度を窺知することが出來る。では、規定の上でその實施を嚴格に要求された徵稅のための戸數編成原則は、どの程度に實現せられまた維持せられたであらうか。

州縣志の記載を見ると、明初の一縣內に於ける里の平均戸數には、百十戸を超えるものがあると同時に、それ以下のものも少からず存在してゐる。しかるに光緒畿輔通志の記載によれば、洪武十四年、即ち里甲制施行當初に於ける河北省數縣の里數と戸數は、大興縣が三十六里三千九百六十戸、宛平縣が七十五里八千二百五十戸、涿州が四十六里五千六十戸となつてゐて(4)、一縣內の一里平均戸數は共に百十戸であつた。これはもちろん、縣內の里の平均戸數であ

るから、各里がすべて百十戸であつたといふ證據にはならない。例へば、望都縣の如きは四社六屯千百十一戸であつて、その平均は百十一戸となつてゐるにも拘らず、最大の里が百五十六戸であるのに對して、最小の里は七十二戸に過ぎないといはれ、縣內の里の大きさには、著しい相違があつたのである。したがつて明初の一縣內に於ける里の平均戸數が、百十戸を超え或は百十戸以下に止まるといはれる場合にも、各里について見れば、百十戸未滿の里が存在すると同時に、百十戸以上の里も少からず存在したであらう。

ところで興味のあるのは、定制以下の里、卽ち百十戸以下の里が、各地方に存在してゐた事實を確證する特別の言葉が、作られてゐるといふことである。譚希思の明大政纂要に

以一百一十戸爲里、推丁糧多者十戸爲長、餘百戸十甲、甲十戸名全圖、其不能十戸、或四五戸若六七戸、名半圖

とある(5)のがそれであつて、百戸を十甲に分けて甲に甲首を置き、十甲首の完備する圖を全圖といひ、甲首の十戸に不足する圖を半圖と呼んだといふのである。

類似の記載は、州縣志の中にもしばしば見出される。例へば、安徽嘉慶涇縣志に

里排之制、沿襲於宋元、及明初、以一百一十戸爲里、推丁糧多者十戸爲長、餘百戸十甲、甲十戸名全圖、不能十戸名半圖

と見え(6)、福建嘉慶南平縣志にも

洪武十四年編戸役黄冊、以一百一十戸爲里、推丁糧多者十戸爲長、餘百戸分附於十甲、爲甲首、甲十戸爲全圖、不能十戸名半圖

と記され(7)、全圖及び半圖の概念は、州縣志中に記錄せられるまでに一般化してゐた。ただ文中に「甲十戸を全圖と爲し、十戸なること能はざるものを半圖と名づく」とあるところから、十戸の完備せる甲を全圖といひ、十戸に不足せる甲を半圖と呼んだといふやうにも解されるが、當時里が圖と別稱されてゐた點、及び江西乾隆安福縣志に

以一百一十戸爲一圖、僉其丁糧古(多?)者十戸爲里長、餘爲甲首、一里長統十甲首、不滿十者爲半圖

といひ(8)、江西道光新淦縣志に

明以百一十戸爲一圖、圖以十戸爲里長、餘百戸爲甲首、以一里長統十甲首、不能十者爲半圖

といはれ(9)、また江西光緒泰和縣志に

明洪武間、以一百一十戸爲一圖、以其丁糧石(多?)者十戸爲里長、餘百戸爲甲首、以一里長統十甲首、不能十者名半圖

と記されてゐる點(10)から判斷すれば、全圖が戸數の完備せる里、半圖が戸數の不完全なる里を意味してゐたことは、疑問の餘地がなからうと思ふ。譚希思の表現をかりていへば、半圖とは要するに、里長一人に對して甲首が四五名乃至七八名に止まり、正規の十名に達しない里の名であつた。がこのことは同時に、半圖が四五甲或は七八甲のみより成り、したがつて戸數が、四五十戸乃至六七十戸に過ぎなかつたことをも示してゐる、このやうに見れば、半圖の名は、百十戸以下の里の各地に存在してゐたことを示す有力な證據とならなければならない。しかも右の引用によると、半圖の名は、すでに洪武の時代に行はれてゐたもののやうである。それは恐らく、里甲制の施行當初から存在してゐたか、或は少くともその施行後間もなく發生したものであらう。因みに、浙江同治長興縣志に、正德時代の縣下の里數

を記して

　共二百四十三里半、内爲半里者、凡十有一

とあるが、(11)この場合の半里も、上記の半圖と同じ性質の小規模の里ではなからうか。

　このやうに、洪武時代の里甲には、すでに右の意味で定例を離れたものが存在してゐた。私はこれを、特に半圖の概念をかりて説明したが、當時定制以下の里甲のみでなく、定制を超える里甲もまた存在してゐたことは、この項の始めに述べた如くである。しかし里甲組織と定制とのこの乖離は、時と共に一層その度を加へたやうに思はれる。河北光緒蠡縣志は、明の治縣李復初の言を引いて

　承久日久、逃亡遷移、或甲存而家不滿十、里在而戸不滿百、豐大之里、時或踰制、往々有之

と書いてゐるが、(12)その實狀を明かにするために、私はここに、陝西萬曆韓城縣志に載せられた全縣三十六里の戸數を紹介して置きたいと思ふ。この數字を見ると、一里平均六十六戸弱、そのうち百戸以上のものは縣城下の二里のみであつて、他は悉く百戸以下に止まり、百戸以上の二里も、實は百十戸の定數には達してゐないのである。(13)

山覲郷　王封里　五八　土門里　七八　姚庄里　七四　梗村里　七五　趙村里　四九　寺庄里　六七　千谷里　五八

　　　　郭庄里　六八　西庄里　六一

德津郷　白攀里　五八　江李里　七三　昝村里　七七　薛曲里　八四　謝庄里　七九　張村里　八六　帶村里　六〇

　　　　留庄里　七六　周安里　九〇

沃壤郷　范村里　七七　相里堡　五六　周村里　五一　東少梁里　七八　芝川里　七九　呂庄里　五三　趙庄里　六四

郝庄里 五六　清水里 五一

梁下郷　高門里 六二　西周里 八二　西少梁里 六九　陳村里 五九　蘇村里 五三　澗南里 六六　城西里 七二

南隅里 一〇二　北隅里 一〇〇

右の表に現はれた里の戸數と定制との著しい隔たりは、恐らく李復初のいふ里民の逃亡遷移の結果として生じたものであらう。一般に、里甲の衰耗は里民の逃亡にもとづき、里民の逃亡は、租税の過重と攤逃の弊とに起因する。したがつて租稅の過重と攤逃の弊との存するところ、かりに里甲編審の當初に於ける定制の實施が可能であるとしても、久しきにわたる定制の維持は、絶對に困難であつたといはなければならない。右の數字は、明かにこのことを敎へてゐる。

私は以上に於て、里甲制と里の戸數との關係を見て來た。が次に問題となるのは、里甲制と自然村との關係である。里甲制の實施に當つても、もし自然村を無視してその分割併合を敢てすれば、百十戸の里を人爲的に組織することは、必ずしも不可能ではないであらう。既述の如く、洪武二十四年の規定は、一都に六百戸ある時はまづ五百五十戸を以て五里を編し、剩餘の五十戸はこれを五里に分派せよと述べてゐるが、しかしこの原則が嚴密に行はれる限り、自然村の分割併合は避け難き運命となる。しかるに州縣志の記載によれば、明代に於ける里甲の編成は自然村の分割併合によらず、多くの場合は聯村の組織により、またある場合は單村を以て一里を組織するといふ方法を採用してゐた。私はまづその一證として、安徽同治潁上縣志の記載を擧げて置きたい。

潁上縣志によれば、明初に於ける同縣の鄉村は六鄕六里と附郭二里より成つてゐた由であるが、そのうち鄉村の四里については、各里の統轄に屬する村名と村數とが明かにされてゐる。(14) それは以下の如きものであつて、ここに列記された村名の中には、重複せるものが一つとして存在しない。これはいふまでもなく、一村にして分割されて異なる里に分屬するものがなかつた、といふことを意味するであらう。卽ち、この場合の里の構成原理は聯村であつて、自然村の分割併合ではなかつたのである。なほこの例の示すやうに、一里內の村はしばしばかなりの數に上るが、これは單に小村のみを集めたといふ理由からではなく、里の編成が、つねに稅戶のみを計算するといふ、徵稅組織に特有の一般的事情によるものと思はれる。

甘羅鄉（東北）　百社村、鹽村、茅城村、晝村、陽臺村、方姚村、灰溝村、丁家村、底葛村、河東村、南陽村、王家村、龔家集、謝家橋集、江劉集、王家集（凡十六村爲一里）

正陽鄉（東南）　黃岡村、垂岡村、黑林村、洪城村、焦岡村、洙泗灣村、陳預灣村、鄭家岡村、花水澗村、劉犢灣村、八里垛、西正陽（凡十二村爲一里）

淮潤鄉（西南）　王岡村、關洲村、南照集、曹家集、同邱村、長湖村、文塔村、仁里村、標竹村、廟臺集、潤河集、澗東村、百尺村、管谷村、新興坫村、古坫村、趙家集村、沈家店村（凡十八村爲一里）

潁陽鄉（西北）　會恩村、胡簇村、映林村、千倉村、邱園村、留陵鎭、江北村、王墅村、江口鎭、蓮花寺村、永興集、新集（凡十二村爲一里）

類似の例は、河北萬曆寧津縣志にも見られるであらう。尤も、ここでは同一村名にして異なる里名下に記されてゐるものも少くはないが、縣城に對する各里の方位と距離とを比較すれば、それらが同名異村であることは明白であつて、この場合にも一村は必ず一里に屬して、一村が二つ以上の里に分割されるといふことがない。しかも表中の庶富

三里と庶富六里が、一村を以て一里を組織してゐる場合を除き、他の里は悉く二村乃至六村を合して作られてゐる。(15)

固寧一里	在城東北三五里	庄四	杜家庄、蘇家庄、常家庄、李家庄
二里	東北二二里	庄三	果園張家庄、戴家庄、大官楊家庄
三里	東北三五里	庄三	水金庄張家、楊家庄、蕭家庄
四里	東　四〇里	庄四？	曹家寨、魏家庄、王家庄
五里	東北三五里	庄四	劉家庄、陳家庄、潘家庄、大庄張家
六里	東　三三里	庄六	逯家庄、李家庄、張家庄、舒家庄、劉家庄、王家庄
庶富一里	西南二三里	庄二	掌家庄、張家庄
二里	南　一五里	庄三	張家庄、曹家庄、于家庄
三里	東南一二里	庄一	孔家庄
四里	東南二五里	庄二	張家庄、岳家庄
五里	東南四〇里	庄三	郭家庄、樓家庄、孟家庄
六里	東南二五里	庄一	闞家庄
七里	東南一五里	庄二	王家庄、李家庄
遷善一里	西北二五里	庄五	焦家庄、杜家庄、鄭家庄、常家庄、林家庄
二里	西北二〇里	庄三	楊家庄、劉家庄、馮家庄
三里	西南二〇里	庄四	張家庄、門家庄、王家庄、戰家庄
四里	西　三〇里	庄二	黃家庄、張家庄

五里	西	二五里	庄三	王家庄、白家庄、古王家庄
六里	西	二五里	庄二	何家庄、呂家庄
里仁一里	北	四五里	庄三	趙家庄、高家庄、劉家庄
二里	西北	一五里	庄四	劉家庄、張家庄、王家庄、小張楊家庄
三里	東北	二八里	庄四	黄家庄、毛孫家庄、傅家庄、圏子楊家庄
四里	西北	二五里	庄五	劉家庄、商家庄、王家庄、窰廠鄭家庄、鶏楊家庄
五里	北	三五里	庄三	新曹家庄、苑家庄、紙房李家庄
坊市里	在	城	庄三	窪劉家庄、李家庄、張家庄

右の二例が里下の村名を悉く明記してゐるのに對して、山西萬暦沃史や河北萬暦新城縣志の如く、(16)各里の村數のみを示して、別に村名を掲げないものも存在してゐる。しかしこれらの場合にも、村落が全體として一つの里に屬してゐたことは、疑ひなからうと思ふ。これと同じ里の編成方法は、後で述べるやうに、明の里甲制を繼受した清代の郷村にもひろく行はれてゐる。さうしてこの事實は、單村または聯村の方法による里甲の編成が、里甲制に本來的のものであつたことを示すものではなからうか。前に擧げた安徽省潁上縣の例が、明初のものであつたといふ一事は、この點で大きな意味を有つてゐる。

が里の領村關係を示す今一つの材料として、私は山東光緒霑化縣志に載せられた、明の邑令段展の萬暦四十四年の文を擧げて置きたい。卽ちそれによると、段展が履任の初め、單騎出門して郷村の荒狀を視察した際に、里長と地方が馬前にあつて手指しつつ

此某里某甲、原人丁若干、而今盡死矣、此某甲某村、原人丁若干、徵賦若干、其死其逃亦若干

と報じたといふのである。(17)「某甲某村」といふ以上、一村が例へば二つに分れて別々の甲に屬するといふことはありえない。一村一甲であるか、數村一甲であるかの點は不明であるにしても、とにかくこの場合の村が、全體として一甲に、したがつて同時にその甲を含む里に所屬してゐたことは、疑ふ餘地がない。

最後に、里と村との關係を示すものとしてなほ注意すべきものの一つに、明の教民榜文第二十四條の

河南山東農民中、有等懶惰、不肯勤務農桑、以致衣食不給、……此後止是各該里分老人勸督、毎村置鼓一面、凡遇農種時月、五更擂鼓、衆人聞鼓下田、該管老人點閘

といふ規定がある。(18)

繰り返し述べたやうに、明の里甲制は里に里長を置いて錢糧の徵收を司らしめたが、それと別に老人と稱するものを設けて、里内の司法、教化、勸農、水利等のことを指導せしめた。里は百十戸であり、老人の統轄範圍は里長のそれと全く同一であるが、老人を中心とする里は、協同的自治生活の實現を期待されるところの世界であり、里がもし自然村の分割併合によつて組織されたものであるとすれば、自然村に於ける隣保團結の紐帶は破壞せられ、鄕村に於ける協同的自治生活は、その内容に於て甚だ歪められたものとならなければならぬ。なぜなら、例へば教民榜文第二十五條は、婚喪時に於ける百戸内の相互援助を要求してゐるが、假りに一村が二つに分れて甲里と乙里に分屬する場合を考へれば、その村の一半は甲里の者、他の一半は乙里の者に對してのみ相互援助の義務を負はされ、村落生活に固有の統一感情は、それによつて攪亂若くは破壞されざるをえないからである。鄕村内の教化を求めながら、睦隣の

生ずべき本來の地盤を、人爲を以て破壞するといふことは大きな矛盾である。もし老人設置の目的が、鄕村の親和を育成するところにあるとするならば、里の組織は自然村の統一を殺すことではなくて、かへつてそれを活かすことでなければならず、自然村を活かさうとすれば、里はこの點からも、單村若くは聯村の方法を取らざるをえなくなるであらう。

ところで、右の關係を一層具體的に示すのが、實は「村每に鼓一面を置く」とある上引の文である。なぜなら、私は前に、一村を單位として行はれる打鼓、放礮、鳴鑼、擊鼓等が、保甲と自然村との結びつきを示す有力なる一證であると述べたが、同じことが里についても考へられるからである。そこでこの問題に答へるために、やはり一村が二つの部分に分れて異なる里、即ち甲と乙とに屬する場合を考へるならば、この場合の鼓は一村に一個置かれるが故に、その鼓は例へば、甲里に屬するその村の部分の中にあるはずであり、しかも一村の人がすべてその鼓を聞いて田に下るとすれば、甲里の人だけでなく、乙里に屬する同村の人々も、甲里の鼓によつてその行動を規制されざるをえないこととなる。とすれば里は必ずしも統一性を有たず、他の多くの點に於て要求される里の統一性は、この點に於て重大な破綻を生ずるわけである。里は里の統一性と自主性とを實現すべく要求されてゐるが、自然村にはすでに、自然村に固有の統一性と自主性とが備はつてゐる。さうしてこの二つを合致せしめる手段は、自然村をそのまま里甲組織の構成要素とするところ以外にはないであらう。故に敎民榜文に定められた勸農のための一村一鼓の法は、里甲についてもまた、自然村がその構成上の要素とされてゐたことを示すのである。

私はもとより、自然村の分割併合、その他の方法による里甲組織の人爲的編成が不可能であると主張するわけではない。小畑龍雄氏は、ちやうどそのやうな人爲的編成の例を擧げてをられる。即ち河北嘉靖藁城縣志によれば、この縣は最初十三社から成り、社はそれぞれ一乃至十四の村落を含んでゐたが、その後新たに三社を加へると共に、この三社は、同縣志に「其安興人和阜鑾之民、皆散處于各社村落中、蓋三社增編故也」とあるやうに、既存各社の村落中に散住する人々を集めて作られ、したがつて所轄村を有たない社として成立し、また存續したといふのである。(19) しかしこれは定制に對する例外であつて、本來の里は、原則としてつねに自然村を集めて作られてゐる。小畑氏の精査された明代の多くの地誌に於ても、上記の藁城縣志を除けば、里は必ず小村落をいくつかづつ集めて作られるのが、一般の形式であつたといふ。さうして里甲の組織が、單村または聯村の方法によつて編成せられる限り、その定制に示された編成の戸數は、概略の數字であつて、固定せる數字であることは出來ない。浙江萬曆秀水縣志に

大約《いか》百有十戸爲里

とある(20)のは、まさにこの關係を明示したものでなければならぬ。私は前に、定制の維持を要求した一つの例として、甯欽の「毎里務以實在人戸一百一十戸爲準」といふ言葉と、嘉靖九年の題准にある「務使一十一戸爲一甲」といふ言葉を擧げたが、右の觀點から更めてこれらの文を讀みなほすと、甯欽と題准もやはり、百十戸を以て概略の數字と見てゐたことがわかる。要するに、自然村の統一性を尊重しつつ、しかも稅戸の數にしたがつて、或は一村のみにより、或は數村の聯合により、また或は一村をいくつかに分けるといふ方法によつて、法定の戸數に出來るだけ近い組織を作らうとするところに、里甲編成の實際上の方針があつたのである。

最後に問題として殘されてゐるのは、里甲制が、中國に於て大數を示すためにしばしば用ゐられる百の數をいはず

して、「百十」といふ特殊な數を使用してゐる點であるが、私はこの問題に關して、百十戶中嚴格にその實現の要求されたのは里長の十戶のみであり、殘りの百戶は、他の多くの場合に於けると同樣に、單なる概數を示したものに過ぎないと考へる。何となれば、里長の役は十年に一周する規定であつて、その數は必ず十戶であることを要し、しかも里長は里甲內の最も重要なる地位を占め、里甲制の運營上これを缺くことが出來ないからである。甲首もまた十年に一周するが、その地位と役割の重要性は、里長のそれに比してはるかに輕い。明の大政纂要や、安徽、江西、福建等の州縣志が、甲首の定數に不足する場合のみを論じて、里長の缺如或は不足せる場合を問題としてゐないのは、全圖はもちろん、半圖といへども、つねに十戶の里長が備はつてゐたがためであらうと考へられる。

(1) 萬曆大明會典卷二十、戶部、戶口、黃册。
(2) 大明世宗嘉靖實錄卷三。
(3) 王圻、續文獻通考卷二十、戶口考、册籍。
(4) 光緖畿輔通志卷九十六、經政畧、戶口。
(5) 譚希思、明大政纂要卷六。
(6) 安徽嘉慶涇縣志卷五、食貨、徭役。
(7) 福建嘉慶南平縣志卷四、田賦、戶役。
(8) 江西乾隆安福縣志卷四、食貨、徭役。
(9) 江西道光新淦縣志卷十、田賦。
(10) 江西光緖泰和縣志卷六、政典、戶役。

(11) 浙江同治長興縣志卷一、鄕都。
(12) 河北光緒蠡縣志卷二、方輿、鄕社。
(13) 陝西萬曆韓城縣志卷一、里甲。
(14) 安徽同治潁上縣志卷二、建置、諸鄕。
(15) 河北萬曆寧津縣志卷二、建置、里甲。
(16) 山西萬曆沃史卷九、方域攷。 河北萬曆新城縣志卷三、建置、鄕社。
(17) 山東光緒霑化縣志卷十二、藝文、段展、請減賦文。
(18) 皇明制書卷九、教民榜文。
(19) 小畑龍雄、明初の地方制度と里甲制(人文科學、第一卷第四號、五五頁)。
(20) 浙江萬曆秀水縣志卷三、食貨、田賦。

八

以上に述べた明の里甲制は淸の順治五年に至つて復活された。(1) この時代の百十戸一里の制が、その實施をどの程度に要求されたかの點はしばらく措き、少くとも康熙以後の州縣志には、里(社或は圖)(2)について領村、轄村、管村、統村、撟村をいひ、また里と村との關係を、管轄、所管、所屬、所轄、共屬、共轄等の語によつて示し、その村數を明記した例がすこぶる多い。この點を明かにするために、私はここに三つの事例を引いて置きたい。各縣の里社名の下に記された數字は、いづれもその里を構成するところの村の數である。

河北省靈壽縣

在城社	五	同下社	六	北托社	二	青廉社	九	慈谷社	六
文城社	四	叉頭社	三	燕川社	二九	白石社	九	朱樂社	七
菅村社	三〇	牛城社	一六	東關社	—	新安社	—		

舊編十二社、後增東關新安二社、其編戶土地、十二社俱附焉、按此舊志、以各村庄分隷各社、惟東關新安二社、無專屬之地。(3)

河南省武陟縣

千一里	一二	千二里	一三	善一里	二〇	善二里	一五	富一里	二〇
富二里	一三	大一里	一三	大二里	一三	待一里	一四	待二里	一八
方一里	一二	方二里	一六	永一里	一七	永二里	一六	維一里	一六
維二里	一三	興一里	一四	興二里	一六	平一里	一三	平二里	一三

明制爲五十六里、後併爲五十一里、順治二年歸併爲二十里、今仍併爲二十里。(4)

山西省沁源縣

從正里	四五	東亨里	一三	新安里	二四	三合里	四〇	平定里	五一
長盛里	二五	豐厚里	二七						

明初一十六里、嘉靖初年十五里、萬曆四十五年十四里、崇德八年歸併七里、國朝因之。(5)

右の例示によつて、清代の里が多く聯村制によつてゐたことはすでに明瞭であるが、さらに甲と村との間に領村關係の成立する場合がある。さうして甲が村を領する場合には、里もまた、當然にその村に對して領村の關係に立たなければならない。その實例は既述の如く、明の時代にも存在してゐた。が、我々はさらに清代に於ける同種の例として、山西光緒解州丈清地糧里甲圖說の記載を擧げることが出來るであらう。即ち解州では、城内の四坊と郷村の百十九個村を十六里に分かち、三甲乃至十一甲を以て一里を編成すると共に、甲については一村一甲の制を原則とし、小村落の場合にかぎり、これを隣村と合して一甲に附入せしめるといふ方法を採用したのである。したがつて各里の編成は、左表の如くさまざまであるが、とにかく里が甲を領し、甲がさらに村を領するといふ關係の嚴存してゐたことは、疑ふ餘地がない。

亭通里	四坊一甲	聖化里	四村四甲	仁美里	十村五甲	孝順里	十四村六甲
友于里	五村四甲	恤鄰里	六村六甲	睦雍里	九村九甲	嫻敦里	十四村八甲
知覺里	四村四甲	義勝里	十一村十一甲	和樂里	十村十甲	忠恕里	八村七甲
任重里	七村四甲	貞正里	九村八甲	元善里	三村三甲	利順里	五村五甲

なほ解州に於ては、上記の如く十甲一里の制が崩れたばかりでなく、里と甲の大きさも里甲の定制を超えて、里毎に約八九百戸にも達してゐたといはれる。しかし村はすべて甲に領せられてをり、したがつて里は、ここでも聯村制の基礎の上に作られてゐるのであつて、里と甲の大きさが、明以來の定制に近づくとこれを離れるとに關はりなく、清代に於ける里の構成原理は、主として聯村制に置かれてゐたのである。

　私は以上に於て、清代の里にひろく領村若くは轄村の事實のあることを指摘した。里甲組織が自然村を要素として作られるといふ命題は、少くとも清代に關する限り、もはや問題の餘地がないといつてよい。が清朝に於ては、實は雍正六年以後「順莊編里」と稱する制度が各地に行はれ、この制度は後で述べるやうに、最初から村莊を集めて里を編成しようとするものであつた。順莊編里は、里の戸數を問題としない。したがつて原則のみについていへば、明の里と順莊編里の里とは、その編成の根本方針を異にしてゐる。しかし原則上のこの相違は、何ら構成上の相違を齎すものではなかつた。なぜなら、前記の靈壽縣志と武陟縣志と沁源縣志の例は、共に明の里甲原則を前提として作られ、雍正以後の順莊編里とは何の關はりをも有たないと考へられるにも拘らず、靈壽縣の東關及び新安の二社を除く他の三縣の三十九里が、悉く聯村制の基礎の上に成立せしめられてゐるからである。進んでいへば、順莊編里の法は、明初以後實施された里甲組織の形式を範として作られたと信ずべき理由がある。ただ右の除外例をなす靈壽縣の東關・新安の二社については、縣志に專屬の地を有せずといふ說明があり、またそこには所轄村も缺けてゐるが、これは多分、河北嘉靖藁城縣志所揭の安興以下の三社と同樣に、既存各社の村落中に散住する人々のみを集めて、新たな社を編成したからであらう。なほ詳しくいふと、既存の各社に屬する土地の所有者がそれぞれの社を離れて他の村に散住し、その結果もとの社による徵稅が困難となつたために、この困難を除く必要からそれらの人々の間に適宜の催徵範圍を定めて作つたのが、これらの里である。しかも社の新編に際して、それらの人々の土地は舊社から新社に移されるが故に、その社民が各村に散住するだけでなく、その土地もまた各地に散在することとなる。これが恐らく東關・新安の兩社に、所轄の村と專屬の土地が缺けてゐるといはれる理由であり、兩社はこの二點で、專屬の土地を有ちまた自然村を合して作られた、一般の里に對する例外をなしてゐる。尤も順莊編里は、後で述べるやうに、土地の坐落と人の住址との分離にもとづく稅制の混亂を是正する必要から、前揭二社の編成に見られたと類似の方法によつて、在來の里を改變しようとするものである。しかし順荘編里も、いくつかの村落を集めて里を作るのであつて、村落との關係を見るかぎり、その編成の形式は、在來の里と異なるところがなかつた。私は次にこの制度の內容と成立の過程とを明かにすることによつて、淸代、殊に雍正以後に於ける里と自然村との緊密な繫がりを、一層明確にして置きたいと思ふ。

結論的にいへば、順荘編里とは、里甲組織に於ける人地合一の段階から人地分離の段階が生じ、もとの里による徵稅が困難となり、また種々の弊害を釀すに至つたために、人戶の住址を中心とする徵稅の新たなる方法をとり、しかも徵稅方法のこの改變に卽應して、從來の里甲と異なる村落中心の組織を、「里」の名の下に新たに編成しようとしたものに他ならない。

そこでまづ問題となるのは、人地の分離といふことであるが、淸代の州縣志を見ると、一戶或は一村にして數里に屬するものがあるといふ記事にしばしば遭遇する。例へば、河南乾隆新鄉縣志に

地多犬牙相錯、或一戶分於數里

とあり(6)、また山西光緒文水縣志に

往々有一村屬二三都者

とある(7)のがそれであつて、山西省解州の如きは、乾隆州志の記載によれば、一村にして一里に屬するもの約五十村に對して、一村にして二里に屬するもの約三十村、一村にして三里に屬するもの六村、一村にして四里に屬するもの一村を數へるほどであつた(8)。

里甲の編成に當つて、自然村の分割併合を敢てすれば、その場合にも一村にして數里に屬するといふ關係は生ずるであらう。しかし上記の新鄕縣志に「一戸數里に分る」とあるのを見れば、淸代の州縣志に指摘された一村の數里への分屬が、里甲編成の當初に於ける自然村の分割併合に起因するものでなかつたことは明かである。これはむしろ、私のいはゆる人地の分離を前提とするものであつて、前引の文水縣志に、一村の二三都に分屬する原因を擧げて

人有遷徙

と述べてゐるのはその確證である。人地の分離は、まづ人戸の移住のあるところに生ずる。江蘇道光寶應縣志に

康熙年間、民戸多所移徙、非復土著、而其冊籍未能隨時更易、遂有居在邑而籍在野、戸在南而田在北者

といはれてゐるのも(9)、人戸の移動が人地の分離を招來せしめた例といつてよい。では人地の分離は、如何にして一村にして數里に從屬するといふ事實と結びつくか。理由は極めて簡單である。即ち移住によつて、人戸はもとの里に屬しつつ所有地から隔在するが、異なる里の人が各〻の所有地を離れて同一村に集まる場合、一村にして數里に屬するといふ關係が、おのづからそこに生れるのである。

同じことは、他村の人による土地の買賣、即ち所有權の移動に基いても起りうるであらう。なぜなら、所有權の移動によつて人地は分離するが、もしこの場合に一村の人々が、數里の土地を買へば、その土地が人に隨つて過割せられざる限り、一村にして數里に屬するといふ關係が生ぜざるをえないからである。さきに擧げた一戸にして數里に分れるといふことの意味も、右の說明によつて明かとなるであらう。即ち、それは、一戸にして數里の土地を購つたといふことの結果に他ならないのである。

しかるに、人地の分離、即ち人戸の住址と土地の坐落とのこの隔越は、郷村の編成と徴稅の組織及び方法に關してさまざまの複雜なる問題を生ずるに至つた。この點に關してまづ最初に擧げられるのは明の呂坤であるが、彼は古の人戸と土地が合一の狀態にあつたのに對して、後世の人戸と土地は分離の狀態に置かれていると主張し、しかも里甲が土地に關しても、また人戸に關しても成立することを指摘して次の如く說いてゐる。

有人戸之里、有地土之里、所謂人戸之里、以籍爲定、某里某甲之人也、地土之里、所謂畫野分郊、某里某甲之地、蓋古有人里居田井授、故人地合而爲一、今也地在此、居在彼、人地分而爲二、契書所寫、賣主之里甲地里甲也、買主之里甲人里甲也。(10)

かくの如く、呂坤に於ては土地の里甲と共に人戸の里甲が語られてゐるが、山西省壽陽縣では、土地に關する時には某鄕某都、人戸に關する場合には某所某村の名を久しく使用してゐたといはれる。鄕都はいふまでもなく徴稅のための組織であり、これに對して、所村は單に人戸の住址を示すためのものであつた。

今戸口日繁、統計所九十有二、村莊四百十一、民俗以某村屬某所、相沿已久、今仍其俗、……某鄕某都之稱、用以納正供、雖遷居而不改、故有家於西、而尙稱東幾都、家於北、而稱南幾都者、某所某村、則民居土著之實、可按籍而稽耳。(11)

注意を要するのは、右の文に、某鄕某都は正供を納めるためのものであつて、遷徙して所村を變更した場合にも、鄕都に對する人々の關係は、從來と毫も異なるところがなかつたといはれてゐる點である。呂坤にも

以地爲主、不以人爲主、人係名於地、不許地係畝於人、蓋里甲有定、人無定、地者萬古里甲之地、人者隨時買賣

之人、故不以人爲主

とあるから、彼もまた徵税のための鄉村の組織を、地の里甲を中心として考へてゐたことがわかる。

しかるに、人地卽ち人戶の住址と土地の坐落との分離に伴つて、各里の人戶が處々に散在するに至つたために、里長の催徵は著しい困難を伴ふやうになつた。この狀態を指摘して、安徽光緒廣德州志所引の貢震は

從前居址相連、同此圖甲、百年而後、轉徙無常、其戶名仍舊、則其圖甲亦仍舊、里長催糧、零星錯雜、遠近奔波、爲累非淺

といひ(12)、また江蘇嘉慶海州直隸州志は、崔方韓傳に於て

當時戶口遷徙、移甲易乙者、不可勝計、圖甲旣改、無從稽查、里長不勝追比、一輪是役、卽受刑破產、甚至鬻兒賣妻、以賠官税、供私索

と述べてゐるが(13)、さらに山西雍正嵐縣志には

不獨一都之民散住、各山至近五七十里、遠則百里、而一甲之民、所在遠近亦然、每遇催徵、一甲止一甲長、山路崎嶇、數日始週

とあり(14)、河北康熙臨城縣志にも

甲內花戶、散處四方、里長甲首、奔走數十百里、倘難遍及、旣廢終歲之農工、而稍有缺悞、鞭朴及之、且有狡黠者、抗避累賠、故小民至應役之年、勢不得不多費金錢米粟、以倩人、而受倩者、未必盡善良、遂有婪收中飽諸弊

とあつて(15)、里甲長の催徵範圍が數十里から百里にも及び、そのために東奔西馳して終歲の農耕を放擲しなければなら

かつたこと、狡黠者その他の缺逋を代輸賠納する結果、妻を賣り子を鬻ぎ産を破るに至る者のあつたこと、過誤あれば打たれ、また刑を受ける者のあつたことなどが知られる。しかし人地の分離は、ひとり里排の苦を増し催徵の難を加へたばかりではなく、花戸による飛灑、影射、規避、混淆等の諸弊を釀成し、助長する原因ともなつた。

すでに述べた如く、明の呂坤は、明代に於ける土地の坐落と人の住址の分離を指摘し、張朝瑞もまた里甲について

國初之里甲、……初以相鄰相近故、編爲一里、今年代久遠、里甲人戸、皆散之四方矣

と述べてゐるから、[16]上記の如き諸弊は、明の時代にもすでに存在してゐたものと思はれる。ただ明代については、これに對して如何なる處置が講ぜられたかを詳かにしないが、淸朝に於ては、雍正六年に始めて

順莊編里、開造的名、如一人有數甲數都之田、分立數戸之名、即歸併一戸、或原一戸而實係數人之產者、即分立的戸花名

といふ規定[17]が設けられた。順莊編里の法は、實にこの時に始まるのである。順莊編里とは、具體的にどのやうなものであらうか。

文字の上からいへば、順莊編里は村莊に順つて里を編することを意味する。しかし上に引いた雍正六年の覆准が、大淸會典事例の田賦の條にあるところから知られるやうに、それは徵稅に關する何らかの組織であり、徵稅のための組織であるが故に、當然にまたそれに對應した徵稅冊編造の特定形式を有たなければならない。右の覆准に、一人にして數甲數都に土地を有し、しかもそれを數戸の名下に分けてゐる者はその土地を一戸名の下に集め、また數人の產にして一戸名に屬せしめられてゐる場合には、それを各戸に分立せしめよといはれてゐるのはそれであるが、覆准の

說明の不備を州縣志の記載によつて補足すれば、江蘇光緒華亭縣志に

戸冊、就糧戸所居遠近、依次編配、凡其人所有之田、皆彙丼戸下、謂所順莊也

と見え、[18] 江蘇光緒嘉定縣志に

將各業戸田畝、照所居邨莊、順聚一處、名順莊冊

とある如く、[19] 順莊編里に於ける冊籍編造の原則は、第一に、各業戸の土地は、その土地の所在の如何に關はりなく各業戸の名下に集めること、第二に、各業戸名の下に集められた土地は、さらに各戸の住址たる村莊每に纒めることといふ二點に求められる。さうして順莊編里に於ける徵税冊編造の形式がもしこのやうなものであれば、順莊編里に於ける徵税もまた、この形式に對應した方法を採用するであらう。卽ち徵税は人戸の住址につき、且つ村莊を單位として行はれることとなつたのである。趙錫孝が「徭役議」に於て

業田之民、比戸而居者、謂之莊、按莊戸以編征、謂之順莊

と述べた[20]のは、まさにこの點を指摘したものであらうと思はれる。

しかし順莊は、單に一村が徵税上の單位とされたといふ意味に解してはならない。山東嘉慶壽光縣志に

是以有順莊之制、其制不論某社某隅、而但論村莊住址、連絡某村某莊、而摠統之某鄕

といはれ、[21] また河北康熙臨城縣志に

就近配搭、自某庄至某庄、共若干家、……花戸近者、皆屬比鄰、遠者不及數里

と書かれてゐるとほり、[22] 順莊は隣接したいくつかの村莊を連ね、その範圍を以て徵税上の區劃とするものであつた。

しかも順莊が徴税のための特定範圍を限定するものである以上、それは必然に鄕村の新たなる組織化を伴はざるをえない。壽光縣志は、順莊は社隅の如何に關はりなく、ただ村莊の住址のみを問題とし、某村某莊を連ねて鄕に隷屬せしめるといふ意味のことを述べてゐるに過ぎないが、臨城縣志は、前引の文のすぐ後に

應納糧若干、爲某社

といひ、村莊を連ねた徴税のための組織を、特に「社」の名によつて呼んでゐる。臨城縣志によれば、同縣はもと十三社から成り、明の成化八年に至つて十六社になつたといふ。がこれは多分、土地の坐落について作られたもとの社であつて、人戸の住址にしたがつて出來た後の社とは異なつてゐる。ところで、社はいふまでもなく里に等しい。とすれば、順莊編里の意味は、ここに至つて漸く判然とするであらう。即ち、それは土地の坐落を中心とした在來の里を廢して、村莊を連ねた新たな里を作り、土地の坐落の如何に關はりなく、里内の村莊を中心として徴税を行はんとするものに他ならない。

山東康熙新城縣續志によれば、同縣には順約編里と稱するものが行はれてゐた由であるが、この順約編里も順莊編里の一種と見ることが出來る。「順約編里條約」に

新邑舊分四十約、莊村雜亂、旣已遠近不齊、其額編四十里、……毎一里人戸、又散居各約、其共約者、多不共里、里差不能畫一、共里者、多不共約、催糧奔走艱難、今本縣親勘各約莊村、酌量地勢遠近人戸多寡、以相去五里爲率、另分東西南北四十約、卽以四十約爲四十里

とあるのがそれであつて、人地合一の當時縣内の鄕村を四十約に分けると共に、その約を同時に徴税上の單位として

里と呼んでゐたのに對して、後世人戸の移動によつて里と約との關係が往時の面目をあらため、里長の催徴が困難を伴ふこととなつたために、新たに相去る五里を標準とした郷村の編成を作つて約と名づけ、その約の範圍を以て徴税上の里となしたのである。約は地域的區分、里は徴税上の區劃であるが、兩者の範圍は完全に一致してをり、里と約は、共に村莊の聯合體から成つてゐた。これがいはゆる順約編里の意味である。このやうに見れば、順約編里が順莊編里の一種に他ならないことは明かであらう。ただ新城縣に於ける順約編里條約が、康熙の頃のものであつて、順莊編里の法の制定に先だつものであつたといふ一事は、注意されなければならない。

この他、里或は社の代はりに「莊」の名を用ゐた例も見出される。江蘇省寶應縣がそれであつて、道光縣志の左記の文によれば、ここでは民戸の移住が多く、從來徴税の單位であつた郷圖及び圖里が空名に歸し、冊籍もまた具文に墮したために、新たに城内では鋪、郊野では莊を編し、鋪と莊とを以て催課のための組織たらしめたといふのである。

康熙年間、民戸多所移徙、非復土著、而其冊籍未能隨時更易、遂有居在邑而籍在野、戸在南而田在北者、於是郷圖之名徒存、虛冊寖久、且失其故處、而凡公事之所管轄、賦税之所催科、在城改爲九鋪、在野更爲三十三莊、以縣領鋪莊之完戸、而鋪莊隷圖里之虛名。(24)

なほさきに擧げた江蘇海州直隷州志の崔方韓傳によれば、方韓は、人地の分離に伴ふ里長追比の類を憫んで順莊編里の法を施行し、贛楡縣を三十鎭に分けて村莊を統べしめたといはれ、ここでは里、社及び莊の代はりに「鎭」の名が使用せられてゐた。

これまでの説明によつて、我々は、聯村組織が順莊編里に於ける郷村編成の一般的原理であることを知つた。さうしてこれは、戸數上の制限の缺如といふ點を除けば、すでに明以後の里甲制に認められた鄕村構成原理の、そのままの繼承でなければならない。私が前に、順莊編里の法は、明初以來實施せられた里甲組織の實際を範として作られたと述べたのもその故である。が最後に私は、順莊の法が「滾單」による徵稅の方法と結びつき、しばしば順莊滾單の法或は順莊滾催の法と呼ばれてゐることについて一言して置きたい。

いはゆる滾單の法は、康熙三十九年の制定にかかり、同里中の五戶或は十戶に對して一聯の單を使用する方法であつた。大淸會典事例に

康熙三十九年題准、徵糧設立滾單、於納戶名下、註明田畝若干、該銀米若干、春應完若干、秋應完若干、分作十限、每限應完若干、給發甲內首名、挨次滾催、令民遵照部例、自封投櫃、不許里長銀匠櫃役秤收、一限若完、二限挨次滾催、如有一戶沈單、不完不繳、査出究處

とあり(25)、またこれを說明した皇朝文獻通考の文に

凡徵糧立滾單、每里之中、或五戶或十戶、止用一單

とあるのがそれであるが(26)、とにかく滾單の法は、五戶或は十戶を併せて催徵用の單を作るが故に、それは住址相連なり、稅戶が聚居の狀態にあることを不可缺の條件とするであらう。前に擧げた安徽廣德州志所引の貢震の文に

造徵冊設滾單、挨順村庄、花戶同在一單者、非叔伯兄弟、卽左右近鄰、彼此傳催、依限完納、追呼可免

とあるのはその意味と解せられ、滾催は結局、村莊を以て徵稅上の單位とすることを必要とし、延いて順莊の法の行はれてゐることを好個の條件とする。江蘇光緖震澤縣志に

滾單催輸、莫便于順莊

といひ、(27)山東壽光縣志所揭の王椿の「順莊紀略」に

欲行滾單、非順莊不能滾

と記されてゐるのはそのためであつて、同じ壽光縣志の別の個所に(23)

戸人棋布星散、滾催亦屬不便

とある如く、(29)人地分離して税戸が四散し、しかも在來の里制の存續するところでは、滾單の法を行ふに由なかつたのである。なほ前引の大清會典事例の文の示すやうに、滾單の法は自封投櫃の法を伴つてゐるが、この法もまた聚居せる人々に對してのみ行はれうるのであつて、その實施は滾單の法に於けると同樣に、順莊の法の如きものの行はれてゐることを必要としたであらう。

歷史的にいへば、滾單の法は順莊編里の法に先だつ。順莊の法の制定は、滾單の法の施行に後れること二十八年である。しかし後者は、その性質上、おのづから村莊を中心とする郷村組織と結びつくべき運命を擔つてゐた。さうしてここに、順莊滾單或は順莊滾催の法の生れた理由がある。

既述の如く、順莊編里の法は、人地の分離に伴ふ徵税上の混亂を是正する目的を以て、滾單の法におくれ、しかもそれとは別個に作られたものであるが、山東省壽光縣志に

戸人棋布星散、滾催亦屬不便、是以有順莊之法

とあるやうに、滾單の法の實施が、順莊の法の成立と普及を助長し媒介したといふ事情も恐らく存在したのであつて、

滾單の法と順莊の法との緊密なる關係を示す言葉として、興味が深い。さきに述べた山東省新城縣に於ける順約編里が康熙の頃のものであるといふ事實も、滾單の法の施行と關係するところがあつたのかも知れない。いづれにせよ、順莊の法が村莊中心の組織を必要としたと同樣に、滾單の法も村莊中心の組織を缺きえなかつたこと、さうしてこのやうな條件の同一性が異なる制度を結合せしめたといふ事實に、私は特に注意を拂ひたいと思ふ。要するに、淸代に於ける徵稅のための組織は、警察のための組織と等しく自然村の統一性を尊重し保存せしめた。これが、この項に於て私の明かにしようとしたところの結論である。

岡崎博士の說によれば、鄕村を戶數によつて規度しようとした晉の徵稅組織は、當時、租稅賦課の方法として始めて戶調式が採用せらるるに至つた事實に、結びついてゐるといふ(30)。卽ち戶調式は戶單位による稅の徵收方法であり、この方法の採用に伴つて、徵稅上の戶數編成原則が始めて案出されたといふのである、しかしこの場合の編成戶數は概ね百戶であり、しかも土廣人稀のところでは、五十戶にまで減ずることが出來たとあるから、晉の制度はかなり融通性に富むものであつたことが知られる。また後周の制度は、大率百戶を以て一團となし、その團は鄕村を團併して作るといはれてゐるが、鄕村の團併は自然村の聯合を意味し、したがつてこの制度の方針が、自然村を集めて百戶に近い組織を作るといふ點にあつたことは明かである。さうしてこれらの點よりすれば、北魏、北齊、隋、唐等の制度に現はれた鄕村編成のための戶數も、すべて概定の數に過ぎなかつたと解するのが至當ではなからうか。五里卽ち五百戶を以て一鄕となすといふ唐令の規定に反して、舊唐書李渤傳に「渭南縣長源鄕には、本と四百戶あり。今は纔かに一百餘戶」といふ記事(31)のあるのを見ても、いはゆる戶數編成原則が一般に如何なる意味のものであつたかは、容易に想像せられるはずである。このやうに見れば、保甲法はもとより、さらに里甲制について述べた戸數編成上の融通性が、過去よりの傳統に基いてゐることは、もはや問題の餘地がなからうと思ふ。

なほ以上に述べた清代の里甲制と關聯して附言を要するのは、清初以來、戸數による郷村編成の原則が存在するにも拘らず、華中方面、殊に江蘇、浙江及び安徽を中心とする地方に、圖甲或は圖莊の名の下に、田畝の廣さを以て郷村を區劃しようとした例のあることである。卽ち康熙のころ、巡撫韓世琦、布政司使慕天顔等の均田均役說が行はれるに及んで、役の負擔を均等にする必要から、一圖、したがつてまた一甲の廣さ（一圖は十甲に分れ、甲はまた莊とも呼ばれる）を、それぞれ均一ならしめる畝數編成の法が、ひろく實施せられたのである。尤も「請行版圖順莊之法疏」と題する陳大受の乾隆七年の文に

明之初年、又造魚鱗分役、里田三千、甲田三百、按畝科徵

とあり[32]、さらに浙江同治長興縣志にも

崇禎十五年、知縣李向中、編審改定都啚里甲、見張志云、前此各區里甲田數、多寡不均、至是始以三百畝爲率

といはれてゐる[33]から、一甲を三百畝、一圖を三千畝とする均田均役法の起源は遠く明代に存し、清朝に於て採用せられたのも、實は一圖を約三千畝、一甲を約三百畝たらしめようとする明の舊法に他ならなかつた。例へば、江蘇に於ける每甲の廣さは、常熟縣が三百三十七畝[34]、崑山・新陽兩縣が三百二三十畝[35]、無錫・金匱兩縣が三百畝[36]、江陰縣が二百六十九畝五分一釐[37]、震澤縣が二百畝[38]、浙江に於けるその廣さは、海寧、景寧、長興の三縣が共に三百畝[39]、安徽の例はやや廣くて、旌德縣のそれが五百畝であつた[40]といはれてゐるが、圖はつねに十甲から成つてをり、したがつて圖に

含まれる田畝の大きさは、上記の數字のそれぞれ十倍でなければならなかつた。均田の法に伴ふ圖甲がもしこのやうなものであるとすれば、それと本來の里甲との間に、何の關はるところもないことはいふまでもない。江蘇震澤縣志所引の嘉定縣舊志に

里以編戶、戶定則所業田隨之、故以里稱者、田無定額、圖以領圩限田、圩田定則戶隨之、故以圖稱者、戶無定額、圖與里亦有不同

とある(41)のは、この點を明かにしたものでなければならない。圖は既述の如く、里の別稱としても用ゐられる。しかし均田法に於ける圖は、畝數の定額のみを與へられて、戶數上の定額を有つことが出來なかつたのである。では、この場合の圖と自然村との關係はどのやうなものであらうか。

州縣志類の記載を見ると、圖の上級區劃たる鄕都については、その所屬の村名や村數を明記した例が少からず存してゐる。しかるに問題の圖甲に關しては、同種の資料がほとんど見あたらない。しかし區―圖―庄―村の圖式を揭げて、圖に領村關係のあることを明かにした浙江長興縣志(42)や、鄕―都―啚―村鎭の系列を示すと共に、一啚每に所轄の村鎭數を列記した江蘇光緖武進陽湖縣志の如き例(43)もあるから、圖と自然村との關係が、普通の場合、前に述べた戶數編成の里と自然村との關係に似たものであつたことは、疑ひなからうと思ふ。卽ち、圖は田畝の定額を一應の標準としつつ、しかもいくつかの村莊を連ねて作られたのである。

しかし右の畝數原則が、永くその規制力を保ちえたとは考へられない。なぜなら、里甲制下の戶數原則は、制定以來時と共にその力を失ひ、その崩壞は既述の如く、順莊の法の採用によつて決定的なものとなつたが、同じ順莊の法

は、畝數原則のかつて施行せられた地方にもその適用を見たのであつて、順莊の法の行はれるところ、畝數原則もまた、戶數原則と同一の運命に陷らざるをえないからである。

順莊の法は、繰り返し述べたやうに、人地の隔在を前提として行はれた村莊を中心とするところの鄕村組織法である。江蘇省江陰縣の圖甲制が、一甲を二百六十九畝五分一釐たらしめたことは前に述べたが、同縣志は

雍正十一年、布政使白鐘山、改行順莊法、以鎭保村莊、挨戶簽註、順道催糧、其從前區扇圖甲之名、槩行删除

と述べて、順莊の法の施行と共に、この縣の圖甲制がつひに廢滅に歸したことを指摘してゐる。圖甲制の廢滅が、同時に畝數原則の崩壞を意味することはいふまでもない。浙江光緒分水縣志に載せられた總督李衞の「順莊規條永遵碑記」に

從前各圖限定田數、立爲十甲、分派值役、挨年輪甲、……今按住居順莊、不拘田畝多寡、所有原圖十甲、各色盡行革除、以絕糧規弊根、永不許借均田均役爲名、虛立都圖、蒻撥匀裝、紛更成法

とあるのは、多分この關係を一般的に說いたものであつて、順莊の法の行はれるところ、畝數原則は、存在の意義を有つことが出來なくなるのである。

かくて順莊の法は、戶數原則と畝數原則とを同時に廢滅せしめる。戶數原則と畝數原則の廢滅は、里甲制と圖甲制との差異の消滅でなければならない。しかし里甲制と圖甲制との差異の消滅は、なほ順莊の法のもたらす效果の消極的一面に過ぎないであらう。なぜなら、村莊中心の組織を以て、同時に里甲制と圖甲制に置き代へるところに、順莊の法の目的があつたからである。前に述べたやうに、里と圖は、戶數と畝數とをそれぞれの規準としつつ、しかも實

際には領村の事實を斥けるものではなかつた。がそれらの規準は、領村範圍を規制するものとして、やはり鄕村編成上の重要なる役割を營んでゐたのである。これに反して順莊の法は、領村そのものを唯一の、しかも公けの鄕村構成原理とするものであり、この點より見れば、淸代に於ける徵稅組織と自然村との關係は、順莊の法の施行によつて一段とその明瞭さを增したといふことが出來る。ただかつての圖甲制施行地域に實施された順莊の法が、その新たなる組織を具體的にどのやうな名で呼んでゐたか明かでないが、さきに擧げた順莊編里の數個の事例中に、江蘇地方のものの含まれてゐるのを見ると、この地方に關するそれらの例は、里甲よりもむしろ、圖甲の跡に設けられた順莊編里の記錄と解すべきものであつたかも知れない。

(1) 光緒大淸會典事例卷一百五十七、戶部、戶口、編審。
(2) 社と圖は、普通里と同じ內容のものとして扱はれる。ただし後で述べるやうに、戶數原則の代はりに、畝數原則によつて組織されたものを特に圖と呼ぶ場合がある。
(3) 河北康熙靈壽縣志卷一、地里、社里。
(4) 河南道光武陟縣志卷八、疆域、里甲。
(5) 山西雍正沁源縣志卷一、里甲。
(6) 河南乾隆新鄕縣志卷七、疆域、都屯。
(7) 山西光緒文水縣志卷三、民俗、坊都。
(8) 山西乾隆解州全志卷三、坊里。　一村にして二里以上に屬する時は、村名の記載される每に「一半」といふ注が附せられてゐる。しかし實際には、村名が同一でありながら「一半」の附注のないものや、「一半」の附注があつて、しかも村名の一度だけしか擧げられてゐないものもあるから、この書の記載には若干の疎漏があるらしく、したがつて今正確な數字を擧げることとは困難である。

(9) 江蘇道光寶應縣志卷七、鋪莊。
(10) 呂坤、呂公實政錄、民務卷四、治民之道、改復過割。
(11) 山西乾隆壽陽縣志卷一、村莊。
(12) 安徽光緒廣德州志卷五十、藝文、貢震、徵糧仍權用單頭始末。
(13) 江蘇嘉慶海州直隸州志卷二十一、良吏傳、崔方韓。
(14) 山西雍正嵐縣志卷十四、藝文、張解、請減嵐縣地丁錢糧文。
(15) 河北康熙臨城縣志卷七、藝文、喬巳百、均社碑記。
(16) 張朝瑞、常平倉議、附保甲法（馮應京、皇明經世實用編卷十五、利集）。
(17) 光緒大清會典事例卷一百七十二、戶部、田賦、歸轄改徵。
(18) 江蘇光緒華亭縣志卷八、田賦、賦法。
(19) 江蘇光緒嘉定縣志卷三、賦役沿革。
(20) 趙錫孝、徭役議（江蘇道光蘇州府志卷十、田賦、徭役）。
(21) 山東嘉慶壽光縣志卷三、輿地、鄉社。
(22) 河北康熙臨城縣志卷七、藝文、喬巳百、均社碑記。
(23) 山東康熙新城縣續志卷下、順約編里條約。
(24) 江蘇道光寶應縣志卷七、鋪莊。
(25) 光緒大清會典事例卷一百七十一、戶部、田賦、催科。

(26) 皇朝文獻通考卷二、田賦、田賦之制。
(27) 江蘇光緒震澤縣志卷三十、經略、淸田糧。
(28) 山東嘉慶壽光縣志卷三、輿地、王椿、順莊紀略。
(29) 同上卷三、輿地、鄕社。
(30) 岡崎文夫、魏晉南北朝通史、五八一—五八二頁。
(31) 舊唐書卷一百七十一、列傳第一百二十一、李渤。
(32) 陳大受、請行版圖順莊之法疏(皇淸奏議卷三十八)。
(33) 浙江同治長興縣志卷一、鄕都。
(34) 江蘇道光蘇州府志卷十、田賦、徭役、陶正靖、徭役考。
(35) 江蘇道光昆新兩縣志卷七、田賦、徭役。
(36) 江蘇光緒無錫金匱縣志卷十一、賦役、徭役。
(37) 江蘇道光江陰縣志卷四、民賦、徭役。
(38) 江蘇光緒震澤縣志卷三十、經略、淸田糧。
(39) 浙江乾隆海寧縣志卷五、食貨。 浙江同治景寧縣志卷三、賦役、徭役。 浙江同治長興縣志卷一、鄕都。
(40) 安徽嘉慶旌德縣志卷十、雜志。
(41) 江蘇光緒震澤縣志卷三、鄕土、鄕都圖圩。
(42) 浙江同治長興縣志卷一、疆域、村庄。
(43) 江蘇光緒武進陽湖縣志卷一、輿地、鄕都。

(44) 江蘇道光江陰縣志卷四、民賦、徭役。
(45) 浙江光緒分水縣志卷三、食貨、順莊規條永遵碑記。

第二節　統轄の原則と自然村

一

上述のやうに、郷村統治のために行はれた中國の郷村編成は、一村單獨若くは數村聯合の地盤の上に作られることによつて、自然村の統一性に對する事實上の尊重を示した。しかし自然村が右の意味で郷村編成の要素とされたといふことは、自然村がそのまま行政區劃としての資格を認められたといふ意味ではない。村長、或はこれに類似した名稱の一般的缺如はその現はれである。では自然村は、如何なる意味で、また如何なる理由によつて郷村組織の構成要素とされるのであらうか。私は郷村編成の一面をなす統轄の原則と自然村との關係を吟味することによつて、右の問題を明かにしたいと思ふ。

前節に述べた如く、中國に於ける官治機構の末端は州縣衙門に止まり、州縣以下の郷村統治については官みづからの機關を以て直接これに關與することなく、一定の編成原則に從つて郷村を組織すると共に、その組織毎に長を立て、これを官治の補助機關たらしめた。卽ち郷村統治のために設けられた郷村の各組織には、原則として必ず一人の長が設けられてゐるが、それらの長は、いづれも郷人の間から選ばれ、しかも官治の補助機關として各組織內の統轄にあたる人々であつた。例へば、北魏に於ける五家の鄰長、二十五家の里長、百二十五家の黨長、隋に於ける五家の保長、二十五家の閭正及び里正、百家の族正及び黨長、唐に於ける五家の保長、百家の里正、宋に於ける十家の保長、五十家の大保長、五百家の都保正、明に於ける十家の甲首、百家の里長及び老人、清に於ける十家の牌長、百家の甲長、千家の保長等がそれであつて、ここに例示された各組織の長は、いづれも官治の補助機關として、その組織内の統轄に任じた人々に他ならない。

このやうに、鄕村統治のために設けられた鄕村の組織には、その組織内の統轄を司るための責任者が必ず置かれてゐる。鄕村の編成はつねに統轄者の設定を伴ふのであつて、統轄者の設置に關する規定を缺いた鄕村編成の原則といふものは考へられない。前記の例示は、この關係を明かに示してゐる。もちろん、鄕村に於ける統轄者の設定は、戶數編成原則の實施に伴つてのみ行はれるものではない。しかし戶數編成の法は中國に於ける鄕村編成原則の中心であり、自然村との關係が問題となるのも、とりわけ戶數編成原則に關してであつて、いはゆる統轄の原則と自然村との關係を吟味する場合にも、戶數編成原則に現はれた統轄の規定と自然村との關係の問題を、その中心に取り上げなければならないのである。では統轄の見地からみて、戶數編成原則は自然村をどのやうに扱つてゐるであらうか。

まづ注意を要するのは、戶數編成原則に從つて作られた各組織の長は、自然村の長とは異なるものであるといふことである。尤も、戶數編成原則が採用せられたとしても、鄕村の組織が事實上一村によつて作られるとすれば、一村に一人の統轄者を立てるといふ場合も、しばしば起りうるであらう。しかしその場合に於ける自然村と行政區劃との範圍上の一致は、自然村の戶數が法定の戶數に等しい、またはそれに近いといふ全く偶然の一致であつて、その組織の長は、必ずしも本來の意味に於ける自然村の長として設けられたものではない。したがつて鄕村の組織が、戶數編成原則に基いて行はれる限り、その戸數に融通を認めると否と、自然村の統一性を尊重すると否とに關はりなく、自然村の長の公けに存在する餘地はなかつたのである。

しかし中國にも、自然村を行政上の單位とし、それに應じて自然村の長を、その區劃內の統轄者たらしめる例があつた。卽ち前節に述べた梁の村司と唐の村正と後唐の村長の三つがそれであつて、これらの時代には、自然村が、その大小に關はりなく、そのまま行政區劃としての意義を認められると共に、この區劃內の統轄者として、自然村の長を置いたわけである。

しかるに、梁と後唐の制が、自然村のみを唯一の行政上の組織として選び、また徵稅を以て村の長の任務としてゐたのに對して、唐では、一方に於て自然村を行政區劃の一つとして認めると共に、他方に百家の里を組織し、それぞれの統轄者の任務として、里正は戸籍、徵稅、勸農及び治安を司り、村正は閭門の管鑰の保管と村內姦匪の糾察のことを司るものとされてゐた。百家の里は戸數によつてその範圍を制限されてゐるが、戸數編成の他の例に於けると等しく、この場合の里も恐らく一村若くは數村の聯合によつて作られ、一村にして一里を組織する場合も、しばしば起りえたであらう。さうしてその場合には、同じ一村の範圍內に、里正と村正が各〻一人づつ竝び立つこととなる。しかし里正はあくまで百家の長として設けられたのであつて、自然村の長たる村正とは、設立の規準が根本的に異なつてゐる。唐の鄕村組織は、この意味で二重の行政組織を有つてゐた。がとにかく唐の制度は、自然村をそのまま行政上の單位として認め、これに村の長を設けしめた點で梁や後唐の制に通じ、しかも村の長の任務が、治安の維持に求められてゐる點で、收稅のみを司る梁及び後唐時代の村の長とは異なつてゐたのである。

ただ右の唐制に關して注意を要するのは、『燉煌掇瑣』に引かれたパリー博物館所藏の燉煌殘簡に

貧窮田舍漢、菴子槸孤栖、兩共前生種、今世作夫妻、婦卽客舂擣、夫卽客扶犂、黄昏到家裏、無米復無柴、男女空餓肚、狀似一食齋、里政追庸調、村頭□相催、襆頭巾子路、衫破肚皮開、體上無褌袴、足下復無鞋、醜婦來惡罵、啾唧搦頭灰、里政被脚蹴、村頭被拳搓、駈將見朋友、打脊趁廻來、租調無處出、還須里政倍、門前見債主、入戸見貧妻、舍漏兒啼哭、重ク逢苦哉、……

といふ五言白話詩(1)があつて、村正が里正と共に收税催徴のことに關與するものとして、描かれてゐる點である。詩中の里政は恐らく里正であり、村頭も多分、村正の異名として用ゐられてゐる。とすればこの記錄は、閭門の管鑰を掌り、また村内姦匪の督察を定制上の任務とした村正が、實際では、さらに徵税のことにも携はつてゐたことを示すものでなければならない。なほ「東西兩川說」と題する杜甫の文に

穀貴人愁、春事又起、緣邊耕種、卽發精卒、討之甚易、恐賊星散于窮谷深林、節度兵馬、但驚動緣邊之人、供給之外、未見免劫掠而還、賃其地豪族、兼有其地、而轉富蜀之土肥無耕之地、流冗之輩、近者交互其鄉村而已、遠者漂寓諸州縣而已、實不離蜀也、大抵祇與兼并豪家力田耳、但鉤畝薄斂、則田不荒、以此上供王命、下安疲人可矣、豪族轉安是否非蜀、仍禁豪族受賃、罷人田、管內最大、誅求宜約、富家辦、而貧家創痍已深矣、今富兒非不緣子弟、職掌盡在節度衙府州縣官長手下哉、村正雖見面、不敢示文書取索、非不知其家處、獨知貧兒家處、兩川縣令刺史有權攝者、須盡罷免、苟得賢良、不在正授權、在進退聞上而已

とある(2)が、もし文中の「村正雖見面、不敢示文書取索」といふ言葉を催徴に關するものと解することが出來れば、村

正は唐代の陝西のみでなく、四川に於ても同樣に租稅徵收の責めを負はされてゐたこととなる。では唐代に於ける警察と徵稅の二大事務は、何ゆゑ戶數原則と自然村原則にしたがふ二重の組織によつて行はれたのであらうか。この問題は、警察と徵稅とに關して、何ゆゑ中國に戶數原則と自然村原則の二つが存在したか、の一般的な問題にも繫がつてゐる。

そこで最初に、自然村をそのまま行政區劃とする立場についていへば、それは自然村が、人戶と田土の地域的統一を有するといふ事實に基いてゐる。人戶の地域的統一は、いふまでもなく聚落の現象となつて現はれるが、聚落と聚落は原則として一定の距離を置いて存在してをり、聚落の防衞警備は、まづ聚落自身によつて行はれなければならない。聚落の周圍に柵濠や防寨を設けるのはそのためであり、閭門を構へて出入を警査するのもそのためである。しかも一地に聚居する人々は共同の意識を有つてをり、この共同性が防衞に當つての人々の協力を生むと共に、その協力は統率者を得ることによつて、秩序と統一とを備へた防衞のためのより大きな力となる。

が聚落は、人戶の地域的統一の他に、田土の地域的統一をも有する。即ち田土は普通聚落の周邊に擴がるのであつて、聚落のもつこの二重の統一性は、戶籍及び徵冊の編審攢造と、徭役及び租稅の賦課催徵に技術上大きな利便を與へるのである。それのみではない。梁の村司が、流移して歸業したる者に村內の官地官宅を受容せしめたのも、後唐の村長が、村人と議して村內の貧富間に租稅負擔の融通を行はしめたのも、また後唐の時代に逃田の看守を村隣に命じたのも(3)、聚落と田土の地域的統一にもとづく村民の熟識關係と、村內のことが村民間に知悉されてゐるといふ事情に由來してゐる。ジェミーソンが、後で述べる淸末民初の頃の自然村の長について、地租の徵收が、村長自身によつて、或は村長の補佐によつて行はれるのは、「彼等が村民のもつ無數の零細なる土地に關して、その所有關係を個人的によく知つてゐるからである」と述べた(4)のは、この點を指摘したものでなければならない。したがつて、自然村に對して行政區劃としての意義を認め、そこに統轄者を立てようとする立場が、治安及び收税に關する自然村の右の特色を生かさうとするところにあつたことは、明かである。

次に、鄕村統治に對する戸數編成原則の特色は、第一に、役戸の勞逸を等しからしめるといふ點に求められるであらう。役戸の勞逸を等しからしめることは、鄕村統治に際して歷朝の最も意をつくしたところであつた。戸數編成原則は行政區劃の戸數を均一たらしめるところの方法であるが、戸數の均一が、役戸の勞逸を等しからしめるための最も有力な手段であることはいふまでもない。そのうへ第二に、戸數編成原則は多くの場合、階層的に上下に重なる大小の組織を設けしめてをり、この階層的編成は、州縣衙門の政治意志を、上連下接の方法によつてその末端まで浸透せしめうると共に、逆に從近及遠の方法によつて、鄕村をして極めて組織的に各種統治目的の要請に對へしめることが出來る。魏書食貨志に

以大督小、從近及遠、如身之使手、幹之總條

とある(5)のは、北魏の三長の制の特色を述べたものであり、淸の劉淇の文に

縣何以里、里何以長、所以統諸村、聽命於知縣、而佐助其化理者也、每縣若干里、每甲若干村、如身之使臂、臂之使指、節々而制之、故易治也

とある(6)のは、里甲の名の下に實は保甲の特色を論じたものであるが、ひとは、階層的戸數編成のもつ上記の意義を、

これらの言葉の中に讀みとることが出來るであらう。

が、なほ戸數編成原則を可能ならしめた今一つの原因と考へられるのは、政治的制度が劃一と類型化とを好むといふことである。穗積博士は、「事物の明確を好み、概定に安んずる能はざるは、法家常習の心理狀態なるを以て、此の如き場合に於ても、先づ定率を明示して之を本則とし、次に必要若くは不便の場合に於ける例外規定を設くるを常套の起草法と爲す」といひ、(7) 戸數編成原則の規定する法定戸數がつねに概略の數字に過ぎないことを指摘して、清の戸部則例にある通融編列の制と、黃六鴻の畸零戸及び畸零甲の說と、葉佩蓀の七併八分の法とを擧げてゐるが、その法定戸數をかりに概略の數字に過ぎないと解した場合にも、戸數編成原則はなほ依然としてその形式主義を失はないのである。さうして鄕村に同じ規模の組織を作らうとするこの形式主義は、秩序と形式とを尊ぶ政治制度そのものに固有の性格中に、その一つの原因を有つてゐる。

要するに、戸數原則と自然村原則とは、各〻その特色を有するのであつて、一方の得とするところは他方の失であり、一方の失とするところは他方の得である。中國の政治が、戸數原則に對して特に偏重を示したといふことが事實であるにしても、自然村原則にもまた、鄕村統治上の種々の利點のあることを忘れてはならないのである。しかし唐の制度の如く、二つの原則を同時に併用することも可能であつて、唐の制度は恐らく、二原則の特色を同時に活かすことを以て根本の趣旨とし、またこの趣旨に基きつつ、制度の實際的運營を行つてゐたものと思はれる。

(1)　燉煌掇瑣、上輯三〇、五言白話詩（國立中央研究院歷史語言研究所專刊之二）。
(2)　杜甫、杜工部集卷十九、東西兩川說。

（３）册府元龜卷四百九十二、邦計部、蠲復。
（４）Jamieson, Chinese Family and Commercial Law. 1921, p. 71.
（５）魏書卷一百一十、志第十五、食貨。
（６）劉淇、里甲論（皇朝經世文編卷七十四、兵政、保甲）。
（７）穗積陳重、五人組制度論、四二三—四二四頁。

二

以上に述べた如く、中國には戸數編成原則による鄕村組織の他に、稀れな例として、自然村をそのまま行政上の單位とする場合があつた。が自然村のもつ鄕村統治上の右の特色を活かさうとする試みは、戸數原則がすでに定制として採用されてゐる時代にも、しばしば地方的な現象として各地に行はれ、また考へられてゐた。その最も顯著なる例は、黃六鴻の述べた治安維持のための組織である。

前に觸れたやうに、黃六鴻は十家を一甲として別に甲長一人を選び、十甲を一保として別に保正一人を立て、總計百十一家を以て保甲團體を組織すると共に、一鄕內の保甲團體を統轄するために、右の保正の上にさらに保長を設けしめようとした。その限りに於て黃六鴻は、戸數編成原則を採用してゐるが、しかし黃六鴻の示したこれらの數字は、實質に於ては單なる標準に過ぎないのであつて、彼は大小の村落について、その統一性を保持しうるやうなさまざまの融通の方法を考へてをり、戸數原則の嚴密なる適用にもとづく自然村の分合は、黃六鴻の最初から意圖するものではなかつた。したがつて黄六鴻の案に於ては、行政上の區劃が、結局一村を以て、或は數村を集めて作られてゐる。しかし戸數編成原則を前提とする以上、一つの行政區劃が自然村をその範圍とする場合にも、それは自然村そのものに對して行政上の區劃としての意義を認めたのではない。甲長は十家、保正は百家に對して置かれるのであつて、その統轄の範圍は、どこまでも戸數によつて規制せられるのである。

しかるに黄六鴻は、戸數にもとづく以上の如き組織と竝んで、自然村を一つの行政區劃として認め、その大小に關はりなく、これに一人づつの長を置かうとした。

各郷、之鎭宜設一鎭長、之集宜設一集長、之村宜設一村長、之莊宜設一莊頭

とあるのがそれであつて、(1)鎭・集・村・莊の名の異なるにつれて統轄者の名も異なつてゐるが、自然村の長を意味する點に於ては、互に相違するところがなかつた。

次に、鎭集村長及び莊頭の資格と禮遇とを見ると

倶要本鎭集村莊人民、公同保擧其才行兼優、老成服衆者爲之

とあり、(2)また

其大鎭集巨村等長、亦必擇殷實才能素有體面之人爲之、仍著本村鎭人民公擧、其禮遇較保長少殺、不行庭參、于滴水簷叩首、而仍給以花紅優免、票鼓樂導中門出、其小莊莊頭不及百家者、雖亦本莊居民公擧殷實老成曉事者充之、倏任事有功之日、再行奬異、而初無所加禮焉、蓋禮別以殺而愈崇、恩施以功而益勤也

とあるやうに、(3)村民をして老成にして衆の服する者を公擧せしめると共に、その禮遇は村・鎭・村・莊の大小によつ

て差等を附すべきものとされた。即ち大村大鎭の長に對しては、特に禮遇を厚うせしめたのであつて、大村長の身分は一鄕の長たる保長に次ぎ、百家の長たる保正と同列に置かれてゐたのである。しかも鎭集村長と莊頭の責めは、保正のそれと表裏し、したがつて共に保長の分任者たる地位にあるが、ただ保正の選定にあたつては、保長と鎭集村長及び莊頭の協議によつて、年力精健、才智人に過ぎたる者を嚴選せしめ、自然村の長は、保甲の編成についても重要なる發言權を認められてゐた。では自然村の長は、治安維持そのものに對してどのやうな權能を有つてゐたであらうか。

これについては、第一に

各鎭集村長莊頭、協同保長、編排保甲及造册、是責任、如有怠玩不遵編、不合式、造不淸白者、除重編造外、仍行記罰

といふ規定(4)があつて、自然村の長は保長と協同してまづ保甲の編成を行ひ、また保甲册をも作らなければならない。保正の選定が、保長と共に鎭集村長及び莊頭の責任に屬することは前にも述べたが、彼等はさらに保長と協同して、保甲の編排と保甲册の攢造をも行はなければならなかつたのである。

第二に、自然村の長は、村落防衞の直接の責任者である。即ち

各鎭集邨長莊頭、建築墻濠、柵門瞭臺、皆其專責、如有不遵限建築合式、及損壞不補葺、每件罰銀二錢、存充賞用、如再限不完并補葺不堪、暫存該長體面、拿子弟家屬、每件重責二十板

といひ(5)、また

其鎭集村莊、無論大小、一切建立柵門、築浚墻濠、以及撥派瞭哨巡更等事、皆本鎭集長莊頭專司、而保正爲之彙理、蓋以保正主于分、號召難一、未若鎭集長等統于合、呼應更靈也

といはれ(6)、鎭集村長及び莊頭は、自然村の各種防衞施設を完備すると同時に、村の警備に不可缺の巡更、夜番の割當てをなすべき任務を有する。村の防衞施設の築造には保正も關與しうるが、黃六鴻のいふやうに、保正は百家の長であつて、その責任は一村に限定せられず、自然村に對する防衞上の措置は、自然村の長が、地域的統一性を有する自然村そのものの中にあつて、これを行ふのには及ばないのである。黃六鴻をして「分を主る」百家の長の他に、さらに自然村の長を設けしめた理由が、自然村に對する防衞の責任者として、「合を統べる」自然村の長に勝るものがない、といふ點に求められてゐたことは明かである。

右の任務に伴つて第三に、自然村の長は、他村の救援に赴くべき責任を有する。

夫防禦者、無事而守、有事而禦也、救援者、有警而赴之、所以協力相擒捕也

とあるの(7)がそれであつて、自然村の長は、單に防衞施設の築造を指導するだけでなく、一たび賊盜の生發した場合には村民を集めてこれを禦ぎ、さらに他村に警のあつた時は、一村を率ゐてこれが救援に赴かなければならない。さうしてこの場合に最も效果のあるのも、統轄區域の數村にまたがる保正よりも、一村の長たる鎭集村長及び莊頭の行ふ直接の指揮である。

自然村の防衞に對する鎭集村長及び莊頭の任務は、概ね以上の如くであるが、黃六鴻が民衆をして自己の村を守らしめると共に、村内にその指導者を求めしめ、鄕村防衞の最良の方法が、各自然村の自己防衞以外にないことを明か

にした點は注目に値ひする。しかし防衛の力は、協力範圍の廣いほど大となるのであつて、かくの如き力を得るためには、自然村を連ねたより大なる協力の組織を作らなければならない。百家の團體を編成して保正を立て、一郷の百家團體を集めて保長を置き、しかも編成戸數に融通を認めて、自然村の統一性を活用しようとしたのはすべてそのためであり、自然村防衛の責任を自然村そのものの長に負はせると共に、保長及び保正をして自然村の長に協力せしめ、またこれを監督せしめようとしたのであつた。

黄六鴻の右の案は、里正と村正を置いて里と村の治安維持のことに任ぜしめた唐の制度に類似しながら、村落の自衛に對する自然村の長の責任は、唐の村正に比して遙かに重いのである。ただ黄六鴻の保甲法は、しばしば指摘されるやうに一つの試案であつて、果してそれが實行に移されたものであるかどうかの點が明かでない。が、我々は村落防衛のために自然村の長を設けしめた實際の例を、州縣志の中から二三擧げることが出來る。即ち、河南乾隆商水縣志に

康熙初年置二十四地方、又新添七地方、共三十一地方、各有郷約地方二人、時々稽査戸口、勿使容留奸宄窩藏匪類、又有一百七十三村長、四十六保正、同心協力、勸諭郷民、地方乃以無事焉

とあり(8)、河南道光寶豐縣志に

按陸志、依馬志載總保二十四名、保正三十六名、村長一百六十六名、甲長一千五百四十一名、査現在並無村長名目、而甲長數亦多寡懸殊、不知何年裁減、無考

とあるのが(9)それであつて、商水縣には乾隆のころ保正と共に村長があり、寶豐縣にも道光以前に總保、保正及び甲長

と共に村長が設けられてゐた。ただ後者は總保、保正、村正及び甲長の任務を明かにせず、前者は村長と保正を以て郷民の勸諭を司るものとのみ記してゐるに過ぎないが、總保、保正等の名稱から見て、これらの役戸が、治安維持の仕事に關與してゐたことは疑ひなからうと思はれる。

また河南乾隆嵩縣志によると、この地方には保正、甲長及び地方の他に村首と呼ばれるものが存在したといはれ、しかも保正と甲長は烟花賊盜の事を管し、地方は公事の勾攝と奸匪の譏察とを司り、村首は閭門の管鑰を掌ると共に奸匪を督察したと說明されてゐるから、この場合の村首が治安維持の責務を負はされてゐたことは明かである。しかも以上の三例を見ると、保正の數は村長及び村首の數より遙かに少いのである。保がそれぞれどのやうな組織を有つものであつたかは明かでないが、右の事實は、保正の統轄範圍が、少くとも村長及び村首のそれを超えるものであつたことを示してゐる。尤も嵩縣志の記載に於ては、一村一首の場合が少く、一村首の統轄範圍は平均二・三村であり、大なるものは八村にも及んでゐる。(10)しかしこれは多分、隣接の小村を集めるか、或は小村を大村に附統せしめたために生じた結果であつて、一村一首が本來の原則とされてゐたことは、疑ふ餘地がない。

この他、江西道光新淦縣志に、この地方では、明の嘉靖のころ五百家に一保甲長を立てて五村を統べしめ、一村に一村長を立てて十隣長を統べしめたといひ、(11)また江西道光金谿縣志に引かれた楊士達の文に、村落に村長を置いて村長の多寡は村莊の大小に從はしめると見え、(12)さらに王守仁は一村に保長を設け、(13)張之洞の傳へた山西地方の俗は、一村一社の場合には一村に一社長、一村二三社の時には社每に一社長を設けしめたといはれてゐるが、(14)後の二つの例に於ける保長と社長も、その統轄範圍が自然村に求められる限り、やはり村長的な存在であることを失はない。しかも楊士達の前記の保甲說は、淸の保甲法が具文に歸したために行はれたのであつて、このことは、自然村を治安維持の單位としてこれに長を置く鄕村編成法が、普通戶數編成原則の確立前、若くはその弛廢した際に發生したものであることを敎へるのである。

以上は、自然村を治安維持の一組織としてこれに長を置いた例であるが、さらに山西雍正興縣志に

報査止憑鄕地、難免偏狥之弊、徵催一經吏役、不無需索之慮、其間借名多收、歸入私囊者、亦或有之、卑職再四思惟、請將流丁一項、每年開徵日、卽令鄕地甲長村頭確查

とあり(15)、山西雍正石樓縣志所引の袁學謨の「勸諭佃戶」と題する文に

今歲年成豐熟、較之當年、已勝十倍、但地主欠糧如故、徒受比責、諒各佃戶、亦有所不安、爲此仰該鄕保村主幷各佃戶人等知悉

とあり(16)、また山西光緒榮河縣志に載せられた馬鑑の「均減差徭錢糧分莊稟」に

至於卑縣、地丁錢糧、歷年按十三里半催收、各里均經點有里正、各花戶應納錢糧、統交里正完納、而各里正、從中私、開浮冒、流弊甚多、卑職現在不點里正、每村選派公正殷實之戶一人、名曰莊頭、該村應完錢糧、歸各莊頭催收、赴縣完納、一面給發連三串票、以便覈實存查、如此辦理、庶幾賦役無虧、而小民不致有賠累之慮

とあつて(17)、淸代の山西地方には、村頭、村主或は莊頭を置いて、自然村を徵稅上の單位たらしめた例がある。村頭や村主が自然村の長であることは疑ひないが、榮河縣の莊頭が村每に設けられたことも、馬鑑の文の明示する如くである。ただ注意を要するのは、榮河縣の莊頭が、從來の里正卽ち里長に代はるものとして新設されてゐることである。

とを暗示する。前節に述べた如く、順莊編里は單に村莊を徵稅上の單位として選び、多くの村莊を集めてさらに里を組織するところの方法に過ぎず、しかも自封投櫃の法の採用によつて、里若くは村の長はすでに不可缺の要素ではないが、徵稅の單位とされたその場合の村莊に、一人の統轄者を設けることはなほ可能のはずである。このやうに見れば、徵稅上の便宜から自然村の長を立てることも、戶數編成原則の崩壞乃至具文化を前提として生じた現象に他ならないといひうるであらう。いづれにせよ、我々は梁や後唐に見られた徵稅責任者としての自然村の長を、淸代の一地方に見出すのであつて、梁及び後唐時代の自然村の長が、戶數編成原則にもとづく徵稅責任者の缺を補ふものとして存在してゐたといふ事實は、淸代の徵稅責任者としての自然村の長が、戶數編成原則の弛緩した後に生れたといふ我我の推定を助けるのである。

一般的にいつて、戶數編成原則を採用する場合の鄕村組織には、一村を以て統轄の範圍とする場合があり、數村を連ねて一つの統轄範圍たらしめる場合があり、また一村を二つ以上の統轄範圍に分ける場合もあつて、さまざまである。これは村の規模に大小があるためであるが、その範圍は原則として法定の、或はそれに近い戶數によつて制限されてゐる。自然村を行政區劃たらしめる場合にも、隣接せる二三村を合して一村長を立てる例があり、また稀れな例として大村に二人以上の長を設けるといふ例もあるが、ここでは行政組織の範圍を劃するものが、戶數ではなくて自然村のもつ統一性であり、したがつて原則的にいへば、一村一主が普通であつた。しかもそれは、租稅徵收のためにも、治安の維持のためにも行はれたのであつて、これは鄕村統治に於ける自然村の統一性の尊重に、深い意味のあることを示してゐる。私はすでに、自然村を行政區劃とすることの意義と、これに統轄者としての村長を立てることの意義とについて述べたが、もし自然村の統一性を尊重することにすでに鄕村統治上の意義があるとすれば、戶數編成原則を採用することによつて自然村の長を缺く場合にも、その組織の面に於てなほ自然村のもつ統一性を尊重しようとするのは、自然でなければならない。いひかへれば、戶數編成原則を採用しながら、その戶數を單なる概數と解し、しかも一村を以て、或は數村を集めて法定の戶數に近い數を作らしめようとするに過ぎないのは、結局、自然村の分割併合をもたらすその統一性の無視が、鄕村統治に對して非合目的であるからに他ならない。さうして以上の事實は、戶數編成原則が、一村若くは數村の聯合の上に作られざるをえなかつた理由を、明かにするのである。

なほ最後に一言して置きたいのは、元代に於ける里正の徵稅機能が、社長によつて吸收されたといふ事實と、里正を中心とする宋初の徵稅組織が、保甲組織と合體せしめられるに至つたといふ事實の社會的意義である。そこでまづ元代の徵稅組織を見ると、元では鄕每に里正一名を置き、都每に主首を立て、主首の數は上等都に於ては四名、中等都に於ては三名、下等都に於ては二名と定められてゐた。(18) しかるに至元新格第三條に

諸社長本爲勸農而設、近年以來、多以差科干擾、大失元立社長之意、今後凡催差辦集、自有里正主首、其社長使便專勸課

といふ規定があつて、(19) この文は、里正と主首の權能に屬すべき收稅の事務が、實際には社長の掌中に移つてゐたことを敎へてゐる。鄕と都はいふまでもなく、自然村を超える地域的區劃の名であつた。しかるに社はすでに述べた如く、自然村を地盤として作られたものであり、したがつて收稅事務の社長による吸收は、徵稅上の單位が、實際的には鄕

や都から自然村に移されてゐたことを、物語るものでなければならない。至元新格はその違法を咎めて、社長は固有の職責たる勸農の事に專念すべきことを命じてゐるが、我々は元の社長による收税機能のこの吸收によつて、徵税に對して有つ自然村の統一性の意義を敎へられると共に、唐の村正によつて行はれた徵税事務への關與の事實を、あらためて想起せしめられるのである。

次に宋の徵税組織を見ると、國初に設けられたのは里正と戶長の二職であつて、續資治通鑑長編に載せられた太宗淳化五年三月戊辰の詔によれば、里正は第一等戶、戶長は第二等戶より選ばれ[20]、この等第の差異は同時に役戶としての地位の差異でもあつた。しかるに里正はその後、韓琦の議にしたがつて仁宗の至和二年に廢止せられ[21]、戶長もまた熙寧七年十月に司農寺の乞によつて廢止を見、それに代はるものとして隣近の主戶三二十家より成る甲を組織し、これに甲頭を置いて、甲內の徵税を司らしめることとなつた[22]。この甲頭の設置は、既存の保甲組織と密接な關係がある。即ち、一方に主客戶を以て治安維持のための保甲を編すると共に、他方に保甲中の主戶のみを集めて徵税を目的とする三二十戶の甲を組織し、甲頭は保甲中の壯丁を選んで輪値せしめたのである。續資治通鑑長編熙寧八年四月乙巳の條には「主戶十至三十」とあるが[23]、とにかく甲が約三十戶以下のものであつたことは疑ふ餘地がない。尤も元豐八年十月、戶長の復活に伴つて甲頭は一たん廢止せられたといはれる[24]が紹聖元年九月にふたたび甲頭制の採用を見るに及んで、戶長の職はつひに定制としての意義を永久に失つた[25]。ただ注意を要するのは、陳傅良が、元豐中甲頭の設置と共に大保長を催科に關與せしめることとなり、紹聖二年には甲頭を廢して、催科には專ら大保長を用ゐるに至つたと書いてゐることである[23]。大保長が徵税に關與し、次第にその中心をなすに至つたことは事實であるが、しかし宋會要は、甲頭の不便五事を述べた紹興元年九月十二日の臣僚の言を載せてをり(27)、甲頭が紹聖二年に廢されたといふ陳傅良の主張の根據は明かでない。しかも淳熙元年四月二十七日の詔は、大保長の催科を許さず、頑戸に負缺の多い時は保正を差して追納せしめよと書き(28)、また南宋に至つても、戸長をして催科を司らせる例は少からず存在してゐた。

宋代に於ける徵稅組織は、以上の如き複雜な發展過程をたどつてゐるが、大體の傾向をいへば、それは里正を中心とする組織から、大保長を中心とする組織へと發展してゐる。大保長はいふまでもなく、北宋の保甲法に於ける大保長であつて、熙寧六年十一月以後の制によれば、大保長は二十五家內に於ける治安維持の統轄者であつた。しかし前節に於て指摘したやうに、宋の保甲法は定制の上では戸數編成原則を採用しながらも、その上級組織たる大保と都保は、一村若くは數村を地盤として作られ、さらに南宋に至つては、純然たる地域的區劃として固定化された。都及び保と呼ばれる地域的區劃がそれであるが、地域的區劃として固定化した都と保が、保甲法の施行當初に於ける戸數上の制約を失ふに至つたことは明かである。しかし都と保が、往時の都保や大保の範圍に比べて著しく擴大したとは考へられない。殊に大保の地盤の上に成立した保は、恐らく自然村をその範圍とするものが多く、大なる場合にも、隣接せる小村を集めた程度のものに過ぎなかつたであらう。前節に引いた王鐵の「村保田鄰並逃戸元住鄰人」といふ言葉(29)や、朱子の「逐村逐保」といふ言葉(30)はこのことを證示する。かくて宋代に於ける徵稅制度の發展は、統轄者の點よりいへば、里正から保長への推移であるが、徵稅の單位から見れば、それは鄉から保への縮小であり、自然村を超えるものから自然村中心の、若くは少數の自然村を集めた比較的狹小なる組織へと發展したのである。

(1) 黃六鴻、福惠全書、保甲部卷二十二、建築柵濠。

(2) 同上、保甲部卷二十二、建築柵濠。
(3) 同上、保甲部卷二十一、選保甲長。
(4) 同上、保甲部卷二十三、功罪賞罰。
(5) 同上、保甲部卷二十三、功罪賞罰。
(6) 同上、保甲部卷二十二、建築柵濠。
(7) 同上、保甲部卷二十二、守護救援。
(8) 河南乾隆商水縣志卷四。
(9) 河南道光寶豐縣志卷七、籍賦。
(10) 河南乾隆嵩縣志卷十一、里保。
(11) 江西道光新淦縣志卷十三、兵衛、保甲。
(12) 楊士達、上裕中丞論防禦專宜書（江西道光金谿縣志卷三十三、文徵）。
(13) 王守仁、王文成公全書卷十七、別錄、公移、申諭十家牌法增立保長。
(14) 張之洞、張文襄公奏稿卷四、通行保甲并請定就地正法章程摺。
(15) 山西雍正興縣志卷九、戶口。
(16) 山西雍正石樓縣志卷七、示諭、袁學謨、勸諭佃戶。
(17) 山西光緒榮河縣志卷十一、藝文、馬鑑、均減差徭錢種分莊禀。
(18) 元典章二十六、戶部卷十二、賦役、戶役、編排里正主首例。
(19) 通制條格卷十六、田令、理民。

(20) 續資治通鑑長編卷三十五。
(21) 同上卷一百七十九。
(22) 同上卷二百五十七。
(23) 同上卷二百六十三。
(24) 同上卷三百六十。
(25) 宋會要稿、食貨六五之六七。
(26) 陳傅良、止齋先生文集卷二十一、奏狀箚子、轉對論役法箚子(四部叢刊)。
(27) 宋會要稿、食貨一四之一八―一九。
(28) 同上、食貨六六之二一。
(29) 同上、食貨七〇之一二八。
(30) 朱熹、晦庵先生朱文公文集卷十七、奏狀、奏捄荒事宜畫一狀。

三

以上に述べた如く、中國には自然村をそのまま行政區劃として、これに長を置いた例がある。しかしそれらの事例を見ると、自然村の長はいづれも警察及び徴税の補助機關としてのみ設けられて、それ以上の權能を與へられないのが普通であつた。河北道光定州志に載せられた「諭閤境里正鄕地規條」に、定州では里正とこれを補佐する鄕地、地方及び催頭を村毎に設置するとあつて、第一條に

　　里正總辦村中之事

という規定を掲げてゐるが、里正その他の職掌を詳記した第二條以下の文に現はれるのは、ただ治安の維持と租税の徴收とに關する事項のみで、それ以外のことは全然問題とされてゐないのである。(1)しかし自然村の長のもつ行政上の任務は、つねに治安維持と租税徴收のことのみに終つてゐたわけではない。その適例は、黃六鴻の保甲說に現はれた鎭集村長及び莊頭であつて、彼は既述の如く治安の維持を以てその第一の任務とすると同時に、さらに

　　夫保甲雖所以戢盜逃而防奸宄、其于相賙相恤、以及勸善息訟之義、亦不可不講、……其仝保甲之中、村莊之內、非族屬子弟、即姻婭有朋、有貧難疾死者、宜互相賑其困乏、有爭鬪口角者、宜互相爲之勸解、有佻健浮蕩之少年、宜規其謹厚生理、有忤逆暴横之卑幼、宜責其改過自新、有婦人守節無資者、親族里鄰、宜爲之捐助養贍、以成其志、是皆保長正鎭集長等之倘德好義者、先爲之勸導、而首倡之

と述べて、村內の賙恤、息訟、勸善の責めを鎭集村長及び莊頭に負はせ、また三年間盜逃、爭鬪、殺傷、興詞、告狀忤逆、暴惡等を起さなかつた鎭集村莊に對しては、保正長と鎭集村長及び莊頭の名を記した扁額を給し、樂善好施の善人、孝順の子孫、節孝の婦女があれば、保正長と鎭集村長及び莊頭よりこれを公擧して縣の題旌を請ひ、さらに倚强凌弱の惡人、忤逆不孝の子弟、巨憝勢豪にして素行不法の匪類があれば、これを縣に上申して究懲を受けしめることと定め、(2)次に

　　至于一村一族、毎月吉講讀、一村自有村長、一族自有族尊、即村長族尊爲之約講、而自擧其副焉、其宜講者亦聽自擇

といひ[3]、

毎歳年終、有司宜令鄕約地方村長莊頭、擇本鄕年八十以上、素有德行、從公確實擧報、幷開列行事實、具結投遞、有司訪實、親詣其鄕、具酒筵、略倣鄕飮禮、以耆老爲賓、愼毋褻慢、以示尊敬耆德之意、使其鄕之子弟、皆知高年之當尊、有德之當敬

と記して[4]、鎭集村長及び莊頭を一村の鄕約たらしめると共に、耆老の相賓のことにも關與せしめ、最後に

須令村長莊頭等嚴飭、所在居民、及時栽種、如官長單騎親勘、仍有寸土荒閒者、本主重懲、村長莊頭並責

といふ文[5]があつて、自然村の長は、勸農栽種のことをも司るものとされた。卽ち黃六鴻の案に於ける自然村の長は、村內治安の維持と共に、村民の救恤、敎化、息訟、相賓及び勸農のことを含む、廣汎なる權能を認められてゐたのである。

次に黃六鴻の右の說に現はれた村落的共同生活の規制の問題に關聯して想起されるのは、淸末民初の村落に存在した村落生活の統轄者の地位及び權限である。その多くは、中國に滯在した外國人の報告に記されたものであるが、定制の崩壞期に於ける村落生活の實相をある程度に傳へるものとして、かへつて我々に大きな示唆を與へる。なぜなら、鄕村社會に於て占める村落の地位とそれの營む役割とは、戶數編成原則の如き鄕村統治形式の弛廢した時、いひかへれば、官憲の支配力の脆弱化した所に本然の姿を現はし、また固有の力を回復すると考へられるからである。

そこでまづスミスによれば、中國の村落生活に現はれるもろもろの現象は、協同に對する中國人の勝れた天分を示すものであるといふ。この原則を最も具體的に示すのは、共同的小社會、卽ち村落生活の自治であつて、中國に於け

る村落生活の經營は、すべて民衆自身の手に握られてゐる。尤も、それは地方的な諸問題が、全體としての民衆によつて解決處理されるといふ意味ではない。なぜなら、その責任と發議とは民衆中の一部少數の人々に歸屬して、民衆全體のものではないからである。その點で、中國の村落自治はなほ眞の民主主義からは遠い。(6)この主張は、スミスの初めの立言とは矛盾するやうに見えるが、彼は要するに、中國の村落が、官憲の干涉若くは支配の外にあつて、なほよく自らの統一性を保ちつつ共同生活の自治的經營をなすところに、協同に對する中國人の異常な天分を認めうるといふのである。

ところで、スミスが中國の村落生活を事實上規制するといつた一部少數の人々は、普通鄕長若くは鄕老（hsiang chang, or hsiang lao）の名で呼ばれるものに他ならない。鄕長及び鄕老はいふまでもなく自然村の長であつて、中國の村落はかくの如き長を有すると共に、村政の經營、共同生活の規制は、すべてこれらの長によつて行はれたのである。ではスミスに於て、自然村の長は村落の生活に對して、どのやうな役割を營むものとされてゐるであらうか。

スミスによれば、村長の職能は、縣衙門關係の事務と、村落の全體に關する事務と、村民間の私事に關する事務との三つに分れる。卽ち村長は第一に、縣治の補助機關たる資格に於て縣衙門と村民との連絡機能を營み、第二に、村民全體の福祉に關係する公共の事業を指導し、第三に、村民間若くは家族と家族の間に生ずべき紛爭の和解調停に當るのである。

そこでまづ第一は、縣治の補助機關として營む村長の役割であるが、スミスはこの點について、「縣治關係の事務の中で、最も重要なのは地租または糧稅に關するものであつて、その種類と徵收の方法は極めて多樣である。が村長はさらに、官物の輸送とか、公務のために出張した役人の接待準備とか、堤防の造營修築のための資材の調達とか、旅行者の最も多い季節に於ける國道の巡視とか、その他類似の多くの目的のために、絶えず地方官吏の呼び出しを受ける」と書き、(7)またスミスの主張を是認しつつこれを敷衍したジェミーソンも、「村長は知縣と農民の連結子であつて、彼等は知縣に對する種々の責務からその地位に結びつけられてゐる。地租の徴收は彼等を通ずるか、或は彼等の補助によつて行はれるが、それは彼等が、村民のもつ無數の零細なる土地に關してその所有關係を個人的によく知つてゐるからである。彼等はまた官から出役の命令を受けた場合に、課役、即ち國家的勤勞奉仕の割り當てを行ふべき責任を有する。家族の登錄を必要とする主な目的も、國家が各家族の負擔能力をあらかじめ知つて置くためであつた。土地を有する家族は、金錢の必要の生じた場合にそれぞれ所有地畝に應じた貢納を要求せられ、また十六歲以上の壯丁は勞役に服することを强制せられ、昔はこれが非常な負擔となり、殊に高官連の絶えず往來する重要道路沿線の地方に於てさうであつた。公務を帶びて旅行する人々のためには、車輛、驢馬、荷運人夫を用意する必要があり、また彼等及び從者の接待準備をもしなければならないからである。これらの徵發は、現在もなほある程度に行はれてゐるが、今日に於ける呼び出しの主なものは、洪水若くは決潰のおそれのある場合の、堤防及び運河の修築の如き緊急の仕事に對するものである。如何なる種類の呼び出しにせよ、役を組織し、各家族の財產に應じて仕事を割り當てるのは、すべて村長の責任である」と述べてゐる。(8)

以上の說明を見ると、自ら租稅の催徵にあたるか、或は縣の派遣する收稅吏の補佐役をつとめ、また出役に際して勞働の割り當てを行ふことが、縣治關係事務の擔當者としての村長の主な任務であつたことがわかる。明・淸時代の里甲制に於て里長の職責たりしものが、自然村に於ては村長に歸してをり、里甲制の荒廢後、國家支配の一端は、村長等を通して、その觸手を村落の內部にまで延してゐたのである。

村長は第二に、村落の全體に關はりのある問題を監督、指導、處理する責めを負つてゐる。スミスは、村長の統轄にかかる公共事務の種類として、郭壁の建築及び修繕、壁門の監守、市集の開設と取締り、劇團の招聘、作物の看視、廟宇の築造と修復、公井の掘鑿と浚渫を擧げ[9]、ウィリアムスは、治安、道路、橋梁、點燈、市集、廟宇、學校等に關する事務を揭げてゐるが[10]、ジェミーソンはさらに、市場及び祭禮の統制、橋梁寺院の修復、匪賊の防衞から道路、衞生、給水、點燈等に至るまで、前二者の指摘したものの殆んどすべてを網羅して餘すところがなかつた[11]。

ただ重要なのは、ジェミーソンが、村長の事務として市場及び祭禮の統制を擧げた個所で、「政府が地方の行政に對して何らの注意をも拂はないために、民衆は公共の福祉に關して、自ら彼等の欲する所を行はざるをえない」と說き、また道路、衞生、給水、點燈等についても、「それを配慮する特別の者がゐないために、民衆自身でその處置を講ずることを餘儀なくされる」と述べてゐることである。村民は、催稅者としての村長を通して官憲の支配下に置かれながらも、村落全體の福祉に關する限り、官憲の政令外にあつて、その恩惠をも保護をも受けることがない。梁・唐兩氏が、「中國の村落は、一つの自治的單位である。村落は名義上、官吏の體統組織を通して中央政府の統治下に置かれてゐるが、實際に於ては、名目的地租の納付及び他の若干の場合を除けば、中央政府から全く獨立した地位を占めてをり、あたかも英國の自治植民地が、帝國政府から獨立してゐるのに似てゐる。政治上の諸原則が、現在の體制下に於ても依然として純粹專制主義のそれであり、法律は細分化された官吏の階層や上下關係を通して强制され、したがつて政治が、民事政府の組織よりもむしろ軍事組織の性格を有するといふ諸點から見ると、上記の事實は一見不可思議の感じを懷かせるかも知れない。しかし、とにかく中國の村落が、世界中のどこにあるものよりも統治される度合が一番少い、といふことは確かである」と述べたのも、この點を指摘したものであらう。かくて梁・唐兩氏によれば、中國に於ては、村落に對して中央政府のいとなむ役割が局限されてをり、村落は産業、商業、宗教、その他行政、監督及び保衞に關する一切の事項に對して完全なる自由を確保し、村落の福祉にとつて必要とされるものは、詔令や政府の干渉を俟つまでもなく、そのすべてが任意の結合によつて解決され、警察、教育、公衆衞生、道路と運河の修理、點燈及びその他の無數の仕事に至るまで、悉く村民自身の手によつて處理されるのである。(12)

このやうに、中國の村落に於ては、教育、宗教、土木、經濟、保衞、水利、衞生等、およそ民衆の公共福利に關係のあるすべての事柄が自治的に行はれた。さうしてこの村落自治の中心には、村落の長が立つてゐる。即ち中國村落の自治は、自然村の長の指揮によつて行はれるのである。尤も、多くの複雜なる問題、就中資金を必要とする各種の事業は、村落財政の貧困の故に、緊急やむをえざる場合の他は、未著手のままに放棄せられたであらう。ジェミーソンはこの點を指摘していふ、「普通の場合は、何事もなされないか、或は少しばかりのことが實行されるに過ぎない。村民が行動を起すのは、損壞せる橋梁の修復や荒廢せる寺廟の改築や、また恐らく匪賊の襲來の如き非常事態の發生した場合に限られる。かくの如き事態に遭遇して始めて、村長は會合を開き、村民のとるべき態度と經費の調達方法とを協議し、しかる後に村民を促して實行に著手せしめるに過ぎない。我々はここに地方自治の萌芽を見るわけであるが、その缺點は、萬事が自主的であるために、特にやむをえない事情がない限り、何事も爲されないといふことである」[13]。我々はここに、中國に於ける村落自治の消極性を認めざるをえないであらう。しかし我々にとつて今必要なのは、中國の村落自治がどの程度に行はれたかではなく、村民の共同生活が郷村統治の框外にあつて、その統制權を村落の長が握つてゐたといふ原則的な事實だけである。

村長の職責に屬して、村落全體の福祉に重大な影響を有つものに、なほ村長の制裁機能がある。スミスは、村長の司る公共事務の一つとして作物の看守を擧げた後で、特にその規約の違犯者に加へられる懲罰について述べてゐるがウィリアムスが「村長は、村の安寧秩序に對する責任者である」といつてゐるやうに[14]、村長の制裁機能は、單なる作物の看守を超えて、村内に於けるあらゆる秩序の維持のために發揮せられる。村内の秩序は、いふまでもなく、他の社會集團に見られると同様に、まづ全村民の相互監視によつて維持されるであらう。しかしこのやうな監視が無效に歸した場合に、村長は村民のもつ集團意識の代表者として、制裁の權限を行使するのである。

村長の制裁は、一般に村落裁判の形をとつて現はれ、しかもその裁判は、村落の內部に於て自治的に行はれた。ダグラスが、「村老等は、しばしば民事事件の範圍を超えて、刑事裁判官の職權をもその手に奪つてゐる。その結果、刑事事件の大部分は村民の同意と承認の下に村老等によつて裁決せられ、決して官僚の組織せる裁判所に移されることがない。稀れには村老の判決に服さない者があつて、官憲への提訴が行はれるが、このやうな場合に裁判官は、その職責上、このやうな違法の手續きの取られたことに對して驚きと嫌惡の態度を示す。しかし本來彼の任務に屬すべき仕事の多くが、官吏外の同業者によつて處理されてゐることは、官僚にとつて周知の事柄である。さうして彼は、かくあるべきものとしてそれに滿足さへしてゐる。彼にとつては、ただ必要な場合に、官吏外の同業者とその仕事の全部を拒否しうるといふ可能性さへあれば、よいのである」と述べたのはそれであつて、ダグラスはかく記した後、雲南の守臣が朝廷に報告した村落裁判の一例を擧げてゐる。即ちそれによると、隣家の畑から玉蜀黍の穗を摘み取つた彭（Pêng）なる男が、この畑の所有者と小作人とに訴へられたことがある。慣習にしたがつて村老會議が開かれ、人々は彭を焚殺の刑に處すると共に、その母親が上司に控訴することを阻止するために、死を以て威嚇して調書に署名せしめた。が母親はつひに官憲への上訴に成功し、その主謀者は、千七百五十年の刑律にしたがつて死刑に處せられることになつたといふのである(15)。

このやうな事件は、村落裁判としても異常の例に屬するであらう。しかしダグラスのいふやうに、これを村老會議に絕對權を認めた古い村落組織の遺制と見る時には、我々はこの一事例の中にも深い意味を見出すことが出來る。彼はこの點をさらに說明して、「我國の多くの法律と同樣に、かつて村落共同體を規制し、また現在もなほ村落の各種の出來事を規制しつつある不文律は、幾世紀にもわたる慣習から成長し來たつたものである。地保や村老が支配するのは、民衆がそれを當然彼等のなすべきことと考へるからであり、人が彼等の權威に服するのは、彼が組織體の部分をなし、近隣から獨立して行動することの困難を知るからである。それは律の規定を完全に離れた一つの體系であつて、彼等の權威と律規定とはそれぞれ異なつた道を步き、二つの體系間に衝突が起るのは、二つの道が觸接した場合、即ち上記の例の示すやうな官憲への提訴の行はれた場合に限られる」と書いてゐるが(16)、とにかく中國の村落に於て、民衆の共同感情を背景とする村落裁判が行はれ、その裁判の中心に村落の長のゐたことは否定されないのである。

ダグラスのいふ二つの體系間の衝突は、村長をして微罪のみを裁決せしめ、重罪はこれを官に送るといふ方法によつても、一應避けられるであらう。ジョンストンの擧げた威海衞地方の同族部落がそれであつて、ここでは重大なる犯罪と輕微なる犯罪の區別が設けられてをり、家屋の損壞、暴力による毆傷、殺人及び風俗壞亂の如き、重罪として村落裁判の權限外に置かれるものを除いた輕微なる犯罪のみが、村老の作製にかかる村規（ts'un kuei）の條項に照して處斷されることになつてゐたといふ。(17) なほ威海衞村に於ける刑罰として採用せられたのは、追放と罰金の二つであるが、『山西省單行法規彙編』所輯の「村禁約之規定及執行簡章」（民國十四年）には

一、交納村費　十五元以下一角以上。

二、習慣上之處罰　如就公廟罰跪或跪香、凡沿用習慣、足資儆戒、不渉凌虐行爲者、不妨酌用、但從前糾首社首、相沿之弔打惡習、絶對嚴禁。

三、訓誡

とあつて、(18) 山西地方では、村禁の違犯に對して罰金、訓誡、罰跪及び跪香の法が用ゐられてをり、しかも右の第二款の説明は、山西地方に古くから糾首或は社首による村落裁判が行はれ、その裁判に於て、罰跪及び跪香と共に、弔打の法の沿用されてゐたことを示してゐる。

以上に述べた如く、自然村の長は、村民の福祉に關はりのある各種の事業を統轄すると同時に、村落生活の秩序を亂す者に制裁を加へることによつて、村内平和の維持にあたつた。が第三に村長は、村内に生ずべき村民間の紛擾若くは家族間の葛藤を仲裁調停する任務を帶びてゐる。もし村落裁判に於ける村長の權能を刑事上の懲治權とすれば、村民の間の調停仲裁は民事上の管治權とも呼ぶことが出來るであらう。この點についてダグラスは、「村老は、民事

上の紛爭を調整する。彼等は家宅侵入の問題を解決し、金錢上の紛爭を調停し、また妻の不倫に惱む夫に離婚の承認を與へてやり、さうしてこのやうな場合に、村老の決定が功を奏しないことは稀れである」といひ[19]、スミスも、「中國の村落には、家庭内の紛糾や近隣間の不和の如きものの調停を、好んでなす人々がゐる。しかしこの種の勞をとるために、しばしば村老等が招かれることも確かである」と述べてゐるが[20]、さらにジェミーソンは、「縣の裁判所は、距離の關係から、またそこに出頭しても訴狀の提出に困難を伴ふために、村民の大多數にとつて甚だ近より難いものとなつてゐる」と書き[21]、ウィリアムスは、「村に爭論が起きた場合にも、縣の裁判所は、最後の手段として以外にはそれを和解させるために利用されない。……村民は、衙門の使丁卽ち胥吏の網に掛ることを怖れてゐる。なぜなら、胥吏は、彼等の役務に對して當然手數料が支拂はるべきであるといふ言ひ懸りをつけて、原告からも被告からも、同じやうに搾り取らうとするからである。……だから係爭者を和解させるのは村老であり、その斡旋に對しては仲裁者としての謝禮が與へられる。村老は原告の陳述と被告の辯明とを聞き、また被告の再抗言とそれに對する原告の反駁をも聞いて、紛爭者がたがひに歩みよりうるやうな公正な論據を見出すのである。かくて訴訟が避けられ、反感が消え、當事者と親族が仲なほりして、全村の人々が夕刻開かれる祝宴に列席する。さうしてその時、原告の家は紅紙で飾られ、被告にされたその隣人は棒につけた爆竹の大きな束を持參して、これを門の外で燃す。爭點となつた不法若くは侮辱に對する一切の贖ひはこれで終り、すべての人が、滿足の感をいだく」と記して[22]、村民の紛擾が、何ゆゑ裁判所に提訴されずして、村老等の調停に委ねられるかの理由をも明かにしてゐる。要するに、前に述べた刑事上の懲治權と共に、民事上の管治權もまた村老等に屬して、官憲の干渉外に置かれてゐた。

村内に於ける解紛若くは勸諭の風を傳へた右と類似の例は、州縣志や民商事習慣調査報告錄の中にも見出されるであらう。即ち陝西民國南鄭縣志に

鄕間、有糾紛、每邀團約、紳衿赴茶肆或社廟理論、曲者、每爲直者掛紅布、燃爆竹以息爭、亦古人負荆之意、或賭袒徧徇、始赴法庭起訴、團約苟得人、亦息事安民之一法

とあり(23)、また「排解爭議」と題する湖南省漢壽・益陽・安化・湘陰各縣報告に

鄕間爭議事項、經地鄰戚族排解者、辦法有二、(一)令理曲者出錢若干、買羊一隻、以一人牽之、沽酒一罈、用二人擡之、由第三者督率、送至理直者家宅、伏禮寢息、其事名曰牽羊扛酒禮、此係觸犯鄕約、或違反族親等、事體之較大者、若細微之事、用肉一塊、用酒一壺、亦可寢息、名曰觔肉壺酒禮、前者羊酒禮、伴以銃爆、後者肉酒禮、伴以鞭爆、此種習慣、漢壽益陽安化各縣、視之甚重、與民事和解方式、生同一之効力、(二)書公判字、或書和息字、猜寫合同、雙方各執一紙、歷年既久、即爲有効、此種習慣、湘陰縣最通行、惟甫經和解、或一方終不甘允隨、向官廳起訴者、則仲裁契約、仍然不能發生効力

とあるのがそれであつて(24)、これらの地方では、解紛が原則として自治的に行はれ、しかもそれは、何らかの和解の儀禮によつて局を結ぶのが常であつた。和解の儀禮は、上引のウィリアムスの文中にも述べられてゐるが、かかる儀禮の存在は、私的紛爭の自治的解決が、慣習化するに至つてゐたことを明示するものとして、注意されなければならない。尤も、紛爭の調停者が南鄭縣志では紳衿であり、湖南省の報告に於ては地隣戚族であり、また正史や州縣志の人物志中に散見する口角相爭の仲裁者を見ても、それは必ずしも自然村の長に限らず、多くはかへつて村内の德望家或

は有力者たちであつた。しかしスミスのいふやうに、村長等が村內有力者の一人としてその任に當つてゐたことも、疑ひを容れないのである。

これを要するに、定制の解體期若くはその弛廢後に於ける自然村はその長を立て、それらの長は、一面に於ては徵稅或は保衞の責任者として縣治の補助機關となると共に、他の一面に於ては、官憲の指揮圈外に立つ自治的團體の統轄者として村落生活の指導にあたり、また村の秩序を亂す者を制裁し、村民間の紛糾を調整すべき權能を有してゐた。以上の諸點を明かにして我々の氣づくことは、內容上の出入と組織化の程度に於ける多少の差異を別とすれば、自然村の長に見られる職掌と元の社長のそれとの間に、性質上の類似があるといふことである。[25] 卽ち元の社長の責任は、勸農を中心としつつ、水利、副業、驅蝗、助工、救荒、教育、勸解、警察等のことに及び、その上社長は、旣述の如く里正の徵稅の事務までも吸收した。

右に述べた元の社制は、國家的立場に於ける村落的共同生活の規制の初めての試みとして、注目さるべきものであるが、同じ國家的立場に立ちながら、敎化と裁判とを中心として鄉村に於ける共同生活を規制しようとしたものに、里甲の地盤の上に設けられた明の老人の制がある。明の里は百十戶より成り、したがつて老人の統轄範圍は戶數によつて限定せられ、しかも社制が勸農を中心としたのに對して、明の里制の中心は、いはゆる「導民善」と「平鄉里爭訟」の二つに置かれてゐた。しかし職責の內容のみを比較すれば、老人の職責は社長のそれとほぼ同一であつて、敎民榜文四十一個條は、[26] 老人をして敎化と裁判の他に、勸農、水利、副業、敎育、扶助、祭祀、相賓等に關する事項をも司らせようとしてゐる。さうしてこの事實は、明の老人の制が、元の社長の制の發展に他ならぬことを、我々に示すものでなければならない。

ところで右に述べた自然村の長と里老人との職責上の類似から、私はかつて老人を中心とする協同的自治生活の、里甲制の崩壊後に於ける自然村への復歸を主張したことがある。[27] がこの主張は實は、老人による共同生活の規制が、結局自然村の長を中心とする村落的共同生活の法制化に他ならない、といふ主張を前提としてゐる。さうしてこれと同じことは、元の社長についても考へうるであらう。即ち一は敎化を中心とし、他は勸農を中心としつつ、自然村の長のもつ統轄機能の中から、郷村統治の目的に照して特に有意義のもののみを取り上げ、またその足らざるを補ひ、さらにこれに組織と秩序とを與へたものに過ぎなかつたのである。とすれば黃六鴻の述べた鎭集村長及び莊頭の機能が、自然村の長のもつ自治的統制機能を本にして考へられたものであることも、疑ひえないであらう。

（1）河北道光定州志卷七、地理、郷約、諭閤境里正郷地規條。
（2）黃六鴻、福惠全書、保甲部卷二十三、獎擧善惡。
（3）同上、敎養部卷二十五、擇郷約。
（4）同上、敎養部卷二十六、禮耆德。
（5）同上、敎養部卷二十六、蓺果木。
（6）Smith, Village Life in China. 1900, p. 226.
（7）ditto, p. 228.
（8）Jamieson, Chinese Family and Commercial Law. pp. 71–72.
（9）Smith, p. 228.

(10) Williams, China, Yesterday and Today. 1923, pp. 123, 126, 129, 130, 132.
(11) Jamieson, p. 72.
(12) Leong and Tao, Village and Town Life in China. 1923, p. 5.
(13) Jamieson, p. 72.
(14) Williams, p. 121.
(15) Douglas, Society in China. 1895, p. 113.
(16) ditto, pp. 114-115.
(17) Johnston, Lion and Dragon in Northern China. 1910, pp. 158-162.
(18) 山西省單行法規彙編（民國二十四年輯）、一八八―一八九頁。
(19) Douglas, p. 115.
(20) Smith, p. 229.
(21) Jamieson, p. 73.
(22) Williams, pp. 127-128.
(23) 陝西民國南鄭縣志卷五、風土、禮俗。
(24) 湖南省漢壽・益陽・安化・湘陰各縣習慣、排解爭議（民商事習慣調査報告錄、一一七一頁）。
(25) 元典章二十三、戸部卷九、農桑、立社、勸農立社事理。　通制條格卷十六、田令、理民。
(26) 皇明制書卷九、教民榜文。
(27) 拙著、支那社會の研究、二二九頁。

四

私は前段に於て、定制のすでに崩壞した淸末民初の自然村に一人の長が設けられ、その長は縣治の補助機關として、賦税若くは治安のことを司ると共に、自然村の自治生活をも統轄指導し、後の點に於ては完全に官憲の支配圈外に立つてゐたことを明かにした。では一層古い時代にも、これと同様のことが行はれてゐたであらうか。我々は、古い時代に於ける村落生活の實情を窺知せしめるだけの材料を與へられてゐないが、ただここで擧げて置きたいのは、三國志魏志の田疇傳にある

疇得北歸、率擧宗族、他附從數百人、埽地而盟曰、君仇不報、吾不可以立於世、遂入徐無山中、營深險平、敞地而居、躬耕以養父母、百姓歸之、數年間、至五千餘家、疇謂其父老曰、諸君不以疇不肖、遠來相就、衆成都邑、而莫相統一、恐非久安之道、願擇其賢長者、以爲之主、皆曰善、同僉推疇、疇曰、今來在此、非苟安而已、將圖大事、復怨雪恥、竊恐未得其志、而輕薄之徒、自相侵侮、偸快一時、無深計遠慮、疇有愚計、願與諸君共施之可乎、皆曰可、疇乃爲約束相殺傷犯盜諍訟之法、法重者至死、其次抵罪、二十餘條、又制爲婚姻嫁娶之禮、興擧學校講授之業、班行其衆、衆皆便之、至道不拾遺、北邊翕然、服其威信、烏丸鮮卑並各遣譯使、致貢遺、疇悉撫納、令不爲寇

といふ文(1)と、晉書夔袞傳に載せられた

齊王冏之唱義也、張弘等肆掠于陽翟、袞乃率其同族及庶姓、保于禹山、是時百姓安寧、未知戰守之事、袞曰、孔

子云、不教而戰、是謂棄之、乃集諸群士而謀曰、二三君子相與處於險、將以安保親尊全妻孥也、古人有言、千人聚、而不以一人爲主、不散則亂矣、將若之何、衆曰善、今日之主、非君而誰、袤默然、有間乃言曰、古人急病、讓夷不敢逃難、然人之立主、貴從其命也、乃誓之曰、無恃險、無怙亂、無暴鄰、無抽屋、無樵採人所植、無謀非德、無犯非義、戮力一心、同恤危難、衆咸從之、於是峻險阨杜蹊徑、修壁塢、樹藩障、考功庸、計丈尺、均勞逸、通有無、繕完器備、量力任能、物應其宜、使邑推其長、里推其賢、而身率之、分數既明、號令不二、上下有禮、少長有儀、將順其美、匡救其惡、乃賊至、袤乃勒部曲、整行伍、皆持滿而勿發、賊挑戰、晏然不動、且辭焉、賊服其愼而畏其整、是以皆退、如是者三

といふ文(2)の二つである。共に戰禍を避けて居を山中に移した人々の聚落生活の狀態を描いたものであり、官憲の支配を擺脱した當然の結果として、それらの人々は租税を納付せず、田疇及び庾袞をそれぞれ中心とする自治生活も、防衞戰守を生活の第一義として營まれてゐるが、しかし第一の例に於ては、田疇を長としつつ、殺傷、犯盜、諍訟を抑止するための規約二十條を作り、また婚姻嫁娶の禮と學校講授の業をも興し、第二の例では、庾袞を主に推して、功庸を考へ、丈尺を計り、勞逸を均しくし、また有無を通ぜしめる他、力を量つて能に任じ、物みなその宜しきに從つて上下少長の間に禮儀あらしめ、以てその美に將順し、その惡を匡救せしめたといはれ、いづれもその長を中心とする秩序ある自治的聚落生活を營んでゐた。

注意を要するのは、田疇傳に「衆成都邑、而莫相統一、恐非久安之道、願擇其賢長者、以爲之主」といひ、また庾袞傳に「古人有言、千人聚、而不以一人爲主、不散則亂矣」とあつて、聚落生活の統一のためには、聚落の長を缺き

えないといはれてゐることである。聚落の長が、聚落防衛の立場から特に必要とされることはいふまでもない。前漢書を見ると、陳勝傳に

陳勝……陽城人、呉廣……陽夏人也、……秦二世元年秋七月、發閭左、戍漁陽九百人、勝廣皆爲屯長

とあつて、顏師古の注に

人所聚曰屯、爲其長帥也

と記されてゐるが、(3) ここに聚まつたのは遣戍の人々であり、したがつてその長が、主として戰守防衛の必要から設けられたものであることは明かである。しかしさきの二つの文は、日常的な聚落生活の統轄指導のためにも、一人の長を缺きえないことを示してゐる。那波博士の指摘されたやうに、上記の二例は、避難民の形成した變則的・臨時的・假寓的聚落の統制に關するものであり、(4) しかもその聚落は同族を中心として形成せられ、次第に異姓をも加へて、徐無山中の聚落の如きは、その全戸數が五千にも達したといはれる。がいづれにせよ、これらの聚落に一人の長を不可缺としたことは明かであつて、それと同じことは、恐らく定住的な聚落に於ても起りえたであらう。即ち聚落生活は一般に、その名稱の如何に關はりなく、つねに何らかの統轄者を必要としたのである。

私は右の主張を根據づけるために、勸農のことを述べた北宋太平興國七年閏十二月の詔を、ここに引いて置きたいと思ふ。即ち

令農師與本郷里正村耆相度、具述土地所宜、及某家見有種子、某戸見有闕丁、某人見有剩牛、然後分給曠土、召集餘夫、明立要契、擧借粮種、及時種蒔、俟秋成、依契約分、無致爭訟、官司每歲較量所課種植功績、如農師有

不能勤力者代之、惰農爲飲博者、里胥與農師、謹察敎誨之、不率敎者、州縣依法科罰（5）とあるのがそれであつて、この詔はいふまでもなく、農師、里正及び村耆に對して勸農の責めを負はせようとしたものであるが、村耆は多分村老と同じであり、したがつて村耆の名は、彼が村落生活の指導的地位にあつた人であることを示すと共に、その指導的地位が、勸農の任を負はされる以前から、すでに認められてゐたことを暗示してゐる。いひかへれば、右の詔は、里正と共に、既存の村落指導者を、特に勸農のことに利用しようとしたものに過ぎないのである。宋會要を見ると、右の制度は、その煩擾の故に二年にして廢罷されたとあるが、勸農の責めからの解除は、恐らく村耆の地位そのものの廢止を意味するものではなかつた。なぜなら、村耆がもしそれ以前から村落生活の中心に置かれてゐた人々であるとすれば、官に對して勸農の責めを負ふと否とは、彼等自身の關するところではなかつたと考へられるからである。

村耆に關する以上の解釋は、我々に、北宋の村落に村落生活の統制者が存在し、さうしてその統制者が、鄉村統治のために利用せられたことの二つを敎へる。私は前に、元の社長による共同生活の規制が、自然村の長を中心として營まれる村落的自治生活の法制化に過ぎないこと、同樣に老人の指導する明の里制の究極の基礎も、やはり自然村の生活形式そのものの中にあるといふことの二點を指摘したが、宋代の村耆は、そのまま直ちに官治に利用せられ、しかもその利用は、特に勸農のことに關してのみ行はれたのである。

このやうに見れば、自然村に長を立てる梁、唐及び後唐の制度も、村落生活の統轄者としてすでに存在する自然村の長を利用したものではなからうか。尤も梁、唐及び後唐に於ける自然村の長は、徴税と警察、若くはその一つのみを責任として負はされてゐる。淸朝時代の州縣志に傳へられる村長、村主、村頭及び莊頭等についても、事情は同一であつた。がこれは恐らく、バージェスが、「中國の爲政者は、治安の維持と租稅の徵收のみを事として、服從を要求する以外に民衆との協力を求めることがなかつた」と述べてゐるやうに、(6)中國に於ける鄕村統治が、稀れな場合を除けば、つねに警察若くは徵稅のことのみに限られ、民衆の生活やその福祉の如きものに至つては、官みづからのこれに關はるべきものでないと考へられてゐたがためであらう。しかし、村落生活の統轄者としての面を無視或は捨象しつつ、しかも自然村の長を徵稅及び警察の事に關して利用することは可能でなければならない。尤も、旣存の自然村の長を利用する以外に、鄕村統治上の必要から、官命によつて始めて自然村に長が設けられたといふ場合もあるであらう。がその場合にも、爲政者は恐らく、その村長がさらに村落生活の統制の事に携はるか否かを問題としなかつた。鄕村統治にとつて必要なのは、普通警察及び徵稅の補助機關としての自然村の長であつて、それ以上の何ものでもないからである。尤も、官憲による村落的共同生活のこの無視は、必ずしもその生活に對する指導者の缺如を意味しないであらう。卽ち、その指導にあたる者が公認の村長であるか否かは別とし、とにかく、何らかの機關による共同生活の自治的規制が村毎に行はれてゐたことは、あらゆる時代について豫想されうるのである。

このやうに、警察及び徵稅事務に對する自然村の長の利用は、その長のもつ村落統制機能の捨象を前提として行はれてゐる。しかるに、治安維持の組織と租稅徵收の組織が戶數編成原則に從つて作られる場合には、それらの組織と自然村との乖離は二重となる。卽ちその一つは、前に述べたと同樣に、自然村の共同生活とその長のもつ共同生活の統轄機能とを無視する點に於て。他の一つは、自然村を警察上の單位としてもまた徵稅上の單位としても認めず、したがつて同時に、警察及び徴税の補助機關としての自然村の長の利用を必要としないといふ點に於て。即ちこの場合には、自然村の長の無視が完全に行はれてゐる。しかしそれにも拘らず戸數編成原則は、自然村の地域的統一性のみはこれを無視することが出來なかつた。戸數編成原則の下に於て、一つの組織が法定の戸數を一應の規準としつつ、しかも自然村をその構成要素としたのはそのためであり、その限りに於ては、戸數編成下の鄉村統治も、或る程度までは自然村を尊重し利用しようとしたものといへる。さうしてこのことは他面、戸數編成下の自然村が、村を單位とする行政上の統轄者の有無とは別に、その村の共同生活に關して自ら指導者を選び、それを村落福祉の中心機關たらしめてゐたであらうことを想像させる。が進んでいへば、共同的自治生活に反映する村落の統一的性格を無視しえないところに、實は、戸數編成原則下の鄉村組織が、一村を以て、或は數村を集めて作られた究極の原因があるのである。

以上を要約していへば、統轄の立場から見た中國の鄉村統治と自然村との關係は、以下の如き三つの型に分けられる。即ち第一は、自然村の共同生活とこれに對する自然村の長の統轄機能を、ほぼそのままの形で鄉村統治に取り入れようとするもの、第二は、自然村の共同生活とこれに對する自然村の長の統轄機能を無視しつつ、しかも自然村の長を警察若くは徴税の事にのみ利用しようとするもの、第三は、自然村の共同生活とこれに對する自然村の長の統轄機能を無視するだけでなく、さらに自然村の長を警察及び徴税の事にも利用せず、ただ自然村を戸數編成の際の事實上の構成要素たらしめることによつて、その地域的統一性を利用しようとするに過ぎないものの三つである。第一はいふまでもなく元の社の制であり、第二は梁、唐及び後唐時代の村の制であり、第三はあらゆる戸數編成の法に見られる共通の特徵であるが、この他になほ、宋の村耆の制の如く、村耆を勸農のことにのみ利用しようとした例や、明の老人の制の如く、組織の點に於ては第三の型に屬しながら、機能の點に於てはかへつて、第一の型に範を取つたと考へられるものも存在してゐる。しかし自然村は、その共同生活が鄕村統治の立場から完全に無視された場合にも、つねに自治的團體を形成し、自ら指導者を選ぶことによつて、ある程度の統一性と自主性とを實現しえたものと考へられる。戶數編成原則が一般に、自然村を分割併合したと信ぜられてゐるにも拘らず、その實、單村制若くは聯村制の採用を普通としたのは、恐らく自然村に固有のこの共同的統一的性格の故である。このやうに見れば、自然村との關係の最も薄い戶數編成の法に於てさへ、自然村の統一性が、完全に無視されるといふことはなかつたのである。

私は以上によつて、不十分ながら、中國に於ける鄕村編成原則と自然村との關係を概觀した。旣述の如く、穗積博士は法定の戶數による鄕村編成の困難を指摘して、「事物の明確を好み、槪定に安んずる能はざるは、法家常習の心理狀態なるを以て、此の如き場合に於ても、先づ定率を明示して之を本則とし、次に必要若くは不便の場合に於ける例外規定を設くるを常套の起草法と爲す」といひ、このやうな例外規定の實例として、淸の戶部則例にある通融編列の制と、黃六鴻の畸零戶及び畸零甲の說と、葉佩蓀の七併八分の法とを擧げ、さらに「甲は大凡十戶、保は大凡十甲を以て編成するを例とす」とある臺灣の保甲條制施行規則を稱讚して、「臺灣の立法者が單刀直入大凡の二字を以て之を槪定したるは、亦以て立法の手腕を示すに足る」と述べてをられる。これはまことに卓見であつて、私の論述は、實は、ただ若干の新たなる資料を加へて博士の說明の不備を補ふと共に、戶數編成原則と自然村との關係を尋ねるといふ方向に、問題を少しく移し變へたものに過ぎないのである。私は次に、この章の結論を念頭に置きつつ、鄕村統治の内容的方面を考へて見たい。

(1) 三國志、魏志卷十一、田疇。

(2) 晉書卷八十八、列傳第五十八、庾袞。

(3) 前漢書卷三十一、列傳第一、陳勝。

(4) 那波利貞、塢主攷(東亞人文學報、第二卷第四號、四二頁)。

(5) 宋會要稿、食貨一之一六。

(6) Burgess, Guilds of Peking. 1928, p. 213.

第二章　鄉村統治に於ける連帶責任の制度

第一節　治安維持の組織と連坐の法

一

周禮に記された鄕遂の制は、五家の比と鄰とに始まつてゐるが、そのうち特に比に關しては「使之相保」といふ明文があつて、比の任務は相保にあるとせられ、この保の意味について、鄭玄は

猶任也

と注し、賈公彥はさらに

不爲罪過

といふ說明(1)を加へてゐる。任とは何であり、また任と罪過を爲さざらしめることとの間には、字義上の如何なる繫がりがあるのであらうか。この問題を明かにすることは、後で述べるやうに、中國に於ける治安維持組織一般の社會的性格を規定する上に大きな示唆を與へる。

そこで、まづ注意を要するのは、周禮の比長の職掌を述べた個所に

有辠奇衺、則相及

といふ規定のあることである。賈公彥はこれに敷衍して

五家有罪惡、惡則連及、欲使不犯

と書いてゐるが、(2)とにかく周禮の右の規定を見ると、五家內の罪過の防止が比の任務の重要なるものとされてゐたことは疑ひなく、賈公彥が相保を特に「罪過を爲さざらしめること」と解したのも、恐らく周禮に右の如き規定があるからであつた。しかるにまた周禮は、鄰長の職掌の一つとして「相糾」をあげ、賈公彥はこれを

五家有過、相糾察

の意味に解してゐる。(3)卽ち鄰內に罪過の發生した場合には、五家は互に糾察しなければならないといふのである。ところで罪過の發生に際して糾察の義務を負はされる人々は、當然にまた罪過の發生に先だつてこれを未然に防止する義務を負ふ人々でなければならぬ。が罪過の發生を未然に防止すべき人々も、逆に罪過の發生に際してこれを糾察すべき任務を荷はなければならないであらう。このやうに見れば、比と鄰の任務は全く同一であつて、比の任務とされた相保が、明文の缺如にも拘らず、同時に鄰の任務とされてゐたことは明かである。さうしてこの事實がまた、恐らく賈公彥をして相保を罪過の防止義務と解せしめるに役だつた。

かくて賈公彥が相保の中に見出したのは、罪過を防止しまたこれを糾察するところの義務である。がこの義務は爲政者の要求にもとづく義務であり、罪過の防止と糾察義務の遂行は、比と鄰が爲政者に對して負ふところの責任でなければならなかつた。さうしてこの立場から見れば、比と鄰は、それぞれ罪過の防止と糾察の連帶責任圈であつたといふことが出來る。

しかるに淸の沈家本によれば、周禮の相保は「負責任」を意味する言葉であるといふ。(4) さうしてこれが、實は、鄭玄によつて保の字義とされた「任」のもつ意味である。したがつて保を罪過の防止及び糾察の責任と見る賈公彥は、鄭玄と矛盾せず、かへつて鄭玄の保の解釋に從ひつつ、しかもこれに一層具體的な内容を盛つたものとなつてゐるのである。この點で、保を罪過を爲さざらしめることと解した賈公彥は、保を任と解する鄭玄の立場を完全に繼承してゐる。

ところで沈家本は進んで、比の負ふべき責任として糾察の責任と勸導の責任の二つを擧げてをり、もし沈家本のこの說にしたがへば、比と鄰の責任を罪過の糾察にのみ求める賈公彥は、なほ保の內容の一半を指摘したに過ぎないものとなる。保の解釋として、いづれが周禮作者の意圖に合致してゐるかは明かでないが、周禮が比長の職掌の一つとして「相和親」をあげ、賈公彥がこれに

五家之內、有不和親、則使之自相和親

といふ說明を加へてゐるのを見ると、賈公彥が相保を、ただ罪過の糾察の責任にのみ限定しようとしてゐるにも拘らず、この相保に關して、糾察の他に勸導の責任を考へる餘地のあることは明かである。しかし我々にとつていま必要なのは、比と鄰が相保卽ち共同の責任を負はされ、その責任の中に、罪過の防止と糾察の責任があると考へられてゐることである。罪過の防止と糾察は、いふまでもなく治安維持のために行はれる。したがつて比と鄰は、それが罪過の防止及び糾察の任務を要求される限りに於て、治安維持に對する共同責任の組織でなければならない。さうして比と鄰のこの性格は、一般に鄕村統治に於ける治安維持の組織が、治安維持に對する共同若くは連帶責任の圈に他なら

ないことを暗示するであらう。賈公彦は多分、比と鄰が治安維持に對する責任の共同圈であることを理解してゐた。しかしこのことを最も明瞭に意識したのは、やはり比の任務を相保卽ち任に求め、比が共同責任圈に他ならぬことを文字の上に明示した、周禮の作者自身でなければならない。周禮は漢代の僞書といはれてゐるが、とにかく周禮に於けるかくの如き比の任務規定から、我々は中國に於ける治安維持の組織に關する問題が、結局、治安維持に對する共同若くは連帶責任圈の問題に歸著することを敎へられるのである。私はこの見地に立つて、中國鄕村の治安維持に對する共同責任が、如何なる組織形態を通して如何なる程度に要求せられたか、またその組織は、責任の連帶性を如何にして可能ならしめたかを、歷史的に考察して見たいと思ふ。

(1) 周禮注疏卷十、地官司徒、大司徒。
(2) 同上卷十二、地官司徒、比長。
(3) 同上卷十五、地官司徒、鄰長。
(4) 沈家本、沈寄簃先生遺書、刑制分攷、保任。

二

治安の維持を目的とする鄕村の編成は、組織の繁簡と規模の大小とによつて、二つの型に分けられる。組織の複雜なものは同時に規模の大なるものであり、組織の單純なものは同時に規模の小なるものであるが、まづ組織の複雜なるものよりいへば、これは二級或は三級の階層的編成を有つのが普通であつて、その場合下級のものほど編成の戶數が少く、上級のものほど編成の戸數が多い。卽ち戸數の最も少い下級の組織を編成單位とし、これを集めて上級の組織を作り、各組織毎に一人の長を置くのである。しかも下級の組織は必ず五戸または十戸を以て編成され、上級の組織もつねにその倍數から成つてゐた。これに對して單純なるものは、階層的組織に於て最下級の單位をなした五戸乃至十戸の組織のみを作り、それを統一するところの上級の組織と、その統轄者とを別に設けることがない。組織と規模とに於けるこの相違を見れば、治安維持に對する效果に於て、階層的組織が單純なる組織に勝つてゐたことは明かであらう。治安維持の組織は、戸數の多いものほど大なる救ひの力となることが出來るからである。がこの點を離れて組織編成上の難易のみをいへば、前者はいふまでもなく後者に劣つてゐる。定制として設けられた階層的治安維持組織がたちまち具文に歸し、これに代はつて單純なる組織が地方に榮えるといふ事實のしばしば傳へられるのは、そのためである。しかし本節に於ける我々の課題は、治安維持組織の治安維持に對する效果の大小と、組織編成上の難易とを明かにすることではなく、ただあらゆる治安維持の組織を治安の維持に對する共同責任の圈として捉へ、共同責任の具體的内容を明かにすると共に、進んで責任の連帶圈を限定せしめた究極の社會的原因を尋ねることである。では、そのやうなことが果して可能であらうか。通說によれば、中國に於ける郷村編成の特色は、戸數編成原則にもとづく階層的組織にあるといはれてゐる。そこで以下の敍述も、まづ階層的な治安維持組織の各種形態を歷史的に跡づけることから、始めたいと思ふ。

史實に現はれた階層的治安維持組織の先蹤は、いふまでもなく秦の什伍の制である。史記の商君傳に

令民爲什伍

とあるのがそれであつて、索隱に「劉氏云、五家爲保、十家相連也」と記されてゐるやうに(1)、商鞅はまづ五家を伍とし、次に二伍を連ねて什を編成したのである。しかも史記の右の文のつづきに

而相收司連坐、不告姦者腰斬、告姦者與斬敵首同賞、匿姦者與降敵同罰

と見え、また索隱の說明に「收司謂相糾發也、一家有罪、而九家連擧發、若不糾擧、則什家連坐」といはれてゐるから、秦の什伍の制が、五家及び十家內の糾察を目的とした階層的な共同責任の組織であることは疑ひなく、したがつて連坐の法が、この責任を果さない同じ組織內のすべての者に對して、適用せられたものであることも明かである。

しかるに、周禮の比長の職掌を述べた個所に「有辠奇衺、則相及」といふ既述の如き文があつて、賈公彥がこれに「五家有罪惡、惡則連及、欲使不犯」といふ說明を加へ、比長の相及を連及卽ち連坐の意味にとると共に、連坐の法を以て罪過を爲さざらしめるためのものと解したのに對し、沈家本は、連坐の法を秦の商鞅に始まる酷法であつて、周の盛時にはかつて見られなかつたものであるといひ、相及を連坐から區別しようとしてゐる。卽ち沈家本によれば、比は元來五家內の勸導と糾察を目的として作られたものであり、したがつて罪過の發生によつてその目的を果しえない場合には、自らの責任に背くものとして咎めを受ける。これがいはゆる相及の法である。いひかへれば、まづ相保卽ち負ふべき責任があつて、然る後に相及が行はれるのであり、この意味の相及の法は、相保なくして連坐のみのある商鞅の法とは、本質的に異なるといふのである。沈家本はこの見地に立つて

秦人所行什伍之法、與成周一也、然周之法、則欲其出入相友、守望相助、疾病相扶持、是敎其相率而爲仁厚輯睦之君子也、秦之法、一人有姦、鄰里告之、一人犯罪、鄰里坐之、是敎其相率而爲暴戾刻核之小人也

と述べた馬端臨の文(2)を援用してゐるが、前記の説明に見られるやうに、秦代の什伍もまづ糾察の責任を負ひ、この責任を果さない時に始めて、連坐の法の適用を見たのであつて、これと、まづ保があつて、しかる後に及があるとする周禮の相及の法との間には、何ら原則上の相違がない。尤も、商鞅の法は勸導のことに觸れず、またその連坐の規定が苛酷であることは確かである。しかしこのことは、什伍の組織が「保先及後」の原則に從つて作られた共同責任の圏である、といふ事實を否定せしめるものではないであらう。それにも拘らず沈家本が、相及の法と連坐の法とを區別するのは、周代を美化しようとする尙古主義の結果であつて、必ずしも事物の本質に即した説明ではない。

秦の什伍の制は、漢代にも傳へられてゐる。前漢書百官公卿表に「大率十里一亭、亭有長、十亭一鄕、鄕有三老有秩嗇夫游徼」とあつて、その後に「皆秦制也」と附記されてゐるが(3)、秦制の襲倣はこれのみでなく、什伍の制もそのまま漢代に行はれたのである。桓寛の鹽鐵論に

今以子誅父、以弟誅兄、親戚相坐、什伍相連、若引根本而及華葉、傷小指而累四體也、如此則以有罪、誅及無罪

とあるのは(4)、その證佐である。尤も、正史に散見するのは伍に關する記録のみで、什に關する事例は一つも見出されない。卽ち前漢書乾延壽傳に

又置正五長、相率以孝弟、不得舍姦人、閭里阡陌有非常、吏輒聞知、姦人莫敢入界

とあり(5)、尹翁歸傳に

亦縣縣有名籍、盜賊發其比伍中、翁歸輒召其縣長吏、曉告以姦黠主名、教使用類推迹、盜賊所過抵、類常如翁歸言、無有遺脫

とあり(6)、黃霸傳に

　令民咸知上意、使郵亭鄉官、皆畜雞豚、以贍鰥寡貧窮者、然後爲條敎、置父老師帥伍長、班行之於民間

とあり(7)、尹賞傳に

　賞至脩治長安獄、穿地、方深各數丈、致令辟爲郭、以大石覆其口、名爲虎穴、乃部戶曹掾史與鄉吏亭長里正父老伍人、雜擧長安中輕薄少年惡子、無市籍商販作務、而鮮衣凶服、被鎧扞持刀兵者、悉籍記之、得數百人、賞一朝會長安吏車數百兩、分行收捕、皆劾以爲通行飲食羣盜、賞親閱見、十置一、其餘盡以次內虎穴中、百人爲輩、覆以大石、數日一發視、皆相枕籍死、便輿出瘞寺門桓東、楬著其姓名

とあり(8)、また王莽傳に

　敢盜鑄錢、及偏行布貨、伍人知不發擧、皆沒入、爲官奴婢

と記されてゐる(9)のがそれであつて、乾延壽傳、尹翁歸傳、尹賞傳及び王莽傳の顏師古の注は、伍人は同伍の人を指し、伍は五家より成つて唐の伍保に等しく、また伍長は同伍中の一人を置いて長となしたものといつてゐるが、漢書中にこのやうな類似の記事が累積して現はれるのは、當時、伍が治安維持に對して、特に重要な役割を演じてゐたからであらう。しかし前漢の時代に、伍と共に什の組織の設けられてゐたことは鹽鐵論の示す如くであり、また什伍に對して連坐の法の適用せられてゐたことも、鹽鐵論の明記する如くである。

　後漢の制度は、前漢のそれとほぼ同様であつた。卽ち類似はまづ鄉に有秩、三老、游徼を置き、鄉の小なる場合には縣に嗇夫を設ける他、亭に亭長を立てたといふ點に現はれる。が注意を要するのは、後漢書百官志に

里有里魁、民有什伍、善悪以告、本注曰、里魁掌一里百家、什主十家、伍主五家、以相檢察、民有善事悪事、以告監官

と見え、(10) 什伍の上に百家の里があつて、いづれも檢察を任とする治安維持の組織とされてゐることである。しかし前章に於て述べたやうに、この場合の里を果して百家の組織と解しうるかどうかは疑はしい。岡崎博士の說の如く、それはむしろ部落卽ち自然村落と解するのが當つてゐるであらう。もしこのやうに見ることが出來れば、後漢時代の治安維持の組織は、自然村を意味する里と什と伍の三層制を採用してゐたこととなる。尤も後漢書に於ても、陳寵傳に

頃者以來、莫以爲憂、州郡督錄怠慢、長吏防禦不肅、皆欲採獲虛名、諱以盜賊爲負、雖有發覺、不務淸澄、至有逞威濫怒、無辜僵仆、或有跼蹐比伍、轉相賦斂、或隨吏追赴、周章道路、是以盜發之家、不敢申告、鄰舍比里共相壓迮

といふ文が(11)あるだけで、什に關する記述は見あたらない。しかし漢制を記したといふ宋書の百官志に

五家爲伍、伍長主之、二伍爲什、什長主之、十什爲里、里魁主之

とあるから、(12) 十什を里となす點に問題があるにしても、とにかく里と什と伍が、一系列の階層組織を成しつゝ、しかも覺察の機能を通して、漢代鄕村の治安確保に任じてゐたことは、疑ひがなからうと思はれる。

しかるに杜佑の通典は、右に漢制として掲げた宋書百官志の文を引き、またこの文につづく亭長、鄕佐、三老、有秩、嗇夫、游徼等に關する規定をも擧げて、その終りに「所職與秦漢同」と附言してゐる。(13) 卽ち杜佑にしたがへば、宋書に記された漢の制度は、そのまま宋の制度であつたといふのである。宋書謝方明傳を見ると

罪及比伍、動相連坐、一人犯吏、則一村廢業、邑里驚擾、禁除比伍之坐

といふ文[14]があつて、比伍連坐の法の實施されたことを傳へてゐる。後で述べるやうに、唐律疏議の强盜殺人の條にある比伍は、隣接の伍の意味に用ゐられてゐるが、宋書の比伍は多分前漢書尹翁歸傳の比伍と同じであり、しかも同傳の顏師古注は、比を說明して「謂左右相次者也」といつてゐるから、比は伍內の相隣る人であつて、比伍の坐は原則として五家の範圍を超えることが出來なかつた。しかし實際には、「一人吏を犯せば一村業を廢し、邑里驚擾す」と述べた上記の文の示すやうに、治安維持に對する責任の範圍が、伍を超えてさらに擴大せしめられることも恐らくあつたのであつて、什伍の制を宋代に求める杜佑の立場は、必ずしも根據のないものではない。

以上に述べた如く、什伍の制は秦の商鞅に始まり、兩漢時代を經て宋代に傳へられ、階層的組織としての規模が全體として比較的狹小であるにも拘らず、なほ鄕村組織の根幹として、永く地方治安の維持に當たることが出來た。什伍の制の特色は、組織の全體を連坐の範圍となし、またしばしば苛刻なる連坐規定を採用したといふ點にある。人々を治安維持の目的に協力せしめる最有效の手段は、連坐規定を苛酷ならしめるといふことであらう。しかし繰り返し述べたやうに、什伍の組織は、どこまでも治安維持のための共同責任圈として設定されたのであつて、責任の賦課や責任の前提の存しないところに、連坐の法の適用されるといふことは、原則として考へられないのである。

次に、階層的治安維持の組織として什伍の制に續いて擧げられるのは、隋書の食貨志にある次の規定である。

制人五家爲保、保有長、保五爲閭、閭四爲族、皆有正、畿外置里正比閭正、黨長比族正、以相檢察[15]。

卽ち畿內は五家を保、五保を閭、四閭を族として、これに保長、閭正、族正を置き、畿外は五家を保、五保を里、四

里を黨として、これに保長、里正、黨長を立てたのであつて、畿内も畿外も、共に下級組織が五家、中級組織が二十五家、上級組織が百家より成り、各々組織内に於ける検察を以てその任としてゐた。

このやうに、隋の制度は五家の保を編成の單位とする三層の整然たる組織を有つてゐるが、ここに擧げられた五家の保は、疑ひもなく秦、漢及び宋の時代の伍に該當する。しかも保が隋代に於ても別に伍の名によつて呼ばれてゐたことは、隋書煬帝本紀の大業十一年二月庚午の詔に

近代戰爭、居人散逸、田疇無伍、郛郭不修、遂使遊惰實繁、寇竊未息

とある[16]如くである。尤も、右の三級の制は食貨志に載せられてをり、そのうへ「戸口不實者、正長遠流」といふやうな戸籍の編審に關する正・長の責任を指摘した個所があるのを見ると、治安維持を目的とする組織が、同時に租税の徴收をも目的の一つとしてゐたことは、疑ふ餘地がない。

開皇九年、いはゆる郷里制の施行された後の社會治安が、如何なる組織によつて維持されたかは明かでない。なぜなら、隋書裴蘊傳に

于時猶承高祖和平之後、禁網疎闊、戸口多漏、或年及成丁、猶詐爲小、未至於老、已免租賦、蘊歷爲刺史、素知其情、因是條奏、皆令貌閲、若一人不實、則官司解職、郷正里長、皆遠流配、又許民相告、若糾得一丁者、令被糾之家、代輸賦役、是歳大業五年也

とあつて[17]、郷里制は專ら徴税上の任務を有つものとされてゐるからである。尤も隋書の李德林傳によると、五百家一郷の制は蘇威の案にもとづき、その目的は郷正をして郷内の辭訟を理めしめるところにあつたといはれ、また同傳に

は、開皇十年に關東諸道を視察した虞慶則が、郷正による專理辭訟の不便を奏聞し、その結果、郷正職の廢止を見たと記されてゐる(18)から、郷里制の施行當初に於ける郷正は徴税のことと無關係であり、しかもそれは一たん廢止されたのであつて、裴蘊傳にある郷正は、多分その後に至つて復活せしめられたものであらう。が郷正の任がただ辭訟を理めることにある限り、郷を以て治安維持の組織と見ることは困難であり、また始め郷と併置された當時の里の任務も、詳かにされてゐない。要するに、隋代の治安維持組織について知りうるのは、五家の保に始まり、二十五家の閭・里を經て百家の族・黨に終る三層の組織を設け、各層をそれぞれ相互檢察の範圍たらしめたといふ一事だけであるが、隋制について興味あるのは、むしろ次代の唐の制度が上記の二種の隋制を巧みに取り入れ、獨創的な構想をも加へて異色のある組織を實現し、しかもそれに關する比較的詳細な規定を後世に殘してゐるといふ點である。

唐の制度が始めて定められたのは、高祖の武德七年である。同年の令に

百戸爲里、五里爲郷、四家爲鄰、五家爲保、在邑居者爲坊、在田野者爲村、村坊鄰里、遞相督察

とある(19)のがそれであつて、この規定はながく唐一代の定制となつたものであるが、この規定中、邑に在る者を坊となし、田野に在る者を村となすとある部分を除けば、他は悉く隋の制度から取られてゐる。しかし隋の制度が、具體的にどのやうな意味で、またどのやうな方法で攝取されたかは、開元七年の令と開元二十五年の令とを見ることによつて一層明かにされるであらう。

そこでまづ開元二十五年の令についていへば、通典に

諸戸以百戸爲里、五里爲郷、四家爲鄰、五家爲保、毎里置正一人若山谷阻險、地遠人稀之處、聽隨便量置、掌按比戸口、課植農桑、檢察

非違、催驅賦役、在邑居者爲坊、別置正一人、掌坊門管鑰、督察姦非、並免其課役、在田野者爲村、村別置村正一人、其村滿百家、增置一人、掌同坊正、其村居如不滿十家者、隷入大村、不須別置正

とあつて[20]、一方では百家の里に里正一人を置いて、按比戸口、課植農桑、催驅賦役のことと共に非違の檢察を司らせ、他の一方では、坊に坊正を設けて、坊門の管鑰の保管と坊内の姦非の督察に當らせ、また村にも村正を立てて、閭門の管鑰の保管と村内姦非の督察とに任ぜしめた。このうち唐の里正が、隋の族正と黨長の變形であることはいふまでもないであらう。しかし唐に於ては、里正の非違の檢察に對應すべき村坊内の姦非の督察を任とする村正及び坊正が、それぞれ村と坊とに設けられてをり、しかも里正が百家の長であるのに對して、一坊には戸數の如何に關はりなく一人の坊正を置き、また村では十家以下の小村を大村に隷入せしめる場合を除けば、百家に至るまでの各村に一名の村正を立て、百家を超える毎にさらに一名の村正を增置せしめたのであつて、里と村坊の間には、當然その範圍の相蓋ふ場合と相離れる場合の二つあるが、それぞれの長は、いづれの場合にも、固有の管轄範圍に對して、その内部に於ける治安の維持に任じたのである。

開元二十五年の令はこのやうに、里内の治安維持に對する里正の責任を「檢察非違」、坊村内の治安維持に對する坊村正の責任を「督察姦非」の名によつて示してゐる。しかるに唐律の諸規定は、その責任の内容と度合が、全く同一であつたことを敎へる。例へば「造畜蠱毒」の條に

諸造畜蠱毒、及敎令者絞、造畜者同居家口、雖不知情、若里正坊正村正亦同、知而不糺者、皆流三千里

とあり[21]、「部內容止盜者」の條に

諸部內有一人爲盜、及容止盜者、里正笞五十 坊正村正亦同

とあり[22]、「容止他界逃亡」の條に

諸部內、容止他界逃亡浮浪者一人、里正笞四十 謂經十五日以上者、坊正村正、同里正之罪

とあり[23]、また「强盜殺人」の條に

諸强盜及殺人、賊發被害人家及同伍、卽告其主司、若家人同伍單弱、比伍爲告、當告而不告、一日杖六十、主司不卽言上、一日杖八十、三日杖一百

とあつてその疏議に

須告報主司者、謂坊正村正里正以上

と見え[24]、さらに「監臨知犯法」の條に

諸監臨主司、知所部有犯法、不擧劾者、減罪人罪三等、糾彈之官減二等

とあつてその疏議に

監臨謂統攝之官、主司謂掌領之事及里正村正坊正以上

と說明されてゐるのは[25]すべてその種の規定であり、里正の檢察すべき非違が、同時に村坊正の督察の對象であると共に、その責めを怠る場合の連坐規定も、兩者その度合を一にしてゐた。それのみでなく、「監臨以杖捶人」と題する

雖是監臨主司、於法不合行罰、及前人不合捶拷、而捶拷者、以鬪殺傷論、至死者加役流、卽用刃者、各從鬪殺傷法

といふ條に附せられた問答には

里正坊正村正及主典、因公事行罰、前人致死、合得何罪

の問に對する答として

里正坊正村正等、唯掌追呼催督、不合輒加笞杖、其有因公事相毆擊者、理同凡鬪而科、主典檢請、是司理非行罰之職、因公事捶人者、亦與里正等同

といふ文が載せられてをり、里正の檢察非違と村坊正の督察姦非の限度も、等しく「追呼催督」に止まつてゐたことが知られるのである。このやうに見れば、檢察非違と督察姦非は、その表現の相違にも拘らず、實際に於ては、責任の性質、內容、度合を完全に一にしてゐたといはなければならない。大唐六典に載せられた開元七年の令が

百戶爲里、五里爲鄕、兩京及州縣之郭內、分爲坊、郊外爲村、里及村坊、皆有正、以司督察、里正兼課植農桑、催驅賦役

と記し(27)、治安維持に對する里正と村坊正の責任を「司督察」の一語を以て示したのは、多分そのためである。

唐の治安維持組織として次に注意せられるのは、五家の保である。前引の開元二十五年の令には、保の任務に關する說明がなかつた。しかるに開元七年の令には

四家爲鄰、五家爲保、保有長、以相禁約

といふ明文があつて、保に長を置くと共に「相禁約」を以て五家の任としてゐる。唐の保が、隋の保制の繼承であることは疑ひないが、とにかく保の性質は、ここに至つて漸く明かにされたといはなければならない。

が、保の任務を一層詳細に述べたものとして、「五保牒」と題する宋の歐陽脩の文に、次の如き注目すべき規定が載せられてゐる。

準戸令、諸戸皆以隣聚相保、以相檢察、勿造非違、如有遠客來過止宿、及保內之人、有所行詣、並語同保知

とある(28)もの即ちそれであつて、文中に五家の文字はないが、仁井田陞氏はこれを宋の天聖令と見、さらに遡つて開元二十五年の令を傳へたものと解してをり、右の規定が五家の保に關するものであつたことは、疑問の餘地がない。しかし保の檢察機能は、一層複雜であつた。それを示すのは、以下に述べる唐律の諸規定である。即ちまづ「監臨知犯法」の條を見ると

即同伍保內、在家有犯、知而不糾者、死罪徒一年、流罪杖一百、徒罪杖七十、其家唯有婦女及男年十五以下者、皆勿論

とあつて、その疏議に

即同伍保內、謂依令伍家相保之內

といはれ、ここでは五家が糾察の義務をもつものとせられ、次に前引の「强盜殺人」の條には

諸强盜及殺人、賊發被害人家及同伍、即告其主司、……當告而不告、一日杖六十

と見え、「規避執人」の條には

諸有所規避、而執持人爲質者皆斬、部司及鄰伍、知見避質不格者、徒二年

と定められてゐて、(29)同保の者は、告發と捕格の責任をも負はされてゐた。唐大詔令集所輯の大歴三年正月の「禁天文

圖讖詔」に

令分明牓示郷村要路、幷勒鄰伍、遞相爲保

とあり[30]、また舊唐書所揭の元和十二年二月庚子の勅にも

京城居人、五家相保、以搜姦

とあるが[31]、これらの場合の相保が、五家に對して、同じ糾察と告發の義務を負はせたものであることは、いふまでもなからうと思ふ。

かくて保は同保内の犯罪を糾察し、告發し、またある場合には犯人を捕格すべき任務をも有し、さらに遠客が來たつて保内に止宿する時と同保の者が所用によつて他に赴く時は、これを保人に通告すべき義務をも負はされてゐる。卽ち保内の治安維持は、保を組織する五家の共同責任である。しかるに前記の律規定は、同保の者がこれらの義務に違背する場合の罰則を設けてゐる。その罰則は罪の大小に比例して輕重さまざまであるが、とにかく相保義務の懈怠に對する罰刑の適用は、保制に於ける連坐の法の採用を示すものでなければならない。しかも里と村坊に於ては、連坐がただ里正と村坊正とに限られてゐるのに對して、保に於ては、それが五家の全體に及んでゐたのである。

五家に對する連坐法の適用は、正史の列傳中にも見出される。卽ち舊唐書王世充傳に

武德三年二月、世充殿中監、豆盧達來降、世充見衆心日離、乃嚴刑峻制、家一人逃者、無少長皆坐爲戮、父子兄弟夫妻、許其相告、而免之、又令五家相保、有全家叛去、而隣人不覺者、誅及四隣、殺人相繼、其逃亡益甚

とあり[32]、また韓滉傳に

其在浙右也、政令明察、末年傷於嚴急、巡內婺州傍縣、有犯其令者、誅及鄰伍、死者數十百人

とある[33]のがそれであつて、律規定の存否に關はりなく、伍保の制と連坐の法との間には、實際的にも不可離の關係のあつたことが知られる。ただ注意を要するのは、右に擧げた王世充傳の記事が武德七年の令の制定以前のもので、伍保の法が、少くとも地方的には、里保村坊制の施行以前からすでに行はれてゐたと考へられることである。後で述べるやうに、唐以前にも、上級の組織を缺く單純なる伍保制の行はれた時代があつた。伍保は上級組織に對する下級組織として編成されうると共に、伍保のみ單獨にも存在することが出來る。さうしてそのいづれの場合にも、伍保は社會治安の維持に對する責任の共同範圍とされてゐた。このことは、治安の維持に對する伍保制の重要性を示すものでなければならない。尤も、律の强盜殺人の條に「若家人同伍單弱、比伍爲告」とあつて、比伍即ち隣接の保もまた、特別の場合には告發の義務を負ふものとせられ、その限りに於て、治安の維持に對する責任の連帶圈は、同保の限界を超えて隣接の保にまで及んでゐる。が、さらに律の「鄰里被强盜」の條を見ると

諸鄰里、被强盜及殺人、告而不救助者、杖一百、聞而不救助者、減一等、力勢不能赴救者、速告隨近官司、若不告者、亦以不救助論

といふ規定[34]が設けられ、强盜及び殺人の際の救援の義務は、隣里の全體にわたつてゐた。しかも疏議に鄰里を說明して「既同邑落、鄰居接續」とあるから、鄰里は多分自然聚落、卽ち村坊そのものを指し、同村及び同坊の者は、保の遠近に關はりなく救助に赴かねばならなかつたのである。しかし糾察の中心はあくまで伍保であり、相及の法の適用も、まづ伍保から始まつて、次第にその周圍に及ぶべきものとされてゐた。

このやうに、唐には五家の保があつて五家内の禁約の責めを負ひ、その上に百家の里と村坊とがあつて、里正と村坊正はそれぞれ里内と村坊内の督察を司つた。このことは、里及び村坊と保との間に、治安の維持に關して、それぞれ上下の統屬關係のあつたことを示してゐる。しかるに里正は、非違の檢察の他に、戸口の按比と農桑の勸課と賦役の催驅のことをもその任務としてゐる。卽ち治安の確保は里正の仕事の一つに過ぎず、徵稅の組織と警察の組織が、ここでは合併せしめられてゐたのである。しかるにこれに對して、次に述べる宋の保甲法は、階層制による郷村編成の一典型をなす點に於て、その本來の目的がただ治安の維持のみに置かれてゐた點に於て、民兵の意を寓せしめて、覺察に劣らず防盜警備の機能を重視した點に於て、また後世に大きな影響を殘した點に於て、特筆すべき意義を有つてゐる。それは具體的にどのやうなものであらうか。項を改めて、この點を明かにしておきたい。

（1）史記卷六十八、列傳第八、商君鞅。　正義に「或爲十保、或爲五保」とあるから、什伍は同一の組織であつて戸數のみを異にし、その間に上下の統屬關係を認めえないやうにも考へられるが、什を以て、五家の伍を單位とする上級の組織と見るのが通說であつて、その適例は、後出の宋書百官志に見られる。
（2）馬端臨、文獻通考卷十二、職役考、歷代郷黨版籍職役。
（3）前漢書卷十九上、表第七上、百官公卿。
（4）桓寬、鹽鐵論卷十、周秦第五十七。
（5）前漢書卷七十六、列傳第四十六、乾延壽。
（6）同上卷七十六、列傳第四十六、尹翁歸。
（7）同上卷八十九、列傳第五十九、黃霸。

（8）同上巻九十、列傳第六十、尹賞。
（9）同上巻九十九下、列傳第六十九下、王莽。
（10）後漢書巻三十八、志第二十八、百官。
（11）同上巻七十六、列傳第三十九、陳寵。
（12）宋書巻四十、志第三十、百官。
（13）通典巻三十三、職官、鄕官。
（14）宋書巻五十三、列傳第十三、謝方明。
（15）隋書巻二十四、志第十九、食貨。
（16）同上巻四、帝紀第四、煬帝。
（17）同上巻六十七、列傳第三十二、裴蘊。
（18）同上巻四十二、列傳第七、李德林。
（19）舊唐書巻四十八、志第二十八、食貨。
（20）通典巻三、食貨、鄕黨。　仁井田陞、唐令拾遺、二一五頁。
（21）唐律疏議巻十八、賊盜、造畜蠱毒。
（22）同上巻二十、賊盜、部内容止盜者。
（23）同上巻二十八、捕亡、容止他界逃亡。
（24）同上巻二十四、鬪訟、强盜殺人。
（25）同上巻二十四、鬪訟、監臨知犯法。

(26) 同上卷三十、斷獄、監臨以杖捶人。
(27) 大唐六典卷三、戶部郞中員外郞。
(28) 歐陽脩、歐陽文忠公集卷一百十七、河北奉使奏草、五保牒（四部叢刊）。　仁井田陞、前揭書、二二九頁。
(29) 唐律疏議卷十七、賊盜、規避執人。
(30) 唐大詔令集卷一百九、政事、禁約、禁天文圖讖詔。
(31) 舊唐書卷十五、本紀第十五、憲宗。
(32) 同上卷五十四、列傳第四、王世充。
(33) 同上卷一百二十九、列傳第七十九、韓滉。
(34) 唐律疏議卷二十八、捕亡、鄰里被强盜。

三

宋の保甲法は、すでに述べた如く、最初煕寧三年十二月乙丑に王安石によつて制定せられ、その後しばしば修訂を加へられて南宋の保伍法に發展してゐるが、王安石の施行した保甲條制の全文は、以下の如きものであつた。

凡十家爲一保、選主戶有材幹心力者一人、爲保長、五十家爲一大保、選主戶最有心力及物產最高者一人、爲大保長、十大保爲一都保、仍選主戶最有行止材勇爲衆所伏者二人、爲都副保正。凡選一家兩丁以上、通主客爲之、謂之保丁、但推以上皆充、單丁老幼病患女戶等、並令就近附保、兩丁以上更有餘人身力少壯者、亦令附保內、材勇爲衆所伏及物產最高者、充逐保。

保丁除禁兵器外、其餘弓箭等、許從便自置、習學武藝、每一大保逐夜輪差五人、於保內分往來巡警、遇有賊盜、畫時聲鼓報、大保長以下同保人戶、即時救應追捕、如賊入別保、遞相擊鼓、應接襲逐。每獲賊、除編敕賞格外、加告獲竊盜、徒以上每名賞錢三千、杖以上一千。同保內、有犯强竊盜殺人謀殺放火彊姦略人傳習妖敎造畜蠱毒、知而不告、論如五保律、其餘事不干已、除敕律許人陳告外、皆毋得論告、知情不知情、並與免罪、其編敕內隣保合坐者、並依舊條、及居停彊三人以上經三日、同保內隣人、雖不知情、亦科不覺察之罪。保內如有人戶逃移死絕、並令申縣、如同保不及五戶、聽併入別保、其有外來人戶入保居住者、亦申縣收入保甲、本保內戶數足、且令附保、候及十戶、即別爲一保、若本保內有外來行止不明之人、並須覺察、收捕送官。(1)

即ちまづ組織の點よりいへば、主客戶十家を一保とし、さらに五保即ち五十家を一大保、十大保即ち五百家を一都保となして、保に保長、大保に大保長、都保に都保正及び都副正を置き、また二丁以上を有する戶より保丁を選出して自警團を組織すると共に、保丁をして弓箭を自ら習ふことを許し、次に任務の點よりいへば、同保內に强盜、竊盜、殺人、謀殺、放火、强姦、略人、傳習妖敎、造畜蠱毒の如き犯罪が發生した場合には、保內の人戶は官に通告する義務があり、また行止不明の人や浮浪者が保內に入り込んだ時にも、これを取り調べた後官に捕送する義務があつた。さうしてもしこれらの義務が等閑に附され、同保の者が保內に犯罪の發生したことを知りつつ、しかも官への通告を怠る場合には、同保の人戶はすべて伍保律に照らして罰せられ、また知らざる場合でも、三日以上保內に强盜犯が留まつてゐた時は同樣の處罰をうけ、反對に賊を捕へた場合には賞を給されたのである。なほ一大保每に前記の保丁が五人づつ毎夜交替で夜警にあたり、保內を巡視して賊盜の襲來したやうな場合には、鼓によつて合圖をなし、保丁を集めて大保長の指揮の下に鄉村を衞ると共に、その賊が他の保に入れば、次ぎ次ぎに鼓を擊ちつつ相協力して、これを驅逐しなければならなかつた。

右の規定に、同保內に强盜、竊盜、殺人、謀殺、放火、强姦、略人、傳習妖敎、造畜蠱毒等の犯罪が發生した場合、知つて告げざる者は伍保律によつて科罪すとあるが、この伍保律が、さきに擧げた唐律に始まり宋刑統に受けつがれた伍保に關する諸規定を指してゐることは、明かであらうと思ふ。したがつてここにいふ同保は、十家より成る最下級の組織であり、宋の保甲法は、かくの如き任務を有する十家を單位としつつ、三級の組織を以て編成せられたのである。さうして相及連坐の法は、ここでも最下級の組織にのみ止められてゐた。

熙寧三年のこの法は、熙寧六年に至つて改正せられ、その戶數に於て半減した。續資治通鑑長編熙寧六年十一月戊午の條の司農寺の言に

開封府界保甲、以五家相近者爲一保、五保爲一大保、十大保爲一都保

とあるもの(2)即ちこれであるが、その任務の點に於ては、恐らく舊制と異なるところがなかつたと思はれる。しかるに熙寧八年八月壬子の司農寺の言は、諸路がみな右の法を準行してゐるにも拘らず、開封府界の五路のみひとり違制を敢へてしてゐることを指摘して

除客戶、獨選主戶有二丁者入正保、以故小保有至數十家、大保有至百餘家、都保有至數百家、人數過多、地分闊遠、一保有犯、連坐者衆

といつてゐる。(3) この戸數の豐大は、いふまでもなく、主戸のみを以て正保となし、客戸を附保としてこれに從屬せしめた結果であらう。しかし連坐の範圍はこの場合にも最下級の保即ち小保であり、原則的にいへば、その範圍は五家に終らなければならない。ただその小保が定制に背いて數十家を含んでゐたがために、連坐する者もまた、開封府界に於ては定制を超えて多數となつたのである。「申明保甲巡警盜賊」と題する同時代の曾鞏の文に

保甲之法、使五家爲保、蓋欲察擧非違之事、一保五家、若有一家藏匿外來浮浪行止不明之人、或一家有素來無賴之人、卽四家無由不知、而法禁之中、不責其顏情、蓋此則人於鄕里誰肯告言、若爲設禁防、使不告官者、因事發露、則有相坐之刑、人情自愛、誰肯苟容此、乃本立保伍察非違之意也

とあつて、(4) 一保五家連坐の原則が指摘されてゐるのはその證佐である。

北宋に於ける治安維持の組織が保甲と呼ばれてゐたのに對して、南宋のそれは一般に保伍法の名をもち、その內容は保甲法に似て、戸數原則にもとづく三級の階層組織を有つてゐた。保伍法の始めて設けられたのは孝宗の隆興元年六月であつて、宋會要はこれに關する以下の詔を揭げてゐる。

比隣每五家、結爲一甲、內選一名爲甲頭、五甲結爲一保、內選一名爲保長、五保結爲一隊、內選物力高幷人丁强壯之家一名爲隊首、置籍統率彈壓、各從便置弓箭槍刀之類、如保正副受財、編排不當、許人戸越訴、依條斷罪、如遇盜賊竊發、令隊首鳴鼓集衆、倂力擒捕、內有托故不伏入隊之人、許令隊首申官勾追、從杖一百斷遣、若能擒捕、依格法給賞。(5)

卽ち五家を一甲、五甲二十五家を一保、五保百二十五家を一隊となし、甲、保、隊にそれぞれ一名の長を置き、各自

弓箭槍刀の類を備へて、盜發の場合には鼓を鳴らし衆を集めて、併力擒捕せしめたのである。

次に、隆興二年十一月に臨安府の上奏した案には、城內の十家を小甲、百家を大保として大保に大甲頭を置き、また每夜小甲をして甲內を巡視せしめるとあり、慶元二年十一月に湖南安撫司の傳へた潭州地方の法に於ては、五家を一甲となしてこれに甲頭を立て、さらに五甲に隊長、一都に團長を設けたといはれてゐる。(6)慶元の制に於ける都は、すでに地域的區劃の名であつて戶數上の制限を有せず、また五甲二十五家も、その組織名を明かにされてゐないが、この制について注意されるのは

甲內人、如停著逃軍盜賊、及自爲劫掠者、仰團長等執捉、赴官斷罪給賞、其窩停人、照條坼屋、行遣甲內、容庇五家、一例重斷

とあつて、一甲五家の連坐原則が明記されてゐることとである。が五家連坐の制は、嘉定十五年九月十六日の夔路提刑兼提擧虞剛簡の言にも見られるであらう。即ちその文に

以五家爲甲、五甲爲一小保、五小保爲一大保、使之遞相覺察、五家之內、有一家犯盜、四家不卽糾察、皆當連坐

といはれ、(7)隆興元年の制と同じ五家―二十五家―百二十五家の三級制を採ると共に、最下級の一甲五家を以て特に連坐の適用範圍たらしめようとした。即ち保伍法もまた、保甲法に似て、近隣五家の間の察姦の機能を、特に重視したのである。

かくの如く、宋一代を通じて治安の維持が鄕村統治の中心課題をなしてゐたのに反して、漢人の叛亂を極度に畏れた元朝の政府は、保甲類似の制度を囘避するに努めただけでなく、律によつて漢人の武器を執ることを禁じ、(8)進んで

軍民諸色が相捕を習學し槍棒を弄することさへも禁止しようとした。(9) 元史の世祖本紀に、保甲の實施を傳へたと考へられる國初の極めて簡單な記事の二つ載せられてゐるのを除けば、(10) 同種の事例は、つひに正史の中に現はれることがなかつた。大德七年十月に、山東道廉訪司が、少數の弓兵を以てしては遍歷巡警に困難であり、游手好閑・棄本逐末の懶惰の徒が、饑年に乘じて盜をなす虞れがあるため、防盜の一法として社長毎に保甲を立て、これらの者の出入動作をつねに覺察せしめられんことを請願した際にも、刑部は、社長に對してはすでに游手・趨末・好閑の覺察を命じてをり、また社長の權限はこの程度に止まるべきものであつて、もし保甲の如きものを編排すれば、この原則の動搖を來たすといふ理由によつて、保甲編排の右の議を斥けてゐる。(11) 要するに、元代に於ける鄉村組織の根幹は、あくまで勸農を目的とする社の制に求められ、治安の維持に任ぜしめるための組織を、鄉村に設置することがなかつたのである。

里甲制を採用した明朝もまた、治安維持のための編成を公けの制度として鄉村に試みることがなかつた。しかし明代に於ては、弘治の頃から地方官の間に治安維持の組織を考へる者が次ぎ次ぎに現はれ、正德、嘉靖、隆慶の三代を通じて保甲法の名の下に盛んとなり、殊に萬曆の時代はその極盛期であつて、大明實錄を見ると、保甲法の實施を傳へた記事や、保甲法の採擇を請願した上奏文が累積して現はれて來る。ただそれは中央の命令によらず、あくまで地方官の權宜に基くものであつたために、その組織も區々として互に一致するところがないが、とにかくそれには前章に述べた如き三種の型があり、しかもそのすべてが二級或は三級の階層制をとつてゐた。このことは一般に、明の保甲法が宋のそれに範を求めてゐたことを敎へるであらう。またその任務も、覺察、稽查、譏察、防亂、戰守、緝捕盜賦、譏防姦細、淸接濟之源等であつて、これまた宋代保甲法の傳統の上に立つてゐる。が最も注意を要するのは、嘉靖六年五月庚辰に、御史丘養浩が薊遼地方の邊務十事を述べた中に

宜略倣古保甲法、籍其名於官、而推衆所信服者長之、團結訓練、有司月再臨試、量加激勵、有不服團結、去爲奇衺者、四隣不告、與連坐

とあり(12)、また建寧境內の礦徒の流聚を防ぐために、保甲法の施行を企圖した福建巡按御史白賁の嘉靖十五年七月乙丑の文に

至于近坑居人、悉編成保甲、分番守視、互相覺察、遇流徒嘯聚、卽令協力驅逐、有能擒捕、官爲給賞、如有交通接濟諸弊、責同甲首、不首而覺者、十家連坐

とあつて(13)、覺察或は首告を爲さざる者に對する五家若くは十家內の連坐の法が、考へられてゐることである。

繰り返し述べたやうに、連坐の法は、普通階層組織の最下單位に對して行はれる。萬曆時代に行はれた王守仁の十家牌法や呂坤の郷甲法の如き保甲類似の制度といへども、この例に漏れない。卽ち王守仁の十家牌法は、近接の十家を編して一甲となし、一村每に保長一人を立てて村內の諸甲を統べしめると共に、十家內の各家每にその籍貫、姓名、年貌、行業等を記した牌を作り、每日順番にその中の一家をして各家の牌を按じて査察せしめ、もし面生の疑はしい者に會へば直ちに官に報じてその究問を仰ぎ、またもしこれを隱匿する者があれば十家をしてその罪に坐せしめるといふ方法をとり(14)、次に呂坤の郷甲法は、鄕約と保甲を一條に編するといふ趣旨から、百家を標準として約正一人と保正一人を置き、兩者をして「善風俗」と「防奸盜」のことを分任せしめると共に、その下に十家より成る甲を作り、

これに甲長一人を立てて懲悪教化のことと失盜の際の救護のこととを兼ねしめ、さらに甲長の負ふ懲悪教化の任務を果さしめる手段として、一人過あれば前後左右の四隣に勸化を命じ、また四隣に悪跡の顯著なるものがありながら、これを甲長に報じない場合には、甲長をして犯人を擧げしめると共に、その四隣を罪に坐せしめたのである。(15)

王守仁の十家牌法は、十家の甲に統轄者としての甲長を立てないといふ點を除けば、完全に保甲法の形式を踏襲してゐる。なぜなら、ここでは甲が糾察と同時に連坐の範圍をなし、しかもそれらの甲は、保長の督領下にあつて防盜の連帶責任を負はされてゐるからである。しかるに郷甲法は、十家より成る甲を集めて救護のことに協力せしめ、保正を置いてこれが統率に當らせるといふ點で十家牌法に近似しながら、その甲の下にさらに五家を集めて糾察と連坐の範圍たらしめ、しかもこの五家は、保甲よりもむしろ郷約の系統に屬するものと考へられてゐた。卽ち郷甲法は保正(百家)—甲長(十家)の統屬をもつ保甲組織と、約正(百家)—甲長(十家)—五家の系列をもつ郷約組織との合體によつて作られたものといつてよい。しかしこの法はとにかく、小規模の組織を糾察と連坐の範圍たらしめ、大規模の組織を救援と防盜の範圍たらしめるといふ原則に於て、王守仁と全くその軌を一にしてゐたのである。さうしてこの原則は、明の保甲法一般に見られるところの原則でもあつた。ただ前章にも述べた如く、大明弘治實錄に載せられた江西按察司僉事任漢の弘治十六年七月丙戌の上表によれば、彼は各村の大戸中から一名を推擧して團長となし、次に小戸中から二十家乃至十五家毎に一名を選んで保長となし、もし賊が村に押し入つて劫掠した場合には、團保長は壯丁を指揮して救護に當ると共に附近村落の策應を受け、またもし團保長が村戸をして盜を爲さしめた場合には、窩主の罪を以て論じ、本村の住人をしてこれに連坐せしめたとあるが、一村の連坐が、連坐制の通例に照して例外であることは斷わるまでもない。要するに、明代の保甲法は究極の範を宋の保甲法にとつたのであつて、國家的制度としての地位を取得しえなかつたにも拘らず、なほそれが地方に盛行したといふことは、治安維持に對する共同責任圈の設定が、鄕村統治に於て如何に重要なる意義を有たされてゐたかを示すものとして、注目されなければならないのである。

鄕村の治安維持組織に對する元・明兩朝の消極的態度に反して、淸朝は、順治元年卽ちその入關の始めに、總甲制なるものを天下に施行した。皇朝文獻通考に

置各州縣甲長總甲之役、各府州縣衞所屬鄕村、十家置一甲長、百家置一總甲、凡遇盜賊逃人姦宄竊發事件、鄰佑卽報知甲長、甲長報知總甲、總甲報知府州縣衞、核實申解兵部、若一家隱匿、其鄰佑九家甲長總甲不行首告、俱治以罪

とあるもの[16]卽ちこれであるが、總甲制はかつて述べたやうに、その直接の範を、明代保甲法の典型をなす一甲十家、一保十甲の制に求めたのであつて、名稱上の相違にも拘らず、總甲制が傳來の保甲法の復活であることはいふまでもない。ただ總甲制は、糾察の責めのみを重視して救援のことを閑却してゐるが、保甲法に於ける上級の組織は救援を目的とするのが普通であつて、總甲制は當然、救援の機能をも有つべき必然性を內に藏してゐた。康熙四十七年の保甲條例が

十戶立一牌頭、十牌立一甲頭、十甲立一保長

といふ規定[17]を設けると共に、その機能について「事無ければ遞に相稽査し、事有れば互に相救應す」といはれ[18]、稽査

の他に、新たに救應の任務を加へるに至つたのは、そのためである。康熙の制は、乾隆二十二年の新保甲條例によつて置き換へられた(19)。しかし牌頭が牌長、甲頭が甲長、保長が保正に變はつた點を除けば、その組織に變更はなく、しかも乾隆會典に「有藏匿盜匪、及干犯禁令者、甲內互相覺擧」とあつて(20)、一甲百家に對する覺擧の責任制が確立せられ、また嘉慶の上諭に

如有形跡可疑之人、即行首報、到官能將逆犯捕獲、不但首報之人、賜金授職、其同牌十戶、一併酌加賞賚、若窩留逆犯不行擧首、經地方官訪聞捕獲、窩藏之家、即與叛逆同罪、其同牌十戶、一併連坐

とあつて(21)、連坐の制が當時、一牌十家に對して適用せられてゐたことが知られるのである。ただ兩者を比較すると、連坐の範圍が十家に止まるのに對して覺察のそれは百家にも及ぶが、しかし右の上諭に、一併連坐と共に賞賚の一併酌加が十家に對して行はれてゐるのを見れば、治安の維持に對する責任の共同が、特に十家に對して強く要求せられてゐたことは明白である。

(1) 續資治通鑑長編卷二百十八。　宋會要稿、兵二之五―六。
(2) 續資治通鑑長編卷二百四十八。
(3) 同上卷二百六十七。
(4) 曾鞏、南豐先生元豐類藁卷二十二、箚子、申明保甲巡警盜賊（四部叢刊）。
(5) 宋會要稿、兵二之四三。
(6) 同上、兵二之四三、二之四七。

(7)　同上、兵二之四九。
(8)　元史卷一百五、志第五十三、刑法、禁令。
(9)　元典章五十七、刑部卷十九、雜禁、禁治習學槍棒。
(10)　元史卷五、本紀第五、世祖。
(11)　元典章五十一、刑部卷十三、諸盜、防盜、社長覺察非違。
(12)　大明世宗嘉靖實錄卷七十六。
(13)　同上卷一百八十九。
(14)　王守仁、王文成公全書卷十六、別錄、公移、案行各分巡道督編十家牌。
(15)　呂坤、呂公實政錄、鄉甲約卷一・卷二。
(16)　皇朝文獻通考卷二十一、職役考。
(17)　雍正大淸會典卷一百三十八、兵部、保甲。
(18)　皇朝文獻通考卷二十二、職役考。
(19)　光緒大淸會典事例卷一百五十八、戶部、戶口、保甲。
(20)　乾隆大淸會典卷六十五、兵部、詰禁。
(21)　仁宗睿皇帝聖訓卷十三、聖治。

四

以上に述べた如く、中國に於ける治安維持のための郷村組織には、戸數編成の原則に從ひつつ、二級或は三級の階層制をとる例が多かつた。これは潭州地方に施行された、南宋慶元二年の保伍規定にいふ「上連下接」の法であるが、その場合最下級の單位は五家または十家より成り、上級の組織はつねにその倍數によつて構成されてゐた。しかも仁井田氏によつて唐令として復舊された歐陽脩所引の天聖令に

諸戸皆以鄰聚相保、以相檢察

とあり(1)、熙寧六年十一月の司農寺の言に

以五家相近者爲一保

とあり(2)、熙寧八年八月の司農寺の言に

主客戸五家相近者、爲小保

とあり(3)、元豐四年正月の判尙書兵部蒲宗孟の言に

以村疃五家相近者、爲一小保

とあり(4)、南宋隆興元年六月の詔に

比隣每五家、結爲一甲

とあり(5)、また王守仁の「告諭」に

十家牌、鄰互相糾察、容隱不擧正者、十家均罪

と見え(6)、呂坤の郷甲法に

　　毎一家、又以前後左右所居者、爲四鄰

といはれ、さらに清の總甲制について、一家隱匿する者があれば「鄰佑九家」を連坐せしめるとあるやうに、治安維持組織の最下單位をなす五家または十家は、つねに近隣の家であつた。相保を目的する周禮の比と鄰が近隣者の組織であることは、その文字の示す如くであるが、前漢書尹翁歸傳の注にある「比謂左右相次者也、五家爲伍、若今伍保也」といふ言葉も、漢代の伍が近隣から成つてゐたことを敎へるであらう。治安維持組織の最下單位がもしこのやうに近隣から成るとすれば、その組織の全體が、家居のより近い者からより遠い者に及ぶといふ方法によつて作られてゐたことは、察するに難くない。宋代保甲法の實際上の創案者といはれる趙子幾は、彼がその範とした開封府畿內諸縣鄉村の「保甲」と呼ばれる自衛組織について

　　自近及遠、結爲大小諸保

と述べてゐるが[7]、この言葉は、保甲法一般の編成原理をも指摘したものとして、注意されなければならないのである。

しかるに治安維持の組織は、普通覺察と救援の二つを目的として有ち、その責任の範圍からいへば、覺察の範圍は狹く、救援の範圍は廣い。これは精到なる稽查が、朝夕相見の生活をいとなみ、したがつて平素の動靜を相互に詳かにしうる近隣者の狹い範圍に於て、最も有效に行はれるのに對して、救援は面識關係の有無深淺に關はりなく、その範圍が大となればなるほど、大きい救ひの力を見出すといふ事情によるものであらう。また範圍の擴大につれて上連下接の階層制が必要となるのは、上記の慶元二年の保伍法によれば、弭盜に際して「或は前に攔ぎ、或は後ろに截り、上連下接して自ら逃遁することなからしめる」ためであつた。もちろん、五家或は十家の近隣團體は治安維持組織の

最下單位であり、それは覺察の範圍であると同時に、救援のための協力の單位でもなければならない。救援の組織は、上述の如くその範圍の廣いものほど、いひかへれば多くの下級單位が互に救援し合ふほど、大きな力となることが出來る。しかし救援に於ける力の大小は、結局組織單位内の協力の度合に依存する。多數の人を集めて一つの大なる力を作るためには、協力の單位そのものに强靱なる團結力の存在することを必要とし、また救援はまづ距離的に近接せる人々の間で行はれなければならないのである。この意味で五家或は十家より成る近隣團體は、覺察の範圍をなすと共に、救援のための不可缺の單位ともなつてゐる。しかし治安の維持が、相互覺察によつて近隣内に於ける非違の發生を未然に防ぐことから始まるとすれば、治安維持に對してもつ近隣團體の責任は、極めて大きいものとならなければならない。連坐の法が、多くの場合、覺察を任とする五家または十家を以てその適用の範圍としたのは、その故であらう。が救援も治安の維持に不可缺の要素であつて、この二重の目的を達成するためには、階層的な組織を缺くことが出來なかつた。要するに、宋の保甲法をその典型とする階層的な治安維持組織は、覺察と救援とを二大目的としつつ、「上連下接」と「自近及遠」の原則にしたがつて結成されてゐたのである。

(1) 松本善海氏は、本文に示した歐陽脩の文を引きつつ、唐令の「四家爲鄰、五家爲保」といふ言葉を説明して、四鄰は五保中の一家に對する他の四家であると解釋された。具體的にいへば、一保を構成する甲・乙・丙・丁・戊の五家のうち、乙・丙・丁・戊の四家は甲に對して四鄰を成すのである。同じ關係は乙・丙・丁・戊のいづれを中心として考へる場合にも成り立つ。したがつて一保内には、四鄰の五通りの組み合せが存在することとなるわけである(鄰保組織を中心とした唐代の村政、史學雜誌、第五十三編第三號、一〇三頁)。が私はこれに對して、唐の四鄰は隣近の四家から成り、それに保長の一家を加へて五家の保が組織されたと考へたい。さうしてこれが、「四家爲鄰、五家爲保、保有長、以相禁約」といふことの意味ではなからうか。卽ちこの場合には、四鄰は保長に對して固定せる關係に置かれてゐる。しかるに明の呂坤は、後出の鄕甲法に於て、一家に對する前後左右の四家を四鄰と呼ぶと共に、その四鄰を任意の一家毎に成立する相對的な關係であると考へた。とすれば唐の四鄰も、これに似た近隣四家の單なる相對的な關係に過ぎなかつたのかも知れない。が私には、この四鄰を獨立の組織と認めさせるに十分な機能が、定制中に示されてゐるとは思はれない。

(2)　續資治通鑑長編卷二百四十八。
(3)　同上卷二百六十七。
(4)　同上卷三百十一。　宋會要稿、兵二之一九。
(5)　宋會要稿、兵二之四三。
(6)　王守仁、王文成公全書卷十六、別錄、公移、告諭。
(7)　續資治通鑑長編卷二百十八。　宋會要稿、兵二之六。

五

治安維持の組織に於ける最下級の單位、卽ち近隣團體は、上級團體の部分として互に救援の責めを有すると共に、內部に於ける覺察の任をも帶びてゐる。しかし近隣團體は、二級或は三級の組織のあるところに於てのみ、このやうな任務を負はされてゐたのではない。なぜなら、近隣團體のみを作つてその上に上級の組織を設けず、しかもこの近隣團體に對して、覺察と救援の義務若くはその一つを課した事例が、歷史上少くないからである。例へば晉書刑法志

は、明法掾の張裴が泰始四年に「注律表」を奉つた旨を傳へてゐるが、その要略に

夫律者、當愼其變、審其理、若不承用詔書、無故失之、刑當從贖、謀反之同伍、實不知情、當從刑、此故失之變也

とあつて(1)、謀反者の同伍は情を知らざる場合にも刑を受くべきものとされ、また同書衞瓘傳に記された瓘の上疏に

昔聖王崇賢擧善而教、用使朝廷德讓、野無邪行、誠以閭伍之政、足以相檢、……一擬古制、以土斷定、自公卿以下、皆以所居爲正、無復縣客遠屬異土者、如此則同鄕鄰伍、皆爲邑里

とあり(2)、王羲之傳も、尙書僕射謝安に與へた羲之の書を引いて

自軍興以來、征役及充運、死亡叛散、不反者衆、虛耗至此、而補代循常所在、凋困莫知所出、上命所差、上道多叛、則吏及叛者席卷同去、又有常制、輒令其家及同伍課捕、課捕不擒家及同伍、尋復亡叛、百姓流亡、戶口日減、其源在此

と書いてをり(3)、伍は野に邪行を無からしめるための組織と考へられてゐたこと、及び伍が逃亡者を擒捕する責めを有してゐたことが知られるのである。

晉では、徵税上の組織として百家一里の制が布かれてゐた。しかし右の伍は、徵税のための組織とは系統の異なるものであり、しかも多くの伍を集めて上級の組織を作ることなく、したがつて治安維持の組織は伍を以て終り、その伍に對して連坐の法が適用せられてゐたわけである。

類似の組織は、北魏の時代にも存在してゐる。即ちまづ太延元年十二月甲申の世祖の詔に

自今以後、……民相殺害、牧守依法平決、不聽私輒報者、誅及宗族隣伍、相助與同罪

とあつて、(4)宗族と隣伍に對する連坐の制が說かれてゐる他、魏書高祐傳にも

祐、……又設禁賊之方、令五五相保、若盜發則連其坐、初雖似煩碎、後風化大行、寇盜止息

とあつて、(5)高祐が袞州刺史たりし頃、その地方に五家相保の法を實施して、治安の維持に效果のあつたことが傳へられてゐる。なほ

比丘不在寺舍、遊涉村落、交通姦猾、經歷年歲、令民間五五相保、不得容止、無籍之僧、精加隱括、有者送付州鎭、其在畿郡、送付本曹

と述べた(6)高祖延興二年四月の詔は、「五五相保」の法の施行のみを命じて連坐のことに觸れてゐないが、前記の高祐は高祖に仕へた人であり、したがつて高祐傳にいふ「五五相保」の法が、右の詔に基いてゐることは疑ひなく、この關係は逆に、詔にある「五五相保」の法が、一般に連坐の制を採用してゐたことを敎へるのである。

隋初の令が、五家の保を組織してその上に二十五家の里・閭と百家の族・黨を置き、さらに唐の武德七年の令が、五家の保と百家の里を設けてそれぞれ治安の維持に當らせたことは、すでに述べた如くである。しかも唐では、武德三年、卽ち武德令の制定以前からすでに五家相保の法が王世充によつて實施せられ、一家が叛去してこれを糾察しない四隣は、連坐の刑を受くべきものと定められてゐた。卽ち唐に於ては、階層的治安維持組織の施行せられる前に、五家のみを一團とする單純なる治安維持組織が地方的に行はれてゐたのであつて、この事實は、治安の維持に對する五家相保の法の重要性を物語ると共に、その傳統の如何に根づよいものであつたかをも、示すものである。

しかるに、治安維持組織としての五家相保の法は、五代にも傳へられてゐる。後周太祖廣順元年三月の勑に

銅法、今後官中更不禁斷、一任興販、所有一色、即不得瀉破爲銅器貨賣、如有犯者、有人糾告、捉獲所犯人、不計多少斤兩、並處死、其地方所由節級、決脊杖十七放、隣保人臀杖十七放、其告事人、給與賞錢一百貫文

とある(7)のがそれであつて、これは疑ひもなく經濟上の犯罪に對する五家相保の法であるが、しかし當時に於ても刑事事犯に對する五家相保の法が衰へたのでないことは、舊五代史の蘇逢吉傳に

逢吉自草詔、意云、應有賊盜、其本家及四隣同保人、並仰所在全族處斬、或謂逢吉曰、爲盜者族誅、猶非王法、隣保同罪、不亦甚乎、逢吉堅以爲是、僅去全族二字、時有鄆州捕賊使臣張令柔、盡殺平陰縣十七村民、良由此也

と記されてゐる(8)のを見れば明かであらう。ただ右の文によれば、張令柔は十七個村の民を悉く殺したといはれる。しかしこれは逢吉の規定の冒用であつて、逢吉自身は明かに五家連坐の制の施行のみを命じてゐる。

次に宋では、既述の如く、熙寧三年に王安石によつて三級より成る保甲法が制定せられ、同六年には同じく三級より成りながら、しかも舊制に比べ、戸數に於て半ばを減ぜる新たな組織に改められた。即ち最下級の組織のみについていへば、始めの十家が後には五家となつたのである。しかるに唐に於けると同樣に、宋に於ても、保甲制即ち階層的治安維持組織の設置以前から、五家のみの相保の法が行はれてゐた。即ち眞宗の天禧四年秋七月丁卯の詔に

禁兩川諸縣弓手雇人代役、犯者許鄰保糾告、重繩之

とある(9)他、天聖四年七月辛未の詔にもほぼ同じ趣旨のことが述べられ(10)、また歐陽脩の擧げた五家隣聚相保の法も、仁井田氏によれば既述の如く天聖令に基いたものであらうといふ。が他方に於て地方官の間にも、歐陽脩の如く天聖令

を引き、この令文を實施する州縣の少いことを非難すると同時に、黎陽及び衞縣に於て五家結保以來絶えて逃軍逃賊なく、公私簡靜にしてその利の甚だ博いといふ事實(11)や、伍保の法を採用した吉水縣に於て、三年間劫賊が縣内に侵入しなかつたといふ事實(12)を擧げて、五家隣聚相保の法を遍ねく天下に施行せられんことを朝廷に請うた例があり、また陳襄の如く

縣道戶口保伍、最爲要急、儻不經意、設有緩急、懵然莫知、始至須令諸鄕各嚴保伍之籍、如一甲五家、必載其家老丁幾人、名某年若干、成丁幾人、名某年若干、幼丁幾人、名某年若干、凡一鄕爲一籍、其人數則總於籍尾、有盜賊、則五家鳴鑼撾鼓、互相應援

と述べて(13)、保伍の籍の嚴整と盜發の際の救應とを求めた例があり、さらに武寧節度使兼侍中夏竦のことを述べた續資治通鑑長編皇祐三年九月乙卯の條にも

竦以文學起家有名、一時朝廷大典策、屢以屬之、又多識古文奇字、其爲郡有治績、喜作條教、於閭里立五保之法

とあつて(14)、これまた當時に於ける五家相保の一例をなしてゐた。

このやうに、連坐制を伴ふ五家相保の法は、二級或は三級の階層組織を缺くところにも存在しうる。しかしこれまでに擧げた諸例の中には、治安維持の目的に直接關係しない經濟事犯の如きものも含まれてゐた。後周廣順元年の銅器貨賣の罪に對する隣保連坐の制はそれであるが、宋刑統にも私鑄錢の罪に關して

私鑄錢及造意人、及句合頭首者、並處絞、……其鑄錢處鄰保、配徒壹年、里正坊正村正、各決杖陸拾

といふ規定(15)があり、また宋會要に載せられた宋の宣和二年二月二十六日の臣僚の言には

詔天下縣、以農時分輪、令丞行田野、有荒而不治者、罰及隣保、郡以農時分輪、守貳行縣、有荒而不治者、罰及令丞

とあつて、(16)宣和二年の例では、耕作を怠る罪に對してすら、その隣保は共同の責任を問はれた。尤も、この風は決して五代に始まつたものではなく、すでに前漢書の王莽傳にも

敢盜鑄錢、及偏行布貨、伍人知不發擧、皆沒入、爲官奴婢

といふ記事が載せられてゐる。しかし經濟上のこれらの作爲及び不作爲も、法令に背く限りに於て一つの犯罪であり、犯罪たる限りに於て國家の秩序を紊し、また社會の治安を破るものとして、連坐の法の適用を受けなければならなかつたのである。

いづれにせよ、北宋に於ては、五家の相保とそれに伴ふ五家連坐の法が、保甲法の施行以前から存在すると共に、保甲法の實施以後も、なほ保甲組織の定例に無關係の制度として成立することが出來た。がいはゆる保伍法若くはそれと類似の階層組織を採用した南宋にも、五家のみの組織を作つて、より上級の組織を無視した例が存在してゐる。例へば、樓鑰の「皇伯祖太師崇憲靖王行狀」によれば、王伯圭が華亭縣に行つたのは、その文に

以五家爲甲、一家警盜、則四家應之、一家容姦、則四家同坐、盜無所容焉

とあるやうに(17)一甲五家の制のみであつて、一家が盜を告げれば四家が救援に赴き、一家が姦を容るれば、四家はこれに連坐しなければならなかつた。もちろん、五家のみの組織が設けられて、これを統合すべき上級の組織が置かれないといふことは、これらの小單位間に協力が行はれなかつたといふ意味ではないであらう。樓鑰の「知梅州張君墓誌

銘」にある

用龍游魚鱗比伍之法、行之、輩盜爲之屏息

といふ文[18]は、伍と伍の間に緊密なる協力關係のあつたことを暗示する。なぜなら、いはゆる魚鱗は多數の伍を鱗狀に連ねることを意味し、龍游はさらに、その全體を龍の游弋せる形になぞらへたものと考へられるからである。要するに、五家が糾察の義務を超えて、さらに弭盜のことを要求せられる場合には、上級の組織の存否に關はりなく、組織と組織の間の協力がおのづから行はれざるをえなかつた。

右に述べたことは、保長增置以前の王守仁の十家牌法についてもいへるであらう。尤も、保長增置以前の十家牌法の目的について、王守仁はただ「日輪一家、沿門按牌、審察動靜、但有面目生疎之人、踪跡可疑之事、即行報官究理、或有隱慝、十家連坐」といひ、また「十家牌、鄰互相糾察、容隱不擧正者、十家均罪」と述べてゐるに過ぎないが、その後保長の增置を必要とするに至つた理由を記した個所に

先該本院、通行撫屬、編置十家牌式爲照、各甲不立牌頭者、所以防脅制侵擾之弊、然在鄉村遇有盜賊之警、不可以無統紀、合立保長督領、庶衆志齊一

とあるのを見れは、各甲間のいはゆる齊出應援は、保長の增置を俟つて始めて行はれたものではなく、その增置以前に於て、すでに十家牌法に固有の機能として、その實施を要求されてゐたものと考へられる。さうしてこのやうな場合には、覺察の組織が同時に救援の單位となるのであつて、この點に於ては、階層的な保甲組織を編成した場合と、少しも異なるところがなかつたのである。

上述の如く、伍保の中には、保甲或は保甲類似の組織と、その目的を全然異にしないものが存在する。しかしこれを以て、伍保の全體を律することは誤りであらう。なぜなら、上記の諸例を見ると、ただ糾察の責めのみを負ふ伍保の例や、糾察に第一義を置かうとする伍保の例が少からず發見せられるからである。秦の什伍の法の如きも、階層制をとりながらも、その目的は專ら什伍內の糾察であつた。しかるにまた五代に於ては、五家一保の法が、しばしば治安維持以外の目的のために用ゐられてゐた。例へば、死喪の場合に四隣の簡究を經て葬埋を許し、(19)土地臺帳の作製に當つて四隣に隱欺の陳告を求め、(20)また四隣の同署を條件としてのみ物業の典質倚當を許す(21)といふやうな各種の規定の設けられたのがそれであつて、これらの規定はいづれも、治安維持組織としての伍保のもつ牽制の法の轉用によつて、始めて作られたのである。

このやうにして、治安維持のための伍保制は、單純なる治安維持組織として存在し、また保甲法の基本單位をなすと共に、五家一保の法一般に對する原本性をも有つてゐた。しかるに保甲法を回避した元朝の政府は、伍保の法の傳統をさへ無視し、社規中に僅かに

若有不務本業、游手好閑、不遵父母兄長敎令、兇徒惡黨之人、先從社長叮嚀敎訓、如是不改、籍記姓名、候提點官到日、對社長審問是實、於門首大字粉壁、書寫不務本業、遊惰凶惡等名稱、如本人知耻改過、從社長保明申官、毀去粉壁、如是不改、但遇本社合着夫役、替民應當、候能自新、方許除籍。

諸假托靈異、妄造妖言、佯修善事、夜聚明散、幷凡官司已行禁治事理、社長每季須一誡諭、使民知恐毋陷刑憲

等といふやうな消極的な規定(22)のみを設け、ただ社長をして社內の取り締りに當らせただけで、社の組織を進んで治安

維持のために利用することがなかつた。しかし元代に於ても、糾察の法が完全に無視されてゐたわけではない。なぜなら、元史所載の元律に

諸潛謀反亂者處死、安主及兩鄰、知而不首者同罪。

諸部內有犯惡逆、而鄰佑社長知而不首、有司承告而不問、皆罪之。

諸景跡人有不告、知隣佑輙離家經宿及游惰、不事生產作業者、有司究之、隣佑有失覺察者、亦罪之。

諸奴婢背主而逃、杖七十七、誘引窩藏者六十七、隣人社長坊里正、知不首捕者、笞三十七

等とある(23)他、元典章の「禁罷集場」(24)、「禁治習學槍棒」(25)、「溺子依故殺子孫論罪」(26)、「挑補鈔犯人罪名」(27)、「立都提擧司辦鹽課」(28)、「賞捕私宰牛馬」(29)等の各條に、兩隣若くは隣佑の連坐のことが說かれてゐるからである。その規模はもちろん伍保よりも小さいが、なほ治安維持に對する共同責任の圈たることを失はないのである。

同樣に明代の政府も、保甲法若くは保甲類似の制度を公置することがなかつたにも拘らず、なほ治安の維持に對する兩隣、隣佑、近隣等の共同責任のみは、これを自明のものと考へてゐた。例へば、太宗實錄永樂八年七月丁丑の條に

皇太子請禮部尙書呂震曰、人情相愛、則視多男、而民庶國家之祥、近聞京師愚民、有厭多男子、生輒棄之不育者、傷天地之仁、失父母之道、宜嚴禁之、再犯者並兩隣加罪

とあり(30)、武宗實錄正德四年九月丙午の條に

六科十三道奏、兩廣江西湖廣四川陝西等處、自本年正月以來、羣盜縱橫、大肆焚掠、……窩主隣佑人等、遞相連

坐

とあり(31)、また同じ武宗實錄正德九年六月丁巳の條に

蕭山縣訓導何重言、浙東倍畏婚過奢、生女類多不擧、雖有例禁、猶未改、請令民間自相覺察連坐、都察院覆奏、出榜禁約、違者如例充軍、其親鄰不覺擧者、幷罪之

とある(32)のがそれであつて、隣人は特定の罪に關して連坐の刑を受けると共に、あらかじめ覺察の責めを負ふべきものとされてゐたことがわかるのである。

かくて我々は、以上を要約して次のやうな結論を擧げることが出來る。卽ち第一に、治安の維持に對する共同の責めは、救援に於けるよりも糾察に於て重く、その糾察の責めを負はされたのは、普通伍保卽ち近隣の五家であり、多い場合にも十家を超えることがなかつた。さうして第二に、兩隣若くは隣佑間の糾察の義務は、社會治安の維持のために不可缺且つ最小限度の要件であつたと。

(1) 晉書卷三十、志第二十、刑法。
(2) 同上卷三十六、列傳第六、衞瓘。
(3) 同上卷八十、列傳第五十、王羲之。
(4) 魏書卷四、帝紀第四、世祖。
(5) 同上卷五十七、列傳第四十五、高祐。
(6) 同上卷一百一十四、志第二十、釋老。
(7) 册府元龜卷五百一、邦計部、錢幣。

(8) 舊五代史卷一百八、漢書第十、蘇逢吉。
(9) 續資治通鑑長編卷九十六。
(10) 同上卷一百四。
(11) 歐陽脩、歐陽文忠公集卷一百十七、河北奉使奏草、五保牒。
(12) 同上卷一百三、奏議、論捕賊賞罰劄子。
(13) 陳襄、州縣定綱卷二、戶口保伍（函海）。　四庫全書總目によると、本書の撰者を陳襄と見るのは誤傳であるといふ。
(14) 續資治通鑑長編卷一百七十一。
(15) 宋刑統卷二十六、雜律、私鑄錢。
(16) 宋會要稿、食貨六三之一九五。
(17) 樓鑰、攻媿集卷八十六、行狀、皇伯祖太師崇憲靖王行狀（四部叢刊）。
(18) 同上卷一百四、誌銘、知梅州張君墓誌銘。
(19) 册府元龜卷五百十七、憲官部、振擧。
(20) 同上卷四百八十八、邦計部、賦稅。
(21) 同上卷六百十三、刑法部、定律令。　五代會要卷二十六、市。
(22) 元典章二十三、戶部卷九、農桑、立社、勸農立社事理。　通制條格卷十六、田令、理民。
(23) 元史卷一百四・一百五、志第五十二・五十三、刑法。
(24) 元典章五十七、刑部卷十九、禁聚衆、禁罷集場。
(25) 同上五十七、刑部卷十九、雜禁、禁治習學槍棒。

(26) 同上四十二、刑部卷四、殺親屬、溺子依故殺子孫論罪。
(27) 同上二十、戶部卷六、僞鈔、挑補鈔犯人罪名。
(28) 同上二十二、戶部卷八、鹽課、立都提擧司辦鹽課。
(29) 同上五十七、刑部卷十九、禁宰殺、賞捕私宰牛馬。
(30) 大明太宗永樂實錄卷七十一。
(31) 大明武宗正德實錄卷五十四。
(32) 同上卷一百十三。

六

上述のやうに、中國では古くから治安維持のために五家の團體を組織し、これに相互覺察の責めを負はせて、犯罪の發生を未然に防止せしめると共に、一たび犯罪が發生した場合、即ち右の責任を果さない者の生じた場合には連坐の制を適用した。それは一般に伍または保と呼ばれてゐるが、伍はいふまでもなく五家より成るの謂であり、保は周禮の比が相保の任を帶びてゐたといふ說に由來し、いづれも五家より成る相互覺察の團體を意味してゐる。尤も、相互覺察の範圍は必ずしも五家に限らず、狹い場合には兩隣に止まり、廣い場合には十家或はそれ以上に及ぶこともある。しかしその場合の家と家との關係は、五家の場合と何ら異なるところがなかつた。即ちそれらはいづれも、近隣者のみの團體として組織されたのである。

しかるに近隣團體は、内部に於ける覺察の他に、しばしば外部よりの危害を共同して防衞し、非常の事態に際して互に救援し合ふべき義務をも有する。ただ共同防衞は、既述の如く協力範圍の廣くなるほど大なる力を發揮しうるのであつて、治安維持の目的を以て共同防衞の機能を鄕村に營ましめようとし、またこの機能を重視する場合には、上記の近隣團體を協力の單位となしつつ、これを集めて二級或は三級に及ぶ大規模なる階層編成を作り、さらにそれに一人づつの統轄者を置かなければならなかつた。卽ちこの場合には、近隣團體は相互覺察の機能を營むと同時に、より大なる共同防衞組織の編成單位ともされるのである。がいづれにせよ、近隣團體は、それ自身に完結せる組織として治安維持の責めを負はされる場合にも、またより大なる組織の最下單位として設けられる場合にも、多くは相互覺察と共に、共同防衞の責めを課せられてゐた。ただ共同防衞の組織が擴大の可能性を有ちうるのに反して、相互覺察は、日常的對面の關係に立つ近隣者の間に於てのみ有效に行はれうべき任務であり、この點で相互覺察は、近隣團體に固有の任務であつたといふことが出來る。しかも相互覺察は、元來犯罪の發生を未然に防止し、その危險の擴大を事前に抑制するといふ、社會治安の維持にとつて最も重要なる役割を營むものであつた。近隣團體に對して特に連坐の刑を適用する例が多いのはそのためであり、また相互覺察の共同責任制が、連坐の法の採用によつて責任共同の內實を取得するに至つたことは、確かである。

かくて相互覺察が特に近隣者の責任とされたのは、相互覺察が面識關係にある近隣者の間でのみ可能だからであり、またそれが連坐制と結びつけられるのは、治安の維持にとつて相互覺察の有する意義が特に大きいからであつた。しかるに既述の如く、沈家本は連坐の法を以て、人々を苛刻の小人たらしめるものであると非難した。さうしてこれはいふまでもなく、連坐を伴ふ相互覺察を以て、近隣者相互を敵たらしめるものであると見るものでなければならない。しかし相互覺察を以て、直ちに近隣者相互を敵たらしめるものであると見るのは、一面の觀察に過ぎないであらう。なぜなら、繰り返し述べたやうに、近隣團體は犯罪の發生を未然に防止する共同の責任を帶びてをり、その責任を果すためには、相互の緊密なる協力を必要とするからである。

相互覺察の制に於ては、一家に犯罪が發生した場合に、他の近隣がこれを告發する義務を有する。がその際にもなほ、近隣間の協力は存在するであらう。犯罪の防止と犯罪者の除去は、鄕村治安の確保にとつて不可缺の條件をなすと共に、それは何よりもまづ、近隣團體そのものの安全に必須の重要條件をなしてゐる。相互覺察の本質は、ただ監視の相互性にのみあるのではない。それは周禮の相保について説明されてゐるやうに、近隣をして互に惡をなさざらしめ、また惡を畏れしめるものであり、それはさらに近隣の安全を確保するといふ目的關心の共同性をも有つてゐる。互に惡を爲さざらしめ、またこれを畏れしめると共に近隣相携へて共同保全の道を講じようとすること――これは明かに通力合作の一形式でなければならぬ。フィアカントの「役割の交換」の説の如く[1]、相互覺察に於ても、犯罪の可能性を監視するのは、個々の隣人ではなくて隣人の全體である。犯罪の可能性が可能性に止まる限り、すべての近隣者は相互に被監視者の立場に置かれるが、その監視者の立場には、つねに近隣團體の全體性が現はれてゐる。相互覺察のもつ構造上の特質は、それが近隣間の單なる對立關係ではなく、むしろ全體と部分との聯關に於ける全體の優越を顯はにするところにある。相互覺察を近隣間の對立關係に於てのみ理解することは、相互覺察の機能と意義とを、消極的にのみ解釋することに他ならないであらう。相互覺察の機能と意義とをいふ時、ひとはそれに、近隣團體の全體性を顯はにするといふ本質的構造のあることを見逃してはならない。

旣述の如く、近隣團體はしばしば相互覺察の他に共同防衛の機能をも營み、後者はただ協力の可能性のあるところに於てのみ行はれうる。しかし、もし相互覺察が單なる牽制であり對立の關係に過ぎないならば、單なる對立牽制の關係を有するに過ぎないその近隣團體が、如何にして防衛に於ける協力を實現しうるかは理解せられないであらう。近隣團體の共同防衛が協力のあるところに於てのみ可能とされる以上、その團體の內部で行はれる相互覺察も、當然に一つの協力關係を伴ふものでなければならぬ。逆にいへば、相互覺察が一つの協力形式であるが故に、近隣團體は共同防衛の主體として、他の主體との協力關係を有效に實現することが出來るのである。

このやうに、近隣團體は治安維持に對して二重の共同責任を有し、治安の確保に對する重要なる責任の共同圈として設定された。しかしこの責任共同圈の設定は、協力の可能性のあるところに行はれてのみ、始めて意義があるであらう。このことは、近隣團體がまづ協力の可能圈をなすが故に、治安維持の責任共同圈として選ばれたことを敎へる。卽ち後者は、前者の利用によつて成立してゐるのである。しかるに治安維持に對する近隣團體の責任は、他の如何なる團體に見られるものよりも重い。さうしてこれは疑ひもなく、近隣團體が一つの地緣共同態をなし、しかもその協力が、他の如何なる地緣團體に見られるよりも、緊密且つ鞏固なものであるからに他ならない。治安維持の責任が重ければ重いほど、强い協力の可能性を必要とし、また協力に對する期待が大きければ大きいほど、鞏固な共同態の存在を必要とする。ところで隣人共同態は、丁度そのやうな鞏固な共同態であり、共同態中の共同態である。とすれば、中國の伍保を以て、隣人共同態の利用に基くものと考へることは、不可能ではないであらう。

治安維持のために設けられた近隣團體は、およそこのやうな性格をもつ共同乃至連帶責任の範圍であり、しかも連坐制の適用によつて、治安維持に關する責任の負荷は最も重いものとなつてゐた。しかし共同の責任は、連坐制のあるところにのみ存在するのではない。近隣團體を超えた共同防衞のためのより大なる組織も、連坐制を缺きつつやはり治安の維持に對する責任の共同圈なのであり、その組織に於て連坐制に代はるのは、統轄者の處罰である。尤も連坐制が、近隣團體を超えたより廣汎なる範圍にわたつて適用されることがある。明の任漢が、村戸中に盜をなす者のある時にその村の全住人を連坐せしめようとし、また五代の張令柔が平陰縣十七個村民を罪に坐せしめたと傳へられてゐるのがそれであつて、ここでは近隣團體よりも廣い範圍にわたつて、責任の追求が行はれてゐる。しかし前述の如く、治安維持に對する責任の共同は、連坐制のあるところにのみ存在するのではない。防衞は元來共同の力によつてのみ行はれうるのであり、その防衞の義務が、責任の共同を離れて成り立ちえないことはいふまでもないからである。がそれと同時に、治安の維持に對する共同責任の程度に强弱のあることも、否定されないであらう。さうしてその程度は、通例、より近いところからより遠いところに赴くに從つて弱まつてゆく。かくして狹いところでは、全員の責任が問はれ、廣いところでは、統轄者の責任のみが問はれるのである。これを要するに、治安維持のあらゆる組織は、本質上共同責任の組織たらざるをえないのであつて、その組織が二級或は三級に編成されるといふことは、責任の强弱を異にする大小の責任共同圈が、上下に重層しつつ、相寄つて治安の維持に當るといふことに他ならない。

では、保甲法に於ける上級の組織を、上記の如く治安維持に對する共同責任の範圍と見るとき、この共同責任の要求もまた、地緣共同態の利用の結果と見ることが出來るであらうか。保甲法や保甲類似の制度が、戸數編成の原則に支配される限り、このことは困難となるやうに見える。なぜなら、戸數編成原則が嚴密に行はれる場合には、自然村は人爲的な分割併合を餘儀なくせられ、そこに成立するのは、存在の共同と何の關はりもない、人爲的な團體に過ぎなくなるからである。しかし、中國の鄕村統治に現はれた戸數編成の原則がそのやうなものでないことは、前章に於て我々の問題としたところである。卽ち戸數編成原則の示す法定戸數は概略の數字であつて、階層編成に於ける上級の治安維持組織は、つねに單村若くは聯村制を實際上の原理として作られてゐた。ところで村落はいふまでもなく、一つの地緣共同態を形成する。が村の聯合體、卽ちいはゆる組村もまた一つの地緣共同態でなければならない。このやうに見れば、さきの問に對する我々の回答はすでに明かである。卽ち保甲法若くは保甲類似の制度に於ける上級の組織、防衞に對するより廣い責任の共同圈も、地緣共同態の基盤の上に作られたのである。とすれば、この場合に於ける責任の共同の要求も、地緣共同態の利用の結果に他ならないといひうるであらう。

總じて、治安維持の組織は地緣共同態の地盤の上にのみ成立する。が前者に對して有つ後者の規定性の究極の根據は、治安の維持に於ける有效なる協力の可能性が、地緣共同態に固有の共同性の中にのみ存するといふ事實にある。この點を明かにするものとして、私は次に二つの例を擧げておきたいと思ふ。卽ち山西嘉慶靈石縣志に

今國家嚴飭、天下州縣力行保甲、固已奉行、不敢怠忽矣、大率編十家牌、令居城市者、十家爲甲、在鄕村者亦如之、又使里自爲約、族自爲保、夫一邑之內、村居比櫛、隴畝同溝、往來皆熟識之人、交易亦鄰里之近、耕則出入相友、守望相助、遊則黨使相救、鄕使相賓、匪朝伊夕、彼邪何從而匿跡耶

とあり(2)、また四川光緒榮昌縣志に

編聯保甲之法、與其官爲之聯、不若聽民自相爲聯、而書役毫不與焉、民自爲聯者、不拘十家一聯、凡村寨里居、
率多相親相愛之人、無丁戸多寡、要在平日聲氣相通、緩急可恃

とあるのがそれであつて、(3) ここでは保甲を組織するのが、熟識の人であり、相親相愛の人であると同時に、守望相助は熟識から生れ、緩急相恃ましめるものも、相親と相愛であると説明せられてゐる。ところで熟識と相親相愛は、地縁共同態に固有の間柄である。さうしてこのことは、地縁共同態のみが治安維持の任務を最も有效に果し、それ故にまた地縁共同態のみが、治安維持組織の地盤たらざるをえないことを明かにしてゐる。かくて中國に於ける治安維持の組織は、地縁共同態としての近隣團體、自然村落、自然村落の聯合體を基盤として作られた協力のための組織であつたといふことが出來る。

このやうに見れば、戸數編成原則の嚴密なる實施は、治安維持の目的に對してかへつて破壞的な效果を齎すものとならなければならない。しかし戸數編成原則を以て、單に鄕村編成のための概略の規準を示したものと見る場合には、この原則にも實踐上の大きな意義が認められるであらう。なぜなら、それは治安維持組織の基盤となる地縁共同態の區劃をほぼ均一ならしめることによつて、鄕村を防衞力のほぼ等しいいくつかの團體に分けるといふ、重要な役割を演じうるからである。治安維持組織のもつ防衞力をほぼ均等ならしめることが、鄕村防衞に對する脆弱點の發生を避けしめるための、唯一の方法であることはいふまでもない。これが治安維持の組織に對してもつ戸數編成原則の社會的意義であり、したがつて戸數編成原則の適用は、この限度内に止まるべきであつて、どこまでも地縁共同態を破壞に導く原理であつてはならなかつたのである。

以上、私は周禮の比の任務とされた相保の概念を手懸りとして、治安維持のあらゆる組織を治安維持に對する共同及び連帶責任の圏と解し、その構造と責任の內容とを論ずると共に、これと地緣共同態との間に本質的な繫がりのあることを明かにした。がこの關係に似たことが、租稅徵收の組織についてもいへるのではなからうか。前章の結論は、租稅徵收の組織もまた地緣共同態の地盤の上に作られたことを敎へてゐる。租稅徵收の組織は、反面から見れば租稅納付の組織に他ならない。そこで我々の次の課題は、租稅徵收の組織を、租稅の納付に關する連帶若くは共同責任の圏として捉へることである。

（1） Vierkandt, Gesellschaftslehre. Zweite Auflage, 1928, S. 407.
（2） 山西嘉慶靈石縣志卷三、建置、里甲。
（3） 四川光緒榮昌縣志卷二十一、藝文、甘雨施、行保甲說。

第二節　租稅徵收の組織と攤逃の俗

一

治安維持のための郷村統治の組織を、我々は治安維持に對する共同責任圏設定の問題として取り扱ひ、その共同圏が、地緣共同態の利用の上に作られてゐることを知りえた。これと類似のことが、租稅徵收のための郷村の組織についてもいへる。卽ち租稅徵收のための郷村組織も、租稅徵收に對する共同責任圏たる一面をもち、絕戶、逃戶或は滯納戶の如き不納戶のある場合に、その稅は同じ組織內の人々によつて負擔さるべきものと考へられてゐたのである。

尤も一般的にいへば、治安維持のための共同責任圏の設定は、鄕村統治上の定制として公けの立場から行はれたものであるが、徵稅に對する共同責任の制は、定制としてよりもむしろ、州縣官或は胥吏によつて自己の徵收責任額完納の必要上採用された方法であつて、多くの場合公けの承認を經たものではなかつた。後で示すやうに、國家は原則上これを禁止しようとさへしてゐる。しかし絕戶或は不納戶の缺稅に對する共同負擔は、少くとも北魏以來ながく行はれた制度であつて、中國に於ける徵稅上の一大特色を成してゐる。缺稅に對するこの種の共同負擔は、上記の如く普通國家の禁止するところとなつてゐるが、かかる習俗を發生せしめた究極の原因は、かへつて中國の徵稅制度そのものの中に潛んでゐたのである。

缺稅に對する共同負擔は、攤稅、攤徵、均攤、均配、賠塡、賠補等とよばれる。それは他人をして缺稅を代輸、代納、代出せしめることであるが、最も多いのは逃戶の缺稅に對する共同負擔であつて、後で引く舊唐書の李渤傳は、これを特に「攤逃」の名で呼ばうとした。以下に述べるのはこの意味の攤逃の俗である。

逃戶の缺稅に對する共同責任は、原則としてまづ近隣に對して求められ、缺稅分を近隣に負擔せしめるといふ方法を取つてゐる。例へば、唐會要の「逃戶」の條に

開元九年正月二十八日、監察御史宇文融請、檢察色役僞濫、幷逃戶及籍田、因令充使、……至十二年、……陽翟縣尉皇甫憬上疏曰、……又應出使之輩、未識大體所由、殊不知陛下愛人至深、務以勾剝爲計、州縣懼罪、據牒卽徵、逃戶之家、鄰保不濟、又使更輸、急之則都不謀生、緩之則憲法交及、臣恐逃逸從此更甚。

天寶八載正月勅、……稍有逃逸、恥言減耗、籍帳之間、虛存戶口、調賦之際、旁及親鄰、此弊因循、其事自久、

……其承前所有虚掛丁戸、應賦租庸課税、令近親鄰保代輸者、宜一切並停、應令除削。

天寶十四載八月制、天下諸郡逃戸、有田宅産業、妄被人破除、幷縁欠負租庸、先已親鄰買賣、及其歸復無所依投、永言此流、須加安輯、應有復業者、宜並卻還、縱已代出租税、亦不在徵賠之限、國之役力、合均有無。

至德二載二月勅、諸州百姓、多有流亡、或官吏侵漁、或盜賊驅逼、或賦斂不一、或徵發過多、俾其怨咨、何以輯睦、自今已後、所有科役、須使均平、本戸逃亡、不得輒徵近親、其鄰保務從減省、要在安存。

乾元三年四月勅、逃戸租庸、據帳徵納、或貨賣田宅、或攤出鄰人、展轉誅求、爲弊亦甚、自今已後、應有逃戸田宅、並須官爲租賃、取其價直、以充課税、逃人歸復、宜並卻還、所由亦不得稱負欠租賦、別有徵索。

寶應元年四月勅、近日已來、百姓逃散、至於戸口十不半存、今色役殷繁、不減舊數、既無正身可送、又遣鄰保祗承、轉加流亡、日益艱弊、其實流亡者、且量蠲減、見在者節級差科、必冀安存、庶爲均濟。

其年五月十九日勅、逃戸不歸者、當戸租賦停徵、不得率攤鄰親高戸。

大中二年正月制、所在逃戸、見在桑田屋宇等、多是暫時東西、便被鄰人與所由等計會、雖云代納税錢、悉將斫伐毀折、及願歸復、多已蕩盡、因致荒廢、遂成閑田

等とあり(1)、また唐大詔令集所輯の廣德二年の「南郊赦」に

其寶應元年十二月三十日已前、諸色逋欠、在百姓腹内者、並宜放免、天下戸口、宜委刺史縣令、據見在實戸、量貧富作等第、差科不得依舊籍帳、據其虚額攤及鄰保、其天下諸州府長史及縣令、有清白著聞善政、稱最能招輯逃亡、編附復業・戸口増多者、具状聞奏

と見え、(2)唐隆元年七月十九日の「誡勵風俗敕」に

諸州百姓多有逃亡、良由州縣長官撫字所失、或住居側近虛作、逃在他州、横徴鄰保、逃人田宅、因被賊賣、宜令州縣招携復業、其逃人田宅、不得輙容賣買

と記され、(3)さらに舊唐書李渤傳に、「攤逃の弊」を指摘しつつ

渭南縣長源鄉、本有四百戶、今纔一百餘戶、閺鄉縣本有三千戶、今纔有一千戶、其他州縣大約相似、訪尋積弊、始自均攤逃戶、凡十家之內大半逃亡、亦須五家攤稅、似投石井中、非到底不止、攤逃之弊、苛虐如斯、此皆聚歛之臣、剝下媚上、唯思竭澤、不慮無魚、乞降詔書、絕攤逃之弊、其逃亡戶、以其家產錢數爲定、徵有所欠、乞降特恩免之計、不數年人必歸於農矣

といはれてゐる(4)のがそれであつて、近親を對象とした二三の例を除けば、他は悉く隣保、隣人若くは五家を以て、攤稅の責任範圍としてゐた。

ここに隣保とあるのは、いふまでもなく五家編成の保のことであるが、前節に述べた如く、唐代の保は治安確保のための禁約を目的とするものであつて、徵稅上の組織ではなかつた。唐制は百家を里として里に里正を置き、この里正をして賦役の催驅を司らせるだけで、里の下に徵稅のための下級機關を設けることがなかつたのである。尤も『燉煌掇瑣』に載せられた既引の五言白話詩や杜甫の「東西兩川說」の示すやうに、警察を本來の任務とする村正が、事實に於ては徵稅上の任務をも課せられてゐたのであるから、治安維持を目的とする隣保が、徵稅のことに利用せられたとしても不思議ではない。しかしいづれにせよ、逃戶のあるとき親隣或は隣保をして缺稅を代輸せしめるのは、公

けの制度として認められたものではなく、徴税の責任額を完納せしめるために、州縣官或は里胥によつて任意的に行はれた權宜の處置に過ぎなかつた。攤税禁止の詔がしばしば發せられ、また乾元三年の勅のやうに、官みづから逃戸の田宅を租賃して課税に充てしめ、さらに大中二年の詔に

從今以後、如有此色、勒郷村老人與所由幷鄰近等、同檢勘分明、分析作狀、送縣入案、任鄰人及無田產人、且爲佃事、與納稅量、如五年內不來復業者、便任佃人爲主、逃戸不在論理之限

とあつて、逃戸の發生に際して隣人或は無田の者をしてその土地を小作させるといふ方法の採られたのは、すべてそのためである。要するに、唐代の攤逃の俗は、公けの制度としてよりはむしろ私的な手段として發生し、しかもその俗は、警察目的のために設けられた保、卽ち近隣五家の利用の上に成立したのである。唐の陸贄の奏議に

建中定稅之始、諸道已不均齊、其後或吏理失宜、或兵賦偏重、或癘疾鐘害、或水旱荐災、田里荒蕪、戸口減耗、牧守苟避於殿責、罕盡申聞、所司姑努於取求、莫肯矜恤、遂於逃死、闕乏稅額累加、見在疲甿、一室已空、四鄰繼盡、漸行增廣、何由自存、此則人益困窮

といふ文[5]があるが、これは明かに攤逃の弊を述べたものであり、しかもこの場合の攤配は、逃戸の四隣に對してなされてゐる。しかし攤逃の俗は、五家の間にのみ限られてゐたわけではない。上記の開元十二年の皇甫憬の言に「逃戸之家、鄰保不濟、又使更輸」とあり、また陸贄の右の文の示すやうに、攤配の範圍は五家をも超えて、さらに擴大しうるものであつた。

右に述べた攤逃の風は、その後もながく行はれ、まづ五代では、冊府元龜に

後唐長興四年八月戊申、……如保内人戸逃移、不得均攤、……其逃移戸田產、仰村鄰看守、不得殘毀

とあつて(6)、逃移戸に對する保の均攤を禁止すると共に、その村隣をして逃移戸の田產を看守せしめようとした。同じ後唐長興三年七月の勅には

應諸處、凡有今年爲經水滂逃戸、莊園屋舍桑棗一物已上、並可指揮州縣、散下鄉村委逐村節級、鄰保人分明文簿、各管見在、不得輒令毀拆房舍、斬伐樹木、及散失動使什物等、候本戸歸業日、卻依元數、責令交付、訖具無欠少罪結狀、申本州縣、如元數内稱有事欠少、許歸業戸陳狀訴論、所犯節級并鄉鄰保人等、並科違敕之罪、仍勒備償、或至來年春入務後、有逃戸未歸者、其桑土卽許鄰保人請佃、供輸租稅、種後本主歸來、亦准上指揮、至秋收後還之

とある(7)が、逃戸の田土に對する隣保人の請佃を許し、彼等をして租稅を供輸せしめるといふ法が、均攤の俗の否定の上に立つてゐることは、長興四年の上記の文と照合する時に、おのづから明かになると思ふ。なほ冊府元龜後晉天福二年九月の條は、左補闕李知損の上言を引いて

是則百姓因之逃亡、鹽錢固所虧失、省司指本州本使、不管流移、州司追鄰人保人、須令攤配

といふ文(8)を載せてゐる。これは鹽錢に關するものであつて、田賦に關するものではないが、とにかくこの文を見ても、當時攤逃の俗がひろく行はれてゐたことは、疑ひえないのである。

ところで同じ俗は、宋代の文獻中にも見出されるであらう。卽ち續資治通鑑長編所揭の建隆二年春正月の詔に

自今民有逃亡者、本州具戸籍頃畝以聞、卽檢視之、勿使親鄰代輸其租

とあり(9)、宋會要の淳化五年正月の條に

知鄭州何昌齡上言、……昌齡所至、凡民十家爲保、一室逃、卽均其稅於九家、二室三室逃、亦均其稅、鄕里不得訴、州縣不得蠲其租、民被其災皆逃去、無敢言者

とあり(10)、宋會要所引の咸平二年八月の詔に

諸道州府、檢覆逃戶物產、委寔別無情弊、不得更將逃戶名下稅物均攤、令見在人戶送納

とあり(11)、續資治通鑑長編咸平三年五月丁丑の條に

淮南江浙荊湖等路及近京諸州民、曾經調發及新歸業者、並除其去年逋稅、天下逃田、鄕縣失於開破、均稅在村保者、卽於放免

とあり(12)、宋會要の建炎元年五月一日の條に

赦應逃戶田、見令地鄰及地分掌管人等攤認租稅、許令自陳、特與放免、其田依條召人承佃、候歸業日給還

とあり(13)、同書所載の建炎二年四月五日の詔に

逃田稅役、輒勒鄰保代輸、許人戶越訴、令提刑司覺察、今日以前逃田無人承佃、應召人請射者、特依遠年無案籍逃田法、免催科

とあり(14)、紹興三十一年九月十三日の知梧州任詔の言に

廣西州縣、例皆荒瘠之所、民戶貧薄、了辨稅賦不前、拋棄田業者不少、往々未曾倚閣督責催理、累及四隣及承催保長等、逃亡愈多

とあり[15]、また乾道八年七月七日の臣僚の言に

所立新租、數倍舊日、往々盡地利、所得不足輸官、逃移紛々、禍及鄰保、甚則州縣爲之陪納

とあり[16]、さらに歐陽脩の文に

臣伏見、河東百姓科配最重者、額定和糴糧草五百萬石、往時所糴之物、官支價直不虧、百姓盡得茶絲見錢、自兵興數年、糧草之價數倍踴貴、而官支價直十分無二三、百姓每於邊上納米一斗、用錢參伯文、而官支價錢、三十內二十折、得朽惡下色、茶草價、大約類此、遂致百姓貧困逃移、而州縣例不申擧、其本戶二稅和糴、不與開閣、稅則戶長陪納、和糴則村戶均攤、已逃者既破其家、而未逃者、科配日重、臣至代州崞縣、累據百姓陳狀、其一村有逃及一半人戶者、尙納全村和糴、舊額均配與見在人

と記されてゐるの[17]は皆その例であつて、逃戶の缺稅に對する共同負擔の範圍は、一保十家、現在人戶、村戶、村保に在る者、地隣及び地分の掌管人、隣保若くは四隣であり、唐及び五代と同樣に近隣の均攤を常則としながらも、逃戶の多い場合には一村の半ばをして全村の缺逋を補はしめる例さへもあつた。しかし攤逃は、宋代に於ても公けの立場からは認められず、朝廷は缺稅の代輸者に對して自陳と越訴とを許し、また人をして逃田を小作せしめた後、逃戶の歸業を待つてこれを返し、それと同時に歸業者の逋稅の免除をも命じてゐる。

歐陽脩の文は、攤逃の範圍が逃戶の多寡に比例することを示した。が攤逃範圍の擴大が、近隣から次第により廣汎な地域に波及して行くことを明かにしたのは、明代の記錄である。顧炎武の『天下郡國利病書』に引かれた芮城志所揭の薛一鶚の言葉に

逃亡者賦役、不爲豁處、而責見在者之代償、丁逃則令戸代之、戸逃則令甲代之、甲逃則令里代之是也

とあるのはその例であるが、さらに大明世宗嘉靖實錄所載の御史甯欽の正德十一年六月戊子の奏文に(18)

或里分實在二三十戸、虛塡一里、或排年實在三四五戸、虛塡一甲、節年逃亡逋欠、及勢要奸民飛詭、稅糧負累賠補、小民丁產不敷、亦行竄避、以致逋租日多、里甲日耗

とあり、(19)丘濬の大學衍義補に

臣按、呂氏春秋曰、竭澤而魚、豈不得魚、明年無魚、李渤所謂惟思竭澤、不慮無魚、其言蓋本諸此、蓋以取稅於民、如取魚於澤也、澤以養魚、必常有所養、斯常有所生、苟取具目前、竭其所養之所、空其所生之物、則一取盡矣、後何所繼乎、後世取民、大率似此、而攤稅之害尤毒、非徒一竭而已、且將竭之至再至三、而無已焉、不至水脈枯、而魚種絕不止也、何則中人一家之產、僅足以供一戸之稅、遇有水旱疾厲、不免擧貸逋欠、況使代他人倍出乎、試以一里論之、一里百戸、一歲之中、一戸惟出一戸稅可也、假令今年逃二十戸、乃以二十戸稅、攤于八十戸中、是四戸而出五戸稅也、明年逃三十戸、又以三十戸稅、攤于七十戸中、是五戸而出七戸稅也、又明年逃五十戸、又以五十戸稅、攤于五十戸中、是一戸而出二戸稅也、逃而去者、遺下之數日增、存而居者、攤與之數日積、存者不堪、又相率以俱逃、一歲加于一歲、積壓日甚、小民何以堪哉、非但民不可以爲生、而國亦不可以爲國矣

とあり、(20)また王圻の續文獻通考にも

先朝末年、頻歲凶歉、嘉靖三年、又大疫流行、人死過半、致前項屯田、無人耕種、如南京鎭南等衞坐落、江浦等屯、行數十里、俱是曠地、蒿莽極目、不勝淒涼、此項無徵糧稅、所司因循、不與區豁、逐年俱係衆戸賠補、賠補

愈重、逃亡愈多、逃亡愈多、賠補愈重、反覆相因、勢不能已、屯政之弊、至此極矣

とあつて、(21)逃戸の增大と攤税の加重が、互に因となり果となつて、均攤範圍の擴大を結果せしめた關係を指摘してゐる。しかも明の馬懋才の「備陳災變疏」に

國初每十戸爲一甲、十甲編爲一里、今之里甲寥落、戸口蕭條、已不復如其初矣、況當九死一生之際、即不蠲不減、民亦有呼之而不應者、官司束於功令之嚴、不得不嚴爲催科、如一戸止有一二人、勢必令此一二人而賠一戸之錢糧、一甲止有一二戸、勢必令此二二戸而賠一甲之錢糧等、而上之一里一縣、無不皆然、則見在之民、止有抱恨而逃、飄流異地、棲泊無依、恆產既亡、懷資易盡

といはれてゐるやうに、(22)攤逃の範圍は甲から里に擴がるだけでなく、一里を超えてさらに、一縣の全體に擴げられる場合さへもあつた。明の里は十甲より成り、一甲は十家を集めて作られ、縣はこのやうな組織をもつ里の集合體に他ならなかつた。したがつて攤逃範圍の右の擴大は、公けに設けられた大小の徵税組織をその範圍とするものであるが、とにかく逃戸による缺税の補塡が、このやうに初めの狹い範圍から次第に廣い範圍に擴大し行くといふ事實は、注意されなければならないのである。

明代に於ても、攤逃はもちろん、公けの立場からは嚴に禁止を命ぜられてゐる。例へば大明太宗永樂實錄に

永樂七年十一月丙寅、山西安邑縣言、縣民逃徙者、田土已荒蕪、而税糧尙責里甲賠納、侵損艱難、請悉停之、俟招撫復業、然後徵納、上諭在戸部尙書夏原吉曰、百姓必耕以給租税、既弃業逃徙、則租税無出、若今里甲賠納、必致破產、破產不足、必又逃徙、租税愈不足矣、即移文、各處有若此者、悉停徵其税、縣官不能撫民、致其逃徙

者、姑宥罪、令卽招撫復業、勿復擾之

とあり(23)、英宗正統實錄に

正統五年夏四月壬申詔、……逃民旣皆因貧困、不得已流移外境、其戶下稅糧、有司不恤民艱、責令見在里老親隣人等代納、其見在之民、被累艱苦、以致逃走者衆、今後逃民遺下該納糧草、有司卽具實申報上司、暫與停徵

とあり(24)、また宣宗宣德實錄に

宣德二年五月乙未、順德府平鄉縣老人奏　本縣民逃徙四百二十九戶、田地蕪廢、糧草代輸爲艱、乞除豁、上命行在戶部、卽爲除之、仍令有司招撫復業

とあるの(25)がそれであつて、逃民遺下の稅糧はその徵を停め、逃戶を招撫して業に歸へらしむべきものとされた。しかしそれにも拘らず、攤逃の弊は至るところに見られ、しかもそれはつねに甲より里へ擴大し、またある場合には里より縣への擴大をも示したのである。

類似の例は、里甲制を繼承した淸代にも見られるであらう。卽ち山西光緒蒲縣續志所引の朱元裕の「請豁捏報開墾地糧稟帖」に

査蒲縣一邑、有舊荒有新荒、合計荒田錢糧共有六七百兩、俱係里甲包賠、如一甲之中一人逃、則以一人之糧攤之一甲、如一里之中一甲逃、則以一甲之糧攤之一里、故有本名錢糧一兩、加攤包賠至七八錢者、有本名差徭一丁、加攤包賠至六七兩者、嗟蒲民其慘極矣

とあるの(26)は、甲より里への攤逃の擴大の例であるが、さらに山西雍正石樓縣志所載の知縣袁學謨の「詳譚庄西吳錢糧

立案文」の如きは、一縣均攤の已むをえざるに至つた經緯を詳細に說明してゐる。卽ちそれによると、石樓縣にはもと君子、上吳、十攢、譚庄の四里があつた。しかるに譚庄里の消耗甚だしく、殊に第八甲を除く九甲の荒糧過重にして舊缺の完納が困難となつたために、知縣みづから數年にわたつて、秋冬の養廉銀によるその墊賠を餘儀なくされた。しかし、知縣の墊賠は長久の計とすることが出來ない。と同時に、各甲の生員監生をして逃田の代管をなさしめることも、萬全の策と考へることは出來ぬ。そこで全縣の士民と里老とを公同會議せしめて、譚庄里九甲の錢糧を、君子、上吳、十攢里中の人多戶衆の九甲に均攤せしめることとし、その割り當てを定めるために城隍廟に集まり、香を焚き誓を立て、拈鬮の法によつて均勻分擔の處置を講ぜしめたといふのである(27)。私は前に、明に一縣均攤の事例のあることを指摘したが、袁學謨の文は、その說明が具體的である點に於て、また一縣の均攤を實施した知縣みづからの文であるといふ點に於て、一層注目すべき意義があるのである。

これまでに述べたのは、いづれも逃戶のある時の攤配の範圍を明記した例であつた。しかるに魏書任城王傳に引かれた任城王の子澄の奏文に

逃亡代輸、去來年久者、若非伎作、任聽卽住

とあり(28)、また金史食貨志に

及衞紹王之時、軍旅不息、宣宗立而南遷、死徙之餘、所在爲虛戾、戶口日耗、軍費日急、賦斂繁重、皆仰給於河南、民不堪命、率棄廬田、相繼亡去、仍屢降詔、招復業者、免其歲之租、然以國用之乏竭、逃者之租、皆令居者代出、以故多不敢還

といふ記載[29]があつて、この二例は共に攤逃の範圍を明示してゐない。一は攤逃の事例の最も古いものであり、他は攤逃が官みづからの命によつて行はれた例であるが、しかしこの場合にも、缺逋の代輸が、近隣より始まつて次第にその範圍を擴張するといふ攤逃の常則は、行はれてゐたものと考へられる。いづれにせよ、我々は攤逃の俗を、唐からさらに魏の時代まで遡らせうるのであつて、私が前に攤逃の俗を以て中國税制上の一特色と見たのも、實はこの認識に基いてゐたのである。攤逃の俗は、租税の徵收に際して、逃戸の缺逋に對する責任の共同を求めるところの俗に他ならない。尤も、すでに述べたやうに、朝廷はしばしば攤逃禁止の命を下してをり、金史の例は、その例外的記錄であつた。したがつて定制上の徵税組織は、本來徵税に對する責任共同圈としての意義を有たず、我々は徵税のための郷村の編成を以て、ただちに徵税に對する共同責任圈の設定と見ることは出來ない。がそれにも拘らず中國には、徵税のための事實上の責任共同圈があり、またその共同圈は、しばしば定制上の徵税組織を以てその範圍としてゐた。これ、攤逃の俗を考へる際に、注意すべき點の一つである。

(1) 唐會要卷八十五、逃戶。
(2) 唐大詔令集卷六十九、典禮、南郊、南郊赦。
(3) 同上卷一百十、政事、戒諭、誡勵風俗敕。
(4) 舊唐書卷一百七十一、列傳第一百二十一、李渤。私に「攤逃」の語を敎へたのは、この李渤傳の記事である。
(5) 陸贄、陸宣公翰苑集卷二十二、中書奏議卷六、均節賦税恤百姓六條、其一論兩税之弊須有釐革（四部叢刊）。
(6) 册府元龜卷四百九十二、邦計部、蠲復。

(7) 五代會要卷二十五、逃戸。
(8) 册府元龜卷四百九十四、邦計部、山澤。
(9) 續資治通鑑長編卷二。
(10) 宋會要稿、食貨一之二。
(11) 同上、食貨六九之三八。
(12) 續資治通鑑長編卷四十七。
(13) 宋會要稿、食貨六九之四五。
(14) 同上、食貨六九之四六。
(15) 同上、食貨一〇之一四―一五、七〇之五〇。
(16) 同上、食貨六三之二二〇。
(17) 歐陽脩、歐陽文忠公集卷一百十六、河東奉使奏草、乞減放逃戸和糴劄子。
(18) 顧炎武、天下郡國利病書卷四十七、山西。
(19) 大明世宗嘉靖實錄卷三。
(20) 丘濬、大學衍義補卷二十二、治國平天下、制國用、貢賦之常。
(21) 王圻、續文獻通考卷十五、田賦考、屯田下。
(22) 雍正陝西通志卷八十六、藝文、馬懋才、備陳災變疏。
(23) 大明太宗永樂實錄卷六十七。
(24) 大明英宗正統實錄卷六十六。

(25) 大明宣宗宣德實錄卷二十八。
(26) 山西光緒蒲縣續志卷六、官師、朱元袷、請豁揑報開墾地糧稟帖。
(27) 山西雍正石樓縣志卷七、藝文、袁學謨、詳譚庄西皃錢糧立案文。
(28) 魏書卷十九中、列傳第七、任城王。
(29) 金史卷四十六、志第二十七、食貨。

二

前項で述べたやうに、攤逃の俗は、逃戸による缺逋の税額を殘留者に負擔せしめる習俗である。租税の缺逋は、逃戸のあるところにのみ起るのではない。しかし逃戸の存在が、缺税の最も重要な原因をなしてゐたことも、疑ひを容れないのである。攤逃といふやうな言葉の特に作られたのは、恐らくそのためである。ところで逃戸の原因として、唐の至德二年二月の勅は、官吏の侵漁、盜賊の驅逼、賦斂の不一、徵發の過多をあげ、陸贄の奏議は兵賦の偏重、癘疾の鐘害、水旱の荐災を揭げ、また南宋乾道八年七月の臣僚の上言は「所立新租、數倍舊日、往々盡地利、所得不足輸官、逃移紛々」と書き、金の食貨志は「戸口日耗、軍費日急、賦斂繁重、……民不堪命、率棄廬田、相繼亡去」と記してゐる。卽ち税戸の逃亡は、つねに税額の賦課が税戸の負擔能力を超えるところに起つた。しかし逃亡を一層促進せしめたのは、攤逃の事實そのものである。なぜなら、逃戸の税をも殘留者に加攤包賠せしめる結果、殘留者にとつての負擔は、一層加重したものとならざるをえないからである。王圻や丘濬の指摘したのは、まさにこの點であつた。

しかし、攤逃の俗を發生せしめた究極の原因は、中國の稅制が、原額主義を採用したといふ點にあるやうに思はれる。冊府元龜に載せられた後唐長興二年六月の詔には

諸道賦稅、一定數額

と記されてゐるが、(1)道に定額があれば州縣にも定額があり、州縣がその定額完納の責任を負ふとすれば、鄉村の里胥も、その統轄範圍に於ける定額完納の責任を有たなければならぬ。同じことは、明の唐龍の「請均田役疏」にある

國初、計畝成賦、縣有定額、歲有常征

といふ言葉(2)についてもいへる。卽ち縣に定額があれば、里甲にも定額があり、また縣の上級組織たる府にも定額があるのである。定額の意味を明かにするために、私は次に、その內容の比較的つまびらかな明の場合について簡單な說明を加へておきたいと思ふ。

前章に述べた如く、明の徵稅組織は里甲であり、十家を一甲とし、十甲百家と里長の十家とを以て一里を編し、里と甲にそれぞれその長を置いた。里長と甲首がそれであつて、里長と甲首の第一の任務は、いふまでもなく管轄區域內の催徵の事務であるが、それに附隨して兩者は、徵稅の臺帳となるべき戶籍簿の編造をも行はなければならなかつた。賦役黃冊と呼ばれてゐるものがそれであり、この戶籍簿は十年に一回里毎に作られ、その數字が府州縣より戶部に送られて、原額算定の基礎材料に用ゐられたのである。それは具體的に、どのやうにして行はれたであらうか。

この點を明かにしたのは、里甲制の制定後十年にして發布された洪武二十四年の「攢造黃冊格式」である。その規

定によると、十年毎に行はれる黄冊編造の際には、まづ官より里長に對して謄刻印板された丁戸冊籍の定式が配布せられ、里内の各甲首は所屬の人戸をして人丁事産等の必要事項を記入せしめ、一甲十一戸分（里長の戸を含む）の定式を集めて各甲の分冊を作り、次に里長は、里内十甲の分冊を集めて里の分冊を作製した上、これを縣に送附する。次に縣の官吏は、各里から送られた分冊を前回のそれと比較對照して、人口の增加、田土の移動を調査した後、もし里長に消乏のある場合には、里内の丁糧の近上なる者を以て缺を補はしめ、またもし里内に絶戸の起きた時は、新たに稅戸となつた者を加へるか、或は隣圖即ち隣接の里の餘裕のある者をとるといふ方法によつて、出來るだけ里甲の戸數編成に變動の起らないやうな處置を施した上、縣全體の分冊を集め、これに州縣各里の人事丁産總數を記載した州縣總冊を添へて、府に送る。同樣にして府も、州縣分冊を檢閲した後、各州縣の人丁事産を記した總冊を作つて布政司に送り、布政司はさらに各府の人丁事産の總冊を作つて戸部に送り、ここに始めて、全國にわたる原額算定の基礎資料が整へられるのである。[3] さうして原額の決定は、これらの基礎資料を本として、上から下への逆の方法によつて行はれる。即ち府の人丁事産に比例してまづ府の原額が定まり、この原額の按分によつて州縣の原額が定まり、州縣の原額の按分によつて、里の原額が定まつてくる。しかるに黄冊は十年毎に編造されて、十年間はその改廢を見ないがために、各里は里内に於ける人丁事産の變動の如何に關はりなく、十年間は一定の原額を受けもつこととなるであらう。原額はもともと里内各人戸の人丁事産を集計して作られたものであり、したがつてもし里に對する租稅の賦課がその原額に比例して行はれたとすれば、里内に一たび逃戸の生じた場合には、その缺稅分は里長の責任に於て納付せざるをえない。もちろん、里内の各人戸は自己の負擔額を納付する義務を負はされてゐるだけで、法規の上で、里そのものが租税負擔の連帶責任を求められてゐるわけではない。しかし原額主義は、一種の請負主義の如きものとなつてをり、徴税責任者が缺税を自ら負擔せざる限り、その缺税は結局、各税戶の共同負擔となつて來るのである。

原額主義と攤逃の俗とのこの本質的な關聯は、まづ陸贄の次の言葉の中に現はれてゐる。

以創制之首、不務齊平、但令本道本州、各依舊額徴税、軍興已久、事例不常、供應有煩簡之殊、牧守有能否之異、所在徭賦、輕重相懸、既成新規、須懲積弊化之、所在足使無偏、減重分輕、是將均濟、而乃急於聚斂、懼或蠲除、不量物力所堪、唯以舊額爲準、舊重之處、流亡益多、舊輕之鄕、歸附益衆、有流亡則已重者攤徴轉重、有歸附則已輕者散出轉輕、高下相傾、勢何能止。(4)

即ちここにいふ舊額は原額であつて、原額が重くして逃戶を出だしたところでは、攤徴が行はれる結果、殘留者の負擔が一層加重するといふのである。

同じ關係は、前にその一節を引いた後唐長興二年六月の詔の中にもよく現はれてゐる。即ち

務穡勸分、前賢之令範、裒多益寡、往聖之格言、比者諸道賦税、一定數額、廣種不編於帳案、頻通恐撓于鄕村、如聞不逮之家困於輸納、爰議有餘之戶、共與均攤、貴表一時之恩、不作嘗年之例、宜委諸道觀察使、於屬縣每村、定有力戶一人充村長、於村人議、有力人戶出剩田苗、補下貧、不迨頃畝自肯者、即具狀徴收、有詞者即排段簡括、便自今年起爲定額

といはれてゐるのがそれであつて、この文は、諸道の租税定額を設けた後、それを完納せしめるために一村を以て共同負擔の範圍となし、擔税力のない家は餘裕ある戶をして補はしめようとしたものであり、したがつてこれは攤逃の

發生後行はれる共同負擔ではなく、かへつて逃戸の發生を未然に防ぐための共同負擔の例であるが、とにかく原額主義が、逃戸の發生前に於ける共同負擔の原因となるといふ事實を通して、同じ原額主義が逃戸發生後の共同負擔、卽ち攤逃の俗の原因となることを敎へるのである。

類似の例は、宋以後にも見出されるであらう。卽ち既引の歐陽脩の文に

其一村有逃及一半人戸者、尙納全村和糴、舊額均配與見在人

とあつて、舊額を現存の人に均しく配與するといひ、また明の甯欽の奏文には

國家攢造黃冊事例、凡各里舊額人戸、除故絕併全戸充軍、不及一里者、許歸一里當差、餘剩人戸、發附近外里、附圖編造、先年攢造黃冊之時、當事諸臣、拘舊冊格眼、不肯遵照前規、將消乏里分歸併、致各州縣、以逃絕人戸、或捏詭名或立女戸或父子兄弟分戸籍、或里分實在二三十戸、虛塡一里、或排年實在三四五戸、虛塡一甲、節年逃亡逋欠、及勢要奸民飛詭稅糧、負累賠補、小民丁產不敷、亦行竄避、以致逋租日多

とあつて、舊冊の格眼を墨守する結果、逃亡の缺逋と勢要奸民の飛詭による缺糧を賠補せしめるに至ることを指摘し、さらに「痛陳民苦疏」と題する淸の衞周亂の奏議は

臣竊思之、除三餉天津米豆而外、舊額數目尙屬不貲、大州縣尙有二萬餘、小州縣亦不下萬餘、其間卽肥瘠相半、生亡相準、尙有難敷之憂、況荒與亡、居其十之六七乎、若照額責令徵足、則必令見在之丁而代逃亡者重出、必令未荒之田而替荒蕪者包賠、勢必至見在者、亦踵逃亡之路、未荒者、亦有荒蕪之形

と述べて(5)、原額を徵足せしめようとすれば、攤逃以外に方途のないことを示し、江蘇嘉慶海州直隷州志所載の「丁賦

論」と題する張奇抱の文は

値災沴頻、仍哀鴻滿野、有一里止存一二甲者、而全里之額派如故、有一甲止存一二丁者、而全甲之額派如故、無惑乎、賦重差繁、民日益少也、催科撫字、莅茲土者、既難兩全、加以逃亡之徭銀、攤派田糧之內、熟田有限、賠累無窮

と論じて、(6)攤逃賠累の弊が、里甲の額派の固定に基く事實を明かにしてゐる。

攤逃の俗はこのやうに、原額主義の行はれるところに發生した。が攤逃の法の採用を一層促進助長せしめる原因として、催徵責任者に加へられる收稅違限の罰則規定がある。唐律疏議と宋刑統に

諸部內輸課稅之物、違期不充者、以十分論、一分笞四十、一分加一等（州縣皆以長官爲首、佐職以下節級連坐）

とあるもの即ちそれであるが、本文の疏議に

輸課稅之物、謂租調及庸、地租雜稅之類、物有頭數、輸有期限、……假當里之內、徵百石物、十斛不充笞四十、每十斛加一等、全違期不入者徒二年、州縣各以部內分數不充、科罪準此

といひ、(7)また注の疏議は、里正もまた不充の罪に問はれることを明かにしてゐるから、右の律規定は、州縣の長官以下里正に至るまでの各催糧責任者に適用せられたのである。同樣に明淸律にも

凡收夏稅、於五月十五日開倉、七月終齊足、秋糧十月初一日開倉、十二月終齊足、如早收去處、預先收受者、不拘此律、若夏稅違限、至八月終、秋糧違限、至次年正月終、不足者、其提調部糧官吏典分催里長欠糧人戶、各以十分爲率、一分不足者杖六十、每一分加一等、罪止杖一百、受財者計贓、以枉法從重論、若違限一年之上不足者、

人戸里長杖一百遷徙、提調部糧官吏典處絞

といふ規定が設けられ、[8] ここでも税戸と共に、催税責任者のすべてが收糧違限の罪を問はれた。

たとひ原額主義が行はれるにしても、收糧の强制のないところには恐らく攤逃の俗は發生しない。この意味で、右の律規定は極めて重要な意義を有つてゐる。唐の開元十二年に皇甫憬が「州縣懼罪、據牒卽徵」と書いたのは、多分收糧違限の罪を懼れたためである。また天寶八年正月の勅に「稍有逃逸、恥言減耗」とあり、舊唐書李渤傳に「聚斂之臣、剝下媚上」といはれてゐるやうに、官吏が逃戸の發生を恥ぢ、或は自己の成績を誇示するために、好んで攤逃の手段に訴へるといふ場合もあつたであらう。しかし收糧違期の罪を免れようとする消極的態度も、完納を急ぐことによつて己れの成績を認められようとする積極的態度も、共に收税に納期があるといふ事實に、重大な關係を有つてゐる。攤逃の俗はこの意味で、原額主義と收糧違限の規定とを二つの主要な條件として成立し、また存續したといふことが出來る。

（1） 册府元龜卷四百八十八、邦計部、賦税。　五代會要卷二十五、租税。
（2） 唐龍、請均田役疏（明臣奏議卷十六）。
（3） 萬曆大明會典卷二十、戸部、戸口、黄册。
（4） 陸贄、陸宣公翰苑集卷二十二、中書奏議卷六、均節賦税恤百姓六條、其一論兩税之弊須有釐革。
（5） 衞周祚、痛陳民苦疏（皇淸奏議卷一）。
（6） 江蘇嘉慶海州直隷州志卷十五、食貨、張奇抱、丁賦論。

（7）唐律疏議・宋刑統卷十三、戸婚、輸課稅物違期。

（8）明律集解附例卷七・大淸律例增修統纂集成卷十一、戸律、倉庫、收糧違限。

三

攤逃は、逃戸の缺逋を他の一般稅戸に均勻分擔せしめるところの制度であつた。しかるに、逃戸の生じた場合の缺逋の賠塡は、徵稅責任者の單獨負擔といふ方法によつても行はれ、その事例は宋以後の文獻に多く見出される。まづ宋代についていへば、續資治通鑑長編天聖三年八月戊午の條に

奉節巫山兩縣營田戸、元無實田、自僞蜀時奸民、詭冒以避徭役、其後負稅逃死、今猶以里胥代之

とあり（1）、至和二年三月辛亥の條に

罷諸路里正衙前、先是知幷州韓琦言、州縣生民之苦、無重於里正衙前、自兵興以來、殘剝尤甚、至有孀母改嫁、親族分居、或棄田與人、以免上等、或非命求死、以就單丁、規圖百端、苟脫溝壑之患、殊可痛傷、國朝置里正、主催稅、及預縣差役之事、號爲脂膏、遂令役滿更入重難、衙前承平以來、科禁漸密、凡差戸役、皆令佐親閱簿書、里正代納逃戸稅租、及應無名科率、亦有未曾催納

とある（2）のは北宋の例であり、宋會要所載の紹興元年六月九日の臣僚の言に

諸路州縣、係官田產、緣當時估立租額高重、產主逃移、展轉勒隣人承佃、破壞家產、輸納不及、遂致逃移、至有累年荒廢、無人承佃者、並是科較保正長及甲頭、典賣已產、代納租課、每年有追呼之擾、而所入無幾

とあり(3)、乾道五年四月二十五日の詔に

去年灾傷、州郡民戸逃亡去處、已責監使守令多方存恤、依條申所屬除放外、令常平司加意存恤賑濟、其除放逃亡人戸租稅、卽不得勒戸長塡納、令轉運司覺察、如違重寘典憲

とあり(4)、乾道八年七月七日の臣僚の言に

所立新租、數倍舊日、往々盡地利、所得不足輸官、逃移紛々、禍及鄰保、甚則州縣爲之陪納

とあり(5)、淳熙四年四月七日の中書門下省の言に

訪聞逃絕人戸稅租、縣往々不爲依條蠲閣、及非逃絕人戸、持頑不肯輸納、州縣吏不追理、抑勒保正代輸、顯是違法、詔逐路監司覺察、如似此違戾去處、按劾奏聞

とあり(6)、紹熙二年八月十七日の太常少卿張叔椿の言に

夫保正所管煙火盜賊也、今也乃俾之領帖狀、保長所以催納稅租、今之逃亡死絕者、悉俾之塡納、不充保長、破產以塡失陷、極力以應追呼、固有役未終滿、而產已不存者、此尤爲可念者也

とあり(7)、嘉定十四年二月十二日の臣僚の言に

坍江之田、租稅不豁、逃絕之家、戸籍如故、悉令戸長塡納、至有見存之戸、恃頑拖欠、莫敢誰何、爲戸長者、迫於期限、又不免與之代輸、雖或經官陳訴、而乃視爲私債、不與追理、勢單力窮、必至破蕩、此戸長之所以重困也

とある(8)のは南宋の例であるが、この他劉克莊の「德興義田」に

今夫一閧之市、三家之聚、必有詭挾逃亡之賦、縣大夫不能考覈、無所追呼必於戸長乎、責役戸、有蕩產灾身之患

と記され(9)、歐陽脩の既引の「乞減放逃戸和糴劄子」にも

　税則戸長賠納

とあつて、これらの例は、宋代に於ける逃戸の缺逋が、州縣官、保正、保長、甲頭、里正、戸長、里胥等によつて賠納せられてゐたことを示してゐる。

　もちろん、徴税責任者の賠納は、逃戸によつてのみ惹き起されたものではない。なぜなら、續資治通鑑長編天禧四年春正月丙申の條に載せられた

　浮梁縣民臧有金者、素豪横不肯輸租、畜犬數十頭、里正近其門、輒噬之、繞垣密植橘柚、人不可入、毎歳里正常代之輸租

といふ興味ある記事(10)を始めとして、さきに擧げた淳熙四年四月の中書門下省の言や嘉定十四年二月の臣僚の言などにも見られるやうに、缺逋の存在は、それが頑慢の戸によつて生ぜしめられた場合にも、やはり催徴者たちの塡納を餘儀なからしめるからである。がその事例の多いのは、やはり逃戸の缺逋に關するものであつて、この事實は、缺逋均攤の俗が、多く逃戸の存在に起因したといふ既述の事實と併せて、特記されなければならないのである。

　ところで、類似の例は明・清時代にも存在してゐた。大明實錄に引かれた弘治十六年十月辛丑の刑科給事中楊褫の言に

　里長陪納、或仍倍取于民

とあり(11)、同じ實錄の正德二年十月乙丑の條に

　巡按直隷御史閻潔奏、……累見在人戸及里甲賠納

とあり(12)、また顧炎武の天下郡國利病書に

　逃戸之糧、累及糧長里役、民間囂然不寧

と見え、

　舊制毎區設催辦糧長一名、專管催徵、……又有拖欠之苦、人戸逃亡、有代賠之苦、若遇水旱凶年、錢糧猶出擧、一鄙之困苦、獨萃於一人、破身亡家、賣妻鬻子、累月窮年、未能脫累、故百畝以下人戸、充此一役、獨慮不堪、若以零星數畝之戸朋充、未有不立斃者也

と記されてゐるのはいづれも明代の例であつて(13)、ここでは里長、甲首及び糧長による代納が行はれ、次に清代の例では、浙江同治景寧縣志所載の張志棟の「禁革里長碑文」に

　査里長苦累、一縣有各里、毎里設立一人、曰里長、毎里十甲、逐甲輪充、以一甲之人、催九甲之糧、如各甲拖欠、里長墊完、有戸子逃亡、里長賠補、間不能完納、里長則按期受責

とあつて(14)里長の賠納が傳へられ、さらに既引の山西石樓縣志の如きは、知縣自身による墊賠の記錄をさへ殘してゐる。

このやうに、中國に於ける逋税の塡納は、一般税戸の共同負擔による他に、徵税責任者の單獨負擔の方法によつても行はれた。さうして徵税責任者による逋税のこの塡納が、一般税戸の均攤と同樣に、原額主義に起因することはいふまでもない。私はこの關係を明示した事例として、宋會要に引かれた乾道四年九月七日の臣僚の言を擧げる。

　州縣人戸、歲輸夏秋二税、並係本戸所有田產、花利以時供輸、或有逃移事故、拋下田業、其税賦依條、本縣驗寔

檢閲、今州縣恐失元額、仍舊催督、勒承催保正長、代爲塡納、故破家蕩産者甚衆、乞行下諸州委知縣、根刷應逃亡事故。(15)

即ちこの場合の保正長の塡納は、州縣官が原額主義を墨守しようとするところに起つたのである。が「縣有定額、歲有常征」と書いた明の唐龍の「請均田役疏」も、原額主義と承催者の賠納との間に、本質的な關係のあることを暗示してゐる。即ち右の文につづいて

今江西亘室置産者、遇造冊時、行賄里書、有飛灑現在人戸者、名爲活灑、有暗藏逃絶戸內者、名爲死寄、有花分子戸不落戸眼者、名爲畸零帶管、有留在賣戸全不過割者、有過割一二名爲包納者、有全過割而不歸正戸、有推無收有總無撤、名爲懸掛掏回者、有暗襲宦員進士擧人、捏作寄莊者、在冊僅紙上之名、在戸皆空中之影、以致圖之虛以數十計、都之虛以數百計、縣之虛以數千萬計、遞年派糧編差、無所歸者、俱令小戸賠償、小戸逃絶令里長、里長逃絶令糧長、糧長負累之久、亦皆歸于逃且絶而已、此弊惟江西爲甚、江西惟吉安爲甚、故遇僉當糧長者、大小對泣、親戚相弔、至有寧充軍、毋充糧長之謠

とある(16)のがそれで、この場合の里長と糧長の賠償も、結局、原額に對する不足分の補塡を目的として行はれた。

このやうに、原額に對する缺額の補塡には、一般稅戸の均攤によるものと、催糧者のみの賠償によるものとがあつた。では兩者は、相互に如何なる關係に立つものであらうか。まづ第一に注意せられるのは、既述の大明弘治實錄に刑科給事中楊褫の言として引かれた「里長賠納、或仍倍取于民」といふ文であつて、この言葉は多分、里長の陪納せる缺逋が、さらに倍額となつて一般稅戸より收奪されることを意味する。いひかへれば、里長の陪納は、均攤の形を

とつて税戸に轉嫁されるのである。したがつてこの場合の里長の陪納は、單なる表面上のものに過ぎないであらう。これに反して上記の唐龍は、「令小戸賠償、小戸逃絶令里長、里長逃絶令糧長」と述べ、ここではまづ最初に小戸をして賠償せしめ、小戸が逃絶して均攤が困難になつた時に已むなく里長の賠償が起り、里長逃絶して里長の代輸が不可能となつた時に、始めて糧長の賠償が行はれるといふ關係が、明かにされてゐる。卽ち原額の補塡が、この場合にはまづ一般税戸に對して求められてゐるのであつて、催糧者による賠納は、ただ税戸の負擔能力が涸渇するに至つた場合に行はれるに過ぎない。我々はこの二つの事實から、一つの結論を導くことが出來る。それは催糧者の賠納のあるところに、催糧者の賠納のみを考へてはならないといふことである。我々は催糧者の陪納の後に民衆への轉嫁のあることを、また催糧者の陪納の前にすでに民衆の剝削の行はれてゐることを、知らなければならない。

もちろん、前に述べたやうに、頑慢にして期に及んで納めざる者や、恃頑にして輸納を肯んぜざる者のために、催糧者が賠償を餘儀なくされる場合もあるであらう。しかし豪横の徒が徵税責任者の代輸を餘儀なからしめるといふことも、宋の淳熙四年十二月九日の臣僚の言に

其如富民之無賴者、不肯輸納、有司均其數於租戸、胥吏喜於舍彊就弱、又從而擾肥及骨

とあるやうに(17)、その催糧者が「强を舍てて弱に就く」ことを妨げるものではない。したがつて我々の主張を繰り返していへば、催糧者の賠納の蔭には、しばしば無辜の民に對する攤配の事實が隱されてゐる。さうしてこのことは、租税の缺逋のあるところ、多くの場合そこにその納付に關する連帶責任圏のあることを敎へるであらう。この意味で徵税責任者による缺逋の單獨負擔の問題は、結局、一般税戸による缺逋の共同負擔の問題に還元せしめられるのである。

(1) 續資治通鑑長編卷一百三。
(2) 同上卷一百七十九。
(3) 宋會要稿、食貨五之二〇。
(4) 同上、食貨六九之六二。
(5) 同上、食貨六三之二二〇。
(6) 同上、食貨七〇之六九。
(7) 同上、食貨六六之二六。
(8) 同上、食貨六六之三一。
(9) 劉克莊、後村先生大全集卷九十六、序、德興義田（四部叢刊）。
(10) 續資治通鑑長編卷九十五。
(11) 大明孝宗弘治實錄卷二百四。
(12) 大明武宗正德實錄卷三十一。
(13) 顧炎武、天下郡國利病書卷二十四、江南。
(14) 浙江同治景寧縣志卷三、賦役、徭役、張志棟、禁革里長碑文。
(15) 宋會要稿、食貨一〇之二四、七〇之六〇。
(16) 唐龍、請均田役疏。
(17) 宋會要稿、食貨六三之二二三。

四

以上に述べたやうに、中國に於ては、逃戸による負缺の税糧をその殘留者に負擔せしめて、原額の維持をはかるのが普通であつた。これがいはゆる攤逃の俗であるが、重要なのは、この攤逃の法がまづ近隣に對して適用せられ、しかもしばしば近隣と共に、或は近隣の前に親族が擧げられてゐることである。唐の天寶八年正月の勅に「令近親鄰保代輸者、宜一切並停」とあり、至德二年二月の勅に「本戸逃亡、不得輒徵近親、其鄰保務從減省」とあり、また寶應元年五月の勅に「不得牽攤鄰親高戸」といひ、宋の建隆二年正月の詔に「自今民有逃亡者、……勿使親鄰代輸其租」と見え、さらに明の正統五年四月の詔に「有司……責令見在里老親鄰人等代納、……暫與停徵」と記されてゐるのがそれであつて、その事例は、近隣の例に比すればその數に於てこそ劣るが、攤逃の俗の社會的性格を知る上には、かへつて重要な意義を有するのである。それは如何なる意味に於てであらうか。

結論をあらかじめいへば、攤逃の俗は、親族を攤配の對象に加へることによつて、攤逃が一般に、鄕村に於ける共同性の利用にもとづくことを暗示するのである。私はこの點を明かにするために、少しく親族と隣人とを中心とする田宅の優先典買俗の社會的性格について、述べて置きたいと思ふ。

親族及び隣人の優先典買俗は、記錄の上では唐代に始まつてゐる。唐會要天寶十四年八月の條にある既出の「親鄰買賣」といふ言葉がそれであるが、この俗は五代に傳へられて、册府元龜後周廣順二年十二月の條の

如有典賣庄宅、准例、房親鄰人、合得承當、若是親鄰不要、及著價不及、方得別處商量、和合交易、只不得虛擡

價例、蒙昧公私、如有發覺、一任親隣論理、勘責不虛、業主牙保人、並當科斷、仍改正物業、或親戚實自不便承買、妄有遮悋阻滯交易者、亦當深罪

といふ文となり(1)、また宋代に傳へられて、宋刑統の

應典賣倚當物業、先問房親、房親不要、次問四隣、四隣不要、他人並得交易、房親著價不盡、亦任就得價高處交易、如業主牙人等欺罔隣親、契帖內虛擡價錢、及隣親妄有遮悋者、並據所欺錢數與情狀輕重、酌量科斷

といふ規定となつた(2)。唐及び五代の例は、なほ親族と隣人との順位を十分明瞭にしてゐないが、宋刑統は「先問房親、……次問四隣」の次序を定めてをり、後世に行はれる優先典買の事例も、多くは宋刑統の右の規定に從つてゐる。注意を要するのは、それら後世の事例のうち、優先典買に關する元典章の規定に

省府照得、田例、諸典賣田宅、及已典就賣、先須立限、取問有服房親先親後疎、次及鄰人、次見典主

とあつて(3)、房親の典買順位は「先親後疎」にあることを示し、また民商事習慣調査報告錄所載の山西省臨汾縣報告に

民間買賣田地及房產等、賣主必須先儘親族人等價買、如近族不買、再儘遠族、遠族亦不買時、則儘本甲他姓人價買

とあり(4)、湖北省五峯縣報告にも

先儘本族、由親及疏、次儘姻戚、亦由親及疏、如均無人承買、卽應由承典或承租人先買

とあつて(5)、同じ親族の間でも、親疎によつて優先典買の順位が附せられてゐることである。優先典買權を有する親族の範圍は時代的に異なり、また地方的にも異なつてゐるが、とにかく四隣その他に優先すると考へられた親族の範圍

內には、親疎の別にしたがふ先後の序列がある。して見れば、近隣或は四隣が、親族につづく地位を與へられて他人に先だつのも、それらの人々が、親族に次いで親近なるものと考へられた結果でなければならない。山西省虞鄕縣報告が、不動產の典賣に於ける近族—近隣の優先順位を「儘近不儘遠」とよび、[6]また湖北省襄陽縣報告が、土地の典賣に於ける家族—地隣の優先系列について、「先親後疏」の原則のあることを指摘してゐるのはその證佐であつて、[7]これを一般的にいへば、田宅の優先典買俗に現はれた親族と四隣の地位の優劣が、遠近親疎關係の順位の反映に他ならぬことを物語つてゐる。と同時にこのことは、親族及び隣人の優先典買權が、差等を有しつつ、しかも共に親しき者であるといふ事實に基くことを示すのである。親しき者は共同性をもつ。かくて優先典買俗は、親族と隣人のもつ共同性の地盤の上に作られたといふことが出來る。このやうに見れば、親族と近隣とを攤逃の範圍とする習俗が、兩者のもつ共同性の地盤の上に、しかもその利用によつて成立したものであることは、明かであらうと思ふ。

私は攤逃の俗が、近隣と共に親族を對象とするといふ事實を通して、この習俗の基底に共同態の存在を豫想し、優先典買俗の社會的性格を吟味することによつて、右の豫想の無根據でないことを明かにした。卽ち親族と近隣のもつ共同性の利用の上に、攤逃の俗は成立しえたのである。私はここで、治安維持の組織が、五家或は十家のもつ共同性の利用の上に作られたことを想起する。が攤逃の對象となる近隣もまた、多くは五家若くは十家である。さうしてこの事實も、近隣を對象とする攤逃の俗が、近隣共同態の地盤の上に成立したといふ我々の主張を支持するものでなければならない。

ところで攤逃に於ける代輸の範圍は、親族と近隣とを超えて、さらに擴大する。が近隣に次ぐその範圍は、旣述の

歐陽脩の文に

共一村有逃及一牛人戸者、倘納全村和糴、舊額均配與見在人

と見え、また續資治通鑑長編咸平三年五月丁丑の條に

天下逃田、郷縣失於開破、均税在村保者

といはれてゐるやうに、或は一村の現在人であり、或は村保の内にある者であつた。村保はいふまでもなく一個の地緣共同態を形成する。したがつて、もし攤逃が近隣のもつ共同性の利用によつて始められたとすれば、村保や一村の半ばが、その擴大の過程に於て攤逃の一範圍とされるのも、それのもつ共同性の利用に基くものでなければならない。

しかしこの意味の地緣共同態の利用は、州縣官以下の行ふ攤逃の法に於てのみ現はれたのではない。例へば、唐の大中二年正月の制に「任鄰人及無田產人、且爲佃事、與納稅量」とあり、また宋の紹興元年六月の臣僚の言に「諸路州縣、係官田產、……產主逃移、展轉勒隣人承佃」とあるやうに、州縣官はもとより、攤逃の法を抑止しようとした官府さへ、逃戸の田產をその隣人に小作させるといふ方法によつて原額の確保につとめ、また五代の後唐の如く、一方に村隣をして逃田の看守に當らせると共に、他方では村內貧富間の稅糧を融通せしめて、逃戸の發生を未然に防止しようとする例さへもあつた。逃田に對して隣人を請佃する方法や、貧富間の稅量を融通せしめる方法が、攤逃のそれほど苛酷な影響を農民に與へるものでないことはいふまでもない。しかしいづれも原額を維持するための手段であつて、原額維持のためには、官府すら、村隣に固有の共同性を利用することを怠らなかつたのである。

私は以上に於て、攤逃の俗に現はれる缺逋の共同負擔の例をあげ、村隣及び村保による共同負擔の基礎に、村隣及

び村保のもつ共同性の利用のあることを明かにした。が攤逃の俗に現はれる共同負擔の例の中には、徴税のために設けられた、地域的により廣い定制上の鄉村組織を以てその範圍とするものがある。その事例の多いのは宋と明であるが、もし我々の主張するやうに、催糧者による缺逋の單獨負擔の蔭に、しばしば一般税戶による共同負擔の事實があるとすれば、保正と保長の陪納のあるところには、都と保の均攤の可能性があり、また糧長と里長の陪納のあるところにも、一應、糧長と里長の管轄區域たる區と里の均攤が考へられなければならない。しかし租税の共同負擔は、どこまでも上より課せられるものであつて、右の事實は直ちに、この場合の共同の負擔者が、存在の共同性を有つことの證據にはならないかも知れない。では宋の都と保や、明の區と里の如き規模の比較的大きい組織の內にある人々の間にも、何らかの程度の共同性を認めうるであらうか。私はこの點を明かにする手段として、中國の鄉村に行はれた「義役」の法と「義圖」の俗とについて、考へて見たいと思ふ。

(1)　册府元龜卷六百十三、刑法部、定律令。　五代會要卷二十六、市。
(2)　宋刑統卷十三、戶婚、典賣指當論競物業。
(3)　元典章十九、戶部卷五、典賣、典賣田宅須問親隣。
(4)　山西省臨汾縣習慣、先儘親族後儘本甲（民商事習慣調査報告錄、二八六頁）。
(5)　湖北省五峯縣習慣、先買權之順序（同上、五七八頁）。
(6)　山西省虞鄉縣習慣、儘近不儘遠（同上、二七四頁）。
(7)　湖北省襄陽縣習慣、先內後外之挨次先買權（同上、五六九頁）。

五

そこでまづ義役についていへば、この法の創始されたのは南宋の時代であるが、我々に興味のあるのは、この法が、逃絶戸または滯納戸の頻出に伴ふ徵稅責任者の賠納の苦しみを救ふために、作られたものであるといふことである。卽ちこれまでに述べたやうに、徵稅責任者はその管轄內に割り當てられた定額を完納すべき義務を負ふために、その區域內に不納戸や逃絶戸の生じた場合には、已むなく代納の責めに任じなければならなくなる。均攤によつて區域內の一部或は全部の稅戸がその責めを分擔せしめられる場合は別とし、もし徵稅者一人の力を以てその責めを果さうとすれば、彼等は破產逃亡の苦累に陷らざるをえないであらう。この弊を救ふために生れたのが義役の法であつて、より具體的にいへば、義役の法は稅戸が田を出し合つて、義田、義產、義莊田(1)或は役田等の名の下にこれを出租し、その收入を以て徵收額の不足分を補ひ、それによつて役戸を助けようとするものに他ならない。田產の寄附或は購入の方法によらず、ただ錢米を共同醵出する例もあるが、廣く行はれるのは、共同の田產を設定するといふ方法であつた

ところで義役の法の起源については、これまで南宋の知處州范成大の創案と傳へられてゐた。しかし宋會要にその由來を說いて

義役之說、起於乾道五年五月、知處州范成大奏陳、處州松陽縣、有一兩都自相要約、各出田穀以助役戸、永爲義產、總計爲田三千三百餘畝、乞行下諸路州軍專縣官、依此勸誘

といひ(2)、また李心傳の建炎以來朝野雜記にも

乾道中、范文穆成大知處州言、松陽縣民輸金買田、以助役戶、爲田三千三百畝有奇、排比役次、以名聞官、不煩差科可至一二十年者、請命諸縣通行之

と記されてゐる(3)のを見ると、范成大はただ義役の推奬者たるに止まり、この法はむしろ、處州地方の郡民の間に起つたと解するのが、至當のやうに思はれる。卽ち范成大は、治下の鄉村に義役の俗のあるのを見て、諸縣にその通行を命ぜられんことを朝廷に乞うたのである。

しかるにその後范成大は中書舍人となり、再び前請を繰り返して、その議はつひに朝廷によつて採用せられ、義役を次第に天下に普及せしめる端緒を作つた。卽ち淳熙六年には、知常州李結が官田を民に與へて義役に充てしめられんことを請ひ、不幸にしてその實現以前に卒したのを始めとし、淳熙八年には處州の民間より義役の施行を上書する者のあつたのを機として、知州事季翔に命じて義役のことを修めしめ、季翔は官・民・僧・道より百畝每に二畝づつの田を出させて保正長の役を助け、さらに砧基簿を置き、それによつて子孫の覬覦することを防ぐといふ方針を立て、朝廷の許可を得たといはれる。しかし義役の法には、反對がなかつたわけではない。卽ち淳熙三年には知處州陳孺の范成大に對する反對があり、淳熙十年には處州の進士が御史臺を經て義役の不便を訴へ、上記の季翔に反對した。季翔に對する處州進士の反對は、すでに差役の法によつて官・民・僧・道に丁役錢を納めしめてをり、そのうへさらに田を出して役を助けしめるのは、役を二重にして民を擾すものであるといふ理由からであるが、季翔が命を奉じて義役の案を奉つた時の如きは、朝廷に於ても、翔の案に對する執政王魯公の贊成意見と尙書蔣繼周の反對意見の對立が起り、一たび後者の主張が認められたにも拘らず、十一年に再び同じ問題が取り上げられて、監察御史謝諤の議に

もとづき、義役の法をとるか差役の法をとるかは、民の便とするところに任せることとなつて論爭は結末を告げた。

なほ義役が施行の當初衆訟の的となつてゐたことは、例へば朱子に、「奏義役利害狀」と題する文の如きもののあるのを見れば明かであらう。卽ち朱子によれば、上戸、官戸及び寺觀をして田を出さしめて義田に充てる場合には弊害はないが、一二畝の田を有するに過ぎない者が出田し、或は出錢買田して官に入れ、しかも彼等がその租を收めることが出來ないのに反して、上戸のみひとり利得を受けることが多いのは、未だ善を盡さざるものの一である。次に、逐都各〻役首を立てて田租を管收し役次を排定するに當つて、その出納が前後を異にするに連れて不公の弊を免れないといふ點のあるのは、未だ善を盡さざるものの二である。また逐都排するところの役次が、今日すでに公平を缺くといふだけでなく、三五年の後に至つて貧者が富者となり、逆に富者が貧者となるやうなことがあれば、事に臨んで爭訟を免れえないのは、未だ善を盡さざるものの三である。さうして最後に、上戸を以て都副保正に輪充し、中下戸を以て夏秋の戸長に輪充する結果、上戸安逸して下戸が陪費に苦むといふ現象を生ずるのは、未だ善を盡さざるものの四であるといふのである。(4)

上引の文は、處州の布衣楊權なる者の請にしたがつて作られた義役の實績に對する朱子の批評であるが、しかし義役の法が處州に始まり、その後次第に所在に行はれるに至つたことは疑ひなく、例へば、劉克莊の文集に「德興(江西)義田」(5)と「安溪縣(福建)義役規約」(6)があり、陳傅良の文集に「義役規約序」(7)があり、また江蘇乾隆金壇縣志には劉宰の「遊僊鄉二十一都義役莊記」(8)が載せられ、浙江乾隆黃巖縣志にも、洪洋義庄田に關する邑令王華甫の「義莊田記」と、趙處溫の「義庄田後序」及び趙亥の「義庄田跋」が見出され(9)、さらに魏了翁の「從義郎胡君墓誌銘」に

婺（浙江）多富人、里正長募役、吏舞文爲姦利、君捐田爲義役倡、規畫井然

とあり[10]、眞德秀の「薦本路十知縣政績狀」に

宣敎郎知信州弋陽縣（江西）柴景望、……弋陽近歲凋弊日甚、自其到任、極意爬梳、結立義役、以革紛爭賣弄之弊、優卹戸長、以除科較代輸之苦

とある他[11]、宋史の李舜臣[12]、趙必愿[13]、孫子秀[14]の各傳にも、浙江の德興縣、江蘇の金壇縣、福建の崇安縣に、それぞれ義役の行はれたことが傳へられてゐる。なほ右に擧げた劉克莊の安溪縣義役規約に、福建の建陽地方では、九十七都のうち義役を施行したものが、その四分の一にも及んでゐたとあるのを見ても、義役の風が、かなり流行を示したものであることは疑ひえないであらう。

以上の諸例のうち、處州の義役に次いで歴史上有名なのは、德興のそれである。劉克莊の德興義田を見ると、この地方の義役の由來と目的とについて

一鄕一里之事、合一鄕一里之力、以任之古也、使一戸任之非古也、今夫一鬨之市、三家之聚、必有詭扶逃亡之賦、縣大夫不能考覈、無所追呼必於戸長乎、責役戸、有蕩產灾身之患、而餘家無動容變色之撓、豈守望相助之義乎、中下戸畏是役、以無產爲幸、或飛寄、使之盡然後已、惟愿而弱、智與力不能飛寄者、抑首受役、江鄕諸邑皆然、德興明卓君、始按民產高下、各使出穀、名曰義庄、募人充戸長、三十七都之人、賢者相勸勉、富者先倡、率奉明府令、莫敢有違、其美秀而文者、爭奪筆以紀錄焉、初淳熙間、蜀人李文昭爲宰、實敎民爲義役、邑人德之、廟食至今、卓君又佐代役之意、創立是庄、異時家々飛寄、是役也、中下戸各自實其產一利也、革一差之弊、募樂充之

人二利也、合衆力爲之惠、而不費三利也、自李至卓、甲子踰一周矣、治辨之材多、循良之迹少、蓋先後得二賢令、而後害始去

と書いてゐるが、これによれば、德興では范成大による義役の主唱後間もなく、淳熙年間に一度李文昭の治下に於て義役の法が行はれ、その後六十年を經て、ふたたび同じ法が明卓君によつて實施せられたのであつて、この事實は、義役の法が、さきに述べたこの法の普及の事實と共に、役戸救濟の目的に對してある程度の寄與をなしえたことを示すものとして、注意されなければならないのである。

このやうに、義役の法ははじめ處州松陽縣下の民間に起り、その後官府に取り上げられて、江南の各地に擴がるに至つたものであるが、なほ南宋の義役について一言して置きたいのは、前引の宋會要に

處州松陽縣、有一兩都自相要約、各出田穀以助役戸

とあり、劉克莊の德興義田に

明卓君、始按民產高下、各使出穀、名曰義庄、募人充戸長、三十七都之人、賢者相勸勉、富者先倡、率奉明府令、莫敢有違

とあり、同じく劉克莊の安溪縣義役規約に

余宰建陽、境內都九十七、耆一百八、義役居四之一

とあり、陳傅良の義役規約序に

吾都不過四五望族、凡慶弔問報之事、大抵相好、而又家務爲學、入務省事、其俗甚厚、獨時以役訟失懽、一旦會

集割租、以行仁義、各以力厚薄、無勉强不得已之色

とあり、また王華甫の義莊田記に

其都裒田二百三十畝

とあつて、義役がつねに都を單位として行はれたといふことである。都はいふまでもなく都保の略稱であるが、南宋の都はすでに保甲の機能を失つて徵稅のための組織となつてをり、その都內の徵稅を司るのは、保正、保長、甲頭若くは戶長であつた。このやうに見れば、義役の法が都を單位として行はれた理由は、もはや明かである。卽ち都の人は、都內の催糧者たる保正長、甲頭若くは戶長を救ふために義田を設け、また義役を實施しようとしたのである。

しかるに義役の法は、宋以後に於ても久しく鄕村の一部で行はれた。我々はその例として、まづ元の黃溍の文集にある鄞縣の義役を擧げることが出來るであらう。彼の「鄞縣義役記」に

天台周君之爲丞也、會國家申嚴役法、豪右以宅名數自占者、毋敢弗與、周侯進父老、具宣德意、且敎之爲義役、於是縣西南五十里、林村之民、次當受役者、三十有五家、首相與謀、眂物力之薄厚、各捐已槖得錢七千五百緡、爲子本、推執事者五人、操其奇贏、以供百役之費、而存其母常勿絕

とある(15)もの卽ちそれであつて、この文に於ては、義役が一村を單位として行はれたこと、しかも義田を設けずして、ただ共同出資金の利息を以て役戶を助けたといふことの二點が、南宋の例と異なるものとして注目せられる。

次に明では、義役に使用する田が役田と呼ばれてをり、張萱の『西園聞見錄』は、その例を二つ載せてゐる。卽ち一つは陸果の條に

宗屬日繁、更徭不任也、買田三百、以代過更、謂之役田

とある如く、特に同族の役戸を助けようとしたもの、他は徐顯卿の條に

以三百畝作役田、助本圖糧役、求免徐氏子孫差役之累

とあるやうに、圖卽ち里の糧役を助けると共に、一族の差役の苦を免れしめようとしたものであるが、その機能が共に義役的のものであつたことは疑ふ餘地がない。なほ同書の吳情の條には

買田縣之上福新安兩郷、凡千八百餘畝、自供稅假予貧民外、歲八千石、以什七歸郷之長賦者、命之曰助役、其什三以贍族人

と見え[16]、ここでは助役と贍族のための共通の田が置買せられてゐる。しかし助役に使用される田租の割合は一定してをり、したがつてその機能の點では、獨立の役田を設けた場合と異なるところがなかつた。

右の文にある長賦者を助けるための義役のことは、江蘇光緒無錫金匱縣志に載せられた王世貞の「延祥郷役田記」に最も詳しい[17]。尤も、長賦者の意味はこの文に於ても明かにされてゐないが、大明實錄嘉靖九年十月の條に引かれた顧鼎臣の文に、里甲長と糧長の職掌を區別して、前者は催徵、後者は收解を司るとあり[18]、しかも王世貞の文に「歲助虛糧及收運之費、長賦者稍〻寬矣」といはれてゐるから、この場合の長賦者が糧長を指してゐることは疑ひなからうと思ふ。大明實錄には、糧長の怙勢害民の記事が疊見してゐる。が實錄の宣德四年六月壬午の條[19]や、宣德五年閏十二月庚戌の條等[20]に「永充糧長」の語が繰り返し用ゐられ、また顧炎武の天下郡國利病書によれば、嘉定縣の糧長の中には「累世相承けて易はらざる者」も存在してゐた[21]のであつて、糧長の服役期間が長びくにつれて、糧長の賠納の苦み

がそれだけ大となつたことは確かであり、したがつて糧長がもしこのやうな狀態に置かれてゐたとすれば、この役を助けるための義役が特に問題とされたのも、理の當然でなければならない。

大明實錄の記載によると、嘉靖四十年十二月壬戌に、刑科給事中趙灼が

江南賦稅、必責糧長、糧長承役、必至破家、宜設義田、收其所入、以畀承役之人、上區田六百畝、中區五百畝、下區四百畝、計畝出金置產、有司爲之課督、則民不偏累、國課可足

と述べて[22]、糧長を救ふために義田の設置を請うた際には、戶部は「恐於民情不便、徒滋姦弊」といふ理由によつてこの請願を斥けたといはれてゐるが、その後實錄の隆慶四年二月の條には

太僕寺卿顧存仁條陳十事、……其四事、言蘇松農政、一議恤糧長、謂吳郡多勢家、規免丁糧、坐累糧長、宜酌派役田、或計田出米、以示補助、……戶兵二部覆議、俱從之

とあつて[23]、顧存仁の糧長救濟のための役田設置案は、戶部と兵部の公けに承認するところとなつた。なほ江蘇道光崑新兩縣志所載の朱恭靖の「崑山役田記」には、賦長の役を助けるために役田を設けたといふ記事が載せられてゐる[24]。同役田記に、崑山では區每に賦長を設けたとあるが、洪武二十年の制によれば、糧長は縣內の區每に設けられてゐるから、崑山地方の賦長は糧長の別名であらうと思はれる。しかし前記の徐顯卿の例のやうに、圖卽ち里の糧役を助けるために義田を設置する場合もあるのであつて、明の稅役が里を單位とするものと、その上級の區を單位とするものの二種あるにつれて、義田若くは役田にも、里を範圍とするものと區を範圍とするものとの別があつたのである。

最後に、淸代に於ける義役の例としては、大淸世祖章皇帝實錄にある

順治六年辛酉、戸部議覆、江寧巡撫土國寶疏言、華亭縣義米一項、始於義士顧正心、憫里人差役之苦、宗族贍養之難、捐貲置田四萬八百餘畝、毎歲租米四萬三千餘石、幫貼賠累、優恤貧窮、原與有司無涉、應乃歸正心子孫收種、以成義擧、從之

といふ記事[25]が擧げられる。これは明の巺情の場合と等しく、獨立の義田を設けずして、糧役の賠累と宗族の貧窮とを併せ救ふための田を置いた例であるが、義役の機能がこの田によつて營まれてゐたことは疑ひなく、義役の傳統は、少くとも淸初に至るまで傳へられてゐたわけである。

以上に述べた如く、義役ははじめ南宋の民間から起り、地方官の推奬を受けてつひに官府の要求するところとなり、さらに後世に至つても、役戸救恤の良法として、地方官若くは有識者の主唱の下に鄉村の一部に於て行はれた。が今の我々に必要なのは、義田卽ち義役のための田が、多くの場合、鄉村の衆力を合して作られたと考へられることである。義田の濫觴をなした處州松陽縣下の義役について、宋會要は、旣引の如き

有一兩都自相要約、各出田穀以助役戸

といふ文を殘してゐるが、類似の例は他の義田についても見られるであらう。卽ちこれまでに述べた義役の例の中、宋會要の季翔のことを述べた個所に

毎田百畝出田二畝、官民僧道、並爲一等

とあり、劉克莊の德興義田に

按民產高下、各使出穀、名曰義庄

とあり、趙處溫の義庄田後序に

隨戶產割田、以爲義役

とあり、朱恭靖の崑山役田記に

凡民家百畝之田、捐五畝爲助、士大夫則以三畝、謂之役田

とあり、また王世貞の延祥鄉役田記に

家及役者、出百畝之三畝、不及役者五畝、進士不應役、而稍優之

とあるのがそれであり、さらに大明實錄によれば、趙灼は「計畝出金置產」を、顧存仁は「酌派役田、或計田出米」をそれぞれ朝廷に請願して、後者の意見は、戶・兵兩部の承認するところとなつたといはれる。もちろん、義役のすべてが、つねにこのやうな方法によつてのみ行はれてゐたわけではない。なぜなら、劉宰の述べた遊僊鄉二十一都の義田は、呂宗恪とその姪との共同出資によつて作られ、西園聞見錄にある徐顯卿の役田は、その兄の徐元瀛及び徐本仁等の助力のみをかり、その上にまた、明の吳情や淸の顧正人の如く、獨力を以て鄉里に助役を實施したといふやうな事例さへもあるからである。

このやうに、義役は獨力で行はれ、また衆力を合しても行はれ、衆力を合して行はれる場合にも、その協力の範圍には種々の段階があつた。しかし上に述べた處州、德興、洪洋、崑山、延祥等に於ける義役の法の比較的合理的なのを見れば、義田が普通、百畝前後の土地を有する、したがつて經濟的に比較的餘裕のある、しかも相當多數の人々の協力によつて作られたことは、疑ひなからうと思ふ。朱子は義役の批評に於て、一二畝の田を有するに過ぎない者を

して出捐せしめた場合の弊害について述べてゐるが、しかし假りに官の强制によつてこのやうなことが行はれえたとしても、これが例外であつて、義役の常則となりえないものであることは明かである。つまり義役は、稅戶のすべてを集めて作られた協力の制度ではないが、とにかくその成立を容易ならしめるためには、徵稅組織內の多くの人々の合作を必要とした。とすれば我々は、義役の法の行はれるところに、鄉村人の共同性をある程度まで豫想することが出來るであらう。劉克莊が、德興の義田を以て衆力を合して惠をなすものと解し、さらに一鄉一里の力を併せて一鄉一里のことに任じた古の精神に通ずるものと見、また陳傅良が義役規約序に於て

民以義奉官、而私相親睦

と書き、眞德秀が「勸立義廩文」に於て

爲義役、則有輯睦之風

と述べた(26)のは、いづれも、義役が鄉村の共同性に基くことを認めたものでなければならない。義役が朱子の指摘したやうな種々の弊害を伴つてゐたとしても、その義役の基礎に鄉村人の共同性を豫想することは、許されるはずである。

これを要するに、義役は民衆の間に生れた一種の協力組織であつて、それはただ共同性のあるところにのみ成立する。しかも義役は、都や保、或は區や里の如き徵稅上の地域的區劃內で行はれたのであつて、このことは徵稅上の組織が、すでに共同性をもつ人々の地域的區劃であつたことを示してゐる。と同時にこの事實は、徵稅上の組織が、一村若くは數村の聯合から成つてゐたといふ我々の主張とも、密接に結びつく。卽ち義役を通して捉へられた民衆の共同性は、實は徵稅組織の地盤をなす地緣共同態に根ざすものに他ならなかつたのである。

(1) 義田及び義莊田は、宋の范仲淹の創始した宗族贍養のための田の名であるが、同じ名稱が、義役のための田にも用ゐられたのである。

(2) 宋會要稿、食貨六六之二二。

(3) 李心傳、建炎以來朝野雜記、甲集卷七、處州義役。

(4) 朱熹、晦庵先生朱文公文集卷十八、奏狀、奏義役利害狀。

(5) 劉克莊、後村先生大全集卷九十六、序、德興義田。

(6) 同上卷一百、題跋、安溪縣義役規約。

(7) 陳傅良、止齋先生文集卷四十、序、義役規約序。

(8) 江蘇乾隆金壇縣志卷十、藝文、劉宰、遊僊鄉二十一都義役莊記。

(9) 浙江乾隆黃巖縣志卷十、藝文、王華甫、義莊田記、趙處溫、義庄田後序、趙亥、義庄田跋。

(10) 魏了翁、鶴山先生大全文集卷八十、墓誌銘、從義郎胡君墓誌銘（四部叢刊）。

(11) 眞德秀、西山先生眞文忠公文集卷十二、對越甲藁、擧刺、薦本路十知縣政績狀。

(12) 宋史卷四百四、列傳第一百六十三、李舜臣。　李心傳の建炎以來朝野雜記は、處州義役の記事に續いて德興義役のことに觸れ、彼の先君子が德興に宰たりし時、この地方に義役を施行して功を擧げたと書いてゐるが、宋史の李舜臣は李心傳の先父君その人であり、劉克莊の「德興義田」に出て來る文昭も、多分李舜臣の謚號であらうと思はれる。

(13) 同上卷四百十三、列傳第一百七十二、趙必愿。

(14) 同上卷四百二十四、列傳第一百八十三、孫子秀。

(15) 黃溍、金華黃先生文集卷十、續藁、記、鄞縣義役記（四部叢刊）。

(16) 張萱、西園聞見錄卷五、敦睦。
(17) 江蘇光緒無錫金匱縣志卷三十七、藝文、王世貞、延祥鄉役田記。
(18) 大明世宗嘉靖實錄卷一百十八。
(19) 大明宣宗宣德實錄卷五十五。
(20) 同上卷七十四。
(21) 顧炎武、天下郡國利病書卷二十、江南。
(22) 大明世宗嘉靖實錄卷五百四。
(23) 大明穆宗隆慶實錄卷四十二。
(24) 江蘇道光崑新兩縣志卷四十、雜紀、朱恭靖、崑山役田記。
(25) 大淸世祖章皇帝實錄卷四十五。
(26) 眞德秀、前揭書卷四十、文、勸立義廪文。

六

義役はこのやうに、役戸の賠納の苦みを救ふための協力組織であるが、結果に於ては恐らく、役戸による攤逃その他の誅求勒索をも防止するに役だつた。しかるに義圖は、租税の完納を目的として作られた鄕村の自治的組織であり、官の追呼を免れ、逋賦の擾を回避するに効果のあるものとして、淸代の江南地方にひろく行はれた。

義圖は「議圖」或は「協圖」とも呼ばれてゐるが、議圖及び協圖は、文字の示す如く民衆が自ら協議して組織した圖、即ち徴税のための團體を意味する。義圖は康熙・光緒の間の記錄に見られ、一部の地方ではその後もながく行はれてをり、殊に江蘇省武進縣下の義圖については、萬國鼎の手に成る詳細な調査報告書がある。しかし義圖が、武進縣或は江蘇省のみに限られたものでないことは、皇朝經世文續編に江西の義圖のことを述べた二つの論文がある他、同省の州縣志中にも、義圖に關する記事が散見してゐるといふ事實を見れば、明かであらう。

そこでまづ州縣志の例についていへば、江西同治豐城縣志に

康熙年間、鄉里競立義圖、賦分十限、按月走輸、底冬十月、輒爲報完、繼則城中亦相率爲義甲、自立期限、踴躍輸將、官誠便也、而民之得便尤多、何則義圖義甲未立之時、當社保者、一年寫差、一年正役、一年經催、加之頑戶拖欠、比較無時、十年輸充之、一年拖累、不僅三載、自義圖義甲法行、依限報完、年清年款、胥里追呼不及閭里、其視遊圖遊甲、利害天淵矣、今已爲義圖義甲者、固不可逞刁蔑義、其尙爲遊甲遊圖者、蓋亦因利乘便、亟思改圖、既以急公、亦復便己、夫何憚而不爲此

とあり(1)、同じ書の別の個所に

舊按豐條漕、甲於江右、從前催科、頗煩有司、近年城鄉、聯爲義甲義圖、自行立限輸納、全完者賞、踰限者罰、官無逋賦、吏鮮追呼、民樂急公、一擧而三善備焉、願世守之以爲俗勸

と記され(2)、また江西同治清江縣志に

條漕、各立義圖、僉里正董其事、納輸分兩限、既納驗票、踰期者罰、檄催者爲倍嚴、故年來官鮮追呼之勞、民無逋賦之擾、此最俗之醇美者

といはれてゐるの(3)がそれであつて、この地方の義圖は、圖民相戒めて租稅の完納を期することを目的とし、これによつて官が利便を感ずると同時に、圖民自身も胥吏の追呼を免れたこと、及び全完者には賞を與へ、期を過ぎて納めざる者は處罰せられたことが知られる。この種の處罰規定のことは、江西嘉慶上高縣志にも指摘せられてゐるが、次の文の示すやうに、義圖の規約が、ここでは「團議」と呼ばれてゐた。

完納錢漕、各有團議、屆期悉至違者、團衆罰之、無俟官府追迫。(4)

次に皇朝經世文續編を見ると、翰林院侍讀王邦璽の光緒十年の「縷陳丁漕利弊戶口耗傷情形疏」に

花戶急公、向多立有協圖、又謂之義圖、每年輪一甲、充當總催、擇本甲勤幹之人爲之、名曰現年、按戶糧多寡、派錢數十百千不等、交給現年、作爲辛俸、並打點書差之用、名曰甲費、有現年之圖甲、差役不得上門、祇向現年催取、現年恐所領之錢、不敷差賄、不得不勤加催追、而花戶亦各體貼、現年懼其受累、不得不極力措完、此協圖所以少積欠也

といひ、(5)また光緒十一年の江西巡撫德馨の「確査江西丁漕積弊並設法整頓疏」にも

江西從前完納丁漕、民間向有義圖之法、按鄉按圖、各自設立首士、皆地方公正紳耆、公舉輪充、且有總催滾催戶頭、各縣名目不同、完納期限不一、嚴立條規、互相勸勉、屆期掃數完淸、鮮有違誤

とあつて、(6)江西地方に於ては、義圖或は協圖がかなり古くから存在し、急公奉上の意を示すものとして地方官の推稱するところとなつてゐたことが知られる。王邦璽は、上記の疏に於て義圖の廢擱を指摘してゐるが、德馨によれば、江西の義圖は、兵燹(長髮賊の亂)の後に於てもなほ、靖安、高安、新昌、臨川、宜春、萬載、玉山、廣豐、瑞昌、安遠、寧

都、定南等の廳・縣に存して毎年の丁漕を完納し、或は全數の九分以上を納了したといはれ、積缺の一般化した他の諸縣に於てさへ、義圖を行ふものは十中の一二存したと記されてゐるから、これらの地方の義圖も、當時、完全に廢滅するまでには至らなかつたのである。江西に於ける義圖が如何にひろく行はれ、また如何にながく存續したかは、これによつて明かとなるであらう。

　このやうに、義圖はまづ、租稅の完納を目的として自發的に作られた民間の組織である。しかも義圖は、單に納稅の完報を勸奬し、また監視し合ふだけの組織ではなく、さらに罰則を設けて、その約束を有效に實現しようとする强力な組織であつた。このことはすでに、州縣志から引いた江西の義圖について明かにされてゐるが、江蘇省武進縣の義圖について述べた萬國鼎(7)も、罰則規定の具體的事例を多數列擧してゐる。例へば、豐西鄉四十二都六圖の「均莊議期記」に

　於道光初年共議、兩忙錢糧、儘三九月掃數、冬季漕米、儘十二月完清、若有釐毫漏賸、即着庄首、指名議罰、永以爲例

とあり(8)、また大寧鄉下角七圖の罰則規定に

　鄉民若有過期不納漕糧者、數不論多寡、均須罰酒十席、戲一臺

とあるのがそれであつて、これらの條項は、義圖に關する規約中の最重要項目をなしてゐた。しかし武進縣全體の義圖について見ると、その罰則の度合は、各圖によつてさまざまの相違を示してをり、舊欽風鄉二十八都七圖では、一般稅戶が未納額の一倍、莊首が二倍、値年員が三倍、舊延政鄉二十五都五圖では、一般稅戶が未納額の二倍、莊首が

五倍、現保が十倍の罰金をそれぞれ科せられ、舊欽風鄕三十都三圖では、五元以下の滯納に對してはその額の一倍、五元以上十元以下の滯納に對してはその額の二倍、十元以上の滯納に對しては酒席十卓を納めしめ、中には舊欽風鄕三十都二圖の如く、滯納者に對して一律に稅額の十倍を要求したといふ例さへもある。その他、舊依東鄕三十七都五圖では、滯納額の倍額と共に、素麵八卓子と八音班及び一舞臺を負擔せしめ、舊大有鄕三十一都五圖では、滯納者を引き廻して圖衆の見せしめにするといふ方法を採用したといはれる。滯納に對する罰規は、このやうに程度と種類とを異にするが、萬國鼎の列記した武進縣四十八個の義圖のうち、罰則規定を缺くものは僅かに二件に過ぎず、その內容には、右の例示の如くかなり苛酷なものも存在してゐる。しかし處罰規定が嚴重であるだけ、それは滯納の一掃、役戶相互の保全に役だちえたであらう。と同時にそれが、攤逃その他の一般稅戶に加はる誅求を、未然に防止するといふ役割を營みえたことも確かである。しかも右の罰則は、いづれも民衆自身の定めたものであつて、その背後には當然、圖の共同性と全體性との存在が、豫想されなければならないのである。

しかるに義圖には、單に急公卽ち租稅の完納のことを約定するだけでなく、さらに役を貧富に比例せしめるための組織を伴ふものがあつた。その適例は武進縣豐西鄕四十二都六圖であつて、さきに名を擧げた同圖の均莊議期記は、その內容を紹介して、以下の如く說いてゐる。

從來地利不如人之和一語、實體國經野之龜鑑也、國家四海一統、變封建而分省郡、設都縣而別鄕圖、旣寓條分縷悉於淸釐之中、復存睦親任恤於撫綏之內、誠法良而意美矣、顧鄕之圖、有多寡之殊、固難混而無別、而啚之庄、有貧富之異、自可合而相均、我豐西鄕四十二都之六圖芥字號、所該折實平田僅一千二百餘畝、當役亦分十庄、初亦自首至於十年一周、奈二庄祇存田數畝、何堪獨役一年、六九兩庄、田亦不過數十畝、當役亦苦不勝言、因於乾隆間、通圖籌畫、設均庄之法、有田一畝、當役一日、每年三百五十餘日、抄據糧房實徵簿上花戸次第、儘其三百五十餘畝當之、設有一戸名下之田、本年挨次未完、必賸至來年、再當幾日、方爲公允、毋許狥情盡、以此戸所該之田、擠錄在本年實徵簿上、苟且了結、一經察出、花戸及糧房、概行議罰、以示畫一、此法一行、既無富逸貧勞不均之弊、復無躱役漏税不白之情、四年有餘、而通圖當役一轉頭矣。

卽ち豐西鄕四十二都六圖に於ては、從來圖を十莊に分けて、首莊より末莊に至るまで、順次に一年間の服役者を一名づつ出させ、十年を以て役を一周せしめるといふ方法を採用し、各莊間の貧富の相違を考慮しなかつたために、富莊と貧莊間の役の均衡を失せしめるといふ缺陷を生じたが、乾隆の頃、新たに所有地一畝に對して服役一日といふ原則を設け、各税戸の服役日數をその所有地畝に比例せしめた結果、富人は逸し貧人は勞するといふこれまでの不公平が是正されたばかりでなく、三百五十餘畝に對する服役は、上記の割合によつて三百五十餘日卽ち一年を以て終り、したがつて全圖一千二百餘畝に對する服役も、約四年を以て一周することとなつたといふのである。

この方法が、服役に於ける負擔の均衡をはかる上に、最も合理的な手段であることはいふまでもない。ただ注意を要するのは、豐西鄕四十二都六圖は、十莊に分れながらも、各莊の所有畝數は不同であり、且つ一莊三百五十餘畝の制限がないために、一莊の服役日數も三百五十餘日、卽ち一年と限らず、また全圖の服役が約四年を以て一周したのに對して、江南の各地にひろく行はれた康熙・乾隆時代の均田均役の法は、一圖を同規模の十莊或は十甲に分つと共に、一莊の服役期間を一年とし、全圖の服役が十年にして一周しうるやうに組織されてゐたといふことである。均田均役の法は、戸科給事中柯聳、巡撫韓世琦、布政司使慕天顏等の議に基いたものといはれてゐるが、(9)この法に於ける均田の原則は、第一章の終りに例示したやうに、一圖或は一里を約三千畝とし、これを十分して、毎莊或は毎甲を約三百畝たらしめる方法であつた。

しかし萬國鼎によると、武進縣の圖も、はじめはすべて約三千畝であり、しかもこれを十莊に分けて、莊間の大きさをほぼ均等ならしめてゐたといはれてをり、豐西鄕の四十二都六圖が、最初、均田均役法の前記の通則にしたがつて組織されてゐたことは疑ひない。卽ちこの圖は、乾隆以前にその面積を三千畝から千二百餘畝に縮小すると共に、十莊間の面積に不同を生じ、しかも一莊の役を一年としたために役の均衡を失して、つひに均役のみを目的とする、前に述べたやうな乾隆年間の改革が行はれるに至つたのである。

しかるにまた萬國鼎は、豐西鄕四十二都六圖に行はれた均莊の法を、均田均役の法の遺孽と見ると同時に、均田均役の法と、さきに擧げた圖民間の租税完報の嚴約とを以て、義圖を成立せしめるための二つの要素であると解してゐる。しかし豐西鄕四十二都六圖に於ける均莊の法が乾隆年間の實施にかかり、同じ圖の急公の約定が道光の初年に始めて行はれたといふことは、義圖のいはゆる二つの要素間に、何ら直接的な繫がりの存しなかつたことを敎へるものでなければならない。內容的に見ても、均莊及び均田均役の法は役に關するもの、急公或は租税完納の約定は税に關するものであつて、その機能は互に異なつてゐるのである。その上均田均役の法は、もと官の定めたものであつて、圖民自らによる急公の約定なくしても存在しえた。とすれば圖民自身による租税完納の約定もまた、均田均役の法を件はずして行はれえたであらう。既出の江西省豐城、淸江及び上高の各縣志が、同地方の義圖を說明して、ただ急公の組織であるといひ、均田均役のことに全く觸れるところがないのは、その證佐である。

このやうに、均田均役の法は必ずしも急公の自治的組織を伴はず、逆に急公の自治的組織は、必ずしも均田均役の法の存在を必要としない。しかし義圖は、既述の如く議圖または協圖とも呼ばれ、その言葉の意味からいへば、圖を單位としつつ民衆が協議して規約を作り、罰則を設けて、相共にこれを遵守せんとするものに他ならない。したがつて、圖民みづからの發意と計畫とに基くかぎり、義圖の成立は、原則としてその內容が役に關するものであると、税に關するものであるとを問はないのである。この意味で、急公の自治的規定が義圖の要素たりうるはもちろん、始め官の要求に基いて實施された均田均役の法も、それがすでに一つの制度と化し、また民衆自身の計畫と發意とによつて行はれる場合には、義圖の一要素としての資格を、十分に有つことが出來る。事實、武進縣下の各義圖は、最初はいづれも豐西郷四十二都六圖と同樣に、既存の均田均役法を繼受しつつ、新たた急公の約定を加へて、組織せられたものであつた。しかし均田均役の法は、義圖の成立のための必須の條件ではなく、また實際にも、義圖が均田均役の法と無關係に作られた地方の多いのを見れば、義圖の中心が、圖民による急公の約定にあつたことは疑ひなく、急公の約定と均田均役法とを二つの要素としたといはれる豐西郷四十二都六圖の義圖も、その成立の時期は、いはゆる均莊法の實施せられた乾隆年間よりも、むしろ圖民が、兩忙の錢糧と冬期の漕米の完淸を始めて共議したといはれる道光の初年であつたといはなければならない。

かくて義圖の中心は、一般に罰規を伴ふ急公の約定である。しかもその約定は、民衆自身の協議に基いて作られたものであり、したがつて義圖の成立と存續のためには、つねに税戸間の共同性の存在が、豫想されなければならないのである。罰則の存在と嚴格なるその適用は、義圖が、圖民の共同性と全體性とに基くことの端的な徵標である。しかも義圖は、それが均田均役法を伴ふと否とに關はりなく、すべて官の定めた徵稅組織としての圖の內部で行はれたのであつて、この事實は、官の設けた徵稅上の組織が、すでに共同性をもつ人々の範圍であつたことを示してゐる。しかるに、圖は元來一村若くは數村の聯合によつて作られたものであつた。とすれば圖民のもつ共同性は、おのづから、圖が地緣共同態を地盤として作られた、といふ事實にも繫がらなければならないであらう。卽ち、我々は義圖を通して、圖民の間に共同性のあることを知ると共に、圖が地緣共同態に他ならないといふ事實を通して、圖民の共同性が、結局この地緣共同態に根ざすことを敎へられるのである。

私は以上、攤逃の俗を介して、中國の徵稅區劃が、納稅の共同責任圈とされてゐたことを指摘し、次に義役と義圖が、その區劃の範圍內で行はれると共に、そこに住む稅戶の共同性に基くものであることを明かにし、さらにその場合の徵稅區劃は、つねに單村を以て、或は數村十數村を合して作られ、義役と義圖が、結局、地緣共同態のもつ共同性に根ざすものであることを論じた。がこのことは同時に、納稅に對する共同責任の要求が、結局、地緣共同態のもつ共同性の上からの利用に他ならぬことを敎へるであらう。私は前に、近隣共同態や村落共同態の利用による攤逃の可能性を述べたが、攤逃が近隣や村落を超えて、都・保や區・里の範圍に擴がる場合にも、攤逃が地緣的共同性の利用に基くといふ關係は、變はらないのである。

前に述べたやうに、治安維持の機構に於ては、この組織が地緣共同態の地盤の上に作られるだけでなく、治安の維持そのものが、地緣共同態のもつ共同性の利用を缺いては、成り立ちえないものであつた。しかるに徵稅の機構と地緣共同態の間には、そのやうな二重の關係は見られない。なぜなら、徵税の組織が、地緣共同態の地盤の上に、その地域的統一性の利用によつて作られてゐる場合にも、徵税そのものは、本來、地緣共同態のもつ共同性の利用によつて行はるべきものではないからである。錢糧の完報は、公けの立場からは個々の税戶の單獨の責任に過ぎない。したがつて州縣官以下の實施した攤逃の法は、明かに定制の本旨にもとるものであるが、しかし攤逃の俗が現實に行はれる限り、それは地緣共同態のもつ共同性の利用に基くものであつた、といはなければならないのである。

(1) 江西同治豐城縣志卷一、鄕都。
(2) 同上卷二、地理、風俗。
(3) 江西同治淸江縣志卷二、疆域。
(4) 江西嘉慶上高縣志卷五、風俗。
(5) 王邦璽、縷陳丁漕利弊戶口耗傷情形疏（皇朝經世文續編卷三十二、戶政、賦役）。
(6) 德馨、確査江西丁漕積弊並設法整頓疏（同上）。
(7) 萬國鼎・莊强華・吳永銘、江蘇武進南通田賦調査報告。武進縣の現地調査は莊强華、南通縣のそれは吳永銘によつて行はれた。
(8) 萬國鼎は、武進縣四十二都六圖の「均莊議期記」を道光の縣志から引いてゐるが、同じ文が、江蘇光緖武進陽湖合志にも載せられてゐる（卷十、賦役）。因みに、この均莊議期記は、圖民史文簡の作製にかかる。
(9) 江蘇道光蘇州府志卷十、田賦、徭役。

第三章　鄕村統治に於ける共同生活の規制

第一節　勸農を中心としたる共同生活の規制――元の社制

一

鄕村に於ける共同生活を規制するための特別の組織を設けて、これを國家的規模に於て實施した例は、元の社制と明の里制の二つだけである。もちろん、國家によつて規制される共同生活の面は限られてをり、また民衆の共同利害に最も關はるところの多い治安の維持は、同時に國家的治安確保の不可缺條件をもなすところから、他の共同生活より切り離してつねに獨立的な組織として設けられてゐた。私が以下に述べようとするのは、從來鄕村統治の主流外に置かれてゐたもろもろの共同生活に對する國家的な規制であるが、このやうな規制が元・明時代に至つてはじめて組織的に行はれたといふ事實は、注意されなければならない。尤も、後で述べるやうに社制は勸課農桑を中心とし、里制は裁判敎化を中心とする組織であつて、その限りに於て元朝は勸課農桑を通じて社制を錢糧確保の一助たらしめ、また明朝は、裁判敎化を通じて里制を治安維持の一助たらしめんとしたものに過ぎないともいへる。しかし社制と里制は、共に鄕村生活に重要な各種の共同生活面にもそれぞれ多角的な規制を加へようとしてをり、兩者の規定を比較すると、互に重點の置き所を異にするにも拘らず、種類的には極めて類似した内容がその中に含まれてゐる。要するに、元の社制が單なる勸課農桑の機關に終らず、また明の里制が單なる裁判敎化の機關に終らず、相共に郷村に於ける民衆生活の多角的な共同化を試みたといふ事實は、中國の郷村統治内容を考へる上に輕視してはならないのである。

もちろん、郷村統治に於ける共同生活の規制は、必ずしも元代に始まつたわけではなく、小規模且つ斷片的にはすでにそれ以前から盛んに行はれてゐた。それには、敎化政策の一部として行はれたものと勸農政策の一部として行はれたものとの區別があり、また官府の命によるものと地方官の任意に基くものとの區別もあるが、民衆生活の共同化を意圖する點では、互に異なるところがなかつた。しかし社制と里制による郷村の共同化は、前述の意味で遙かに綜合的且つ組織的なものであり、しかも一は勸農を中心とし、他は敎化を中心としてゐるといふ點で、相互に興味ある對照を示すと共に、また重要なる種々の問題をも提供してゐる。このやうな觀點から、私はここに新たなる章を設けて、その異同を檢しておきたいと思ふ。

そこでまづ元の社制についていふと、元典章の勸農の條に、至元二十八年の「勸農立社事理」(1)十五個條、即ち社のことを定めたいはゆる社規が載つてをり、その第一條は、社の組織に關する以下の如き規定を掲げてゐる。

諸縣所屬村疃、凡五十家立爲一社、不以是何諸色人等、並行入社、令社衆推擧年高通曉農事、有兼丁者、立爲社長、如一村五十家以上、只爲一社、增至百家者、另設社長一員、如不及五十家者、與附近村分相併爲一社、若地遠人稀、不能相併者、斟酌各處地面、各村自爲一社者聽、或三村或五村、併爲一社、仍於酌中村内、選立社長。

即ち五十家の村を標準として五十家以上を一社、百家以上を二社となし、一社毎に社長一名を置き、また一村五十家未滿の場合には附近の村と併せて一社を作り、もし地遠人稀にして合併の困難なる場合には、村の大小に關はりなく一村を以て一社とし、或は三村五村を以て一社たらしめうるといふのである。この組織はただ、五十家以上の村は一社、百家以上の村は二社といふ風に編成を行ひ、しかも五十家以下の村は隣村と併せ、合併の困難なる地域では五十家未滿の村をして一社を編成せしめるといふのであつて、社の編成の基礎は、明かに自然村に求められてゐる。このことはすでに第一章に於ても指摘したが、要するに、元の社制を規定するのは、嚴密なる意味の戶數編成原則ではなかつたのである。

しかるに、社內より選ばれて社長となる者は、村內の年高にして農事に通曉する者であり、しかもその任務に關しては、右の文のつづきに

官司幷不得將社長差占別管餘事、專一敎勸本社之人、務勸農桑業、不致惰廢、如有不肯聽從勸敎之人、籍記姓名、候提點官到彼、對社衆責罰

と明記せられ、社の設置目的に對應して、社長の任務も主として勸農のことに置かれてゐた。

ところで、社長の勸農上の任務としてまづ問題になるのは、個々の社人に對する農事の指導とその勤惰の監督との二つである。社規はこの點を說明して第二條に

農民每歲種田、有勤謹趁時而作者、懶惰過時而廢者、若不明諭、民多苟且、今後仰社長敎諭、各隨風土所宜、須管趁時農作、若宜先種、儘力先行布種植田、以次各〻隨宜布種、必不得已、然後補種晚田瓜菜、仍於地頭道邊各立牌橛、書寫某社長某人地段、仰社長時々往來點覰、奬勤懲惰、不致荒蕪、仍仰隄備天旱、有地主戶量種區田、有水則近水種之、無水則鑿井、如井深不能種區田者、聽從民便、若有水田之家、不必區種、據區田法度、另行發

去、仰本路刊板多廣印散諸民、若農作動時、不得無故飲食、失悞生計

といつてゐるが、社長はこの規定によると、作物の選定及び耕作の方法に關して、風土の事情や水利の情況に應じた適切な指導を社人に與へると共に、社人の田畑に所有者名を表示した牌橛を立てて、隨時にその勤惰をも點檢しなければならなかつた。しかし、社規は單に社衆に對する社長の勸勤懲惰を求めただけではなく、さらに第九條に於て

本社、若有勤務農桑、增置家產、孝友之人、從社長保申、官司體究得實、申覆上司、量加優恤、若社長與本處官司體究、所保不實、亦行責罰、本處官司、並不得將勤謹增置到物業、添加差役

といひ、また第十條に

若有不務本業、游手好閑、不遵父母兄長教令、兇徒惡黨之人、先從社長叮嚀教訓、如是不改、籍記姓名、候提點官到日、對社長審問是實、於門首大字粉壁、書寫不務正業、游惰兇惡等名稱、如本人知耻改過、從社長保明申官、毀去粉壁、如是不改、但遇本社合着夫役、替民應當、候能自新、方許除籍

と規定し、社內にもし農桑に努めて家產の增置に成功する者があれば、社長はこれを官司に上申してその優恤を受けしめ、反對に游手好閑にして本業に努めず、父母兄長の教令に遵はない兇徒惡黨の者があれば、社長はこれに懇切な教訓を與へ、もし聞いて改めない場合には官に告げ、審問を經た後その者の門首に「不務本業」または「游惰兇惡」と大書し、改過自新を待つてその壁を毀ち、なほ改めない時は、夫役に徵用して除籍の處分をさへ行はなければならなかつた。

が次に社規は、副業の奬勵と荒地の開墾のことにも注意を拂つてゐる。卽ちその第三條は、株數の限度を示して桑

棗、楡柳若くは雜果の類の栽種を勵行せしめ、第五條は、特に近水の家に對して魚類及び鵝鴨の飼養と、蓮藕、雞頭、菱角、蒲葦等の栽培をすすめ、第九條は、荒廢せる土地の開墾をはかり、殊に勢要の家の捨てて顧みない閑地を解放して、貧民その他に與へしめようとした。つまり社規は、副業の奬勵によつて農民の衣食の資を補給し、荒地の開墾によつて、農民の保護と同時に生産力の囘復をもはからうとしたのであつて、その場合の指導權もまた社長に屬してゐたわけである。

社規の示す勸農事項の主なるものは、以上の條項につきる。がいまの我々に一層重要なのは、社規が農事に關係した各種の協同合作を社衆に要求してゐることであり、これまた廣い意味の勸農に屬し、勸農に屬する限りに於て、それはやはり社長の職掌の一つとされてゐた。

この意味の勸農の第一は、農耕生活に不可缺な水利の開發と灌漑施設の共同建設とに關するものである。社規の第四條に

隨路皆以水利、有渠已開而水利未盡其地者、有全未曾開種并掤可挑撅者、委本處正官一員、選知水利人員、一同相視、中間別無違礙、許民量力開引、如民力不能者、申覆上司、差提擧河渠官相驗過、官司添力開挑外、據安置水碾磨去處、如遇澆田時月、停住碾磨、澆漑田禾、若是水田澆畢、方許碾磨依舊引水用度、務要各得其用、雖有河渠泉脉、如是地形高阜不能開引者、仰成造水車、官爲應付人匠、驗地里遠近人戶多少、分置使用、富家能自置材木者、令自置、如貧無材木、官爲買給、已後收成之日、驗使水之家、均補還官、若有不知造水車去處、仰申覆上司、開樣成造、所據運鹽運糧河道、仰各路從長講究可否申覆、合于部分定奪、利國便民、兩不相妨

とあるもの卽ちそれであつて、水利の開發と灌漑施設の修造の際には、必要に應じて官から技術的援助と經濟的補助とを受け、また各種の設備については、土地の遠近と人戶の多寡とを計つてその位置を定め、その利用の範圍をも明確ならしめた。がこれと竝んで第二に、蝗害の豫防もやはり社長の重要な任務の一つであつた。しかも第十二條にある

若有虫蝗遺子去處、委各州縣正官一員、於十月內、專一巡視本管地面、若在熟地併力番耕、如在荒野先行耕圍、籍記地段、禁約諸人、不得燒燃荒草、以免來春虫蝻生發時分、不分明夜、本處正官監視、就草燒除、若是荒地窄狹無草可燒去處、亦仰從長規畫、春首捕除、仍仰更爲多方用心、務要盡絕、若在煎鹽草地內虫蝻遺子者、申部定奪

といふ規定の示すやうに、熟地については併力番耕を說き、荒野については荒草の燒去を命じ、蟲害の防止に必要な協力指導等の種々の方法が、極めて具體的に指示せられてゐる。

社長はこのやうに、廣義の勸農に必要な各種の協同を指揮指導すべき重大な任務を有する。が社衆はそれと同時に、農桑生活に於ける相互援助をも要求されてゐた。社規の第六條に

本社內、遇有病患凶喪之家、不能種蒔者、仰令社衆各備糧飯器具、併力耕種、耡治收刈、俱要依時辦集、無致荒廢、其養蠶者、亦如之、一社之中、災病多者、兩社併耡外、據社衆使用牛隻、若有倒傷、亦仰照依鄉原例、均助補買、比及補買以來、併力助工、如有餘剩牛隻之家、令社衆兩和租賃

とあるのがそれであつて、ここで說かれてゐるのは、社內の病患凶喪の家に對する併力耕種と耡治收刈、養蠶を業とする者の間の同樣の協力、災病の多い社に對する他の社の併助、社人の牛に倒傷が生じた場合の補買の援助とその後

に於ける併牛助工、及び牛に餘剩のある者による無牛者への賃貸の五つであるが、しかし有牛者間の併力助工がすでに問題とされてゐる以上、始めの併力耕種と耡治收刈についても、それが病患凶喪の家に對してのみ要求されたとは考へられない。卽ち勞力の相互交換もまた、重要なる合作形式として社衆に要求されたと見るべきであらう。

水利及び除蝗に見られた社長による共同勞働の指導は、社の共同化に寄與するものとして注目されるが、農桑生活に於ける右の相互援助は、もちろん農桑生活に於てのみ行はれるものではない。しかし社内の相互援助が、特に農桑生活に關してのみ說かれてゐるところに、實は勸農團體としての社の特色が、端的に現はれてゐるのである。

ただ相互援助に關する右の規定と關聯して一言を要するのは、金史食貨志に載せられた次の記事である。

又謂宰臣曰、猛安謀克人戶、兄弟親屬、若各隨所分土與漢人錯居、每四五十戶、結爲保聚、農作時、令相助濟、此亦勸相之道也。(2)

これは漢人と蒙古人との雜居地帶に、四五十戶の保聚を作つて農作の際の相互援助をなさしめようとしたものに過ぎないが、元の社も約五十戶であり、しかも農耕生活に於ける相互援助が、社の機能の重要なるものの一つとされてゐるのを見ると、五十戶の社を勸農の團體たらしめた點に社制の特色があるにしても、里正と主首とを中心とした元の徵稅制度が、金制の踏襲に過ぎなかつたのと同樣に、社の制もやはり金代の右の制度に示唆され、さらにそれを發展せしめたものではなからうかと考へられる。金代に於て四五十戶を相互助濟の範圍たらしめようとしたのは、恐らくそれが協同生活に最も適合した大きさと考へられたからであり、これを襲倣したと見られる約五十戶といふ社の大きさも、それが勸農全體の目的に適合するかどうかといふことよりも、むしろ協力親和に適合した範圍が、同時に勸農全體の行はるべき社の範圍とされたのであらう。だからこの見地からみると、元の社制は、農作時の相互援助を目的とする金の保聚が、勸農その他の機能を吸收したものに過ぎないとも解することが出來る。

（1）元典章二十三、戸部卷九、勸農、立社、勸農立社事理。勸農立社事理十五個條中あまり重要でない第十三條を除いた他の條項は、「通制條格」に載せられた至元二十三年の社規十四個條の再頒である（卷十六、田令、農桑）。またそれは、元史の食貨志にある至元七年所定の農桑の制とも内容的にほぼ一致する（卷九十三、志第四十二）。

（2）金史卷四十六、志第二十七、食貨。

二

社は、廣狹兩義の勸農を目的とする郷村の團體であつた。しかるに社による機能の吸收は、學校と義倉、即ち教育と救荒の事にまで及んでゐる。學校と義倉の始めて設けられたのは至元六年であつて(1)、その時期は社制の制定以前に遡るが、いま社規を見ると、第十一條に

今後毎社設立學校一所、擇通曉經書者、爲學師、於農隙時分、各令子弟入學、先讀孝經小學、次及大學論孟經史、務要各知孝悌忠信、敦本抑末、依鄉原例出辦束修、自願立長學者聽、若積久學問有成者、申覆上司照驗

とあり、第八條に

毎社立義倉、社長主之、如遇豐年、收成去處、各家驗口數、毎口留粟一斗、若無粟抵斗、存留雜色物料、以備歉歲、就給各人自行食用、官司並不得拘撿借貸動支、經過軍馬、亦不得强行取要、社長明置文歷、如欲聚集收頓、

或各家頓放、聽從民便、社長與社戶從長商議、如法收貯、須要不致損害、如遇天災凶歳、不收去處、或本社內有不收之家、不在存留之限

といはれ、學校と義倉の設立及び經營が、社長の任務の一つとされてゐたことがわかる。學校による儒教道德の講解が、社內に平和を齎して治安確保の一助となり、凶歳に備へるための義倉が、社を運命の共同體たらしめることに與つて力のあることは否定されないであらう。社は學校及び義倉の制の吸收によつて、その共同化の度合を一段と助成することが出來る。がその場合にも社規は、學校の使命の一つとして、特に敦本抑末の精神の普及を企てゐるのであつて、勸農目的との關聯に於て取り上げられた農業尊重思想のこの重視は、社に於ける教育政策上の一特色をなすものとして、注意されなければならないのである。

しかるに社制は、教育と救荒とによつて間接的に社內治安の維持をはかるだけでなく、さらに至元二十八年六月の「至元新格」中に

諸假托靈異、妄造妖言、佯修善事、夜聚明散、幷凡官司已行禁治事理、社長每季須一誡諭、使民知恐毋陷刑憲

といふ規定と

諸論訴婚姻家財田宅債負、若不係違法重事、並聽社長以理諭解、免使妨廢農務、煩擾官司

といふ規定の二つ(2)を設け、社長に、靈異に假托し妖言を妄造し、また善事を佯修し夜聚明散する徒輩の誡諭の權と、婚姻、家財、田宅及び債負に關する輕微な訴訟事件の諭解權とを與へることによつて、社にある程度の裁判自治權を認めることとなつた。ただ上記の規定を見ると、輕微の民事事件の諭解權を社長に與へたのは、專ら詞訟に伴ふ農務

の妨廢を免れしめるためで、後で述べる明の里老人の裁判權のやうに、越訴や興獄の防止を目的とするものではなかつた。さうしてこのこともまた、勸農團體としての社の性格を理解する上に、看過してはならないものである。

以上に述べた如く、社は元來勸農を中心とした團體であるが、社長は單に個々の社人に對する農事の指導とその勤惰の監督とに當つただけでなく、さらに水利と除蝗に於ける社衆の協同や、耕種と救荒に於ける社衆の共濟互助をも求め、また學校を設けて子弟の教育にあたり、さらに詞訟の平決と邪術の禁壓とに任ずるなど、社の共同化に必要な積極・消極兩樣の指導權を掌握してゐた。我々が社を、共同生活の多角的規制を目的とした鄕村團體の一つに數へるのは、そのためである。しかし社内の協力援助が、多く農事に關して求められたといふ點を別にしても、子弟の教育に於て重視されたのは敦本抑末の思想であり、また社長に對する誡諭及び諭解の權の賦與も、特に農務の妨廢を妨ぐといふ理由によつたのであつて、社長の任務は何らかの意味で勸農的動機との繫がりを有ち、またそれに強く規定されてゐた。社に於ける共同生活の規制は、この意味で勸農の精神によつて貫かれてゐる。しかるに社は、以上の如き勸農の諸目的に適合した規模を有ちつつ、しかも自然村を單位として組織されたのであつて、社に於ける共同生活の多角的規制は、結局社が地緣共同態の地盤の上に作られたといふ事實の中に、その可能根據を有つてゐたのである。

（1）　通制條格卷五、學令、廟學。　元史卷九十六、志第四十五上、食貨。

（2）　通制條格卷十六、田令、理民。

第二節　敎化を中心としたる共同生活の規制——明の里制

一

元の社制は、農事に關して社長の指導を受ける社人の集合體たる面の他に、社長を通して他律的に規制せられる共同態としての面をも有してゐた。しかも社は、自然聚落の基礎の上に約五十家を標準として編成せられた勸農を主目的とする團體であつて、里正及び主首によつて統制される徵稅のための組織とは、全然別個のものであつた。しかるに、他律的に規制せられる明の共同態は、徵稅の組織たる百十戸の里甲とその範圍が同一であり、成立の順序からいへば、恐らくまづ徵稅の組織が考へられ、これを母體として共同化の機能が添加せしめられたのである。しかも里の徵稅が里長の責任とされてゐるのに對して、里內の共同生活の指導者としては「里老人」なるものが置かれてゐた。明史食貨志に

里設老人、選年高爲衆所服者、導民善、平鄕里爭訟

とあるのが(1)それであつて、「導民善」と「平鄕里爭訟」の二つは、以下に述べる里老人の職掌の要約であると見ることが出來る。

里老人の職掌を規定したのは、洪武三十一年三月に宣布された「敎民榜文」四十一個條(2)である。しかし敎民榜文に載せられた個條とその方策中には、すでにそれ以前に行はれてゐた施設や方針をそのまま取り入れたものが多く、その意味で里に於ける共同生活の規制原理は、必ずしも洪武三十一年に至つて始めて作られたわけではなかつた。里老人そのものの設置も、實は洪武二十七年のことであつて、洪武實錄の同年四月壬午の條に

命民間高年老人、理其郷之詞訟、先是州郡小民、多因小忿輒興獄訟、越訴于京、上於是嚴越訴之禁、命有司、擇民間耆民公正可任事者、俾聽其郷訴訟、若戸婚田宅鬪毆者、則會里胥決之、事渉重者、始白于官

とあるやうに、(3)この年にはじめて耆民の公正にして事に任ずべき者を選んで老人となし、戸婚、田宅等の民事事件と鬪毆の如き輕微な刑事事件の處分權が、明確に老人に對して移讓せられたのである。しかも右の文のつづきに

且給敎民榜、使守而行之

と見え、この時すでに、老人のよるべき準繩として「敎民榜」が與へられてゐた。三十一年の宣布にかかる敎民榜文は、恐らく二十七年のそれに若干の追補を加へて作られたものであり、その意味で三十一年は、里老人の制の完成された年であつたといへる。なほ大明實錄洪武二十一年八月壬子の條には

罷天下府州縣耆宿、初令天下郡縣、選民間年高有德行者、里置一人、謂之耆宿、俾質正里中是非、歲久更代、至是戸部郎中劉九皐言、耆宿頗非其人、因而蠹蝕郷里、民反被其害、遂命罷之

と記されてをり、(4)洪武二十一年以前に里中の是非を質正するために「耆宿」なる者が設けられ、その弊害のために、二十一年に至つて廢止されたことが知られるのである。耆宿の任務については、ただ「里中の是非を質正す」とあるに過ぎないが、洪武二十七年の里老人がこの耆宿の復活であることは、疑ふ餘地がなからうと思ふ。耆宿と老人の名稱上の相違、及び里中の是非の質正から郷里の詞訟の平決への職責上の發展にも拘らず、里中の年高有德の人を擇び、その主な任務として里內の肅正に當らせたといふ根本の原則に於ては、一貫して變はるところがなかつた。

里における里老人の任務の第一は、里內の肅正を計ることであつた。明史の言葉をかれば、それは郷里の爭訟を平

めることであるが、上記の敎民榜文も、その過半が實は老人のもつ裁判權の說明に當てられてゐる。

そこでまづ榜文第二條に示された老人裁判權の範圍をいへば、それは戸婚、田土、鬪毆、爭占、失火、竊盜、罵詈、錢債、賭博、擅食田園瓜果等、私宰耕牛、棄毀器物稼穡等、畜産咬殺人、卑幼私擅用財、褻瀆神明、子孫違反敎令、師巫邪術、六畜踐食禾稼、均分水利の十九項目であつて、民事事件と刑事事件の二つを含み、この中爭占、錢債、均分水利等を除く他の項目は、すべて明律中に同種の規定の存するものであるが、榜文第一條に

民間戸婚田土鬪毆相爭、一切小事、不許輒便告官、務要經由本管里甲老人理斷、若不經由者、不問虛實、先將告人杖斷六十、仍發回里甲老人理斷

といひ、また第十條に

鄕里中、凡有姦盜詐僞人命重事、許赴本管官司陳告

と記されてゐるやうに、老人の取り扱ふ事件は原則として小事のみに限られ、もし老人の權限に屬する事件を、老人を經由せずして直接官に訴へる者のある場合には、杖六十の刑に處した上、その事件を老人に發回せしめ、官司に直接訴へることの許されたのは、姦盜、詐僞、人命等の重事のみに止められてゐた。しかしそればかりではなく、榜文の序に

民間戸婚田土鬪毆相爭、一切小事、須要經由本里老人里甲斷決、若係姦盜詐僞人命重事、方許赴官陳告、是令出後、官吏敢有紊亂者、處以極刑、民人敢有紊亂者、家遷化外

とあつて、老人裁判權の右の原則を破る者のある場合には、官吏は極刑に處し、民人はその家を化外に遷すといふ手

段に訴へることさへあつた。

しかるに榜文の第十一條に

姦盜詐僞人命重事、前例以令有司決斷、今後民間、除犯十惡强盜及殺人、老人不理外、其有犯姦盜詐僞人命、非十惡非强盜殺人者、本鄕本里內自能含忍省事、不願告官、繫累受苦、被告伏罪、亦免致身遭刑禍、止於老人處決斷者聽、其所以老人不許推調不理、若里老人等、已行剖斷發落、其刁頑之徒、事不干已、生事訴告攪擾、有司官吏、生事羅織、以圖賄賂者、俱治以罪

といふ規定が設けられ、原則として官に訴ふべき事實でも、十惡、强盜及び殺人の罪以外のものは、里內に內濟示談の意志ある場合に限つて、里老人の處置に一任することが出來た。卽ち老人の絕對に干與しえない犯罪は、十惡、强盜及び殺人の三つのみに限られ、小事はもとより、姦盜、詐僞、人命といへども、被害者に內濟の用意ある場合には老人の處理を許すといふのであつて、老人のもつ裁判權と勸解權の、如何に廣汎且つ强力なものであつたかが想像せられるのである。

里老人の取り扱ふ裁判權の內容は、概ね以上の如くであるが、その裁判は、榜文第三條に

凡老人里甲剖決民訟、許於各里申明亭議決、其老人須令本里衆人推擧、平日公直人所敬服者、或三名五名十名、報名在官、令其剖決、若事干別里、須會該里老人里甲公同剖決、其坐次先老人、次里長、次甲首、論齒序坐、如里長年長於老人者、坐於老人之上、如此剖判民訟、抑長幼有序、老者自然尊貴

と見え、第五條に

本里老人遇有難決事務、或子弟親戚有犯相干、須會東西南北四隣里分、或三里五里衆老人里甲剖決、如此則有見識多者、是非自然明白

といはれてゐるやうに、里毎に設置された申明亭内で行はれ、それには老人の他に里長と甲首も參加し、また事件が他の里に關係する場合には、その里の老人及び里甲とも合同協議し、さらに里老人による解決が困難であるか、或は當事者が老人の子弟親戚である場合には、四隣の里若くは三五里の老人里甲を集めて、その協力を求めしめた。

なほ榜文の第七及び第八條の規定によれば、老人自身に罪責のある場合には、衆老人と里甲が公同剖決の任にあたり、輕い罪に關しては、衆老人と同列して詞訟を主ることを許さず、重い罪に對しては所在の有司に告げて京師に送り、また老人中に正事を行はず、法によつて姦をなし、衆人の公論によらずして事を亂す者のある時にも、衆老人をしてこれを京師に送らしめてをり、逆に有司にして擅に里老人を拏問する者は、老人自らをしてその旨を來奏せしめてゐる。しかしいづれにせよ、教民榜文は里老人のもつ裁判權の内容を詳示すると共に、その權限に屬せしめられた事件は、あくまで里内の自治的解決を要望したのであつて、既述の如く、榜文の序に於てすでに老人の權限に對する官吏と民人の紊亂を禁止する他、さらに第六條に於て

老人里甲剖決詞訟、本以便益官府、其不才官吏、敢有生事羅織者、罪之

と述べ、また第十二條にも

民間詞訟、已經老人里甲處置停當、其頑民不服、展轉告官、捏詞誣陷者、正身處以極刑、家遷化外、其官吏人等、不察所以、一概受理、因而貪贓作弊者、一體罪之

といふ規定を設けて、不才の官吏と頑民の侵擾から、老人の裁判權を保護することに努力してゐる。

因みに、老人裁判の行はれる申明亭は、實錄の洪武五年二月の條に

是月建申明亭、上以田野之名、不知禁令、往々誤犯刑憲、乃命有司、于內外府州縣及其鄕之里社、皆立申明亭、凡境內人民、有犯書其過名、榜于亭上、使人有所懲戒

とあるやうに(5)、洪武五年の創建にかかり、府州縣及び里社每に設けて、これに犯罪者の氏名を榜示せしめたといはれてゐるが、實錄の洪武十五年八月乙丙の條は

今有司槩以百姓雜犯小罪書之、使良善一時過誤者、爲終身之累、雖欲改過自新、其路無由、爾禮部、其詳議來言、於是禮部議上、自今犯十惡奸盜詐僞干名犯義、有傷風俗及犯贓至徒者、書于亭以懲戒

といふ文を載せてをり(6)、申明亭の設立後十年にして、ここに揭示すべき犯罪の種類を減じ、さらにその後老人制の確立と共に、老人裁判そのものの行はるべき場所とされるに至つたのである。

(1)　明史卷七十七、志第五十三、食貨、戶口。
(2)　皇明制書卷九、敎民榜文。
(3)　大明太祖洪武實錄卷二百三十二。
(4)　同上卷一百九十三。
(5)　同上卷七十二。
(6)　同上卷一百四十七。

二

次に里老人は、既述の如く「平鄕里爭訟」の他に「導民善」の責任をも有する。敎民榜文第十六條は、この點を説明して

老人里甲、不但與民果決是非、務要勸民爲善

といつてゐるが、導民善若くは勸民爲善が、里人の訓育敎化によつて行はるべきものであることはいふまでもない。導民善を任務の一つとする點に於て、里老人は單に里內の肅正のみでなく、さらに民衆敎化の重責をも負はされてゐたことが知られる。しかし裁判による里內の肅正はいはば民善の否定の否定であり、それは消極的な導民善とも見ることが可能であつて、この見地からいへば、里老人の任務は民衆の敎化に盡きるといふことも許される。明の老人が、漢の三老に比較せられるのも故なきことではない。しかし消極的な導民善のみでなく、さらに積極的な導民善の行はれる時に、里制のもつ敎化的色彩は一層濃厚となる。

敎民榜文は、前記の如くその半ば以上を老人の裁判權の說明に當ててゐるが、民善の積極的な向上についても、多くの任務を老人に對して課してゐる。さうしてここに民善といはれてゐるものが、儒敎的內容を有つものであることは斷わるまでもない。卽ちそれは、孝順父母、敎訓子孫、尊敬長上、和睦鄕里の四つであつて、まづ孝順父母と敎訓子孫とについては、第三十三條に

父母生身之恩至大、其鞠育劬勞、詳載大誥、今再申明、民間有祖父母父母在堂者、當隨家貧富、奉養無缺、已亡

者、依時祭祀、展其孝敬、爲父母者、教訓子孫、爲子弟者、孝敬伯叔、爲妻者、勸夫爲善、如此和睦宗族、不犯刑憲、父母妻子、相夕相守、豈不安享太平

といひ、第二十六條に

民間子弟七八歳者、或十二三歳者、此時慾心未動、良心未喪、早令講讀三編大誥、誠以先入之言爲主、使知避凶趨吉、日後皆成賢人君子、爲良善之民、免貽父母憂慮、亦且不犯刑憲、永保身家

といはれ、いづれも洪武十八年及び十九年の頒行にかかる「御製大誥」を準則とすべきことを命じてゐるが、さらに孝順父母を奬勵するために、第十七條は里老人をして孝子順孫を朝廷及び官司に上申せしめ、また教訓子孫を徹底せしめるために、第三十二條は元の義學に倣つて社學を設け、これを童蒙教育の機關たらしめようとした。尤も、社學は洪武八年正月にその設置が命令せられ、その後一たん廢止せられて洪武十六年冬月に再興され、[1] さらに老人職の設置と共に、社學の建立整備が老人の任務とされるに至つたのである。

しかし、郷村に於ける共同生活の規制といふ面より見て一層重要なのは、尊敬長上と和睦郷里に關する榜文の規定であらう。即ちその第三十五條に

郷里人民、住居相近、田土相隣、父祖以來、非親卽識、其年老者、有是父祖輩行、有是伯叔輩行、有是兄輩行者、雖不是親、也是同郷、朝夕相見、與親一般、年幼子弟皆須敬讓、敢有輕薄不循教誨者、許里甲老人量情責罰、若年長者不以禮導後生、倚恃年老、生事羅織者、亦治以罪、務要隣里和睦、長幼相愛、如此則日久、自無爭訟、豈不優遊田里、安享太平

とあるのは、尊敬長上を說いたものであり、第二十五條に

鄉里人民、貧富不等、婚姻死喪吉凶等事、誰家無之、今後本里人戶、凡遇此等、互相賙給、且如某家子弟婚姻、其家貧窘、一時難辦、一里人戶、每戶或出鈔一貫、人戶一百、便是百貫、每戶五貫、便是五百貫、如此資助、豈不成就、日後某家婚姻、亦依此法輪流賙給、又如某家或父或母死喪在地、各家或出鈔若干、或出米若干資助、本家或棺槨或僧道修設善緣等事、皆可了濟、日後某家倘有此事、亦如前法、互相賙給、雖是貧家些少錢米、亦可措辦、如此則衆輕易擧、行之日久、鄉里自然親愛

とあるのは、和睦鄉里を敎へたものであるが、第三十五條も尊敬長上の他に長幼の相愛を說いてをり、この點ではこの個條も和睦鄉里への道を示し、一は長幼の相愛による鄉里の和の實現を企圖し、他は里民間の相恤による鄉里の和の實現を企圖したといふ相違があるに過ぎないといへる。

なほここで特に一言して置きたいのは、敎民榜文が、上記の如く和睦鄉里の一手段として、婚姻死喪の際に於ける里民間の相互援助を命じてゐることである。大明實錄の記載によると、洪武二十八年二月己丑に、應天府上元縣典史の隋吉なる者が

農民之中、有一夫一婦、受田百畝或四五十畝者、當春夏時、耕種之務方殷、或不幸夫病而婦給湯藥、農務旣廢、田亦隨荒、及病且愈、則時已過矣、上無以供國賦、下無以養室家、窮困流離、職此之由、請命鄉里小民、或二十家或四五十家、團爲一社、每遇農急之時、有疾病則一社協力、助其耕耘、庶田不荒蕪、民無飢窘、百姓親睦而風俗厚矣

と述べて、農耕の際の相互援助を目的とする社の設立を命ぜられんことを請うた際に、太祖はその言を嘉納したにも拘らず、戸部に對して

古者風俗淳厚、民相親睦、貧窮患難、親戚相救、婚姻死傷、隣保相助、近世教化不明、風俗頽敝、鄉隣親戚、不相周恤、甚者强凌弱、衆暴寡、富呑貧、大失忠厚之道、朕即位以來、恆申明教化、於今未臻其效、豈習俗之固未易變耶、朕置民百戶爲里、一里之間、有貧有富、凡遇婚姻死喪、疾病患難、富者助財、貧者助力、民豈有窮苦急迫之憂、又如春秋耕穫之時、一家無力、百家代之、推此以往、百姓寧有不親睦者乎、爾戶部、其諭以此意、使民知之

といふ諭旨を與へたといはれてゐる(2)。卽ち太祖は、社制復活の意見を斥けて、里制擁護の立場を明示すると同時に、隋吉が農耕の際の相互援助のみを實現せしめようとしたのに對して、さらに婚姻死喪と疾病患難の際の里民間の相互援助をも、併せて要求したのである。しかるに洪武三十年九月辛亥の戶部の令は、里民の相互援助に關して、ただ

民凡遇婚姻死喪吉凶等事、一里之內、互相賙給、不限貧富、隨其力以資助之、庶使人相親愛、風俗厚矣

とのみ記し(3)、春秋耕穫の際の相互援助に言及することを避けてゐる。さうしてさきに擧げた榜文第二十五條の規定が、この戶部の令を本として作られたものであることは疑ふ餘地がない。

洪武三十年の令と、それに基く榜文の相互援助に關する規定が、農耕のための相互援助のことを省いたのは、恐らくそれを不必要と考へたがためではないであらう。また反對に元の社規が、農耕生活に於ける相互援助のことにのみ觸れてゐるのも、同樣に婚姻死喪の際の相互援助を不必要としたがためではない。婚姻死喪の際の協力援助が百姓の

親睦を媒介するやうに、農耕に於ける協力援助もまた、隋吉の指摘した如く百姓の親睦の原因となることが出來る。人々の親睦をもたらす相互援助のあらゆる種類は、里にとつても社にとつても不可缺の要事でなければならない。それにも拘らず元の社規は、農耕上の相互援助のみを擧げ、明の教民榜文は、婚姻死喪の際の相互援助のみを論じてゐる。さうしてこれは、社制と里制が共に民衆生活の共同化といふ同一の意圖を有しながらも、その設立の趣旨に根本的な相違があつたといふ事實に基くものでなければならないのである。卽ち社規が農耕上の援助のみを求めたのは、社が本來勸農のための組織だからであり、教民榜文が婚姻死喪の際の援助のみを說いたのは、里が教化を主とするところの組織であつたからに他ならない。

前に述べたやうに、里老人は里内の詞訟に關する廣汎な平決權を賦與されてゐた。がその性質から見ると、それは至元新格に示された元の社長の權限に極めて類似してゐる。卽ち元の社長も、婚姻、家財、田宅及び債負に關する民事事件の論解權と、假托靈異、妄造妖言、佯修善事、夜聚明散等の禁治事項に對する誡諭權とを認められてゐたのであつて、兩者の權限の大小强弱を別とすれば、里老人の裁判權は、社長の論解及び誡諭の權の繼受に過ぎなかつたといへる。ところが相互援助については、洪武三十年の戶部の令も、それを本として作られた榜文第二十五條の規定も、社規の精神とは完全に異なる立場にたつてゐる。尤も隋吉の上言を契機として發せられた太祖の諭旨は、なほ婚姻死喪の際の相互援助と共に、春秋耕穫の際の相互援助をも論じてゐるが、その諭旨に於て太祖が第一に取り上げたのは婚姻死喪の際の相互援助であつて、春秋耕穫の際の相互援助ではなかつた。しかも相互援助に於けるこの順位の採用は、恐らく單なる偶然ではなく、かへつて教化政策に對する太祖の關心の深さを示すものと見るべきであり、洪武三十年の戸部の令と榜文第二十五條の規定も、實は太祖のこの立場をさらに徹底することによつて作られたものである。しかしながら、和睦郷里は婚喪時の相互援助を通してのみ、その實現を求められたわけではない。なぜなら、里社の祭もまた、明かに郷里を和睦せしめるための機會をなすからである。里社の祭については、大明實錄洪武元年十一月丙午の條に、中書及び禮部の制として

庶人祭里社土穀之神

と定められ、(4)また洪武三年六月の條にも、中書省の臣僚の言として

凡民庶祭先祖、歲除祀灶、鄉村春秋祈土穀之神、凡有灾患、禱于祖先、若鄉厲邑厲郡厲之祭、則里社郡縣自擧之

といふ文(5)が擧げられ、里社の祭は禮制の一つとして、すでに明初から重んぜられてゐた。明律が師巫邪術を嚴禁したにも拘らず、同じ條に

其民間春秋義社、不在禁限

と述べて、(6)春祈秋禳の祭を許容したのも、里社尊重の方針の現はれでなければならない。さうしてこの方針を敎民榜文中に取り入れたのが、榜文第二十八條の

鬼神之道、陰陽表裏、人雖無見、冥々之中、鬼神鑒察、作善作惡、皆有報應、曩者已令鄉村各祭本鄉土穀之神、及無祀鬼神、今再申明、民間歲時依法祭祀、使福善禍淫、民知戒懼、不敢爲惡、如此則善良日增、頑惡日消、豈不有補於世道

といふ規定である。これはいふまでもなく、里民の宗教生活に對する規制であるが、圖書編に載せられた洪武禮制の

「里社」の條に

祭畢、就行會飲

といはれてゐるやうに、里社の祭は、元來圖書編にいふ「雨暘時若」と「五穀豐熟」とを土穀の神に祈るだけではなく、さらに里民に饗宴和樂の機會を與へるものであつた。その上洪武禮制によれば、鄕厲の祭も「民庶安康」と「孶畜蕃盛」を祈るかたはら、里社の祭と同樣に里民の會食を伴つてゐたといはれる。(7)とすればこれらの祭が、饗宴或は會食を通して、鄕里和睦の一つの手段となりえたことはいふまでもない。

和睦鄕里の問題と關聯してなほ一言を要するのは、鄕飮酒禮に關する第二十七條の以下の如き規定である。

鄕飮酒禮、本以序長幼、別賢否、乃厚風俗之良法、已令民間遵行、今在申明、務要依頒降法式行之、長幼序坐、賢否異席、如此日久、豈不人皆向善避惡、風俗淳厚、各爲太平之良民。

實錄によれば、すでに洪武五年四月戊戌に天下に詔して鄕飮酒禮の擧行を命じ、洪武十四年二月丁丑にも禮部をして鄕飮酒禮を申明せしめてゐるが、(8)鄕飮酒の禮は元來鄕に於ける長幼の序を明かにするための儀禮の一つであり、しかもそれは文字の示す如く飮酒の宴を伴ふものであつて、そこに長幼相愛の機緣が生れて來ることは疑ひなく、これまた和睦鄕里を媒介するところの一つの機會となりえたのである。

かくの如く、里老人は「平鄕里爭訟」と「導民善」とをその任務として有し、この二つを通して里內の親睦、したがつて一里百十戶の共同態化をはからなければならなかつた。がこれらの任務以外に、勸農の責めもまた、實は里老人の手に握られてゐた。その一つは、榜文第二十四條の

河南山東農民中、有等懶惰、不肯勤務農桑、以致衣食不給、朝廷已嘗差人督併耕種、今出號令、此後止是各該里分老人勸督、毎村置鼓一面、凡遇農種時月、五更擂鼓、衆人聞鼓下田、該管老人點閘、若有懶惰不下田者、許老人責決、務要嚴切督併、見丁着業、毋容惰夫遊食、若是老人不肯勸督、農人窮窘爲非、犯法到官、本郷老人有罪

といふ規定であるが、右の規定のうち勸農鼓に關する部分は、洪武三十年九月辛亥の戸部の令の中に、ほぼ同文を以て示されたものの再錄であり、また人を遣はして河南・山東の耕種を督併せしめたといはれてゐるのも、實錄によれば洪武三十一年正月乙丑のことであつて、(9) それから約二個月の後に、早くもこの監督が老人の責任として、教民榜文の一條目をなすに至つたのである。この他、榜文第二十九條に

如今天下太平、百姓除本分納糧當差之外、別無差遣、各宜用心生理、以足衣食、毎戸務要照依號令、如法栽種桑株棗柿棉花、毎歳養蠶所得絲綿、可供衣服、棗柿豐年、可以賣鈔使用、遇儉年、可當糧食、此事有益、爾民、里甲老人、常提督點視、敢有違者、家遷化外

とあり、第三十條に

民間或有某水、可以灌漑田苗、某水爲害、可以堤防、某河壅塞、可以疏通、其當里老人、會集踏看、丈量見數、計較合用人工、併如何修築、如何疏通、定奪計策、畫圖帖說、赴京來奏、以憑爲民、興利除害

とあつて、一は副業に對する里老人の監督權、他の一は水利に關する里老人の指導權を規定してゐるが、榜文の條規中、勸農に關係のある個條は結局以上の三つに止まり、元の社規に比較するとき、農事に關する榜文の態度は、いちじるしく消極的であつたといふことが出來る。

以上に述べた如く、元の社規は、その大部分が勸農に關する條項より成り、それ以外には僅かに敎化と救荒とに關する二三の規定をふくみ、社長の裁判權については、至元二十八年の至元新格に至つて始めて二個條が加へられたに過ぎない。しかるに明の敎民榜文は、大部分が平訟と訓民とに關する個條からなり、勸農に關する規定は、僅かに三個條を數へるだけである。私は前に、共同生活の規制に勸農政策の一部として行はれるものと、敎化政策の一部として行はれるものの二種あることを指摘したが、その規制が多角的且つ國家的規模に於て行はれる場合にも、同樣に二種の形態のあることが、ここに明かにせられるのである。しかも兩者は、共に鄕村に於ける共同生活の規制をある程度まで綜合的に實施し、鄕村の共同態化をはからうとする試みである點に於て、犯罪の防止と非常の際の救援のみを目的とする鄕村の共同化とは、おのづから異なるところがあつた。

ただ問題になるのは、元の社制による共同生活の規制が自然村を地盤とし、地緣共同態そのものの存在を前提として行はれてゐるのに對して、明の里が元來鄕村に於ける徵稅のための組織であり、百十戶といふ戶數編成原則に制約された組織であつたといふことである。ところで、所定の戶數編成原則が嚴密にその適用を要求せられる場合には、自然發生的な村落共同態の統一性の破壞は、避け難いものとなるであらう。この破壞の上になほ、果して敎民榜文の要求するが如き共同生活の多角的規制が有效に行はれうるかどうか。もし鄕村に於ける共同生活の規制を最も效果的に行はうとすれば、自然發生的な地緣共同態の統一性は尊重されなければならない。また地緣共同態の統一性を尊重しようとすれば、戶數編成原則の嚴密なる適用は不可能とならなければならぬ。かくして戶數編成原則と地緣共同態との關係に關する問題が、またしても我々の前に登場するのである。

（1）大明太祖洪武實錄卷九十六。　同上卷一百五十七。
（2）同上卷二百三十六。
（3）同上卷二百五十五。
（4）同上卷三十二。
（5）同上卷五十三。
（6）明律集解附例卷十一、禮律、祭祀、禁止師巫邪術。
（7）章潢、圖書編卷九十二、里社。
（8）大明太祖洪武實錄卷七十三。　同上卷一百三十五。
（9）同上卷二百五十六。

三

明の里制に於ける戸數編成原則の問題は、かつて述べた戸數編成原則と自然村との關係に關する問題の一つであるが、私はそこで、他の場合と同樣に里制についても、里が單村若くは聯村制を原理として作られたことを指摘し、二三の證據を揭げると共に、その一つとして敎民榜文第二十四條にある「每村置鼓一面」の法の存在を擧げた。なぜなら、一村置鼓の法は、ただ自然村の統一性の保たれる場合にのみ意味があるのであつて、自然村の分割併合が行はれる限り、それは全く無意味の規定とならざるをえないからである。さうしてこの事實は、すでに里が、一村によつて、若くは數村十數村の聯合體としてのみ組織せらるべきものであることを暗示する。

ところで注意を要するのは、右と同じ個條に、農種の時月に遇へば五更に擊鼓し、衆人を下田せしめて、老人がその勸督を行ふべきものと定められてゐることである。しかし里がもし散在せる數村乃至十數村より成るとすれば、その里の老人にとつて、廣い地域の勸督を同時に行ふことは如何にして可能であらうか。またその點を姑らく措くとしても、里長よりも日常性と繁雜さとに於てまさる里老人の職が、全里にわたつて遺漏なく、しかも遲滯なく行はれうる方法はどのやうなものであらうか。

これに答へるのは、里每に老人を三名、五名乃至十名置くと書いた榜文第三條の規定である。なぜなら、里が數村または十數村より成る場合に、その共同生活の規制を最も有效に行はうとすれば、まづそれを自然村每に、若くは隣接せる小範圍の村々每に行ふ以外に道がないからである。さうしてこれが恐らく、里に衆老人の制を必要とすると考へられるに至つた主な理由であらう。この意味で右の規定は、明の里が、多く數村十數村を集めて作られたといふ既揭の事實に繫がつてゐるのである。老人の制が、洪武二十一年以前に施行された耆宿の制であることはさきに述べたが、その耆宿は、里に一名を置くのが原則であつた。とすればこれは、老人の制を耆宿の制から區別する一つの大きな相違でなければならない。

しかるに方志類を見ると、そこに記載された老人の數は、つねに一里に一名であつた。例へば山東乾隆平原縣志に

明時、縣編戶四十六里、……每里老人里長書手原僉各一名、各共四十六名

とあり[(1)]、安徽光緒舒城縣志に

老人里設一名、歲一更換、所以達民間之利病、諫吏治之得失者也

とあり(2)、浙江康熙徳清縣志に

老人、毎里一名

とあり(3)、また浙江乾隆桐廬縣志に同じく

老人、毎里一名

とある(4)のがそれであり、次に顧炎武の天下郡國利病書を見ても、山西省平定州の條に

選年高有徳者一人、爲老人、給以敎民榜、勸善敦俗

といひ(5)、江蘇省嘉定縣の條に

國初里編老人一人、得參議民之利害及政事得失、上謂之方中御史、後鄕都有婚姻田土之訟、政以平其曲直、最後則供交際之事、督興作之役、及料理諸瑣屑而已

といはれ(6)、浙江省永康縣の條に

老人卽漢之三老、掌敎化者也、洪武中、令天下州縣、里設老人一名、以耆年有徳者充之

と見え(7)、また福建省泉州の條にも

老人一人、主風俗詞訟

と記されてゐて(8)、各地の老人は等しく一人であり、さらに老人と現年の里長の數を各〻千四百三十五名と報じた江蘇省松江府の例に於ても、現年の里長が里に必ず一名であるとすれば、それと同數の老人もやはり、各里に一名づつとならなければならない(9)。では榜文の規定と實際とのこの矛盾は、一體何を意味するであらうか。

それは州縣志の示すやうに、老人が普通、詞訟、教化、民間の利病、政事の得失等の如き一般的な事柄にのみ携はつて、勸農その他の日常的な細事を輕視し、また忽諸に附した結果であらう。老人の實際上の任務がこのやうな事項に限られるかぎり、里の管轄はなほ一人を以て足りる。里内の是非を質正したといはれる洪武二十一年以前の耆宿が、ただ一名に止まつたといふ事實は、この點で教へるところが多い。このやうに見れば、「平郷里爭訟」と「導民善」のみを老人の職掌と見る明史の立場も、一里に一名の老人を以て滿足するところの立場でなければならない。それは衆老人を置くといふ榜文の規定の無視であるが、この無視は結局、榜文の規定した里老人の職掌の部分的具文化から起つてゐるのである。

しかし、一里に二人以上の老人を置いた例もないわけではない。例へば江蘇嘉靖呉江縣志を見ると、一方には同縣の職役のことを述べた個所に

毎十年一造黃冊、毎里差其丁糧上戸十家、編爲里長、……里中催徵、勾攝供應之事、皆責焉、……又歲僉老人、以斷郷曲

といふ明文(10)を掲げながら、他方では全縣二十九都の中、第二都の北部のみは十五の里に對して現年の里長十五人と二十七人の老人を置いたといひ、一里に於ける老人の數は、平均一・八人となつてゐるからである。さうしてこの數字は明かに、里に老人を二人以上設ける場合のあつたことを示してゐる。しかしいづれにせよ、榜文第三條の規定がもし無意味の冗文でないとすれば、それが數村或は十數村一里の編成を前提として考へられたものであることはほぼ疑ひがなく、この推定は、里に關する戸數編成原則が單なる原則に止まつて、遲くも榜文の頒布された頃、すでに里の

實際上の構成原理となりえなかつたことを示すのである。自然村の統一性を無視したところに、里制の要求するやうな共同生活の有效なる規制が行はれうるとは考へられない。要するに、里制による明の共同生活の綜合的規制は、元の社制と同樣に地緣共同態の地盤の上に行はれたのであつて、その間にはただ、里が社よりも地域的に大きかつたといふ差異があるに過ぎないのである。

（1）山東乾隆平原縣志卷三、食貨、里甲。
（2）安徽光緖舒城縣志卷十四、食貨、賦役。
（3）浙江康熙德淸縣志卷四、食貨、正役。
（4）浙江乾隆桐廬縣志卷七、食貨、徭役。
（5）顧炎武、天下郡國利病書卷四十六、山西。
（6）同上卷二十、江南。
（7）同上卷八十七、浙江。
（8）同上卷九十五、福建。
（9）同上卷二十一、江南。
（10）江蘇嘉靖吳江縣志卷十、食貨、徭役。

第二篇　鄉黨道德思想と教化の法

中國に於て、家族道德に續いて鄉黨道德の重んぜられてゐたことは、人のよく知るところである。家族を親子、兄弟、夫婦の如き近親者から成る同居共財團體の意味に解すれば、家を異にしつつしかも同じ血緣に繫がるいはゆる宗族が、家族と鄉黨との間に置かれるであらう。禮記の用語例にしたがへば、宗族は同祖から出た五世までの男系親族を意味してゐた。しかし後世に於ては、五世を超えた遠親の者もすべて宗族の名によつて總稱せられてゐる。清の康熙聖諭が、十六個條中の第一條に「敦孝弟」をいひ、第二條に「篤宗族」を說き、第三條に「和鄉黨」を論じたのは、(1)家族と鄉黨との間に宗族の存在することを認めたものであり、しかもその場合の宗族は、恐らく五世以上の親族をも含む多數の同族者を指してゐる。また宋の眞德秀が父子、兄弟、族屬の和を述べた後に「其次、鄉鄰情義亦重」と書き、(2)明の姚舜牧が「睦族之次、即在睦鄰」と記してゐる場合にも、(3)隣或は鄉隣の前に考へられてゐるのは、五世を超える男系親族の全體であつた。

家族概念本來の用法からいへば、中國の家族は同居共財の血緣團體に限られる。しかし家族を廣義に解すれば、宗族もまた家族の概念中に包攝せられるであらう。鄉黨道德が家族道德に次ぐと冒頭に書いたのは、宗族をも含むひろい家族概念の立場に於てである。がいづれにせよ、家族と宗族が共に同じ血緣につながる人々の範圍であるのに對して、隣、鄉隣或は鄉黨は、地緣卽ち土地の共同を結合の契機とするものであり、結合契機の觀點から見れば、家族及び宗族と鄉黨との間には、社會集團としての本質上の區別がなければならない。宗族の大なるものは、鄉黨とその範圍が相蓋ふであらう。しかしその場合の鄉黨は、宗族と呼ばれる限りに於て、結合の契機としての生命の同一性の自覺を缺くことが出來ないのである。この意味で、家族道德は血緣道德であり、鄉黨道德は地緣道德である。かくてこの篇に於ける我々の興味は、中國に於て、一般に血緣道德に次いで地緣道德が重んぜられたといふ、旣述の如き事實に始まるのである。

私はこの點を明瞭に指摘した事例として、眞德秀、姚舜牧、康熙聖諭の三つを擧げた。がこれ以外になほ、明の解縉は「治家之禮」と共に「睦鄰之法」の重要性を認め、治家の禮の範として鄭氏家範を、睦隣の法の範として呂氏鄉約をあげ(4)、また民國の薛允升は

世之論治者、恆以宗法爲要務、然廢弛已久、行之頗難、不得已而思其次、其惟藍田鄉約乎

と述べ(5)、血緣道德の廢弛後これに代はるべき唯一のものとして、呂氏鄉約によつて代表される地緣道德を擧げてゐる。兩者は、血緣道德と地緣道德との比重を必ずしも明示してゐないが、血緣道德を地緣道德よりも重く見、或は後者が前者に膚接すべき重要性を有するものと考へてゐる點では、前記の諸例と異なるところがない。尤も、中國でも後述の如く、近隣の親しさは遠親のそれに勝るといはれてをり、道德規範の示す秩序と現實生活の敎へる秩序との間には若干の距たりがある。それは同族結合が弛緩し、或は一族が分散して近隣に同族者を見出しえなくなつたやうな場合に特に起りがちな現象と考へられるが、とにかく右の言葉は、家族道德の優越を絕對的のものと見る思想に對する一

つの批判であり、したがつてまた狹くしては近隣、廣くしては鄕黨、總じて中國に於ける地緣關係一般の實際的重要性を暗示するものとして、あらかじめ注意されなければならない。しかし中國の道德思想が、古くから家族道德の優越を原則的に承認し來たつたといふことも疑ひのない事實であつて、私は中國の道德思想が、家族道德との關聯に於て、鄕黨道德の地位を如何に見るかの點を明かにするために、宋以後の二三の文獻を引用し、その結論として、鄕黨道德が家族道德につづいて重んぜられてゐる事實を指摘した。では中國の道德思想は、鄕黨及び鄕黨道德をどのやうに取り扱ひ、どのやうな內容のものとして理解してゐたであらうか。また民衆をして鄕黨道德を實踐せしめるために、どのやうな處置が取られてゐたであらうか。私はこの問に答へるために、まづ近隣道德をも含む鄕黨道德思想をその思想史的起源に遡つて論じ、次に後世に及ぼしたその影響を明かにしつつ、民衆をしてそれを實踐せしめるために考へられた化民成俗の組織を、鄕村統治の問題の一つとして取り上げて見たいと思ふ。

（1）聖諭廣訓、第三條、和鄕黨以息爭訟。
（2）眞德秀、西山先生眞文忠公文集卷四十、文、再守泉州勸諭文（四部叢刊）。
（3）姚舜牧、藥言（咫進齋叢書）。
（4）解縉、大庖西室封事（皇明奏議卷一）。
（5）薛允升、唐明律合編、明律卷二十六、雜犯、折毀申明亭。

第一章　鄕黨道德の二範疇

第一節　鄕黨尙齒の思想

一

儒敎を中心とする中國の古文獻に現はれた實踐道德思想を一見して直ちに感ぜられるのは、鄕黨道德が著しく輕視されてゐるといふことである。それは實踐道德の主要德目として擧げられたものの中に、鄕黨に關する條項が缺けてゐるといふ事實によつて窺はれる。古文獻の示す實踐道德の德目は、必ずしも諸書を通じて同一ではないが、種々の場合を比較すれば、その中に繰り返し擧げられるものと然らざるものとがあつて、繰り返し擧げられてゐるものほど、重要性を認められてゐたことが知られるのである。

中國に於ける實踐道德の典型として後世にながく傳へられたのは、いはゆる五倫の思想である。孟子の滕文公章句に

敎以人倫、父子有親、君臣有義、夫婦有別、長幼有敘、朋友有信

とあるの(1)がそれであつて、孟子によれば、人倫の主要德目と見らるべきものは、父子の親、君臣の義、夫婦の別、長幼の敍及び朋友の信の五つであつた。しかしこれと同じ思想は、他の諸書にも見出される。卽ち呂氏春秋の愼行論壹

行篇には

先王所惡、無惡於不可知、不可知則君臣、父子、兄弟、朋友、夫婦之際敗矣、十際敗莫大焉、凡人倫以十際爲安者也、釋十際、則與麋鹿虎狼無以異

とあつて、(2)君臣、父子、兄弟、朋友、夫婦の五組の立場を人倫の十際とよび、また禮記中庸篇には

天下之達道五、……曰君臣也、父子也、夫婦也、昆弟也、朋友也

とあつて、(3)ここでは君臣、父子、夫婦、昆弟、朋友の五つの間柄が天下の達道であると說かれ、さらに淮南子の齊俗訓は、義を說いて

義者、所以合君臣、父子、兄弟、夫妻、朋友之際也

といひ、(4)同書泰族訓の「昔五帝三王の政に莅んで教を施すや、必ず參五を用ふ」の條も

制君臣之義、父子之親、夫婦之辨、長幼之序、朋友之際、此之謂五

と述べて、(5)君臣の義、父子の親、夫婦の辨、長幼の序及び朋友の際の五つを、五の制の典型的事例としてゐる。しかし、中國に於ける實踐道德思想の示す德目は、必ずしも右の五倫に固定してゐたわけではない。例へば荀子王制篇には

君臣父子兄弟夫婦、始則終、終則始、與天地同理、與萬世同久、夫是之謂大本

とあり、(6)禮記禮運篇には

禮義以爲紀、以正君臣、以篤父子、以睦兄弟、以和夫婦

とあつて、(7)いはゆる五倫の中から朋友を除いた殘りの四關係が、人倫の大本或は綱紀と認められ、また禮記中庸篇は君子の道を說明して

君子之道四、丘未能一焉、所求乎子以事父、未能也、所求乎臣以事君、未能也、所求乎弟以事兄、未能也、所求乎朋友先施之、未能也

と書き、晏子春秋内篇は、叔向に「榮」の意味を說いた晏子の

事親孝、無悔往行、事君忠、無悔往辭、和於兄弟、信於朋友、不謟過、不責得、言不相坐、行不相反、在上治民、足目尊君、在下涖修、足目變人、身無所咎、行無所創、可謂榮矣

といふ言葉(8)を揭げ、後の二つの例では、五倫の中の夫婦を除いたものが君子の道と見られ、その道の實現されるところに、榮ありと考へられてゐる。

この他になほ、五倫の中から兄弟關係を除き、君臣の義、父子の親、夫婦の別、朋友の序について「儒者の謹守する所、日ごとに切磋して舍かず」と述べた韓詩外傳(9)の如き例があり、父の慈、子の孝、兄の良、弟の弟、夫の義、妻の聽、長の惠、幼の順、君の仁、臣の忠の十者を人の義と見る禮記禮運篇の如き例があり、父子、兄弟、夫婦、君臣、長幼、朋友及び賓客を七敎と呼ぶ禮記王制篇(10)の如き例があり、また韓詩外傳の如く

君令臣忠、父慈子孝、兄愛弟敬、夫和妻柔、姑慈婦聽

の五種の關係を以て「禮の經」であると解するものもあつた。

このやうに、中國の古文獻に現はれた德の主要節目は、固定的のものではなくて相互に出入があり、それと同時に、

實踐道德思想の重視する人間關係にも多少の移動があつた。

しかし各種の場合を比較すれば、その間に、繰り返し現はれるものと然らざるものとの差別のあることが知られる。繰り返し現はれるのは、いふまでもなく君臣及び父子の關係であつて、この二關係は、諸書を通じてつねに擧げられてゐる。これに對して、兄弟關係と夫婦關係はその反復度に於てやや劣り、最も少く現はれるのは朋友關係であつた。かくの如く、君臣、父子、兄弟、夫婦、朋友の間には輕重の別があるが、とにかくこれらの五關係が人倫の最高のものと考へられてゐたことは確かであり、中國の實踐道德思想は、結局、君臣、家族、朋友の三種の關係をめぐつて構成されてゐたわけである。

しかしながら、今の我々に必要なのは、主要德目を論じた古い時代の中國の道德思想が、君臣、家族及び朋友の三關係を重視する反面に於て、鄕黨を著しく輕視し、僅かに大戴禮記文王官人篇に

父子之間、觀其孝慈也、兄弟之間、觀其和友也、君臣之間、觀其忠惠也、鄕黨之間、觀其信憚也

とあつて(11)、父子の孝慈、兄弟の和友、君臣の忠惠に對するものとして、鄕黨の信憚が說かれてゐるに過ぎないといふことである。その原因は恐らく、古文獻に現はれた上記の如き道德思想が、專ら士人階級の生活を對象とするものであつたといふ事情に由來する。前記の道德思想が士人のみを對象としてゐることは、家族關係や朋友關係と共に、つねに君臣關係が擧げられてゐるといふ點を見れば明かである。もちろん、家族關係や朋友關係は、士人のみでなく庶民階級にも存在してはゐるが、古文獻の示す家族道德や朋友道德は、禮記曲禮篇にある「禮は庶人に下らず」といふ言葉の敎へるやうに、もともと士人階級のみを對象として說かれたものであつた。禮は一般に行爲的聯關の規範であ

り、君臣、家族、朋友に關するもろもろの禮の規定は、君臣、家族及び朋友道德の實踐を規制するところの樣式であり、また型に他ならない。古文獻は、これらの諸道德を說くと共に、禮を士人に固有のものと見ることによつて、それらの道德が、士人のみに關するものであつたことを示すのである。

(1) 孟子卷五、滕文公章句上。
(2) 呂氏春秋卷二十二、愼行論第二、壹行。
(3) 禮記注疏卷五十二、中庸第三十一。
(4) 淮南鴻烈解卷十一、齊俗訓第十一。
(5) 同上卷二十、泰族訓。
(6) 荀子卷五、王制篇第九。
(7) 禮記注疏卷二十二、禮運第九。
(8) 晏子春秋、內篇、問下第四。
(9) 韓嬰、韓詩外傳卷五。
(10) 禮記注疏卷十三、王制。
(11) 大戴禮記卷十、文王官人第七十二。

二

上述の如く、中國の古文獻は、人倫の說明に於て鄕黨を著しく輕視し、庶民生活を規制すべき行爲の規範に對しても、極めて無關心の態度を示した。しかし中國の實踐道德思想が、鄕黨を全然考慮の外に置いたのでないことは、鄕黨尙齒の如き觀念が、古くから行はれてゐた事實を見れば明かであらう。尙齒はいふまでもなく、年齡の權威を尊ぶところの思想である。年齡の權威の尊重は、ひとり鄕黨のみに求められたわけではなく、父子及び兄弟關係を規律するのも、究極に於て年齡の權威の思想であつた。しかも後で述べるやうに、中國に於ける鄕黨尙齒の思想は、父子兄弟の間に實現を求められた孝と悌との鄕黨への擴充の思想に他ならない。しかしいづれにせよ、五倫の思想に於て完全に無視された鄕黨について、孝悌の擴充としての鄕黨尙齒が說かれたといふことは、中國古代の實踐道德思想を明かにする上に於て、留意されなければならないのである。

年齡の權威の思想に關しては、禮記祭義篇に

昔者、有虞氏貴德而尙齒、夏后氏貴爵而尙齒、殷人貴富而尙齒、周人貴親而尙齒、虞夏殷周、天下之盛王也、未有遺年者、年之貴乎天下久矣、次乎事親也

と書かれ、虞・夏・殷・周の四代は、各〻その貴とするところを異にしながら、齒を尙ぶ點に於ては完全に一致して、互に異なるところがなかつたといはれてゐる。しかも右の文のつづきに

是故朝廷同爵則尙齒、七十杖於朝、君問則席、八十不俟朝、君問則就之、而弟達乎朝廷矣

とあり、また

居鄕以齒、而老窮不遺、强不犯弱、衆不暴寡、而弟達乎州巷矣

とあつて(1)、齒の權威は、朝廷と州巷との區別なく尊重さるべきものであつた。が上記の文の示すやうに、朝廷には齒

の權威の他になほ爵の權威が存在してをり、齒を尙ぶ場合にも、それは原則として、同爵者間の次序を定めるための二義的役割を認められたに過ぎない。しかるに鄕には齒の權威のみあつて、爵の權威がなく、ここでは齒の權威が、絕對的のものとして尊重せられてゐる。

爵の權威は身分の權威であり、齒の權威は年齡の權威である。身分と年齡の權威に關する上記の思想は、鄕黨に於ける年齡の權威の絕對性を說いたものとして注目されるが、同じ思想が古い時代にひろく行はれてゐたことは、孟子公孫丑章句に

天下有達尊三、爵一、齒一、德一、朝廷莫如爵、鄕黨莫如齒、輔世長民莫如德

とあり、(2)莊子天道篇に

朝廷尙尊、鄕黨尙齒

とあり、(3)禮記經解篇に

以入朝廷、則貴賤有位、……以處鄕里、則長幼有序

とあり、(4)また白虎通禮樂篇に

朝廷之禮、貴不讓賤、所以有尊卑也、鄕黨之禮、長不讓幼、所以明有年也

といはれてゐる(5)のを見れば、明かである。我々はこの點から、中國古代の實踐道德思想が、鄕黨を必ずしもその視野の外に置いたのでないことを、知ることが出來る。

鄕黨に於ける尙齒道德の禮的表現は、周知の如く鄕飮酒禮であつた。鄕飮酒禮は地方官を主とし、五十以上の鄕黨

の年老者を賓として行はれる郷村儀禮の一種であるが、地方官のもつ身分の權威に種々あるところから、この儀禮に際しての主・賓の席次には、さまざまの場合が考へられてゐた。周禮地官黨正職の條に

飮酒于序以正齒位、壹命齒于郷里、再命齒于父族、三命而不齒

とあり(6)、また禮記祭義篇に

壹命齒于郷里、再命齒于族、三命不齒族、有七十者、弗敢先

とあるのがそれであつて、周禮の賈公彥の疏によれば、一命は下士、二命は中士、三命は上士を指し、次に禮記の孔穎達の疏によれば、郷飮酒禮に際して、身分の最下の下士はその年齡の順位にしたがつて郷人の間に坐立し、中位にある再命の官は、その位がやや高いために族人とのみ長幼の班序を論じて郷人と齒せず、最後に位の最も高い三命の官は、郷人はもとより、族人の間に於てさへ齒序を問はれず、ただ七十を越えた族人に對してのみ席を讓つたといふのである。このことは、郷黨に於ける年齡の權威が、一命の官の身分的權威の上にあると同時に、再命の官のそれの下位にあることを示してゐる。既述の如く、朝廷に於ては身分の權威が絶對であり、郷黨に於ては年齡の權威が絶對であつた。郷飮酒禮は、郷黨に於ける年齡の權威と地方官のもつ身分の權威との觸接する特殊の機會であるが、この機會に於て、郷黨を支配すべき年齡の權威は、ある場合には身分の權威をも超えるものとされてゐたのである。

年齡の權威が、長幼の次序を明かにするものであることは、既述の禮記經解篇に

以處郷里、則長幼有序

とあり、白虎通禮樂篇に

鄕黨之禮、長不讓幼、所以明有年也

とあり、また荀子非十二子篇に

遇鄕、則脩長幼之義

と記されてゐる如くである。(7)さうして鄕飮酒禮の目的とするところも、鄕黨に於ける長幼の次序を明かにすること以外にはなかつた。禮記鄕飮酒義篇に

鄕飮酒之禮、六十者坐、五十者立侍、以聽政役、所以明尊長也、六十者三豆、七十者四豆、八十者五豆、九十者六豆、所以明養老也、民知尊長養老、而后乃能入孝弟、民入孝弟、出尊長養老、而后成敎、成敎而后國可安也、君子之所謂孝者、非家而日見之也、合諸鄕射、敎之鄕飮酒之禮、而孝弟之行立矣

とあるのは、(8)まさにこの點を述べたものであり、大戴禮記禮察篇の

鄕飮酒之禮廢、則長幼之序失、而爭鬪之獄繁矣

といふ主張も、(9)鄕飮酒禮の上記の特質を前提として、始めてその意味が理解せられる。

ところで注意を要するのは、鄕黨尙齒の思想が、さきに士人階級に對してのみ說かれたと述べた家族道德の中、特に父子及び兄弟關係の規定に關聯を有つといふことである。中國の實踐道德思想は、家族關係を父子、兄弟、夫婦の三つに細別し、この三關係がそれぞれ親、序、別の秩序に於て成り立つことを明かにした。しかしこの中で特に重要視されたのは、父子及び兄弟の二關係であつて、周書康誥篇はすでに

元惡大憝、矧惟不孝不友、子弗祗服厥父事、大傷厥考心、于父不能字厥子、乃疾厥子、于弟弗念天顯、乃弗克恭

厥兄、兄亦不念鞠子哀、大不友于弟、惟弔玆、不于我政人得罪、天惟與我民彝大泯亂

と述べ(10)、父に對する不孝と兄に對する不友を人間行爲の最惡のもの、天の賦與した人間の常性を破るものとして非難してゐる。またこの他、論語學而篇に

孝悌也者、其仁之本與

とあり(11)、孟子告子章句に

堯舜之道、孝弟而已矣

とあり(12)、同じく孟子の離婁章句に

仁之實、事親是也、義之實、從兄是也

とあり(13)、大戴禮記衞將軍文子篇に

孝德之始也、弟德之序也

とあるのを見ても(14)、子の親に對する孝と弟の兄に對する悌が、實踐道德の主要德目として、如何に重要なる意義を有たされてゐたかがわかる。卽ちそれは家族生活を成り立たせるための秩序であるばかりでなく、進んであらゆる德目の根源とさへ、考へられてゐたのである。

父子及び兄弟關係の重視、就中子の親に對する關係と弟の兄に對する關係の尊重は、中國の家族構造を明かにしようとする者にとつての最も重要な課題の一つをなすが、ここで述べなければならないのは、禮記王制篇に

父之齒隨行、兄之齒鴈行

といひ、(15)曲禮篇に

年長以倍、則父事之、十年以長、則兄事之

といはれ、(16)また祭義篇に

貴老爲其近於親也、敬長爲其近於兄也

とあつて、(17)中國の道德思想が、父子及び兄弟間の禮の精神を、そのまま郷黨の長幼間に推し廣めようとしてゐることである。王制の前記の文の鄭注に「敬を廣むるなり」とあるのはその意味であるが、この要求は同時に、祭義篇に

見老者、則車徒辟、班白者、不以其任行乎道路

とあり、王制篇に

輕任并、重任分、班白者不提挈

とあり、また孟子梁惠王章句に

謹庠序之敎、申之以孝悌之義、頒白者不負戴於道路矣

とあるやうに、(18)父兄に對する孝悌の態度そのものの郷黨における擴充の要求をも伴つてゐた。しかし、それればかりではなく、さらに禮記王制篇に

養耆老、以致孝

と見え、孟子告子章句に

徐行後長者、謂之弟、疾行先長者、謂之不弟

と書かれ、また呂氏春秋先識覽正名篇にも

居鄕則悌

と記されてゐて、[19]中國ではしばしば、鄕黨の長者に對する奉仕と服事の態度をも、ただちに孝悌の名によつて呼ばうとした。

鄕黨に對して求められた長幼の序の尊重は、以上の意味で、孝悌の推廣と擴充とに他ならない。既引の禮記鄕飮酒義篇に

民入孝悌、出尊長養老、而后成敎、成敎而后國可安也、君子之所謂孝者、非家至而日見之也、合諸鄕射、敎之鄕飮酒之禮、而孝悌之行立矣

といふ文があるが、鄕飮酒禮はもともと、鄕黨に於ける長幼の序を明かにするための儀禮であるから、鄕黨に對して孝悌の擴充を求める道德思想が、鄕飮酒禮の中に孝悌の擴充の完成を認めようとしたのは自然である。要するに、中國の道德思想は實踐道德の主要德目を論ずるに際して鄕黨を除外しながらも、なほ家族道德の派生物としての年齡の權威の尊重を、等しく鄕黨にも適用せらるべきものと考へたのである。さうして鄕黨尙齒のこの思想は、次節以下に述べる鄕黨親和の思想と共に、ながく後世にその影響を殘すものとなつた。

(1) 禮記注疏卷四十八、祭義。
(2) 孟子卷四、公孫丑章句下。
(3) 莊子卷五、天道第十三。

（4）禮記注疏卷五十、經解第二十六。
（5）班固、白虎通德論卷二、禮樂。
（6）周禮注疏卷十二、地官司徒、黨正。
（7）荀子卷三、非十二子篇第六。
（8）禮記注疏卷六十一、鄕飮酒義第四十五。
（9）大戴禮記卷二、禮察第四十六。
（10）尙書注疏第十四、康誥第十一。
（11）論語卷一、學而第一。
（12）孟子卷十二、告子章句下。
（13）同上卷七、離婁章句上。
（14）大戴禮記卷六、衞將軍文子第六十。
（15）禮記注疏卷十三、王制。
（16）同上卷一、曲禮上卷一。
（17）同上卷四十七、祭義第二十四。
（18）孟子卷一、梁惠王章句上。
（19）呂氏春秋卷十六、先識覽第四、正名。

第二節　鄕黨親和の思想

一

私は前節に於て、年齢の權威の尊重が鄕黨に關して古くから說かれてゐること、及びこの思想は、家族道德の中心をなす孝悌を家族外へ擴充しようとするものに他ならないことを指摘した。が第二に中國の道德思想には、極めて僅かながら、鄕黨の和を說くものが存在してゐた。すでに述べた如く、大戴禮記文王官人篇には「父子之間、觀其孝慈也、兄弟之間、觀其和友也、君臣之間、觀其忠惠也、鄕黨之間、觀其信憚也」とあつて、鄕黨の信憚が特に父子の孝慈、君臣の忠惠、兄弟の和友と共に主要德目の一つとして擧げられてゐるが、この思想は、君臣、父子、兄弟、朋友の四關係を重視した禮記中庸篇と晏子春秋內篇の立場に類似する。なぜなら、信は元來、朋友關係の可能根據として他から區別されたものだからである。津田博士が、鄕黨信憚の思想を以て朋友の信を鄕黨に推し廣めようとしたものに過ぎないと主張される[1]のは、恐らくそのためであらう。かくて中國の實踐道德思想には、孝悌の鄕黨への擴充のみでなく、さらに朋友の信を鄕黨に擴充せしめようとするものが存在してゐた。が我々の今問題にするのは、鄕黨に擴充された朋友の信ではなく、鄕黨そのものを可能ならしめる根柢として、直接的に說かれた鄕黨親和の思想である。

私はその一つとして、まづ墨子を擧げたい。卽ち墨子が明鬼篇に於て鬼神の有無を論じ、鬼神の存在を認める立場にたつて

今吾爲祭祀也、非直注之汙壑而棄之也、上以交鬼神之福、下以合驩聚衆、取親乎鄕里

といひ、さらに鬼神の存在を認めない立場に於ても、祭祀に伴ふ共同食事はやはり鄕黨親和の契機となりうることを

指摘して、次の如く書いてゐるのがそれである。

今潔爲酒醴粢盛、以敬愼祭祀、……若使鬼神誠亡、是乃費其所爲酒醴粢盛之財耳、且夫費之、非特注之汙壑而棄之也、內者宗族、外者鄕里、皆得而倶飮食之、雖使鬼神誠亡、此猶可以合驩聚衆、取親於鄕里。(2)

つまり、鬼神の祭は鄕黨の共同食事を伴ひ、この共同食事は墨子によつて、鬼神の存否に關はりなく、つねに「驩を合し衆を聚め」て「親を鄕里に取」らしめるところの機能を營むものとされたのである。さうしてこのやうな墨子の立場に於て、親が鄕黨に實現せらるべき人倫と考へられてゐたことは、明かであらう。

しかるにまた、我々は荀子の中に鄕黨親和の思想のあることを發見する。樂論篇に

樂在宗廟之中、君臣上下同聽之、則莫不和敬、閨門之內、父子兄弟同聽之、則莫不和親、鄕里族黨之中、長少同聽之、則莫不和順

とある(3)もの卽ちそれであつて、この文は「樂なる者は、一を審かにして以て和を定むる者なり」といふ立場から、樂のもつ社會化の機能を述べたものであるが、宗廟、閨門及び鄕黨の和がそれぞれ樂によつて媒介されるといふこの主張は、疑ひもなく、その和を朝廷、家族、鄕黨の間に實現せらるべきものと見る思想を、前提としてゐる。荀子にとつて、和は朝廷と家族のみでなく、さらに鄕黨の中にも實現せらるべきものであつた。しかも鄕黨の樂について、同じ篇に

吾觀於鄕、而知王道之易々也、主人親速賓及介、而衆賓皆從之、至于門外、主人拜賓及介、而衆賓皆入、貴賤之義別矣、三揖至于階、三讓以賓升、拜至、獻酬辭讓之節繁、及介省矣、至于衆賓、升受、坐祭、立飮、不酢而降、

隆殺之義辨矣、工入升、歌三終、主人獻之、笙入三終、主人獻之、間歌三終、合樂三終、工告樂備、遂出、二人揚觶、乃立司正焉、知其能和樂而不流也、賓酬主人、主人酬介、介酬衆賓、少長以齒、終於沃洗者焉、其能弟長而無遺也

と記されてゐるのを見ると、鄕黨に和を齎すといはれた樂が、鄕飮酒禮の際のものであることは明かであつて、長幼を敍するための鄕飮酒禮は、同時に、長幼の和を實現せしめるための機會の一つでもあつたのである。荀子が、鄕黨の和と共に順を擧げて、「長少同じく之を聽けば、則ち和順せざるなし」と述べたのも、その故であらう。

荀子によれば、樂の齎すのは、宗廟に於ては和敬、閨門に於ては和親、鄕里族黨に於ては和順であつて、和と共に實現さるべき人倫の秩序は、人間關係の異なるにつれて互に異なるものと考へられてゐた。しかしそれらの異なる秩序は、いづれも同じ和を以て貫かるべきものであり、荀子にとつては、この和こそ樂のもたらす固有の效果に他ならなかつたのである。

荀子にとつて、和は宗廟及び閨門の可能根據であると同時に、鄕黨をも可能ならしめるところの根柢である。鄕黨の和は、宗廟及び閨門に於ける和の單なる擴充若くは推廣なのではない。卽ち鄕黨の可能根據としての和は、荀子によつて、鄕黨生活に卽して根源的に捉へられてゐる。さうしてこれは、鄕黨の可能根據を親に求めた墨子と同じ立場でなければならぬ。我々は、墨子の鬼神篇と荀子の樂論篇の中に鄕黨親和の思想を見出すと共に、この思想が、鄕黨生活に對する關心の何ほどかの進展に基くものであることを、推察することが出來るであらう。

(1) 津田左右吉、儒敎の實踐道德、八九頁(岩波全書)。

（2）墨子、明鬼下第三十一。
（3）荀子卷十四、樂論篇第二十。

二

私は前に、士人のみを對象とする道德思想が、庶民の生活に對して深い關心を拂ひえなかつたこと、さうして郷黨の尙齒や信憚を論ずる場合にも、それは士人に對して說かれた孝悌と信の德目を郷黨に推し廣めようとするに過ぎず、したがつて郷黨の道德を、直接郷黨生活の存在根柢に於て捉へようとしたものでないことを指摘した。郷黨道德の無視或は輕視は、郷黨に對する關心の缺如または不足に由來する。もちろん、郷黨の尙齒や信憚の說かれる限りに於て、郷黨は完全に實踐道德思想の埒外に置かれてゐたわけではない。論語子路篇に「宗族稱孝焉、郷黨稱弟焉」といひ[1]、孟子公孫丑章句に「今人乍見孺子將入於井、皆有怵惕惻隱之心、非所以內交於孺子之父母也、非所以要譽於郷黨朋友也」と見え[2]、また「孔子於郷黨、恂々如也、似不能言者」といふ[3]句に始まる論語の一篇の如きは、郷黨篇の名によつてさへ呼ばれてゐた。しかしそれにも拘らず郷黨に對する知識人の態度が、極めて消極的であつたことは否定しえない事實である。この點を明瞭に示すのは、禮記大學篇にある以下の文であらう。

古之欲明德於天下者、先治其國、欲治其國者、先齊其家、欲齊其家者、先修其身、欲修其身者、先正其心、欲正其心者、先誠其意、欲誠其意者、先致其知、致知在格物。[4]

即ちこの文に於ては、天下の次ぎに國、國の次ぎに家が置かれ、郷の文字は完全に缺如してゐるのである。しかし老

子修觀章に

善建者不拔、善抱者不脫、子孫祭祀不輟、修之于身、其德乃眞、修之于家、其德乃餘、修之于鄕、其德乃長、修之于邦、其德乃豐、修之于天下、其德乃普

といひ、(5)管子權脩篇に

有身不治、奚待於人、有人不治、奚待於家、有家不治、奚待於鄕、有鄕不治、奚待於國、有國不治、奚待於天下、天下者國之本也、國者鄕之本也、鄕者家之本也、家者人之本也、人者身之本也、身者治之本也

と記されてゐるの(6)を見れば、當時の社會組織を考へる場合に、鄕を無視することの誤りであることは、明かでなければならない。

このやうに、鄕は國と家との中間的地位を占める。しかるに管子によれば、鄕は、同じ習俗の行はれる地域的範圍であつたといはれてゐる。宙合篇に

鄕有俗、國有法

とあり(7)、また侈靡篇に

鄕殊俗、國異禮、則民不流矣

と記されてゐるの(8)がそれであつて、法と禮とが國毎に異なるのに對して、習俗は鄕の相違につれて互に異なつてゐるといふのである。俗を等しくする鄕は、疑ひもなく生活上の一つの閉鎖圈を形成するであらう。さうしてこのことは、鄕が庶民の最も重要なる生活環境をなすと共に、彼等のもつ存在共同の可能的限界であつたことを敎へる。尤も、荀

子禮論篇には

天子之喪、動四海、……諸侯之喪、動通國、……大夫之喪、動一國、……修士之喪、動一鄕、……庶人之喪、合族黨動州里

とあつて、[9]鄕の下にさらに州里なるものが擧げられてゐる。また「鄕に俗あり」といひ、「鄕は俗を殊にす」と述べた管子も、八觀篇に於ては

入州里、觀習俗

と書いてゐるから、[10]州里は鄕の範圍よりも狹く、庶民にとつては、それだけ親近且つより重要な生活環境をなしてゐたものであらう。しかし庶民のもつ生活共同の可能的限界が、州里を越えてさらに鄕の範圍まで擴がつてゐたとすれば、庶民のために考へられた實踐道德の內容が、鄕黨道德の名を以て呼ばれるのは自然でなければならない。親と和の實現を鄕黨に求めた墨子と荀子の立場は恐らくそれであつて、兩者は共に、庶民生活のあるべき姿を鄕黨に於ける彼等の親和にありと考へた。庶民の共同生活は、親和のあるところにのみ成立する。親和は庶民の共同生活を可能ならしめる秩序卽ち人倫であり、鄕黨道德思想は要するに、鄕黨に於けるこの人倫の實現を主內容としなければならなかつたのである。

（1）論語卷十三、子路第十三。
（2）孟子卷三、公孫丑章句上。
（3）論語卷十、鄕黨第十。

（4）禮記注疏卷六十、大學第四十二。
（5）老子德經下、修觀章第五十四。
（6）管子卷一、權脩第三。
（7）同上卷四、宙合第十一。
（8）同上卷十二、侈靡第三十五。
（9）荀子卷十二、禮論篇第十九。
（10）管子卷五、八觀第十三。

三

さきに述べた如く、墨子と荀子は、鄕黨に於ける庶民の人倫的秩序が、親和にあることを暗に認めた。鄕黨は庶民獨特の生活環境である。もちろん、庶民も家族生活と宗族生活とを營んではゐる。しかし鄕黨は庶民生活の營まるべき領域の全範圍であり、庶民道德の特色は、結局鄕黨道德の內容の如何に求められなければならない。墨子と荀子によれば、鄕黨のあるべき姿は、親和關係の實現以外にはなかつた。しかし荀子の樂論から想像されるやうに、親和はあらゆる人間共同態を可能ならしめる一般的な原理であつて、單に鄕黨の親和を指摘しただけでは、鄕黨生活の特殊性に卽した鄕黨的實踐道德の具體的內容は明かにされない。およそ人間共同態を可能ならしめる秩序、卽ち人倫の實現は、人と人との行爲的聯關に於てのみ行はれる。人は行爲することなしには、如何なる間柄をも作ることは出來ない。中國の古典が、單に人倫の種々の構造を示すだけでなく、その人倫の實現のために、日常生活に於て實踐せらるべき行動の規範を、煩瑣な禮の形式に於て詳述したのはその故であつて、鄕黨道德思想もこのやうな日常生活に卽した行爲的聯關の形式を與へることによつて、始めて庶民に對する實踐的役割を果しうるであらう。私はこの側面を明かにした鄕黨道德思想の一つとして、鄕遂の制に關する周禮の記述を擧げておきたい。

鄕遂の制は、周禮地官司徒職の條に記された地方組織の名稱であつて、別に六鄕六遂の制とも呼ばれ、六鄕の制は郊門の內に行はれ、六遂の制は郊門の外に於て實施されたと傳へられてゐる。卽ち大司徒職の條に

令五家爲比、使之相保、五比爲閭、使之相受、四閭爲族、使之相葬、五族爲黨、使之相救、五黨爲州、使之相賙、五州爲鄕、使之相賓

とある(1)のは六鄕の制であり、遂人職の條に

五家爲鄰、五鄰爲里、四里爲酇、五酇爲鄙、五鄙爲縣、五縣爲遂

とある(2)のは六遂の制であるが、共に上下六層にかさなり、その戶數を見ると、比と鄰は五家、里と閭は二十五家、族と酇は百家、黨と鄙は五百家、州と縣は二千五百家、鄕と遂は一萬二千五百家より成つてゐて、二つの組織は名稱を異にしながら、しかも同じ編成の方法を採用してゐた。鄕遂の制は、鄕村統治に於ける戶數編成法の典型として後世にながく影響を殘してゐる。しかし戶數編成法の嚴密なる實施が、事實上多くの困難を伴ふことはかつて指摘した如くであつて、鄕遂の制といへども、その例外をなすものではない。それにも拘らず我々が、ここで鄕遂の制に關する周禮の文を問題にするのは、この文が、周禮の作者、或はより廣く周禮の作られた時代の人々の鄕黨道德思想を、反映したものに他ならないと考へられるからである。

ところで周禮の六鄕の制の規定によれば、比は相保の、閭は相受の、族は相葬の、黨は相救の、州は相賙の、鄕は相賓のそれぞれ行はるべき範圍であつた。相保、相受、相葬、相救、相賙、相賓はいづれも行爲的聯關の種目であり、しかも大小の團體に對して一つづつの種目が考へられてゐるが、それらの行爲的聯關の仕方が、存在の共同關係を前提として成り立つと共に、また各種の團體を共同態たらしめるための契機として擧げられたものであることは、疑ひなからうと思ふ。では右に記された諸規準は、具體的に如何なる行爲的聯關を要求するものであらうか。

そこでまづ第一の「相保」についていへば、鄭玄は保を「猶任也」と解し、賈公彥は「不爲罪過」と說き、さらに比長の職掌を記した個所には「有辠奇衺、則相及」とあつて、(3)賈公彥はこの文に「五家有罪惡、則連及、欲使不犯」といふ解釋を與へてゐる。周禮はまた六遂の制に於ける鄰長の職能として「相糾」をあげ、賈公彥はこれを說明して「五家有過、相糾察」と書き、(4)鄰はこの點で比と同樣の相保の機能を營むものとされてゐるが、いづれにせよ、保の意味が上記の如きものであるとすれば、保が相互監察を意味することは疑ひなく、しかもそれは、連坐の制をも伴ふものと考へられてゐたのである。

しかしこの說に對しては、異論が行はれてゐる。淸の沈家本の說がそれであつて、彼は前篇に述べた如く、連坐の制を周代の盛時に行はれずして秦の商鞅の時に始まつたものと見、また鄭玄が保を任と解釋したのは、連坐の意味に於てではなく、ただ「責任を負ふ」といふ意味に於てに過ぎないと主張する。しかも五家の負ふべき責任には糾察の責任と勸導の責任があり、そのうち特に糾察の責めを負ふべくしてその責めを果さない者のある場合には、その責任に副はないものとして咎めを受ける。これが及に他ならない。保が存して後に及が起り、兩者は本來別事である。卽ち相及は責任を果さないために生ずる結果であつて、保がただちに及の意味ではないといふのである。

保の解釋として、いづれが周禮の作者の意圖に合致してゐるかは明かでない。が五家に對して糾察の責めのみでなく勸導の責めをも認めるとき、比或は鄰の果すべき道徳上の役割は、極めて大きなものとなるであらう。ところで周禮は、比長の職能の一つとして五家の「相和親」をあげ、賈公彥はそれに敷衍して「五家之内、有不和親、則使之自相和親」と書いてゐる。比が近隣より成り、相和親の義務を負ふといふ思想は、周禮の作者が郷黨道徳をその原初の段階に於て如何に理解しようとしてゐたかを示すものとして、その意義は少くない。すでに周禮が比の和親を說く以上、保に糾察の機能を認めるにしても、その糾察のみが、比の機能の全部であるとは考へられないであらう。さうしてここに恐らく、糾察の責めと共に勸導の責めを保に認めようとする沈家本の主張の根據がある。周禮の思想にとつて、近隣關係の存在根柢は和親である。それ故に近隣は互に勸導の義務をもち、さらにその反面の道として、糾察の義務をもつ。周禮の相保の意味は、多分このやうに理解さるべきものであらうと思ふ。

次に第二の「相受」は、鄭玄の注に「宅舍有故、相受寄託」とあり、賈公彥の疏に「有宅舍破損者、受寄託」とあり、また六遂の制を述べた個所に「鄰長掌相糾相受」とあつて、その賈疏に「宅舍有故、又相容受也」と說かれてゐるやうに、宅舍が破損した場合に、その家族に對して隣近の人々が收容の義務を負ふことを意味する。同じ賈公彥の疏に「一閭之内、無出入之法」ともあるが、これは宅舍の破損した場合の相受は、六郷の制に於ては一閭の内部で行はれるが故に、避難の場所を求めて他の閭に出入する必要がないといふ意味であつて、この主張の前提として一閭、内の人々の比に次ぐ親近性と閉鎖性とが、豫想せられてゐる。

第三の「相葬」と第四の「相救」は、以上の二つに比べるとその意味は明瞭であつて、賈疏に「有葬者、使之相助益」とあり、また鄭注に「救凶災」といひ、賈疏に「民有凶禍、使民相救助」と記されてゐるやうに、一は喪葬の際の援助を意味し、他は災禍の時の救恤を意味する。しかも兩者は日常性に於て相受の如きものに勝つてをり、それだけ實踐的規範としての重要な役割が、考へられてゐたものと思はれる。

しかるに第五の「相賙」については、鄭注に「禮物不備、相給足也」とあり、また賈公彥の疏に「民有禮物不備、使賙給之」とあるだけで、禮物の如何なるものであるかが明かにされてゐない。がすでに凶事の際の助恤救援が規定されてゐるから、禮物の給足が、特に吉事に關したものであることは疑ひない。即ちここでは、吉事の際の援助が、凶事の際のそれよりも廣い範圍に對して要求せられたのである。

最後に第六の「相賓」は、鄕に鄕飮酒禮の義務のあることを意味する。鄭注に「賓客其賢者」と見え、賈疏に「鄕内之民、有賢行者、則行鄕飮酒之禮、賓客之擧貢也、故云使之相賓」といはれてゐるのがそれであつて、鄕内に賢行年老の者のある時、彼を賓客として鄕飮酒の禮を行はしめようとするのである。

これを要するに、六鄕の内部に於ては、近隣相親しみ、その休戚を共にすると共に、相互に勸導と覺察の義務を負ひ、さらに地域の擴大につれて、或は宅舍の破損した場合の收容、或は喪葬の際の助益、或は災禍ある時の救恤、或は禮物備はらざる場合の給足、また或は年老賢行なる者に對する鄕飮酒の禮が要求せられ、しかもそれらは、鄭注に「此所以勸民者也」といひ、賈疏に「相保、相受、相救、相賙、相賓等、皆是民間之事、故云所以勸民也」といはれてゐるやうに、いづれも庶民によつて營まるべき實踐道德上の規範であつた。

およそ共同的行爲の聯關は、共同的な間柄に生れると共に、共同的な間柄を作る。既述の如く、人は行爲することなしには、如何なる間柄をも作ることが出來ない。がその反面に於て、人は何らかの間柄に於てでなければ、何らの行爲をも營むことが出來ないのである。共同的な行爲が共同的間柄の表現と見られるのはそのためであるが、同じ關係は、それらの行爲様式が實踐上の規範として與へられてゐる場合にも、當然に豫想されなければならない。卽ち共同的行爲の實踐が要求されてゐるところでは、同時に必ず共同的な間柄が、當爲として要求せられてゐるのであつて、我々が周禮の記載を以て鄕黨道德思想の記錄と見る理由も、實はこの點にあるわけである。

六鄕の制が、勸民の組織として詳細な行爲上の規範を與へられてゐるのに對して、六遂の制については、僅かに編成上の原則が示されてゐるに過ぎない。しかし五家の長たる鄰長の職掌を述べた個所に、「鄰長掌相糾相受」といふやうな既引の如き規定があるから、六鄕の制について列擧された相糾、相受以外のもろもろの機能も、そのまま六遂の制に對してその適用を要求されてゐたものと考へられる。

しかるに六遂の制には、六鄕の制から區別される大きな特色があつた。それは六遂の制が、稼穡卽ち農耕上の相互援助をしばしば要求してゐるといふことである。その一つは遂人職の條に

稼穡以興耡利甿、……以彊予任甿

とあるもので(6)あつて、文中の耡字を、鄭玄は「鄭大夫讀耡爲藉、杜子春讀耡爲助、謂起民人令相佐助」と解し、賈公彥も「耡助也、興起其民以相佐助」と說き、共に「以興耡利民」が、農耕上の援助の要求に他ならないことを明かにしてゐる。これに對して「彊予」は、鄭注によれば「謂民有餘力、復予之田、若餘夫」の意味であり、その限りに於

てそれは、右の興耡の要求とは直接關はりのないものであつた。しかるに同じ彊の文字が、詩經載芟篇の

載芟載柞、其耕澤澤、千耦其耘、徂隰徂畛、侯主侯伯、侯亞侯旅、侯彊侯以、有嗿其饁、思媚其婦、有依其士、有略其耜、俶載南畝

といふ句の中にも見られ、その「侯主」以下の鄭注に、「主家長也、伯長子也、亞仲叔也、旅子弟也、彊強力也、以用也、……強有餘力者相助」とある他、孔穎達と朱子も、彊をそれぞれ「有餘力、能佐助他事者」及び「民之有餘力而來助者」といふ意味に解してゐる。卽ちこの場合の彊は、餘力あると共にその餘力を以て人を助ける者であり、したがつて農耕上の援助がここでは特に餘力のある者にのみ期待される。とすれば周禮の彊も、單に餘力あつて田を復予されるだけでなく、さらに強壯の故に興耡利民を要求される人であつたといふことが出來るであらう。(7)(8)

がさらに周禮の里宰、卽ち二十五家より成る里の長の職掌を述べた個所に

以歲時合耦于耡、以治稼穡、趨其耕耨

とあつて、この文もまた、農耕上の援助を說いたものと見られてゐる。卽ち鄭玄が考工記を引いて、耜は廣さ五寸、二耜耦を成すといひ、また「合耦于耡」の意味を說いて「此言兩人相助、耦而耕也」と書き、次に杜子春が、耡は助と同義で相佐助することを意味すると述べ、賈公彥がこれに倣つて「合兩々相佐助也」といふ說明を附したのは、いづれもそれである。(9)

以上のほか、淸の王夫之は「以興耡利民」の意味を敷衍して

是明各治其田、而時有早遲、力有贏縮、故令彼此易工、以相佐助也

と論じ、また「合耦于耡」の意味を説いて

縁北方土燥水深、耒耜重大、必須兩人、合耦而後可耕、本家不足、則與鄰近相得者爲耦、彼此互耕

と書いてゐるが、(10)周禮のさきの言葉がつねにこのやうな意味のものと解され、またそれが勸民の對象とされてゐる以上、農耕上の相互援助を、相保、相受、相葬、相救、相賙、相賓等と共に、鄕黨に於ける實踐道德上の一つの行爲規範と解する餘地のあることは確かである。

このやうに、六遂の制については、特に農耕上の相互援助が説かれてゐる。これはいふまでもなく、六遂の制が、郊の外卽ち野に施行せらるべき行政上の組織とされてゐたためであるが、なほ六遂の制に關しては、遂師なるものの職掌を述べた個所に

巡其稼穡、而移用其民、以救其時事

といふ文があつて、(11)鄭玄と賈公彥は、これを天期、地澤、風雨の急を救ふことと解し、王夫之はさらに

是亦各治其田、唯有水旱之急、則移易民力、以相救也

といふ説明を加へてゐる。これは六鄕の制に於ける黨、卽ち五百家の相救に該當するが、同じ相救がここでは、特に治水灌漑の如き農事との關聯に於て說かれてゐるのであつて、農忙時の相互援助と共に、農耕者にとつての不可缺の規範たることを失はなかつたのである。

このやうに、周禮は鄕遂の組織と共に、鄕村に於ける共同生活の規範を詳細且つ具體的に說示した。しかも六鄕の制は、各團體の長として比長、閭胥、族師、黨正、州長、鄕大夫を置き、六遂の制は、同じくその長として鄰長、里

宰、酇長、鄙師、縣正、遂大夫を立て、鄭玄によれば、それらの長はいづれも敎令を以てその任務としてゐた。即ち周禮の示す鄕遂の制は、結局、勸民敎令の組織に他ならなかつたのである。尤も周禮の規定によると、敎令の任にあたるのは庶民ではなくて下士以上の階級であるが、とにかくかかる組織が勸民敎令の組織であるといはれてゐるのを見ても、その組織内に實現せらるべき行爲的聯關の諸樣式が、鄕黨道德としての意義を有つものとされてゐたことは疑ひなからうと思ふ。

(1) 周禮注疏卷十、地官司徒、大司徒。
(2) 同上卷十五、地官司徒、遂人。
(3) 同上卷十二、地官司徒、比長。
(4) 同上卷十五、地官司徒、鄰長。
(5) 沈家本、沈寄簃先生遺書、刑制分攷、保任。
(6) 周禮注疏卷十五、地官司徒、遂人。
(7) 毛詩注疏卷十九、周頌、閔予小子之什、載芟。
(8) 朱熹、詩傳卷八、載芟。
(9) 周禮注疏卷十五、地官司徒、里宰。
(10) 王夫之、四書稗疏二、論語、徹(皇淸經解續編卷五)。
(11) 周禮注疏卷十五、地官司徒、遂師。

第二章　鄕黨親和の典型としての睦隣の觀念

第一節　井田思想に現はれたる睦隣の觀念

一

前節に述べた如く、周禮に於ては廣狹さまざまの地方團體が上下の六層にかさなり、一つの團體には、必ず一つの行爲的聯關の樣式が考へられてゐた。しかしより廣い地方團體はより狹い地方團體を包攝してゐるのであり、それに伴つて、より廣い地方團體に要求された各種行爲の樣式は、當然に、より狹い地方團體に對する要求でもなければならない。例へば、相受は元來閭の範圍内に求められてゐるが、それは一層強い程度に於てまづ比や鄰に對して求めらるべく、また黨に對して求められた相救も、族に對しては一層強く、閭に對してはより一層強く、比に對してはさらに一層強く要求されたと解すべきであらう。さうしてこのやうに見れば、五家に求められる行爲の規範は、ひとり相保のみではなくて、相受、相葬、相救、相賙、相賓のすべてを含むものとならなければならない。相受が本來二十五家より成る閭の義務とされながら、しかも六遂の制に於ては、鄰即ち五家の義務であるといはれてゐるのはそのためである。もちろん一つ一つの行爲樣式について、その適合範圍を嚴密に決定することは困難であらう。がそれにも拘らず各種の行爲樣式の中に、より廣い範圍からより狹い範圍に移しうると共に、より狹い範圍からより廣い範圍に移しうるもののあることは確かである。近隣道徳はその意味で鄉黨道德の典型であり、鄉黨親和の要求は、まづ睦隣を求めるところに始まらなければならないのである。

近隣道德と鄉黨道德とのこの同質性は、近隣と鄉黨が、共に土地の共同、卽ち地緣を媒介とする人間共同態であるといふ事實に繫がつてゐる。しかも近隣は、鄉黨の一部であると共に、最も緊密な土地の共同關係をもつてをり、その意味で隣人共同態は、勝れた意味の地緣共同態を形成してゐる。近隣はいはば鄉黨の典型であつて、ここから鄉黨道德に對する近隣道德の典型性の觀念が生れる。近隣は、鄉黨に於ける人間關係の特質を、その最も擴大した形に於て示す。したがつて近隣道德について語ることは、ひいて鄉黨道德をも明かにすることとならなければならない。周禮は近隣に始まる鄉黨の全體について、詳細なる實踐上の諸規範を與へたが、我々は前述の如く、より廣い範圍について考へられた一つ一つの行爲規範を近隣に返すことによつて、そこに近隣道德思想の一つの體系を考へることが出來る。この意味で近隣關係の理法を明かにすることは、同時に鄉黨關係の理法を明かにすることであり、我々がここで特に近隣道德思想を取り上げようとするのも、これを一つの鄉黨道德思想と見る立場からである。

繰り返し述べたやうに、周禮の示す鄉遂の制は、上下六層に重なる大小の地方團體から成り、しかも一つの團體に對して、一種類の行爲規範が與へられるといふ整然たる組織であつた。しかるに孟子の井田說は、滕文公章句に

死徙無出鄉、鄉田同井、出入相友、守望相助、疾病相扶持、則百姓親睦

と記されてゐる(1)やうに、八家のみより成る井田生活に關するものであり、しかもそれは事實の記錄ではなく、ただ百姓の親睦を媒介すべき八家間の行爲的聯關の樣式を示したものに過ぎなかつた。

ところで井田說によれば、方一里を井字形に區劃してこれを一井とよび、一井に屬する九百畝中の中央の百畝を公田にあて、殘りの八百畝を百畝づつ八家に分けて私田となし、各〻をして私田を耕すと共に、八家協同して公田を治めしめたといはれる。井田のこの構造から、我々は一井に屬する八家が、相互に近隣關係に置かれてゐたことを認めうるであらう。つまり孟子は、隣居せる八家の農民生活を問題とし、その間に行はるべき「出入相友」、「守望相助」、「疾病相扶」の三種の關係によつて、百姓の親睦が媒介されると考へたのである。かくて孟子の井田說は、我々のいふ一つの近隣道德思想を述べたものとならざるをえない。

孟子の近隣道德思想に於てまづ注意されるのは、八家より成る近隣について、その親睦が論ぜられてゐることである。これは比、即ち五家の和親を說いた周禮の思想に通ずるものであり、孟子に於ても、和親が近隣關係の理法と見られてゐたことを暗示する。このやうに、周禮は比隣五家の和親を說き、孟子は同井八家の親睦を語つてゐるが、このことは、五家及び八家といふ數字が、和親と親睦とにとつて全く偶然的な要素であり、和親と親睦とに對して本質的意義を有つのは、ただ五家または八家が近隣關係を構成してゐるといふ事實のみである、といふことを敎へるであらう。近隣道德思想を論じようとする我々にとつて孟子が重要性を認められるのは、近隣關係一般の理法を親睦に求める思想が、彼の井田說中に含まれてゐると考へられると同時に、その親睦を媒介すべき行爲の種類として、出入相友、守望相助、疾病相扶の三つが擧げられてゐるからである。近隣の道が親睦にあるにしても、それが人と人との間柄に他ならない以上、そこには、近隣相互間の何らかの行爲的聯關が生れて來なければならない。さうしてそのやうな關聯の仕方として考へられたのが、出入相友、守望相助、疾病相扶の三つに他ならなかつたのである。

ところで孟子の井田說が、もし事實の記錄でなくて、ただ近隣關係一般の理法を述べたものに過ぎないとすれば、ひとは以上三つの他に、なほ近隣生活に必要な行爲的聯關の種々の樣式を構想し、また追加することが出來るであらう。井田を論ずる後世の學者が、孟子の言葉を一應の規準としながら、しかも孟子と異なるさまざまの行爲の仕方を考へてゐるのも、孟子と同樣に、名を井田の說明にかりつつ、實は、近隣生活一般に關する自己の思想を展開してゐるものでなければならない。例へば韓詩外傳に

八家相保、出入更守、疾病相憂、患難相救、有無相貸、飮食相召、嫁娶相謀、漁獵分得、仁恩施行、是以其民和親而相好

とある(2)のがそれであつて、ここでは、和親及び相好を齎すべき行爲的聯關の樣式が、孟子に比べて一層多くなつてゐるが、これは韓嬰の井田說が實は近隣關係論だからであり、近隣關係論にとつては、その場合の戶數が八家であつたか否か、井田法が實在してゐたか否か、また井田生活の具體的內容がどのやうなものであつたかといふ問題は、全くの偶然事に過ぎないのである。韓詩外傳の筆者がそれを自覺したと否とに關はりなく、我々は右の文の中に、孟子より一層詳細な、しかも一層興味のある近隣社會の人倫的構造を讀みとることが出來るであらう。

(1) 孟子卷五、滕文公章句上。　疾病相扶持の「持」は、衍字であらうといふ(岩波文庫版、孟子、一二二頁)。
(2) 韓嬰、韓詩外傳卷四。

二

以上に述べた如く、孟子は同井八家の親睦を媒介すべき三つの行爲様式をあげ、また韓嬰は、同じ井田生活について八つの行爲様式を構想した。が注意を要するのは、そこに農耕生活に關聯した何らの行爲規範も擧げられてゐないことである。がその例外をなすのは、さきに周禮から引いた「合耦于耡」に關する王夫之の說明であつて、彼は

本家不足、則與鄰近相得者爲耦、彼此互耕、然耦止兩人、不及八家、而唯耕有耦、播擾芸穫、固不爾也、故詩言、侯彊侯以、緣一夫自耕之不給故、須彊以相佐

と述べ、二十五家の里について說かれた農耕上の相互援助が、同井八家中の隣近者間に關はるものと解してゐる。我我に必要なのは、もちろんここでも農耕上の援助を近隣間に實現せらるべきものと見る思想であつて、それが里に於けるものであるか、或は井田生活に於けるものであるかではない。しかし古い時代の近隣道德は、その多くが井田生活に關して說かれてをり、したがつて王夫之も、近隣者間の農耕上の援助を論ずるに當つて、おのづから古の井田生活に假托せざるをえなかつたのであらう。

が、同じ意味で一層注目さるべきものに、なほ公羊家の井田說がある。具體的にいへば、それは公羊傳の何休の注と徐彥の疏の二つであつて、井田生活を專ら農耕上の援助の面のみから考察し、しかもその說明は周禮や詩經のそれに比して遙かに詳細である。何休は漢の人であり、徐彥は唐の人であるが、井田生活に關するこの種の思想が、漢・唐の時代に始めて作られたとは考へられない。韓詩外傳の井田說が孟子の思想の敷衍であつた如く、公羊家の說も恐らく、孟子や詩經や周禮の思想の敷衍補足として行はれたものであらう。しかしいづれにせよ、韓詩外傳の近隣道德思想が、井田に於ける農耕以外の生活の規範を詳說したのに對して、公羊家の近隣道德思想が、專ら井田に於ける農

耕上の合作のみを問題としたといふ一事は注意されなければならない。

ところで公羊傳の何休注は、宣公十五年の條に附せられた

井田之義、一曰無泄地氣、二曰無費一家、三曰同風俗、四曰合巧拙、五曰通財貨

といふ極めて簡單な文であつて、その文意も必ずしも明瞭でないが、とにかくこの言葉が井田生活に於ける農耕上の相互援助を論じたものであることは、この注に加へた徐彥の以下の說明によつて明かにせられる。卽ち

云井田之義、一曰無泄地氣者、謂其冬前相助犂、云二曰無費一家者、謂其田器相通、云三曰同風俗者、謂其同耕而相習、云四曰合巧拙者、謂共治耒耜、云五曰通財貨者、謂井地相交、遂生恩義、貨財有無可以相通

といはれてゐるのがそれで、[1]徐彥のこの解釋にしたがへば、何休のいふ井田に於ける農耕生活のあるべき姿は、第一に冬以前に於てのみ協力して耕し、冬は地の氣の外に漏れるのを防ぐこと、第二に農具を互に融通し合ふこと、第三に耕を同じくして互に見習ひ合ふこと、第四に巧拙相携へて共に耒耜を修めること、及び第五に貨財の有無を通じ合ふことの五つであつて、ここで求められてゐるのは農耕上の各種の協力援助と、貨財の消費に於ける有無相通の關係の二つである。王夫之は合耦相助が耕のみに止まつて、播、擾、芸、穫に及ばないことを指摘してをり、公羊家の見る井田の相互援助も、農耕作業に關する限り耕のみの段階に止まつてゐるやうであるが、とにかくその協力方法の說明は、周禮や詩經のそれとは比較にならぬほど具體的且つ複雜である。しかしこれは、公羊家による井田解釋の恣意性を意味しないであらう。なぜなら、他の井田說と同樣に、公羊家のそれも井田生活に假托した一つの近隣道德思想を展開したものに過ぎず、しかもあらゆる行爲の規範を規制するものとして、親睦の實現といふ近隣關係の理法が、

その立論の前提として立てられてゐるからである。即ちすべての井田說は、近隣關係の人倫の地盤の上にのみ作られてゐる。我々が井田說の中に近隣道德思想を求め、また近隣關係の理法を探りうるとなすのは、その故である。思想史的にいへば、後世の井田說は、恐らく孟子の井田說の發展に過ぎないであらう。さうしてこの發展によつて、井田生活は內容の極めて豐富なものとなつた。即ちそれは一方に於て韓詩外傳的な內容をもつと共に、他方に於て公羊家的な內容をも取るに至つたのである。しかし農耕が鄉村生活の主內容をなすといふ事情、及びそれにも拘らず農耕生活が、韓詩外傳の如きものによつてさへ無視された事情を考へれば、農耕上の協力を鄉村に於ける近隣道德上の問題として取り上げ、且つこれを詳說した公羊家の井田說は、近隣道德思想の發展のために一つの貴重なる立場を提供したものといふことが出來る。

（1）　春秋公羊注疏、宣公卷十六。　狩野直喜博士の說によれば、公羊傳の疏は、從來唐の徐彥の作といはれてゐるが、確かな證據がなく、また徐彥の何びとであるかも明かにされてゐない。これについてはむしろ、唐以前の北朝學者の手になつたといふ說を取るべきであらうといふ（公羊學答問――東光、第七號、九頁）。

三

私は以上に於て、井田法に假托して說かれた孟子、韓嬰、公羊家等の鄉黨的近隣道德思想を見、相互の異同と特色とを論ずると共に、その全體的意義をも明かにした。がなほ近隣道德思想を述べた特殊の事例として、最後に管子と鶡冠子とを擧げて置きたいと思ふ。

そこでまづ管子の小匡篇によれば、管子は齊の桓公に對して、意を天下の諸侯に得るの法として「內政を作つて軍令を寓す」るの策を說き、國を制して五家を軌、十軌（五十家）を里、四里（二百家）を連、十連（二千家）を鄕となすと共に、この組織を本として、五人を伍、五十人を小戎、二百人を卒、二千人を旅とし、伍は軌長、小戎は里司、卒は連長、旅は鄕良人をして帥ゐしめたといはれる。卽ち軌より鄕に至るのが內政の組織であるのに對して、伍より旅に至るのは軍令の組織であり、しかも軍令の組織は、內政の組織の中から一家に一人づつを出して作られ、內政組織の長をして、それぞれ軍令組織の長をも兼ねしめたのである。

しかるに管子は、右の組織に於ける卒伍の共同關係を述べて、次の如く書いてゐる。

內政既成、令不得遷徙、故卒伍之人、人與人相保、家與家相愛、少相居、長相游、祭祀相福、死喪相恤、禍災相憂、居處相樂、行作相和、哭泣相哀、是故夜戰其聲相聞、足以無亂、晝戰其目相見、足以相識、驩欣足以相助、是故以守則固、以戰則勝。(1)

文中の卒は二百人であり、伍は五人であるが、管子によれば、卒伍の人は平戰兩時にわたつてこのやうな關係にあるべきものであつた。しかし既述の如く、彼の軍令組織は內政組織を地盤として作られるのであつて、內政組織の單位は家であり、その家每に一人を出して編成されるのが軍令の組織に他ならなかつた。「人と人と相保し、家と家と相愛す」といはれてゐるのは、その故である。しかも內政組織の單位とされた家は、「遷徙することを得ざらしむ」とあつて定著を原則とし、さらに「百姓軍事に通ず」ともいはれてゐる點より見て、その家は恐らく農を業とする家であつたと考へられ、したがつて始めに述べた軍令を內政に寓するといふ主張は、後世のいはゆる兵を農に寓するといふ言葉の意味に通ずるものでなければならない。とすれば、戰陣に於ける卒伍の共同關係は、平時に於ける彼等の近隣生活の地盤の上に期待せられることとなるのである。進んでいへば、鄕居の際に於ける卒伍の人の共同關係は、同時に卒伍を出だした家と家との關係としても要求さるべきであらう。この意味で我々は、卒伍の人のために說かれた共同生活の各種規範の中に、實は管子のいだく近隣道德思想を見出すことが出來る。

次に、鶡冠子の所論は、管子のそれとほぼ同樣であつて、王鈇篇に

少則同儕、長則同友、遊敖同品、祭祀同福、死生同愛、禍災同憂、居處同樂、行作同和、吊賀同雜、哭泣同哀、驩欣足以相助、僤諜足以相止、安平相馴、軍旅相保、夜戰則以相信、晝戰則足以相配

とあるやうに(2)、ここでも平戰兩時にわたる共同生活の規準が列記せられてゐる。ただ鶡冠子は、五家を伍、十伍（五十家）を里、四里（二百家）を扁(甸にも作る)、十扁（二千家）を鄕、五鄕（一萬家）を縣、十縣（十萬家）を郡と名づけてゐるだけで、管子の如く軍令と內政の組織を區別してゐないが、とにかく上記の文が、管子のそれと全く同じ內容のものであるのを見れば、鶡冠子に於ても卒伍の道德が近隣のそれを本として說かれ、卒伍の道德が、ただちに近隣道德の反映と考へられてゐたことは明かである。また前揭の引用を見て明かなやうに、管子と鶡冠子は共に農耕生活のことに觸れず、その近隣道德は韓詩外傳のそれに近いが、とにかく兩者が、近隣道德と近隣關係の理法とについての明確なる觀念を有つてゐたことは、疑ふ餘地がないのである。

中國の近隣道德思想について私の述べうることは、概ね以上の如くである。さうしてこれらを通じて結論されるのは、近隣の理法がつねに親睦或は和親に求められてゐるといふことである。がなほ、最後に一二注意すべき點を附言

しておきたい。

その一つは、近隣關係が郷黨關係の典型であつて、近隣道德の中に、郷黨への擴充を許すものがあるといふことである。私は前に、このことを周禮の郷遂の制について述べた。が、孟子の井田道德が後世に至つてより廣大な地域に實現さるべきものと考へられたのも、それと同じ根據からである。例へば、王守仁の「告諭廬陵父老子弟」に

夫郷鄰之道、宜出入相友、守望相助、疾病相扶持、……在郷村者、村自爲保、平時相與講信修睦、寇至務相救援、庶幾出入相友守望相助之義

とあり(3)、また陳瑚の「蔚村三約」に

一村之中、出入相友、守望相助、疾病相扶持、患難相救援

とあるの(4)がそれであつて、「出入相友」、「守望相助」、「疾病相扶」の三つは、すでに八家を超える範圍に適用されてゐる。しかも井田に於てこの三者の媒介するものが八家の親睦であるとすれば、同じ行爲規範の擴充によつて期待されるのも、郷黨の親睦でなければならない。親睦は近隣の間に實現せらるべき人倫であると共に、郷黨生活をも可能ならしめる人倫である。さうしてここに、私が睦隣を以て郷黨親和の典型と見ようとすることの眞の意味がある。

このやうに、孟子の近隣道德思想は、そのまま郷黨道德思想の一内容とされることによつて、後世に大きな影響を殘した。が一層重要なのは、古い時代の井田道德思想が、後世に於ける近隣及び郷黨生活の批判の根據とされてゐることである。韓詩外傳に

古者、八家而井田、方里爲一井、……八家相保、出入更守、疾病相憂、患難相救、有無相貸、飮食相召、嫁娶相

謀、漁獵分得、仁恩施行、是以其民和親而相好、……今或不然、令民相伍、有罪相伺、有刑相擧、使搆造怨仇、而民相殘傷和睦之心、賊仁恩害士化、所和者寡、欲敗者多、於仁道泯焉

といひ、また眞德秀の「浦城諭保甲文」に

古者、於鄕田同井之義甚重、出入相友、守望相助、疾病相扶持、……然今人少知此義、鄰里相視、往々皆如路人

と記されてゐるのはその適例であつて、古との對比に於て示された後世の隣里は、醜惡に滿ちた頽廢せる世界である(5)と考へられてゐる。しかも馬端臨の文に

秦人所行什伍之法、與成周一也、然周之法、則欲其出入相友、守望相助、疾病相扶持、是敎其相率而爲仁厚輯睦之君子也、秦之法、一人有姦、鄰里告之、一人犯罪、鄰里坐之、是敎其相率而爲暴戾刻核之小人也

とあるやうに(6)、中國社會のこの頽廢は、特に秦の商鞅の時代に始まるものと信ぜられてゐた。

尤も、後代社會に對する道德批判の根據となつたのは孟子の井田說のみではない。なぜなら、蘇軾の「進策別」に

夫民相與親睦者、王道之始也、昔三代之制、畫爲井田、使其比閭族黨各相親愛、有急相賙、有喜相慶、死喪相恤、疾病相養、是故其民安居、無事則往來驩欣、而獄訟不生、有寇而戰、則同心幷力、而緩急不離、自秦漢以來、法令峻急、使民乖其親愛歡欣之心、而爲隣里告訐之俗

とあつて(7)、ここでは井田法と共に、周禮の六鄕の制の一部が取り上げられてゐるからである。しかし周以前の社會を人倫の完全に實現された社會、秦以後の社會を人倫の完全に缺如した社會と見る道德的評價の立場はつねに同一であつて、周以前の社會が、秦以後の社會に對して鑑としての意味を有たされるのは、このやうな關係からである。我々

が古代の近隣及び郷黨道德思想に過ぎないと見たものを、これらの人々は現實社會の描寫であると解した。周以前の社會が、果して彼等の認める如きものであるとすれば、その社會が、後の時代の鑑としての意義を認められるのは當然である。しかし孟子の井田說が、近隣道德思想に過ぎないことは我々の見たとほりであり、また周禮の鄭注に「立其長而敎令」とあり、馬端臨の文に「是敎其相率而爲仁厚輯睦之君子也」といはれてゐるやうに、周以前の理想社會も、その實現のためには敎令を必要としたと考へられてゐる。このことは、周の社會に完全に實現されたと傳へられる人倫が、當時に於ても當爲としての意味を有たざるをえなかつたこと、したがつてその時代の社會も、人倫の缺如態に於て存立しえたことを敎へる。周以前の社會を「理想」社會と見るのは、當爲の實現に對する道德的判斷の立場であつて、この判斷は疑ひもなく、近隣若くは鄕黨社會の理法、卽ち人倫に照して行はれてゐる。このやうに見れば、後世の鑑とされた周以前の社會は、實は究極の鑑ではなく、究極の鑑はむしろ、三代の社會に對する道德的評價を可能ならしめた人倫そのものであり、秦以後の社會を道德的に低く評價せしめる究極の原理も、同じ人倫の秩序でなければならない。

人々は、古に照して後の時代を批判した。が古の理想社會は、ただ人倫を過去に客體化したものに過ぎぬ。卽ち、ひとは古によつて今を批判したと信じつつ、實は人倫の地盤に立つて今を評價しつつあるのである。人倫は人間共同態の可能根柢であり、人間存在の恆常的な秩序である。社會に對する道德的評價は、今と古との區別なく、つねにこの意味の人倫の地盤の上に行はれなければならない。かく解することが出來れば、夏・殷・周三代の盛世を假想してこれを讃美する傳說的思想が、實は人倫の地盤から出た道德的當爲の意識に根ざすものであることは、もはや疑ひの餘地がなからうと思ふ。しかも前記の諸例は、古の社會と今の社會との比較を、鄕黨及び近隣についてのみ行つてゐる。さうしてここに鄕黨及び近隣研究の意義があると共に、鄕黨道德思想と近隣道德思想との內容的聯關を顧みることの必要があるのである。

(1) 管子卷八、小匡第二十。　四部叢刊本には、「禍福相憂」及び「驩欣足以相死」とある。
(2) 鶡冠子卷中、王鈇第九(四部叢刊)。
(3) 王守仁、王文成公全書卷二十八、續編、告諭廬陵父老子弟(同上)。
(4) 陳瑚、蔚村三約(棣香齋叢書、婁東雜著、石集)。
(5) 眞德秀、西山先生眞文忠公文集卷四十、文、浦城諭保甲文。
(6) 馬端臨、文獻通考卷十二、職役考、歷代鄕黨版籍職役。
(7) 蘇軾、經進東坡文集事略卷十七、進策別、安萬民、勸親睦(四部叢刊)。

第二節　社會習俗に現はれたる睦隣の觀念

一

私は前節に於て、孟子その他の井田說を近隣道德思想と解することによつて、近隣關係の理法を明かにした。管子や鶡冠子に現はれた卒伍の道德も、近隣道德思想と解しうる限りに於て、近隣關係の理法を我々に示してゐる。しかし、近隣道德思想が單に思想に止まる以上、それらの思想を通して捉へられた近隣の理法は、知識人に解釋された限りの理法であつて、近隣生活そのものに表現された近隣の理法ではない。近隣の理法は近隣生活の根柢に存するところの秩序であり、道理である。したがつてその理法は、近隣道德思想のみからでなく、近隣生活に現はれた日常的實踐的なもろもろの生活觀念の中に探られなければならない。それらの事實は近隣生活の理法の表現と見らるべきものであり、ひとはこの意味の表現を通路としてのみ、近隣的人間の主體的把握に達することが出來る。そこで私は、最初に「睃房」或は「睃屋」と呼ばれる習俗をこの種の表現の一つとして取り上げ、その意味を明かにすることから始めたいと思ふ。

睃房の語は、宋の周煇の『淸波雜志』に

里巷間、有遷居者、鄰里醵金、治具過之、名睃屋、乃古考室之義、或謂睃屋、爲俗語、嘗觀王建宮詞、太儀前日睃房來、囑向昭陽乞藥栽、敕賜一窠紅躑躅、謝恩未了奏花開、則知睃房之語、亦有自來

といはれてゐるやうに、(1)もと唐の王建の宮詞に始まり、俗に睃屋とも呼ばれて、新たに遷居し來たつた者に對し、隣里の者が醵金治具してこれに交情を示すことを意味してゐた。宋の吳自牧が、『夢粱錄』に於て杭城に睃房の俗のあることを傳へ、それを「睦鄰」の義と解したのはその故である。卽ち

杭城人皆篤高誼、若見外方人爲人所欺、衆必爲之救解、或有新搬移來居止之人、則鄰人爭借動事、遺獻湯茶、指引買賣之類、則見睦鄰之義、又率錢物、安排酒食、以爲之賀、謂之煖房、朔望茶水往來、至於吉凶等事、不特慶弔之禮不廢、甚者出力與之扶持、亦睦鄰之道、不可不知

とあるのが(2)それであつて、この文の中には、睦隣の道の實現された二つの場合が述べられてゐる。卽ち、一がすでに

近隣關係に置かれてゐる人々の間に行はれたものであるのに對して、他は隣居關係の新たに成立した際のものであり、しかも隣居關係に新たに入り來たつた者に道具を貸し、湯茶を贈り、酒食及び錢物を供し、またその買賣の世話をすることが、この地方では暖房の名を以て呼ばれてゐた。

ところで前記の清波雜志に、暖房を意味する暖屋の語は、當時の俗語をなしたと記されてゐるが、元末の陶宗儀の『輟耕錄』に

今之入宅與遷居者、隣里醵金治具、過主人飲、謂之曰煖屋、或曰煖房、王建宮詞、太儀前日煖房來、則煖屋之禮、其來尙矣

と見え、(3)また淸の趙翼の『陔餘叢考』に

俗禮有所謂暖壽暖房者、生日前一日、親友治具過飲、曰暖壽、新遷居者、鄰里送酒食過飲、曰暖房、輟耕錄亦曰暖屋、又曰暖室、按王建宮詞、太儀前日暖房來、五代史後唐同光二年、張全義及諸鎭、進暖殿物、則暖房之名、由來久矣

と書かれてゐる(4)のを見ると、いはゆる暖房の事實が、その名と共に俗禮をなして元・明・淸の時代に傳へられたことが知られるのである。尤も、夢粱錄の範になつたといはれる宋の孟元老の『東京夢華錄』の如く、單に

有從外新來、隣左居住、則相借措動使、獻遺湯茶、指引買賣之類、更有提茶瓶之人

とのみ述べて(5)、暖房の名を擧げない例もある。しかし我々に必要なのは、暖房の名で概括されうる事實がひろく行はれ、新來者とその隣居者との間に成立する行爲的聯關のこの樣式が、その名稱の有無、その名稱の如何に關はりなく、

すべて近隣關係一般の道義によつて根本的に規定せられてゐたといふことである。吳自牧の言葉をかれば、それは睦隣であり、したがつて睃房の俗は睦隣の表現であるが、我々は睃房の俗に現はれる行爲的聯關のこの樣式を見ることに於て、容易に近隣關係の理法が、親若くは睦にあることを理解することが出來るのである。近隣共同態は一般に、睦の根柢に於て成立する。しかもそれは久しく續けられた近隣關係についてのみ考へられるのではなく、近隣關係の新たに結ばれるその原初の段階に於ても、妥當するのである。我々が、睃房の事實の中に近隣關係の理法を見出しうるといつたのは、このやうな理由からであつた。

睃房の俗はかくて、近隣の理法が睦隣にあることを敎へる。しかし近隣關係は睦隣の缺如態に於ても存立しうるのであつて、近隣が睦隣を實現しうるか否かは、近隣關係を構成する人々の態度の如何にかかつてゐる。さうしてこの點から、轉居に際して善隣を擇ぶといふ習俗や、居宅よりもそこに住む良隣を重しとする觀念が生れた。「卜鄰」と呼ばれる習俗、卽ちそれである。

周知の如く、卜隣の語の初見は、左傳昭公三年の條にある以下の如き文である。

初景公欲更晏子之宅、曰子之宅近市、湫隘囂塵、不可以居、請更諸爽塏者、辭曰、君之先臣容焉、臣不足以嗣之、於臣侈矣、且小人近市、朝夕得所求小人之利也、敢煩里旅、……及晏子如晉、公更其宅、反則成矣、既拜、乃毀之而爲里室、皆如其舊、則使宅人反之、且諺曰、非宅是卜、唯鄰是卜、二三子先卜鄰矣、違卜不祥、君子不犯非禮、小人不犯不祥古之制也、吾敢違諸乎、卒復其舊宅、公弗許、因陳桓子以請、乃許之。(6)

卽ち晏子は、景公の造り與へた邸宅を毀つて里宅を復舊した後、二三の隣人をして、彼がそれらの人々にとつての良隣であるか否かを卜せしめたといふのである。文中に「宅を是れ卜するに非ず、唯だ鄰を是れ卜す」とあるが、隣人を卜して宅を卜さないのは、人間の生活にとつて、住む家の如何よりも近隣結合、即ちその隣人との交はりが重要であると考へられた結果である。したがつて人間の生活にとつてまづ必要なのは、良隣を得るといふことでなければならない。さうしてこのやうに見れば、卜隣が良隣を得るためにその人の良否を卜するものであつたことは、明かであらう。しかも右の言葉は當時の諺をなしたといはれてをり、卜隣の法は恐らく、その時代の習俗をなして廣く行はれてゐたものと考へられる。

しかるに、卜隣の觀念はその後もながく世に傳へられてゐる。「移居」と題する晉の陶潛(淵明)の詩に

昔欲居南村、非爲卜其宅、聞多素心人、樂與數晨夕、懷此頗有年、今日從茲役、弊廬何必廣、取足蔽床席、鄰曲時々來、抗言談在昔、奇文共欣賞、疑義相與析

とあるのが[7]それであつて、ここではただ「其の宅を卜するが爲めにあらず」といふ言葉のみが用ゐられてゐるが、この言葉が卜隣の觀念を前提としたものであることは疑ひなく、また文中の「素心の人」が、陶潛にとつて、永く往來しうる良隣と考へられたものであることも、疑ふ餘地がない。因みに、宋の羅大經の『鶴林玉露』に「自古士之閒居野處者、必有同道同志之士、相與往還、故有以自樂」とあつて[8]、さらにその後に陶潛の移居詩を引いてゐるのを見ると、陶潛のいはゆる素心の人は、彼と道を一にしまた志を同じうしうる者であり、陶潛はただかかる人々との良隣の交はりのみを求めて、その居を南村に移さうとしたのである。

この他、唐の白居易(樂天)の「欲與元八卜鄰、先有是贈」と題する詩にも

平生心迹最相親、欲隱牆東不爲身、明月好同三徑夜、綠楊宜作兩家春、每因暫出猶思伴、豈得安居不擇鄰、何獨終身數相見、子孫長作隔牆人

とあるが(9)、この詩は、卜隣の目的が良隣を擇ぶための手段に他ならないことを明示すると共に、良隣を擇ぶことが、單に己れの交友を求めるためばかりでなく、さらに子孫をしてその隣人との永き交はりを結ばめしめるためのものであつたことを示してゐる。要するに、卜隣の目的は白居易のいふ「擇鄰」であるが、この擇隣の觀念は、良隣が近隣生活を營む上に不可缺の要件をなすこと、及び良隣が近隣生活の不可缺の要件をなすのは、近隣の理法が睦隣に求められた結果に他ならないことを、我々に敎へるのである。

卜隣はこのやうに、遷居に際して居宅よりも隣人その人を重しとする觀念、及びこの觀念にもとづく習俗であつた。これに對して、居宅に對する良隣のこの優越を貨幣價値によつて表示したのが、「買鄰」の觀念である。晉の楊泉の『物理論』に

買鄰之直、貴於買宅也

とあり(10)、また晉の傅元の言葉に

買隣人、價貴宅、宅可買、隣不可得也

とあるのがそれであつて(11)、隣人の値は居宅よりも貴く、傅元に於ては、それは貨幣價値を超えるものと考へられてゐるが、南史の呂僧珍傳は

初宋、季雅罷南康郡、市宅居僧珍宅側、僧珍問宅價、季雅曰、一千一百萬、僧珍怪其貴、季雅曰、一百萬買宅、

一千萬買鄰

といふ記事を載せ、[12]ここでは居宅の百萬に對して、季雅の隣人呂僧珍の價値は一千萬、卽ち居宅の十倍と評價せられてゐる。

このやうに、良隣の價値はその居宅の價値をはるかに超える。眞德秀の「長沙勸耕」の詩に

……千金難買是鄕鄰、恩意相歡卽至親

と見え、[13]淸の「聖諭廣訓」に俗語として

千金買鄰、八百買舍

といふ言葉が擧げられ、[14]また石天基の『傳家寶』に載せられた俗諺の一つに

千貫買田、萬貫結隣

とあり、[15]同じ書の「待隣里」と題する常歌に

萬貫千錢置好隣、相規相勸是相親

とあるのは、[16]いふまでもなく前記の觀念を後世に傳へたものであるが、このやうな傳統的觀念が、俗諺或は俗語となつて後世に行はれてゐるところに、良隣を尊しとする觀念が民間にひろく行きわたつてゐたことを、想はせるのである。

尤も、淸の梁章鉅は「北東園日記詩」に於て

買宅由來重買鄰、急何能擇且因循、梟鸞不礙分棲穩、燕雀終歸大造仁（卜宅之初、橫逆之來、至不可理喩、未幾卽歸我循擾、如魚鳥之親人也）

といひ、(17)ここには、買隣即ち擇隣の觀念に對する批評的立場が認められる。しかしこれは急を要する場合についての批評であつて、擇隣の觀念そのものを否定したものとは考へられない。

かくて買隣は、新たに求めんとする居宅と、その隣人とを貨幣價値にしたがつて比較し、隣人の價値を以て、居宅のそれよりも貴しと見るところの觀念である。しかし貨幣價値によるこの比較は、いふまでもなく一種の比喩に過ぎず、買隣觀念の本質は、物理論にある

買宅者、先定隣焉

といふ一句(18)の中に盡されてゐるといつてよい。「定隣」はその意味に於て、既述の擇隣の觀念に通ずる。即ちそれは新居を定めるに當つて、居宅の大よりも、まづ良隣のあるところを擇ぶといふ思想に他ならない。したがつて買隣の觀念もまた、近隣の理法が睦隣に求められてゐることを示すのである。

前に述べたやうに、呉自牧は近隣間に行はれる茶水の往來、吉凶時の慶弔援助を睦隣の道と呼ぶと共に、新搬移來の人に對する暖房、即ち錢物の贈與や奉仕の提供をも睦隣の義と解した。近隣の理法はかくて、既存の隣人關係に現はれるだけでなく、さらに新たなる近隣關係の成立と同時に人々の行爲を規制するところの原理となる。が我々は今や卜隣と買隣の俗を通して、可能態としての近隣關係もまた、すでに近隣關係の理法の下に成立してゐることを敎へられる。しかもそれらは、單なる當爲の意識ではなく、近隣關係をその根柢に於て規定する人倫の地盤の上に成立した、日常的經驗の觀念に他ならないのである。

私は以上二三の經驗的事實を通路として、近隣關係の秩序が如何なるものであるかを見た。しかるに宋の應俊は、

宋の鄭玉道の『琴堂諭俗編』を輯補した文の中で

遠親不如近鄰之密也

と說き[19]、また石天基の傳家寶には

遠親不若近隣親

といふ言葉[20]や

遠鄰不如近鄰、近鄰不如對門

といふ俗諺[21]が載せられ、さらに河南乾隆商水縣志所載の知縣吳道觀の「鄕約六說」にも

古語云、遠親不如近鄰

とあつて[22]、これらの例では、近隣の親が遠親のそれを超えるものとされてゐる。このうち應俊を除けば、他はいづれも清代の文獻からの引用であるが、今一つの例として、『金瓶梅』が潘金蓮の夫武大をして語らせた

常言道、遠親不如近隣

といふ言葉[23]を擧げることが出來る。金瓶梅はいふまでもなく明の萬曆時代の作であり、睦族の次ぎに始めて睦隣を要求する儒教的道德思想とは異なる觀念が、當時「常言」となつて世に廣く行はれてゐたのである。しかしいづれにせよ、この種の觀念が經驗的事實に根ざしたものであることは疑ひなく、さうしてこの一事は、中國に於ける近隣、ひいては鄕黨生活一般の重要性を暗示するものとして、注目されなければならない。

ただ最後に一言して置きたいのは、これまでに述べた睦房の俗や卜隣乃至買隣の觀念が、いづれも士人、文人或は

市井の人々の生活について述べられてゐて、郷村の人の生活については、直接敎へるところがないやうに感ぜられることである。しかし近隣は一般に地縁にもとづく人間關係であつて、その倫理は士人、文人或は市井の人々の間に成立すると同時に、郷村の農民の間にも成立する。したがつてこれまでに述べた近隣の理法は、そのまま郷村の近隣關係にも認められなければならない。尤も、定著的な生活をいとなむ郷村の人々は、初めから特定の隣り合つた家々に生れ且つ育つのであり、彼等の近隣關係は幾世代にもわたつて繼續してゐて、移居によつて新たな近隣關係の成立を見るといふことは、恐らく稀れであらう。この意味で、暖房の俗と卜隣及び買隣の觀念は都市生活者に本來的のものであるが、それは同時に、都市生活に於ける近隣關係の不安定性をも物語つてゐる。近隣關係はいふまでもなく面識的な關係であり、その親睦は、日常的接觸の頻繁であるほど强い。したがつて近隣間の親睦が、とりわけ上記の如き構造を有する郷村のものであることは明かである。元の劉因の詩に

村居有何樂、所樂人眞淳、回看城市中、居此勝買鄰

とあつて(24)、村居が城市の買隣に勝ることを指摘し、その理由として村民の眞淳を擧げたのはそのためであらう。即ち劉因によれば、郷村の生活は、そこに住む人々の淳樸の故に、特に良隣を求めることを必要としないといふのである。しかし親睦が近隣共同態一般の可能根據であることは疑ひなく、士人や文人や市井の人々の生活を通して捉へられた近隣關係の理法は、當然、郷村固有の觀念の中にもこれを豫想することが出來る。私は次に、かつて述べた莊宅及び田地に關する四隣優先典買俗をふたたび取り上げ、そこに現はれた近隣の理法の如何なるものであるかを、更めて論じて置きたいと思ふ。

（1）周煇、淸波雜志、別志卷中（知不足齋叢書）。　王建の宮詞は、全唐詩に載つてゐる。
（2）吳自牧、夢粱錄卷十八、民俗（同上）。
（3）陶宗儀、輟耕錄卷十一、暖屋（四部叢刊）。
（4）趙翼、陔餘叢考卷四十三、暖房。
（5）孟元老、東京夢華錄卷五、民俗。
（6）春秋左傳注疏卷四十二、昭公三年。　晏子春秋にも、類似の文がある（內篇、雜下第六）。
（7）陶潛、箋註陶淵明集卷二、移居（四部叢刊）。
（8）羅大經、鶴林玉露、地集卷一、閒居交遊（涵芬樓藏版）。
（9）白居易、白氏長慶集卷十五、律詩、欲與元八卜鄰先有是贈（四部叢刊）。
（10）楊泉、物理論（太平御覽卷一百五十七、州郡部、鄰）。
（11）傅元、傅子（意林卷五）。
（12）南史卷五十六、列傳第四十六、呂僧珍。
（13）眞德秀、西山先生眞文忠公文集卷一、律詩、長沙勸耕。
（14）聖諭廣訓、第三條、和鄉黨以息爭訟。
（15）石天基、傳家寶、三集卷四、俗諺。
（16）同上、三集卷四、常歌。
（17）梁章鉅、歸田瑣記卷八、北東園日記詩（筆記小說大觀）。
（18）楊泉、前揭書（太平御覽卷一百五十七、州郡部、鄰）。

(19) 鄭玉道、琴堂諭俗編(應俊續編)卷上、恤鄰里(四庫全書珍本初集)。
(20) 石天基、前掲書、三集卷六、清夜鐘。
(21) 同上、三集卷四、俗諺。
(22) 河南乾隆商水縣志卷九、吳道觀、鄉約六說。
(23) 新刻金瓶梅詞話、第三回。
(24) 劉因、靜修先生文集卷十一、五言絶句、夢題村舍壁上(四部叢刊)。

二

上記の如く、四隣の優先典買俗は、莊宅に關するものと田地に關するものとに分れるが、莊宅の四隣優先典買俗は、莊宅の典賣に際してその四隣に優先權を認めるところの習俗であり、同樣に田地の四隣優先典買俗は、田地の典賣に當つて、その四隣に優先權を認めるところの習俗である。ところで、莊宅の典賣に際して優先權を有する四隣が莊宅の四隣であるのに對して、田地の典賣に當つて優先權を有するのは田地の四隣であつて、莊宅のそれではない。莊宅に關していはれる四隣の關係は、いふまでもなく居住地の隣接せる關係、即ち我々がさきに都市生活にも鄕村生活にも見出されるといつた隣居關係を指してゐる。しかるに田地についていはれる四隣の關係は、この意味の隣居關係とは異なり、互に隣接せる土地を有する人と人との關係、卽ちいはゆる地隣關係を意味するに過ぎない。このやうにして、莊宅と田地とに關する四隣優先典買俗は、鄕村の近隣關係に、隣居關係と地隣關係の二つあることを敎へるのである。さうしてこのうちの地隣關係が、鄕村に特有の近隣關係であることは、斷わるまでもないであらう。故にもし四隣の優先典買俗を通して鄕村に於ける近隣關係の理法が明かにされるとすれば、その問題はおのづから、本來の意味の近隣關係卽ち隣居關係に關するものと、地隣關係卽ち鄕村に特有の近隣關係に關するものとに分れざるをえない。

荘宅及び田地に關する四隣の優先典買俗は、古くから存在してゐたものと考へられるが、文獻に明示されてゐるのは、中唐以後のことである。卽ち唐會要に

天寶十四載八月制、天下諸郡逃戶、有田宅產業、妄被人破除、幷緣欠負租庸、先已親鄰買賣、及其歸復無所依投

とあり、(1)冊府元龜の後周廣順二年の條に

如有典賣庄宅、准例、房親隣人、合得承當、若是親隣不要、及著價不及、方得別處商量、和合交易、只不得虛擡價例、蒙昧公私、如有發覺、一任親隣論理、勘責不虛、業主牙保人、並當科斷、仍改正物業、或親戚實自不便承買、妄有遮恡阻滯交易者、亦當深罪、從之

とあり、(2)また宋刑統所輯の建隆の起請に

應典賣倚當物業、先問房親、房親不要、次問四隣、四隣不要、他人並得交易、房親著價不盡、亦任就得價高處交易、如業主牙人等欺罔隣親、契帖內虛擡價錢、及隣親妄有遮恡者、並據所欺錢數與情狀輕重、酌量科斷

とあるのがそれであつて、(3)唐の制がなほ逃戶の親隣による田宅買賣のことを述べたに過ぎないのに對して、後周の令は荘宅の、宋の起請は物業の、それぞれの典賣に際して房親及び隣人に優先典買の一般的權限のあることを認め、しかも兩者は、その優先に房親―隣人の順序のあることを指摘してゐる。後周の令は、房親―四隣―他人の次序を圖式

的に論じた建隆起請の說明に比較すれば、なほ盡さざる點を殘すが、二つの文を比較すると文字の類似したものが多く、後周の規定が宋の規定の精神をその中に含むものであつたことは、疑ひなからうと思ふ。また後周の規定が莊宅のみを擧げたのに對して、宋の物業が莊宅の他に田土をも含んでゐたことは、南宋の記錄中に、田土の優先典買に關する記事の散見してゐるのを見れば明かである。しかし右の後周の令は、恐らく田土の優先典買を排除するものではなかつた。それのみではなく、宋の建隆起請に「臣等、參詳自唐元和陸年後來條理、典賣物業、勅文不一、今酌詳舊條、逐件書一如後」と記されてゐるから、唐代に於ける田宅產業の優先典買が、逃戶の田宅のみに限られなかつたことも、疑ひを容れない。しかしいづれにせよ、莊宅及び田地に關する優先典買の俗が、宋代に至つて最も明確なる表現を與へられたことは、確かである。

上述の如く、宋の建隆の起請によれば、物業の典賣は、房親―四隣―他人の順序に從ふべきものであつた。しかるにその後四隣の意味について種々の限定が試みられ、また典買の優先者にも新たな關係を加へる例が現はれた。その中まづ四隣の意味については、宋刑統の如く房親と四隣とを段階的に考へず、典買の優先者は、本宗の有服の親にして、しかも四隣の中にある者のみに限られるといふ規定が注目せられる。卽ち文獻通考所引の紹聖元年の臣僚の言に

元祐敕、典賣田宅、徧問四鄰、乃於貧而急售者有害、乞用熙寧元豐法、不問鄰、以便之、應問鄰者、止問本宗有服親、及墓田相去百步內、與所斷田宅接者、仍限日以節其遲

とある[4]やうに、田宅の典賣にあたつて四隣に徧問せしめる法は、貧にして田宅の處分を急ぐ者にとつて害があるといふ理由にもとづき、熙寧・元豐の頃、優先典買權を本宗の有服の親にしてしかも四隣にある者と、典賣物より百步隔

つたところに墓田を有つ者とに制限しようとする制度が確立されたのである。

この法は普通「親鄰」の法とよばれてゐるが、文獻通考の前記の文のつづきによれば、すでに宋初にも一度「問親鄰」の法の實施された時期があるといふ。しかるに親鄰の法は、さらに南宋にも傳へられてゐる。宋本『名公書判淸明集』に載せられた「親鄰之法」と題する胡穎の判詞に

照得、所在百姓、多不曉親鄰之法、往々以爲親自親、鄰自鄰、執親之說者、則凡是同關典賣之業、不問有鄰無鄰、皆欲收贖、執鄰之說者、則凡是南北東西之鄰、不問有親無親、亦欲取贖、殊不知、在法所謂應問所親鄰者、止是問本宗有服紀親之有鄰至者、如有親而無鄰、與有鄰而無親、皆不在問限、見於慶元重修田令與嘉定十三年刑部頒降條冊、照然可考也

とある(5)のがそれであつて、物業の典賣に際して優先的地位を認められるのは、ここでも本宗の有服の親にして四隣に住する者のみに限られ、親があつて隣にゐない者や、隣にあつて親のない者は、共に優先的地位を主張しえないものとされてゐた。また「有親有鄰、在三年內者、方可執贖」と題する淸明集の一判例は、准令を引いて、親隣を四隣の內にあつて、本宗の緦麻以上の關係を有する者と解釋すると同時に、その場合の親隣は、他人の田または古來の溝河、若くは衆戶の往來する道路によつて典賣地から隔てられてゐない者、卽ち典賣地と直接地隣の關係にある者と說明せられてゐる。

准令、諸典賣田宅、四鄰所至有本宗緦麻以上親者、以帳取問、有別戶田隔間者、非其間隔古來溝河及衆戶往來道路之類者、不爲鄰

と記されてゐる[6]もの卽ちそれであるが、この一文は、田地の優先典買俗に關していはれる四隣が、隣居關係でなくて地隣關係であることを明示したものとして、特に注目せられるのである。

このやうに、田宅に關する優先典買の制度には、房親—四隣の優先順位を考へる例と、親隣卽ち親にして同時に隣にある者にのみ優先的地位を認めようとする例との二種あるが、第一類の優先系列中に新たに典戸を加へようとした事例も見出される。宋會要所揭の權判大理寺殿中侍御史李範の雍熙四年二月の言に

準刑統、應典賣物業、先問房親、房親不要、問四鄰、四鄰不要、他人並得交易、若親鄰着價不盡、亦任就高價處交易者、今詳敕文、止爲業主初典賣與人之時、立此條約、其有先已典與人爲主、復業主就賣者、卽未見敕條、竊以見典之人、已編於籍、至於差稅、與主不殊、豈可貨賣之時、不來詢問望、今後應有已經正典物業、其業主欲賣者、先須問見典之人承當、卽據餘上所值錢數、別寫絕產賣斷文契一道連粘、元典幷業主分文契、批印收稅、付見典人充爲永業、更不須問親鄰、如見典人不要、或雖欲收買、着價未至者、卽須畫時批退

とある[7]のがそれであつて、すでに典出中の田宅を賣る場合には、その田宅が典主の籍に移され、また典主が稅を課せられてゐるといふ理由によつて、まづ最初に典主の意向を糾さなければならないといふのである。卽ち房親—四隣—他人の圖式が、田宅を始めて典賣する時の順位であつたのに對して、すでに典出されてゐる田宅を賣却するための順位として、新たに典主—房親—四隣—他人の圖式が作られたわけである。なほ元典章も房親と隣人との他に典主を問題としてゐるが、典主の位置は房親の前ではなく、左記の文の示す如く、つねに隣人の後に置かれてゐた。

省府照得、田例、諸典賣田宅、及已典就賣、先須立限、取問有服房親（先親後疎）、次及鄰人、次見典主。[8]

都省議得、今後凡典賣田宅、皆從尊長畫字立賬、取問有服房親、次及鄰人典主。(9)

右に述べた田宅優先典買の制度乃至觀念が、習俗をなして現在の中國になほ廣く行はれてゐることは、民商事習慣調査報告錄その他の明記するところである。その範圍は河北、山東、河南、山西、陝西、綏遠、甘肅、江蘇、安徽、湖北、福建、熱河、黑龍江、吉林等の諸省にわたり、その事例の大部分は、宋刑統の起請、雍熙四年の制、元典章の規定のいづれかに類似してゐる。

これを具體的にいふと、まづ第一の親族―近隣の順位をとるものとしては、山東省臨淄縣報告に

賣田宅、先問同族服近者、次則四隣

とあり、(10)山西省虞鄕縣報告に

凡賣不動產時、由賣主央中執契、先向近族、次及近鄰說合、如有願買者、外人不能爭買、如無近族近隣、始向別人說合、俗名曰儘近不儘遠

とあり、(11)山西省臨汾縣報告に

民間買賣田地及房產等、賣主必須先儘親族人等價買、如近族不買、再儘遠族、遠族亦不買時、則儘本甲他姓人價買

とあり、(12)また、湖北省襄陽縣報告に

不動產……未出當於人者、……先儘家族、次地鄰、再次一般人

とあつて、(13)いづれも親族―近隣の優先順位をみとめ、しかもその親族の範圍には、服近者または近族のみを考へるも

のと、親疎の次序に從ひつつ遠族をも含めるものとの二つの様式が見られる。

次に、すでに典出された田宅を賣るに當つて、典戶、當戶若くは抵押戶を加へる例では、黑龍江省全省報告に

凡人民業、將田宅典給於人、又欲出賣時、須先儘典主、次儘本族、再次儘四隣、倘均不願留買時、第三者方准撥買

と見え、(14) 湖北省漢陽縣報告に

先儘典戶親房、次疏房、再次隣里

といはれ、(15) さらに湖北省京山・通山兩縣報告に

先儘典戶、次及親房

と記されてゐるやうに、(16) 典戶を親族の上位に置くものと、湖北省襄陽縣報告に

不動產已出當於人者、……先儘家族、家族表示不承買、再儘當戶、當戶表示不承買、再儘地鄰、地鄰亦表示不承買、然後一般人始得承買

とあり、(17) 湖北省廣濟・潛江兩縣報告に

如田地已經典出者、則先儘親房、次及典戶、再次隣里

とあり、(18) 湖北省鄖縣・興山・竹谿三縣報告に

先儘親房、次抵押戶、再次隣里

とあり、(19) 湖北省五峯縣報告に

先儘本族、由親及疏、次儘姻戚、亦由親及疏、如均無人承買、即應由承典或承租人先買

とあり[20]、湖北省巴東・穀城兩縣報告に

均先儘親房、次及典戸

とあり[21]、また陝西省栒邑縣報告に

出賣産業、儘讓親族、後卽儘讓當戸、若均無人承買、即可賣與外人

とあるやうに[22]、典戸、當戸、抵押戸、承租人等を家族、親房或は親族のすぐ後に置くものと、黑龍江省木蘭縣報告に

均先儘親族、次及四隣、如均不買、然後方儘原典戸

といはれてゐるやうに[23]、原典戸を特に親族及び四隣の後に置くものの三つの型が見出される。尤も、最後の木蘭縣の例は原典戸のみを擧げて現典戸のことに觸れてゐないが、すでに原典戸の先買權が認められてゐる以上、原典戸不要のとき、他人よりも前に現典戸の優位が考へられなければならないことは、いふまでもなからうと思ふ。

以上に示したのは、現在の中國鄕村に行はれつつある優先典買俗の主なる型である。しかしこれ以外になほ、親房の叔姪兄弟或は親族のみの先買權を記した甘肅全省報告と江蘇省鹽城縣報告があり[24]、四隣のみの先買權を報じた河南省中牟・鞏縣兩縣報告があり[25]、また親族と地隣の次に去業主若くは老業主を置く河北省高陽縣及び陝西省雒南縣の例や[26]、同族の次にただちに原業主を立てる安徽省來安縣の例の如きものも存在してゐる[27]。要するに、中國には田宅典買の優先權を認められる人々があり、さうしてその中には、親族、四隣、典戸、當戸、抵押戸、承租人、原典戸、原業主等が含まれてゐたわけである。

上記の如く、田宅の典賣に於ける優先者及びその順位は、時代によりまた地方による多少の出入があつて、一様ではない。しかし、そのうち宋の熙寧・元豐の制度と淸明集の判語に現はれた規定、卽ち典買の優先者を本宗の有服の親にして且つ四隣にある者に限定したいはゆる親隣の法は、紹聖元年の臣僚の言にしたがへば、四隣に徧問することが、貧にして田宅の賣却を急ぐ者に不便であるといふ特殊の理由に基くものであり、また典主に最優先的地位を認めるのは、雍熙四年の李範の言によれば、現典の人はすでに籍に編せられ且つ租稅をも納め、現に典出の土地を自ら耕しつつある者であつて、實質上業主と殆んど異なるところがないといふ理由からであつた。この他民商事習慣調査報告錄の示すやうに、原典主と原業主に何らかの優先的地位を認める例もあるが、これは多分、原典主や原業主が、賣却される土地とかつて緊密なる關係を有してゐたといふ理由によるものであらう。したがつて、貧にして土地の賣却を急ぐといふ事情や、土地がすでに他人に典出されてゐるといふ事情や、またかつて土地との緊密な關係にあつたといふ特殊の事情を除けば、不動產の典賣に於ける第一の順位は親族、第二の順位は四隣となるべきものと考へられ、これは恐らく、唐、五代、宋及び元の各時代を支配した原則であると共に、現代の同種の習俗も、根本的にはこの精神によつて貫かれてゐる。近隣が鄕村生活に於て如何なる意味のものとして理解されてゐるかは、右の意味の四隣優先典買俗の成立根據を知ることによつて、明かにされるであらう。

ところでこの點に關してまづ問題となるのは、元典章の前記の第一の文の注が、優先典買者の第一位に有服の房親を置きつつ、しかもその房親は「先親後疎」の順序によるべきことを示し、また山西省臨汾縣報告が「若近族不買、再儘遠族」といひ、さらに湖北省五峯縣報告が本族に第一位、姻戚に第二位を認めると共に、その各〻について「由親及疏」の原則を指摘してゐる點であつて、親族の範圍に時代的或は地方的な相違があるにしても、とにかく四隣に優先すると考へられた親族の範圍内には、親疎の別にしたがふ先後の別のあることが知られる。して見れば、四隣が親族につづいて他人に先だつ地位を與へられてゐるのも、四隣が親族に次いで親近なるものと考へられた結果でなければならない。山西省虞鄉縣報告が、不動產の典賣に於ける近族—近隣の優先順位を「儘近不儘遠」とよび、また湖北省襄陽縣報告が、土地の典賣に於ける家族—地隣の優先序別について「先親後疏」の原則を指摘してゐるのは、その證佐であつて、これを一般的にいへば、優先典買俗に現はれる親族と四隣の地位の優劣も、結局、遠近親疎の序列の忠實なる反映に他ならないのである。

田宅の優先典買俗に於ける親族—四隣の順位は、上記の如く、四隣が親族につづいて親近なるものと考へられてゐたことを示す。が重要なのは、四隣の意味に二つあつて、莊宅の四隣が隣居關係を意味するのに對して、田地の四隣が地隣關係を意味するに過ぎないといふことである。これは私の前に指摘したところであり、特に田地の四隣が地隣に他ならないといふ點については、清明集の判語を引いてこれを明かにしたが、四隣の意味の相違は、今日に於ても守られてゐる。私はこの區別を明瞭に指摘した事例として、ここに次の三つの文を擧げて置きたい。即ち民商事習慣調査報告錄の熱河省平泉縣報告に

出賣房產、先儘房鄰、出賣地畝、先儘地鄰、如房鄰地鄰或無力、或不願意置買、方許賣給他人

といひ、(28)綏遠省全區報告に

出賣房屋、須先儘鄰佑、鄰佑不買、始可向他人別賣、出買地畝亦然、故有賣房儘鄰、賣地儘畔之稱

と見え[29]、また馮和法の『中國農村經濟資料』に引かれた江蘇省無錫縣農村經濟調査報告に

在賣買以前、賣主必將所賣地、儘問鄰近各戸、否則必起責難、所謂田儘田鄰、屋儘屋鄰是也

とあるのがそれであつて[30]、四隣の親近性の問題は、おのづから房隣或は屋隣に關するものと、地隣或は田隣に關するものとの二つに分れざるをえないのである。

いはゆる房隣及び屋隣は、住居の近接せる關係であるが、住居のこの近接關係が親の根柢に於て成立しうることは、我々のすでに述べたところである。したがつて今の我々の問題は、郷村の人々が、彼の住居に於て隣を見出すと共に、彼の田畑に於ても隣を見出すといふ意味で、二重の隣人を有つだけでなく、さらに田畑の隣人關係もまた、住居のそれと等しく、親を以てその可能根柢としてゐるといふ點である。

田畑に關する隣人關係卽ち地隣は、隣人關係たる限りに於て、住居に關すると同樣に、人と人との面接的或は對面的な關係でなければならない。すでにテンニースは、田畑の單なる境界や人々の度繁き接觸が、住居の接近と地標の共同に劣らず相互の習熟と相互の信賴とを齎しうることを指摘した[31]。相隣る土地で農耕をいとなむ郷村の人々は、耕耘・播種から收穫・貯藏に至るまで、卽ち農耕作業のあらゆる段階を通して多くの時を耕作地に於て共にすごす。彼らは日々朝の挨拶を交はし、夕の別れを告げ、また時をりは晝食を共にしつつ談笑喜戲にも興ずるであらう。また彼らは、風雨に遭つては作物の運命を共に憂へ、作物の豐熟を見ては歡喜の情を共にせざるをえない。がそれにもまして彼等を近づけるのは、水利排水の共同であり、看青や驅蟲の共同である。田土が相隣るといふことは、單に勞働の場所に於て人々が空間的に接近するといふことを、意味するのではない。農民は住居の隣りに親しい人々を見出すと

共に、田土の隣りに於ても、それに劣らず親しい人々を見出すことが出來る。もちろんその場合に、住居の隣人に對する親しみと田土の隣人に對する親しみとを比較して、その優劣を定めることは困難であらう。しかし田宅の優先典買序列を親疎遠近の順序と見る制度及び觀念が、農民のもつ二重の近隣の親しみを以て、親房或は親族に次ぐものと解するところに成立したことだけは、疑ふ餘地がないのである。

では田土の優先典買權は、何ゆゑ地隣にのみ認められて、房隣に認められないのであらうか。それは多分、親疎觀念以外の別の要素が作用してゐるからである。地續きの土地を經營し利用することに伴ふ耕種上及び水利上の利便、境界爭ひの機會を少からしめる效果、即ちこれである。

清明集を見ると、范應鈴の「漕司送下互爭田產」と題する判詞に

父祖田業、子孫分析、人受其一、勢不能全、若有典賣他姓得之、或水利之相關、或界至之互見、不無扞格

といふ文(32)が載せられてゐる。即ち范應鈴にしたがへば、父祖の田業が子孫によつて分割され、しかも分割された土地の一つが異姓に典賣されて、異姓と異姓が新たに地隣關係を結ぶ場合には、水利の相關と界至の互見に於て、扞格を生ぜざるをえないといふのである。がこの主張は同時に、水利と界至の紛擾を避けしめるものが、同姓の地隣關係であるといふ主張を含んでゐる。もちろん、水利の相關と界至の互見をして扞格なからしめるものは、同姓の地隣關係のみには止まらないであらう。なぜなら、前記の文に於て、水利の相關と界至の互見をして扞格なからしめる原因と考へられてゐるのは、結局同姓間の親しさであるが、異姓間の地隣關係も久しく續けられる場合には、同姓に劣らぬ親しい間柄を實現しうるからである。がとにかく上記の判詞は、水利と界至の問題が、特に異姓の地隣關係に起りや

すいことを教へる。ところで地隣に生ずべき紛爭對立の回避及び豫防は、境界の撤去といふ方法によつて容易に行はれるであらう。境界の撤去はいふまでもなく、地隣をして相隣る土地を所有或は利用せしめることを意味する。卽ち相隣る土地は地隣の經營に移ることによつて、水利上その他の便益を增すと共に、境界爭ひの禍根をも永久に斷つことが出來るのである。私が前に、田土に關する地隣の優先典買俗が、農業經營上の利便と各種の紛爭の可能性とを排除しようとする意圖に支持されると述べたのは、その意味である。もし土地がつねに地隣外の者に典賣されるものとすれば、その都度新たに地隣關係が成立し、またその都度新たな紛爭の可能性を生ぜしめざるをえない。

このやうに、田土の典賣に際して典賣地の四隣を優越せしめる原因の一つは、それが水利その他の農業經營上の利便を伴ふと同時に、各種の紛爭をも防止しうるといふ點にあつた。が類似のことが恐らく、居宅の四隣優先典買俗についても考へられる。なぜなら、居宅もまたその隣居者に典賣される時に、生活上或は經營上の利便を齎しうるからである。しかしこのことは、田宅の優先典買俗が利便にのみ基くといふ意味ではない。親房或は親族が、屋隣若くは地隣の關係を離れてつねに田宅の典賣に於ける最優先的地位を認められ、しかも同じ親族の間でも、親疎の次序に應じた優先の順位が考へられてゐること、及び親族—四隣の優先序列もまた親疎遠近關係の次序の反映と見られうることは、さきに論じた如くである。近隣の親なくしては、恐らく右に述べた利便の觀念の作用しうる餘地はない。が田宅の優先典買俗が、四隣に關する限り、つねに莊宅は屋隣に、田土は地隣にのみ歸せしめてゐるのを見れば、その優先典買俗が、生活上或は經營上の利便の如き近隣の親以外の要素を離れて考へえないものであることも、確かである。

ただ最後に一言して置きたいのは、近隣を親しい間柄と規定し、親族—四隣—他人の順位を親疎の系列と見る觀念

が、人倫の問題であつて、必ずしも事實の問題たることを要しないといふことである。明の蕭雍が

同井曰鄕里、朝夕相見、出入相友、守望相助、最近而親者鄕里也、田地相連、牛馬相侵、語言相聞、最易起爭者亦鄕里也

と述べてゐる(33)やうに、土地の界至は、久しく地隣關係にある人々の間でさへ、しばしば爭ひの原因となるのであつて、地隣は親しい間柄を有ちうると同時に、その缺如態に於ても存立することが出來る。したがつて近隣を一般に親しい者と見るのは人倫の立場であり、四隣に田宅の優先典買權を認める習俗も、ただ人倫の地盤の上に成立してゐる。いひかへれば、我々は四隣の田宅優先典買俗を通して、近隣關係の理法が、中國農民の生活經驗そのものに於て、如何なるものとして了解されてゐたかを、知ることが出來る。我々はすでに暖房と卜隣及び買隣の俗を通して、士人、文人及び市井の人の構成する近隣關係の理法を見た。暖房と卜隣は、日常的な經驗的事實である。が四隣の優先典買俗もまた、同樣に一つの日常的經驗的事實である。我々はこのやうな事實を通路としてのみ、中國に於ける近隣關係の理法の主體的把握に到達しうるであらう。近隣關係は、實踐的行爲的聯關として、根源的に倫理をふくむ。近隣關係の倫理は、親または睦である。私はこのことを、井田說その他に現はれた知識人の近隣道德思想によつて明かにすると共に、歷史的社會的なる習俗及び觀念を媒介として、再び同じ結論に到達したのである。

しかしながら、近隣の問題は、近隣の理法を明かにすることによつて終るのではない。近隣は鄕黨の一部をなすと共にその典型であり、我々は以上に述べた近隣關係の理法の中に、鄕黨關係の理法をも認めることが出來る。ひとはその證據を、後で述べる中國鄕村の社會經濟生活に現はれた各種の通力合作の事例中に見出しうるであらう。即ち近

隣のみでなく、中國の鄉黨生活に現はれる各種の通力合作も、人倫の地盤の上に成立する主體的實踐的な行爲に他ならないのである。鄉黨道德思想は、元來、このやうな事實の自覺を以てその內容とする。が人倫は道德として自覺される限りに於て、すでに當爲の意識に伴はれてゐる。道德はすべて、實踐的行爲的聯關の規範でなければならない。しかし私の前に述べた鄉黨道德は、知識人の思想に現はれた鄉黨生活の規範に過ぎなかつた。では知識としての鄉黨道德は、どのやうにして庶民のものとなり、またその實際生活の規制原理とされるであらうか。ここに中國の政治に於ける化民成俗、卽ち勸導の問題が現はれる。私は中國鄉村の通力合作を論ずる前に、鄉黨道德思想研究の一つの課題として、鄉村に於ける勸導の意義と役割とを明かにして置きたいと思ふ。

(1) 唐會要卷八十五、逃戶。
(2) 册府元龜卷六百十三、刑法部、定律令。　五代會要卷二十六、市。
(3) 宋刑統卷十三、戶婚、典賣指當論競物業。
(4) 馬端臨、文獻通考卷五、田賦考、歷代田賦之制。
(5) 名公書判淸明集、戶婚門、取贖類、親鄰之法。
(6) 同上、戶婚門、取贖類、有親有鄰在三年內者方可執贖。
(7) 宋會要稿、食貨六一之五六。
(8) 元典章十九、戶部卷五、典賣、典賣田宅須問親隣。
(9) 同上十九、戶部卷五、典賣、典賣稅問程限。
(10) 山東省臨淄縣習慣、先買權(民商事習慣調査報告錄、二四四―二四五頁)。

(11) 山西省虞郷縣習慣、儘近不儘遠（同上、二七四頁）。
(12) 山西省臨汾縣習慣、先儘親族後儘本甲（同上、二八六頁）。
(13) 湖北省襄陽縣習慣、先内後外之按次先買權（同上、五六九頁）。
(14) 黑龍江省全省習慣、業經典出之田宅出賣時有無先儘原典主承買之必要（同上、二〇六―二〇七頁）。
(15) 湖北省漢陽縣習慣、先買權之順序（同上、五七八頁）。
(16) 湖北省京山・通山兩縣習慣、先買權之順序（同上、五九六頁）。
(17) 湖北省襄陽縣習慣、先内後外之按次先買權（同上、五六九頁）。
(18) 湖北省廣濟・潛江兩縣習慣、先買權之順序（同上、五九六頁）。
(19) 湖北省鄖縣・興山・竹谿三縣習慣、先買權之順序（同上、五七八頁）。
(20) 湖北省五峯縣習慣、先買權之順序（同上、五七八頁）。
(21) 湖北省巴東・穀城兩縣習慣、先買權之順序（同上、五九六頁）。
(22) 陝西省栒邑縣習慣、先儘親族次儘當戶（同上、六五七頁）。
(23) 黑龍江省木蘭縣習慣、業經典出之田宅出賣時有無先儘原典戶承買之必要（同上、一四七頁）。
(24) 甘肅全省習慣、出賣業產先儘親房（同上、六七四頁）。　江蘇省鹽城縣習慣、房產買賣先儘親族（同上、三七九―三八〇頁）。
(25) 河南省中牟・發縣兩縣習慣、田地出賣先儘四隣（同上、二二三頁）。
(26) 河北省高陽縣習慣、先買權（同上、二三頁）。　陝西省雒南縣習慣、先儘親族地鄰次儘老業主（同上、六五七頁）。
(27) 安徽省來安縣習慣、不動產之先買權（同上、四〇二頁）。
(28) 熱河省平泉縣習慣、出賣產業先儘房鄰地鄰（同上、七〇八頁）。

（29）綏遠省全區習慣、房儘鄰地儘畔（同上、七二一頁）。
（30）馮和法、中國農村經濟資料、三九六頁。
（31）Tönnies, Gemeinschaft und Gesellschaft. S. 15.
（32）名公書判清明集、戸婚門、爭業類、漕司送下互爭田產。
（33）蕭雍、赤山會約（涇川叢書）。

第三章　敎化の組織と鄉黨道德

第一節　鄉約による鄉黨道德の相勸

一

中國の思想に現はれた鄉黨道德は、鄉黨生活の規制原理、卽ち鄉人に對する當爲として說かれたものであつた。鄉黨は親を存在根柢として成立する。しかしその生活が親の缺如態としても存立しうる以上、鄉黨の和を說く鄉黨道德思想が、當爲としての意義を有ちうることは明かである。しかも中國の知識人にとつて、三代は鄉黨道德の完全に守られた時代であり、彼等は、三代との對比に於て後世の社會を人倫の喪失態と見、道德的評價のこの立場から、人倫の回復を意圖したのであつた。化民成俗卽ち勸導敎化の問題が、ここに起るのである。

しかるに中國に於ては、成俗化民が政治の重要なる一條目とされてをり、鄉黨道德の實現を求める知識人の立場も、實は爲政者のそれに他ならなかつた。道德と政治とのこの繫がりを最も象徵的に示すのは、周禮の司徒が敎化の任を課せられ、六鄉六遂の制も、勸民の組織として論ぜられてゐることである。さうして民衆の敎化を政治の一條目とする爲政者のこの態度は、近世に至るまでそのまま保存されてゐる。

前漢書の記載によると、漢代では年五十以上にして修行があり、衆を帥ゐて善を爲す者一人を民間より選んで鄉の三老となし、さらに郷の三老から一人を選んで縣の三老たらしめ、縣の三老は、縣令や縣の丞尉と共に民衆教化の任に當つたといはれる。(1) 明の老人は、漢の三老の遺制と見られてゐるが、明史の言葉をかれば、老人は「平郷里爭訟」と共に「導民善」の責めを負ひ、(2) 民善の内容は、治訟の事と共に教民榜文の中に例示されてゐた。

鄕村に導民善のための鄕官或は鄕職を設けるのは、民衆教化の第一の方法である。しかし民衆の教化が、專門の職司を鄕村に設けると否とに關はりなく政治の一條目をなしてゐたことは、地方官中に、或は直接勸諭文を發し、或は學校を設け、或は伍保の如き特殊の鄕村組織を通して、道德の實踐を求めた例のあることを見れば明かである。私はそのやうな例として、宋の程顥、陳襄、朱子、眞德秀等の名をあげる。卽ち程顥は晉城令たりし頃、鄕村に伍保を設けて力役相助け、患難相恤むことを要求し、また孤煢殘廢の者があれば親戚鄕黨をしてこれを救はしめ、さらに諸鄕に學校を設けて兒童の敎化に力めたといはれ、(3) 陳襄は仙居令たりし時、勸諭文を發して家族道德と鄕黨道德との實踐によつて禮義の俗をなさしめんことを求め、(4) 次に朱子は陳襄のこの文を「古靈先生勸諭文」の名の下に推奬すると共に、自らもこれに倣つて「勸諭榜」を立て、孝順父母、恭敬長上、和睦宗姻、周恤鄰里の四條目を掲げて、保伍による相互勸戒を命じてゐる。(5) 朱子はこの他に「知南康榜文」をも書いてゐるが、(6) 勸諭の文の最も多いのは眞德秀であつて、彼の文集には「浦城諭保甲文」、「潭州諭俗文」、「再守泉州勸諭文」、「福州勸農文」、「隆興勸農文」(7) 等が疊出してをり、いづれも家族道德に續いて鄕黨道德の重んずべきことを詳細に說いてゐる。この他、比鄰、共里、連鄕、並黨の緩急相恤を論じた元の王惲の「敦諭百姓文」(8) も、同種の例に數へられるであらう。

このやうに、勸導敎化は地方官の重要なる任務の一をなしてゐた。これは成俗化民の第二の方法であらう。が第三に、皇帝自ら聖諭を降して鄕黨生活の大道を昭示し、その實踐を促すといふ場合も存在してゐる。明の太祖聖訓六言や清の康熙聖諭十六條はその適例であるが、朱子の知南康榜文に「有以仰副聖天子敦厚風俗之意」といはれてゐるやうに、地方官が地方の教化に努め、また鄕村に導民善のための職司や組織を設けたのも、結局帝王を教化の主と見る經學思想の當然の歸結に他ならなかつたのである。

しかるに成俗化民の一法をなしながら、しかも上記の諸例とややその起源を異にし、またその發生後ながく勸導の組織として重んぜられたものに鄕約がある。卽ち鄕約は、宋の熙寧九年十二月に呂大鈞によつて始めて彼の鄕里の陝西省藍田に作られ、「呂氏鄕約」(9)の名の下に後世に於ける鄕約の範となり、また鄕村教化の良法としてしばしば爲政者の推奬するところとなつたものであるが、鄕約は元來、鄕人みづから行爲の準則を立て、相勸相規の法によつてその實現をはからうとするところにその特色が存したのであつて、それは要するに、修養と互助とを目的とする民間の社會團體の一つに他ならなかつた。賈公彥は、周禮の鄕遂の制が、君長を教令の不可缺の機關としてゐる理由を說いて、民に「獨治」の力がないためであるといつてゐるが、鄕約はかへつて民衆の獨治の組織であり、規約の制定、組織、運營、統制等のすべてが、鄕人自身によつて自律的に行はれたのである。

尤も、呂氏鄕約が當時の社會にどの程度の影響力を有つたかは明かでなく、また呂氏鄕約は後で述べるやうに朱子の增損を受け、その原形よりもむしろ「朱子增損呂氏鄕約」の名で世に知られてゐるが、南宋に於けるその實施例も、實は審かにされてゐない。しかし呂氏鄕約が、勸導教化の新たなる道を拓いたことは疑ひなく、しかも爲善改過のための民衆自身の組織として作られたところに、特筆すべき意義があるのである。では、その內容はどのやうなものであらうか。

前に述べた如く、宋の程顥が伍保の利用によつて民衆敎化の實を擧げたと傳へられてゐるのに對して、同じ時代の呂氏鄕約は、文字の示す如く道德の實踐を目的とした鄕人の約であり、その約の實現のために相勸相規の法が用ゐられたといはれてゐる。ただその場合の鄕が具體的にどのやうな範圍のものであつたかは明かでないが、「禮俗相交」と題する條に

凡遇慶弔、每家只家長一人、與同約者皆往、其書問亦如之、若家長有故、或與所慶弔者不相識、則其次者當之

とあつて、同約者が相互に接觸のない者をも含みえたといふ事實を見ると、鄕約の範圍が、伍保のそれを超えるものであつたことだけは、確かである。

このやうに、呂氏鄕約の範圍は伍保の法のそれを遙かに超える。が呂氏鄕約に於て一層重要なのは、その規約の詳細なること、鄕黨道德の重視されてゐること、道德實踐の手段として相勸相規の法が重んぜられ、殊に罰則を設けて、同約者みづから規約の違犯者に對して制裁を加へたといふことの三つである。

呂氏鄕約を見ると、同約者の遵守すべきものとして「德業相勸」、「過失相規」、「禮俗相交」、「患難相恤」の四綱領があげられ、さらに過失相規の條は「犯義之過」六項目、「犯約之過」四項目、「不修之過」五項目に分れ、患難相恤の條は「患難之事」七項目を含んでゐた。

このうち今の我々に問題となるのは、特に患難相恤と禮俗相交の二個條であるが、德業相勸の中にもちろん鄕黨道德が取り上げられてゐる。

德謂見善必行、聞過必改、能治其身、能治其家、能事父兄、能教子弟、能御僮僕、能事長上、能睦親故、能擇交游、能守廉介、能廣施惠、能受寄託、能救患難、能規過失、能爲人謀、能爲衆集事、能解鬪爭、能決是非、能興利除害、能居官擧職

とあるのがそれであつて、郷黨道德は相勸せらるべき德業の一つであり、したがつて、禮俗相交と患難相恤の條は、その重要性の故に、特に二つの綱領として、その實行を强く要求せられたものと見られる。

そこでまづ患難相恤の條を見ると、患難の事として擧げられてゐるのは、水火、盜賊、疾病、死喪、孤弱、誣枉、貧乏の七つであつて、各項每に次の如き說明が加へられてゐる。

水火　小則遣人救之、大則親往、多率人救之、幷弔之耳。
盜賊　居之近者、同力捕之、力不能捕、則告于同約者、及白于官司、盡力防捕之。
疾病　小則遣人問之、稍甚則親爲博訪醫藥、貧無資者、助其養疾之費。
死喪　闕人幹、則往助其事、闕財、則賻物及與借貸吊問。
孤弱　孤遺無所依者、若其家有財可以自贍、則爲之處理、或聞于官、或擇近親與隣里可託者主之、無令人欺罔、可教者爲擇人教之、及爲求婚姻無財不能自存者、叶力濟之、無令失所、若爲人所欺罔、衆人力與辨理、若稍長而放逸不檢、亦防察約束之、無令陷於不義也。
誣枉　有爲誣枉過惡不能自申者、勢可以聞于官府、則爲言之、有方略可以解、則爲解之、或其家因而失所者、衆以財濟之。
貧乏　有安貧守分、而生計大不足者、衆以財濟之、或爲之假貸置產、以歲月償之。

呂氏郷約の患難相恤の條は、いはば相互援助の規定であるが、これらの規定が相互援助のあらゆる場合を網羅したといふことは出來ないであらう。しかし相互援助の必要なことのみを指摘して、行爲の規範を具體的に明示しない例の多いのに比べれば、呂氏郷約の條項は著しく具體性を帶びてをり、また呂氏郷約の一般的態度が、必ずしも患難相恤に於ける近隣關係の特殊性を考慮してゐないやうに見えるにも拘らず、盜賊の項の注に示されてゐる如く、特に近隣の責任を論ずる場合があり、さらに患難の程度に應じて相互援助の度合と方法とを異ならしめようともしてゐる。

次に禮俗相交の條は、婚嫁喪葬に於ける慶弔の方法と贈遺の程度とを明示する他、水火、盜賊、疾病、刑獄等の災患に際して援助に用ふべき財物の種類及びその限度にまで言及してをり、災患に關する部分はむしろ患難相恤の條に加ふべきものと考へられるにも拘らず、金品による助濟は禮俗の一つをなすものとして、特に禮俗相交の條の中に揭げられてゐた。がいづれにせよ、患難相恤の規定が、禮俗相交の規定と相俟つて、一層具體的な協力援助の規範たりえたといふ一事は注意されなければならない。

そこで禮俗相交の條を見ると、この規定はまづ、さきに擧げた「凡遇慶弔、每家只家長一人、與同約者皆往、其書問亦如之、若家長有故、或與所慶弔者不相識、則其次者當之」といふ文に始まり、それに續いて

所助之事、所遺之物、亦臨時聚議、各量其力裁定、名物及多少之數、若契分淺深不同、各從其情之厚薄

といひ、さらに遺物と助事の種類及び程度を示して

凡遺物、婚嫁及慶賀、用幣帛羊酒蠟燭雉兎果實之類、計所直多少、多不過三千、少至一二百、喪葬、始喪則用衣服或衣段、以爲襚禮、以酒脯爲奠禮、計直多不過三千、少至一二百、至葬則用錢帛爲賻禮、用猪羊酒蠟燭爲奠禮、

計直多不過五千、少至三四百。

凡助事、謂助其力所不足者、婚嫁則借助器用、喪葬則又借助人夫、及爲之營幹

とも書いてゐる。婚喪の際の遺物と助事は、要するに財物及び勞力による援助であるが、同じ條の規定によれば、災患の際の遺物は錢帛、米穀、薪炭等によつて行はれ、その價格は婚喪時のそれとほぼ相等しく、少い時は二三百、多い時にも三千を限度とすべきものと定められてゐた。なほ患難相恤の條に

凡同約者、財物器用車馬人僕、皆有無相假、若不急之用、及有所妨者、亦不必借、可借而不借、及踰期不還、及損壞借物者、皆有罰

とあるが、器物と人僕通借のこの規定は、禮俗相交の條の助事の項にあるものと趣旨に於て全く同一である。このやうに見れば、禮俗相交の條と患難相恤の條は互に相補ふべきものであつて、この補足關係が許されるのは、二つの個條が共に相互援助の規定に他ならないからである。

患難相恤及び禮俗相交の名によつて示されたものが、古來鄕黨道德の中心的な行爲規範として扱はれて來たことは、我々のすでに述べたところである。呂氏鄕約が患難相恤と禮俗相交を二つの綱領に揭げたのは、鄕黨道德の重視を示すものとして特筆される。しかるに呂氏鄕約は、德業相勸を綱領の第一に置き、これに次ぐ第二の綱領として過失相規を擧げてゐる。呂氏鄕約によれば、德とは善を見ては必ず行ひ、過を聞けば必ず改めることであるが、そこには鄕黨に固有の善のみでなく、さらに人倫のあらゆる種類が列記されてをり、しかもそれらの德業に關して同約者が互に勸導の義務を負ふべきものとされてゐる。過失相規についても事情は同一であつて、犯義の過を六つ、犯約の過を四

つ、不修の過を五つあげ、これら十五の過失に對して、同約者相互に糾察の責めあるものと定められてゐた。我々は前に、周禮の「保」を沈家本が責任を負ふといふ意味に解し、保には糾察の責めと共に勸導の責めがあると書いてゐることを指摘したが、呂氏鄕約の德業相勸と過失相規が、それと同じ精神に貫かれてゐることは明かである。しかもそれは、上から求められたものではなく、鄕人の約束として鄕人自身によつて定められたものであつた。

上述の如く、德業相勸、過失相規、禮俗相交及び患難相恤の四つは、呂氏鄕約の綱領をなしてゐる。だから德業不相勸、過失不相規、禮俗不相成、患難不相恤の過を犯す者は、犯約の過、卽ち鄕人の約束に背く者として、犯義の過及び不修の過と共に同約者の制裁を受ける。過失相規の條を見ると

犯義之過

酗博鬪訟　酗謂恃酒諠競、博謂博賭財物、鬪謂鬪毆罵詈、訟謂告人罪慝、意在害人者、若事干負累、及爲人侵損而訴之者非。

行止踰違　踰違多端、衆惡皆是。

行不恭孫　侮慢有德有齒者、持人短長、及恃強陵犯衆人者、知過不改、聞諫愈甚者。

言不忠信　爲人謀事、陷人於不善、與人要約、退卽背之、及誣妄百端皆是。

造言誣毀　誣人過惡、以無爲有、以小爲大、面是背非、或作嘲詠匿名文書、及發揚人之私隱、無狀可求、及喜談人之舊過者。

營私太甚　與人交易、傷於掊克者、專務進取、不恤餘事者、無故而好干求假貸者、受人寄託而有所欺者。

犯約之過

德業不相勸

過失不相規

禮俗不相成

患難不相恤

不修之過

交非其人　所交不限士庶、但凶惡及游惰無行、衆所不齒者、若與之朝夕游從、則爲交非其人、若不得已暫往還者非。

游戲怠惰　游謂無故出入、及謁見人、止務閑適者、戲謂戲笑無度、及意在侵侮、或馳馬擊鞠之類、不賭財物者、怠惰謂不修事業、及家事不治、門庭不潔者。

動作無儀　進退太踈野、及不恭者、不當言而言、當言而不言者、衣冠太飾、及全不完整者、不衣冠入街市者。

臨事不恪　主事廢忘、期會後時、臨事怠慢者。

用度不節　不計家之有無、過爲侈費者、不能安貧、而非道營求者。

とあるが、犯義と不修の過は、明かに鄉黨道德に屬すべきものをも含んでゐる。したがつて呂氏鄉約の求める鄉黨道德に背く者は、犯約、犯義、不修のいづれかの過を犯す者として罰せられると共に、その過失を糾察せず、また進んで德業の相勸に努めざる者も、同樣に犯約の過に該當する者として、處罰されたのである。

ところで、これに對する罰則は「罰式」の條に

犯義之過、其罰五百輕者或損至四百三百、不修之過及犯約之過、其罰一百重者或增至二百三百。

凡輕過規之而聽、及能自擧者、止書于籍、皆免罰、若再犯者不免、其規之不聽、聽而復爲及過之大者、皆卽罰之、

其不義已甚、非士論所容者、及累犯重罰、而不悛者、特聚衆議、若決不可容、則皆絕之

と規定せられ、罪の輕い者は籍に書するに止め、再犯と過の大なる者に對して始めて所定の罰を科し、その罰は、不修及び犯約の過にあつては一百乃至三百、犯義の過にあつては三百乃至五百と定め、重罰を受けてなほ悛めない者は、除名の處分をさへ受けた。

しかし、呂氏鄉約について最も重要なのは、道德の實踐が「鄉人の約」として行はれたといふことである。陳弘謀は『五種遺規』に於てそのことを指摘してゐるが、(10) 呂氏鄉約の作者呂大鈞の仲兄に答へた書簡に「與鄉人相約之事」とあり、また劉平叔に與へた書簡に「鄉人相約、勉爲小善」とあるのを見れば、呂氏鄉約が呂氏兄弟を含む、或は少くとも呂大鈞を含む鄉人の約として作られたものであることは疑ひない。このことは、鄉約の示す各種の實踐道德が上から與へられたものでなく、鄉人自身の自覺の下に置かれてゐることを語つてゐる。それが呂大鈞によつて起案され、またその作製に鄉人の意志が直接參與したかどうかといふことは、呂氏鄉約の右の特質を失はしめるものではない。鄉約はその作者の如何に關はりなく、作者をも含む鄉人の約として承認せられ實踐される限り、鄉黨を鄉人自身の努力によつてあるべきやうに實現しようとする、實踐の自律性と主體性とを內に藏さなくてはならぬ。周禮は君長を中心とする勸民の組織によつて鄉黨道德の實踐を求めた。がそれはあくまで上からのものであつて、道義の實踐に鄉黨自身の主體性が十分現はれてゐない。呂氏鄉約は、內容的に見れば明かに儒教的道德思想の影響下に作られ、また呂大鈞の指導の下に行はれてゐる。しかしそれは鄉人の約とされてゐる點に於て、すでに鄉人自身の手に移されてゐるのである。

呂氏鄕約のもつ右の性格は、衆をして約中の正直にして阿らざる者一二名を推して約正となし、專ら平決と賞罰の當否とを主らせたといふこと、身分の高下によらず、年齢の長少にしたがつて每月交替する直月を置き、約中の雜事を掌らせたこと、每月一聚して食を共にし、每季一會して酒食を共にし、その費用は當事者をしてこれを司らしめると共に、聚會每に善惡を書し、賞罰を行ひ、もし約に不便があれば、議して更易せしめたといふことの中にも現はれてゐる。なぜなら、呂氏鄕約は、鄕人の約たる點に於て鄕黨の主體性を示すだけでなく、その組織、統制、運營の方法もまた、鄕黨の主體性によつて貫かれてゐるからである。

呂氏鄕約はその後朱子の增損を受け、(11)朱子增損呂氏鄕約として後世に傳へられてゐる。その增損は、字句の修正の形で隨所に現はれてゐるが、呂氏鄕約と朱子增損呂氏鄕約との最大の相違は、呂大鈞の作にかかる「鄕儀」(12)中の賓儀の條が、「尊幼輩行」、「造請拜揖」及び「請召送迎」の名の下に集められて、前に述べた慶弔贈遺の事と共に、禮俗相交の條に加へられてゐることである。呂氏鄕儀の賓儀の條は尙齒道德を主內容とするものであるが、尙齒は鄕黨道德の一範疇であり、これを加へることによつて呂氏鄕約は、體系的には一層整備されるに至つたといへる。また呂氏鄕約の德業相勸の條が、「能く長上に事へる」ことを以て德の一つとしてゐる以上、朱子の如き補訂を加へることも許されないことではない。いづれにせよ、呂氏鄕約は、その原形よりもむしろ朱子增損呂氏鄕約として世に知られてゐる。次節に於て述べるやうに、呂氏鄕約は後世に於ける鄕約の範とされてゐるが、その場合の呂氏鄕約は、多分すでに朱子の增損を經た呂氏鄕約であつて、その原形のままのものではなかつたと考へられる。

なほ最後に呂氏鄕約について一言して置きたいのは、那波博士が、大英博物館と佛國國立圖書館に所藏せられる六十餘種の燉煌史料を用ゐて、中唐及び晩唐時代の民間に社邑と呼ばれるものが盛んに設けられ、呂氏鄕約は、この社邑の發展したものに他ならないことを明かにされた點である。博士によると、唐代の民間には三種の社邑があつた。造像事業を目的とした南北朝時代の義邑、若くは邑會の衣鉢を繼ぎながら、しかも造像事業を棄てて齋會、誦經、寫經、俗講支援等を專らにするに至つたもの、第一種の社邑から派生しつつ次第に佛教的信仰を失ひ、ただ道德的修養と相互的援助のみを目的とし、兼ねて春秋の祭社による鄕黨の親睦をはからうとするもの、及び第一種の社邑と第二種の社邑を合して、齋會、誦經、寫經、俗講援助と共に修養と互助と親睦をも實現せんとするものの三つ卽ちそれであるが、このうち第一種と第三種の社邑が次第に衰へたのに反して、第二種の社邑のみひとり盛んとなり、その後唐より北宋に入つてますます榮え、つひに藍田の呂氏鄕約の如きものを成立せしめるに至つた。呂氏鄕約は、德業相勸過失相規、禮俗相交及び患難相恤の四綱領を立てて品性陶冶の準則たらしめてゐる。しかしこれと同じことは、原則的にはすでに唐代の社邑に於て見られ、また罰式を設けて違犯者を處罰し、毎月一回の小會、一年四回の大會を開いて社員の結束を固め、さらに約正一人を選んで同約の統制に當らせるといふことも、唐代の社邑によつてつとに實施せられたところである。卽ち呂氏鄕約は、宋代に至つて突如として創闢せられたものではなく、その淵源をたづねてひとは、少くとも唐代まで遡らなければならない。しかも唐代のこの種の社邑は燉煌以外の地方にも流行してをり、それは鄕黨坊巷をして、和衷協同、共存共營、自治提携に赴かしめる傳統的風潮の歷史的淵源をなした(13)といふのである。

しかしその規約の詳細なる點に於て呂氏鄕約は唐代の社邑にまさつてをり、またこの種の社邑に鄕約の名を附したのも、呂氏鄉約を以て嚆矢とする。この意味で、呂氏鄉約はやはり鄉約と呼ばれるものの濫觴であり、また鄉約の範とさるべき內容を十分に具へてゐる。私が、鄉黨道德相勸のための鄉村組織を呂氏鄉約から始めようとしたのは、その故であつた。がそれと同時に我々に必要なのは、呂氏鄉約が後世に如何なる影響を殘し、また鄉約が勸導教化の法の一つとして、どのやうな發展を遂げたかといふことである。

（1）前漢書卷一上、帝紀第一上、高祖。
（2）明史卷七十七、志第五十三、食貨、戶口。
（3）二程全書、程氏文集卷十一、伊川先生文、明道先生行狀。
（4）朱熹、晦庵先生朱文公文集卷一百、公移、揭示古靈先生勸諭文（四部叢刊）。
（5）同上卷一百、公移、勸諭榜。
（6）同上卷九十九、公移、知南康榜文。
（7）眞德秀、西山先生眞文忠公文集卷四十、文、浦城諭保甲文・潭州諭俗文・再守泉州勸諭文・福州勸農文・隆興勸農文。
（8）王惲、秋澗先生大全文集卷六十二、文、敎諭百姓文（四部叢刊）。
（9）呂大鈞、呂氏鄉約（隨齋徐氏叢書續編。關中叢書第一集）。呂氏鄉約には呂大忠の跋文があり、またそれは普通、呂大忠の作と信ぜられてゐる。ところがこの篇に附せられた朱子の淳熙乙未四月甲子の後注によると、呂氏鄉約の眞の作者は大忠の弟の大鈞（和叔）であつて、呂氏鄉約がまだ世に著はれない頃、族黨の長たる呂大忠を推して鄉約の主たらしめた結果、右の誤傳が生じたのであるといふ。朱子はその證據として、呂氏鄉約が和叔文集に載せられてゐる事實を擧げ、また鄉約のことを論じた呂大鈞の伯兄と仲兄及び劉平叔にあてた書簡各〻一通づつを揭げてゐる。なほ呂氏には六人の兄弟があつて、宋史は大忠、大防、大鈞及び大臨の四傳を載せてゐるが（宋史卷三百四十、列傳第九十九）、呂氏鄕約の記事のあるのは、大鈞傳ではなくて大防傳であり、その內容は以下の如きものであつた。「大防……與大忠及弟大臨、同居相切磋、論道考禮、冠婚喪祭一本於古、關中言禮學者、推呂氏、嘗爲鄕約……」。しかし朱子の說明を見れば、呂氏鄕約の作者が大鈞であることは疑ひなく、大鈞は恐らく、大忠以下の三兄弟の援助によつてそれを完成したものであらう。

(10) 朱子增損呂氏鄕約（陳弘謀　五種遺規、訓俗遺規卷一）。

(11) 朱熹、前揭書卷七十四、雜著、增損呂氏鄕約。

(12) 呂大鈞、鄕儀（隨盦徐氏叢書續編。關中叢書第一集）。この鄕儀はもと宋の蘇季明（名は昞）兄弟の作と信ぜられ、その名に因んで「蘇氏鄕儀」と呼ばれてゐた由であるが、呂氏鄕約の前記の後注と同時に書かれた朱子の文によると、鄕儀は呂氏鄕約と共に和叔文集に載せられ、しかも蘇季明がこの文集の序を書いてゐるから、この篇の作者が呂大鈞であることは疑ひがないといふ。朱子が呂氏鄕約の增損に際して、鄕儀中の一部をとつて鄕約の中に加へたのは、いふまでもなく、鄕儀を大鈞の作と見た結果である。

(13) 那波利貞、唐代の社邑に就きて（史林、第二十三卷第四號、七六九頁以下）。

二

呂大鈞の鄕約は、朱子の增損を經て、その後に於ける鄕約の範となつたといはれてゐる。が鄕約の最も盛んに行はれたのは明の時代であり、明代に於ける鄕約のこの盛行は、多分、民衆の開導敎化を重視した明朝政府の鄕村統治政策とつながつてゐる。尤も明代に於ても、鄕約の實施されたのは中期以後であつて、勸民敎令の手段としてそれ以前に行はれたのは、次の四つであつた。

まづ第一は「三編大誥」の頒布である。即ち洪武十八年冬十月己丑に御製大誥の頒布が行はれ、次いで翌十九年三月辛未に御製大誥續編、同年十二月癸巳に御製大誥三編の續刊を見、(1)これら三種の大誥が、三編大誥の名の下に、官民敎化のための重要な指針書とされるに至つたのである。この三編大誥が如何に重んぜられたかは、大明會典の「讀法」の條に

洪武二十四年、令天下生員、兼讀誥律。

洪武二十五年、詔令各處官民之家、傳誦大誥三編、凡遇鄕飮酒禮、一人講說、衆人盡聽、使人皆知趨吉避凶、不犯刑憲、其秀才敎訓子弟、引赴京考試、有記一編兩編、或全記者、倶受賞、仍具賞過名數、曉諭天下。

洪武二十六年、令凡民間、須要講讀大誥律令

等と記され、(2)また敎民榜文第二十六條に

民間子弟七八歲者、或十二三歲者、此時欲心未動、良心未喪、早令講讀三編大誥、誠以先入之言爲主、使知避凶趨吉、日後皆成賢人君子、爲良善之民、免貽父母憂慮、亦且不犯刑憲、永保身家

といはれてゐるのを見れば明かであつて、(3)大誥の講讀は、成人のみでなく、年少の兒童を良善の民たらしめるためにも必要であるとされた。讀法はいふまでもなく、州長、黨正、族師及び閭胥をして「讀灋」を行はしめると規定した周禮の制に由來する。つまり明の太祖は、實踐道德の規準として大誥を宣布すると共に、周禮の制度にならつて、讀灋の法をも採用しようとしたのである。

第二は、里制の施行に伴ふ里老人の設置と敎民榜文の制定である。敎民榜文は、繰り返し述べた如く里老人の職掌を定めたものであるが、里老人は里に於ける平爭訟と共に導民善の責めをも負つてをり、敎民榜文は老人のこの職掌に對應して、第三十三條に於て孝順父母のこと、第三十五條に於て尊敬長上のこと、第二十五條に於て和睦鄉里のことをそれぞれ規定し、老人の指導の下に、里內の民善の實現を企圖した。卽ち里は勸導の組織であつて、その中心をなすのが里老人に他ならなかつた。

第三は、申明・旌善の二亭に於ける善惡の榜示である。このうち申明亭については、大明實錄洪武五年二月の條に

是月建申明亭、上以田野之名、不知禁令、往々誤犯刑憲、乃命有司、于內外府州縣及其鄉之里社、皆立申明亭、凡境內人民、有犯書其過名、榜于亭上、使人有所懲戒

といふ記載(4)があつて、その目的は、罪過のある者の名を亭上に榜示して、懲戒の資となすにあつた。がその後善行を榜示するための旌善亭が竝置されたものの如く、後世では、申明・旌善の二亭を併稱するのが普通となつてゐる。なほ申明亭は、老人職の設置後老人裁判を行ふ場所とされてゐるが、善惡を榜示する場所としての機能は、引きつづき保存されてゐたものと思はれる。

第四は、木鐸老人の設置である。卽ち敎民榜文第十九條の規定に

每鄉每里、各置木鐸一箇、於本里內選年老殘疾、不能理事之人、或瞽目者、令小兒牽引、持鐸循行本里、如本里內無此等之人、於別里內選取、俱令直言叫喚、使衆聞知、勸其爲善、毋犯刑憲、其詞曰、孝順父母、尊敬長上、和睦鄉里、敎訓子孫、各安生理、毋作非爲、如此者每月六次、其持鐸之人、秋成之時、本鄉本里內、衆人隨其多

寡、資助糧食、如鄉村人民住居四散窵遠、每一甲內置木鐸一箇、易爲傳曉

とあるやうに、里毎に木鐸一個を備へ、里內の年老殘疾にして事を理めえない者か、または瞽目の人を選んでこれに木鐸を持たせ、小兒に牽引させつつ「孝順父母」、「尊敬長上」、「和睦鄉里」、「教訓子孫」、「各安生理」、「毋作非爲」の六言を叫喚せしめたのがそれであつて、循行の回數は月に六度に及び、六言を反復して衆に聞知せしめようとしたのである。この六言は聖訓六言或は六諭ともいはれ、實踐道德の主要項目を要約したものとして、後世重要なる役割を營んでゐる。

このやうに、申明教化の法として明初に採用されたのは、いはゆる三編大誥の頒布、里老人の設置と教民榜文の刊行、申明・旌善兩亭に於ける善惡の榜示、木鐸老人による六言の宣示の四つであり、最後の木鐸老人の法は、里老人の制に伴つて里の內部で行はれてゐた。

しかるに、宣德七年春正月乙酉の陝西按察僉事林時の言に

今各處亭宇多廢、民之善惡不書、無以懲勸、凡有爭鬬小事、不由里老、輒赴上司、獄訟之繁、皆由於此、請興舉舊制、庶幾民風可厚、獄訟可省

とあり、(5)正統三年五月庚子の戶部廣西司主事張清の言に

近年有司、視爲文具、廢弛不舉、將何以示勸懲

とあり、(6)同年六月己未の順天府宛平縣の言に

本縣旌善申明二亭、年遠廢弛、其基址皆淪、爲民居

とあるやうに(7)、申明・旌善の二亭による勸懲の法は、宣德・正統の頃すでに廢弛して行はれず、また正統八年二月乙卯の直隷楊州府通州知州魏復の奏に

近歳以來、木鐸之教不行、民俗之偷日甚、乞令天下鄕里、仍置木鐸、循行告戒、庶人心有所警省、風俗日歸於厚

とあつて(8)、木鐸老人の法も正統の時代に至つて具文に歸した。實錄によると、以上の上言はいづれも皇帝の嘉納するところとなつてゐるが、しかしそれを機緣として、舊制復活の努力が拂はれたかどうかは明かでない。

ところで右に述べた一聯の現象は、結局、老人の制そのものの廢弛に起因するもののやうである。卽ち洪熙元年七月丙申の巡按四川監察御史何文淵の言に

比年所用、多非其人、或出自僕隷、或規避差科、縣官不究年德如何、輙令充應、使得憑藉官府、肆虐閭閻、或因民訟大肆貪饕、或求公文橫加騷擾、安張威福、顚倒是非、或遇上司官、按臨巧進讒言、易置賢愚、變亂白黑、挾制官府、比有犯者、謹已按問如律、切慮天下州縣、類有此等請加禁約

とあり(9)、宣德三年九月乙亥の山東新城縣知縣董諒の言に

老人缶景賢等四十一人、欺公玩法、前縣官不從所欲、爲其陷害、今愈肆志、欺凌官府、把持公事、不納糧稅、貽累鄕民、乞懲治之

とあり(10)、宣德四年冬十月乙亥の監察御史王豫の言に

今多不遵舊制、往々營求差遣、圖利肥己、於其所當理斷之事、略不究心、致使詞訟紛然、乞禁約之

とあり(11)、また監察御史軒輗に與へた正統元年九月の英宗の勅諭に

軍衞有司及里老人等、貪賂挾私、共爲欺蔽

とある(12)やうに、洪熙から正統の頃にかけて里老人の間に奸惡をいとなむ者が續出し、さきに董諒が老人の不正を指摘した時の如きも、宣宗みづからその言を肯定して、戸部の臣に向つて次の如く語つたと傳へられてゐる。

此輩多不出于推澤、悉是以賄求、妄訐上官、侵害下民、以私滅公、無所不至、誠如知縣所言。

かくの如く、老人にしてすでにその職責をつくさない者が續出してゐたとすれば、老人を中心とした一切の教化組織が、本來の機能を停止するに至るのは理の當然であらう。明代に於ける郷約の發生は、あたかも郷村に於ける既存の教化組織崩壞のこの時期に當つてゐる。しかも馮應京の皇明經世實用編に載せられた泉州府惠安縣知縣葉春の「郷約篇」に、老人制の廢弛を論じた文があつて、それに

法廢、各里亭盡湮沒、縣治徒存、所謂老人、率闒茸輩、不過督辦勘委、以取刀錐之利、拜揖送迎事、官長爲儀耳、有司遂蔑視之、嘉靖間、部檄天下、擧行郷約

といはれてゐる(13)のを見ると、明代の郷約が、老人を中心とする教化組織、即ち里の制の廢弛を補ふために行はれたものであることは明かである。しかしその郷約は、實は嘉靖よりも早く、永樂・正統の頃にはすでに始まつてゐた。

明代に於て、呂氏郷約に注目した最初の人は解縉である。即ち洪武二十一年の「大庖西室封事」に

臣欲求古人治家之禮睦鄰之法、若古藍田呂氏之郷約、今義門鄭氏之家範、布之天下、世臣大族、率先以勸旌之、復之爲民表率、將見作新於變、漸次時雍、至於比屋可封、不難矣

とある(14)のがそれであつて、彼は治家の禮として鄭氏家範、睦隣の法として呂氏郷約を採用せられんことを乞ひ、「帝

その才を稱」したと傳へられてゐるが、さらに明の王樵によると、その後永樂帝は、自ら朱子家禮を表章し、また呂氏鄕約を取り、性理成書に列して兩者を天下に頒降し、以てこれを誦行せしめたといはれてゐる。(15)

右の二つの事實は、呂氏鄕約が、明の初頭に於てすでに、化民成俗の價値を認められたことを示すものとして注目せられる。しかし呂氏鄕約を取り入れて、鄕村に實際鄕約を組織せしめた最初の人は、潮州府知府王源であつた。明史王源傳に

源得潮州府、城東有廣濟橋、歲久半圮壞、源斂民萬金、重築之、以其餘建亭、設先聖四配十哲像、刻藍田呂氏鄕約、擇民爲約正約副約士、講肄其中

とあるもの(16)卽ちそれであるが、王源は永樂の進士であり、彼によつて鄕約が行はれたのも、永樂・正統の間であつたと考へられる。がこれに續くものとしてさらに、正統進士劉觀と正德進士呂枏の鄕約が擧げられる。明史劉觀傳に

取呂氏鄕約、表著之、以敎其鄕

とあり、(17)呂枏傳に

行呂氏鄕約及文公家禮

とあるもの(18)卽ちそれであつて、共に呂氏鄕約をそのまま採用してゐるが、この他の例では、嘉靖進士周鈇の「楡次鄕約題名記」にも、正德已巳に督學陳文明なる者が、太平日久しく人心玩愒なるを慨し、郡縣に檄して呂氏鄕約を修擧せしめたといふ記事(19)が載せられてをり、明の鄕約は、まづ呂氏鄕約をそのまま襲用することによつて、その第一歩を踏み出したのである。

しかるに正德の中期に至つて、王守仁の有名な「南贛郷約」が、江西省の南部地方に施行せられた。しかも葉春の前引の文のつづきに

大抵增損王文成公之敎、有約贊知約等名、其說甚具

と記され、明代の郷約は、南贛郷約の實施後、これまでの呂氏郷約に依據するものから、南贛郷約を範とするものに移つたのである。

南贛郷約は

咨爾民、昔人有言、蓬生蔴中、不扶而直、白沙在泥、不染而黑、民俗之善惡、豈不由於積習使然哉、往者新民、蓋常棄其宗族、畔其郷里、四出而爲暴、豈獨其性之異、其人之罪哉、亦由我有司治之無道、敎之無方、爾父老子弟、所以訓誨戒飭、於家庭者不早、薫陶漸染、於里閈者無素、誘掖獎勸之不行、連屬叶和之無具、又或憤怨相激、狡僞相殘、故遂使之靡然日流於惡、則我有司、與爾父老子弟、皆宜分受其責、嗚呼往者不可及、來者猶可追、故今特爲郷約、以協和爾民、自今、凡爾同約之民、皆宜孝爾父母、敬爾兄長、敎訓爾子孫、和順爾郷里、死喪相助、患難相恤、善相勸勉、惡相告戒、息訟罷爭、講信修睦、務爲良善之民、共成仁厚之俗、嗚呼人雖至愚、責人則明、雖有聰明、責己則昏、爾等父老子弟、毋念新民之舊惡、而不與其善、彼一念而善、即善人矣、毋自恃爲良民、而不修其身、爾一念而惡、即惡人矣、人之善惡由於一念之間、爾等愼思吾言、毋忽

といふ言葉[20]に始まつてゐる。即ち南贛郷約の目的は、要するに孝順父母、尊敬長上、敎訓子孫、和睦郷里の實現であつて、その精神に於て呂氏郷約に通じ、また葉春が「實與申明之意無異、直所行稍殊耳」と述べたやうに、大誥その

他による明初以來の申明の意とも異なるところがなかつた。しかし南贛郷約も、郷約たる限りに於て相勸相規の組織を具へてをり、この點でそれは、讀法による單なる申明教化の法とは明瞭に區別せられるのである。

即ち南贛郷約の規定によると、約中の年高有德にして衆の敬服するところの者一人を推して約長となし、これに次ぐ者二人を約副とし、次に公直果斷なる者四人を約正、通達明察の者四人を約史、精健廉幹なる者四人を知約、禮儀に習熟せる者二人を約贊にあて、文簿三扇を置いて、その一扇には同約者の姓名、出入、所爲を記し、他の二扇にはそれぞれ彰善と糾過とを書し、その場合の善惡の判別は、約衆の同意の下に約史と約正副とによつて行はれた。(20) すでに呂氏郷約について述べたやうに、郷約は郷人の約であり、それは同約者の守るべき行爲の準則を必要とすると共に、勸懲賞罰の手段として、同約者間の相勸相規の法をも缺くことが出來なかつたのである。

このやうに、明の郷約は呂氏郷約に依據するものに始まつて、王守仁の南贛郷約を範とするものに發展した。が注意を要するのは、これらの郷約が、いづれも地方官或は知識人の自由裁量に委ねられ、なほ中央政府の命にもとづく劃一的な制度として法文化されるに至らなかつたといふことである。嘉靖進士査鐸は、古い時代の郷約について

古之郷約、多是在下擧行

と述べてゐるが、(21) これまでに述べた明の郷約も、同じ意味でただ下に於て行はれたものに過ぎない。しかるに、査鐸の右の文のつづきに

今能借上司明文、循其條約、加以潤色、着實擧行、使人々各安生理、聯屬人心、眞吾人之切務也、欲行郷約、自有舊法、可擇而行之

とあるやうに、明の鄕約は、呂氏鄕約や南贛鄕約の如き下に於て行はれるものから、上司の明文を約規として採用する半ば公けのものに發展した。ここに上司の明文といはれてゐるのは、多分教民榜文中に擧げられた孝順父母以下の聖訓六言を指す。卽ち明の鄕約は、太祖聖訓の實踐を目的とし、鄕約の傳統にしたがつて相勸相規の法を採用しつつ、しかも實際には、六言の講讀を儀禮の中心とするいはゆる「六諭鄕約」に移つたのである。

後で述べるやうに、淸代の鄕約は專ら康熙聖諭の講解を目的として行はれ、そのために鄕約よりもむしろ「講約」の名で呼ばれてゐるが、鄕約より講約への發展の萌芽は、すでに聖訓六言を中心とする明の六諭鄕約の中にあつた。この意味で私は、次に聖訓六言を中心とする明の鄕約と、康熙聖諭十六條を中心とする淸の講約とについて述べて見たいと思ふ。ところで明代に於ける鄕約のこの發展を促した直接の動機は、嘉靖八年の題准である。それは如何なる意味に於てであらうか。

（1）　大明太祖洪武實錄卷一百七十六、一百七十七、一百七十九。
（2）　萬曆大明會典卷二十、戶部、戶口、讀法。
（3）　皇明制書卷九、教民榜文。
（4）　大明太祖洪武實錄卷七十二。
（5）　大明宣宗宣德實錄卷八十六。
（6）　大明英宗正統實錄卷四十二。
（7）　同上卷四十三。

(8) 同上卷一百一。
(9) 大明宣宗宣德實錄卷四。
(10) 同上卷四十七。
(11) 同上卷五十九。
(12) 大明英宗正統實錄卷二十二。
(13) 葉春、鄉約篇(馮應京、皇明經世實用編卷十七、利集)。
(14) 解縉、大庖西室封事。
(15) 王樵、金壇縣保甲鄉約記(古今圖書集成、明倫彙編、交誼典卷二十八、鄉里部、藝文)。
(16) 明史卷二百八十一、列傳第一百六十九、王源。
(17) 同上卷二百八十二、列傳第一百七十、劉觀。
(18) 同上卷二百八十二、列傳第一百七十、呂柟。
(19) 周鈇、楡次鄉約題名記(山西同治楡次縣志卷十三、藝文)。
(20) 王守仁、王文成公全書卷十七、別錄、公移、南贛鄉約。
(21) 查鐸、楚中會條(涇川叢書)。

第二節　講約による鄉黨道德の宣布

一

前節に於て指摘したやうに、呂氏鄕約や南贛鄕約に依據する明代の鄕約は、嘉靖八年の題准を契機として新たなる發展を示した。大明會典の讀法の條に

嘉靖八年題准、每州縣村落爲會、每月朔日、社首社正、率一會之人、捧讀聖諭敎民榜文、申致警戒、有抗拒者、重則告官、輕則罰米、入義倉、以備賑濟

と記されてゐる(1)のがそれであつて、ここで求められてゐるのは聖訓六言と敎民榜文の捧讀であり、その規定に背く者のある場合には官に告げ、また罰米を科してそれを義倉に納めしめた。

が重要なのは、右の題准が、社倉の設置を乞うた兵部左侍郎王廷相の奏言に對へたものであるといふことである。大明實錄嘉靖八年三月の條に

一村之間、約二三百家爲一會、每月一擧、第上中下戶、捐粟多寡、各貯於倉、而推有德者爲社長、善處事能會計者副之、若遭荒歲、則計戶而散、先中下、後及上戶、上戶責之償、中下者免之、凡給貸悉聽於民、第令登記登册籍、以備有司稽考、則旣無官府編審之繁、亦無奔走道路之苦、因是可寓保甲以弭盜、寓鄕約以敦俗、一法立而三善具矣、下戶部覆、如其言

とある(2)もの卽ちそれであり、題准にいふ社首と社正は、いづれも社倉の役員を指し、その趣旨に背く者の納める罰米も、右の社倉に對して行はれたのである。しかるに題准は、聖訓と榜文の捧讀を命ずることによつて、社倉の中に鄕約の精神を寓せしめようとする王廷相の意圖を尊重しつつ、しかも王廷相に一歩を進め、社倉の組織を地盤とする鄕約的な會をも開かしめたのであつて、鄕約の名が題准中に見あたらないにも拘らず、聖訓を中心とする鄕約の新たな

形式は、ここにその萌芽を見せてゐたわけである。

江西道光南城縣志の記載によると、明の隆慶元年に郡邑に詔して郷約を立てしめた際、南城縣の郷宦羅汝芳は、衆を率ゐて六諭を講演欽頌し、また知府淩立は、郷約全書を複製してこれを風示し、超えて萬曆六年には、知縣范淶が聖訓六言を訓演し、詩を以てこれを咏ずると共に、次の六個條の條約を制定したといはれてゐる。

一、隅關各爲一約、村落最大處、或總爲一約、或分爲二約、村小、聯絡前後二三里內、共爲一約。
一、每月朔望、詣鄉約所會講、禮罷卽退、不許設茶酒、一恐多費、一恐妨業。
一、鄉約所之屋、不論華樸、但約量屋宇容得本會之人、如無就附近寺觀爲之。
一、每約各設簿三本、一爲約衆簿、登記本約衆人姓名、一爲興善簿、約中有善行、則書之、一爲戒惡簿、約中有惡事、則書之、候有司不時弔查、用憑奬戒。
一、立約正一人、約副二人、士夫主之、如無以耆德代之、約講二人宣讀講解、以生儒爲之、約贊二人唱禮、以知禮童生爲之。
一、約率二人、擇能幹甲長爲之、遇會日、約率早起振鐸、呼集約衆、巳時齊赴約所、如約衆中、有事不及到者、先於約率處白之、無故不到者、約正戒之。(3)

卽ちこの場合の郷約は、單に聖訓六言に依據するだけでなく、郷約としての本來の機構をも具へてをり、しかも社倉組織の如きものとは無關係な單獨の組織として作られてゐる。

次に、萬曆二十二年九月庚辰の上言に於て

設四禮以諭士民、冠婚有儀、喪祭有則、各遵品節、而爲靡費、遵聖諭、以申鄕約

と述べた光祿寺少卿兼河南道御史鐘化民も、(4)上記の諸例と同樣の聖諭中心の鄕約を考へてゐるが、さらに皇明經世實用編を見ると、はじめ浙江布政使司右參政張朝瑞の議に基いて蘭谿・義烏兩縣に施行せられ、その後馮應京によつて潤色刊布された鄕約の法も、次に記すやうな聖諭中心のものであつたことがわかる。

春夏秋、農務方殷、冬月三朔、約正副約本區保甲牌頭、集於本所、擧行鄕約、詣諭牌羅拜、分聽六條、或刑律雜纂爲善陰隲、間一演什、照舊成禮、約正副會同保甲牌頭、公報約內某爲何善事、塡註簿內、某行惡事如何、喚出從公勸諭、不聽下次糾正、終不悛改、然後事註簿內、案候歲終望日、將各保簿報主縣掌印官、彙出聚賞、列名旌申亭、扁上示衆、正月望日、再行成禮、從衆公報、某爲極貧、應賑穀若干、某爲次貧、許借穀若干、某無牛可耕、某無種可佈、衆報相同、約正副面書一單、執赴領穀、保甲收單登簿、秋成加息還倉、不領者聽、此鄕約法也。(5)

文中に保甲と牌頭とを集めるとあり、また賑穀を行ふとあるのは、張朝瑞と馮應京の法が、いづれも後で述べるやうに保甲、社倉等と共に合併擧行されたためであるが、とにかくそれは行動の規準を聖訓に求めてゐる點で、嘉靖以後の鄕約の傳統にしたがつてゐるのである。

圖書編に記された鄕約の法も、これと同樣に保甲、社倉、社學の合併を說いた。が今必要とする鄕約のみについていへば、百家或は二三百家每に遠近にしたがつて一會を作り、齒德のある者一名、學行のある者二名を選んで約正及び約副となし、六言を記した「聖諭牌」を鄕約の座の正面に置き、その講讀と申演とを以て最も重要なる儀式となし、また呂氏鄕約の四綱領、即ち德業相勸、過失相規、禮俗相交、患難相恤を約規としてこれに配すると共に、簿三扇を

設けて、一つには同約の姓名と擧約の費用、一つには德行、一つには過失をそれぞれ記錄せしめて勸懲に資した。(6)皇明經世實用編によれば、張朝瑞の鄕約の法は、萬曆二十七年に至つて巡按浙江監察御史李時華の案驗を得たといはれてゐる。圖書編記載の鄕約の法の考へられた時期は明かでないが、圖書編の撰者章潢は萬曆三十六年に死歿した人であり、彼の述べた鄕約が、おそくも萬曆の頃のものであることは疑ひない。このやうに見れば、聖訓を中心とする鄕約が、嘉靖・萬曆時代の一般的風潮をなしてゐたことは明かであり、しかもこの風潮は明末に至るまで存在した。兩朝從信錄天啓四年五月庚午の條に載せられた刑部尙書喬允升の疏に

至鄕約保甲二法、我太祖高皇帝、易海內治萬世之要訣也、合無隨里、隨地各定約所、爲邑長者親詣、講解聖諭六言及孝順事實爲善陰隲等書、以聳其良心、而熟玩其耳目

と見え、(7)また明實錄所揭の崇禎十七年春正月戊戌の諭に

京師講鄕約、朔望宣聖諭六言、立善惡二冊咨訪

と記されてゐるのは(8)その證佐であり、殊に後の例は、鄕約が上諭によつてその實施を要求されたといふ點で、注目せられるのである。

なほ既引の陳瑚が、江蘇の崑山縣蔚村に施行した鄕約は「蔚村三約」の名で知られてゐるが、陳瑚は崇禎の擧人であり、いはゆる三約も、その內容は聖訓六言の壓縮されたものに他ならなかつた。卽ち「孝悌」は孝順父母と尊敬長上を、「力田」は各安生理を、「爲善」は和睦鄕里と毋作非爲をそれぞれ含み、さうしてこの三約を以て童蒙を導くところに、敎訓子孫が實現せられると考へられたのである。しかも三約中に

吾村素多善人不佞、特以三條相約、自今以往、遵此者爲順德、與衆共奬之、反此者爲悖德、與衆共罰之、甚則與衆共逐之

といふ規定があつて、同約中に相勸相規の法が採用されたばかりでなく、その罪の重い者は約外追放の處分さへも受くべきものとされた。三約を上梓して世に傳へた陳瑚の子孫によると、陳瑚は呂氏鄕約に倣つて、每元の夕、村民を祖廟に集めて右の三約を申明告戒したといはれる。(9) 陳瑚は、築圍說を作つて蔚村の治水工事を指導した村內の有力者であるが、とにかく鄕紳の個人的指導にもとづく一寒村の鄕約が、やはり時代の風潮を受けて聖訓に依據する鄕約の形式を採用したといふ一事は、注意されなければならないと思ふ。

(1) 萬曆大明會典卷二十、戶部、戶口、讀法。
(2) 大明世宗嘉靖實錄卷九十九。
(3) 江西道光南城縣志卷十、田賦。
(4) 大明神宗萬曆實錄卷二百七十七。
(5) 馮應京、皇明經世實用編卷十七、利集、保約倉塾。
(6) 章潢、圖書編卷九十二、鄕約總敍。
(7) 沈國元、兩朝從信錄卷二十二。
(8) 大明毅宗崇禎實錄卷十七。
(9) 陳瑚、蔚村三約。

二

私は以上に於て、嘉靖以後の郷約が聖訓六言に依據し、その講解を儀禮の中心としつつ行はれたことを指摘した。がその中には、嘉靖八年の題准の如く社倉と郷約を統一的に行はしめようとするものがあり、また張朝瑞や圖書編の案の如く、郷約、保甲、社倉及び社學の四つを合併擧行せしめようとした例がある。張朝瑞の法は、馮應京の推稱を受けてさらに後者の「保約倉塾」說に發展したが、今それによると、城內は城心を中にして東西南北の四路に分け、城外は四境を東西南北の四區（大縣は四正四隅の八區）に分かち、もし一區の中に寺觀、庵堂、古蹟、舊基等があれば、道路の適均を量り、人烟輻輳の處を選んで社倉三間を建て、中間に聖諭牌をかけ、傍らに善惡二扁を立て、その下に香卓を置き、その面に律例數條を刻んでその前を拜位とし、ここを郷約の座にあてる。次に東間を社塾となして生童を教育し、最後に西間を社倉に當てて內に穀囤五口を設け、囤每に二十石を貯へる。卽ちこの法に於ては、郷約所と社倉と社塾が一個所に集められるのである。しかるに區は、千家を標準とするいくつかの保に分れ、保の下には百家の甲と十家の牌があつて、郷約は約正副の指導の下に、千家の長たる保長、百家の長たる甲長及び十家の長たる牌頭を集めて行はれ、郷約の場所は「保約之所」とも呼ばれて、郷約と同時に保甲の中心をもなしてゐた。卽ち郷約と保甲は、その責任者を異にしながらも、組織の上では相互に一體的な關聯を保たしめられてゐたのである。これ保約倉塾の法について、注意すべき第一の點である。

ところが第二に、社倉については

以約副保長、掌其出納、約正副、照式置鄉約社倉簿二扇、請印收塡

といふ規定があつて、社倉の出納を司るのは約副と保長であり、社倉簿を司るのは約正副であつた。即ち社倉には別に社正若くは社長の如きものを設けず、鄉約と保甲の長をしてその事務を掌らせようとしたのである。鄉約、保甲、社倉間の緊密なる關係は、ここに至つて一段と明瞭となるであらう。が社學もこの關聯の外には立ちえない。即ち

春社散穀完後、再報本保中、其有堪敎蒙童幾名、願入社學、又擧本保生儒某堪敎讀、館穀應於倉穀內月給一石、各生束修、稱家有無、無力者免

とあるやうに、蒙童と生儒は共に本保中より選ばれ、生儒の受くべき報酬も社倉內よりとつてこれを與へた。

このやうに、保約倉塾の法は、保甲、鄉約、社倉、社塾の四者を、組織、統制、運營のあらゆる面に於て統一してゐる。馮應京は、この四者合併の趣旨を論じて

保甲所以弭盜也、詰防功多、而化導意少、不有保約、何以訓民、鄉約所以正俗也、勸相有方、而育養無儲、不有社倉、何以備荒、生養備而禮義可興、故社學繼之、從學師童、勞來勸相、務於成材、此合併責成之意也

と述べてゐるが、鄉村に四者を缺きえないのは、弭盜、訓民、備荒、育材が共に王政の求めるところのものだからであり、しかも四者を同じ基礎の上に一體として組織しようとしたのは、彼の趣旨によれば、四者の獨立に伴ふ繁文を省くためであつた。(1)

次に、圖書編に記された鄉約、保甲、社倉及び社學の關係も、馮應京の法のそれに似てゐる。即ち、圖書編はまづ「鄉約總敍」の條に於て

毎百家或二三百家、隨其遠近、聯爲一會

と規定し、百家或は二三百家毎に鄕約の會を作らせようとしてゐるが、さらに「保甲規條」を見ると

保甲人等、各隨地里遠近、人戸多寡酌量、立爲一會、如居于城之四街四關者、卽就閑曠公所寬廣寺觀、各爲一會、居于各鄕村者、亦就附近寺觀祉廟寬廠去處行之、鄕村大者、各就同保中、立爲一會、鄕村小者、或三四處或四五處、共爲一會、毎月初二日、保正率諸保甲、同鄕約正倶赴鄕保會所、行禮

とあつて、鄕約はここでも保甲の役員を集めて行はれ、その場所も「鄕保會所」と呼ばれてゐたことが知られるのである。

しかるに「社倉規條」にある

大凡當秋熟之時、或毎畝量出穀半升、或通鄕各戸、富者以石計、貧者以升斗計、倶報數約正副登簿、保長收入社倉、毎春、有闕食者、量準借與、就於保長處會同、約正副批立、合同登記簿籍

の規定によつて、社倉の事務は約正副や保長の責任に屬するものとせられ、さらに保甲規條に

若實有事故、或疾病不能赴者、卽先期告于約正、但有無事或托故不赴會者、卽非良民也、約正保正、逐一掣牌査點、量情罰穀公用、

と見え、また社倉規條にも

或違犯鄕保規條、略示懲罰、由此日積月累、則一村之穀、自足以養一村之民

とあつて、鄕約と保甲の規條に背く者は、罰米を社倉に納めるものと定められてゐた。

ただ社學と他の三者との組織上の關係は明かでないが、一保甲鄕約社倉社學總論」の條に、保甲と社倉の合併の必要を說いて

保甲固足以弭盜矣、然富者得以保其財、而貧乏何能以自給也、莫若於一保之中、共立社倉、以待乎凶荒之賑、則衣食有藉、庶乎禮義其可興矣

といひ、また鄕約と社學との合併の必要を論じて

鄕約固足以息爭矣、然長者得以讀其法、而子弟不可以無教也、莫若於一約之內、共立社學、以豫乎童蒙之訓、則禮教相尙、庶乎道德其可一矣

と書かれてゐるの(2)を見ると、社學が一約每に考へられてゐたことは疑ひなく、したがつてまたそれは、保甲や社倉とも組織上の密接な關係を有つものであつたのである。右の文につづいて

可見、四者名雖殊、而實相須也

といはれてゐるのはその故であるが、なほ「保甲鄕約社倉社學總序」は、工費の節約のために、鄕約亭と社倉と社學を一處に集めることをも勸めてゐる(3)。

このやうに、明代には鄕約と社倉を表裏せしめる例や、鄕約、保甲、社倉及び社學の四つを合併擧行せしめようとする例があつた。がこの他に、鄕約と保甲のみを同じ基礎の上に組織しようとした試みも存在してゐる。鄕約と保甲を「一條に編」した山西巡撫呂坤の鄕甲法がそれであつて、鄕甲約の規定によると、百家を標準として約正一人と保正一人を置き、約正をして「善風俗」のことを司り、保正をして「防奸盜」のことを司らせると共に、その下に十家

の甲を作り、甲に甲長を置いて懲悪教化と失盗の際の救護との責めに任じ、さらに甲長の負ふ懲悪教化の任を果さしめる手段として、五家相互間の糾察と勸導とを命じた。即ち郷甲法は、保正(百家)―甲長(十家)の系列をもつ保甲組織と、約正(百家)―甲長(十家)の系列をもつ教化組織の合體によつて作られてゐたのである。

かくて甲長は、十家の長として治安維持に關して保正の指揮を受けると共に、教化についても同樣に約正補佐の任にあたる。しかし勸善教化の直接の責任者は約正であつて、彼は甲長をして甲內を查訪し、その善惡を約正に轉告せしめると同時に、これを善簿と惡簿とに記入し、また別に選ばれた約副、約講、約史と共に、一約の人を集めて郷約の會を開かなければならなかつた(4)。さうしてその限りに於ては、呂坤の郷甲法も、郷約の法たる一面を十分に具へてゐたといふことが出來る。

明代には、郷約と保甲の二法を併用實施しようとした例がすこぶる多い。例へば鐘化民の『賑豫紀略』に

臣攷、我國家設保甲以防奸、設郷約以勸善、二者幷行不悖、法至良也

とあり(5)、嘉靖進士姜寶の「議行郷約以轉移風俗」に

郷約之行、於民間風俗甚有益、其與保甲法相兼行者、則善俗而弭盜、於民間尤更有益者也

とあり(6)、嘉靖進士史桂芳の「題汝南郷約冊」に

夫敷教同風、莫善於郷約、禁姦止亂、莫善於保甲、是二法者、蓋相表裏、會而通之、實一法也

とあり(7)、また喬允升の既引の文に

至郷約保甲二法、我太祖高皇帝、易海內治萬世之要訣也

とあるのはその例であるが、保甲を治安維持の積極的手段とすれば、鄕約を以てその消極的手段と見ることは可能であり、したがつて弭盜・勸相の二法の併用を、法の至善なるものと解するのは自然である。しかし呂坤の鄕甲法は、鄕約と保甲の單なる併用ではなく、進んで兩者を一條に編しようとしたものである點に於て上記の諸例と異なり、その精神はむしろ嘉靖八年の題准や張朝瑞及び圖書編のそれに通じてゐた。

我々は以上の例示によつて、明の鄕約が正統以來盛んに行はれ、嘉靖以後はしばしば保甲、社倉、社學の如き鄕村統治のための諸組織と合併擧行せられたこと、及び嘉靖以後の鄕約の多くが、聖訓六言の講解を鄕約儀禮の中心たらしめたことを知つた。明の鄕約は、時代と共に推移してゐる。しかしそれらの鄕約は、鄕約と呼ばれる限りに於て、必ず鄕村に行はれるものでなければならなかつた。しかるに圖書編は、「各鄕約會坐次圖」と竝んで「府州縣約坐次圖」なるものを揭げ、鄕約の他に府約、州約、縣約等と呼ばれるものの明代に考へられてゐたことを示してゐる。

今この二つの圖を比較すると、中央正面に聖諭牌を立て、その前に香案を置き、聖諭牌と相對して講案を設ける點に於て兩者は相等しく、その相違はただ列席者の種類にのみ現はれてゐる。即ち鄕約に於ては、香案の右に約長、約副の席と約衆の席、その左に鄕の縉紳若くは齒德の優者と學監、學校の席を設けるのに對して、府州縣約にあつては、香案の右に鄕の縉紳と諸生の席、左に府州縣官及び學官と諸生の席とが設けられる。このやうに見れば、府州縣約が約正副によつて行はれる鄕約と同種の約であつたことは疑ひなく、明代に於ける訓民敎化の組織は、鄕約の名に於て鄕村に行はれただけでなく、さらに府州縣約の名の下に、府州縣官によつても行はるべきものとされ、しかも兩者は上下の統屬關係に置かれてゐたことが知られる。即ち鄕の約正副は、鄕の縉紳として府州縣約に列し、鄕村に歸つて郷約を主宰するのである。いはゆる府州縣約が當時どの程度に實施されたものであるかは明かでないが、とにかく府州縣約の採用によつて、訓民の組織は單に「下に在つて擧行」せられるだけでなく、上から下への明確な階層組織をとることとなる。しかも府州縣約が郷約と同樣に聖諭牌を中央に安置してゐるのを見れば、府州縣約が、郷約に於けると同樣に聖訓の講解を以て儀禮の中心としてゐたことは明かである。前に述べたやうに、郷約は聖訓の採用によつて半ば公けの性質を帶びた。が聖訓の講解を中心とする府州縣約の施行によつて、訓民教化の法はその公的性格を一層增大するのである。しかし明代に於ける府州縣約の發生は、恐らく郷約が、聖訓をその中心に立てた事實と深い關係がある。郷約が呂氏郷約や南贛郷約を範とする限り、府州縣官による郷約の模倣は行はれえないと考へられるからである。この意味で聖訓の採用は、明代の郷約に新たな發展の契機を與へたものといふことが出來る。では明の郷約や府州縣約が、聖訓の採用のみでなく、聖訓の講解を不可缺の儀禮としたのは如何なる理由からであらうか。

(1) 馮應京、皇明經世實用編卷十七、利集、保約倉塾。
(2) 章潢、圖書編卷九十二、保甲郷約社倉社學總論。
(3) 同上卷九十二、保甲郷約社倉社學總序。
(4) 呂坤、呂公實政錄、郷甲約卷二。
(5) 鐘化民、賑豫紀略、郷保善俗(叢書集成)。
(6) 姜寶、議行郷約以轉移風俗(古今圖書集成、明倫彙編、交誼典卷二十八、郷里部、藝文)。
(7) 史桂芳、題汝南郷約册(同上)。

三

聖訓六言は「孝順父母」、「尊敬長上」、「和睦郷里」、「教訓子孫」、「各安生理」、「毋作非爲」の六條より成り、太祖聖訓または單に六諭とも呼ばれてゐる。この六言をはじめて掲げたのは、かつて述べたやうに教民榜文であつて、その第十九條は、里毎に木鐸老人一名を設けて、里內を巡行しつつ六言を直言叫喚せしめた。しかるにその後、聖諭牌を郷約の座に安置する風が起るに及んで、六言は郷約の中心となり、勸民教化の最高の準則と考へられるに至つた。しかし六言は、各條四字のみより成る綱領の羅列に過ぎず、したがつてその趣旨を郷民に領悟せしめるためには、特に六言の講解が行はれなければならない。隆慶三年に、郷宦羅汝芳が衆を率ゐて六諭を講演欽頌したといはれてゐるのは恐らくそのためであり、また嘉靖以後の郷約が、一般に六言の講解を以て郷約の中心儀禮と見なすに至つたのも、多分そのためである。

六言の講解は、郷約の役員によつて任意に行はれた。がそれはどこまでも愚民を委曲開導して、その向善を鼓舞しうる底のものでなければならない。圖書編は左記の如き「聖訓解」と「聖訓釋目」とを掲げてゐるが、これは聖訓講解の一例をなすと共に、圖書編の著者が、これを以て聖訓解釋の範例たらしめようとしたものであることを示してゐる。聖訓解と聖訓釋目は、いふまでもなく六言の各〻について行はれてゐる。しかし郷黨道徳が當時どのやうに取り扱はれてゐたかを示すために、ここではただ和睦郷里に關するもののみを擧げて、その趣旨を説明して置きたい。

聖訓解

鄉里之人、居住相近、田土相隣、朝夕相見、若能彼此和睦、交相敬讓、則喜慶相賀、急難必相救、疾病必相扶持、婚喪必相資助、有無必相借貸、雖則異姓、有若一家、出入自無疑忌、作事未有不成、若不相和睦、則爾爲爾、我爲我、孤立無助、嫌疑易生、作事難成、豈能久處、故聖祖敎爾以和睦鄉里者、欲爾興仁興讓、以成善俗也。

聖訓釋目

其一、禮讓、鄉里所以不睦者多、因計較禮節、責望施報、今後凡事當存恕心、古人謂、人有不及、可以情恕、非意相干、可以禮遣、聞一好事、協力贊助、見一過失、盡言規諷、毋謂我富而彼貧可欺、毋謂我壯而彼老可侮、毋占便宜、毋尙詐僞、毋面是背非、毋因飮食細故輒興訟、有一如此、皆非居鄉之誼、悉宜省戒。

其二、守望、凡同約所以更守望保禦地方、無事則彼此獲安、有變則同心協力、如盜賊所生發水火不惻、隣保務相應援救護、此所謂患難相扶持也、如有臨事而坐視不赴者、各保長告於約正副、呈縣治罪、仍量罰銀米、給被害之家、爲約中不義之戒、乘機搶掠者、以贓以竊盜論。

其三、喪疾、凡有父母兄弟妻子之喪、不能擧者、有患病不能延醫措藥者、約內議處措之、或勸有力者濟之、若借貸、但令其償、不責利息。

其四、孤貧、凡無子孫供養、無父母兄弟可依者、謂之孤、饑無食寒無衣者、謂之貧、約內當恤之濟之、若有反行欺侮陵害者、此盜賊殘忍之性也、約正等呈官治之。(1)

すでに述べたやうに、六言を始めて掲げた敎民榜文は、第二十五條に於て鄉里の親愛を說き、これを媒介するものとして婚喪吉凶の際の相互資助を擧げた。が聖訓解と聖訓釋目に於て和睦鄉里の手段とされてゐるのも、同樣に鄉人間の相互援助に他ならない。ところで聖訓解のいふやうに、相互援助は我と爾との對立のあるところには生れない。相互援助を實現するためには、私の立場の否定が行はれなければならないからである。およそ、私の立場の否定されるところに生れるのは共同態である。この意味で和睦鄉里の要求は、鄉村共同態の實現を目ざしてゐた。聖訓六言は父母に對する孝順と同族の尊長に對する尊敬を說くことによつて、家族共同態と宗族共同態との實現を企圖してゐる。しかし鄉村の人々にとつてそれに劣らず重要なのは、鄉村の共同化といふことでなければならない。相互援助は、鄉村共同化の最も重要な契機である。尤も鄉村の共同化は、和睦鄉里の條にのみ說かれてゐるわけではない。聖訓解は同族の長上に對する尊敬を論じた後で、鄉黨の長上に對する尊敬の必要をも說いてゐるが、敎民榜文第三十五條によれば、尊敬長上もまた鄉里和睦の道であつた。が殺人、放火、姦盜、詐僞、搶奪、掏摸、恐嚇、誆騙、賭博、撒潑、敎唆、詞訟、挾制官府、欺壓良善、暴横鄉里を戒めた聖訓解の「毋作非爲」の條や、窩盜賊、受投獻、酗博訕訟、圖賴人命、拖欠税糧、鬪奪、僞造、霸占水利、違例取債、侵占產業、强主山林、縱牲食踐田禾、縱下侮上、傲惰奢侈、崇尙邪術等を禁じた聖訓釋目の「毋作非爲」の條も、和睦鄉里のための消極的條件を論じたものといひうるであらう。しかしいづれにせよ、相互援助による鄉里の和睦、私の立場の否定による存在共同の實現が、特に「和睦鄉里」の名の下に聖訓の一條に加へられてゐることは、鄉人の約を意味する鄉約が、鄉黨道德の要求を缺いては成り立ちえないものであつたことを物語つてゐる。さうしてこのことはすでに、呂氏鄉約や南贑鄉約に於ても明瞭に認められた事柄であつた。

郷約は、郷黨道德の實現をその目的の一つとする點に於て、家族道德と宗族道德のみの實現を意圖する宗約とは異なつてゐる。郷約は道德的修養と相互援助とを目的としたとしばしばいはれてゐるが、相互援助も實踐道德の一項目であり、その實現はやはり道德上の要求でなければならない。要するに、聖訓六言は、和睦郷里の一條を揭げることによつて郷黨道德の實現を求め、聖訓解と聖訓釋目は、郷黨道德の何ものであるかを昭示することによつて、愚民開導の實を擧げんとしたのである。我々はここに聖訓講解の不可缺性を認めると共に、この講解が郷約儀禮の中心をなすに至つた理由を理解することが出來る。しかし繰り返し述べたやうに、明の郷約は聖訓の講解を中心とするに至つた場合にも、呂氏郷約以來の傳統たる相勸相規の法を失つてゐない。しかるに淸の康熙九年に聖諭十六條の頒布が行はれ、その講解が「講約」の名の下に郷村に實施せられた。淸の講約は聖諭の講解のみを目的とする點に於て、相勸相規の法を伴ふ明の郷約とは異なつてゐる。しかし聖訓講解の形式はすでに明代の六諭郷約に始まつてをり、この意味では、講約の起源は、聖訓の講解を主內容とする明の六諭郷約の中にあつたといふことが出來る。

(1) 章潢、圖書編卷九十二、郷約總叙。

四

明の太祖聖訓は、そのまま淸朝に承けつがれ、これを順治九年に「六諭臥碑文」の名によつて頒行すると共に、十六年に至つて郷約を立て、郷約正副を選び、月の朔望兩日に郷民に對する六諭の講解と善惡の旌別とを行はしめた。即ち明代に於て地方官の裁量に委ねられてゐた郷約は、今や官府の司るところとなり、しかも禮部の管轄に屬することなつたのである。しかるに康熙九年に至つて聖祖の上諭十六個條が發せられ、「康熙聖諭」の名の下に、六諭臥碑文に代はつて天下に行はれることとなつた。しかも民衆への宣講の形式は依然として鄕約のそれであり、大鄕大邨の人居稠密なる所に講約所を設け、鄕の耆老、里長、讀書人等を集め、擧貢と生員の老成なる者一人、樸謹の者三四名を約正及び直月に選んで、月の朔望二回に聖諭の講解に當らせた。(1)

康熙聖諭は

敦孝弟以重人倫　篤宗族以昭雍睦　和鄕黨以息爭訟　重農桑以足衣食
尙節儉以惜財用　隆學校以端士習　黜異端以崇正學　講法律以儆愚頑
明禮讓以厚風俗　務本業以定民志　訓子弟以禁非爲　息誣告以全善良
誡窩逃以免株連　完錢糧以省催科　聯保甲以弭盜賊　解讐忿以重身命

の十六個條より成り、淸一代を通じて鄕約の中心とされるに至つたものであるが、その十六個條はやはり、民の踐み行ふべき生活規範を綱領的に擧示したに過ぎず、これを民衆に宣示する場合には、さらに各條について詳細なる訓釋を必要とした。例へば山東省章丘縣知縣鍾運泰に康熙二十三年の刊行にかかる『鄕約書』がある他、都察院右副都御史陳謹の『上諭合律鄕約全書』や廣東省連山縣知縣李來章の「聖諭圖像衍義」の如きものがあり、また陝西光緒城固縣志に「上諭十六條約解」なるものの載せられてゐるのがそれであつて、(2)明の太祖聖訓の場合と同樣に、康熙聖諭についても、これと類似の種々の註解が所在に試みられてゐたものと思はれる。しかし注意を要するのは、淸朝では、雍正二年に世宗によつて「聖諭廣訓」と稱するものが欽定せられ、聖諭解釋のために官定の規準が設けられるに至つたといふことである。それ以後に於ける聖諭講解の中心は、聖諭廣訓の宣讀に他ならない。かくて鄕約を通して要求された明代の鄕村教化の政策は、淸代に入つて一段と積極性をもたされたといふことが出來る。

因みに、黃六鴻の『福惠全書』を見ると、城鄕分講の必要を說いて

州縣官、有錢穀刑名之責、不能遠赴四鄕、而四鄕之民、亦有農桑商賈之務、不能遠赴治城

といひ、さらに城中の聖諭講讀の法を說いて

本州縣官、四孟在城、定某吉講讀、先期傳集四鄕約講村長族尊代約講者、于講讀日黎明、倶于城中講所伺候

と記し(3)、城と鄕の間に、圖書編所載の府州縣約と鄕約とに類似した關係を設けしめようとしてゐる。しかしこれはいふまでもなく黃六鴻の私案であつて、必ずしも定制上の要求に基くものではなかつた。卽ち淸代の講約は、それが鄕約と呼ばれると否とに關はりなく、つねに鄕村に於ける勸導の組織として要求せられ、また實施せられたのである。

ところで康熙聖諭について今一つ注意せられるのは、聖諭廣訓が、文語體と口語體との二様の訓釋を行つてゐるといふことである。官府自らによる聖諭の訓釋が、文語體のみでなく、さらに民衆の言葉によつて行はれたといふ事實は、注目せられてよい。尤も内容的にいへば、廣訓の文語解と口語解との間には、大きな相違は存しない。これは以下に述べる「和鄕黨以息爭訟」の條についても同樣であるが、訓民教化を以て鄕黨道德思想硏究の一課題とする我々の立場から、民衆の言葉を以て語られた廣訓の口語解を中心としてその内容を明かにして置きたい。庶民に對して庶民道德を說くのに、庶民の言葉を以てすることの如何に意義の多いものであるかは、更めていふまでもないことだからである。鄕黨の和を說く聖諭廣訓は、鄕黨道德をどのやうに理解してゐるであらうか。

さて「和鄉黨」に關する廣訓の口語解は、まづ

怎麼叫做鄉黨、是同在一塊土上住的人

といふ句に始まつてゐる。「同じく一塊の土上に住む」といふ言葉は、恐らく生活の土地を共同にするといふ意味であつて、我々の言葉にいひかへれば、それは地緣を地盤として生活するといふ意味に他ならないであらう。我々は鄉黨のこの定義を重視するものであるが、一層重要なのは、廣訓が鄉黨生活の原理を、右に示した鄉黨の特質中に求めてゐることである。卽ちさきの句につづいて

同在一處住了、出頭相見、說話都該溫和、情誼都該親熱、一家有事、都該相帮、一家有苦、都該周恤、古來說婣睦任恤四字、就是這四種道理

とある如く、鄉黨の溫和、親熱、相帮、周恤の四つ、卽ち周禮のいはゆる婣、睦、任、恤の道理が「出頭相見」に關はらしめられ、出頭相見がさらに一地に住むといふ事實に關はらしめられてゐる。この句の中で問題となるのは「出頭相見」の語であるが、「怎麼叫做鄉黨、是同在一塊土上住的人、同在一處住了、出頭相見」とある一聯の言葉から推察せられるやうに、出頭相見の關係を條件づけるものは、一塊土上に住むといふことに他ならなかつた。したがつて「一塊土」の擴がりは、當然に「出頭相見」の範圍と相等しい。しかし人々の住む土地は連續的のものであり、その土地の一部を特に「一塊土」と呼ばしめるためには、無限に連續する土地を限定するものがなければならない。私はそれを出頭相見の可能性であると考へる。出頭相見を可能ならしめるのは「一塊土」に住むといふ事實であるが、一塊土はとりもなほさず、出頭相見の可能的限界によつて限られてゐるのである。

出頭相見の語は、明の聖訓解にいふ「相夕相見」の語と同樣に、日常的接觸の頻繁に行はるべき比較的隣近の關係を指してゐるやうに見える。さきに擧げた陝西城固縣志所載の「上諭十六條約解」に

鄕黨同在一村居住、皆謂之鄕黨、既然、同居一處、朝出暮見

とあるが、この文は鄕黨を一村に居住する人々と解し、その間に朝出暮見の關係が成立するものと見てゐる。しかし出頭相見、朝夕相見の關係には程度の差がありうるのであつて、それは接觸の最も頻繁に行はれるものから接觸の稀れに行はれるものまで、種々の段階を含まなければならぬ。少くとも廣訓の鄕黨が一村の範圍に止まらないことは、廣訓の末段に

天下者、鄕黨之積也、因鄕黨雖止一塊地方、然合許多鄕黨、便成一州一縣、合許多州縣、便成一府一省

とあるによつて知られる。なぜなら、鄕黨を說明して「一塊地方」と書いてゐる以上、それが一村のみの範圍に止まるとは考へられず、一州一縣がただちに村に分れるものとも考へられないからである。また後述の如く、廣訓が鄕黨の和の實現方法として、農、工、商、賈間の相通關係や、民と兵との相倚關係を擧げてゐるのを見ても、廣訓のいふ鄕黨が、一村の範圍を超える廣さのものであつたことは明かである。

かくて鄕黨は、出頭相見の可能範圍に限界づけられた土地を共にして住む人々である。しかし前述の如く、出頭相見はまづ近隣に始まり、しかも一塊をなす土地の遠近につれて、相見の種々の段階を示さなければならない。さうしてそれと共に、鄕黨道德が鄕黨の和睦をいふ場合にも、それは鄕黨の全體を通して一樣の度合を求めたわけではなく、土地の遠近、相見の可能度、したがつて地緣共同態の大小に應じた種々の度合の和を要求したものと解せられる。尤

も廣訓が鄕黨の和を論ずるに當つて、これらの點を明示してゐるわけではない。鄕黨の特質を一般的に說いてゐると同樣に、その鄕黨のいはゆる「道理」を述べる場合にも、それは一般論的立場を離れてはゐないからである。しかし地緣結合は接觸に媒介されるものであり、さうしてその接觸に段階的な差があるとすれば、鄕黨の和の要求にも當然に、段階的な差がなければならない。

ところで廣訓は、既述のやうに說話の溫和と情誼の親熱と、一家に事ある時の相帮と一家に苦しみのある時の周恤とを鄕黨に對して求め、この四者を以て周禮の婣、睦、任、恤に該當するものと見た。廣訓にとつて、鄕黨の和の要求は、婣、睦、任、恤の要求に他ならない。しかるに廣訓はまた、この四者を鄕黨の道理をなすものとも解してゐる。鄕黨の道理をなす限りに於て、それは鄕村共同態の可能根柢である。しかし廣訓の立場は、婣、睦、任、恤の實現を當爲として說くところにあつた。さうして婣、睦、任、恤がこのやうに當爲として說かれたのは、鄕黨が、一方に於て婣、睦、任、恤を道理とすると共に、他の一方に於ては爭訟の場所であるといふ事情にもとづいてゐる。それを示したのは廣訓の次の言葉である。

只是鄕黨裏面的人狠多、同在一塊住家、時々見面、或者太褻狎了、一言半語、有些觸犯、就要相爭起來、起先不過口角、後來竟到成仇。

婣、睦、任、恤をその道理となすといはれた鄕黨が、さらに爭訟の場所となるのは、鄕黨が四者の缺如した狀態に於ても存立しうるからである。ところで婣、睦、任、恤は、鄕黨が四者の缺如態に於ても存立しうるといはれる正にその點に於て、當爲としての意義を帶びてくる。婣、睦、任、恤を鄕黨の道理と見る廣訓が、これを一つの要求として掲げたのは、そのためである。しかし廣訓は、姻、睦、任、恤の要求と同時に、鄕黨の和を命じた。聖祖が、爭訟にもとづく種々の煩累から百姓の安居樂業が脅されるのを憐んで「和鄕黨」の一條を設け、天下に頒行して和の一字を說いた、と廣訓に記されてゐるのがそれである。このことは、和が姻、睦、任、恤の本質に他ならぬことを示してをり、右の關係からすれば、和を以て鄕黨の存在根柢と見ることも、許されなくてはならない。つまり廣訓にとつて、和はもともと鄕黨の道理であつたのであり、しかも鄕黨が和の缺如態に於て爭訟の場所となるが故に、廣訓は鄕黨の和を當爲の問題として說きえたのである。さうしてこれが、聖諭廣訓の第一段の主張である。

次に廣訓は、第二段の主張として、鄕黨の和の實現方法を論じてゐる。それはさらに二つに分れ、最初の部分に於て爭訟を息めるための方法を說き、後の部分に於て和を齎すべき方法を說く。それによれば、不和の端は、詩經に「民之失德、乾餱以愆」とあるやうに、極めて微細の事から起る。さうしてこれを避けるには、易經に「君子以作事謀始」といはれてゐる如く、事の起初より端正を排得しなければならない。かくすれば、自然事をなして錯らず、自然訟端もなく、人々は事なきに安んじうるであらう。がさらに必要なのは、親疎の人に對して一樣に「和好」を旨とし、大小の事に關して一樣に「謙和」を旨とするといふ態度である。錢財のあることを恃んで卑賤の者を欺凌し、己れの乖巧を恃んで愚笨の者を哄騙し、己れの强梁を恃んで軟弱の者を壓制するといふやうなことがあつてはならない。また爭があれば仲裁し、恩惠を與へても報を願はず、我に不都合をなす者を寬恕し、我を犯す者を排遣するといふことも必要である。必ずしも事を計較せず、總じて大度包容すれば、無理の人も慚愧し懊悔して、自然相安んじて事なくして濟むであらう。

廣訓は、鄉黨の不和を避けしめるために、人々のとるべき態度をこのやうに詳細に規定してゐるが、それは要するに、明の聖訓解にいふ「私」の立場の克服といふことに他ならない。克服さるべきものは、もちろん個人の私の立場のみではない。家による私の立場の主張もまた、鄉黨の和を破るところの原因として働く。廣訓はここで「非宅是卜惟鄰是卜」とある左傳の言葉、及び「千金買鄰、八百買舍」とある俗言を引いて、近隣關係の重要性を指摘すると共に、家と家との和が鄉黨の和の實現に缺くべからざるものであることを、以下のやうに說明してゐる。

若鄉黨中、能家々和睦、是一鄉做成一家了、父老子弟、都似一家骨肉、安樂憂患、都似一家關切。

しかし人と人との和、家と家との和は、なほ鄉黨の和を保障するところの全部の契機ではない。民に農、工、商、賈の別のあるのにしたがつて、農、工、商、賈の彼此相通が必要であり、兵が防守汛地を異にするのに應じて、防守汛地の彼此相助を必要とし、さらに民は財を出して兵を養ひ、兵は力を出して民を衞るといふ關係も完備されなければならない。さうして「民と民と和」し、「兵と兵と和」し、「民と兵と和」する時にはじめて、相爭なく結訟なく、廢時なく失業なく、また國法を犯して身に刑罰を受けることもないといふ狀態が可能となる。卽ち職業の安定が保たれ、治安の維持が確立し、兵民の協力が全くされる時に、鄉黨の和は實現せしめられると說くのである。

康熙聖諭を見ると、「和鄉黨」の條は、「敦孝弟」及び「篤宗族」につづく第三の綱領として擧げられてゐる。このことは鄉人にとつて、鄉黨道德の實現が、家族道德の實現に次いで重要であることを示すものでなければならない。もつとも、鄉黨道德を說いたのは「和鄉黨」の條だけではない。その他の諸條項も、鄉黨の和の實現に寄與する限りに於て、鄉黨道德を論じたものといふことが出來る。しかし鄉黨の和の意味とその實現の方法とを論じた「和鄉黨」

の條が、鄕黨道德の根本原理を示したものであることは明かである。さうしてこの根本原理を實踐することによつて、鄕黨の和はすでに實現せられるのである。

聖諭廣訓の口語解は、康熙聖諭第三條を以上の如くに解して、その遵行を要求した。が注意を要するのは、康熙聖諭と聖諭廣訓の欽定以後、兩者が太祖の六諭に代はつて鄕約の中心となり、この狀態が淸の末期まで續けられたにも拘らず、その鄕約に求められたのは、ただ聖諭及び廣訓の講論、講解、宣講、宣示、恭讀、恭聞等に止まつて、善惡の旌別による相勸相規の法が、全く問題の外に置かれてゐたといふことである。康熙以後の鄕約が、鄕約の名を用ゐずして「講約」の語を用ゐ、また鄕約所の代はりに「講約所」の文字を使用したのも、淸朝の鄕約が鄕約固有の機能の一つを失つたがためである。尤も嘉靖以後の明の鄕約も、聖訓六言の講解を鄕約儀禮の中心としてゐた。その意味で講約は、すでに明代に始まつたといふことが出來る。しかし鄕約は、鄕約と呼ばれる限りに於て、鄕人自身による相勸相規の法を離れることは出來ない。かくて聖諭の講解を唯一の目的とする淸代の講約は、すでに鄕約の實を失つて、內容的にはむしろ讀法に近づいてゐるが、約正或は直月の如きものを設けて、講約の儀禮を主宰せしめるといふ點では、なほ鄕約の形式を保存してゐた。講約が普通、鄕約の名で呼ばれるのはそのためであらう。さうしてその意味では、藍田の呂氏に始まる鄕約の法は、その內容を變へつつもなほ、北宋の中葉から淸朝の末期まで、卽ち前後約八百年にわたつて存續したといふことが出來る。

以上に述べた如く、鄕約ははじめ、爲善改過の組織として宋代の民間に起り、その後明に至つて一部地方官の推奬を受け、次第に公的性格を加へつつ、さらに淸代につたはり、つひに直接中央官府の敎化政策と繫がるに至つた。鄕約はこの意味で成俗化民の法の最も有力なものであるが、とにかく鄉約のもつこの歷史的重要性は、古くから行はれた讀法或は勸諭の法の採用と共に、訓民教化が、中國に於ける政治の主要課題とされてゐたことを物語つてゐる。特に鄉約は、その名の示す如く鄉村の組織として要求せられたのであつて、鄉約はこの點で當然、鄉村統治研究の一部としても取り上げられなければならなかつたのである。

尤も、教化政策が鄉村統治上の主要課題をなすといふことは、その政策が、實際政治の上に十分に實現せられえたといふ意味ではない。鄉約（講約）を重視した淸朝政府が、鄉約の施行を命ずるに當つて、その具文となることを繰り返し戒めてゐるのは(4)、この點で暗示するところが多い。明の里老人の制が、その實施後たちまち勸導の實を失つたことについてはすでに述べたが、さらに保甲の如き鄉村統治上の最も重要な制度さへ、しばしば具文に止まつたといはれてゐるのを見ても、民衆教化の政策にあまり大きな實效を期待しえないことはいふまでもない。それにも拘らず私が教化政策について多くを述べたのは、教化政策の重視の中に、鄉黨道德重視の立場が、よく反映してゐると考へたからである。

中國に於ける鄉黨道德思想の研究は、とにかく以上のやうな理由で、我々を教化政策の問題にみちびく。がその研究はさらに、我々を他の一つの問題にも導くやうに思はれる。卽ちそれは、鄉黨道德思想が、鄉村生活の根柢に倫理の存在を豫想せしめることによつて、その倫理の日常的表現を求めしめるといふことである。繰り返し述べたやうに、鄉黨道德思想の中心は、結局鄉黨の和の要求であるが、鄉黨の和の要求は、和が鄉黨の存在根柢として日常生活の中に實現せられると同時に、鄉黨がその缺如の可能性をも有するといふところから起つた。しかし鄉黨の和を、鄉村人の日常生活の中に探し求めようとする時、我々は鄕黨道德の問題を離れて、すでに鄕村社會の共同性の問題に向つてゐるのである。

ところで、教化政策がもし全體として上記の如く具文に近かつたとすれば、中國の鄕村に見出さるべき民衆の和は、人倫のおのづからなる現はれであつて、必ずしも教化政策の結果ではない。進んでいへば、教化政策の諸内容は、その多くがかへつて、民衆の間に見出される各種存在共同様式の人倫的意義を認めるところに、成立した。例へば、元の社制は病患凶喪の際の併力耕種を命じてゐるが、宋・元時代の記錄は、農耕上の合作が、すでに當時の民間に行はれてゐたことを報じてゐる。また明の里制の要求する婚喪時の賙給も、唐・宋時代から習俗をなして、ひろく鄕村に存在してゐたものであつた。同じことは、治水灌漑や防衛警備のための協力の要求についてもいへるであらう。したがつて教化政策が、もし民衆の生活に何らかの影響を與へえたとすれば、それはただ、民衆のもつ存在共同への傾向を助長し、またそれに法的な規制を加へたといふに過ぎない。

このやうに見れば、夏・殷・周の三代を人倫の完全に實現された社會、秦・漢以後を人倫の完全に失はれた社會と見、失はれたる人倫の回復を以て自らの使命とする鄕黨道德思想が、何ら事實の裏づけを有たないものであることは明かである。ところでこの尙古賤今思想は、その中に賤民の思想を含んでゐる。私は前に、教化政策の重視の中に鄕黨道德重視の立場を認めうると述べたが、鄕黨道德重視のこの立場は、結局、民を以て教へられて始めて道を知るものと見る民衆賤視の思想を、その前提とするのである。鄕村はもちろん、あらゆる利害の紛糾錯雜する世界である。しかし中國の民衆生活は、鄕黨道德思想の豫想するよりも遙かに主體的實踐的であり、また社會的共同的である。中國の鄉黨的人間は、實踐的行爲的聯關として、根源的に倫理を含んでゐる。私は次に、農耕上その他の通力合作を論ずることによつて、この點を明かにしたいと思ふ。通力合作は中國鄉村研究の中心であり、それは社會學上の種々の問題を提供するであらう。が我々は少くとも、この意味の通力合作が、その根柢に倫理をふくむことによつて、鄉黨道德思想研究との間に問題的な聯關を有するといふ點を忘れてはならないのである。

（1）光緖大淸會典事例卷三百九十七、禮部、風敎、講約。
（2）陝西光緖城固縣志卷十、上諭十六條約解。
（3）黃六鴻、福惠全書、敎養部卷二十五、城鄉分講・擇鄉約。
（4）光緖大淸會典事例卷三百九十八、禮部、風敎、講約。

第三篇　通力合作と郷村の共同性

中國の通力合作といふ言葉は、普通、多數の力が一つの目的實現のために互に結びつけられてゐる關係、即ち協力または協同の意味に用ゐられる。カール・ビューヒャーは、特定の勞働課題を完成するために、多くの勞働者が協同して個人の力の不足を補ひ合ふ關係を勞働共同（Arbeitsgemeinschaft）と呼んでゐるが、(1)右の意味に解せられた中國の通力合作は、ビューヒャーのいふ勞働共同と、概念内容に於て極めて近似してゐるといへるであらう。ただ通力合作が勞働の供與のみによらず、金錢や財物による協力をも含むのに對して、勞働共同は文字の示す如く勞働過程中の協力のみを意味し、したがつてその行はれる問題の範圍からいへば、勞働共同は通力合作に比べて遙かに狹いのである。しかし協力の形式のみを考へれば、兩者は、人々の力が行爲の目的に從つて何ほどかの程度に統一されるといふ共通の特徴を有つてゐる。

しかるにビューヒャーは勞働共同を三つの型に分け、長時間單獨で働く場合に陷りがちな精神的沈滯を防ぐために、各自が獨立の仕事に從ひつつ、しかも相互刺戟を求めて一つの仕事場に集まるものを集合勞働（Gesellschaftsarbeit oder gesellige Arbeit）、個人のもつ勞働力の不足を他の者の協力によつて補ひ、それによつて目的の實現を早からしめようとするものを勞働集積（Arbeitshäufung）、技術上の必要から、異種勞働の相互補完によつて共同の目的を達成しようとするものを勞働結合（Arbeitsverbindung）と呼んでゐる。(2) 私がここで述べようとする中國の通力合作は、ビューヒャーの第二種の勞働共同卽ち勞働集積に類似するが、注意を要するのは、ビューヒャーがさらに、勞働集積を招請勞働（Bittarbeit）と徭役勞働（Fronarbeit）とに分けてゐることである。(3) ビューヒャーによれば、招請勞働は近隣相互の援助を目的として交換的に行はれる勞働共同であり、徭役勞働は、村の首長や有力なる土地所有者の如き特定の個人に對して捧げられる勞働共同であつて、共に勞働共同の形式をとりながらも、一が相互を利し合ふのに反して、他は共働者の犧牲に於て、個人を一方的に利せしめるものに過ぎない。

しかし、勞働集積には、さらに第三の種類があるやうに思はれる。なぜなら、人は近隣との間に自發的援助を交換し、また他人の要求する强制勞働に服するだけでなく、共同利害の追求排除をも求めて、共に働く場合があるからである。さうしてこの場合には、共働の效果は働く者の全體に歸屬するであらう。徭役勞働に於ても、もちろん共働は奉仕の形に於て自發的に行はれうる。が逆に共同利害の追求排除に際しても、共働が個人の意志に反して全體のために要求せられる場合があり、この場合の共働は、その要求が强制と感ぜられる度合にしたがつて、徭役勞働に類似したものとなる。しかしその共働があくまで共同利害の追求排除を企圖して行はれ、また共働の效果が働く者のすべてに歸つて來るかぎり、この場合の勞働共同は、特定の個人によつて要求され、或は利用される徭役勞働とは質的に異なつてゐる。

中國の通力合作も、右の區別に倣つて三種に分類されるであらう。相互援助のために交換される通力合作、收奪利用のために要求される通力合作、共同保全のために奉仕される通力合作の三つ、卽ちこれである。しかし私がここで明かにしようとするのは、中國郷村の共同的性格であつて、この立場から必要なのは、相互援助のための通力合作と共同保全のための通力合作の二つのみである。それは如何なる意味で、中國郷村の共同的性格を反映するであらうか。私はまづ、中國の郷村に於ける相互援助のための通力合作の問題を取り上げ、その主要なるものとして、農耕作業、婚喪儀禮及び金融調達の三つに現はれる合作關係を論じ、次に共同保全のための通力合作の重要なるものとして、治水灌漑、看青驅蝗及び防衛警備の三つに現はれる合作關係を明かにしてみたいと思ふ。

（1） Karl Bücher, Die Entstehung der Volkswirtschaft. I, Sechzehnte Auflage, 1922, SS. 271, 282.

（2） ditto, S. 282 ff.

（3） ditto, Arbeit und Rhythmus. Vierte, neubearbeitete Auflage, 1909, S. 256 ff.

第一章　相互援助のための通力合作

第一節　農耕作業に現はれたる通力合作の形式

一

中國の郷村に於ける通力合作の例として歴史上有名なのは、宋の「弓箭社」と元の「鋤社」の二つである。このことは、淸の杜登春が「社事仕末」の冒頭でこの二つの社の來歷を紹介し、(1)また淸の陳弘緒が「守望社題詞」の中で、右の二社の機能を併はせ營む守望社と稱するものを、彼の隱棲の地石賀に設けたと記してゐるのを見れば明かである。(2)

このうち、弓箭社はいふまでもなく、北宋の時代に北虜に對する防衛の必要から、當時河朔西路と呼ばれてゐた地方に生れた農民の共同自衞團體であつて、私のいはゆる共同保全のための通力合作の例にあたる。これに對して鋤社は、元の王禎の『農書』に記された農耕上の相互援助團體の名であり、その互助の機構と合作の精神とが王禎の推稱を受けて、後世にながく喧傳されるに至つたのである。農書鋤治篇に

其北方村落之間、多結爲鋤社、以十家爲率、先鋤一家之田、本家供其飲食、其餘次之旬日之間、各家田皆鋤治、自相率領、樂事趨功、無有偷惰、間有病患之家、共力助之、故田無荒穢、歲皆豐熟、秋成之後、豚蹄盂酒、遞相犒勞、名爲鋤社、甚可效也

とある[3]もの即ちそれであつて、文中の北方村落が、具體的に如何なる地方を指してゐるかは明瞭でないが、王禎は山東の東平縣の人であるといはれてゐるから、鋤社の設けられたのは、山東省或はそれに隣接した河北省一帶の鄕村であつたらうと考へられる。つまりそれらの地方の農民は、十家を標準として一鋤社を結び、順次に耕作を助け合ひつつ、援助を受けたる家が飲食の饗應をなし、さらに秋の取り入れ後、豚蹄と盂酒とを備へて互に勞苦を犒ひ合つたといふのである。

このやうに見れば、鋤社が、農耕作業に於ける通力合作の典型をなしてゐることは明かであるが、王禎の農書を見ると、さらに鐵搭と稱する農具の使用に關聯して

南方農家、或乏牛犂、擧此劚地、以代耕墾、取其疏利、仍就鎘鎒塊壤、兼有耙钁之效、嘗見數家爲朋、工力相助、日可劚地數畝

といふ[4]注目すべき記述があり、元の時代には、北方と同樣に南方にも、農耕に際して數家が援助關係を結ぶといふ、鋤社に似た習俗のあつたことが知られる。では農耕上の通力合作は、元代にのみ限られてゐたのであらうか。

(1) 杜登春、社事仕末(昭代叢書、戊集續編卷十六)。

(2) 陳弘緒、石莊文集卷一、守望社題詞(國朝文錄)。　陳弘緒は、明末淸初の人。

(3) 王禎、農書卷三、農桑通訣、鋤治篇(武英殿聚珍板叢書)。

(4) 同上卷十三、農器圖譜、钁臿門。

二

前篇で觸れたやうに、周禮地官遂人職の稼穡のことを述べた個所に

以彊予任甿

とあり、(1)また詩經載芟篇に

侯主侯伯、侯亞侯旅、侯彊侯以

といふ句(2)があつて、初めの彊が、鄭注に於てただ「餘力ある者」の意味に解されてゐるのに對し、後の彊は、鄭玄、孔穎達及び朱子によつて、それぞれ「餘力ある者は相助く」、「餘力あつて能く他事を佐助する者」、「餘力あつて來たり助ける者」等と說明されてゐる。彊はいふまでもなく强であるが、いづれにせよ、その彊の文字がもし鄭注の如く餘力若くは餘力のある者であるとすれば、その餘力を以て人を助ける者を、同じ彊の名によつて呼ぶことは可能であり、またかく解する時にはじめて、上記の詩句の意味も我々に明かなものとなる。卽ち我々が詩の載芟篇中に認めるのは、餘力ある者に對して農耕上の援助を期待し、また要求するところの思想である。

ところで、稼穡のことを述べた周禮遂人職の同じ個所にある

以興耡利甿

といふ言葉も、農耕上の援助を說いたものと考へられてゐる。鄭玄と賈公彥の說がそれであつて、それによると、耡は助であり、興耡は「民人を興起して相佐助せしめる」ことを意味するといふのである。

このやうに、詩經と周禮は、上記の二個所に於て、それぞれ農耕上の相互援助を說いた。しかし耡を助の意味に用ゐると共に、農耕上の援助を求めたものとして一層よく知られてゐるのは、周禮地官司徒職にある

以歲時合耦于耡、以治稼穡、趨其耕耨

といふ文である。(3)鄭玄によると、文中の耦は耜の用法を述べたものであるが、これについて彼は、考工記を引いて、耜は廣さ五寸、二耜耦をなすといひ、また「合耦于耡」を說いて「此れ兩人相助け、耦して耕すを言ふなり」と書き、次に杜子春は、耡は助と同義であつて相佐助を意味すると述べ、さらに賈公彥も、兩者にならつてこれを「兩々を合して相佐助するなり」と解してゐる。つまり、耜の使用は耦を必須とするが故に、おのづからそこに協力援助の關係が生れるといふのである。要するに、耜は二人の協力援助卽ち通力合作を必要とする。しかしその協力援助は、それが家族內で行はれる場合はとにかく、もし家族勞働力の不足するやうな場合には、當然家族外の者との間に結ばれなければならないであらう。さうしてその限りに於て「合耦于耡」といふ言葉は、里人に對して農耕生活に於ける通力合作の必要を說いたものとなる。卽ち周禮司徒職の條にも、この意味で、遂人職の條に見られたと同樣の農耕上の相互援助に對する要求があつたわけである。

以上の意味で、周禮と詩經には、すでに農耕上の通力合作を期待し、また要求するところの思想が含まれてゐた。しかるに公羊春秋宣公十五年の條の何休の注に

井田之義、一曰無泄地氣、二曰無費一家、三曰同風俗、四曰合巧拙、五曰通財貨

とあつて、この言葉は既述の如く、唐の徐彥によつて以下の如き意味のものと解されてゐる。

云井田之義、一曰無泄地氣者、謂其冬前相助犂、云二曰無費一家者、謂其田器相通、云三曰同風俗者、謂其同耕而相習、云四曰合巧拙者、謂共治耒耜、云五曰通財貨者、謂井地相交、遂生恩義、貨財有無可以相通。(4)

卽ちこの解釋にしたがへば、井田の本質は第一に、冬の季節以前に協力して土壤を犂くこと、第二に農具を互に融通し合ふこと、第三に耕作を同じくしてこれに習熟すること、第四に巧拙の異なる者を合して相共に耒耜を整へること、及び第五に財貨の有無を通じ合ふことの五つであつて、ここに說かれてゐるのは、耕作に必要なあらゆる協力の方法と、消費生活に於ける財貨の有無の相通である。したがつてその內容は、周禮や詩經の要求に比べて遙かに廣汎且つ具體的であるが、しかし公羊家の說は、結局周禮と詩經の說を極度まで發展せしめると共に、井田に關してすでに「出入相友」を說いた孟子の精神を補足したものと考へられ、この點でそれは、注目すべき思想史的意義を有つのである。

周禮は漢末の僞書といはれ、公羊傳の注疏も井田家の單なる一家言に過ぎないところから、右の主張もただ、知識人の懷いた架空の說に止まるといはれるかも知れない。しかしこれを鄕村生活の人倫を說いたものと見る立場に移れば、それは全く新たな意義を獲得する。人倫はいふまでもなく、人間共同態を可能ならしめる根柢である。現實の生活は人倫の缺如態に於ても存立しうるが、それは同時に人倫の何ほどか實現せられつつある世界でもある。農耕上の通力合作は、鄕村生活に於ける人倫の一つの現はれであつて、周禮と詩經の說や孟子及び公羊家の井田說の根柢には、恐らく農耕上の通力合作が、それぞれの時代の生活事實として存在してゐた。またかくの如き意味の人倫の實現は、他の時代の中國鄕村にも認めえられるであらう。元代の南北に見られた農耕上の通力合作は、いふまでもなくその一例と解することが出來る。かくて我々の次の課題は、鋤社的なるものの存否を、ひろく史實のうちに探し求めることである。

（1） 周禮注疏卷十五、地官司徒、遂人。
（2） 毛詩注疏卷十九、周頌、閔予小子之什、載芟。
（3） 周禮注疏卷十五、地官司徒、里宰。
（4） 春秋公羊注疏、宣公卷十六。

三

中國の鄉村に於ける鋤社的なもの、即ち農耕生活に於ける互助合作の例は、記錄の上ではより古く宋の蘇軾の「眉州遠景樓記」の中に見られる。即ち蘇軾は、四川省眉州の風俗中古の俗に近いものとして、この地方の士大夫が經術を貴んで氏族を重んずること、この地方の民が吏を尊んで法を畏れること、及びこの地方の農民が耦を合して相助けることの三つを擧げ、「有三代漢唐之遺風、而他郡之所莫及也」と論ずると共に、同地方の「合耦以相助」の狀態を描いて、以下の如く述べてゐる。

歲二月、農事始作、四月初吉、穀稚而草壯、耘者畢出、數十百人爲曹、立表、下漏、鳴鼓、以致衆擇其徒爲衆所畏信者二人、一人掌鼓、一人掌漏、進退作止、惟二人之聽、鼓之而不至、至而不力、皆有罰、量田計功、終事而會之、田多而丁少、則出錢以償衆、七月既望、穀艾而草衰、則仆鼓決漏、取罰金與償衆之錢、買羊豕酒醴、以祀

田祖、作樂飲食、醉飽而去、歳以爲常、其風俗蓋如此。(1)

蘇軾のいふ眉州に於ける「合耦以相助」の風が、かりに他郡のそれを超えるものであつたにしても、この種の習俗が、果して當時の眉州のみに限られてゐたかどうかは、問題とするに足るであらう。また彼の記述には、數十百人が曹、卽ち一團を成して鼓を掌る者と漏を掌る者との指揮を受けたとあるだけで、「合耦以相助」の方法が具體的に示されてゐないが、文中に「田多而丁少、則出錢以償衆」とあるから、恐らく鋤社に似た相互援助が、貧富をふくむ多數農民の間に行はれてゐたものと考へられる。いづれにせよ、蘇軾は宋代の眉州農民の間に、農耕上の互助組織の存在したことを指摘してゐるのであつて、私は鋤社的精神を元以前の社會に遡らしめる一つの具體的事例として、この文を重視したいと思ふ。

しかるにまた宋の王禹偁の『小畜集』を見ると、當時上雒郡と呼ばれてゐた地方、卽ち後の陝西省商州にあたる地方の農民の間に、農耕のための互助合作が行はれてゐたといふ事實を發見する。その「畬田詞」に

上雒郡南六百里、屬邑有豐陽上津、皆深山窮谷、不通轍迹、其民刀耕火種、大底先斫山田、雖懸崖絶嶺、樹木盡仆、俟其乾且燥、乃行火焉、火尙熾、卽以種播之、然後釀黍稷烹雞豚、先約曰、某家某日有事于畬田、雖數百里、如期而集、鋤斧隨焉、至則行酒啗炙、鼓噪而作、蓋劚而掩其土也、掩畢則生不復耘矣、援桴者、有勉勵督課之語、若謌曲然、且其俗更互力田、人々相勉。(2)

とあるのがそれであつて、畬田とは火田を意味し、したがつてここに語られてゐるのは、火田耕作に於ける相互援助の事實である。なほその情景をうたつた詩の一つに

北山種了種南山、相助刀耕豈有偏、願得人間皆似我、也應四海少荒田

とあるが、承句中に「相助刀耕」と明記され、農耕上の互助關係が、蘇軾に比べて一層明瞭に文字の上に表はされてゐるのである。

(1) 蘇軾、東坡全集卷三十二、記、眉州遠景樓記(四部備要)。四部叢刊本には「數十百人爲農」とあるが(經進東坡文集事略卷五十一)、ここでは四部備要本によつた。曹は「羣」を意味する。なほ四川嘉慶眉州屬志所引の文は、四部備要のものと同じである(卷十四、藝文)。

(2) 王禹偁、小畜集卷八、律詩、畬田詞(四部叢刊)。

四

以上、私は元の鋤社から出發して、類似の事例を宋代の文獻中に見出した。では、明・淸時代の鄕村に於てはどうであらうか。結論をあらかじめ言へば、農耕生活に於ける互助合作の風は、當時豫想外の廣い地域にわたつて存在してゐた。私はこのことを、地誌の記載を材料としつつ明かにして行きたい。

そこでまづ最初に擧げられるのは、換工、伴工、工班、集工等と呼ばれる習俗である。四者は大體その性質の同じものであつて、いづれも農耕作業に際して行はれる相互援助の名であるが、第一の換工に關する記事の載せられてゐるのは、陝西同治洵陽縣志、湖北同治宣恩縣志、湖北光緒孝感縣志及び湖北同治長陽縣志の四つである。即ち洵陽縣志に

今郷俗、薅草時、……通力合作、謂之換工

とあり、(1)宣恩縣志に

耕種田土、毎換工交作、夏時耘耨、邀多人併力耘之、……好事親隣、毎於日午用爆竹、餉以酒食、耘者愈力

とあり、(2)孝感縣志に

有有田之農、有無田之農、有田之農、悉不自爲農、蓋流習漸靡、恆恥躬耨、或付之奴僕、或傭工、或相倩助、曰換工

とあり、(3)また長陽縣志に

旱田草盛、工忙互相助、爲換工

とあるのがそれであつて、(4)換工は倩助、相助、併力或は通力合作の關係を意味し、いづれも耕種や薅草に際して行はれて、中には日午の共食聚飮を伴ふ事例さへあつた。

次に第二の伴工の例は、山東光緒登州府志、光緒華亭縣志、浙江萬曆烏青鎭志、浙江萬曆秀水縣志、浙江乾隆平湖縣志、浙江光緒嘉興府志、浙江乾隆海寧縣志等に見られるが、この伴工の例の中には、登州府志に

田多人少、彼此相助、曰伴工

とあり、(5)華亭縣志に

田多人少者、倩人助、已而還之、曰伴工

とあるやうに、(6)田多くして人の少い場合の習俗として報ぜられたものと、平湖縣志に

田多募傭、有長工短工、田少者、通力合耦、曰伴工

といひ、(7)烏青鎭志に

四月望至七月、謂之忙月、富農倩傭耕、或長工或短工、佃農通力耦犂、曰伴工

と見え、(8)秀水縣志に

四月望至七月望日、謂之忙月、富農倩傭耕、或長工或短工、佃農通力耦犂、曰伴工

といはれ、(9)さらに嘉興府志に

自四月至七月、皆爲農忙月、富農倩傭耕、曰長工曰短工、佃家通力耦犂、曰伴工

と記されてゐる如く、(10)特に田の少い者、または佃農の間に行はれる習俗として傳へられたものの二種がある。しかし伴工は、內容的にいへば彼此相助、倩人助、通力合耦或は通力耦犂の關係であつて、その性質は前記の換工と何ら異なるところがなかつた。しかも右の烏青鎭志と秀水縣志は萬曆年間の編纂にかかり、共に農耕上の相互援助が、伴工の名と共に明代の鄕村に存在してゐたことを敎へるのである。なほ海寧縣志には

芒種前後、鄕村各具牲酒、祀土穀神、謂之發黃梅、各聚飮而後插靑、彼此相助、曰伴工

といふ文が載せられ、(11)ここでは土穀神を祭つて聚飮した後、稻苗の植付けのための伴工卽ち相助が行はれた。

第三の工班と第四の集工は、換工及び伴工に比べてはその事例が少く、工班については二例、集工については僅かに一例を見るだけである。卽ちまづ工班については、陝西道光寧陝廳志に

貧不能雇工者、則於隣近十數家、每家抽壯丁一名、約爲工班、領班者、名曰包頭、閒時則築堤採薪、忙時則緣家

耕耨

とあり(12)、陝西光緒孝義廳志にも

貧無力者、於鄰近農家、各抽壯丁一名、約爲工班、領班者、名包頭、閒時則砌礶採薪、忙時則沿家耕耘、同力合作、尙有古人之風焉

とあつて(13)、ほぼ同一內容の說明が加へられ、次の集工については、盧坤の『秦疆治略』の褒城縣の條に

農時、集工治田、歡飮竟日、腰鼓相鬪

といふ簡單な記述のみが載せられてゐる。

これらの說明で見ると、集工は治田のために多數の勞力を集め、工班は隣人の間から家每に一丁を出して一班を組織し、また班每に指揮者として一名の包頭を置いてゐるが、その機能に於ては恐らく、兩者ともに前記の換工や伴工と異なるところがなかつた。異なるのはただ、換工と伴工が、通力合作に於ける行爲の互助性をその名稱の上に表示してゐるのに對して、集工と工班の二語が、勞働の集合性に重點を置いて作られてゐるといふ一點である。さうしてこの相違は、多分換工と伴工が二人の間ですでに成立の可能性があるのに反して、集工と工班が、三人若くはそれ以上の多數者を必要とするといふ構成上の差異にもとづく。換工と伴工ももちろん、多數者の間で輪流的に行はれうる。しかし、二人のみの集工或は工班といふものは考へられないであらう。だから集工と工班は必ず換工若くは伴工であるが、逆に換工と伴工は、必ずしも常に集工或は工班となることが出來ないのである。

なほ工班について一言して置きたいのは、この組織が單に農耕上の相互援助のみを目的とするだけでなく、さらに

農閑期に於ける築堤や採薪のためにも利用せられたといふこと、及び各班に一名の指揮者を置いて、班の統一をはからしめたといふことである。この事實は我々に次の二つの事柄を敎へる。第一は、工班が永續的且つ統制ある一個の團體として組織せられたこと、第二は、鄕村に於ける相互援助が農耕以外の生活の面にも行はれ、また同じ組織が、築堤の如き共同保全の目的のためにも利用せられたといふことこれである。工班が永續的な相互援助團體として組織せられたのは、この團體をして、農繁・農閑の兩期に於ける種々の互助的機能を營ませるためであり、これに指揮者を置いたのは、その團體に秩序と統一とを與へ、その永續性を確保せしめるためであつた。鋤社その他の例によつて知られるやうに、農耕上の互助組織は多くの場合必要の都度結成された。したがつて工班は永續性に於て單純なる農耕上の互助組織にまさり、機能の點に於てそれらの組織を超えてゐる。しかし農耕上の相互援助をその機能の一つとして有つかぎり、それはやはり換工或は伴工の範疇に屬してゐるのである。

以上のやうに、農耕上の相互援助は、換工、伴工、集工、工班等の種々の名を以て呼ばれてゐた。がこれと異なる名稱を使用し、或は特定の名稱を用ゐずして、ただ農耕生活に於ける互助關係の存在を示したに過ぎないといふ事例も少からず發見される。例へば四川道光大竹縣志に

四月初秧長、盡栽插、鄕人通工、彼此相助、曰打暴

とあり、(14) 江蘇光緒常州府志に

夏至前後、大雨時行、俗謂梅雨、則高下田、俱插秧、村落農夫、各相倩、老幼不得休息

とあり、(15) 湖北光緒羅田縣志に

及分秧、彼此通工

とあり、(16) 潮北同治來鳳縣志に

四五月耘草、數家共趨一家、多至三四十人、一家耘畢、復趨一家

とあり、(17) 廣東光緒嘉應州志に

郷中農忙時、皆通力合作

とあり、(18) 河北乾隆萬全縣志、河北乾隆懷安縣志及び河北光緒懷來縣志の三つに

耕穫、以力相助

とあり、(19) また『中華全國風俗志』所引の廣西鎭安府志に

民間耕穫、率通力合作

と記されてゐるのがそれ(20)であつて、大竹縣では彼此通工することを打暴といひ、他の州縣についてはただ相倩、通力合作、通工、相助等の事實のあることのみが語られてゐる。

しかるにまた湖北光緒蘄水縣志に

及栽秧、東西隣、易力助工

とあり、(21) 湖北光緒黄岡縣志に

歲晴明、始布種、彌月而栽、比鄰皆助之

とあり、(22) 江西道光武寧縣志に

農民插禾、聯鄰里爲伍、最相狎暱、日午飲田間、或品其工拙、疾徐而戲笞之、以爲歡笑

とあり、(23)江西道光南城縣志に

插秧、隣里爲伍

とあり、(24)さらに四川光緒大寧縣志に

四月、鄕農貧不能東作者、比鄰約期助工、盡一日力、不受値、農家祇備酒飯相款

と記されてゐるなど、(25)相互援助が、特に近隣間に行はれることを明記した例も少くはない。陝西地方の工班が、隣近の農家或は隣近十數家のみの組織であることはすでに述べたが、農耕上の相互援助が近隣關係の地盤の上に成立したといふ事實は、相互援助の性質を考へる上に、特に注意されなければならないと思ふ。

中國の農耕生活に於ける相互援助は、このやうに廣汎な地域にわたつて行はれるものであつた。我々は農耕上の相互援助を以て、元代にのみ特有の習俗であつたと解してはならない。鋤社的精神は恐らく中國に於ける古い傳統の一つであり、互助合作は中國の農耕生活に固有の習俗の一つであつて、それが現はれて宋代の眉州や上雒郡に於ける互助合作となり、また明清時代の地誌に見られる相互援助の習俗となつたのである。なほ李紀如の廣西省農村調査報告を見ると

農家在插秧收穫時、可以説是他們最忙的時候、是以有互助的必要、無須工資、只由受助者、饗以酒飯而已

と書かれてをり、(26)相互援助に於ける勞力交換の際に、酒食のみを饗應して勞賃を支拂はないといふ慣習は、今日の中國鄕村にも明かに存在してゐる。

我々は以上の説明によつて、農耕上の互助合作が、勞働による相互援助であり勞力交換の制度であること、及びこの制度が、耕種、耘耨、插秧、收穫等の各種作業について行はれることを知つた。これは勞働による相互援助が、勞働力を一時に必要とする農忙の時期に不可缺の組織であつたことを、物語るものでなければならない。しかも王禎の鋤社の説明や四川大寧縣志の記事の示すやうに、勞力の提供に對してはただ饗應を以て報いるだけで、勞働の對價としての賃銀を供與せず、また王禎によれば、鋤社の人々は事を樂しんで仕事に赴き、さらに湖北宣恩及び江西武寧兩縣志によれば、農民は日午田間に會食して歡笑喜戲したといはれ、共働者間の友好の感情が、この制度の根本基調をなすものとして存在してゐた。しかも前記の如く、農耕上の互助合作が特に近隣間に行はれたといふ記述の少くないのを見れば、この制度の基調をなすと見られた共働者の友好の感情が、主として郷村の睦隣性に根ざしたものであることは疑ひなからうと思ふ。なほ「耕穫、以力相助」と述べた前引の河北萬全・懷安・懷來の三縣志は、この文の前に「老幼相愛」と述べ、さらにその前に「農家村居、情甚親暱」と記してゐるが、この文もまた、農耕上の互助が、親和の關係を離れては考へえないものであることを示してゐる。

(1) 陝西同治洵陽縣志卷十一、風俗。　洵陽縣志は王禹偁の「畬田詞」の一部を引き　換工を以てその遺風であるといつてゐる。なほ同縣志によれば、豐陽は清朝時代に於ける商州の山陽縣であつて、その蠻川關は洵陽縣の東部に接壤し、風俗が大抵同じであつたといふ。

(2) 湖北同治宣恩縣志卷九、風土、俗尙。

(3) 湖北光緒孝感縣志卷五、風土、習俗。

(4) 湖北同治長陽縣志卷一、地理、風俗。
(5) 山東光緒登州府志卷六、風俗、稼穡。
(6) 江蘇光緒華亭縣志卷二十三、雜志、風俗。
(7) 浙江乾隆平湖縣志卷一、地理、風俗、稼穡。
(8) 浙江萬曆烏青鎭志卷二、農桑。　明版南潯志所引の張炎貞の「烏青文獻」には、「佃農通力耦耕、曰伴工」とある(卷三十、農桑)。
(9) 浙江萬曆秀水縣志卷一、輿地、風俗。
(10) 浙江光緒嘉興府志卷三十二、農桑。
(11) 浙江乾隆海寧縣志卷一、方域、風俗。
(12) 陝西道光寧陝廳志卷一、風俗。
(13) 陝西光緒孝義廳志卷三、風俗、農務。
(14) 四川道光大竹縣志卷十九、風俗、農事。
(15) 江蘇光緒常州府志卷九、風俗。
(16) 湖北光緒羅田縣志卷一、地輿、風俗。
(17) 湖北同治來鳳縣志卷二十八、風俗。
(18) 廣東光緒嘉應州志卷八、禮俗。
(19) 河北乾隆萬全縣志卷一、方輿、風俗紀略。　河北乾隆懷安縣志卷三十五、風俗。　河北光緒懷來縣志卷四、風俗。
(20) 廣西鎭安府志(中華全國風俗志、上篇卷九、八五頁)。

(21) 湖北光緒蘄水縣志卷二、地理、風俗。
(22) 湖北光緒黃岡縣志卷二、風俗、農事。
(23) 江西道光武寧縣志卷八、風俗。
(24) 江西道光南城縣志卷十一、風俗。
(25) 四川光緒大寧縣志卷一、地理、風俗。
(26) 李紀如、廣西農村中岡有合作的調査(新農村、第十六期、一一頁)。

五

ところで、これまでに述べた互助合作の習俗と關聯して興味のあるのは、共同の農耕作業に際して、農民が鼓鑼を打ち鉦を鳴らし、さらに歌をうたつたといはれてゐることである。湖北來鳳縣志の前引の文のつづきに

一人擊鼓、以作氣力、一人鳴鉦、以節勞逸、隨耘隨歌、自叶音節、謂之薅草鼓

とあるのはその一例であるが、この說明によると、鼓を打つのは氣力を引き立たせるためであり、鉦を鳴らすのは勞逸を適度ならしめるためであつて、そのとき使用される鼓は薅草鼓の名を以て呼ばれてゐた。王禎の農書は「薅鼓」なるものの圖を載せ、宋の曾氏の薅鼓序を引用してゐるが、薅草鼓は多分薅鼓の別名であつて、いづれも薅、卽ち田の草取りに際して特に使用せられたものであらうと思はれる。しかも曾氏の薅鼓序に

薅田有鼓、自入蜀見之、始則集其來、旣來則節其作、旣作則防其笑語而妨務也、其聲促烈淸壯、有緩急抑揚、而

無律呂、朝暮曾不絶響

といはれ(1)、四川の薅鼓は農民の集合の合圖となり、また作業に節度を與へる他、さらに作業中笑語して農務の妨害をなすことを防ぐために打たれたのであつた。

前に述べたやうに、蘇軾の眉州遠景樓記によれば、眉州では鼓を掌る者一人を置き、鼓を打つて農民を集めると共にその進退作止をこれに從はしめ、また王禹偁の畬田詞によれば、陝西地方でも耕作の際に鼓が用ゐられ、桴をとる者の勉勵督課の語が、あたかも歌曲に似てゐたと傳へられてゐる。さうしてこれらの事例を見れば、共同作業に際して演ずべき鼓の役割はすでに明かであるが、それと同時に、鼓が除草のみでなく、さらに他の共同作業とも結びつくものであつたことが明かにされるのである。しかし蘇軾と王禹偁の文は、共に農民の互助合作を述べたものであつて、鼓を打つことと密接な關係にあるといはれる農耕上の共同作業は、その多くが農耕上の相互援助に伴ふ共同作業に他ならなかつたと考へられる。

次に互助合作に際して歌をうたふのも、疲れを忘れ功力を齊へ、或は勞逸を節せしめるためのものであつたといはれてゐる。例へば陝西同治洵陽縣志に

今郷俗、薅草時、一人鳴鼓督工、或以鉦配之、歌唱忘疲

とあり(2)、湖北同治長陽縣志に

旱田草盛、工忙互相助、爲換工、亦擊鼓鑼歌唱、節勞逸

とあり(3)、湖南嘉慶辰谿縣志に

農人有秧歌、……節勞

とあり(4)、四川道光巴州直隷志に

春田栽秧、選歌郎二人、擊鼓鳴鉦、於隴上曼聲而歌、更唱迭和、纚々可聽、使耕者忘其疲、以齊功力、有古秧歌之遺、夏芸亦如之

とあり(5)、また四川道光新津縣志に

農人插秧薅秧、以一人先歌、衆人齊和、謂之秧歌、取其并力忘疲

と記されてゐるのがそれであるが(6)、上記の四川巴州直隷志に「選歌郎二人、……於隴上曼聲而歌」と見え、さらに湖北同治宜恩縣志に

選善唱田歌者、鳴鑼擊鼓、一唱一和、謂之打鑼鼓

とあるのを見ると(7)、歌唱には共働者の合唱の形式をとるものと、特に歌唱に巧みな者を選んでうたはせるといふ形式をとるものとの二つあつたことが知られる。

以上に述べた事例の他にも、鼓を打ち歌をうたふ習俗のあることを傳へた地誌は、かなりの數に上つてゐる。中には互助合作との關聯の明瞭を缺くものもあるが、擊鼓と歌唱が普通共同作業にのみ伴ふものであり、農耕上の共同作業が多く相互援助に伴ふものであることを思へば、それらの例に示された擊鼓と歌唱が、多く互助合作の際に行はれたものであることは疑ひない。即ち萬曆湖廣總志の鄖西縣の條に

插秧鋤禾、好擊長腰鼓、唱楚歌

といひ、竹溪縣の條に

燒畬而田栽種、擊鼓歌謠

といはれ、(8)また江西同治萬安縣志に

四月、農夫蒔田、秧歌遞唱、達於四境

とあり、(9)江西道光南城縣志に

插秧、隣里爲伍、夏耘時、赤日停午、歌謳倡和、悠揚可聽

とあり、(10)湖北光緒羅田縣志に

及分秧、彼此通工、田歌互答

とあり、(11)湖北光緒蘄水縣志に

及栽秧、東西隣、易力助工、擊鼓作歌、以相督

とあり、(12)湖北光緒黃岡縣志に

歲晴明、始布種、彌月而栽、比鄰皆助之、鼓歌相催督

とあり、(13)湖南道光永定縣志に

農家力作、鼓歌竝出、極其歡暢、有擊壤之風

とあり、(14)四川光緒大寧縣志に

四月、鄕農貧不能東作者、比鄰約期助工、……以二人鳴金鼓、唱山歌娛之、工作益奮、曰打薅草鑼鼓、頗有助恤

之風

とあり、(15)四川光緒榮昌縣志に

夏秋之交、田歌互答

とあり、(16)さらに屈大均の『廣東新語』に

毎春時、婦子以數十計、往田插秧、一老撾大鼓、鼓聲一通、羣歌競作、彌日不絕、是曰秧歌

と見え、(17)張心泰の『粤遊小識』に

春時、連村插秧、命一人撾鼓、毎鼓一巡、羣歌競作、連日不絕、名曰秧歌

と記されてゐるのが(18)それであつて、既出の事例を加へると、鼓鑼を打ち鉦を鳴らし歌を唱ふ習俗が、かなり廣範圍の地域に行はれたものであることが知られるのである。

さきに述べた如く、共同作業に伴ふ歌唱と樂器の伴奏は、働く者の勞逸を節し、疲れを忘れ、氣力を引き立たせ、さらに勞働に規律と統制とを與へるためのものであつた。さうして歌唱と樂器の伴奏の營むこれらの機能が、同時に勞働能率を高めるといふ效果を有ちえたことはいふまでもない。四川大寧縣志に「鳴金鼓、唱山歌娛之、工作益奮」とあり、四川道光樂至縣志に

秧歌、本田家作苦、用以助力

とあるのは(19)そのためであるが、始めの文はまた、農民が鼓を鳴らし歌をうたひつつ、これを娛しんだことをも示してゐる。この他江西南城縣志に「歌謳倡和、悠揚可聽」といひ、湖南永定縣志に「鼓歌竝出、極其歡暢」といはれ、ま

た廣東新語に「鼓聲一通、羣歌競作」と記されてゐるのを見ても、鼓歌が總じて、人々を樂しませるものであつたことは疑ひのないところである。さうして人々を樂しませる鼓歌は、同時に勞働そのものを娛樂化せしめるにも役だつたであらう。要するに、農耕上の援助は勞働力の不足を互に補ふために行はれるものであり、したがつて鼓歌は必ずしもその不可缺の要素ではないが、それが或は勞働能率を高め、或は共同作業に娛樂的な興味を與へるといふ重要な機能を營むところから、兩者の間に上記の如き緊密な關係を生ずるに至つたのである。

(1) 王禎、農書卷十三、農器圖譜、錢鏄門。
(2) 陝西同治洵陽縣志卷十一、風俗。
(3) 湖北同治長陽縣志卷一、地理、風俗。
(4) 湖南嘉慶辰谿縣志卷十六、風俗。
(5) 四川道光巴州直隸志卷一、風俗。
(6) 四川道光新津縣志卷十五、風俗、歌謠。
(7) 湖北同治宣恩縣志卷九、風土、俗尙。
(8) 萬曆湖廣總志卷三十五、風俗。
(9) 江西同治萬安縣志卷一、方輿、風俗。
(10) 江西道光南城縣志卷十一、風俗。
(11) 湖北光緒羅田縣志卷一、地輿、風俗。
(12) 湖北光緒蘄水縣志卷二、地理、風俗。

(13) 湖北光緒黄岡縣志卷二、風俗、農事。
(14) 湖南道光永定縣志卷四、風俗、歌謠。
(15) 四川光緒大寧縣志卷一、地理、風俗。
(16) 四川光緒榮昌縣志卷十六、風俗。
(17) 屈大均、廣東新語卷十二、詩語、粵歌。
(18) 張心泰、粵遊小識卷三、風俗。
(19) 四川道光樂至縣志卷三、風俗。

六

農耕上の互助合作に際してうたはれる歌は單に「歌」と書かれた例が最も多く、「秧歌」と稱せられるもの これに續き、稀れには「田歌」或は「山歌」の名も用ゐられてゐる。このうち特に一言して置きたいのは秧歌であるが、秧はいふまでもなく稻の苗であり、秧歌はしたがつて田植歌を意味する。李景漢の『定縣秧歌選』の序に傳へられた河北省定縣地方の口碑によると、秧歌は宋の蘇軾が知定州たりし頃、定州北部の黑龍泉のほとりにある蘇泉村、東板村、西板村、大西漲村、小西漲村等の農民が水田耕作に從事して勞苦に惱むのを見、その疲倦を忘れさせる目的で歌曲を作り、田植に際してこれを歌はせたのに始まるといふ。[1] しかしこの秧歌の起源説は、證實を缺いた單なる臆說に過ぎないやうに思はれる。なぜなら「插田歌」と題する唐の劉禹錫の詩に

岡頭花草齊、鷰子東西飛、田塍望如線、白水光參差、農婦白紵裙、農夫綠蓑衣、齊唱田中歌、嚶儜如竹枝、但聞

怨響音、不辦俚語詞、時々一大笑、此必相嘲嗤、水平苗漠々、煙火生墟落、黃犬往復還、赤雞鳴且啄

とあつて、[2]田植歌はすでに唐の時代にもうたはれてゐるからである。もちろん、我々は定縣地方の右の口碑を以て、田植歌の宋代に於ける存在を推定するための一つの材料とすることは出來る。がこのことを證示する一層確實な例として、私はむしろ樓璹の「插秧」の詩を擧げたいと思ふ。即ち

晨雨麥秋潤、午風槐夏涼、谿南與谿北、嘯歌插新秧、拋擲不停手、左右無亂行、我將敎秧馬、代勞民莫忘

とあるのがそれで、[3]この場合の「歌」が田植歌を指してゐることは、文中の嘯歌が插秧と共に語られてゐるのを見れば明かである。尤も、これは『耕織圖』中の一景をなす插秧の畫に因んで作られた詩に過ぎないが、とにかくこの詩が、田植歌を伴ふ宋代の插秧の俗を寫したものであることは、問題の餘地がない。いづれにせよ、秧歌といふ名稱の起源を別とすれば、田植に際して歌をうたふ風が、少くとも唐と宋の時代に存在してゐたことは疑ひなく、したがつて前引の四川巴州直隷志にある「選歌郎二人、……於隴上曼聲而歌、……有古秧歌之遺」といふ言葉も、事物の起源を古に托さうとする單なる尙古主義の結果ではなかつたのである。

なほ、宋の鄭樵に「插秧歌」と題する詩があり、[4]また陸游にも「夏四月渴雨、恐害布種、代鄕鄰作插秧歌」といふ題の詩があつて、[5]宋代の詩人はしばしば插秧歌と稱する詩を作つてゐる。しかしこの場合の插秧歌は、多分「插秧のことを詠める歌」であつて、農民をしてうたはせるための歌ではなかつたであらう。樓璹の如く「插秧」といふ題のみを掲げて歌の字をはぶく場合には、このことは一見して明瞭である。が文字のみに即していへば、插秧歌を田植歌の意味に用ゐることは可能であり、いはゆる秧歌も、これを插秧歌といひかへる時にかへつて、その意味が我々に判

然として來るのである。

しかるに李景漢の指摘するやうに、秧歌は後世に至つて田植歌としての意義を失ひ、ただ正月、廟會、節日などに演ぜられる農民の戯劇のみを意味するやうになつた。上記の『定縣秧歌選』も、實は田植歌としての秧歌を蒐めたものではなく、專ら定縣地方で行はれる對話劇の臺本を編輯したものに過ぎない。陝西道光淸澗縣志に「正月十五日上元、天官誕辰、……城鄕各演優伶雜唱、名曰秧歌」といふ文(6)があるが、この場合の秧歌が新しい意味の秧歌であることは疑ひなく、この地方では、道光の頃すでに、秧歌の意味と用途とに重大な變化が生じてゐたのである。しかし秧歌に關する既出の記事は、多くが道光及びそれ以後のものであり、淸澗縣志に見られた秧歌の戯劇化を以て、直ちに道光時代の一般的現象と解し、また中國に於ける農耕上の互助合作が、その頃以來、音樂的要素を完全に喪失するに至つたと解するのは誤りであらう。ビューヒャーは、華西地方を旅行した一外國人の報告から、「水田では、一列に竝んだ二十人以上の男や子供が、ほとんど膝のところまで泥や水につかり、若苗の根もとから跣で雜草を除くと同時に、その若苗を土中に踏みつけつつ進む。さうしてこの仕事は、絶えず騷々しい合唱歌の誘導を受けてゐる」といふ一文を引いてゐるが(7)、この報告は十九世紀の半ばごろのものであつたといはれてゐる。

尤も今日の中國鄕村には、農耕生活に關するこの種の報告が見あたらない。その原因としては多分、現在の鄕村に行はれる換工が普通二三家のみの間で行はれ(8)、舊時代のものに比してその規模が一般に小さくなつてゐる、といふ事情が考へられるであらう。舊時代のものに比べて、現在の換工が何ゆゑ小規模となつたかは一つの問題であるが、とにかくこの事實は、歌唱や樂器の伴奏が、多人數を集める共同作業の際にのみ行はれたことを物語つてゐる。しかしいづれにせよ、農耕上の互助合作が中國の農民の間で古くから行はれ、しかもそれに打鼓、鳴鉦或は擊鑼を伴ひ、その上さらに歌唱をも伴つたといふことは疑ひのない事實であつて、田植歌を意味する秧歌も、相互援助に伴ふ共同の作業を娛樂化せしめ、また勞働能率を高めるための勞働歌の一つとして、中國鄕村の各地で久しく愛誦せられたのである。

（1）李景漢・張世文、定縣秧歌選、一頁。李景漢の『定縣社會概況調査』にも同じ記事がある（上卷、三三六頁）。

（2）劉禹錫、劉夢得文集卷九、樂府、插田歌（四部叢刊）。

（3）樓璹、於潛令樓公進耕織二圖詩、插秧（知不足齋叢書）。

（4）鄭樵、夾漈遺藁卷一、插秧歌（藝海珠塵）。「漠々兮水田、裊々兮輕煙、布穀啼兮人比肩、縱橫兮陌阡」とあるのがこの詩の全文であつて、插秧時の情景が象徵的に謳はれてゐる。

（5）陸游、劍南詩稿卷二十九、夏四月渴雨恐害布種代鄕鄰作插秧歌（四部備要）。これは長篇の詩であるが、その中で插秧のことに直接關係のあるのは、「浸種二月初、插秧四月中、小舟載秧把、往來疾於鴻」といふ初めの四句だけである。

（6）陝西道光清澗縣志卷一、地理、風俗。

（7）Karl Bücher, Arbeit und Rhythmus. S. 266.

（8）天野元之助、幇忙（未定稿）。

七

以上に述べた勞働による相互援助の習俗と關聯して附言して置きたいのは、農民に對して農耕上の互助を要求した詔の例や、地方官の教化政策によつて農民の間に互助合作の風を生ぜしめた例が、正史のうちに傳へられてゐるといふことである。隋書煬帝紀に

大業……八年……二月甲寅詔曰、……或雖有田疇、貧弱不能自耕種、可於多丁富室、勸課相助

とあり、(1)同じく隋書の公孫景茂傳に

景茂……轉道州刺史、好單騎巡人家、至戶入閱、視百姓產業有修理者、於都會時、乃褒揚稱述、如有過惡、隨即訓導、而不彰也、由是人行義讓、有無均通、男子相助耕耘、婦人相從紡績、大村或數百戶、皆如一家之務

とあるもの(2)即ちそれであるが、さらに後世に於ては、金史食貨志に

又謂宰臣曰、猛安謀克人戶、兄弟親屬、若各隨所分土與漢人錯居、每四五十戶、結爲保聚、農作時、令相助濟、此亦勸相之道也

と見え、(3)また元の社規に

本社內、遇有病患凶喪之家、不能種蒔者、仰令社衆各備糧飯器具、併力耕種、耡治收刈、俱要依時辦集、無致荒廢、……一社之中、災病多者、兩社併耡

と規定されてゐる(4)やうに、郷村の特殊な編成を通して、農民間の助濟或は併力を實現せしめようとする試みさへも現はれてくる。

ところで元の社規に示された右の互助合作の精神は、そのまま明代にも傳へられた。即ちかつて述べたやうに、洪武二十八年二月己丑に、應天府上元縣典史隋吉なる者が奏議を奉つて

農民之中、有一夫一婦、受田百畝或四五十畝者、當春夏時、耕種之務方殷、或不幸夫病而婦給湯藥、農務既廢、田亦隨荒、及病且愈、則時已過矣、上無以供國賦、下無以養室家、窮困流離、職此之由、請命鄉里小民、或二十家或四五十家、團爲一社、每遇農急之時、有疾病則一社協力、助其耕耘、庶田不荒蕪、民無飢窘、百姓親睦而風俗厚矣

と述べたのに對し、時の皇帝太祖が隋吉の言を嘉しつつ、戸部の臣に次の如き諭旨を與へたのがそれである。

古者風俗淳厚、民相親睦、貧窮患難、親戚相救、婚姻死傷、隣保相助、近世教化不明、風教頽敝、鄉隣親戚、不相周恤、甚者强凌弱、衆暴寡、富呑貧、大失忠厚之道、朕卽位以來、恆申明教化、於今未臻其效、豈習俗之固未易變耶、朕置民百戸爲里、一里之間、有貧有富、凡遇婚姻死喪、疾病患難、富者助財、貧者助力、民豈有窮苦急迫之憂、又如春秋耕穫之時、一家無力、百家代之、推此以往、百姓寧有不親睦者乎、爾戸部、其諭以此意、使民知之。(5)

四五十家より成る元の社制の復活を主張する隋吉の意見に反して、太祖が耕穫の際に於ける百家の協力を求めたのは、恐らく明にはすでに百十家より成る里甲の組織が存在したためであるが、申明教化によつて耕穫の力なき農民の相互援助を實現せしめようとする趣旨そのものは、明かに元の社の精神の繼承であると見ることが出來る。しかるに大淸會典事例を見ると、順治十七年の覆准に

設立里社、令民或二三十家四五十家聚居、每遇農時、有死喪疾病者、協力耕助

といふ文(6)があつて、死喪疾病の家に對する協力援助が、またしても國家の名に於て要求せられ、しかもここで考へら

れてゐる組織は、明の太祖の諭告よりも、むしろ隋吉の上奏文のそれに近づいてゐる。卽ち清朝の政府は、一方に明の里制を踏襲しながらも、農耕上の扶助については、金・元時代の法を採用しようとしたのである。

金・元・明・清の四朝を通じて現はれた以上一聯の事實は、鄕黨道德思想の展開といふ觀點からも注目されるが、それはとにかくとして、中國の鄕村には、さきに述べた如き農耕上の互助合作の習俗が古くから存在すると共に、金以後の王朝に至つて始めて、農耕上の互助組織が、制度上の問題として公けに取り上げられたのである。では互助合作の事實と互助合作の要求とは、如何なる關係にあるであらうか。

私は前に互助合作が農民の睦隣性に基くことを指摘し、さらに近隣間の親睦は、鄕村社會を可能ならしめるところの根柢であると述べたことがある。農民の間に互助合作の風がひろく存在するのは、それが鄕村社會の人倫だからに他ならない。この意味で現實の社會は人倫のある程度に實現せられてゐる世界であるが、しかしそれは同時に、人倫の缺如態に於ても存立しうるものである。さうして現實の社會は、人倫の缺如態に於ても存立しうるが故に、その人倫がまた當爲としての意味を帶びて來る。このやうに見れば、一方に互助合作の習俗が存しながら、しかも他方で互助合作の當爲が說かれるのは何らの矛盾でもない。互助合作のうちに人倫的意義を認めるまさにその立場に於て、人倫の實現が互助合作の缺如に對する當爲として說かれるのである。したがつて農耕上の合作が、金以後四代の王朝によつて次ぎ次ぎに要求せられたといふことは、農耕上の互助合作のもつ人倫的意義が、それらの國家によつて明確に認識されてゐたといふことを物語るものでなければならない。尤も、併力耕種の國家的要求は、專ら勸農上の動機に基くものではないかといはれるかも知れない。しかし併力耕種の人倫的意義を認めることなくしては、勸農的立場にある人といへども、併力耕種の實現を農民に對してつよく要求することは出來なかつたであらう。隋吉と太祖が、農耕上の相互援助を以て、民の親睦を媒介するものと解したのはまさにその故である。

(1) 隋書卷四、帝紀第四、煬帝。
(2) 同上卷七十三、列傳第三十八、公孫景茂。
(3) 金史卷四十六、志第二十七、食貨。
(4) 元典章二十三、戶部卷九、農桑、立社、勸農立社事理。
(5) 大明太祖洪武實錄卷二百三十六。
(6) 光緒大淸會典事例卷一百六十八、戶部、田賦、勸課農桑。

八

最後に、勞力の交換による相互援助に附隨して注意すべきものの一つに、役畜の通借交換による相互援助がある。例へば、浙江光緒嘉興府志に載せられた巡撫馬新貽の奏文に

耕牛盡被宰傷、……一村之內、蓄牛一頭、而先後遞耕

とあるの(1)は、牛なき家に對する牛力の無償供與であり、山東光緒登州府志に

耕用牛四、謂之一犋、貧者數家、合一犋

とあるの(2)は、牛力による四戶間の相互援助であるが、紹熙三年の朱子の勸農文に「耘犂之功、全藉牛力」と見え(3)、ま

た淸の倪國璉の文に「有田無牛、猶之有舟無楫、不能濟世」とあるやうに、[4]牛は農耕殊に水田耕作に不可缺の要具であつて、このことを考へれば、牛力の貸與と通借の俗が、農耕上の相互援助の一形式として古くから所在に行はれてゐたことは想像に難くない。もちろん、役畜の融通は牛のみに限られないであらう。華北の如く驢の多い地方では、當然に驢の通借が行はれなければならないからである。旗田巍氏の調査された河北省順義縣沙井村はその一例であつて、驢力の交換がここでは特に「搭套」の名で呼ばれるといふ。[5]因みに今日の用語例では、役畜の通借は普通、後で述べる農具の通借と共に「插具」若くは「合具」と呼ばれ、換工と同様の重要なる鄕村慣行として、中國の各地にひろく存在してゐる。[6]

しかし、耕牛の通借が古くから如何に特別な意義を有たされてゐたかは、官府或は爲政者が、しばしば命令によつて耕牛の融通を行はしめようとしたといふ事實によつても、窺はれるであらう。いま試みにその顯著な事例を擧げるならば、まづ帝紀の例では、魏書恭宗紀に

有司課畿內之民、使無牛家、以人牛力相貿、墾殖鋤耨、其有牛家與無牛家、一人種田二十二畝、償以私鋤功七畝

とあり、[7]同じく魏書の高祖紀に

延興三年二月……癸丑詔、牧守令長、勤率百姓、無令失時、同部之內、貧富相通、家有兼牛、通借無者、若不從詔、一門之內、終身不仕、守宰不督察、免所居官

とあり、[8]次に食貨志の例では、隋書に

人有人力無牛、或有牛無力者、須令相便

といふ文(9)が載せられ、さらに列傳の例では、周書蘇綽傳に

單劣之戸、及無牛之家、勸令有無相通、使得兼濟

とある他、(10)舊五代史の唐書張全義傳にも、洛陽搢紳舊聞記から引かれた

毎觀秋稼、……若苗荒地生、詰之、民訴以牛疲或闕人耕鋤、則田邊下馬、立召其鄰仵、責之曰、此少人牛、何不衆助之、鄰仵皆伏罪、卽赦之、自是洛陽之民、無遠近、民之少牛者、相率助之、少人者亦然

といふ言葉(11)が見出される。それのみでなく、元の社規が倂力耕種のことと竝んで

據社衆使用牛隻、若有倒傷、……均助補買、比及補買以來、倂力助工、如有餘剩牛隻之家、令社衆兩和租賃

といふ別の規定(12)を設けたのは、牛力による援助が、人力のそれに劣らず重要であることを示したものとして注目されるが、桂陽軍に與へた宋の陳傅良の勸農文は

門房隣里、切須和睦、莫與爭訟、界至田塍、各據末業、火下牛畜、迭相借助

と述べて、(13)牛畜の借助を門房隣里の和睦といふ立場から論じ、また前記の倪國璉は、明の林希元が

無牛人戸、令有牛一具者、帶耕二家、用牛則與之共食、失牛則與之均賠

と說いたの(14)を批評して

不取給於官、而通那於民、非至公至當可乎

といひ、魏書恭宗紀の前引の文を擧げて

民無牛、令借人之牛、使耕種耘田以償、是有牛者不吝、而耕田者亦樂於相從、處之大得其公

と書き、役畜の通借に現はれる民衆の協力の、如何に尊ぶべきものであるかを繰り返し指摘しようとした。

このやうに、耕牛の通借には牛なき者に對する一方的貸與があり、有牛者間の相互協力があり、人力と牛力との交換があり、また時には賃貸の方法も採用せられた。しかし爲政者の立場に於ても、耕牛通借の要求は、人々の友好友愛の精神に訴へることを必要としたであらう。卽ち陳傅良によれば、それは隣里の「和睦」であり、倪國璉の言をかれば、それは私を殺す「公」の精神でなければならなかつたのである。が耕牛獲得のための相互援助のいま一つの例として注目されるのは、新唐書韋宙傳にある

韋丹……子宙、……爲永州刺史、……民貧無牛、以力耕、宙爲置社二十家、月會錢若干、探名得者、先市牛、以是爲準、久之牛不乏

といふ記事[15]である。これは牛の購入を目的とする金融の會の一種と考へられ、互助合作の精神を購牛費の相互資助といふ方法によつて實現しようとする新しい企てであつた。資金の相互供與は、疑ひもなく通力合作の一形式である。卽ちそれは金融のための相互援助であるが、金融のための相互援助は、會首卽ち會の招請者を除く他の會友が、資金の用途を必ずしも明示或は豫定しないのを普通とする。それにも拘らず右の場合に於ける購牛費の相互供與は、明かに金融のために行はれる相互援助の一例でなければならない。しかしこの例の示す相互援助は、會友のすべてにとつて耕牛資金の獲得といふ同一目的の限定を有つてをり、この點でそれは、農耕上の相互援助の一例にも數へられるのである。

次に役畜の通借に劣らず重要なものに、役畜の共同飼育と共同所有とがある。王宗培によれば、浙江省衢縣東南郷

一帶の地域では、現在特に農繁期を限つて一村の牛を一個所に集め、入會者の輪番制によつてこれを共同飼育する組織が作られてゐる。

農忙之時、鄕間又有守牛會之組織、凡本村有牛之家、均來入會、毎日兩家輪値、各派一人、使守全村之牛、此會亦爲臨時之組織、毎年從五月起、至秋收後、自行解散

とあるのがそれであつて、その組織は普通守牛會の名を以て呼ばれるといふ。(16)しかるにまた民商事習慣調査報告錄所載の安徽省望江縣報告に

望邑農戸、耕牛多係共畜、其法、分牛値爲若干股、股東三五家不等、視牛之力、能勝任爲限、依田數之多寡、西疇有事、彼此輪駕、農隙則分任放牧、利害相均

と見え、(17)李紀如の廣西省農村調査報告に

有的農人、因自已的力量不夠、於是乃邀集二三農家、合資共買一耕牛、輪流使用、如生有小牛、可將舊價均分或拈鬮、如某人得先胎、某人得後胎、但無論所養之牛爲公爲母、會員須依次輪養

と記されてゐるやうに、(18)數家共同して一頭の牛を所有し、これを輪流使用するといふ事例も各地に見出される。牛の共同飼育と共同所有は、相互通借に見られる意味での相互援助の組織ではない。しかしいづれも農民のもつ共同精神の異なる表現形式であり、しかもその共同精神が共同所有に至つて極まることはいふまでもない。前記望江縣報告の按語に、牛を共有する股東は平日往來の際互に「牛奶夫」と呼び、「情誼親洽にして姻婭といへどもこれに及ばない」といはれてゐるのはそのためである。山東省惠民縣孫家廟と同省泰安縣澇窪莊に關する滿鐵の調査報告によ

れば、この二村には二戸乃至四戸を以て一頭の牛を共有する例が多く、その原因は、資力不足して個人では購入が困難であること、經營地が過小であるために一戸に一頭の牛を必要としないこと、分頭相續の際、分割が不可能のために共同所有のままに殘されたことのいづれかであらうといふ。(19) しかし共同所有の原因はとにかくとして、牛の共同所有そのものは、もともと親しい人々の間に行はれるものと考へられ、この本來の親しさがさらに所有の共同關係によつて强められて、いはゆる姻婭にも勝るといはれるほどの緊密なる間柄を可能ならしめたものと思はれる。

これまでに述べた役畜の融通、共畜、共有等と竝んで、さらに注意すべきものに農具の通借とその共有とがある。

「蓄牛一頭、而先後遞耕」と述べた浙江嘉興府志の同じ個所に

農具旣不皆備、……往々數家之中、置器一分、而彼此通用

とあるのは農具の融通通借の例であり、また李紀如の文に

農人常用的石磨轎水車風壝磙及其他農具、均可合資購買、共同利用、不過規模狹少、僅爲三數家之合作而已

とあるのは農具の共同所有の例であるが、嘉興府志の説明によれば、この地方に起つた「數家の中、器一分を置き、……一村の內、牛一頭を蓄ふ」といふ狀態は、長髮賊の亂による農村荒廢の結果であるといふ。しかし旣述の如く、公羊傳の徐彥の疏は井田生活について「田器相通」を說いてをり、かりにこの主張が井田生活に假托した空想の言であるにしても、かかる主張がなされるためには、それに照應した事實が、現實の鄕村生活の中に存在しなければならなかつたであらう。このやうに見れば、農具の通借或は共有を以て、中國の社會に古くから存在した重要なる習俗の一つであると考へることは、不可能ではない。

現在の廣西地方に農具の共有の行はれてゐることは、李紀如の報告の示す如くであるが、前に擧げた滿鐵の調査報告によれば、山東省の孫家廟と澇窪莊では、牛の通借と共有の他に大農具の通借と共有とが竝び行はれ、その共有關係は、孫家廟に於ては二戸乃至四戸、澇窪莊に於ては二戸乃至十戸であるといふ。しかも共有農具の數が、村內の同種農具に對して占める比率はかなり大きく、調査當時の數字にしたがへば、孫家廟に於ては十九臺の大車中共有のもの五臺、三十五臺の劐子犂中共有のもの五臺であり、また澇窪莊に於ては十七臺の犂丈中共有のもの七臺、四十五臺の推車中共有のもの九臺であつた。農具の共有は、もちろん直接耕作に必要なもののみではなく、それ以外の碾子、磨、唐箕の如き脫穀及び製粉用の器具にも及んでゐるが、共同所有の行はれる農具が、普通、單獨購入の困難な價格の特に高いもののみに限られてゐることは、いふまでもない。[20]

一般に農耕上の相互援助と共同所有は、個人の力の不足するところにのみ起る。役畜と農具の通借及び共有に現はれる個人力の不足は、いふまでもなく個人のもつ經濟上の能力の不足である。しかし單なる勞力の交換さへ、例へば陝西孝義廳志に「貧無力者、……約爲工班」と見え、陝西寧陝廳志に「貧不能雇工者、……約爲工班」といはれ、また浙江烏青鎭志、浙江秀水縣志、浙江嘉興府志等に「佃農通力耦犂、曰伴工」とあるやうに、特に經濟力の不足がちな人々の間に行はれやすかつた。同じことは、換工その他の勞力交換についてもいへるであらう。しかしいづれにせよ、中國の鄉村に於ける互助合作が、勞力及び役畜によるものから農具のそれにまで及んでゐたことは確かな事實であつて、一般に互助合作が農民生活の人倫的基礎をなすところから、或は政策に取り入れられ、或は鄉黨道德上の問題として重要な意義を有たされるに至つたのである。

(1) 浙江光緒嘉興府志卷二十三、田賦、馬新貽、請豁嘉善縣丈缺田地攤賠銀米疏。
(2) 山東光緒登州府志卷六、風俗、稼穡。
(3) 朱熹、晦庵先生朱文公文集卷一百、公移、勸農文（四部叢刊）。
(4) 倪國璉、康濟錄卷三、臨事之政、貸牛種以急耕耘。
(5) 滿鐵北支慣行調査資料、村落篇。
(6) 天野元之助、幇忙（未定稿）。
(7) 魏書卷四下、帝紀第四下、恭宗景穆皇帝。
(8) 同上卷七上、帝紀第七上、高祖孝文帝。
(9) 隋書卷二十四、志第十九、食貨。
(10) 周書卷二十三、列傳第十五、蘇綽。
(11) 舊五代史卷六十三、唐書第三十九、列傳十五、張全義。
(12) 元典章二十三、戸部卷九、勸農、立社、勸農立社事理。
(13) 陳傅良、止齋先生文集卷四十四、雜著、桂陽軍勸農文（四部叢刊）。
(14) 林希元、荒政叢言（墨海金壺、荒政叢書卷二）。
(15) 新唐書卷一百九十七、列傳第一百二十二、韋宙。
(16) 王宗培、中國之合會、九五頁。
(17) 安徽省望江縣習慣、共畜耕牛（民商事習慣調査報告錄、九四六頁）。
(18) 李紀如、廣西農村中固有合作的調査（新農村、第十六期、一一頁）。

(19) 滿鐵北支農村概況調査報告(一)―惠民縣第一區和平鄕孫家廟、一四七―一四八頁。 同上(三)―泰安縣第一區下西隅鄕澇窪莊、一二七頁。

(20) 同上(一)、一四二頁。 同上(三)、一一九頁。

九

私は以上に於て、中國の鄕村に見られる農耕上の通力合作に關する資料を掲げ、必要な場所でそれぞれ簡單なる說明を加へた。農耕上の通力合作は、勞力の交換或は生産手段の交換による互助合作の形式をとるが、互助合作の一般的性格を明かにするために、資料の比較的豐富な勞力交換の習俗を中心としつつ、なほ若干の說明を試みて見たいと思ふ。

そこでまづ第一に注意されるのは、農耕上の互助合作が、互助關係を結ぶ人々の勞力の不足を補ふために行はれるといふことである。勞力の不足は、もちろん相對的なものである。短い期間に多くの勞働力を必要とする仕事も、これを長期にわたつて行へば、少ない勞働力を以て足るからである。しかし、農耕上の仕事は季節的な制約を受けることが多く、重要なる農耕作業は悉く短期間に完了しなければならない。ここに勞力の不足といふ現象が生ずる。さうして仕事の量が家族の勞働力を超える場合には、不足せる勞働力の補充はこれを家族外に求める他はないであらう。宋代の眉州の例の示す如く、この意味の勞力の交換は貧富の間にも成立しうる。しかし陝西寧陝廳志に「富家則雇工耕作、主人惟督事而已」といひ、(1) 陝西孝義廳志に「富有資者、雇工耕作、主人督理其事」といはれ、(2) また浙江烏青鎭志や、浙江秀水縣志や、浙江嘉興府志の既引の文に「富農倩傭耕、或長工或短工」と記されてゐるやうに、富農には普通、農業勞働者の雇傭によつてその勞力の不足を補ふといふ方法があるのであり、したがつて勞力の交換を特に必要とするのは、通例その餘裕のない一般農民のみに限られる。勞力の交換はかくて、短期間に多くの勞働力を必要とする場合、即ち耕種、薅草、插秧、收穫等の忙月或は農忙期にあたつて、勞力交換以外の方法によつては勞力の不足を補ひえないやうな人々に、不可缺の制度として發展した。

以上は、中國の換工や伴工について認められる事柄であるが、同じことがビューヒャーのいはゆる招請勞働についてもいはれてゐる。前に述べたやうに、招請勞働は勞力の不足せる近隣間に相互援助的に行はれる勞働共同であつて、この勞働形式が南スラブ人の間で特に「招請勞働」(Bittarbeit) と呼ばれてゐるところから、(3) ビューヒャーは同種の事例を悉くこの名によつて呼ばうとした。しかもビューヒャーによれば、招請勞働は數千年を通じて世界各民族の間で行はれ、また現に行はれつつあるもの(4)であつて、彼がその著『勞働とリズム』の中で述べた招請勞働の例は、アフリカ民族、中國及びその他の東洋人、ジョルジア人、セルビア人、ブルガリア人、ルーマニア人、ロシア人、エストランド及びレッテン人等からパレスチナ、小アジア、エジプト、ドイツ、フランス等の各地に及び、さらに同じ著者の『國民經濟の成立』の中にも若干の事例が擧げられてゐる。(5)

周知のやうに、クロポトキンの『相互扶助論』は、スイス、フランス、イタリー、ドイツ、デンマーク、ロシア、トルコ、アラビア、アフガニスタン、ペルシア、インド、ジャワ等の村落に農耕上その他の相互扶助的慣行のあることを指摘し、特にフランスの事例を多く列記して、この習俗が南フランスに於て "emprount" と呼ばれてゐることを明かにした。[6] emprount は多分 emprunt であつて、ビューヒャーのいふやうに通借勞働 (Leiharbeit) の意味であらう[7]が、この場合の通借はもちろん有償を意味せず、どこまでも勞働の無償の相互供與であつて、やはりビューヒャーの招請勞働の範疇に屬してゐる。日本のユイや朝鮮のプマシが、招請勞働であることは斷わるまでもない。ユイを漢字によつて示す場合には、しばしば「結」の字を用ゐる[8]といはれてゐるが、プマシもまた「結耦」の二字を當てられる。結耦は多分、農耕上の相互援助を示すと見られた周禮の合耦を範として作られた言葉であらう。またプマシをその字義についていふと、プムは仕事であり、アシは返す意である[9]といふ。即ちプマシは、勞力交換の意味をそのまま言葉の上に表はしたものに他ならないのである。

招請勞働はこのやうに世界的な現象であるが、ビューヒャーによれば、それは農耕作業や家屋の建築や穀物の取り入れの如き、一刻の猶餘をも許さぬ家の仕事に際して、隣人から自發的援助を仰ぐといふ形で行はれる。しかし招請勞働は、個人勞働の過重といふ理由よりも、むしろその性質上特定の季節に結びつき、また天氣模樣にその成否を左右されることの多い仕事、殊に農耕作業に於て、個人の不足せる勞働力を他人の力によつて補ふといふ場合が多い。即ち招請勞働は、その主要なる起源を、極めて變化の多い農耕上の勞働需要と農耕勞働に固有の切迫せる性質から引き出すのである。[10] いひかへれば、勞働の招請を不可避ならしめるのは、仕事を急いで纏めねばならぬといふ事情であつた。

第二に、農耕上の互助合作は、客體的に見れば勞力の交換であり、主體的に見れば勞力による相互援助の制度であるが、援助と呼ばれるかぎりそれは好意にもとづく奉仕であつて、報酬を求めて働く打算的な態度とは質的に異なつてゐる。また援助される者も、その援助を好意の表示として受けとり、勞を犒ふために酒飯の饗應を以てこれに報いるだけで、勞働量に差のある場合にも對價としての賃銀を支拂はず、しかもその饗宴は饗應者をも含めた相互享樂的な共食の形をとるのが普通であつた。しかし勞力の交換卽ち勞力による相互援助は、文字の示す如くあくまで相互性の原理、より嚴密にいへば交換性の原理の上に立つてをり、援助の提供は援助の返還を條件とし、好意の表示に對しては好意の返しが期待されなければならない。卽ち、勞力の交換は本來好意にもとづく援助の相互供與でありながらも、その援助の相互供與は一般に、マックス・ウェーバーが、招請勞働と招請通具（Bittleihe）とについて「汝の我に對する如く、我もまた汝に對す」（Wie du mir, so ich dir）と述べた(11)やうな、合理的な態度を離れては成り立つことの出來ないものであつた。勞力の交換に現はれる援助の供與は、この意味で條件づきである。したがつてそれは、援助に對して援助の返還を求めず、好意の表示に對して好意の返しを期待せず、この點で無條件的と見られる一方的援助と、その關係の性質を全然異にするやうに見える。しかし一般的にいつて、交換性の原理を離れた援助といふものは考へられない。無條件的と見られる一方的援助にも、實は交換性の原理が作用してゐるのである。

農耕生活に於けるいはゆる一方的援助は、元の社規の例に見られるやうに、病患凶喪或は死喪疾病の家に對して行はれるのが普通であつた。病患凶喪或は死喪疾病の家は、いふまでもなく勞働の力なき家であり、勞働の力なき以上、援助に對する援助の返還を直ちにその家に期待することは出來ないであらう。しかし第一に、援助を受けた者は、少くとも與へられたる好意に對して感謝の表示を吝むことを許されぬ。しかも第二に、病患死喪の家に一たび勞働力の回復があり、反對にかつて援助を與へた家が新たに勞働力を失ふに至つた場合には、この立場の轉換と共に、援助の返還があらためて期待或は實現せられ、援助の授受はまさに前と逆の關係とならなければならない。援助の提供がその返還を條件とせず、また返還の期日を約束しないといふことは、援助される者が已れの感謝の誠を示し、援助の返還を已れの義務と感じ、進んで將來のある時期に於て援助の返還に努めることをも妨げるものではない。それは德義上の問題であるが、この德義の基底には、明かに交換性の原理が作用してゐる。さうしてそれと同時に、援助する側にも現在ではなく、むしろ不定の將來にかけられた援助返還の期待がある。

勞力の交換は短い期間に行はれ、援助を與へる者と受ける者との立場の轉換は、その援助の交換が一巡し終るまで連續的に行はれるのであつて、その交換は始めから一定の約束と計畫とに從つてをり、交換性の原理は極めて明瞭に現はれてゐる。これに對していはゆる一方的援助に於ける援助の返還は、豫定されざる將來の事柄に屬し、どこまでも不定的のもの、可能的のもの、道義的のものに過ぎないであらう。同じことは、婚喪の際の財物による援助についてもいへる。卽ち婚喪の家に對する財物の供與は、直ちに返されることを必要とせず、また必ずしも返還を條件とせざるものであるが、しかし立場の轉換と共に、それは何時かは返さるべきものであり、また事實それは返されてゐる。返還の時期が豫定されざる未來の事に屬するといふことは、この返還が不必要であり、期待すべからざるものであるといふことを意味しない。長い期間をとつて考へれば、一方的の援助といへども、相互的援助關係の一項を成してゐるのであつて、その基底に作用してゐるのはやはり交換性の原理である。いはゆる一方的援助はこの意味で相互的援助の特殊形態に過ぎず、社會關係としての本質は、二者互に異なるところがないといへる。これまでの記述で、一方的援助を相互的援助或は相互的扶助と區別せずして說明を進めたのは、以上の如き理由からであつた。

このやうに、農耕上の互助合作は、それが好意にもとづく援助の關係をなし、いはば援助性の原理に支配される限りに於て非合理的精神に根ざし、しかもその援助が交換性の原理に規制せられる限りに於て、合理的精神の作用下に置かれてゐる。互助關係を特質づけるこの二重の性格は、實は鄕村に於ける人間關係に固有の二重性格を反映するものとして、特に注意されなければならないと思ふ。鄕村の人々は結合しつつ分離してゐる。卽ち一方に無制限的結合への傾向を示しながらも、他方には、これを抑制し制限する自己または家の獨立性に對する明確な自覺を持つてゐる。鄕村に於けるこのやうな人間關係を基礎にして、勞力交換の制度は生れた。

周知の如く、フィアカントは自然民族の間に招請勞働の俗のあることを認め、開墾、收穫、脫穀等の際に勞力の不足せる家に對する全村民による援助の行はれること、その援助は輪流の方法をとり、招請者は援助者に對してただ酒食の饗應をなすに過ぎないことなどを指摘してゐるが、彼は進んで、この制度を人間に生得の援助本能（Hilfstrieb）に本づけて說明しようとした。それによると、援助本能の最も強く作用するのは共同社會であつて、共同關係にある人々はつねに相互的或は連帶的援助の用意（gegenseitige oder solidarische Hilfsbereitschaft）をもち、これが現はれて招請勞働になるといふのである。しかもフィアカントは、相互的援助の用意を相互主義（Mutualismus）と呼んで、個人的援助の用意（individuelle Hilfsbereitschaft）に過ぎない利他主義（Altruismus）から區別しようとする。(12)しかし前に述べたやうに、援助の相互性は援助の交換性であり、したがつて右の相互主義も、當然に援助の交換主義を意味するものとならなければならない。卽ち援助の相互主義は、援助の期待を伴ふ援助の用意、援助の返還を條件とする援助の供與のあるところにのみ成立するのであつて、援助性の原理と交換性の原理の作用を離れて、相互主義の存在を考へることは出來ないのである。フィアカントは相互主義のこの構造を明かにしてゐないが、相互主義はかく解せられる場合にのみ、始めて招請勞働の必要にして十分なる説明の原理となりうるであらう。

招請勞働が右の意味の援助の相互性（Gegenseitigkeit）に基くことは、つとにビューヒャーの指摘したところである。即ちビューヒャーによれば、招請勞働は招請者から酒食の饗應を受けるだけでなく、必要な場合にはその招請者から助力を求めることが出來るといふ期待の上にのみ（lediglich in der Erwartung, bei Bedarf von den eignen Nachbarn in gleicher Weise unterstützt zu werden）成立する。[13] しかし勞働の供與に於ける相互性の意味の完全なる理解は、ウェーバーを待たなければならなかつた。さきに擧げた「汝の我に對する如く、我もまた汝に對す」といふ彼の言葉がそれであるが、彼はさらに招請勞働と招請通具とを説明して、招請勞働は勞力の無償の供與、招請通具は使用財と消費財の無償の貸與を意味し、謝禮を伴ふ場合にもそれは酒食の饗應に限られ、したがつてここでは價格決定の市場原理が作用しないともいつてゐる。

では相互性即ち交換性の原理に支配されつつ、しかも無償で行はれる援助は如何なる人間關係に基くものであらうか。ウェーバーによれば、それは近隣關係のもつ「兄弟の如き親しさ」（Brüderlichkeit）であり、それ故に近隣は困窮の際の典型的な救援者であるといふ。[14] したがつて、フィアカントのいふ援助本能の如きものを認めると否とに關はりなく、招請勞働が少くとも援助の用意に基くことは、ウェーバーの立場に於ても是認されるわけである。フィアカントは既述の如く交換性の意義についての無理解を示したが、とにかく招請勞働の制度を自發的なる援助の用意にもとづくと見た彼の根本的態度は、誤つてゐたかつたといはなければならぬ。

我々は以上によつて、招請勞働の制度が共働者間の友愛感情に基くことを知りえた。日本のユイや朝鮮のプマシが村落内の習俗として行はれ、クロポトキンの擧げた各地の相互扶助が村落の慣行として說明され、さらにビューヒャーによつて、招請勞働が特に近隣（Nachbarn）または村隣關係（Dorf=nachbarschaft）に固有のものとして語られてゐるのも故なきことではない。(15)農耕上の相互援助は、その特質としてこのやうな地域的限定を有するものであつた。さうして中國に於ける農耕上の互助合作もまた、多くは隣里或は近隣間の習俗として報ぜられてゐる。これ我々の注意すべき第三の點である。

近隣はいふまでもなく、家居の地域的接近に媒介せられた面識の範圍であり、また日常的接觸の最も頻繁に行はれる範圍でもあるが、その限界は必ずしも明瞭且つ固定的であるとはいへない。なぜなら一村內の家居は地域的遠近の差等を有しつつ連續的に排列され、日常的接觸もさまざまの度合を示すからである。しかしこれに反して村と村との距離は、如何なる場合にも村落內の家と家との距離よりも大であり、一村內の家居の遠近と接觸度の大小を標準としていへば、村と村との關係は明かに非連續的且つ閉鎖的であるといふことが出來る。郷村に於ける結合の親疎關係は、おのづから郷村社會の右の構造によつて規定せられる。卽ち村內の關係は、一般的にいつて村外の者に對するよりも遙かに緊密であり、しかも村內に於ては、普通の場合、最も親近なる近隣を中心とした親疎の段階的排列が見られるのである。村のもつ親疎關係のこの構造を見れば、互助關係が何ゆゑにまづ近隣間に結ばれるかの理由は明かである。もちろん近隣必ずしも互助合作を必要とせず、したがつてその合作が、近隣を超えた村內のより疎遠なる人々との間に現はれるといふことも可能でなければならない。いひかへれば、同じ村の人々は友好度に於てさまざまに異なりつつ、しかも互助合作を可能ならしめるに十分の親しさと合作上の便宜とを有つてゐるわけである。近隣は言葉の固有の意味に於ける隣人共同態であるが、村落もまた廣い意味の隣人共同態をなし、隣人共同態たる限りに於て、共に互助合作の地盤となることが出來る。

中國に於ても、農耕上の互助は多く近隣或は村民の間で行はれ、その規模は比較的狹小であつた。蘇軾の眉州遠景樓記には「數十百人爲曹」とあつて、この場合の協力者の數は數十百人にも達するが、その他の例では、元の鋤社が十家、陝西地方の工班が十數家、王禎の擧げた鐵搭使用地方の相助が數家の間で行はれたといはれ、次に湖北蘄水縣志が「東西隣」、湖北黄岡縣志と四川大寧縣志が「比鄰」をそれぞれ合作の範圍とし、また江西武寧縣志と南城縣志が共に「隣里爲伍」と述べたのに對して、湖北來鳳縣志は戸數と人數とを同時に擧げて、數家三四十人に及ぶと書いてゐる。十數家より成る上記の工班が、隣近者の團體であることはかつて述べた。ただ元の鋤社と湖北省來鳳縣に於ける例とについてはこの關係を明かにしえないが、しかし以上の諸例から判斷すると、中國に於ける農耕上の互助關係が、多くの場合近隣の間で結ばれ、戸數にしておよそ數家乃至十家前後のものであつたことは疑ひなく、二三家に止まるといはれる現代の換工に比較すれば、なほその規模に於てまさつてゐたのである。

最後に注意すべき第四の點は、農耕生活に現はれる互助合作の制度が、合作に伴ふ作業の娯樂化と能率化とによつて支持されるといふことである。既述のやうに、招請勞働は世界の各地に見出される普遍的な現象であるが、ビューヒャーによれば、招請勞働のこの存在權は、招請勞働に固有の經濟的利益に基くものであつて、その利益の一つは、作業の能率化と娯樂化といふことに他ならなかつた。共同勞働は第一に統一的な作業であり、これに加はる者は全體の拘束を排除しえないかぎり、何びとも他の共働者から後れることを許されない。しかも仕事の進捗の度合やその完成の見込みの豫測されない個人勞働が、人々の元氣を阻喪させ仕事を停滯させるのに反して、共同の勞働に於ては、急速に實現されゆく勞働の成果を自らの眼を以て見究めうるといふ事情が、人々を鼓舞しその元氣を引き立てる。第二に共同勞働に於ては、仕事を共にするといふ事實が、人々の社交本能を滿たしまた競爭心を刺戟し、さらに冗談や揶揄をも交へることによつて、作業そのものに喜びと樂しみとを感じさせる。[16] さうしてその結果として、おのづから作業時間の著しい短縮が行はれるのである。勞力の交換が、仕事を短期間に終らせるための組織であることは前にも一言したが、共同勞働に於ける作業能率は、實は個人個人の作業能率の單なる總和なのではない。ビューヒャーの例をかりていへば、六人の共働によつて、一つの仕事は同じ仕事を一人でなす場合の六分の一よりも少い時間を以て完成される。[17] これが共同作業のもつ能率化の眞の意味である。が作業のこの能率化は上記の如き作業の娛樂化を伴つてをり、しかも二つは、互にその作用を助長しまた促進し合ふといふ關係に立つてゐる。

共同勞働の營む作業の娛樂化と能率化の機能は、いはゆる集合勞働について、すでにビューヒャーの指摘したところであつた。卽ち集合勞働に於ては、社交本能の充足と競爭意識の昂揚とによつて勞働が娛樂となり、生產もまたそれにつれて增大する (Die Arbeit wird zur Lust, und Ergebnis ist schließlich eine Steigerung der Produktion) といふのである。[18] しかし集合勞働は、各自が獨立の仕事に從事しつつ、しかもその仕事を一個所に集まつて行ふといふ勞働形式に過ぎないのであつて、共同化の度合からいへば、それは勞働集積の一種たる招請勞働よりも劣つてゐる。しかも勞働の娛樂化と能率化の程度は、主としてその共同化の程度に依存する。このやうに見れば、招請勞働に於ける勞働の能率化と娛樂化が、集合勞働の場合のそれを遙かに超えたものとなることは明かであらうと思ふ。勞働の能率化と娛樂化とを說くことによつて、我々はいはば招請勞働の問題の頂點に立つてゐる。それにも拘らず中國には、共同勞働のこの特質を指摘した資料がなく、僅かに王禎の鋤社の說明中に、「樂事趨功、無有偷惰」といふ簡單な言葉が見られるだけである。しかしビューヒャーの述べた招請勞働の特質は、共同勞働一般にも妥當すべきものであつて、中國に於ける農耕上の互助合作制度が、共同勞働のこの特質に支持せられつつ存續したものであることは、疑ふ餘地がない。

が一層重要なのは、共同勞働が音樂を伴ひ、その音樂が、共同勞働に固有の娛樂化と能率化をさらに助長し促進してゐるといふことである。ビューヒャーの擧げた招請勞働の事例は、その大部分が歌唱や樂器の伴奏を伴つてゐるのであつて、ビューヒャーが招請勞働の說明中に努力したのも、招請勞働と音樂との結びつきを、その本質的な聯關に於て捉へることであつた。さうしてその結論として得られたのは、勞働を娛樂化せしめまた能率化せしめるところの機能が、音樂にあるといふことである。即ちビューヒャーによれば、共同勞働は統一的調和的な行動であり、したがつて勞働に從事する多數の人々の間に秩序と規律とを必要とするが、音樂は第一に多數の者を同じ拍節と節奏とに從はせることによつて作業を規則的ならしめ、第二に人々の共同感情を呼び起して彼等を內面的に結びつけ、第三に疲れたる者を力づけ勵まし、そのうへ勞働そのものに一種の壯嚴の氣といつたやうなもの (etwas Feierliches) を賦與する。[19] これを一言でいへば、音樂は勞働を圓滑且つ快適に運ばせるための有效な手段となるのである。共同勞働はすでにその中に勞働の娛樂化と能率化の機能を含むが、音樂はさらにそれを促進し助長する役割を營んでゐる。招請勞働が音樂をその不可缺の要素として伴つたのは、まさにこのやうな原因からであつた。中國の共同勞働に伴ふ音樂の役割も、あらためてこの點から理解されるであらう。

尤も共同勞働に於ける音樂の役割は、中國に於ても十分に認識されてゐる。例へば鼓が集合の合圖や進退作止の誘導のために打たれ、擊鼓と歌唱が勞を節し、疲れを忘れ、功力を齊へしめるために行はれたとあるのがそれであり、また音樂を伴ふ共同の作業について「極其歡暢」、「悠揚可聽」、「羣歌競作」、「田歌互答」等といふ敍述の遺されてゐるのがそれである。四川大寧縣志に「以二人鳴金鼓、唱山歌娛之、工作益奮」とあるのは、この點を最も明瞭に示したものであつて、これらの事例を見ると、音樂が共同勞働の能率を高め、また勞働の共同を以て近隣交歡の一つの機會たらしめるもの、と考へられてゐたことがわかるのである。

しかし、それのみではない。共働者は恐らくしばしば田間に會食し、招請者によつて酒飯の饗應が行はれる場合にも、その饗應は招請者を含む相互享樂的な共餐の形をとつた。さうしてこの種の共餐が、共働者にとつて如何に喜びに滿ちた遊樂の機會となつたかは、江西武寧縣志に「日午飲田間、或品其工拙、疾徐而戲笞之、以爲歡笑」といはれ、また湖北宣恩縣志に「好事親隣、毎於日午用爆竹、餉以酒食、耘者愈力、謂之掛鼓」と記されてゐる如くである。がさらに蘇軾の眉州遠景樓記に「七月既望、穀艾而草衰、……買羊豕酒醴、以祀田祖、作樂飲食、醉飽而去」と見え、王禎の鋤社の説明に「秋成之後、豚蹄盂酒、遞相犒勞」とあるやうに、共同耕作の終つた後、或は作物の成熟したる時期を待つて、共働者のみの祝宴或は慰勞の宴を催すといふ事例も存在してゐる。類似の例は、ビューヒャーの擧げた招請勞働やクロポトキンの述べた相互扶助についても見出されるであらう。即ち中國以外の地に於ても、共同勞働は、しばしば共働者の饗宴と舞踏とを以て終つた。かくて共同勞働は、鼓歌を伴ふことによつて勞働そのものを娯樂化させるだけでなく、作業中の休憩時間や作業の完了後はもちろん、作業が終つて時日のすでに久しく經過した後に於てさへ、その參加者に燕樂共歡の機會を與へるものとなつたのである。

（1）陝西道光寧陝廳志卷一、風俗。
（2）陝西光緒孝義廳志卷三、風俗、農務。
（3）Karl Bücher, Die Entstehung der Volkswirtschaft. I, S. 288.
（4）ditto, Arbeit und Rhythmus. S. 308.; Die Entstehung der Volkswirtschaft. I, S. 288.
（5）ditto, Arbeit und Rhythmus S. 257 f.; Die Entstehung der Volkswirtschaft. I, S. 288 ff.
（6）Kropotkin, Mutual Aid. Popular edition, 1919, p. 180 ff.
（7）Karl Bücher, Arbeit und Rhythmus. S. 303.
（8）鈴木榮太郎、日本農村社會學原理、三八〇頁。
（9）同上、朝鮮農村社會踏査記、八七頁。
（10）Karl Bücher, Arbeit und Rhythmus. SS. 256, 307.; Die Entstehung der Volkswirtschaft. I, S. 288.
（11）Max Weber, Wirtschaft und Gesellschaft. I, Zweite, vermehrte Auflage, 1925, S. 198.
（12）Vierkandt, Gesellschaftslehre. Zweite Auflage, SS. 73, 374-375, 384.
（13）Karl Bücher, Arbeit und Rhythmus. S. 256.; Die Entstehung der Volkswirtschaft. I, S. 288.
（14）Max Weber, op. cit. SS. 198, 199.

(15) Karl Bücher, Arbeit und Rhythmus. S. 256. ; Die Entstehug der Volkswirtschaft. I, S. 288.
(16) ditto, Arbeit und Rhythmus. S. 308. ; Die Entstehung der Volkswirtschaft. I, SS. 288, 291.
(17) ditto, Die Entstehung der Volkswirtschaft. I, SS. 291-292.
(18) ditto, Die Entstehung der Volkswirtschaft. I, S. 287.
(19) ditto, Arbeit und Rhythmus. SS. 252, 253, 308.

第二節　婚喪儀禮に現はれたる通力合作の形式

一

明の教民榜文を見ると、第二十五條に

郷里人民、貧富不等、婚姻死喪吉凶等事、誰家無之、今後本里人戸、凡遇此等、互相賙給、且如某家子弟婚姻、其家貧窘、一時難辦、一里人戸、毎戸或出鈔一貫、人戸一百、便是百貫、毎戸五貫、便是五百貫、如此資助、豈不成就、日後某家婚姻、亦依此法、輪流賙給、又如某家或父母死喪在地、各家或出鈔若干、或出米若干資助、本家或棺槨或僧道修設善緣等事、皆可了濟、日後某家倘有此事、亦如前法、互相賙給、雖是貧家些少錢米、亦可措辦、如此則衆輕易擧、行之日久、郷里自然親愛

といふ規定(1)があつて、婚姻死喪の際の里民百戸間の輪流賙給を要求してゐる。これは專ら婚喪の際に於ける互助合作の必要を說いたもので、農耕上の互助合作のみを問題とした元の社規との間に、著しい對照を示すのである。兩者と

もに民衆の相互援助を要求する規定でありながら、一が農耕に於ける相互援助のみを求め、他が婚喪の際の相互援助のみを命じてゐるのは、既述の如く、元の社規が勸農を主たる目的として作られたのに對して、明の教民榜文が、風敎の維持を中心の動機として作られたがためであらう。いづれにせよ、この二つの事實は、鄕村生活に於ける互助合作の重要性を示すものとして注目に値ひするが、特に鄕村の風敎を維持せんとする場合、婚喪吉凶の際の相互援助が、必要缺くべからざるものの一つと考へられてゐたことは、注意されなければならない。

明代に於て、婚喪の際の相互援助が如何に重んぜられてゐたかは、上記の規定が、教民榜文に加へられるに至つた經過を知ることによつて、一層明かにせられるであらう。卽ち前節に述べた如く、洪武二十八年二月に應天府上元縣典史隋吉なる者が、元の社制の復活を奏請して、疾病の家に對する農急の際の援助機關たらしめようとし、この意見は、百家の里をして社に代はらしめるといふ點を除いて、そのまま太祖の承認するところとなつた。その限りに於て農耕上の互助合作は、明の爲政者によつてもその意義を十分に認められてゐたといへる。しかし太祖が戸部に與へた諭旨の中で最初に論じたのは、實は農耕上の互助合作ではなく、元の社規や隋吉によつて完全に無視された、婚姻死喪と疾病患難の家に對する經濟的援助の方法に關するものであつた。この順位は、恐らく單なる偶然ではない。なぜなら、洪武三十年九月に戸部より發せられた命令には、里民間の相互援助に關してただ

民凡遇婚姻死喪吉凶等事、一里之內、互相賙給、不限貧富、隨其力以資助之、庶使人相親愛、風俗厚矣

とある(2)のみで、農耕上の互助救濟に關する事項を、完全に削除するに至つてゐるからである。婚喪の際の相互賙給を規定した教民榜文第二十五條の規定が、この精神の繼承に基くことはいふまでもない。教民榜文第二十五條の成立過

程は、いはば元の社規の影響からの離脱過程に他ならなかつた。

敎民榜文第二十五條の規定は、上記の如く洪武三十年の戸部の令にもとづき、更にそれを敷衍するといふ形に於て作られた。注意を要するのは、榜文の右の規定と戸部の令が、婚喪の際の相互資助を以て、郷里の親愛をもたらし風俗を厚からしめるものと考へてゐることである。婚喪の際の相互援助は、人倫的價値の故に實現されなければならない。しかし郷里の親愛を導くのは、婚喪の際の相互援助のみではなかつた。なぜなら、隋吉は農耕上の相互援助を勸農の立場から論ずると共に、同じ相互援助が百姓の親睦の原因となることを指摘してをり、また太祖も、婚姻死喪と疾病患難の際の救恤と春秋耕穫の際の扶助が、等しく百姓の親睦の原因であることを說いてゐるからである。この立場が、併力耕種を專ら勸農上の必要のみに基けようとする元の社規のそれと、全く異なるものであることは斷わるまでもなからう。要するに、明代に至つて、相互援助は一般に郷里の親睦を媒介するものとして問題にされたのであり、これら一聯の事實を通して、我々は風敎の維持に對する明朝政府の關心の深さを推知することが出來るのである。

（1）　皇明制書卷九、敎民榜文。
（2）　大明太祖洪武實錄卷二百五十五。

二

周知の如く、禮記曲禮篇には

鄰有喪、舂不相、里有殯、不巷歌

とあつて(1)、隣家に喪ある時の愼みの態度の必要であることを說いてゐるが、近隣の不幸に際して必要とされるのは、ひとり愼みの態度のみではなく、同じ曲禮篇の上引の文の前に

助葬、必執紼

とあり、曾子問篇に

孔子曰、昔者吾從老聃、助葬於巷黨

とあり(2)、檀弓篇に

孔子之故人、曰原壤、其母死、夫子助之沐槨

とあり(3)、また同篇の別の個所に

孔子之衞、遇舊館人之喪、入而哭之哀、出使子貢說驂而賻之

と見え(4)、さらに問喪篇にも

親始死、笄纚徒跣、扱上衽、交手哭、惻怛之心、痛疾之意、傷腎乾肝焦肺、水漿不入口、三日不擧火、故鄰里爲之糜粥、以飲食之

といはれてゐるやうに(5)、死喪に當つてより必要とされたのは、財物の贈與や勞力の提供による隣里の積極的な援助であつた。これ以外になほ、詩經邶風の谷風篇に

凡民有喪、匍匐救之

とあり(6)、周禮地官司徒職に

　四閭爲族、使之相葬

とあり、(7)さらに管子小匡篇にも

　死喪相恤

といふ言葉(8)があるが、以上の記載を見れば、喪葬の際の援助が、古代に於ける徳義の一つをなすと共に、上下を通ずる重要な習俗として存在してゐたことは明かである。

　しかるに婚姻に關しては、禮記郊特牲篇に

　昏禮不賀、人之序也

といふ文があつて、(9)古代の婚禮には、賀俗が缺けてゐたと傳へられてゐる。婚禮に於ける賀俗のこの缺如は、恐らく禮記曾子問篇に

　孔子曰、嫁女之家、三夜不息燭、思相離也、取婦之家、三日不擧樂、思嗣親也

とある(10)やうに、嫁娶が一般に相離の悲みや嗣親の思ひを伴ふところから、敢て慶祝に値ひする吉事と考へられなかつたがためであらう。尤も曲禮篇に

　賀取妻者、曰某子使某、聞子有客、使某羞

といふ文(11)が載つてをり、妻を娶る者については、特にこれを賀する俗も存在してゐた。しかしその場合にも、贈物は賓客の饗應に充てしめることを名目とし、慶祝そのことは直接の目的とされなかつた。賀俗の缺如はいふまでもなく財物贈與の俗の缺如であり、それはまた同時に、婚禮の際の相互援助を消極的ならしめる原因ともなるであらう。

死喪の家に對する援助のこの優越は、後世に於ても認められる。卽ち前漢書陳平傳に

邑中有大喪、平家貧、侍喪以先往後罷、爲助

とあり、(12)同書朱建傳に

建母死、貧未有以發喪、方假貸服具、陸賈素與建善、乃見辟陽侯賀曰、平原君母死、辟陽侯曰、平原君母死、何乃賀我、陸生曰、前日君侯欲知平原君、平原君義不知君、以其母故、今其母死、君誠厚送喪、則彼爲君死矣、辟陽侯廼奉百金稅、列侯貴人、以辟陽侯故、往賻凡五百金

とあり、(13)後漢書王丹傳に

王丹……家累千金、……好施周急、……沒者則賻給、親自將護、其有遭喪憂者、輒待丹爲辦、鄕鄰以爲常、行之十餘年、其化大洽、風俗以篤、……時河南太守同郡陳遵、關西之大俠也、其友人喪親、遵爲護喪事、賻助甚豐

とあり、(14)また同書仇覽傳に

仇覽……令子弟羣居、還就黌學、其剽輕游恣者、皆役以田桑、嚴設科罰、躬助喪事、賑恤窮寡

とあり、(15)さらに宋書孝義傳に

王彭盱……少喪母、元嘉初父又喪亡、家貧力弱、無以營葬、兄弟二人、晝則傭力、夜則號感、鄕里並哀之、乃各出夫、力助作塼

といひ、(16)南齊書孝義傳に

辛普明……自少與兄同處一帳、兄亡、以帳施靈座、夏月多蚊、普明不以露寢見色、兄將葬、隣人嘉其義、賻助甚

多

と記される[17]など、喪葬に對する援助の事例が、正史の處々に散見するのに反して、私の見た婚姻に對する援助の事例は、僅かに晉書阮修傳にある

修居貧、年四十餘、未有室、王敦等、斂錢爲婚

といふ文[18]と、魏書楊椿傳にある

至於親姻知故、吉凶之際、必厚加贈襚、來往賓寮、必以酒肉飲食、是故親姻朋友、無憾焉

といふ文[19]の二つだけである。また王充の論衡に

貧人與富人、倶賚錢百、並爲賻禮

とのみあつて[20]、婚姻の際の援助のことに觸れず、朱子の「勸諭榜」が

遭喪之家、……鄕里親知、來相弔送、但可協力資助、不當責其供備飲食

とのみ述べて[21]、婚姻の家に對する援助のことに觸れてゐないのを見ても、凶事を重視する風の一般に存在してゐたことは、疑ひえないであらう。

しかし後世に於ては、婚姻の際の相互援助も死喪の場合に劣らず要請せられ、また實行せられた。宋の陳襄の「勸諭文」に

昏姻死喪、隣保相助

とある[22]のはその適例であるが、蘇軾によつて「死喪相恤」と共に擧げられた

有喜相慶

といふ言葉(23)には、疑ひもなく婚姻の場合が含まれてゐる。さうして婚喪同視のこの立場を最も明瞭に示し、また最も詳細に説いたのは、かつて述べた呂大鈞の呂氏鄕約である。呂氏鄕約の「禮俗相交」の條に

凡遇慶弔、每家只家長一人、與同約者皆往、其書問亦如之、若家長有故、或與所慶弔者不相識、則其次者當之、所助之事、所遺之物、亦臨時聚議、各量其力裁定、名物及多少之數、若契分淺深不同、則各從其情之厚薄

といはれてゐるのがそれであり、同條はさらに慶弔時の「遺物」と「助事」の方法に關して、それぞれ以下の如き原則的な規定を掲げてゐる。

凡遺物、婚嫁及慶賀、用幣帛羊酒蠟燭雉兎果實之類、計所直多少、多不過三千、少至一二百、喪葬、始喪則用衣服或衣段、以爲襚禮、以酒脯爲奠禮、計直多不過三千、少至一二百、至葬則用錢帛爲賻禮、用猪羊酒蠟燭爲奠禮、計直多不過五千、少至三四百。

凡助事、謂助其力所不足者、婚嫁則借助器用、喪葬則又借助人夫、及爲之營幹。

呂氏鄕約に於て、婚喪の際の慶弔と援助が如何に重要視せられたかは、禮俗相交が「德業相勸」、「過失相規」及び「患難相恤」と共に鄕約の四綱領の一をなし、右の規定に背く行爲は「犯約之過」として處罰せらるべき旨定められてゐるのを見れば明かであらう。卽ち「禮俗不相成」の罪は「德業不相勸」、「過失不相規」、「患難不相恤」の罪と同樣に犯約の過と認められ、犯約の過は、いづれも普通の場合に一百、特に重い場合には二百乃至三百の罰刑に處せられたのである。(24)

呂氏郷約はこのやうに、婚喪に際しての遺物と助事を、禮俗相交に不可缺の要素として擧げた。しかるにまた呂氏郷約は、患難相恤の條に於ても類似の規定を設けてゐる。患難七事の中の「死喪」の項に

闕人幹、則往助其事、闕財、則賻物及與借貸吊問

とあり、「孤弱」の項に

爲求婚姻無財不能自存者、叶力濟之

とあるのがそれであつて、これらの規定は、婚喪に際しての遺物と助事が單なる儀禮ではなく、さらに援助としての意味をも有つことを明かにしてゐるのである。

婚喪の際の援助規定が、敎民榜文の一條目をなしてゐることはこの節の始めに述べたが、明代に於けるこの種の規範に對する重視が、必ずしも明代に始まらず、かへつて古くからの傳統に基くものであつたことは、今や明かになつたと思ふ。しかも太宗永樂實錄に

永樂七年三月庚午、大宴文武群臣及北京耆老、宴畢賜勅諭群臣曰、……婚姻死喪互相助、貧窮患難互相郵

とある他、(25)英宗天順實錄にも

天順元年四月丙辰、……戸部言興利除弊八事、……一、各處民間、男女年三十以上、無力備禮婚娶者、依洪武年間敎民榜例、省令里老人等、於各該得過人戸內、勸諭賙給、量出所有、互相資助、以成婚配、如家貧不能擧喪、亦如此例

といふ記事が載せられてをり、(26)明初における敎民榜文の精神は、そのままの形で後代にも傳へられた。

(1) 禮記注疏卷三、曲禮上。
(2) 同上卷十九、曾子問。
(3) 同上卷十、檀弓下。
(4) 同上卷七、檀弓上。
(5) 同上卷五十六、問喪。
(6) 毛詩注疏卷二、國風、邶風、谷風。鄭玄の箋に「匍匐言盡力也、凡於民有凶禍之事、鄰里尙盡力、往救之」とある。
(7) 周禮注疏卷十、地官司徒、小司徒。
(8) 管子卷八、小匡第二十。
(9) 禮記注疏卷二十六、郊特牲。
(10) 同上卷十八、曾子問。
(11) 同上卷二、曲禮上。
(12) 前漢書卷四十、列傳第十、陳平。
(13) 同上卷四十三、列傳第十三、朱建。
(14) 後漢書卷五十七、列傳第十七、王丹。
(15) 同上卷一百六、列傳第六十六、仇覽。
(16) 宋書卷九十一、列傳第五十一、王彭盱。
(17) 南齊書卷五十五、列傳第三十六、辛普明。
(18) 晉書卷四十九、列傳第十九、阮修。

（19）魏書卷五十八、列傳第四十六、楊椿。
（20）王充、論衡卷十二、量知（四部叢刊）。
（21）朱熹、晦庵先生朱文公文集卷一百、公移、勸諭榜。
（22）同上卷一百、公移、掲示古靈先生勸諭文。
（23）蘇軾、經進東坡文集事略卷十七、進策別、安萬民、勸親睦。
（24）呂大鈞、呂氏鄕約（隨盦徐氏叢書續編。關中叢書第一集）。
（25）大明太宗永樂實錄卷六十二。
（26）大明英宗天順實錄卷二百七十七。

三

このやうに、婚喪吉凶の際に於ける相互援助は、それの有つ人倫的意義の故に、古くから鄕黨道德思想の一德目として取り上げられてゐるが、翻つて明以後の州縣志を見ると、婚喪の際に相互援助の俗のあることを傳へた記事が、少からず存在してゐる。例へば、山西萬曆汾州府志の寧鄕縣の條に

婚姻死喪、族黨相助

とあり、（1）萬曆湖廣總志の常寧縣の條に

於冠婚喪祭、頗有相賙之義

とあり、（2）山東康熙張秋志に

比鄰有喪不給者、匍匐相助

とあり(3)、陝西道光寧陝廳志に

鄉鄰喪葬、無力之家、多有量力周助者

とあり(4)、道光蘇州府志所揭の具區志に

凡治喪事、親戚鄰友、祭儀不事虛文、必貲助喪家、故喪家類以給用

とあり(5)、湖北乾隆天門縣志に

村或百餘家或數十家、吉慶則醵飲相賀、疾喪則斂貲相卹、猶有古風

とあり(6)、また『中華全國風俗志』所引の例では、山東省に關して

婚喪相助（濟陽縣志）

婚喪、交相爲助（諸城縣志）

婚姻喪葬、互相周恤（商河縣志）

とあり(7)、山西省に關して

婚姻喪葬、交相爲助（平順縣志）

婚喪、周濟不吝（孝義縣志）

婚喪相助（沁源縣志）

婚姻死喪、鄰保相助（吉州志）

とあり、[8] 陝西省に關して

昏喪、有相助之儀（三原縣志）

とあり、[9] 廣西省に關して

喪葬事、比隣共爲哀恤扶助、戚友聞訃、弔以香燭、至戚供素飯、名曰幫齋居（鎭安府志）

とあり、[10] 雲南省に關しても

冠婚喪祭、互相資助（新平縣志）

といふやうな記述[11]が見出され、さらに最近のものとしては、『山西省民政刊要』所掲の各縣風俗概況表に、永濟縣の俗を敍した

民間有喪婚事故、……隣族人等、各盡所能帮助之、均不取値

といふ文[12]が載せられてゐる。

なほ山東光緒定陶縣志に

婚喪、貧不能擧者、置酒請親戚鄰友、助之有差、謂之告助、蓋厚道也

といひ、[13] 河南道光許州志に

婚姻、問名以後、皆有宴會、以召郷黨親友、供億之費、衆共助焉、或先事治具、名爲告助、謹著之籍、他日報施、亦惟其稱喪葬之費、郷黨親友相助、如婚姻

といはれ、[14] また河南光緒閿郷縣志に

婚喪諸務、有不給者、折束招親友求助、曰告助、亦曰津助

と見えてゐるやうに[15]、これらの地方では、事を擧げるに先だつて婚喪の家より親戚隣友に向つて援助が求められ、この援助を請ふことを特に、「告助」或は「津助」と呼んでゐた。婚喪吉凶の際の慶弔援助の俗は、もちろん鄕村のみのものではなく、宋の吳自牧は、杭城の民風を述べて

至於吉凶等事、不特慶弔之禮不廢、甚者出力與之扶持、亦睦鄰之道

と書いてゐる[16]。しかしこの意味の睦隣が、とりわけ定住生活を特色とする鄕村に本來的のものであつたことは、斷わるまでもないであらう。

(1) 山西萬曆汾州府志卷二、地理、風俗。
(2) 萬曆湖廣總志卷三十五、風俗。
(3) 山東康熙張秋志卷一、方輿、風俗。
(4) 陜西道光寧陜廳志卷一、風俗。
(5) 江蘇道光蘇州府志卷二、風俗。
(6) 湖北乾隆天門縣志卷一、地理、風俗。
(7) 中華全國風俗志、上篇卷一、一二、二二、二八頁。
(8) 同上、上篇卷一、五六、五八、七〇、七八頁。
(9) 同上、上篇卷七、一一頁。
(10) 同上、上篇卷九、五八頁。

(11) 同上、上篇卷十、五二頁。
(12) 山西省民政刊要、二七五頁。
(13) 山東光緒定陶縣志卷一、封域、風俗。
(14) 河南道光許州志卷一、方輿、風俗。
(15) 河南光緒閿鄉縣志卷八、風俗。
(16) 吳自牧、夢粱錄卷十八、民俗(知不足齋叢書)。

四

注意を要するのは、上記の諸例に於ては、婚喪の際に行はれる相互援助の範圍が、固定してゐないといふことである。しかるに中國には、婚喪の際の相互援助を目的とする會または社をあらかじめ組織し、その會或は社に所屬する者をして、相互に輪流資助を行はしめるといふ習俗がひろく存在してゐる。ただこの種の會或は社が、如何なる時代に發生したかは明かでないが、唐の咸亨五年五月已未の「禁僭服色立私社詔」を見ると、その後段に私社の禁を述べて

春秋二社、本以祈農、如聞除此之外、別立當宗及邑義諸色等社、遠集人衆、別有聚斂、遞相糺紏、浪有徵求、雖於吉凶之家、小有裨助、在於百姓、非無勞擾、自今已後、宜令官司嚴加禁斷

といつてをり[1]、唐の咸亨の頃、すでに吉凶の家に對して裨助を行ふ團體が、民間にひろく存在してゐたことが知られ

るのである。が時代的に一層古いのは、唐の韋挺が、邑社の名の下に述べた貞觀時代の助葬のための會である。卽ち「論風俗失禮表」と題する彼の上奏文に

臣聞、父母之恩、昊天罔極、創巨之痛、終身何已、今衣冠上族、辰日不哭、謂爲重喪、親賓來弔、輒不臨擧、又閭里細人、每有重喪、不卽發問、先造邑社、待營辦具、乃始發喪、至假車乘、雇棺槨、以榮送葬、旣葬、鄰伍會集、相與酣醉、名曰出孝

とある(2)のがそれであつて、この會は閭里の細人の間で組織され、葬時每に集まつて酣醉を事としたために、禮を失するものとして非難された。しかし今日までに發見されたこの種の會の具體的事例として最も古いのは、中唐以後のものであり、しかもそれらの事例は、いづれも「追凶」と「逐吉」とを同時に要求するものであつた。卽ち那波博士が佛國國立圖書館及び大英博物館所藏の燉煌文書について紹介された、唐代の社邑に關する資料六十餘種の中の約三分の一、詳しくいふと、追凶逐吉卽ち吉凶時の經濟的援助を明記した立社條文書五通、社に追凶逐吉に關する規定の存在したことを推定させる投社人願書二通、社員または社員の家族に凶事があつたために、他の社員に對して香奠の醵出を求めた社司轉帖十一通、及び社員の死喪に際して供へられた贈呈品の目錄二通が實はそれであつて、いづれも中唐及び晩唐の資料であることが、博士によつて確められてゐる。尤もこれらの資料は、追凶逐吉を規定した唐代の社邑が、いはゆる追凶逐吉以外の、日常的親睦や道德的修養の如きものをも實現するための組織として作られたことを示してをり、また中には、社の祭や各種の佛教的行事の執行を目的の一つとする例さへあつて、吉凶時の慶弔援助のみを目的とする單純な社團ではなかつた。

那波博士によれば、中唐及び晩唐時代の社邑には、寺院に附屬して專ら齋會、誦經、寫經、俗講支援の如き佛教的事業を目的として作られたものと、この種の社邑から派生しながら、しかも佛教的信仰を離れて、ただ社員の品性陶冶と社員の相互救濟とを目的とし、また時には社の祭を共にして親睦和合の實を擧げようとするもの、及び齋會、誦經、寫經、俗講支援を目的とすると同時に、社員の修養と救濟とを併せ行はしめようとするものの三種ある由であるが、この中の追凶逐吉を規定せる社邑が、上述せる第二及び第三の社邑の種類に屬してゐることはいふまでもない。尤も追凶逐吉は、相互救濟事業の唯一のものではなく、前記の資料中には、社人の兩親、兄弟、姉妹、妻子の遠行遠歸に際して亡逝の場合と同樣の經濟的援助を與へようとした社邑の例が、一つ見出される。しかしこれは例外であつて、唐の社邑に見られる相互救濟規定は、吉凶時の慶弔援助に限られるのが普通であつた。要するに、唐代の社邑は單なる慶弔救濟團體以上のものであるが、同時にその慶弔救濟が社邑の重要なる目的の一つとされてゐたことも、疑ひを容れないのである。

しかるに右に述べた三種の社邑中、佛教的信仰にもとづく第一種及び第三種の社邑が次第に衰へたのに反して、第二種の社邑、則ち修養、親睦、救濟の機關として設けられた社邑のみひとり榮え、北宋に入つてますます盛んとなり、つひに藍田の呂氏鄉約の如きものを生むに至つたといふ(3)。

呂氏鄉約は、既述の如く「禮俗相交」の條に於て、婚嫁喪葬の際に於ける遺物と助事のことを詳細に規定してゐる。しかし禮俗相交は「德業相勸」、「過失相規」、「患難相恤」と並ぶべき四大綱領の一つに過ぎず、呂氏鄉約の中には、各種儒教道德の實踐や吉凶時以外の相互援助に關する約規が、多數に含まれてゐた。いひかへれば、呂氏鄉約は、單なる慶弔救濟のための團體以上のものである。しかも呂氏鄕約をひろく世に傳へたのは朱子であつて、それは本來の形よりも、むしろ「朱子增損呂氏鄕約」の名によつて世に知られてゐるが、しかし呂氏鄕約そのものは、恐らく作者呂大鈞の單なる机上計畫ではなく、藍田地方の鄕村に實際設けられた社團の約規として作られ、また實行に移されてゐたものと考へられる。このやうに見れば、呂氏鄕約を規條として有つ社團が、那波博士のいはれるやうに中唐及び晚唐時代に流行した、いはゆる第二種の社邑の系統に屬してゐることは、疑ふことが出來ないのである。

(1) 高宗、禁僭服色立私社詔(全唐文卷十三)。
(2) 韋挺、論風俗失禮表(同上卷一百五十四)。
(3) 那波利貞、唐代の社邑に就きて(史林、第二十三卷、第二・第三・第四號)。

五

以上に述べた如く、唐より宋にかけて、追凶逐吉を目的とする社邑が盛んに鄕黨坊巷の間に設立せられた。そのうち最も事例に富み且つ後世に顯著な影響を殘したのは、北宋の呂氏鄕約に結實したといはれる第二種の社邑である。なぜなら、第二種の社邑は呂氏鄕約を生んだだけでなく、その呂氏鄕約はさらに、後世、殊に明・淸時代の鄕約の範とされてゐるからである。尤も明・淸時代の鄕約は、民間の私社としてよりも、むしろ民衆敎化の組織として官憲によつてその實施を要求せられ、その內容も旣述の如く、人によりまた時によつてさまざまに異なつてゐるが、とにかく鄕約と呼ばれる限りに於て、呂氏鄕約の精神そのものは、やはりその中に繼受されてゐたのである。

しかるに明代の文獻には、婚喪の際の慶弔救助のみを目的とした社や會の記事がしばしば現はれ、しかも婚姻のための組織と喪葬のための組織は、それぞれ獨立したものとして設けられてゐる。例へば河北萬曆寧津縣志に

立義社豫凶、凡社不問貧富、但擇有德者入之、朔望二會、人各出錢若干、推謹厚者一人掌之、會中有喪、率有賻有奠

とあり、(1)山東萬曆泗水縣志に

常以月朔爲飲食聚會、醵金錢生息、卽有死喪、計其所入賻之、雖貧窶、應時而葬、無暴露者、謂之義社

とあり、(2)また山東萬曆武定州志に

民間多隨社、社立之長、遇朔望日封錢、貯之長所、乏者貸出息、歲終會計、子母錢常相埒、其良而可永行者三、助糧差曰油臘社、助奩聘曰婚姻社、助棺衾曰死丘土死亡社、自初喪至發引、社長率衆、預制孝經弔送

とあるのがそれであつて、(3)「義社」、「死亡社」、「婚姻社」等の名の示すやうに、社の設立目的がそれぞれ社の稱呼の上に表示せられてゐる。しかも右の記事は、いづれも州縣志の風俗の項に載せられてをり、この種の社團が各地方の習俗をなして存在してゐたことが知られるのである。尤も、山東省泗水縣の義社に關して、同縣志に「常以月朔爲飲食聚會」といはれてゐるのを見ると、同種の社が定期的な懇親の會を有つてゐたことは疑ひないが、それが社の第二次的な行事であつて、その本來の目的とされたものでないことは指摘するまでもない。

なほ湖北光緖黃岡縣志に、「孝義社記」と題する明人顧景星の

迺者、陽邏鎭亂後、煙突僅數百、有長者、遵洪武制立社、曰孝義、集鎭中之有父母大父母者十人至數十人、歛而

與之盟、遇有喪、則人出一金一布、無他醵會、惟此施彼報、數十人中有喪之家、無復嘆衾之不具、而傷孝子慈孫之心者、嗟乎不亦善哉

といふ文があり、また同じ縣志に「還和鄉大同會引」と題する明人穆天顏の

居同里者、有同福同恤之誼、故云洽比其鄰、又云匍匐救之古道也、予自城毀巢焚、寓居還和之巴溪、……適友人諸生馬季白謂予曰、人不獨親也、故老有所終、是謂大同、今偕同志廿餘人、奚立大同會焉、因屬予爲文、文則予之所甚諱者、情則予之所甚篤者、言乎情焉、用文之、夫翁與母一人之親也、翁若翁、母若母、附乎猶子之愛也、嗣後親旬壽、子不與聞於衆者有罰、衆不恭爲祝者亦有罰、耄耋期頤、銜觴足樂也、其或河淸難俟、而懼心生計、一人惟一親、而溘然先逝者、各斂布若干銀若干、以爲賻、臨期不如數者、罰加重焉、窀穸之謀易擧矣、用是爲諸君約、將有異乎無異也、諸君曰、唯々遵厥約

といふ文が載せられてゐる。(4) ここに擧げられた「孝義社」と「大同會」が、前記の義社や死亡社と同じ性質のものであることは斷わるまでもないが、孝義社については、洪武の制に遵つたといはれてゐる點、大同會については、大同の精神に基くと說かれてゐる點が、特に注目せられる。洪武の制とあるのは、多分敎民榜文第二十五條の規定であらう。また喪葬のための社や會が、いはゆる大同の精神の如きものを本として、始めて作られうるものであることはいふまでもない。しかし孝義社や大同會が、古來の傳統や當時の習俗を離れた單なる個人的創意の所産であるとは、考へられない。それがいはゆる第二種の社邑の派生物であるか、或は韋挺の述べた唐初の助葬の社の如きものに直接繫がるものであるかの點は別としても、とにかく吉凶時の援助を目的とする後世の社や會が、唐・宋以後の風潮を受け

たものであることは疑ひなく、したがつて榜文の規定や大同の思想は、ただこれを助長する力として作用したに過ぎないと思はれる。敎民榜文第二十五條の規定の如きものも、恐らくかかる習俗の人倫的意義を認めるところに、その成立の根據があつた。

因みに前記の大同會は、死喪の際の援助の他に賀壽のことをも規定してゐる。ことさらに大同の名を用ゐて、喪葬に因む名を避けたのは恐らくそのためであるが、とにかく喪葬の際の援助を目的の中心たらしめてゐる點で、それはやはり、追凶のための社邑の系統に屬してゐるのである。

（1）河北萬曆寧津縣志卷一、地里、風俗。

（2）山東萬曆泗水縣志卷一、方輿、風俗。　泗水縣志は義社を說明して、別に「喪葬有義社、置旌棺貯財、相賻」とも書いてゐる。なほ同縣志に「市里小民、群聚爲會、東祠泰山、南祠武當、歲晩務閑、百十爲群、結社而往、謂之香社、……又有釀金生息、以供租稅、出一歲之息、歲々用之、率不後期而完、謂之糧社、亦有群其宗族、月朔爲會、息金錢穀、以供烝嘗、謂之祭社、亦有父老罷吏時、相聚會、如香山洛社故事、謂之酒社、此其常俗也」とあるやうに、この地方では義社の他に目的を異にする種々の社が設けられてゐた。右の引用文中の缺字は、本文に擧げた義社の說明のある個所である。ここに列記されたのは、必ずしも相互援助を目的とする團體のみではないが、とにかく一つの地方にこのやうにさまざまの民間團體が作られてゐたといふ事實は、注意されなければならないと思ふ。因みに、顧炎武は天下郡國利病書の中で、山東省東阿縣の風俗として右と同じ內容の文を揭げてゐる（卷三十八、山東）。

（3）山東萬曆武定州志卷七、風俗。

（4）湖北光緖黃岡縣志卷二十一、藝文。　顧景星は明の貢生であつて、淸の康熙の時に鴻博に薦擧された。陽邏鎭の亂も康熙時代のもののやうであるが、孝義社そのものは、疑ひもなく明の思想の影響下に作られてゐる。

六

以上の如く、明代には、婚喪のための社や會が習俗をなして各地に存在してゐた。がそれは清代に至つて、一層流行の度を加へたやうである。しかも喪葬のための組織は、明代に於けると同樣に、婚姻のための組織よりもその事例が多かつた。

そこでまづ喪葬のための社についていへば、最も有名なのは、唐灝儒によつて作られた浙江の「葬親社」であつて、その組織と運營のことを述べた以下の如き社約が、陳弘謀の『五種遺規』の中に載せられてゐる。

一、凡欲葬其親、願入社者、各書姓氏、滿三十二人則止、每人詳列同社姓氏、粘諸壁間、遇有葬者、則註其下曰、某年月日其親已葬、以觀感而愧焉。

不孝之罪、莫大乎不葬其親、而以貧自解、加以陰陽拘忌、既俟地、又俟年月之利、又俟有餘貲、此三俟者、遷延歲月、而不可齊也、勢愈重而罪愈深、今集同社數十人、爲勸勵之法、以七年爲度、期於皆葬、謹陳數則如左。

一、凡有擧葬者、同社各出代奠三星有力者或再從厚、一以爲敬、一以爲助、或至墓或至家、一拜而退、主人惟各登拜以爲謝、無纖毫酒食之費。

一、同社者衆、不能遍告促金、各隨其親朋遠近、分爲東西南北四宗、每宗八人、自敍長幼、輪年挨次、一爲首、一爲佐、凡所宗內有葬日、則以語於各宗之首佐、各聚其所宗之金而函之、上書奠儀、註曰某宗、下書同社某々同拜、主人無答簡、宗者不失可宗之義、仁孝相勉、異姓猶同姓也。
一、每宗首佐躬拜、其餘可至可不至、或首佐有事、亦可推代、如志同而地隔、度後往返不便者、不必共社、倣例別成可也。
一、所費甚薄、而貧者猶以爲艱、然有爲浮名社刻而費者矣、有呼盧酣宴而費者矣、卽不然、譬有至戚吉凶大事、不得已而多此一費者、又譬有泛交套儀、而其人偶受之者、今費而必酬、則是葬親之外府也、譬諸今日僅費三星、而親之一指、已先受葬、雖甚貧窶、可不竭力圖之乎、至於葬而受金、不權子母者、先葬者孝、是以輕財爲義也、較諸稱貸擧會者利已多、豈有不酬之理、凡有葬、知期前三日金不至者、宗首罰之、宗首犯者、旁宗首罰之、凡罰於本金外加三星。
一、親未入土、禮宜疏布持齋、而大拂人情、則相從者少、今欒齋戒者、短長任意、惟每月朔望及親忌日、及祀祖之日、俱不得華服茹葷、此僅餼羊之遺意、而尙不能者、不必入社、旣入而犯者、亦罰如例、此所罰、註月日封押、存宗者處、俟偶有葬者、倂入函贈之、受者於原罰人之葬日、答其半。
一、七年之間、豈可徐措、地可徐擇、日可徐涓、念釋在玆、庶能勉強、蓋三年而力不足、又以三年、遲之又久、將復何需、不得已而又一年、再不葬者、從前之費、無所復酬、所以爲大罰也、無已、則於八年之葬者、衆答其半、以存餘厚、過此復何尤乎。
一、人數旣定、約於某日、共至公所、聚會信誓、以期必遂、期滿而親俱葬、復聚會告成、任意豐歉釀飮、以相慶。(1)
卽ち、唐灝儒の葬親社は總計三十二人より成り、これを八人づつの四宗に分けて各宗に宗首と宗佐を置き、社人中に親を葬る者のある場合には、各〻三星を出だしてこれに贈り、もしこれを怠る者があれば、罰として更に三星を加へしめ、七年を以て葬親の期限とすることに定められてゐたのである。

陸以湉の『冷廬雜識』に、唐灝儒の葬親社はその後張履祥によつて推廣せられたとあるが、張履祥の法は社員六十四人を八宗に分けた點が異なるだけで、他は全く唐灝儒の法の模倣であつた。張履祥は浙江の人であり、同じ地方に二度葬親社の組織が行はれたのは、陸以湉によれば、淹葬の風がながく浙西の地に存したがためであるといふ。しかるにその後、張履祥につづいて葬親社を設ける者がなく、淹葬の風が依然として跡を斷たないために、道光辛丑の年に至つて、またしても四十人を會員とする「葬會」なるものが、陸以湉の鄕里に設置せられた。冷廬雜識に

道光辛丑年、吾里邱雨樵茂才靑選、復擧葬會、糾同志四十人、於四月望日、各賚錢五百、赴會所、拈鬮以定應得之人、即予錢二十千爲葬貲、如願讓他人先得、亦聽其便、錢存公所、豫備磚灰等物、不得携歸磚瓦等、購自窰所、價視肆家特廉、歲推二人司其事、每歲人各出錢二千、給四人葬事、費不耗而事可久、其法最良、倡始於西柵、而東南北皆效行之、吾里善事孔多、此擧爲稱首、誠能推而廣之、使天下無不葬之親、豈不美歟

と記されてゐる[2]のがそれであつて、唐灝儒と張履祥の葬親社が、親の葬事ある每に社人をして醵金せしめたのに對して、葬會は每年四月の望日に會を開いて葬資を出させ、拈鬮の法によつて得會の順位を定めると共に、その順位の變更は、會員の便宜に任かせるといふ方法を採用してゐた。

さきに述べた唐灝儒の葬親社約の全文は『得一錄』[3]にも載せられてゐるが、得一錄にはなほ、同じ種類の「烏靑葬會規條」と「永安會條程」の二つが掲げられてゐる。そのうち烏靑葬會は四十人より成り、これを四宗に分けて四仲

月の望日に一集を催し、毎人八百文を出して籤によつて年毎に四人の得錢者を定めたとあるから、その方法は陸以湉の述べた葬會の原則に似たものであつたと考へられる。

ただ注意を要するのは、唐灝儒の葬親社を始めとして、張履祥の同名の社、陸以湉の述べた葬會、得一錄に載せられた烏青葬會及び永安會が、いづれも特に埋葬を助けるために設けられてゐたといふことである。しかし一般的にいへば、凶事に對する救濟援助は、喪葬を分たずして行はれるのが普通であつた。さきに明代の例として擧げた義社、孝義社、死亡社、大同會等はすべてそのやうな例であるが、清代に於ても、この種の社がより多く見出され、しかもそれらの社は、地方的に異なる種々の名稱を以て呼ばれてゐた。例へば河南道光許州志に

義社、不論貧富、願與者、月朔望各出貲、以謹愿者一人掌之、社中人嬰家艱、則用以爲賻、監護供張、皆取辦於社、有急事者、共詣讓

とあり(4)、安徽宣統建德縣志に

郷立義社、死葬相助

とあつて(5)、まづ「義社」の名が用ゐられ、次に安徽同治潁上縣志に

貧者戚友、必厚賻以葬、素有孝義會、毎月具食一集、共醵資、以一人蓄之、有祖父母父母喪、則同往治喪、以所蓄賻其家、卽以餘息、爲存者壽、士民皆有之

とあり(6)、四川嘉慶三臺縣志に

其貧不能葬者、則有戚好友鄰、各助薪米錢帛、以勷不逮、名曰孝義會

とあり[7]、また江蘇光緒桃源縣志に

城郷釀金、爲孝義約郷以數十家爲卒、遇戚黨親喪人、各出布爲賻、城中以百人爲卒、凡明器所屬、悉佽助焉

とあつて[8]、「孝義會」、「孝義約」等の名も行はれ、これらは共に明代或は清初の頃の名稱をそのまま傳へてゐるが、この他山東咸豐武定府志に

有中人宴姓、平時釀錢爲會、有喪之家、輪流分用、白衣素冠、持旛前導、號曰喪社、其社條之嚴、凛如官府

と見え[9]、山東乾隆蒲臺縣志に

遇朔望封錢、貯之長所、乏者貸出息錢、終會計、子母錢常相埒、……助喪葬曰喪社

といはれてゐるやうに[10]「喪社」の名を使用する例があり、「桂陽風俗記」の

又有老人會、喪則更相助、皆便於俗

といふ文や[11]、廣西民國貴縣志の

老人會又名長春會、蓋爲郷鄰遭喪互助而設、今山東石龍橋墟東津等處、皆有之、會員若干人、毎次各認納會金若干、執先遭喪、卽釀金以助、於是更番爲之、必俟會員、俱得用會金、一次而後已

といふ記事の示すやうに[12]「老人會」の名を使用する例があり、さらに「幇助會」の名を掲げた例として

遞出貲財、助貧家營喪葬者、曰幇助會

と述べた河南光緒鹿邑縣志と[13]

有迭相賓主助人喪葬者、曰幇助會

と記した河南民國夏邑縣志の二つが擧げられる。[14]

廣西省貴縣の老人會が、別に「長春會」と呼ばれてゐたことは上引の文の示すとほりであるが、これ以外にも、浙江康熙德淸縣志に

冠婚喪祭、悉敦禮尙、……擧葬則急塋兆於親歿、故有立葬社以周貧

とあり、[15] 河南光緒閿鄉縣志に

預備送終、曰壽社

とあり、[16] また江西乾隆安遠縣志に

貧者親朋、賻以錢穀、近有連二十五家或三十二家爲老母會、生誕慶祝、死喪賻贈、覗事築墳助工、起柩助力、其葬具器用、皆於公堂錢置備、此亦里閭之厚也

とあつて、[17]「葬社」、「壽社」、「老母會」等の名を使用する地方のあつたことが知られる。このうち老母會は凶事の援助のみでなく、生誕の際の慶祝をも兼ねてゐるが、この會の主目的が喪葬に於ける援助にあつたことは疑ひなく、また浙江省德淸縣の葬社が、陸以湉の述べた葬會と同じ性質のものであることも明かである。なほ山東省蒲臺縣では、既述の喪社の他に「棺板社」なるものが設けられて、棺斂を助けることをその目的としたといはれ、これと同じ種類の社が、「板社」の名の下に現在もなほ山東の德平・霑化兩縣に存在してゐる。[18]

このやうに、喪葬に際して互助を行ふための社は、淸代及びそれ以後に至つてより廣く各地に見出され、或は明代と同樣の、或は明代と異なる種々の名稱を有つものとして存在した。尤も山東光緒霑化縣志には、單に

有中人窶姓、平時醵錢爲會、有喪之家、輪流分用

とあり、[19] 河南乾隆陽武縣志にも

士庶中、有合姻親朋友十數人爲一會者、立會長司正各一人、毎月輪流、會茶或會酒食、毎人出會金若干、付會長收貯、因母得子、置買棚帳器皿、遇事送喪主使用外、有助金若干、且群效奔走焉

とのみあつて、[20] これらは共に會名を記してゐないが、既述の如く、山東武定府志に上記の霑化縣志と同文の記載があり、しかもその會は喪社と呼ばれたとあるから、霑化縣に於ても同じ喪社の名が用ゐられてゐたことは疑ひなく、また社或は會の名を缺く事例が他に存しないといふ事實を考へれば、河南省陽武縣地方の會に何らかの稱呼が附けられてゐたことも、疑ふ餘地がないのである。

因みに、上引の陽武縣志の記載について一言して置きたいのは、その中に「置買棚帳器皿、遇事送喪主使用」といふ一句のあることである。既出の江西安遠縣志にも、老母會について「其葬具器用、皆於公堂錢置備」と記されてゐるが、これらの記事は、喪葬のための社や會の中に、呂氏鄉約にいふ「遺物」と「助事」を行ふだけでなく、さらに共同の葬具をも購置して、輪流使用の便に供せしめるもののあつたことを示すのである。

喪葬を助けるための組織は、現在の鄉村にも廣く見出されるであらう。王宗培はこの種の會を保險を目的とする合會の一つに數へ、三つの例を擧げてその內容を說明し、さらに喪葬のための合會には、會名として長壽、壽星、福壽、長生の如き吉利の文字を使用するものと、葬親會、白袍會、白帶子會、老人會の如き會の目的が葬事の援助にあることを明示するものとがあると書いてゐるが、[21] 民商事習慣調査報告錄に載せられた會の名もさまざまであつて、まづそ

の例の多い山東省からいへば、惠民縣に白禮社があり、昌邑縣に孝帽會があり、濟陽縣に孝子社があり、東阿縣に孝亡社があり、荷澤縣に老公會があり、曹縣に老翁會があり、淄川及び邱縣に老人會があり、福山縣に助葬會があり、蒲臺縣に提燈會があり、蓬萊縣に燈籠會があり、長壽會の名の行はれる地方に至つては、歴城、臨淄、東阿、荷澤、福山、濟陽、曹、惠民、昌邑、鄒平、嘉祥、無棣、高苑、霑化、邱、淄川、觀城、德平、蒲臺、蓬萊等の二十縣を數へるといはれ、(22)次にその他の省については、陝西省朝邑縣の五二孝義會、華陰縣の賻老會、雒南・華陰兩縣の孝衣會、山西省稷山・孟兩縣及び安徽省貴池縣の老人會等の名が擧げられてゐる。(23)

(1)　唐灝儒、葬親社約（陳弘謀、五種遺規、訓俗遺規卷三）。
(2)　陸以湉、冷廬雜識卷六、葬會。　陸以湉は、葬親社を「親葬社」といつてゐる。
(3)　余治、得一錄卷八、烏青葬會規條・永安會條程。
(4)　河南道光許州志卷一、方輿、風俗。
(5)　安徽宣統建德縣志卷三、輿地、風俗。
(6)　安徽同治潁上縣志卷十二、雜志、風俗。
(7)　四川嘉慶三臺縣志卷四、風俗。
(8)　江蘇光緒桃源縣志卷一、疆域、風俗。
(9)　山東咸豐武定府志卷四、風俗。
(10)　山東乾隆蒲臺縣志卷二、風俗。
(11)　桂陽風俗記（小方壺齋輿地叢鈔、第三十七册）。

(12) 廣西民國貴縣志卷二、社團。
(13) 河南光緒鹿邑縣志卷九、風俗。
(14) 河南民國夏邑縣志卷一、地理、風土。
(15) 浙江康熙德淸縣志卷二、輿地、風俗。
(16) 河南光緒閿鄉縣志卷八、風俗。
(17) 江西乾隆安遠縣志卷一、輿地、風俗。
(18) 山東省德平・霑化等縣習慣、板社(民商事習慣調査報告錄、七八九頁)。
(19) 山東光緒霑化縣志卷四、風俗。
(20) 河南乾隆陽武縣志卷五、風俗。
(21) 王宗培、中國之合會、八七―八八頁。
(22) 山東省歷城等縣習慣、長壽會・紅禮社(民商事習慣調査報告錄、七八六―七八七頁)。
(23) 陝西省朝邑縣習慣、五二孝義會(同上、一二〇一頁)。陝西省華陰縣習慣、賻老會(同上、一二二九頁)。陝西省雒南・華陰兩縣習慣、孝衣會(同上、一二〇〇頁)。山西省稷山縣習慣、老人會(同上、八一九頁)。山西省盂縣習慣、老人會(同上、八〇八頁)。安徽省貴池縣習慣、老人會(同上、九五三頁)。

七

私は以上に於て、喪葬の際の救濟援助を目的とする明以後の社團について述べた。それは凶事に對する救濟援助のみを目的としてゐる點で、唐代のいはゆる第二種の社邑よりも、唐の韋挺の述べた葬事のみを助けるための社邑に類似してゐる。しかし救濟援助の趣旨と方法に於ては、二つの社邑の間に何らの相違もなかつたと思はれる。呂氏郷約に於ては、それは遺物と助事の二つであるが、明以後の喪葬の會に於ける互助の方法を見ると、最も多いのは金錢による弔慰救濟の例である。しかしその場合の援助が金錢にのみ限られなかつたことは、顧景星の孝義社記に「出一金一布」とあり、江蘇桃源縣志に「各出布爲賻」とあり、また四川三臺縣志に「助薪米錢帛」と記されてゐる如くであり、さらに援助が單に財物の供與のみに限られなかつたことも、江西安遠縣志に「築墳助工、起柩助力」といひ、山東武定府志に「白衣素冠、持旛前導」といはれてゐる如くである。即ち喪葬に際しての援助には、財物によるものと勞力によるものとの二つがあつた。さうしてそれは疑ひもなく、その精神に於て呂氏郷約の「遺物」と「助事」とに該當してゐる。

喪葬に際しての財物の贈遺は、單に弔意の表示のみを目的としても行はれうる。故にひとは、援助の意味を有たない財物の贈遺を考へることが出來るであらう。しかるにこれに反して、援助の意味を離れた勞力の提供といふことは考へられない。なぜなら、勞力の供與は、本來、勞力の足らざる者を助けるためにのみ行はれるものだからである。しかし勞力の供與と同樣に、財物の贈遺もまた、救濟援助の目的を以てこれを行ふことが出來る。事實、喪葬の際の財物の贈遺は、多くの場合、勞力の供與に劣らず援助としての、或は奉仕としての意味を有つてゐる。凶時に際して財物の贈遺と勞力の供與を行ふ團體が、相互援助團體の一つに數へられるのはそのためである。

民商事習慣調査報告錄を見ると、山東に於ける長壽會の內容を說明して

此會之設、專爲豫籌老親喪葬費用起見、集會之始、公立條規、推選會員一人爲會首、主持會務、遇有會員中老親喪葬時、即由會首通知各會員、按照原議、各納會費以資應用、概不取息直、至各會員之老親一律死亡、會始解散

といひ、また山西省盂縣の老人會についても、これとほぼ同文の報告があつて、二つの文は共に、喪葬費の融通が普通、無息で行はれることを指摘してゐる。前記の得一錄所引の烏青葬會規條に

是會平收平發、並不加息

とあるのも恐らく同じ意味であるが、しかし喪葬費の融通が、上述の如くただ援助のためにのみ行はれるものとすれば、その融通が無息を原則とするのは當然であり、さうしてこれは、他の喪葬の會に於てもひろく見出される一般的な原則であつた。このやうに見れば、無息による喪葬費の融通は、喪葬の會が援助を目的とする團體であることの何よりの證據とならなければならない。唐灝儒の葬親社約に

至於葬而受金、不權子母者、……較諸稱貸擧會者利已多、豈有不酬之理

とあるのは多分そのためであつて、彼は社人間の無息の援助に對して、必ず援助の返還が行はるべきことを說いてゐるのである。

ところで唐灝儒の右の文からも明かなやうに、喪葬のための會は、どこまでも援助の相互性を構成上の本質とするものであつて、單なる一方的な援助に止まることの出來ないものである。したがつて農耕の際の互助合作に見られると同樣の援助の交換原理が、ここでも作用してゐる。即ち喪葬のための會に於ても、援助は相互に交換せらるべきものであつて、援助を與へる側に援助の返還を要求する權利があると同時に、援助を受ける側には援助を返還すべき義

務があるのである。顧景星の孝義社記に「此施彼報」といふ言葉があるが、この場合の彼此の立場は、固定したものではなくて、次ぎ次ぎに轉換し行くものでなければならない。立場のこの轉換を怠りまた拒むことは、喪葬の會そのものの設立の意義を失はしめることである。河南許州志に「有怠事者、共誚讓」といはれ、唐灝儒の葬親社約に「知期前三日金不至者、宗首罰之、宗首犯者、旁宗首罰之」といふ規定の設けられてゐるのも、要するに、集團的拘束或は集團的制裁によつて、援助性と交換性の二原理を貫徹せしめんがためであつた。呂氏鄕約に見られる禮俗不相成の罪に對する罰則や、追凶逐吉を規定した唐代の社邑中にしばしば見出される同種の處罰條規が、これと同じ性質のものであることはいふまでもない。かくて喪葬のための會は、援助性の原理に基きつつ、しかも交換性の原理の制約をうけ、相互監視と集團威壓とによつてこの原理を維持すると共に、援助の交換そのものの完了を待つて、始めて解散せられるのである。

もちろん一方的な自由援助に於ても、援助されたる者は、援助したる者に對して援助返還の義理を感ずるであらう。この關係に於て、援助する側もまた、當然援助の返還を將來に期待することが出來るが、かりにその援助が好意のみに基いて返還の期待を伴はない場合にも、助けられたる者は助けたる者に對して、永く負ひ目を感ぜざるをえない。その限りに於て交換性の原理は、一方的な援助の中にも作用してゐるといふことが出來る。異なるのはただ、この場合の拘束力がさきに逃べた集團的起源を有たず、あくまで道義的一般的な拘束力に止まつてゐるといふ點のみである。要するに、喪葬のための會は、組織せられた相互援助の團體たる點に於て、單なる自由援助の關係からは一應區別せられるのである。

八

私は前段に於て、喪葬の會に於ける相互援助の性格を述べたが、子女の婚嫁に備へるための社や會も、これと同一の原理の上に作られてゐる。このことは、唐代の社邑や呂氏鄕約が、喪葬と同時に婚姻の際の相互援助をも行はうとした點を見れば明白である。婚姻のための社や會は、恐らく喪葬のための社や會と時代を同じうして起つた。しかし一般的にいつて、婚姻のための社團は、喪葬のための社團に比べて遙かにその例が少く、材料をまづ私の見た明代の州縣志にとれば、喪葬のための會が數例を數へたのに對して、婚姻のための會の事例は、山東武定州志に載せられた既出の「婚姻社」一つに過ぎない。しかもこの相違が資料の不足に起因する單なる偶然でないことは、關係資料の比較的豐富な清代の州縣志や、民國の民商事習慣調査報告錄や、その他二三の文獻によつても確められる。即ち婚姻の會のことを記した清代以後の州縣志の文としては、僅かに山東乾隆蒲臺縣志に

助婚娶、曰人情社

とあり(1)、河南光緒閿鄕縣志に

婚娶不給者、預約戚友、醵金輪用、曰喜社

とあり(2)、廣西民國貴縣志に

覃塘木格山東石龍等處、別有婚嫁會、則爲集資、互助婚嫁者、或會員以十人爲率、則稱十友會

と記されてゐるだけであり(3)、また民商事習慣調査報告錄も、山西省孟縣の媳婦會、山西省黎城・昔陽兩縣の請喜會、

山東省齊東縣の喜助會、山東省高苑縣の子女會、山東省昌邑縣の紅帽會、山東省歷城、鄒平、惠民、嘉祥、無棣、高苑、昌邑、霑化、觀城諸縣の紅禮社と、鄒平、歷城、嘉祥、無棣、霑化等の五縣に行はれる、婚喪兩事の援助を兼ねた紅白會なるものの存在を指摘してゐるに過ぎないのである。(4)いづれにせよ、私の擧示した喪葬の會の事例が、河北、河南、山東、山西、陝西、江蘇、江西、浙江、安徽、湖北、廣西、四川の各省にわたるものであつたのに對し、同じ文獻中に見出された婚姻の會が、僅かに山東、河南、山西、廣西の四省に止まるといふ事實は、注意されなければならない。喪葬の會について比較的詳しい說明を與へ、且つ具體的事例を擧示した王宗培が、婚姻の會に關して殆んど觸れるところがないのも、單なる作爲とは考へられない。

このやうに見れば、婚姻のための援助の會が、喪葬の場合のそれに比べて、その習俗化の度合に於て劣るものであつたことは疑ふ餘地がなからうと思ふ。その原因として考へられるのは、父母の死葬が、子女の婚姻とは比較にならぬほど重大な人生の出來事であること、及び子女の婚姻は、これを經濟事情の許す時期まで遷延せしめることが出來るのに反して、父母の喪葬は、この遷延が不可能であるといふことの二つが擧げられるであらう。かくて婚姻の會に對する喪葬の會の一般的優越は、おのづから由つて來たるところがあつたといへるのである。

前に述べた如く、婚姻の會の構成原理は、喪葬の會のそれと何ら異なるところがなかつた。民商事習慣調査報告錄の山東省歷城縣報告に、紅禮社を說明して

此社宗旨、在預籌子女婚嫁之費用、辦法亦與長壽會相似

といひ、また山西省盂縣報告に媳婦會を說明して

其宗旨、在預謀幼子之娶媳、辦法與老人會相同

と述べてゐるのはその點を明かにしたものであるが、呂氏郷約が、婚嫁の際の援助方法として遺物と助事の二つを擧げてゐるやうに、後世の婚姻のみの援助の會に於ても、恐らく財物の贈遺の他に、器物の借助と勞力の供與が行はれてゐたものと思はれる。しかもそれらはつねに相互的に行はれるのであつて、交換性の原理はこの場合にも、一定の組織を通してのみ作用してゐる。

(1) 山東乾隆蒲臺縣志卷二、風俗。
(2) 河南光緒閿郷縣志卷八、風俗。
(3) 廣西民國貴縣志卷二、社團。
(4) 山西省孟縣習慣、媳婦會(民商事習慣調査報告錄、八〇八頁)。山西省黎城・昔陽兩縣習慣、請會(同上、八五〇頁)。山東省平原縣習慣、房社(同上、七九九頁)。山東省歷城等縣習慣、紅禮社(同上、七八七頁)。

九

吉凶時、殊に喪葬及び婚姻に際して相互援助を行ふところの團體が中國にひろく存在することは、以上の說明によつてすでに明かとなつた。それは流行の度合に於て、唐・宋時代の第二種の社邑を想はせる。しかしこれらの社邑と近世に起つた喪葬或は婚姻のための會との間には、次の二點に於て重大な差異が認められるであらう。第一は、唐・宋時代の社邑がいはゆる追凶逐吉を併せ行ひ、しかも社人の廣汎なる親睦、道德的修養、品性の陶冶の如き追凶逐吉

以外の目的をも有つてゐたのに對して、近世の會が婚喪時の援助のみを目的として作られ、さらにそれらの會が普通別々に設置されたといふこと、第二は、唐・宋時代の社邑に於ける慶弔が、吉凶の都度財物を醵出することによつて行はれたのに對して、近世の喪葬及び婚姻の會の中には、吉凶に先だつて金錢を醵出し、これを蓄積しまた生息させて、會員の不時の用に供せしめる例が少くないといふこと、即ちこれである。

唐・宋時代の社邑に於ける追凶逐吉が單なる慶弔の表示でなく、さらに經濟的援助の意味をも含むものであつたことは疑ひを容れない。しかし社邑は、元來社人の廣汎なる親睦關係をも實現しようとするものであつて、この點より見れば、追凶逐吉も親睦關係の一面に過ぎず、進んでいへば、親睦關係實現の一つの手段であつたともいへる。しかるに近世の會は、専ら婚喪時の援助のみを主目的とし、たとひ會員が定期的な共食交歡の機會を有つとしても、その役割は單に副次的のものに過ぎない。しかもその援助は、多くの場合、あらかじめ醵出した會金の蓄積を財源として行はれてゐる。喪葬及び婚姻の會のこの特質は、これらの會が、郷村の儀禮生活に對して如何に重要な意義を有つものであるかを暗示する。王宗培は、喪葬の會のひろく行はれる理由を説いて

此種組織、乃免於雙親終老之際人事財力等困難而起也、夫人誰無父母、父母亦無不終老者、郷村之人、農忙時則片刻不暇、春夏青黃不接之際、遇有父母終老之事發生、則經濟更加恐慌、加以習俗奢侈、父母喪禮、毎習奢華、是以因奢華而致於負債、至不可收拾者、不知凡幾、故郷村間之有心者、乃有此類合會之組織、藉以防雙親老時人事經濟等之恐慌、而矯正其習俗之奢侈也

といつてゐるが、(1) 同じ事情は、子女の婚姻についても考へられるであらう。即ち、それは農家家計に對する喪葬費及

び婚姻費の過大といふことに他ならない。

私はここに、郷村の喪葬婚嫁が如何に盛大に行はれるかを示す資料として、二つの事例を擧げて置きたいと思ふ。その一つは、江西嘉慶鉛山縣志に

喪葬之事、各有不同城內外、……四鄉則合村而來、每日酒飯或十餘席或數十餘席不等、俟送柩出門、始各還家自爨、富可援、貧不堪矣

とあるものであり、他の一つは中華全國風俗志所引の「江西吉安婚俗奇談」に(2)

吉安、每一村中有一人娶妻、則當完婚之日、無論貧富、必備喜宴、遍饗全村之人、全村之人、每遇此等吉日、無不携妻挈子、闔第趨娶妻或嫁女之家、坐待喜宴、一村人口稍大、其喜宴之資、已覺浩大、非常人所能任、況此全村娶宴之時、例須連饗三日、苟爲素封之家、固不甚足措意、然素封之家、非可多得、而鄉農村夫、多因娶妻而負債綦重、於是有至終身勤勞、尙或弗能盡償其債、而加其負擔於其子若孫之身者、每村中人受此禍者、十之八九、莫不痛心疾首、徒以風俗相沿、莫可如何

と記されてゐるものであつて、前者は喪葬、後者は婚姻に關する記事であるが、全村招宴の結果について、前の例では「富可援、貧不堪矣」といはれ、後の例では「負債綦重」にして、その負擔は子や孫の代に及び、この禍を蒙る者は中人の家の十中の八九にも達するといはれてゐる。(3)

右の二つは、もちろん極端なる事例であらうと思ふ。しかしロッシング・バックの調査した二十二省(百四十四縣)百五十二地方農家の慶弔時平均出費表に現はれた數字は、左表の如く、婚嫁費約九十六元乃至百二十七元、喪葬費約

百元であつて、共に祝壽及び生子の場合よりも多く、しかもその說明に、婚費の百二十七元は四個月分の農家收入にあたり、喪葬費の百元は三個月分の農家收入にあたる(4)といはれてゐるのを見ると、農家家計に對する喪葬費及び婚嫁費の過大といふ事實は、中國の鄕村に一般的な現象として承認されなければならないのである。

種別	婚	嫁	祝壽	生子	喪葬
	元	元	元	元	元
全國	一二七・三	九六・〇五	六三・八九	二九・六六	一〇一・七〇
旱地地帶	九〇・三三	六七・二二	五〇・九七	二九・三四	九六・八四
水田地帶	一五六・九八	一一八・三七	六六・三九	二九・八五	一〇五・六七
小農家	一〇〇・七九	六七・七五	四〇・一五	二一・四五	七〇・一五
中農家	一一八・〇七	七七・七一	四五・七〇	二五・四三	八九・二五
中大農家	一三六・〇〇	九八・一〇	五四・三一	二七・七一	一〇九・七五
大農家	一四四・六〇	九五・一五	四七・一六	二八・三三	一三九・〇三
更大農家	一六八・九三	一五五・一九	七九・〇五	四四・〇一	一七九・六九

同じことは、農家負債の諸原因中に占める婚喪の比重と、錢會の會金使途に現はれた婚喪の地位とによつても、明かにされるであらう。卽ちまづ全國經濟委員會の數字によれば、農家負債の原因は、日常家事二五　四五%、天災人禍一八・〇三%、喪葬及び疾病一四・六〇%、舊債償還、納稅、納租、訴訟及び商工投資缺損一三・三七%、結婚慶事一三・〇一%、家屋の建築修理一一・二〇%、農業資金四・三四%となつてゐて、結婚慶事と喪葬疾病を併せて全

體の二七・六一%を占め(5)、次に江蘇北部の農村に於ける錢會會金の使途表を見ると、その割合は概ね次の如くであつて(6)、婚嫁喪葬のそれは、全體の三三・九%にも達してゐる。

用途	五百元	三百元	二百元以下	百元以下	五十元以下	合計	百分比
婚嫁喪葬	—	—	一	五	一四	二〇	三三・九
購地造屋	一	一	三	二	四	一一	一八・六
生產事業	一	一	一	—	一	四	六・八
年歲荒歉	—	—	—	三	一七	二〇	三三・九
債務清還	—	一	—	一	二	四	六・八
合計	二	三	五	一一	三八	五九	一〇〇・〇

錢會はいふまでもなく、金融の調達を目的とする合會のことであるが、錢會に於ける會金の使途は、原則として會員の自由であり、しかもその會金使用の結果に於て、婚嫁喪葬の割合が全體の約三分の一にも達してゐるといふことは、婚嫁と喪葬の儀禮が、農家にとつて如何に大きな負擔となつてゐるかを示すものとして、農家負債の用途別表に現はれた婚葬及び疾病比率二七・六一%の數字に劣らぬ重要な意義を有つのである。

既述の如く、王宗培は鄉村の喪葬に關して習俗の奢侈を指摘した。婚嫁についても、同じ事情を想像することが出來るであらう。しかしすでに桓寬の鹽鐵論は

葬死殫家、遺女滿車、富者欲過、貧者欲及、富者空藏、貧者稱貸

と述べ(7)、また正史にも、前漢書召信臣傳に

禁止嫁娶送終奢靡、務出於儉約

とあり(8)、新唐書韋宙傳に

初俚民婚、出財會賓客、號破酒、晝夜集多至數百人、貧者猶數十、力不足則不迎、至淫奔者、宙條約使略如禮。

俗遂改

とあり(9)、宋史孫覺傳に

閩俗厚於婚喪、其費無藝、覺裁爲中法、使資裝無得過百千、令下嫁娶以百數、葬埋之費、亦率減什伍

とあり(10)、さらに元史の于文傳の傳に

婺源之俗、……親喪、貧則不擧、有停其柩、累數世不葬者、文傳下車、卽召其耆老、使以禮訓告之

といはれ(11)、また明史の周濟の傳に

爲定婚喪制、禁侈費、愆嫁葬期者有罰、風俗一變

と記されてゐるから(12)、郷村に於ける婚喪の禮の奢侈は、今に始まつたことではない。もちろん、奢侈といふことは相對的なものである。郷村に於ける風俗の奢侈をいふとき、我々はそれを絕對的の意味に解してはならない。貧しい者にとつての奢侈も、富める者にとつては奢侈とはならないからである。ではさきに示した農家家計に比較しての婚喪費の過大は、何を意味するであらうか。この場合の農家家計はいふまでもなく、一般農家の家計狀態を反映する。したがつて農家家計に對する婚喪費の過大は、一般農家家計の婚喪費に對する相對的な過少であり、また一般農家の貧

困に對する婚喪費の相對的な過大に他ならないのである。

このやうに見れば、喪葬或は婚姻の會の如きものが、何ゆゑ多く郷村に成立し、また廣く行はれるに至つたかの理由は明かであらうと思ふ。山東省武定府の喪社、山西省稷山・孟兩縣及び安徽省貴池縣の老人會、陜西省華陰縣の賻老會、同省雒南・華陰兩縣の孝衣會、安徽省潁上縣及び四川省三臺縣の孝義會、江西省安遠縣の老母會、河南省閿郷縣の喜社、山西省孟縣の媳婦會について、これらの社や會が、特に中人、窶姓、貧者、貧民、無力者、不給者等の間に行はれると報告されてゐるのも、故なきことではない。すでに山東萬曆泗水縣志は、その地方の義社に關して「雖貧窶、應時而葬」と書いてゐるが、顧景星の述べた孝義社は陽邏鎭の亂後の郷村の窮乏を原因として作られ、葬會について述べた陸以湉にも、窮郷の窶人にとつて埋葬の際に於ける磚費の過大を指摘した個所がある。尤も、河北省寧津縣と河南省許州の義社は共に貧富を論ぜずといはれ、また民商事習慣調査報告錄によれば、山東の福山・臨沂兩縣地方には、葬親の力なき貧民のために會金を醵出する儲恤會なるものが、郷紳によつて作られてゐる由であるから、(13)喪葬或は婚姻の會が、つねに貧困者によつてのみ組織されるとは限らないであらう。しかし一般的にいつて、この種の會が、とりわけ郷村の貧困者にとつて必要とされ、また貧困者によつて作られてゐたことは疑ふ餘地がない。

婚喪のための會は、その多くが貧困者の間に設けられる相互援助の組織である。しかしこの組織には、他の一つの限定がある。それは相互援助の範圍に於ける限定であつて、婚喪の際の自由援助の例を見ると、その範圍は、山東張秋志では比隣、山西汾州府志所載の寧郷縣の條では族黨、山東定陶縣志及び江蘇蘇州府志所揭の具區志の條では親戚隣友、河南許州志では郷黨親友となつてゐるが、婚喪の會に於ても、會員は概ねこれと同一の範圍から選ばれてゐる。

即ち河南省閿鄉縣の喜社と安徽省潁上縣の孝義會について戚友、江西省安遠縣の老母會について親朋、廣西省貴縣の老人會について鄉隣、四川省三臺縣の孝義會について戚好友隣、河南省陽武縣の同種の會について姻親朋友の擧げられてゐるのがそれであつて、婚喪時に際して協力援助の關係を結ぶのは、特に親戚、鄉隣及びその他の友人に限られてゐた。この事實は、婚嫁喪葬の際の相互援助が、會員たるべき人々の從來よりもつ親密なる關係の地盤の上に成立し、この地盤を離れては考へえないものであることを示してゐる。

右に述べた婚喪の會の範圍に於ける限定は、當然の結果として、會員數に於ける限定を伴ふであらう。その具體的の數字を見ると、顧景星の述べた孝義社は十人または數十人、穆天顏の擧げた大同會は二十餘人、唐灝儒の葬親社は四宗三十二人、これを推廣した張履祥の同名の社は八宗六十四人、冷廬雜識にある葬會と得一錄の述べた烏青葬會は四十人、王宗培の例示した白帶子會は三四十人、江蘇桃源縣志の孝義約は城中の百人に對して鄉村の數十家、陝西省朝邑縣の五二孝義會は十數人乃至數十人、安徽省貴池縣の老人會と河南省陽武縣の同種の會は十數人、陝西省華陰縣の賻老會と廣西省貴縣の婚嫁會は共に十人といはれ、中には百人に及ぶ大規模のものもあるが、全體として見れば、十數人或は數十人といふ規模の例が多く、前節に述べた農耕上の互助團體よりもやや大きい。婚喪の會が農耕上の互助團體よりもやや大きいのは、零細なる金品を、より多くの人々から集める必要があるからであらう。しかしその範圍が特に親近者に限られる以上、その規模もおのづから制限的なものとならざるをえない。追凶逐吉を目的の一つとする唐代の社邑が、會員十數人を數へるに過ぎなかつたといはれるのも(14)、恐らく同じ原因からであつた。尤も、親近關係はつねに相對的なものである。殊に同じ村に住む人々は、何ほどかの程度に於て親近關係にあるといふことが出來る。湖北天門縣志によれば、吉凶時に於けるこの地方の援助範圍は、百餘家或は數十家に及ぶとあるが、同縣志の記載は、これらの家が同村のものであることを明記してゐるのである。もちろん、婚喪の際の援助範圍は村外の親朋にも及ぶことが出來る。それは農耕上の互助合作の如く、地域的及び技術的な制約を受けることが少いからである。しかし一般的にいへば、婚喪の會に於てもやはり、村內の人を中心として組織せられる傾向がつよい。

なほ注意を要するのは、婚喪の會が、會務を主持するための統制者を置いてゐることである。例へば、唐灝儒の葬親社は、社を四宗に分けて各宗に宗首と宗佐とを置き、張履祥の同名の社も、社を八宗に分けて各宗に宗首と宗副を立て、さらに州縣志や民商事習慣調査報告錄の例では、河北省寧津縣の義社に關して「推謹厚者一人掌之」とあり、河南省許州の義社に關して「以謹愿者一人掌之」とあり、安徽省潁上縣の孝義會に關して「共醵資、以一人蓄之」とあり、山東省武定州の婚姻社及び死亡社、蒲臺縣の人情社、棺板社及び喪社に關して「社立之長」とあり、河南省陽武縣の喪葬の會に關して「立會長司正各一人」とあり、また山東省歷城縣その他の諸縣に於ける長壽會に關しても、「推選會員一人爲會首」といふ說明が見出される。

農耕生活に於ける相互援助の團體、即ち勞力交換の組織に於ても、鋤社の如く社の名を用ゐるものがあり、また陝西地方の工班の如く、班每に領班者として包頭を設ける例もあるが、一般的にいつて、農耕生活に於ける相互援助の組織化と統一化の程度は、婚喪の會のそれに比べて遙かに劣つてゐる。さうしてその原因としては、婚喪のための會が勞力の他に必ず財物を取り扱ひ、またしばしば儀禮用の什器類を共同財產として有つために、それらの財物の出納や共同財產の管理を不斷に必要とすること、この種の會が、存續期間の點に於て農耕のための援助團體にまさつてゐるること、及び農耕のための援助團體が、二人乃至數人の間ですでに可能であるのに對して、婚喪の會は、原則としてそれよりも多數の會員を必要とするといふ事情などが擧げられるであらう。婚喪の會はいはば組織的な集團であり、この點に單なる勞力交換の組織と異なる構造上の特質が見られる。しかし兩者はあくまで相互援助のための團體であつて、この本質を失はぬかぎり、少くとも好意性の原理と交換性の原理は、そのいづれにも作用してゐなければならないのである。

(1) 王宗培、中國之合會、八七頁。
(2) 江西嘉慶鉛山縣志卷五、風俗。
(3) 中華全國風俗志、下篇卷五、四四頁。
(4) 天野元之助、支那農業經濟論、中卷、二二一頁。
(5) 同上、二一九頁。
(6) 同上、二九四頁。
(7) 桓寬、鹽鐵論卷五、國病第二十八。
(8) 前漢書卷八十九、列傳第五十九、召信臣。
(9) 新唐書卷一百九十七、列傳第一百二十二、韋宙。
(10) 宋史卷三百四十四、列傳第一百三、孫覺。
(11) 元史卷一百八十五、列傳第七十二、于文傳。
(12) 明史卷二百八十一、列傳第一百六十九、周濟。

（13）山東省福山・臨沂等縣習慣、儲恤會（民商事習慣調査報告錄、七八九頁）。
（14）那波利貞、唐代の社邑に就きて（史林、第二十三卷第三號、五一九頁）。

第三節　金融調達に現はれたる通力合作の形式

一

本章の第一節に於て述べたやうに、新唐書韋宙傳には

韋丹……子宙、……爲永州刺史、……民貧無牛、以力耕、宙爲置社二十家、月會錢若干、探名得者、先市牛、以是爲準、久之牛不乏

とあつて、韋丹の子宙は、二十家を集めて牛を買ふための社を作り、社人をして會金を出させ、得會の順序にしたがつて逐次に牛を購入せしめた。しかるにまた河北乾隆行唐縣新志は、右と類似の方法によつて井戸を掘鑿せしめようとした知縣吳高增の

余嘗爲鑿井說、勸民興利、然土井易壅、甎井多費、若一村之中、八家醵錢、爲井會、首事者先甃一井、其餘七家、以次遞及、一歲兩舉、權子母爲贏縮、已收者、出錢較多、未收者、出錢較少、次第開鑿、本不虧、而利不厚、不出四年、無地無井、彼稱貸者、末大於本、而此不傷財、築室者、道謀不成、而此可集事、因復爲鑿井利民說、申勸閭閻、率而行之、庶幾轉瘠土爲沃壤乎

といふ文[1]を揭げ、さらに民商事習慣調査報告錄所載の山東省平原縣報告は

修葺房宅、以房場壓、乃民間之一種必要費用、亦屬於特別之大宗費用、無力者籌集鉅資、毎陷於困難之況、房社之設、集合十家八家、結一小社、毎過社友應修房屋、合力出資、輪流幫工、各以修葺一次爲限

と述べて、(2)山東に房宅の修理の際、勞力の提供と同時に經濟的互助をなす風俗のあることを傳へてゐる。卽ち一は役畜の購入のため、二は井戸の掘鑿のため、三は房屋の修葺のためにそれぞれ會員相互が資金を融通し合ふところの組織であつて、これらの社や會に於ては、會員はすべて收得したる會金を、社や會の設立目的以外の用途に流用することが出來ない。同樣に前節に述べた喪葬及び婚姻のための會も、その目的が專ら喪葬費と婚姻費の調達にある以上、用途の限定された得金を、別の用に供することを許さないのである。

ところが中國には、會金の使途の限定されない金融調達のための會が、ひろく設置せられてゐる。いはばそれは、金融そのことを究極の目的とする金融調達の合作組織であるとも見られる。さきに擧げた江蘇省北部農村に於ける錢會會金使途表を見ると、その使途は婚嫁喪葬、購地造屋、生產事業、年歲荒歉及び債務淸還の五つであるが、この表は、これらの諸用途を同時に目的とする單一の會が設けられてゐたことを示すものではなく、ただ會金の使途の指定されないいはゆる金融そのことを目的とする會に於て、會金が會員によつて任意に使用せられた、その結果を類別して述べたものに過ぎない。したがつて例へば、婚嫁喪葬が五十九件中の三三・九％を占めるといふことは、前もつて豫定されたものではなかつた。會金を婚嫁喪葬の費用に充てた事例が、全體の約三割四分をも占めるといふ事實は、もちろん前節に述べた婚喪の會の重要性を示す一つの傍證とはなるが、同時にこの表は、會金の使途を何らかの同一目的に限定せず、これを會員各自の欲するところに任かせる彈力性のある會の必要をも、暗示するものである。會を

發起する會首には、恐らく金融の調達を必要とする急迫せる個人的特殊事情があり、會員の招請に際してはその目的を明示するのが禮儀であり、また便宜でもあらう。しかしそれは必ずしも、その明示を不可缺の條件とするものではない。まして一般の會員は、原則として會への參加目的を明かにせず、金融そのことのために招請に應ずるといふ以外に、特定の目的をあらかじめ考へることすら、必要としないのである。この點で金融のための相互援助は、勞力の提供による相互援助と異なるはもちろん、金融の調劑といふ同一の性格を有ちながらも、なほ賻牛、掘井、修屋、婚喪等の如き、特定目的のために行はれる通力合作と異なる種々の問題を有つてゐる。

鈴木榮太郎氏は、日本の農村に行はれるユイと講とを區別して、その相違を、ユイが勞力の提供による相互援助の制度であるのに對して、講が財物の提供による相互援助の制度であるといふ點に求められたが(3)、この區分原理にしたがへば、上記の賻牛や掘井を目的とする會も、金融そのことを目的とする會も、共に講的なものに屬し、第一節に述べたユイ的な相互援助とは、質的に區別されなければならない。しかし目的の限定された金融的援助の會と、目的の限定されない金融的援助の會との間にも、また多くの差異があるのである。

特定の目的をもつ金融的援助の會と、特定の目的を有たない金融的援助の會との差は、第一に名稱の上に現はれてゐる。吳高增の述べた掘井のための會は「井會」とよばれ、民商事習慣調查報告錄にある修屋のための會は「房社」の名をもち、また婚喪時に行はれる金融的援助の會も、目的の婚喪にあることを直接に示す會名を用ゐるか、或は婚喪に關係のある吉利の文字を使用するのが普通の例であるが、金融の調劑そのことを援助の目的とする會には、三星會、五虎會、七星會、八賢會、九如會、十蘇會、十一友會、十三賢會、十六君子會、十八學士會等の如き會友の數を表示した例や、四十元會、五十元會、六十元會、八十元會、二百元會等の如き金額を表示した例が多く(4)、また輪會、搖會、標會の如き會金收得の方法をそのまま會名に使用する場合も少くはない。輪會、搖會、標會等に於ける會金收得の方法は、特定目的を有する上記各種の社や會に於ても採用されうるであらうが、特定目的を有する金融的援助の會にして、會金の收得方法そのものを直ちに會名とする例は、原則として存在しないであらう。また會員數或は會金額を名の上に示す例も、この種の會にはあまり見出されない。この意味で、人數、金額或は會金收得の方法を內容とする會名は、その會が金融そのことを目的として作られてゐる事實を、象徵的に示すのである。

尤も金融のための會の名稱は、以上の諸例に限られるわけではない。例へば州縣志を見ると、河南道光舞陽縣志に集金會(5)、廣西民國貴縣志に銀會(6)、浙江民國鎭海縣志に糾會等の名があつて、浙江地方の糾會は大なるものが更に集賢會、小なるものが堆積會または扁擔會とも呼ばれてゐる(7)といはれ、次に民商事習慣調査報告錄所載の例では、河北省清苑縣に積金會(8)、山東省歷城、城武、淄川、東阿、臨邑、福山、蓬萊、寧陽、濟寧等の諸縣に齊搖會、拔會、積金會、協濟會、雲遊會(9)、山西省聞喜縣に幫會(10)、山西省黎城・昔陽兩縣と陝西省葭縣に請會(11)、陝西省華陰縣と河南省開封縣に畫會(12)、陝西省雒南縣に四二搖錢會(13)、江蘇省各縣に十賢會（別名至公會）(14)、江蘇省武進縣に集會(15)、安徽省秋浦縣に領會(16)、湖北省漢陽、五峯、竹谿、興山、麻城、鄖縣等に錢會(17)、江西省贛縣に銀錢會(18)、江西省南康縣に四不蓋會(19)、福建省厦門に義會(20)があり、さらに王宗培の擧例中にも、邀會、聚會、打會、約會、做會、賒會(21)等の如き、上記の諸例とは異なる種々の名稱が見出される。

金融のための會の名は、このやうにさまざまであつて、中にはその意味の明瞭を缺くものもあるが、多くは金融の會のいとなむ機能の一つ、またはそれの有つ性格の一面を會名の上に表はしてゐる。例へば銀會、錢會、銀錢會がその目的の金融にあることを示し、請會、邀會、請搖會が會首の招請に基いて成立することを示し、協濟會、幫會が相互援助を動機として作られてゐることを示し、至公會、義會が友愛の精神に支持されることを示し、集金會、積金會が金融の會に貯蓄的性質のあることを示すが如きこれである。特定の目的をもつ金融の會も、これと類似の機能を營みまた類似の性格を有つてゐるが、その名は多くその目的に因んで附けられてをり、普通の場合についていへば、金融の會が特定の目的のために作られてゐるか否かは、その名稱によつて大體判斷することが出來る。

第二の相違は、目的の限定されない金融の會は、然らざるものに比べて極めて彈力的であり、融通性に富んでゐるといふことである。この特質については前にも一言したが、使途の融通性に富む經濟的援助が、會員の參加をより容易ならしめうることは、いふまでもないであらう。目的の制限はおのづから會員の選擇範圍に於ける制限を伴ひ、目的の無制限は、おのづから會員の選擇範圍を無制限ならしめるからである。目的の限定されない金融の會は、機能的に見れば、目的の限定された經濟的援助のあらゆる會を、その中に含んでゐるといふことも出來る。しかし金融上の救濟援助を共通の本質とする限り、目的の限定された會と、目的の限定されない會との據つて立つ社會的地盤は、つねに同一でなければならない。

（1）河北乾隆行唐縣新志卷六、食貨、額地。
（2）山東省平原縣習慣、房社（民商事習慣調査報告錄、七九九頁）。
（3）鈴木榮太郎、日本農村社會學原理、三八一頁。

（4）天野元之助、支那農業經濟論、中卷、二九三頁。
（5）河南道光舞陽縣志卷六、風土、風俗。
（6）廣西民國貴縣志卷七、金融。
（7）浙江民國鎭海縣志卷四十一、風俗。
（8）河北省清苑縣習慣、積金會（民商事習慣調査報告錄、七五〇頁）。
（9）山東省歴城等縣習慣、齊搖會（同上、七八七—七八八頁）。
（10）山西省聞喜縣習慣、幇會（同上、八一〇—八一一頁）。
（11）山西省黎城・昔陽兩縣習慣、請會（同上、八五〇頁）。陝西省葭縣習慣、請會（同上、一二二三頁）。
（12）陝西省華陰縣習慣、晝會（同上、一二三〇頁）。河南省開封縣習慣、晝會（同上、七七六頁）。
（13）陝西省雒南縣習慣、四二搖錢會（同上、一二三一頁）。
（14）江蘇省各縣習慣、十賢會（同上、八六〇頁）。
（15）江蘇省武進縣習慣、集會手續（同上、八八八頁）。
（16）安徽省秋浦縣習慣、領會（同上、九四六頁）。
（17）湖北省漢陽・五峯・竹谿・興山・麻城・鄖縣六縣習慣、邀集錢會（同上、一一〇六頁）。
（18）江西省贛縣習慣、銀錢會（同上、九八八頁）。
（19）江西省南康縣習慣、四不蓋會（同上、一〇一四頁）。
（20）福建省厦門習慣、會約（同上、一〇九五頁）。
（21）王宗培、中國之合會、一頁。

二

金融調劑のための會は、金融の必要に迫られた者が會の發起人となり、會員若干名を招請することによつて組織せられ、會首即ち發起人は、會員より會金を得て自己のために一時の融通をなし、爾後聚會を重ねるごとに會金を一部づつ償還し、會首がその全部を償還し終へた時、逆にいへば會員のすべてが會金の返還を受け終つた時に、始めてその會は解散せられる。金融の會はこのやうに會首の個人的必要を動機として作られるが、會員もまた順次に會金を收得しうるのであつて、その間に救濟互助的な機能が營まれると同時に、會員にとつては貯蓄的な機能も營まれてゐる。

このやうに金融の會の第一の特質は、會の設立が互助的精神に基くといふ點に求められるが、この種の會の規約には、その點を明記したものが少くない。例へば、王宗培の擧げた「鎭海十賢會會規」に

蓋聞通財必昭信義、合流始可成渠、無煩車馬之饋、始謂故舊、但能緩急相濟、已見愛我

とあり、(1)「遂昌搖會會啓」に

竊以雷陳義重、毎緩急以相依、管鮑風高、嘗解金而相贈、此通財雅誼、古人所以篤交情也

とあり、(2)「宜興四總會會序」に

嘗聞、有無相通、徐陵之厚惠足感、緩急互劑、鮑叔之高誼可風、誠以朋友有通財之誼、戚族隆分金之情

とあり、(3)「五總會會規」に

緩急相濟、有無相通、有往有來、有施必報、自古以來、即本此旨以稱會、至本利息、權衡得宜、償還期限、先後

有序、互守信用、歷久不敝

とあり、(4) また「松花會會規」に

竊維有無相通、同舟之誼、緩急相濟、君子之風

とある(5)のがそれであつて、いづれの場合にも、金融の調劑が、緩急相濟や有無相通の行爲に他ならないことが指摘せられてゐる。

この他、淸の石天基の「天基遺言」は、康熙・乾隆時代の請會について

每月出若干零星、聚整甕、且濟親友之急用

と書き、(6) 陸長春の『香飮樓賓談』は、道光時代に於ける江蘇省吳縣地方の搖會について

凡人有緩急、則聚友醵錢

と語り、(7) 浙江民國鎭海縣志は、その地方の糾會について

貧家有事、親友醵錢相助

と報じ、(8) また民商事習慣調査報告錄所輯の山西省黎城・昔陽兩縣報告には、請會に關して

邀請親族友朋

とあり、江蘇省各縣報告には十賢會に關して

糾合親友多人

とあり、江蘇省武進縣報告には集會に關して

邀集親族或知好故舊

とあり、安徽省天長縣報告には七賢會に關して

向其親友、邀請七賢會

とあり、(9) 湖南省澧縣・臨澧・桃源・石門・慈利・大庸・湘鄉各縣報告には金錢結會に關して

金融竭蹶、則邀集聲氣融洽之八人

とあり、(10) 江西省贛縣報告には銀錢會に關して

向親友、邀集一銀錢會

とあり、福建省廈門報告には義會に關して

集親朋戚友、創立一會

とあり、さらに馮和法の『中國農村經濟資料』に載せられた河北省鹽山縣の搖會は「隣居戚友」を以て會員となし、安徽省灊山縣の六人會と九人會も「親戚朋友」によつて組織されるといはれてゐるが、(11) 金融の會が、もし上記の如き緩急相濟と有無相通とを以てその本質とするものであれば、その會員の範圍はおのづから、親族、朋友或は近隣の如き親近の者に限られざるをえないであらう。金融のための會は、會員數の增加につれて會期が延び、また規約の實施が困難となるために、その規模は普通十人前後、多い場合にもせいぜい三十人程度に止まるといはれてゐる。しかし會員の數が比較的少い他の一つの理由は、金融の會が互助團體たる一面を有し、互助團體たる限りに於て、特に對人的信用の確實な親近者のみを選ばなければならない、といふ事情によるものと思はれる。

金融のための會は、もちろん都市に於ても行はれてゐる。しかしこの種の會が特に重要な役割を演ずるのは、郷村に於てである。いまその普及の度合を知るために、天野氏の引かれた例を擧げるならば、河北省通縣に於ける錢會の分布狀況は、次表の如くであつて

郷別	第一郷	第二郷	第三郷	第四郷	第五郷	第六郷	第七郷	第八郷	第九郷	第十郷	第十一郷	第十二郷	合計
錢會數	四三	三	九	七三	一二一	四二	三五	四二	〇	三	一	八	四三五

最多の第五郷に於ては百二十一の錢會を數へ、かりにその會員數を毎會平均七人としても、その總戸數は八百四十七戸となつて、九百戸といはれる全郷の大部分が、百二十一の錢會のいづれかに加入してゐるといふ計算になる。また李樹青の調査した北京西郊清華園附近の六個村では、調査戸數の二〇・四%が錢會の會員であり、さらに喬啓明の述べた江蘇省江寧縣宋墅村では、錢會の加入者が全農家の四四%、その附近の下村では二八%、鄧家莊では八%であつて、その平均は二六・七%に達してゐる。(12)なほ馮和法の『中國農村經濟資料』は、江蘇省銅山縣に於ける搖會をも含めた八種の社會團體の普及狀況表を掲げてゐるが、(13)これによると、一縣十二區にわたつて普遍的に行はれるのはひとり搖會のみであり、青苗會と香火會と聯莊會は四區、防匪會と麵會は三區、老人會と皮袍會は二區に見られるに過ぎない。また同書に載せられた浙西地方に於ける左記の如き十二錢會の分布表(14)を見ると、その會はいづれも一村落の內部で組織せられ、しかも一村の中に、名を異にしたいくつもの會の設けられる場合さへ存在してゐる。

會名	人數	所在地名
七星會	七	崇德縣五河涇村

七賢會	七	桐鄉縣廟薜村及び大吳村
八仙會	八	武康縣宣永爐村
坐會	九	杭縣平家閣村
坐會	一〇	安吉縣荊灣市
認會	一一	富陽縣下中沙村及び千家村
徵式會	一一	崇德縣五河涇村、屈家濱村及び高家灣村、海寧縣諸橋鎭
十賢會	一一	桐鄉縣楊南村
君子會	一五	桐鄉縣廟薜村
四總會	一六	崇德縣高家灣村、海寧縣諸橋鎭
五虎會	二一	崇德縣五河涇村及び蘆化濱村
五總會	二五	桐鄉縣廟薜村

私は以上に於て、第一に全農家に對する錢會加入者の割合を示し、第二に他の鄉村社會團體に對する錢會の普及度を示し、第三に一つの錢會が多く一村の範圍を越えず、また一村內に數個の錢會の設けられる例のあることを明かにした。いづれも極めて限られた事例に過ぎないが、なほ中國の鄉村に於ける金融の會の重要性を知るよすがとはなるであらう。

金融の會が、中國の鄉村にこのやうに普及した一つの原因は、いふまでもなく、中國鄉村に於ける金融調劑制度の一般的未發達といふことでなければならない。しかし他の一面に於て、親族隣里の關係が鄉村に於て特に親密であるといふ事情も、この習俗を培養し保存するに與つて力があつたと考へられる。王宗培が次の文に於て、鄕村と都市とに於ける錢會の難易を比較し、錢會が鄕村に於て比較的容易に行はれることを指摘すると共に、それは鄕間の民風が惇厚であり、彼此相知するがためであるといつてゐるのも、恐らくその意味であらう。

鄕間合會、比較容易、良以民風惇厚、彼此相知、合會之人、若稍持鄭重、則應會各脚、決無失信之慮、不若城市之五方雜處、距離遙遠、雖爲親友、往々對各人家道情形、不甚明瞭、各會脚之行動、亦難隨時監督、故各會脚往往於得會之後、私自潛逃、或縱不潛逃、實無發會能力、情面相關、對之亦無可如何、我國各大城市、近來生計困難、更甚於前、此等情形、亦層出不窮矣、城市合會之難、於此益信。(15)

しかるにまた王宗培によれば、鄕村の錢會と都市のそれとは、概して異なる會式を採用してゐるといふ。卽ち錢會は、鄕村と都市の性格を反映したそれぞれの會式を有つといふのである。では金融の會には、どのやうな種類があるであらうか。

(1)　王宗培、中國之合會、一四三頁。
(2)　同上、一四八頁。
(3)　同上、一五三頁。
(4)　同上、一五五頁。
(5)　同上、一六四頁。
(6)　石天基、天基遺言、世事十條、莫來會(傳家寶二集、卷四)。

(7)陸長春、香飲樓賓談卷二、犬報寃(筆記小說大觀)。
(8)浙江民國鎭海縣志卷四十一、風俗。
(9)安徽省天長縣習慣、七賢會(民商事習慣調査報告錄、九五二頁)。
(10)湖南省澧縣・臨澧・桃源・石門・慈利・大庸・湘鄕各縣習慣、金錢結會(同上、一一七三頁)。
(11)馮和法、中國農村經濟資料、六四七、七一八頁。
(12)天野元之助、支那農業經濟論、中卷、三〇七頁。
(13)馮和法、前揭書、三八六頁。
(14)同上、五六八―五六九頁。
(15)王宗培、前揭書、二七四―二七五頁。

三

購牛を目的とする經濟的援助の會が、すでに唐の時代に設けられてゐたことは、繰り返し述べた如くである。しかるに金融そのものを目的とする金融の會については、その起源が全く明かにされてゐない。王宗培によれば、廣東地方の義會の會規は、その會の創始者を後漢の隱君子龐德公に求め、蘇皖各地の金融の會は、晉の竹林の七賢を以てその創立者と見てゐるといふ。しかし王宗培自身は、これらの說をただ酒後或は茶餘の談資に過ぎないものと解した。また王宗培は、安徽地方に行はれる新安會の新安が隋代の地名であるところから、新安會の起源を一應唐の頃まで遡らせうるかも知れないといひ、さらに中國の金融の會が、唐の時代に印度から招來されたものであらうといふ別の說

を立てゐるが、いづれも事實の十分なる裏づけがなく、なほ證實を要する假定の説に止まるとみづからも斷わつてゐる。(1)

このやうに、中國に於ける金融の會の起源については、我々は王宗培から何ら敎へられるところがない。しかし明の姚舜牧の『藥言』に

讀書的人有文會、文會擇人、方有益無損、做百姓的有社會神會、此地方有衆事、不可獨卻出銀、不赴飮可也、若銀會酒會、則萬々不可與、未有與而克終者

とあり、(2)清の慵訥居士の『咫聞錄』にも

黔之四方井、有土地祠、甚著靈異、郷有銀會、用骰搖之、以點多者得銀

とあるから、(3)金融の會が、銀會の名によつて明・清時代の郷村に行はれてゐたことは確實であり、さらに慵訥居士の同じ文に

及至搖會之家、衆人已齊骰子入盒、令呂先搖之、啓視則共成六點也

といひ、清の采蘅子の『蟲鳴漫錄』に

金陵城北、大香爐地方、有小土地廟、甚靈、有搖會、人某先期祈禱、許得會酬願、至期掣第一籤、欣然持盒、搖畢揭視、六骰俱么

と見え、(4)また既出の陸長春の香飮樓賓談に

吳俗、凡人有緩急、則聚友醵錢、閉骰子於盒搖之、彩勝者得、一日某至友人處搖會

といはれてゐるのを見ると、搖會の名が清代の各地に行はれ、しかもその搖會が、當時銀會の別名で呼ばれてゐたものであることは疑ひない。なほ石天基の前記の天基遺言は、「莫來會」の條に於て

銀錢搖會、每月出若干零星、聚整躉、且濟親友之急用、原是好事、怎奈目今人情壞極、我眼見許多人、因會事、或是死逃匿散、或是賒欠取討、以致打罵告狀、尙不淸償、何苦來、由今後、有來請會者、切莫應承、免了許多氣惱、且恐臨搖會時、或值自己無銀、免了許多憂慮備措、即有至親好友急難之事需用者、寧可量力少助、還與不還、任聽人意、在我心地坦然、好大快樂

と述べ、またその「除嫌約」は、擧止條目忌中に「好請會」といふ一項目を掲げ、(5)請會の弊を指摘すると共に、請會の忌むべきことを說いてゐるが、ここにいふ請會はいづれも搖會のことであり、したがつて石天基の右の文は、搖會の語が請會のそれと共に、おそくも彼の時代、即ち清代の初期にはすでに存在してゐたことを示すのである。

明・清時代に行はれた右の名稱は、そのまま現代にも傳へられてゐる。そのうち銀會は、かつて述べたやうに會の目的が金融にあることを示す名稱であり、請會は會の成立が會首の招請に基くことを示す名稱であつて、それぞれ金融の會のもつ特質的な一面を表示するものとして注目されるが、いま一つの搖會は、會金取得の方法が搖骰にあることを示す名稱に他ならなかつた。しかし搖骰の法は、後で述べるやうに會金取得の方法の一つに過ぎないのである。明・清時代の銀會と請會が、多くの場合搖骰の法を採用してゐたことは前記の諸例の示す如くであるが、もし搖骰が會金收得方法の一つに過ぎないとすれば、その搖會を以てただちに銀會や請會の同物異名と見ることは許されなくなるであらう。では金融の會には、どのやうな種類があるのであらうか。金融の會の種類を知る上に必要なのは、いふ

までもなく、會金收得の方法によつて區別せられた會の名稱である。搖會はその一つの名稱であつた。が右の見地から見て搖會に劣らず重要なものに、なほ輪會と標會の二つがある。即ち金融の會は、會金取得方法の差異によつて、搖會、輪會、標會の三種に大別せられるのである。私は次に王宗培の說明をかりて、三者の形式上の相違を明かにして置きたいと思ふ。

（1）王宗培、中國之合會、三―六頁。
（2）姚舜牧、藥言（咫進齋叢書）。姚舜牧は、萬曆時代の人。
（3）慵訥居士、咫聞錄卷四、呂大生（尙古堂重刊）。慵訥居士は、嘉慶時代の人。
（4）采蘅子、蟲鳴漫錄卷一（筆記小說大觀）。
（5）石天基、除嫉約（傳家寶二集、卷四）。

四

そこで說明の便宜上まづ輪會についていふと、輪會は「坐次輪收」の法と呼ばれてゐるやうに、會員の得會の順序をあらかじめ協定して、途中その順位の變更を許さないものである。得會順位の協定と共に、各會員の負擔すべき會金の額もあらかじめ協議されるが、その會金は得會の順位によつて前伸後縮するを普通とし、得會の早い者ほど會金が多く、反對に得會の遲い者ほど會金が少くなつてゐる。得會の早い者の負擔額が多いのは、後收する者に對して利息を支拂ふからであり、得會の遲い者の負擔額が少いのは、前收者の利息を受け取るからである。このやうに、輪會は會金の前伸後縮を原則とするところから「伸縮會」とも呼ばれてゐるが、會金額のこの相違にも拘らず、會首及び會員の收得すべき得會額はつねに一定してゐて、その間に何らの差等も設けられてゐない。つまり會金醵出總額の得會額より大なる者は、その差額だけを利息として支拂つてゐるのであり、逆に得會額より會金の醵出總額の小なる者は、その差額だけの利息を受け取つてゐるのである。

次に輪會には、會首が元金のみを償還してこれに利息を加へないものと、元利を併せて償還するものとの二種類があつて、前の場合には利息全免の優遇に對する謝禮の意味で、會首が期毎に酒席を設けて會員を招待し、後の場合には、毎期の得會者が交替して酒席を提供する例が多いといふ。しかも二種の輪會のうち、還本無息の法が舊いのに反して、還本加息の法は比較的新しい形式であるといはれ、王宗培はこれを區別するために、一つを「舊式輪會」、他の一つを「新式輪會」の名で呼んでゐる。

いま兩者の異同を一層明かにするために、試みに王宗培の擧げた多くの事例中から、三十元の七人輪會を援用して二つの場合を比較すると、王宗培はまづ舊式輪會に關して、次の如き會金表を掲げてゐる。(1)

會次／會額	二會	三會	四會	五會	六會	七會
三〇元	七・五〇	六・五〇	五・五〇	四・五〇	三・五〇	二・五〇

これはいふまでもなく、得會額三十元を集めるためにあらかじめ定められた各會員の負擔額と、得會の順位とを示したものであつて、この數字を本として、我々は以下の如き會金分配表を作ることが出來る。

會次＼期次	第一次	第二次	第三次	第四次	第五次	第六次	第七次	醵出總額
首會	**三〇・〇〇**	七・五〇	六・五〇	五・五〇	四・五〇	三・五〇	二・五〇	三〇
二會	七・五〇	**三〇・〇〇**	七・五〇	七・五〇	七・五〇	七・五〇	七・五〇	四五
三會	六・五〇	六・五〇	**三〇・〇〇**	六・五〇	六・五〇	六・五〇	六・五〇	三九
四會	五・五〇	五・五〇	五・五〇	**三〇・〇〇**	五・五〇	五・五〇	五・五〇	三三
五會	四・五〇	四・五〇	四・五〇	四・五〇	**三〇・〇〇**	四・五〇	四・五〇	二七
六會	三・五〇	三・五〇	・五〇	三・五〇	三・五〇	**三〇・〇〇**	三・五〇	二
末會	二・五〇	二・五〇	二・五〇	二・五〇	二・五〇	二・五〇	**三〇・〇〇**	一五

〔太字は得會額、細字は會金額、他の三表も同じ〕

しかるに同じ會員數と同じ會金額とを有する新式輪會について、王宗培自身の作製せる會金分配表は、次の如くであつた[2]。

會次＼期次	第一次	第二次	第三次	第四次	第五次	第六次	第七次	醵出總額
首會	**三〇・〇〇**	七・五〇	七・五〇	七・五〇	七・五〇	七・五〇	七・五〇	四五
二會	七・五〇	**三〇・〇〇**	六・五〇	六・五〇	六・五〇	六・五〇	六・五〇	四〇

三會	六・五〇	六・五〇	三〇・〇〇	五・五〇	五・五〇	五・五〇	五・五〇	三五
四會	五・五〇	五・五〇	五・五〇	三〇・〇〇	四・五〇	四・五〇	四・五〇	三〇
五會	四・五〇	四・五〇	四・五〇	四・五〇	三〇・〇〇	三・五〇	三・五〇	二五
六會	三・五〇	三・五〇	三・五〇	三・五〇	三・五〇	三〇・〇〇	二・五〇	二〇
末會	二・五〇	二・五〇	二・五〇	二・五〇	二・五〇	二・五〇	三〇・〇〇	一五

以上二つの表を比較すると、首會以下末會までの得會額は共に三十元と定められながらも、會首及び會員の負擔すべき會金額には、期によつて若干の相違が見られる。卽ち舊式輪會に於て、會首の會金が期毎に一元づつ遞減してゐるのに反して、新式輪會に於ては毎期同一であり、また舊式輪會に於て、二會以下末會までの各會員の出金額が毎期それぞれ固定してゐるのに對して、新式輪會にあつては、各會員ともに得會後の出金額が一元だけ減少してゐる。

舊式輪會に於て、會首の會金額が七元五角から二元五角に至るまで期毎に一元づつ遞減して行くのは、いふまでもなく會員の會金が七元五角、六元五角、五元五角、四元五角、三元五角及び二元五角の六階級に分れてゐるのに對應するためであつて、これは會首が、會員によつて彼のために醵出された各會金を、一期毎に無利息で償還してゐることを意味する。この關係を見れば、新式輪會に於て、會首の負擔額が毎期七元五角に固定してゐる理由、及び得會後に於ける各會員の會金が一元づつ小となつてゐる理由の一つは、容易に理解せられるであらう。卽ち會首の出金額には、元金の他に利息がふくまれ、それに應じて他の會員の會金は、得會後若干づつ縮小せしめられるのである。もちろん、利息を拂ふのは新式輪會の會首のみではない。すでに舊式輪會に於て、三十元以上を醵出する者、具體的にいふと四十五元を醵出する二會、三十九元を醵出する三會及び三十三元を醵出する四會の三名は、それぞれ三十元に對する超過分を、利息として得會の彼等より遲い會員に支拂つてをり、同樣に新式輪會に於ても、二會の醵出總額四十元と三會の醵出總額三十五元の中に、同じ性質の利息が含まれてゐる。しかるに新式輪會に於ける二會と三會の醵出總額は、いづれも舊式輪會に於ける二會と三會の醵出總額よりも少く、また舊式輪會に於ける四會が三元の利息を負擔するのに對して、新式輪會に於けるそれは無利息である。このことは、新式輪會に於ける會員の利息が、舊式輪會に於けるよりも低率であることを意味するであらう。さうしてこの相違は、いふまでもなく新式輪會の會首によつて利息が支拂はれるために生じた。しかし二種の輪會は、得會額が全期間を通じて前後同一であるといふ點では、全く異なるところがないのである。

輪會が坐次輪收の法を採用するのに對して、第二の搖會は、得會の順序が「拈鬮搖彩」の法によつて決定せられるところに、その特徴がある。普通三個、四個或は六個の骰を用ゐるといはれ、淸の慵訥居士、采蘅子及び陸長春の述べた搖會に於ても、骰が使用せられてゐた。

王宗培によれば、搖會のうち最も通行してゐるのは「堆積會」と「縮金會」の二つであつて、その第一の相違は、舊式輪會と新式輪會との相違に類似してゐる。卽ち堆積會の會首が、元金のみを還して利息を加へないのに反し、縮金會の會首は、元金と共に利息をも支拂ふのである。ただ輪會に於ける會金が、前伸後縮の原則にしたがつて前後不同であるのと異なり、搖會に於ける會金は前後同一を原則として、會員相互の間に、この點に關する何らの差等も附せられてゐない。しかし揺會に於ても、既得會者は得會後必ず所定の利息を支拂ふのであつて、各會員の出資總額はおのづから、得會の後れる者ほど少くなる。さうして堆積會と縮金會の第二の相違は、この利息計算方法の差異に求められるであらう。では、それは具體的にどのやうなものであらうか。

比較の便のために、私はここでも王宗培にならつて、規模の等しい十一人の百元會を取り上げたいと思ふ。ただ王宗培が、堆積會の利息を五元、縮金會のそれを二元としてゐるのに對して、私は堆積會についても、二元の利息の場合を考へて見る。

ところで王宗培によると、利息五元の堆積會に於ける會金分配の要領は、以下の如きものであるといふ。(3)

第一期　首會坐收一百元、以後按期還洋十元、不出利息。

第二期　揺得者進洋一百元、以後毎期連利繳洋十五元。

第三期　揺得者進洋一百五元、以後毎期連判繳洋十五元。

……………………

第十一期　末會坐收。

この文は、四期のみの計算を示して、第四期から第十期までの説明を省いてゐるが、計算の原則はすでに與へられてをり、この期間に於ける各會員の揺得額を算出することは困難ではない。そこで我々は右の要領にしたがひ、さらに五元の利息を二元に代へることによつて、次の如き表を作ることが出來る

期次／會次	第一次	第二次	第三次	第四次	第五次	第六次	第七次	第八次	第九次	第十次	第十一次	醵出總額
首會	一〇〇	一〇	一〇	一〇	一〇	一〇	一〇	一〇	一〇	一〇	一〇	一〇〇
二會	一〇	一一〇 一〇	一二	一二	一二	一二	一二	一二	一二	一二	一二	一二八
三會	一〇	一〇	一一二 一〇	一二	一二	一二	一二	一二	一二	一二	一二	一二六
四會	一〇	一〇	一〇	一一四 一〇	一二	一二	一二	一二	一二	一二	一二	一二四
五會	一〇	一〇	一〇	一〇	一一六 一〇	一二	一二	一二	一二	一二	一二	一二二
六會	一〇	一〇	一〇	一〇	一〇	一一八 一〇	一二	一二	一二	一二	一二	一二〇
七會	一〇	一〇	一〇	一〇	一〇	一〇	一二〇 一〇	一二	一二	一二	一二	一一八
八會	一〇	一〇	一〇	一〇	一〇	一〇	一〇	一二二 一〇	一二	一二	一二	一一六
九會	一〇	一〇	一〇	一〇	一〇	一〇	一〇	一〇	一二四 一〇	一二	一二	一一四
十會	一〇	一〇	一〇	一〇	一〇	一〇	一〇	一〇	一〇	一二六 一〇	一二	一一二
末會	一〇	一〇	一〇	一〇	一〇	一〇	一〇	一〇	一〇	一〇	一二八 一〇	一一〇

右の表を、玉宗培自身の作製した縮金會の左記の會金分配表(4)と比較する時、我々はただちに、兩者の間に顯著な相違のあることに氣づくであらう。因みにこの縮金會は、既述の如くその規模と利息額とに於て、右に示した堆積會と全く同じものである。

期次／會次	第一次	第二次	第三次	第四次	第五次	第六次	第七次	第八次	第九次	第十次	第十一次	醵出總額
首會	一〇〇・〇〇〇	一二・〇〇〇	一二・〇〇〇	一二・〇〇〇	一二・〇〇〇	一二・〇〇〇	一二・〇〇〇	一二・〇〇〇	一二・〇〇〇	一二・〇〇〇	一二・〇〇〇	一二〇・〇〇〇
二會	一〇・〇〇〇	一〇〇・〇〇〇 八・八〇〇	一二・〇〇〇	一二・〇〇〇	一二・〇〇〇	一二・〇〇〇	一二・〇〇〇	一二・〇〇〇	一二・〇〇〇	一一・二〇〇	一〇・〇〇〇	一二四・〇〇〇
三會	一〇・〇〇〇	八・八〇〇	一〇〇・〇〇〇 八・四四四	一二・〇〇〇	一二・〇〇〇	一二・〇〇〇	一二・〇〇〇	一二・〇〇〇	一二・〇〇〇	一一・二〇〇	一〇・〇〇〇	一二〇・四四四
四會	一〇・〇〇〇	八・八〇〇	八・四四四	一〇〇・〇〇〇 八・〇〇〇	一二・〇〇〇	一二・〇〇〇	一二・〇〇〇	一二・〇〇〇	一二・〇〇〇	一一・二〇〇	一〇・〇〇〇	一一六・四四四
五會	一〇・〇〇〇	八・八〇〇	八・四四四	八・〇〇〇	一〇〇・〇〇〇 七・四三〇	一二・〇〇〇	一二・〇〇〇	一二・〇〇〇	一二・〇〇〇	一一・二〇〇	一〇・〇〇〇	一一一・八七四
六會	一〇・〇〇〇	八・八〇〇	八・四四四	八・〇〇〇	七・四三〇	一〇〇・〇〇〇 六・六六六	一二・〇〇〇	一二・〇〇〇	一二・〇〇〇	一一・二〇〇	一〇・〇〇〇	一〇六・五四〇
七會	一〇・〇〇〇	八・八〇〇	八・四四四	八・〇〇〇	七・四三〇	六・六六六	一〇〇・〇〇〇 五・六〇〇	一二・〇〇〇	一二・〇〇〇	一一・二〇〇	一〇・〇〇〇	一〇〇・一四〇
八會	一〇・〇〇〇	八・八〇〇	八・四四四	八・〇〇〇	七・四三〇	六・六六六	五・六〇〇	一〇〇・〇〇〇 四・〇〇〇	一二・〇〇〇	一一・二〇〇	一〇・〇〇〇	九二・一四〇
九會	一〇・〇〇〇	八・八〇〇	八・四四四	八・〇〇〇	七・四三〇	六・六六六	五・六〇〇	四・〇〇〇	一〇〇・〇〇〇 一・三三三	一一・二〇〇	一〇・〇〇〇	八一・四七三
十會	一〇・〇〇〇	八・八〇〇	八・四四四	八・〇〇〇	七・四三〇	六・六六六	五・六〇〇	四・〇〇〇	一・三三三	一〇〇・〇〇〇 〇・八〇〇	一〇・〇〇〇	七〇・二七三
末會	一〇・〇〇〇	八・八〇〇	八・四四四	八・〇〇〇	七・四三〇	六・六六六	五・六〇〇	四・〇〇〇	一・三三三	〇・八〇〇	一〇二・〇〇〇	六〇・二七三

相違はまづ、會首について見られる。即ち堆積會の會首が、期毎に十元づつを出して無利息で會員の出資額を償還してゆくのに對し、縮金會の會首は、毎期二元の利息を加へて元利十二元づつを支拂つてゐる。しかし堆積會と縮金會との著しい相違は、各會員に對する利息の分配方法と、それに規定された各會員に對する會金の分配方法とに現は

れるであらう。そこで王宗培にしたがつてこの相違を一般的に示すならば、堆積會に於ては、會首及び會員の支拂ふ會金と、既得會者の負擔する利息の全體が新得會者の得會額となり、しかもその總利息額は既得會者の増加につれて遞増するが故に、新得會者の得會額もそれに伴つて期毎に陸續增高せざるをえないのに反し、縮金會に於ては、會首及び全會員の得會額を前後同一とし、これと既得會者の納める元利總額との差額のみを、會金として未得會者に負擔せしめる結果、未得會者の負擔額は既得會者の増加に反比例しつつ、期毎に減少して行くのである。

今この相違を上揭の二表について説明すると、まづ堆積會に於ては、會首が會員十名の醵出した百元を取得したる後、搖骰の法によつて第二期の得會者即ち二會を決定し、その二會は會首と會員から十元づつを集めて、已れの出資分十元と得會額百十元との差額百元を受けとる。しかるに二會は、その得會後加息二元の規定にしたがつて元利十二元を支拂ふために、第三期の搖得者、即ち三會の得會額は百十二元となり、その實收額は百二元となつて、二會の負擔した利息分だけ、二會の場合よりも多くなつてくる。このやうにして、既得會者はすべて期毎に元利十二元を出だし、これに會首と各未得會者の負擔する十元づつを加へたものが、毎期の新得會者によつて收得せられる結果、新得會者の得會額と實收額は、共に既得會者の一名增す毎に、おのづから二元の利息分だけ多くなつてゆく。さきに得會額が期毎に陸續增高するといつたのはこの意味であり、末會の得會額と實收額は百二十八元及び百十八元に達し、二會との差は、いづれも十八元である。さうしてこの十八元が、末會に對して二會以下の拂つた利息の堆積であることはいふまでもない。

しかるに縮金會に於ては、會首が元本に利息を加へて支拂ふために、第二期に於ける彼の負擔額は十二元となるが、二會の得會額は百元と定められてをり、したがつて各會員は十元づつを支拂ふ必要がなく、百元に對する不足額、即ち八十八元を十人に割り當てた八元八角を負擔するに過ぎない。同樣にして第三期にも、三會の取得すべき百元から、會首と二會の醵出する元利二十四元を控除した七十六元を以て、會員九人の負擔額とする。尤も二會は八元八角、三會は八元四角四分四釐をそれぞれ負擔しなければならないから、各〻の得會額が百元と定められてゐるにも拘らず、兩者の實收入は、それぞれ九十一元二角と九十一元五角五分六釐とに減じてゐる。しかしいづれにせよ、縮金會に於ては、利息が堆積會の如くに堆積せずして、期每に會員の負擔額を遞減せしめるといふ銀行割引の方法によつて支拂はれる。縮金會の名は、多分會金額遞減のこの特質に因んで附けられたものであらう。

ただ縮金會に於ては、會期の終りに近くなつて、會首を除く各會員の會金を減らす例が多く、また既得會者の元利總額が百元を超えるやうになつた場合には、その超過分をその期の得會者と未得會者とに分與して、特に優待を示すことがあるといふ。前表の第十期と第十一期の會金が、各會員とも十一元二角及び十元となり、さらに第十期の得會額が百一元六角に達したために、その超過額一元六角を二分して十會と十一會とに與へ、同樣の理由によつて、第十一期の超過分二元を末會の收得に歸せしめたのはそれである。二會以下九會までの實收入が、百元から各自の負擔分を差し引いた百元未滿の數に止まつたのに反して、十會が百元八角、末會が第十期に八角、第十一期に百二元を受け取ることとなつてゐるのは、このやうな理由からである。しかしこれは例外的な措置であつて、縮金會の本質は、やはり各會員による得會額の均等化と、利息計算法の特質に基くいはゆる縮金の法の採用とにあるのである。

最後に、第三の標會は「奪標」の意を有するといはれ、得會者とその收得額とを決定するために、會期每に投票の方法を採用してゐる。即ちまづ會首が第一期の會金を收得したる後、第二期からは、期每に會員のみの間であらかじめ割引きすべき利息額の投票を行ひ、最高額の投票者がその期の得會者となると共に、その割引額を會金總額から控除したものをその得會額とするのである。

これを王宗培の擧げた三十人の九十元會について見ると、最初の九十元はまづ會首の坐收に歸する。次にその翌月第二期の會合が開かれると共に、會員の間に利息額の投票が行はれ、その場合の最高を假りに五角一分とすれば、會員二十八人が各〻五角一分を收得する結果、最高利息額の投票者の得會額は、九十元から各會員に支拂ふべき總利息額十四元二角八分を差し引いた七十五元七角二分となり、さらにその次の第三期の會合に於ても同樣の方法が行はれ、假りにこの場合の最高利息額を三角五分とすれば、未得會の會員二十七人が三角五分づつを分得して、殘りの八十元五角五分が得會者の收得に歸し、以下同じ方法が繰り返されて行く(5)。このやうに、標會に於ては得會を急いで一分一厘の差を爭ふが、同時にここでは、得會を急がない限り、投票に於ける利息額をつねに小ならしめることによつて、經濟的により有利な地位に立つことも出來る。即ち輪會や搖會に比べると、標會には投機的動機の介入を許す餘地が多分に存在してゐるわけである。

(1)　王宗培、中國之合會、一九頁。
(2)　同上、二〇頁。
(3)　同上、二八―二九頁。
(4)　同上、三七頁。

（5）同上、六一頁。

五

私は以上に於て、會金收得の方法を異にする金融調達の會の三つの種類をあげ、その各〻について原則的な事例を說明した。ところで注意を要するのは、中國の鄕村に行はれる金融の會と都市に行はれる金融の會とが、種類的に異なるといはれてゐることである。王宗培の文に

鄕村城市、風氣不同、人民性情、以之殊異、前者趨重守舊、有保存古法之功、後者思想較新、見聞較廣、合會改進、端賴此輩、今會式之行於鄕間者、爲輪會縮金會等、而城市行者、則標會堆積會居多、其不同可以想見

とあるのがそれであつて、これによると、鄕村に廣く行はれるのは輪會と搖會の一種たる縮金會の二つ、都市に多く行はれるのは、標會と搖會の他の一種たる堆積會の二つであり、しかも鄕村に於けるものは舊く、都市に於けるものは、比較的新しい型であるといふのである。(1)

しかるにまた王宗培は、鄕村の會と都市の會とに於ける會金分配方法の差異を述べて

鄕間合會、會額多爲固定之整數、不論首期末會、如會額五十元、各會所收、皆爲五十元、一百元則皆爲一百元、九十六元則均收九十六元、然而城市行者、會額輒無定數、或則按期遞增、或則視標頭而定、奇零尾數、是所不免

といひ、その差異を、鄕村の會に於ける每期の得會額が前後一定してゐるのに對して、都市の會に於けるそれが前後不同であるといふ點に求めてゐる。(2)この相違は一體何を意味するであらうか。

これについて考へられるのは、右の相違が、鄉村の會に互助的配慮が濃く、都市の會に經濟的配慮の濃いことを示してゐるといふことである。尤も、前記の例示から明かなやうに、堆積會と標會はもちろん、輪會や縮金會の如き得會額の前後均等化された會に於ても、得會の遲い者は、會金の前伸後縮或は銀行割引の方法によつて必ず利息を支拂はれ、その結果、會員の釀出總額は得會の遲い者ほど少くなつてをり、したがつて全體として見れば、得會の遲い者は早い者に比べて、經濟的により有利の地位に立ち、その限りに於ては、會首及び會員間に事實上の不均衡が生じてゐる。しかし金融の會の直接の目的は、どこまでも金融の調劑援助であつて、會首と會員の利用しうべき得會額が得會の前後に關はりなく同一であるといふことは、經濟的危機克服の可能性に於て、會首と會員の立場が、全く平等であるといふことを意味してゐる。語を換へていへば、ここでは各人の全體から受ける援助が、相互に全く等價値である。得會額の不同な會には、この意味の平等が認められない。例へば堆積會に於ては、王宗培のいふやうに、その得會額が利息を加へることによつて期と共に遞增するのであり、この場合に全體より受ける援助は、得會の期の後れる者ほどより大きく、危機克服の可能性もそれにつれてより大となる。同樣に標會に於ても、普通金融の調劑を急ぐ者ほど高率の利息を負擔するが故に、奪標の後れる每に、利息額の減少に伴ふ得會額の遞增といふ現象が起るであらう。卽ち堆積會と標會に於ては、單に各人の釀出總額が異なるだけでなく、全體から受ける援助も、人によつてそれぞれ異なつてゐるのである。

金融の會はこのやうに、互助的動機によつて根本的に規定せられながら、同時にさまざまの形とさまざまの度合に於て經濟合理的動機の影響を受けてゐる。しかしいま我々に必要なのは、得會額の同・不同を通じて、中國の金融の會に互助的動機のより明瞭に現はれるものと、經濟合理的動機のより明瞭に現はれるものとのあることが知られ、しかも前者が鄉村に多く行はれて、後者が都市に多く行はれるといふ事實である。しかるに王宗培によれば、鄉村のものは舊くて、都市のものは新しいといふ。とすれば我々はこの事實を本として、中國の金融の會は、より舊いものほど互助的動機に支配されてゐた、といふ結論を導くことが出來るであらう。

前に述べたやうに、得會額の前後等しい金融の會に於ても、得會のより遲い者はより早い者から利息を支拂はれ、會首及び會員相互の立場は、必ずしも同一ではない。しかるに中國には、なほ利息を全く加算しない金融の會が存してゐる。スミスはその一例として、七人より成る六千文の搖會を擧げてゐるが、この會では、會首も會員も六千文を出して六千文を受けとり、單に得會額が前後一定してゐるだけでなく、さらに會金の授受交換の間に、利息に類したものが全然考へられてゐない(3)。卽ちここでは完全な等價値の交換が行はれ、それだけ互助的精神は顯著に發揮されてゐるのである。ただスミスによれば、この種の會は、利息の支拂はれるものに比べれば、問題にならないほどに少いといふ。さうしてこの事實は疑ひもなく、金融の會が一般に、一面に於ては互助的動機に基きながら、他の一面に於ては、經濟合理的動機によつて強く支持されてゐることを示すものである。

このやうに見れば、利息を伴はない金融調劑の組織が、特に互助的色彩の濃い、しかも得會の順位を爭はない婚姻或は喪葬の會の如きものに適してゐることは明かであつて、すでに前節で述べたやうに、『得一錄』所輯の「烏靑葬會規條」に

是會平收平發、竝不加息

といふ文があり、また唐灝儒の「葬親社約」に

至於葬而受金、不權子母者、……較諸稱貸擧會者利已多、豈有不酬之理

といふ規定がある他、山東省歷城縣の長壽會と山西省盂縣の老人會についても「概ね息直を取らず」といはれ、いづれも會員間若くは社人間の援助が、無息の原則にしたがつて行はるべきことを明示してゐる。

金融の會の利息は、得會の先後を爭ふといふ條件の下に於て、得會のより早い者が、より早く得られた金融調劑上の便宜に對して、得會のより遲い者に酬いる一種の謝禮であり、したがつて目的の限定された互助的色彩の濃厚な會に於ても、會員が資金調達の先後を爭ふ場合には、やはり還本加息の法が採用せられる。この節の始めに述べた吳高壇の井會がその適例であつて、その文に

首事者先甃一井、其餘七家、以次遞及、一歲兩擧、權子母爲贏縮、已收者、出錢較多、未收者、出錢較少

といはれてゐるやうに、既收者は未收者よりも掘井の便宜をより早く得るが故に、掘井のために各人に與へられる金額の同一にも拘らず、なほ便宜の供與に對する報償として、利息を支拂はねばならなかつた。

このやうに、金融調達のために作られた會には、互助的な面と經濟合理的な面とがあつて、互助性の最も明瞭に現はれるのは、婚嫁喪葬の際の相互援助を目的とする會の如き、資金融通の先後をあまり爭はない會であるが、經濟合理的考慮のより強く作用する金融のみの會に於ても、その考慮は鄕村に弱くて、都市に於て強く、その相違は得會額の同・不同といふ形を取つて現はれる。卽ち得會額の均等化された鄕村の會は、得會額の不等の都市の會に比べて、互助的傾向がまさつてゐるのである。

が一般的について、強い經濟合理的動機の介在は、金融調達のための援助組織を、農耕作業や婚喪儀禮のための援助組織から區別する大きな特徵でなければならない。しかし金融の會に於ても、合理的精神の作用は、加息の法にもとづく不等價的交換の行はれるところにのみ現はれるのではない。なぜなら、金融の會が相互援助の會である限り、無利息の會といへども、そこには援助性の原理と共に、交換性の原理が作用してゐなければならないからである。それは金融の會をも含む相互援助の組織に一般的な構造であつて、あらゆる金融の會は、その本質上、非合理的精神と合理的精神の下にのみ成立してゐる。では金融の會に於ては、何ゆゑ特に經濟合理的動機がつよく作用するのであらうか。それは金融の會が、金錢による援助の組織であると共に、信用に基礎を置く組織だからである。信用の供與はすでに貸借關係一般に見られるやうに、原則として利息を伴つてゐるが、信用に基礎を置くといはれた金融の會は、實は貸借關係の複合的な組織に他ならない。さうしてここに金融の會が、經濟合理的動機を特につよく作用せしめる原因がある。しかし利息の計算には種々の方法があり、それにつれて得會額のつねに等しいものと、期によつて異なるものとの差が生じた。卽ち同じ金融の會の中にも、經濟合理的動機のより弱く作用するものと、より強く作用するものとが生じたのである。

要するに、鄉村に於ける金融の會は型が舊く、都市に於けるそれは、その型が新しい。しかも鄉村の會が互助的動機をつよく反映してゐるのに對して、都市の會は、經濟合理的動機によつて強く支へられてゐる。さうしてこのことは、中國の金融の會が、互助的傾向の強いものから經濟合理的傾向の強いものへ發展したことを示してゐる。しかし金融の會は、如何なる場合にも相互援助の組織たる性格を失ふことはない。それは相互援助が、中國に於ける金融の會の本質的要素だからであつて、その會が特に郷村に榮えた理由も、主としてここにあるのである。

（1）王宗培、中國之合會、二七三頁。

（2）同上、二七四頁。

（3）Smith, Village Life in China. pp. 153-154.

第二章　共同保全のための通力合作

第一節　治水灌漑に現はれたる通力合作の形式

一

相互援助は、個人と個人若くは家と家との間に行はれる援助の交換關係であつて、公共の利害を全體の力によつてまもる共同保全とは、社會關係の本質を異にしてゐる。一は利害の共通に基いて起り、他は利害の共同に基いて起る。共同の利害は利害の共通を含むが、共通の利害は、必ずしも共同の利害となることが出來ない。ここに二つの關係を分かつ根本的な相違がある。單に行爲の樣式のみを見れば、相互援助も共同保全も、同じ協力卽ち通力合作の關係に過ぎないであらう。しかしそれらの協力は協力をみちびく動機の性質を異にし、協力をみちびく動機のこの相違は、おのづから協力形式そのものの相違をも伴ふのである。卽ち共同保全に於ける通力合作は、相互援助に於けるそれと異なる種々の問題を有つてゐる。通力合作の問題を二つに分けて、その構造を別々に論じようとするのはそのためである。

私は前章に於て、中國の鄕村に於ける相互援助の性格を明かにするために、農耕作業と婚喪儀禮と金融調達に現はれる通力合作の形式を取り上げた。それはこの三つが、鄕村人の生活にとつて特に重要な意義を有つからであるが、共同保全に關してもまた、生活上の意義の特に重要なるもののみを選びたいと思ふ。そこでまづ最初に擧げられるのは、治水灌漑に現はれる通力合作の形式の問題である。

治水はいふまでもなく、水の調整によつてその害を未然に防ぐことであり、灌漑は農作物の育成のために、水を利用することである。一は水の與へる災害を防止し、一は水の與へる恩惠を利用することであつて、この節の課題は、結局、水の利用と水の防止が、郷村に於ける共同保全の如何なる合作形式をとらしめるかといふ問題に置きかへることが出來る。

天野氏の引かれたベーカーの説によれば、現在に於ける中國耕地の約三分の一は、人工的灌漑に依存してゐるといふ。(1)また中國に於ける治水の重要性は、禹の傳説と共にあまねく人に知られてゐる。さうしてこのやうな事情から、治水及び灌漑の事業は、中國歷代政府の重要なる行政事務の一つとせられ、大規模な治水灌漑の工事が、しばしば統一的企圖の下に、政府或は地方官廳の指導の下に行はれた。しかし治水及び灌漑は、國家的關心の對象となると共に、民衆にとつては一層切實な生活上の問題とならなければならなかつた。安徽光緒舒城縣志に

大旱望澤、民有同情、上若有餘、下必不足、上下相爭、每有械鬪之事

とあつて、(2)この地方に水の不足に起因する集團的鬪爭の風のあることを指摘してゐるが、水は郷村に於ける共同の利害の關はるところのものであり、およそ水の問題の生ずるところ、農民はその情を同じくすることによつて、おのづから團結せざるをえないのである。ここに、農耕生活に於ける新たな種類の通力合作の問題が起る。農民自身の行ふ治水灌漑、したがつてそれに伴ふ施設工事は、官憲の指導するそれに比べて、著しく規模の小さいものに過ぎないで

あらう。しかし我々にいま必要なのは、施設工事の規模の大小ではなく、治水灌漑、或はより廣く水の問題を契機として、農民の間に自治的な通力合作關係が生れるといふことである。ではそれは、具體的にどのやうな形式をとつて現はれるであらうか。

朱子の文集を見ると、淳熙六年十二月の「勸農文」に

陂塘之利、農事之本、尤當協力興修、如有怠惰不趂時工作之人、仰衆列狀申縣、乞行懲戒、如有工力浩瀚去處、私下難以糾集、卽仰經縣自陳官修築

とあり(3)、紹熙三年二月の「勸農文」に

陂塘水利、農事之本、今仰同用水人、叶力興修、取令多蓄水泉、準備將來灌漑、如事干衆、卽時聞官糾率

とあつて(4)、共に鄕民の協力による陂塘の興修をすすめ、宋の袁采の『世範』にも

池塘陂湖河埭、有衆享其漑田之利者、田多之家、當相與率倡、令田主出食、佃人出力、遇冬時修築、令多蓄水

とあつて(5)、田主は食事、佃人は勞力を負擔しつつ、相共に池塘、陂湖、河埭の修築に當ることが論ぜられてゐる。また宋の司農丞郟亶は、吳中の水利を說いて

因邊圩之人、不肯出田與衆築岸、或因一圩雖完傍圩無力、而連延隳壞、或因貧富同圩、而出力不齊、或公私相吝、而因循不治、故隄防盡壞、而低田漫然復在江水之下也、每春夏之交、天雨未盈尺、湖水未漲二三尺、而蘇州低田、一抹盡爲白水、其間雖有隄岸、亦皆狹小、沈在水底、不能固田、唯大旱之歲、常潤杭秀之田及蘇州堽阜之地、並皆枯旱、其隄岸方始露見、而蘇州水田、幸得一熟耳、蓋由無隄防爲禦水之先具也

と述べ(6)、圩岸の不備による防水の難を説くと共に、圩岸の不備が協力の缺如に起因することを指摘してゐるが、この文もまた、結局治水灌漑に於ける通力合作の必要を教へたものと解してよい。宋の乾道六年十二月に、監行在都進奏院李結が蘇、湖、常、秀地方の治田の利便を論じて「敦本」、「協力」及び「因時」の三目を掲げ、郟亶の文を引きつつこれを説明したのはそのためである(7)。

右に擧げたのは、いづれも地方官の勸諭と知識人の水利說とに現はれた堤岸堰壩の修築及び保護に關する通力合作論であつた。これらの文は、すでに治水と灌漑とに於ける通力合作の不可缺性を明示するが、その通力合作が、民衆自身によつて自治的に行はれた例も、少からず存在してゐる。私はまづ最近に於けるこの種の通力合作の一例として、王宗培の述べた浙江地方の「堰壩會」と「江塘會」とを、ここに紹介して置きたいと思ふ。

卽ち王宗培によれば、浙江省の江湖に接した地區は、地勢低窪のために、水漲の季節になるとしばしば水患に襲はれる。そこでこの地方の紳董の發起により、田地の多寡や取水の遠近を考へて、人工、泥土、竹木、運搬用の舟車などを徵發し、相共に携へて圩岸の構築に當るといふのである。この組織がいはゆる堰壩會であつて、多くは臨時的に設けられるが、とにかくそれは、民衆によつて自治的に組織された通力合作團體の好例をなしてゐる。これに對して江塘會は、專ら塘閘の共同保護を目的とする團體であり、明の時代に塘を護つて犧牲となつた張神を記念して、別に張神會とも呼ばれてゐるといふ(8)。

王宗培はこのやうに、治水及び灌漑のための協力の例として、浙江省に於ける圩岸の修築の會と塘閘の保護の會の二つを擧げた。尤も、圩岸に對しては保護の、塘閘に關しては修築の必要もまた起りうるであらうから、兩種の會に於ける協力の目的が、果して王宗培のいふやうな截然たる區別を有つものであるかどうかは疑はしい。しかしいづれにせよ、兩者が共に水の問題を契機とする郷村の自治的協力組織であることは確かであり、しかも王宗培が、堰壩會の效用について

此種組織、功效頗大、濱江湖而居之人民、其田地之能免於災歉者、恆恃此也

と述べてゐるのを見ると、水患の脅威を除かうとする浙江省江湖地區農民の、共同治水に對する關心の如何に深いかを想像することが出來るのである。

次に、これよりもやや古い例としては、明の陳瑚の「築圍說」を擧げうるであらう。陳瑚によれば、大戸の賠糧の苦しみと小民の饑餓とは、ただ村岸の修築によつてのみ救はれる。しかし村岸の修築は、村民の協力のある場合にのみ始めて可能となるのであつて、彼はこの協力の具體的方法として、袁采と等しく田主の出財と佃戸の出力とを說き、これを以て「同舟共濟、不易之分」であると解してゐる。その文に

田主出財、佃戸出力、所謂同舟共濟、不易之分也、當此之時、大戸苦於賠糧、小民迫於饑餓、人情所欲、不謀同辭、苟非及時擧行、則村岸終無修築之期、村田永無成熟之望、不將使數百年來之沃壤、竟爲洿地藪澤而已耶

とあるもの卽ちそれであり、彼はこのやうな見地から村中の二三の友人と語らひ、詳細なる「築圍事宜」を作つて、共同治水の指針を村民に與へようとした。

注意を要するのは、陳瑚が江蘇省崑山縣蔚村の人であつて、かつて述べた「蔚村三約」の作者として知られ、築圍事宜も專ら蔚村人のために作られたといふことである。尤もこの築圍事宜は一つの計畫案に過ぎないが、その作製に

當つて同村の友人等と親しく勘丈を行ひ、また圖式をも畫いたと記されてゐるから、この事宜の示す方針にしたがつて、築圍事業が實際、彼の村で實施せられたものと考へられる。

陳瑚の築圍事宜は、全篇十七個條より成るが、そのうちの主な個條は次の四つであつた。

一、毎圩必有田甲、太倉謂之圩長、卽周官土均稻人之遺意、凡田事責成田甲則易辦、如治兵之有什伍長也、共間或一人獨充、或二人朋充、村中十五圩、共二十餘人、大約田甲一人所管、佃戶十家爲率、當嚴其督課、厚其體恤、免本身工役、田主仍照所種之田給米、以示優異、其有舊無田甲者、僉報夫長一名代之（第三條）。

一、田圩既大、工役既衆、非擇人統理、則散而無紀、須於村中公推一二公直勤愼者、總管其事、仍免田若干畝、起工之日、總管督催田甲、田甲督催佃戶、如身之使臂、臂之使指、庶幾有所統領、無渙散不一之弊（第四條）。

一、照田起夫、大約二十畝出夫一名、十畝者二人朋充、五畝者四人朋充、其年老鰥寡、免其工役（第六條）。

一、先期幾日、插標分段、令田甲播告各戶、至期照段、如式挑築、田甲躬行倡率、日出而作、日入而息、某日起工、某日完工、不許歸家、午飯致犒、工務有不依期不如式者、輕則罰酒犒衆、重則稟官枷責、若田甲不行簡擧、幷究（第七條）(9)。

卽ち、陳瑚は村内十五圩の各〻について、佃戶およそ十家毎に田甲一名を置き、さらに公直勤愼の者一二名を村内より公推して總管となし、田圩の工事の際には總管をして田甲を督催せしめ、田甲をして佃戶を督催せしめると共に、二十畝毎に一人の割合で工夫を集め、もし工務が期によらずまた定式に從はない場合には、その違犯の罪に對して、輕い者は罰として酒を出して衆を犒はしめ、重い者は官に告げて枷責せしめることとした。なほ事宜の第十六條には

古者阡陌之世、凡圩皆有圍、凡田皆有岸、即通力合作、八家而止、近世大朋車之法、牽連百家、此後世權宜之術、而非古人之制也

と記されてゐるが、陳瑚の築圍事宜は、要するに、井田について傳へられた通力合作の精神を一村の範圍に推し及ぼすと同時に、その編成に組織を與へ、その工程に秩序を齎さうとする眞摯な試みに他ならなかつたのである。

因みに事宜の第二條と第三條は、田甲の工役免除と總管の田若干畝に對する田賦の蠲免を規定し、また第一條は、業戶、佃戶及び田甲の人名と圖式一葉を載せた冊三本を作り、一本は縣に呈し、一本は區の大戶に送り、一本は村内に留めしめると定められてゐるから、蔚村の築圍事業は、疑ひもなく地方官廳の認可を得て行はれたのであつて、一村の事業に止まりながらも、なほ公けの事業たる一面を有つてゐた。しかしそれは、官憲の指導若くは命令に基くといふ意味での公けの事業なのではない。なぜなら、陳瑚の築圍說全體は、蔚村の築圍事業が、彼を中心とする村内有力者の企畫と指導とに基くことを明かにしてゐるからである。

冀朝鼎は、中國に於ける治水工事の殆んどすべてが、公共の事業としてのみ營まれたことを指摘し、自發的に作られる治水のための協力組織は村落を以て最大の範圍となし、一村の力に餘る事業の大部分は地方長官の干涉下に行はれたと書いてゐるが、(10) 私は右に述べた蔚村の築圍事業を以て、村を單位とする私的共同治水の典型的な事例に數へたいと思ふ。が私的な共同治水を一村のみの範圍に止まると見る冀朝鼎の主張には、多少の誇張があるやうに思はれる。

例へば、浙江民國新昌縣志に

後溪堤　麻車村後、由村人公築、以保田疇。

庵前堤　麻車村上、……由村人公築、以保田廬。

獅子堤　蘭洲麻車兩村共築

とあつて、(11)一村公築の他に二村共築の例が擧げられ、また廣西光緒臨桂縣志所引の陳弘謀の「横山大堰記」に、陳弘謀の郷里横山村近傍の大堰は、陳氏兄弟の出資と横山村以下四村の合力によつて構築されたとあるやうに、(12)水に對する利害の共同範圍が一村を超え、人々がそれに對して共同の關心をもつ場合には、治水或は灌漑のための合作も、おのづから一村を超えて、しかも自治的に行はれざるをえないからである。ただ前引の王宗培の例示に於てはこの點が明かでないが、浙江の堰壩會が地方紳董の發起によると書かれてゐるのを見ると、この會がかなり廣い範圍の人々を含むものであることは、疑ひなからうと思ふ。

なほ「郷居」と題する宋の陸游の詩に

……社散家分肉、農閑衆築陂、……

と見え、(13)「農家」の詩にも

……冬休築陂防、丁壯皆雲集、……

と謳はれ、(14)また眞德秀の「長沙勸耕」と題する詩に

聞說陂塘處々多、併工修築莫蹉跎、十分積取盈堤水、六月驕陽奈汝何

とあつて、(15)農民による堤陂の共同修築は、宋代詩人の感興をそそる當時の郷村の一景物となつてゐたことが知られるのである。

これまでに述べたのは、陂塘堰壩の類の構築修理に際して行はれる通力合作の諸形式であるが、河渠或は河道と呼ばれるものの掘鑿、啓開、浚渫もまた、一村若くは數村の協力によつて行はれてゐる。例へば、山西咸豐太谷縣志に載せられた司馬灝文の「烏馬河渠碑記」に

平谷城東北胡村里、居民不下千室、歳輸糧約千計、地畝寛饒、農功資水、於前明初、村民各出工力、剏渠一道、引烏馬河水

とあつて(16)、一村による剏渠の事實が語られてゐるのに對し、同じ山西光緒襄陵縣志所輯の孫成基の「重開上汧呑河渠興利除害碑記」には

公擧渠長渠首、各紳耆合同妥辦、合毗連三村之力、成一日百年之功

とあり(17)、山西康熙臨汾縣志所引の楊起元の「修澇河渠記」には

九村之民、……鳩材趨事、踴躍爭先、不幾月而大工以建、大利以興

とあつて(18)、後の二例では、通力合作の範圍が三村から九村にまで及んでをり、さらに河南乾隆林縣志を見ると、二村の公修にかかる永惠渠、九村の公修にかかる公利渠、十一村の公修にかかる洪山渠等の名が擧げられ、しかもこれら三渠の修築は、年毎に行ふのを例としてゐたといふ(19)。

以上に述べた如く、隄陂の構築修理と河渠の開剏修治に現はれる協力には、一村の範圍に止まるものと一村の範圍を超えるものとの二つ形式があるが、その範圍は、つねに水の利用及び排除に對して共同の利害を感ずる人々の範圍であると共に、その水に關して治水灌漑施設の設置を死活の要事とする人々の範圍であつて、水に對して人々が共同

の利害を感ずるといふことと、それらの人がその水の利をより多く享受し、またその水の害をより有效に排除するために協力することとの間には、必然的な關係があつたのである。

次に灌漑の用に充てられるもので、河渠に劣らず重要な役割を演ずるものに、井戸と池があり、その掘鑿と浚渫もやはり通力合作によつて行はれた。

そこでまづ井戸についていへば、宋の續資治通鑑長編太祖建隆二年の條に

乏井者、鄰伍爲鑿之

とある(20)のはその一例であり、しかもその文の前に「是春詔、申明周顯德三年之令、課民種植」と記されてゐるから、右の鑿井の令が灌漑用の井戸に關するものであつたことは疑ひなく、それと同時に、この詔の先例が五代の周にあつたことも明かである。ただこれらは共に官府の命による共同鑿井の例であるが、さらに地方官が鑿井のことに對して如何に強い關心を示し、またそのための協力を如何に熱心に唱道したかは、州縣志の記載のつぶさに語るところである。例へば、河南道光伊陽縣志に擧げられた李章堉なる者の「勸農穿井說」には

約計一井水可漑畿畝、卽妥議若干畝數、可穿一井、并於地畝之旁各開小溝、四通八達、周流無礙、如爲有力之家、按其地之高下、自行穿鬪、卽屬無力之戶、亦各按地之多寡、計畝合力、衆擎易擧、而灌漑以次遞及、無不周徧、至一切砌井修堰應用之項、有力者獨辦、無力者公輸、毎村鎭、各擇一二練達端方殷實士、庶善爲倡率、爭相仿效

とあつて(21)、特に無力の戶に對して合力による穿井の必要を說くと共に、一村一鎭の有力者をして穿井の範を示させようとし、また河北乾隆行唐縣新志所揭の吳高增の「鑿井利民說」には

査開井一口、可灌地十畝、俾無水之區、蓄而不洩、雖天時之旱潦不常、而人力之節宣、可以自主、井之爲利、實可備旱、第人情每難於謀始、而小民又昧於謀生、自應廣爲勸諭、量請奬勵、俾知奮勉、凡遇少井之處、相度地形、或好義捐貲、或通力合作、每乘農隙、開濬修築、收灌漑之利、裕衣食之源、倘有好義捐貲、開口二口以上者、即詳請上官給扁、以奬義擧、其餘藉衆力襄成者、地方隨時報明、將首事及衆工、分別嘉奬

と記され、(22) ここでも通力合作による鑿井の必要が、詳しく論ぜられてゐる。

しかるに吳高增は、共同の井戸の掘鑿のみでは足らず、さらに「井會」と稱するものを設けしめて、灌漑用の井戸の普及を計らうとした。その詳細はすでに前章に於て述べたが、吳高增は要するに、八家每に井會を作らせ、搖會の方法を用ゐて各戸に一井づつを確保せしめようとしたのである。(23) 鑿井が協力を必須の條件とすることは、これらの諸例によつて明かにされるであらう。尤も上記の如き例示だけでは、なほ灌漑用の井戸が、農民の自發的意志によつて掘られたといふ證據にはならないかも知れない。しかし「古井」と題する陸游の詩に

道傍有古井、久廢無與汲、鄰里共浚之、寒泉稍來集、……

といふやうな句(24)のあるのを見ると、灌漑用の井戸をも含めて、一般に井戸の開鑿や浚渫が、隣里或は隣伍の如き比較的小範圍の人々の協力によつて行はれたことは、疑ひなからうと思ふ。スミスによると、山東地方の鄕村では、井戸掘りに巧みな十五人乃至二十人の村民に依賴して灌漑用の井戸を掘らせるといふ。(25) ここでは鑿井者ただちにその井戸の使用者ではないが、井戸掘りが比較的少人數を以て足り、また農民の自發的意志によつても行はれうることは、この說明によつて明かにされてゐる。さうして多くの人々の合力によつて掘られた井戸が、關係者たちの共有に屬する

ことはいふまでもない。今日、公井若くは夥井と呼ばれてゐるのは、概ねこの種の井戸である。

最後に、灌漑に對して池の有する意義とその開鑿の方法も、恐らく井戸の場合と同樣であつた。江蘇嘉慶如皐縣志に、數家の協力によつて一池を掘らせようとした次の如き記事の載せられてゐるのは、その一例である。

令特勸民、鑿池蓄水、大約以百畝爲率、鑿池其中、廣可十畝、田……屬數家、數家共任、於農隙併力穿鑿。(26)

尤も、この文はただ、鑿池に關して行はれた上からの勸諭の事實を傳へたものに過ぎないが、その記載の個所が特に「方俗」の條であるのを見ると、併力鑿池の風は、すでにこの地方には古くから存在してゐたものと考へられる。

以上を要約すれば、治水灌漑施設の構築修理は普通通力合作によつて行はれ、それには農民自身によつて自發的に行はれるものと、官府或は地方官廳の勸諭、指導、命令に促されて始めて實施せられるものとの二つがある。吳高增は「小民又昧於謀生、自應廣爲勸諭」と述べて、鑿井に對する小民の消極的態度を非難し、李結は

百姓非不知築堤固田之利、然而不能者、或因貧富同段、而出力不齊、或因公私相吝、而因循不治、非協力不可

と論じて、公私の因循と協力の不足とを指摘し、王宗培も堰壩會に關して

所惜此種組織、係由人民自動組織、且屬臨時性質、是以雖努力行之、然有時仍不免有水淹之患、此蓋由於農人能力之薄弱、知識之簡單、不知河流之迅急、雨量之大小、何物用於圩、方始堅固等、有以致之也、後此之組織斯會者、應各按該地河湖之性質、由國家或地方加以金錢之補助、技術之指導、地方應組織永久之機關、以管理其事、則此種事業、方可日益發達也

と書き、民衆が共同治水に對して積極的な關心を有する場合にも、知識の不足や技術の未熟や資財調達の困難等から、

その實現に幾多の障礙の件ふことを明かにしてゐる。が、そればかりではない。明の薛尙質の『常熟水論』に

甚矣衆心難集也、動衆而不制之以法、所謂驅市人以戰也

といひ、(27)陳瑚の築圍事宜に

田圩既大、工役既衆、非擇人統理、則散而無紀

と記されてゐるやうに、治水灌漑に於ける協力作業は嚴格なる規律と整然たる秩序とを必要とし、その規律と秩序は指導者の適否に依存するところが多いのであつて、このことがまた、協力團體の自發的結成を困難ならしめるに與つて力があつた。蔚村の築圍事業の如きも、結局、陳瑚の如き有力者の存在を俟つて、始めてその目的を達成しえたであらう。しかし治水灌漑のための協力が、農民自身の自發的意志によつて行はれうることは、既述の斷片的事例に徵するも明かであつて、それは農耕上その他の互助合作と共に、農民のもつ存在の共同性、運命の共同に對する彼等の強い自覺を反映するものとして、重視されなければならないのである。

(1) 天野元之助、支那農業に於ける水の意義(滿鐵調査月報、第二十二卷第八號、六頁)。
(2) 安徽光緒舒城縣志卷十一、溝渠、水利。
(3) 朱熹、晦庵先生朱文公文集卷九十九、公移、勸農文。
(4) 同上卷一百、公移、勸農文。
(5) 袁采、袁氏世範卷三、治家(知不足齋叢書)。
(6) 三吳水利錄卷一、郟亶書(涉聞梓舊)。

(7) 宋會要稿、食貨八之一三—一四。
(8) 王宗培、中國之合會、九五—九六頁。
(9) 陳瑚、築圍說（棣香齋叢書、婁東雜著、石集）。この文は、江蘇道光崑新兩縣志にも引かれてゐる（卷三十七、藝文）。
(10) 冀朝鼎、支那基本經濟と灌漑、佐渡愛三譯、八八頁。
(11) 浙江民國新昌縣志卷二、山川、水利。
(12) 廣西光緒臨桂縣志卷十六、關梁。
(13) 陸游、劍南詩稿卷五十四、鄉居。
(14) 同上卷六十八、農家。
(15) 眞德秀、西山先生眞文忠公文集卷一、律詩、長沙勸耕（四部叢刊）。
(16) 山西咸豐太谷縣志卷六、藝文、司馬灝文、烏馬河渠碑記。
(17) 山西光緒襄陵縣志卷二十四、藝文、孫成基、重開上汧呑河渠興利除害碑記。
(18) 山西康熙臨汾縣志卷七、藝文、楊起元、修澇河渠記。
(19) 河南乾隆林縣志卷四、山川、渠道。
(20) 續資治通鑑長編卷二。
(21) 河南道光伊陽縣志卷六、藝文、李章堉、勸農穿井說。
(22) 河北乾隆行唐縣新志卷十五、藝文、吳高增、鑿井利民說。
(23) 同上卷六、食貨、額地。
(24) 陸游、前揭書卷六十七、古井。

（25） Smith, Village Life in China. p. 44.
（26） 江蘇嘉慶如皐縣志卷八、方俗。
（27） 薛尚質、常熟水論、雜論十條（學海類編）。

二

水の利用が農民にとつて強い共同的關心の的となつたやうに、天旱の際の「祈雨」や「禱雨」も、彼等の運命の共同感にもとづく重大なる合作行爲の一つであつた。漢の董仲舒は、里社に於ける求雨の法を説いてゐる[1]が、求雨の儀禮が、朝廷や地方官廳に於ける重要な行事の一つとして古くから行はれてゐたことは、人のよく知るところである。しかし祈雨は、官府や州縣衙門の重要なる行事をなすと同時に、農民にとつては、一層切實緊要な共同の行事とならなければならなかつた。さうして農民の行ふ祈雨の儀禮にも、一村單獨のものと、數村十數村の聯合によるものとの二種類がある。

まづ後の形式からいへば、浙江光緒蘭谿縣志に

邑屬山鄕、常苦旱、方夏彌月無雨、禾必槁、故鄕俗動有接龍之擧、或會合數村十數村不等

とある[2]のは、數村十數村の合同による祈雨の例である。文中にいふ接龍の擧は、いふまでもなく龍潭に詣でて龍神に雨を祈ることであるが、右の文の續きによれば、數村或は十數村を會せしめるために、衆人が雜沓して事端を釀しやすく、殊に道光十五年には接龍の擧にもとづく訴訟事件の發生を見、これがために時の知縣は、その翌年から一里一

社毎に壇を設けて雨を祈らせることとし、龍潭に赴く者の數も數人に制限するに至つたといはれてゐる。また同種の例として、山東光緒費縣志は、金の正隆の末年に、同縣埠陰村の豪士楊政なる者が十八個村の民を率ゐて雨を蒙山に祈り、その十八個村のみに降雨の靈驗を見たといふ「蒙山祈雨記」の全文を掲げてをり、それによると、楊政と共に蒙山の頂に登つた者は八百餘人、そのうち粒を絶つて清齋した者も四百五十人の多きに達し、同心一志、雨を祈る聲は遠く林谷を震はすほどであつたといふ。

今祆魃爲殃、米粟頓貴而無糴、人抱飢窮而困危、政不以處富而爲安、輒舒誠悃、告于附近十有八村耆老曰、時遭旱熯、是民之欺違天地、拋擲五穀、厭棄絲麻、廣耕地土、隱匿稅役、積業之所致也、欲選於此四月初九日、賫持錢馬時菓香醪、淸齋跣足、詣龜蒙絶頂、燔柴奏表、首贖前過、永乞甘澤可乎、僉曰唯々、皆灑濯身心、悅從素願、底期登頂者、凡八百餘衆、內絶粒淸齋者、四百五十人、同心一志、鋪設瑤筵、臂然香燭、叩頭千下、口誦致雨仙經、焚表之際、人皆大哭、哀禱之聲、遠震林谷、是夜油雲唯布于十八村、雷風電燿、霈然霑足矣。(3)

これに對して、一村單獨に行ふ祈雨の例は、まづスミスの報告中に見出されるであらう。(4) 尤もその記述は極めて簡單であつて、一村の共同祈雨が、具體的にどのやうな内容を以て行はれたかの點を明かにしてゐない。また明の張岱の『陶庵夢憶』に

壬申七月、村々禱雨、日々扮潮神海鬼

とあり、(5) 河北乾隆肅寧縣志所載の知縣尹侃の「稟請賑務文」にも

卑職到任後、卽傳齊四鄉紳衿、諭令各訓、各村各率鄉民禱雨

とある[6]が、その詳細はやはり、審かにすることが出來ないのである。それはどのやうなものであらうか。私はこの點を明かにした資料として、山東省歴城縣冷水溝莊の祈雨の儀式に關する山本義三氏の調査報告を、ここに紹介して置きたいと思ふ。

山本氏の聽取された冷水溝莊の祈雨の儀式は、民國三十年のものであるが（その前は、民國二十七年に行はれてゐる）、この儀式の中心をなすものに「取水」の行列と稱せられるものがある。これは村內にある玉皇廟の神像を收めた玉轎を中心に編成された行列であつて、村外にある白泉の靈水を持ち歸るのがその主な目的である。行列の所役は、管理內賑房、修表、請神、修理玉轎、升炮、打水、燒水、抱升水瓶、隨駕燒紙、壇上燒紙跪壇、打傘、跪壇、隨駕跪壇、管理鑾駕、下轉牌、法師隨駕、管理銅器、管理旗章、管理外賑房、聽差の二十種目に分れ、これに參加する九十餘人の村民の名は、あらかじめ玉皇廟の壁に掲示せられる。取水のこの行列には、隣村の莊長と保長、及び銅器その他を携へた少數村民の參加をも許すが、それはただ陪從者としての資格に於てであつて、玉皇廟の壁に榜示される九十餘人の者は、すべて冷水溝莊の村民に限られてゐる。

次に神像出巡の徑路、即ち取水の行列の通過する道順を見ると、往路は冷水溝莊の東街から出て、まづ道を東方の裴家營に向つてとり、ここから北折して紙房に至り、最後に紙房から最終の目的地たる白泉に赴く。しかるに歸路は、紙房から裴家營に達した後、往路と少しく道筋を變へて新たに李家莊といふ村に立ちより、李家莊から冷水溝莊の西街に入る。村民の說明によれば、神像がこのやうに東街から出て西街に歸るのは、神像をして村の全體を通過せしめるためであるといふ。前述の如く、取水の行列に參加するのは九十餘名であつて、村民の全體ではなかつた。しかし冷水溝莊の祈雨が村民一部のものでなくて一村のものであることは、村落の全體を行列の通路たらしめようとした事實を見れば明かである。そのうへ祈雨のための費用は、村民から門戸別に徴收されるのであつて、村民は取水の行列に加はると否と、その家が行列の通路に當つてゐると否とに關はりなく、その全體が祈雨の儀式に參加してゐるのである。

冷水溝莊の祈雨は、この意味で一村全體のものであり、村民の合作によつて營まれる共同の行事であつた。しかるに前述の如く、その行列には隣村の莊長と保長、及びその他の少數の者が加はり、また行列が他村を通過する場合には、その村の人々は香を焚き供物を捧げて禮拜をなし、さらに玉轎を舁いで迎送の意を表はすといはれ、降雨のしるしがあつて「收錢糧去」と稱する感謝のための行列を行ふ場合にも、類似の儀禮が隣村に於て行はれた。しかし收錢糧去の行列は二日間にわたり、取水の行列に比べて、一層ひろい範圍の村々を巡るといふ。(7)だから冷水溝莊の祈雨の儀式には、隣村からの協力が何ほどか認められるのであるが、しかしこの場合の祈雨の主體はあくまで冷水溝莊であり、したがつて冷水溝莊の祈雨の儀式は、一村を單位として行はれる祈雨の行事の一例に數へることが出來る。この他、山東省恩縣後夏寨莊の祈雨に關する山本氏の報告や、河北省欒城縣寺北柴村及び同省良鄉縣呉店村の祈雨に關する旗田巍氏の報告などもあるが、(8)いづれも冷水溝莊の場合と同樣に、一村のみの行事として行はれるものであつた。

なほ祈雨の儀式と竝んで、止雨の儀式も農民にとつて輕視すべからざる意義をもつであらう。董仲舒が、求雨の法に續いて止雨の法を論じたの(9)はその故である。雨の過剩も、雨の不足に劣らず鄉人にとつての共同關心の對象とならざるをえない。宋の魏峴の文に今歳初、淫雨不止、稼穡幾壊于垂成、郷人老穉、羣禱祠下、片雲閣雨、霽日開明、屢禱屢孚、其答如應とあるのは、その一例である。(10)州縣志では、山西道光太平縣志に禱雨の法と共に止雨の法が説かれ、その範を董仲舒に求めたと記されてゐる以外に實例を見ないが、(11)とにかく止雨の儀式が行はれる場合にも、その儀式は祈雨の場合と同様に、一村單獨若くは數村合同の形式を取つたであらうと思はれる。

(1) 董仲舒、春秋繁露卷十六、求雨(四部叢刊)。
(2) 浙江光緒蘭谿縣志卷一、風俗。
(3) 山東光緒費縣志卷十四、金石、蒙山祈雨記碑。　同縣志の楊政傳參照(卷十、人物)。
(4) Smith, Village Life in China. p. 172.
(5) 張岱、陶庵夢憶卷七、及時雨(説庫)。
(6) 河北乾隆肅寧縣志卷十、藝文、尹侃、稟請賑務文。
(7) 滿鐵北支慣行調査資料、村落篇。
(8) 同上、村落篇。
(9) 董仲舒、前掲書卷十七、止雨。
(10) 魏峴、四明它山水利備覽卷上、請加封善政侯申府列銜狀(守山閣叢書)。
(11) 山西道光太平縣志卷五、秩祀。

三

以上に述べた治水、灌漑、祈雨、止雨の習俗を通して我々の結論しうることは、中國の郷村生活に對する水の重要性と、その水に對してもつ農民の共同的關心の深さといふことである。水を契機とする農民のあらゆる合作は、彼等のもつ共同的關心のこの深さに根ざしてゐる。が農民のその共同的關心を最も擴大した形で示すのは、水爭ひに於ける通力合作の事實でなければならない。その事例は州縣志中に散見してゐるが、ここでは、内容の比較的詳しい二三の例のみを擧げて置きたい。

まづ第一は、河南光緒閿郷縣志に載せられた程錫琮の「新開廉讓渠記」の中にある水爭ひの記事である。

閿邑之南、距城十二里、爲金爐溝、泉源出焉、涛潭激湍、灑石分流、居民舊引爲三渠、以滋灌漑、上渠爲磨溝村、下渠爲張村、營中曰腰渠、則張村郷民所恃以資給、而沾濡者也、順治初山水冲越、腰渠崩壞、乃仰磨溝之潭、以爲分水之道、而磨溝扼其上游、因循既久、毎遇亢暘、分數不均、輒聚譟於有司之庭者屢矣

と記されてゐるの(1)がそれであつて、ここに示されてゐるのは、腰渠の崩壞後分水道の新設を餘儀なくされた張村と、その上流を扼する磨溝村との爭ひであつた。この爭ひは、官憲の勸告にしたがつて新渠を共築し、それに「一村廉、一村讓」といふ意味を寓した廉讓渠の名を附して解決を見たといはれてゐるが、渠記にはなほ

閿邑之好訟也至矣、乾餱失德、比々而然、一遇爭渠、閧村環聚、執錨者林立、訟逾數十年、案經三五世、而不得結

といふ注目すべき言葉が見出され、閿郷縣には、村と村との間に數十年或は三五世にわたつて水爭ひを續けた例があり、さらに全村錨をとつて鬪ふといふやうな場合さへもあつたことが、知られるのである。

第二は、江蘇乾隆句容縣志に傳へられた百丈圩と斗門圩の爭ひに關する記事である。上記の張村と磨溝村の爭ひは一村と一村の爭ひの例であるが、宋楚望の碑記に「百丈圩内外居民一十八村、計田一萬三百餘畝、圩埂二十五里」といふ文があるから、百丈圩と斗門圩は共に十村前後から成つてをり、したがつて兩圩間の爭ひは、數村と數村との間に行はれるといふ規模の大きいものであつた。しかも碑記に

百丈圩地最卑下、圩民立碙、以爲水蓄洩之具、萬曆丁丑年、蛟起水溢、碙悉潰敗、時令丁賓督民修築、分爲東西南北、上五問、編爲乾元亨利貞、下四碙、編爲文行忠信、立一條簿、永爲遵守、圩民因是感公德、然與斗門圩相爲低昂、未免此利彼害、兩圩之民、結怨搆訟、連年不已、甚有破家者十之八九、邑令茅一桂、親行履勘、爰立界限於其處、開一深渠、高築墵埂、使水各有所蓄洩、兩利無妨、……相沿數十年來、各守成規、永無異議、奈日久弊生、興築漸廢、乾隆五年、兩圩之民、興怨互訟、數年不已、邑令宋楚望、親行履勘、丈明段落、計畝均夫、仍照舊制、參於時宜、通詳結案、奉憲優奬、飭刊石碑、以垂永久

と記されてゐるやうに、(2)兩圩間の爭ひは明の時代と淸の時代の二回起つてをり、いづれも「結怨搆訟、連年不已」或は「興怨互訟、數年不已」といはれるまでに發展し、そのために家を破る者が十中の八九にも逹した。

次に、浙江乾隆黃巖縣志にある王居安の「黃巖浚河記」も、恐らく數村と數村との水爭ひに關してゐる。卽ちこの文の宋代のことを述べた個所に、

紹興以前、初未有閘、大率爲埭以堰水、頗爲高田之利、而下田病之、水潦大至、下鄉之民、十百爲羣、挾梃持刃、以破埭、遂有鬬爭之事、鄉人於是始議建閘

とある(3)のがそれであつて、ここに記されてゐるのは、埭を挾む上郷の民と下郷の民との爭ひであり、埭の破壞が因となつて、兩郷はつひに實力を伴ふ鬪爭の關係に入つた。

注意を要するのは、水爭ひに伴ふ鬪爭が、しばしば武器を執つて鬪はれてゐるといふことである。前に述べた河南省閿郷縣の水爭ひも鍤を用ゐて行はれたとあるが、すでに袁枀の文に

今人……及用水之際、奪臂交爭、有以耡耰相毆至死者、縱不死、亦至坐獄被刑、豈不可傷

とあり(4)、また山西同治楡次縣志に

奸黠之徒、或賣水以市利、豪强之族、或擅水以自私、上流居偏重之勢、餘村以失利爲憂、爭端萠起、獄訟滋煩、甚至羣聚鬪很、毀壩決防、雖自明代及今、賢邑宰定程刻石、屢俾依守、然諸弊終未能禁絕也

と記されてゐるやうに(5)、實力を伴ふ水爭ひは古くから中國の各地に於て繰り返し行はれてゐた。總じて武器を伴ふ集團間の鬪爭は、中國では械鬪の名を以て呼ばれてゐる。「鍤を執」り、また「耡耰を以て」する鬪爭が、この意味の械鬪の名に値ひすることはいふまでもない。上記の王居安の文も、恐らく宋代に於ける械鬪の事實を示したものであらう。この他、既引の安徽舒城縣志の如きは、大旱の際の水爭ひがつねに械鬪となることを指摘してをり、また最近の資料としては、『山西省民政刊要』の各縣の習俗のことを述べた個所に、洪洞縣の水爭ひに關する

民性果敢、縣屬有水田十數萬畝、因爭水利、養成械鬪之習

といふ記載があつて(6)、現在の中國郷村になほ、水を契機とする武力的鬪爭の行はれてゐることが知られるのである。

これまでに述べたのは、一村と一村、若くは數村と數村の間に行はれる水爭ひの例であつた。水の問題が農民の如

何につよい共同の關心事となりうるかは、上記の如き悲慘なる事實が、中國の各地に如何に多く生れたかの點を考へれば、容易に理解せられるはずである。しかしこの種の鬪爭は、地緣に繫がる人々の間にのみ生起したわけではない。同族が聚居して部落をなす地方では、異姓と異姓の間にも同樣の爭ひが起りうるであらう。福建同治長樂縣志に擧げられた蔣・鄭兩姓間の爭ひはその適例であつて、碑記に引かれた知縣趙士昌の審詞は、その鬪爭の狀態を描いて次のやうにいつてゐる。

水之溉田、不可盈虛也、過盈則綠禾浥沒、過虛則赤地龜坼、故節宣之道愼焉、如十一都、一帶萬畝鱗々、賴湖之水以溉之、懼其虛也、故築堤以障之、懼其盈也、故建斗門以洩之、而苟不至太盈太虛、則爲木楄於堤內、內不至於不足、而堤外各戶、皆取贍於內、必內既有餘、而後可以及外、時値亢旱、輒與內爭、關係既亘、衆力彌堅、於是有案搆數年、贖盈數尺、甚有如正統之事、爲之破家喪軀、膠紛不解者矣、今年復有木楄之爭、幾至聚衆羣鬨、糾結莫止。(7)

即ち、蔣・鄭兩氏は堤の內外に分れてそれぞれ聚居し、亢旱每に起る堤外の水不足のために、兩者の利害がしばしば衝突したといふのである。

一般に、水に對する利害の共同は、水に對する關心の共同圈を形づくる。我々は第一に、治水灌漑施設の共築に現はれる通力合作の形式を通して、この意味の共同關心圈の存在を推定することが出來た。しかし水に對する關心の共同圈は、用水の確保の問題をめぐつて、その中に分裂の契機をつねに藏してゐる。このことは、水に對するより狹い關心共同圈が、より廣い關心共同圈の中に成層的に含まれてゐることを示すものであらう。水の問題にもとづく集團的鬪爭、即ち前記の一村と一村或は數村と數村の爭ひは、實はこれらのより小なる關心共同圏間の爭ひであり、その原因はつねに、灌漑用水の確保に關する利害の衝突であつた。前に擧げた集團的鬪爭の事例を見ると、その多くは、用水のすべてが水門の閉鎖といふ利己的な處置によつて上流の人々の獨占に歸し、その結果、下流の者がその水の使用を全く不可能ならしめられるといふやうな場合に起つてゐる。水門はもともと、その上下の用水量を過不足なからしめるために作られた共同の施設であり、したがつて水門の閉鎖が水門の機能の否定となり、同時にまたその上下をつなぐ共同關係の否定となることはいふまでもない。もちろん、それは旱魃その他の不測の原因に基いて行はれる非常の處置であらう、がとにかく用水を奪はれたる者は、己れの死活の問題として、その水の壟斷者に對する抗爭を起さざるをえない。しかし水をめぐる集團的鬪爭は、水門を挾む高田の者と低田の者との間にのみ行はれるわけではなく、水量の不足せる溝渠の利用者の間にも、しばしば同じ種類の爭ひが起つてゐる。さうしてこの場合の水爭ひもまた、通常村と村、或は數村と數村との間に行はれた。

(1) 河南光緒鬪鄕縣志卷十二、藝文、程錫琮、新開廉讓渠記。
(2) 江蘇乾隆句容縣志卷三、山川、圩岸。
(3) 浙江乾隆黃巖縣志卷十一、藝文、王居安、黃巖浚河記。
(4) 袁采、袁氏世範卷三、治家。
(5) 山西同治楡次縣志卷六、河渠。
(6) 山西省民政刊要、山西省各縣風俗概況表、社會習尙。
(7) 福建同治長樂縣志卷六、水利。

四

このやうに、中國の水爭ひは普通、一村或は數村の聯合體を單位として行はれる。がこの問題に關聯してさらに一言を要するのは、同じ河川若くは溝渠の水を利用する村々の間に、水爭ひの解決策として、或は水爭ひの豫防策として、一村若くは數村毎に水の使用量を一定するいはゆる「分水」の法が、採用されてゐるといふことである。水爭ひの解決または防止を目的とする以上、分水の法が、つねに公正を原則とすべきものであることはいふまでもない。前漢書召信臣傳に

召信臣……遷南陽太守、……爲人勤力、有方畧、好爲民興利、務在富之、躬耕勸農、出入阡陌、止舍離鄕亭、稀有安居時、行視郡中水泉、開通溝瀆、起水門提閼凡數十處、以廣溉灌、歲々增加、多至三萬頃、民得其利、畜積有餘、信臣爲民作均水約束、刻石立於田畔、以防分爭

といふ文(1)があつて、顧炎武は右の召信臣を、中國に於ける分水の法の創始者であるといつてゐる(2)が、その後の例では、北宋至和元年八月二十日の光州仙居縣令田淵の言に

遇愆亢使水、須衆議同開決、自上及下、均匀灌漑、不得壅障

と見え(3)、また袁采の世範にも

及用水之際、遠近高下、分水必均、非止利己、又且利人、其利豈不博哉

と書かれ(4)、共に、公平なる分水のみが等しく上下を利せしめるものであることを説いてゐる。しかるにこの法はさら

に後世に傳はり、州縣志の記載を見ると、地方官憲によつて明・清時代の各地に實施されてゐたことが、知られるのである。河南光緒閿鄕縣志に

盤豆渠　泉水出自富原里趙村風溝、流及上坡頭鹿台盤豆、四村爭端屢起、萬曆辛卯年、鄭公計地分水、每日夜灌田一百二十餘畝、趙村分水一日一夜、上坡頭分水二日二夜、鹿台分水四日四夜、盤豆分水八日八夜、每年二月初一日起水、先盤豆、次鹿台、次上坡頭、次趙村、十五日一輪、各受其益、爭端遂息。

靈湖渠　水出靈湖峪、自峪口村東、分爲三渠、供各村食用、餘者灌田、遇天旱、數村輒因爭水致訟、經知縣李公訊查、順治五年五村公議合同、內載有各村俱食飲不斷、其天旱澆田之日、照舊規各分水一股、查此數語最爲明晰、斷令水以人畜食飲爲大、無論何村、每日皆由渠放水、先儘各村食飲、如有餘水、務須遵照舊規、各村分日用水章程、灌漑田畝、不得混爭、……又中社村、舊規分水六日、內有分出另住之王家埝、人戶無多、六日之中、斷令王家埝占水一日、中社村占水五日、五村均照斷、永遠遵守、以絕訟端、分水日期、自下而上、中社村王家埝水六日、占東渠、南果村水一日、占中渠、狼寨村水四日、……東西村水二日、靈湖村水二日、占西渠

とあり(5)、山西同治楡次縣志に

常安渠　於明洪武八年渠起、楡次之郝村引河水灌漑、太原徐溝兩縣諸村、猶被其利、久而渠淤、萬曆十二年、郝村人與太原之北格村協力重開、分程灌地、後更通塞不常、國朝雍正八年、郝村人獨濬之、而張花北格兩村爭水利、雍正十二年、太原楡次兩縣、因共立水程、令郝村張花各使水十一日、北格使水八日、每月一週、且刻石以示、永久使人遵守焉。

三村渠　　乾隆四十七年、小張義村人牛似龍等、奉農中丞命、與郜村西賈夥開拓定水程、毎月一週、小張義自初一日起、至初十日亥時止、郜村自十一日起、至二十日亥時止、西賈自二十一日起、至三十日亥時止

とある(6)のはその例であるが、これらの事例を通して注意されるのは、分水の單位が村落であることと、分水の量が村によつて異なつてゐることとの二つである。

分水に際して村落がその單位とされるのは、いふまでもなく、村落が水の使用に關して緊密な共同の關係にあるからでなければならない。しかも右の諸例に示された分水は、いづれも官憲の命によるものであつて、官憲は明かに、村落が水の使用に於ける利害の共同圏をなすことを認めてゐたのである。

次に使水量が村によつて異なるのは、灌漑さるべき土地の面積が、村毎に異なつてゐるといふ事情にもとづく。光緒山西通志の崞縣の項が、まづ分水の單位となる諸村の名を擧げて、其の後に

以上諸村、計田畝多寡、定用水日期、繇立夏起分、定日時、循上及下、以次引漑

と記し(7)、また山西光緒五臺新志が、豐樂渠の分水の由來とその水程とを述べて

明萬曆間、爲上游豪右所占、鑿沙灘爲水田、數日頻灌、而下游輸上則之賦者、曾不得沾涓滴、鄕民徐光宇等、訴於本道、分數稍定、而復爲豪民所侵占、渭南李承祖、來令五臺、乃親行履勘、量地之多寡、分水之日期、郭家寨地三頃、水一日、大溪村地八頃、水二日半、槐陰村地十七頃、水三日半、東冶以東各村地三十二頃、水六日、計地六十頃、十三日而一周、名其渠曰豐樂渠、……撰均平水道記勒石、由是爭端止息

といつてゐる(8)のは、この點を明かにした例であるが、分水の法が、このやうな考慮を拂ふことによつてのみ、使水の

公正を期しうることはいふまでもない。要するに、分水に於ける水程は、村を單位とすると同時に、村のもつ灌漑面積にほぼ比例してこれを定めるのが常則であつた。

しかるに分水には、數村或は十數村を單位として水の使用量を決定する場合がある。山西光緒文水縣志に

甘泉渠　乾隆四十四年、汾陽縣民人王際飛等、與縣東小城南等村成光宗等爭控、上憲斷定、上自文邑宜兒村、
　下至汾邑乾河村、自小雪日起、至清明止、計一百三十五日、汾文兩邑、各分六十七天半

とある(9)のがそれであつて、これは汾陽・文水兩縣下の諸村と諸村をそれぞれ分水の單位として、その水の使用期間を各〻六十七日半と定めたものであるが、しかしこの場合の分水の單位とされた兩縣下の諸村と諸村が、果して所定の期間にわたつて、同時に水の無制限な使用を許されたものであるかどうかは疑はしい。なぜなら、分水は一般に、水の自由使用を制限する必要のあるところに行はれる制度であり、たとひ官憲の指示した水程に背馳しないにしても、數村による水の同時的使用が長期にわたつて行はれることは、分水そのものの趣旨に反すると考へられるからである。

同じことは、『直隸高等審判廳判牘集要』所載の

先儘洪康等村(八村)澆灌一月、再由劉家屯等村(三村)澆灌十二日

といふ判決(10)の文についてもいへる。この例に於て、隣接せる二三の村が分水の單位となつて水の使用を共にすることは、なほ可能であるかも知れない。しかし八村に對して一個月間水の自由使用を許すことは、ここでも恐らく、分水を實施しようとする本來の趣旨にもとつてゐる。既述の河南省閿鄉縣に於ける靈湖渠の分水の際の如きは、中社村とその支村たる王家埝の水程を一應六日と定めながらも、さらに中社村は五日、王家埝は一日といふ制限を加へて、兩

村間の水の同時的使用を禁止した。このやうに見れば、諸村を分水の單位と定めた場合にも、水の實際的使用に當つては、より狹小なる地域を單位とした水の再分配の處置が講ぜられたことは疑ひなく、さうしてその場合に再分配の單位とされたのも、やはり一つ一つの村であつたと考へられる。

村を單位とする分水の例はすでに前にも擧げたが、この種の事例が如何に多いかを示すために、山西光緒絳縣志の中から、さらに二三の實例を引用して置きたいと思ふ。尤も、水程を明記した河渠の例は、州縣志に於てもその數が必ずしも多いとはいへない。しかし水程を明示した事例の大部分が一村を單位としてゐるといふ事實は、注意されなければならないのである。

大郡渠　漑田以十一日爲一周、大郡自正月一日起、六日止、大交七日起、十一日止、周而復始。

賀水渠　漑田以四十日爲一周、絳縣賀水村自二月二十五日起、引漑一十六日、翼城〔縣〕中賀水村引漑九日、西賀水村引漑十日、西莊裹引漑三日、絳縣陳景莊引漑二日、周而復始。

冷口渠　東冷口月一日起、四日止、西冷口宋莊五日起、十二日止、周而復始。

柳莊渠　漑田以十二日爲一周、西蔾家莊自三月一日起、六日止、中間一日、柳莊自七日起、十日止、西蔾家莊十一日起、十二日止、周而復始。

楊村渠　北楊村正月一日起、七日止、西楊村八日起、十六日止、周而復始。(11)

右に述べた分水のための水程は、必ずしもつねに上記の如き日數のみによつて示されてゐたわけではなく、例へば山西萬曆汾州府志に

中都堰　萬曆二十六年、北村田相等爭分水利、告守道廳、准行本縣魏知縣踏議、將大河之水、西村使水七分、許田相等分一小渠、使水三分

とある(12)やうに、稀れには、單なる比率のみを以てその用水量を指定するといふ場合も存在してゐる。しかしこの比率の實際的適用に當つては、やはり日數によつて使水期間を制限するといふ方法が、採用されたことと思はれる。因みに、右の例に於ける分水の單位もまた、前記の諸例に見られると同樣に村落であつた。

このやうに、水の使用に際して分水の單位とされるのは、多くの場合村落であるが、このことは、村落が水の使用に關して、特につよい閉鎖的な共同關係にあることを示してゐる。水の使用に關する利害の共同圈は、當然にまた用水の取得、即ち使水量の確保に關する利害の共同關係をも有するであらう。村落が水爭ひの單位となりうるのは、そのためである。しかし、水爭ひはしばしば數村と數村の間にも行はれ、村落は水の使用に關して獨立の單位をなしながらも、用水量の確保のためには、他の村との間に利害の共同關係を結ぶことが出來る。この意味で水爭ひは、水に關して一村を超えた、より大きな利害共同圈の存在することを敎へるのである。

水爭ひはいふまでもなく、同じ河川溝渠の流域にあつて、その水を共同的に利用する人々の間にのみ起る。ところで同じ河川溝渠の水を共同的に利用する人々は、その利用者の全體をふくむ一つの廣大な利害共同圈を形成するであらう。この關係を最も明瞭に示すのは、水利施設を修築するために行はれる通力合作の事實である。なぜなら、人々が水利施設の修築を共にするのは、それらの人々がその施設の必要を共に感ずるからであり、しかも水利施設の目的が水の利用にある以上、水利施設の必要を共に感じ、またその修築に協力する人々が、水利施設の設置さるべき河川

溝渠に對して、共同利害の意識を有つのは自明の事だからである。したがつて水爭ひに於て對立する二つの利害共同圈は、右に述べた、最も大きい利害共同圈の部分としてのみ存在しうるに過ぎない。尤も同じ河川溝渠に對する利害の共同意識は、小利害共同圈相互の對立意識の激化につれて、一應弱まつて行くであらう。しかし、その運命があくまで同じ河川溝渠の水に繫がる限り、爭ひつつある者といへども、より大なる一つの利害共同圈をなすものといはざるをえない。かくて水に關する利害の共同圈は、一般に、水の共同利用、水の共同確保及び水の共同使用に關する三重の成層的聯關を有つこととなる。

水に關する利害の共同圈が、もし以上の如き構造を有つものとすれば、水爭ひに現はれる利害の共同圈は、その地域的な擴がりに於て、大小利害共同圈の中間に位してゐるといふことが出來るであらう。しかも水爭ひに於ける利害の共同圈、卽ち用水の確保に對する利害の共同圈は、地形や水量や村落配置の情況によつて、おのづからその範圍が定まつてゐる。しかし水爭ひは、普通、渴水期にのみ起る不定期的偶發的な現象であり、この意味で水爭ひに現はれる利害の共同關係は恆存性を缺き、日常的にはただ可能性としてのみ存在するに過ぎない。

水爭ひに於ける利害の共同圈は日常性を缺き、ただ不定的可能的にのみ存在する。がそれにも拘らず、水爭ひそのものの鄕村の生活中に有する意義は、重大であつた。卽ち水爭ひは第一に、水が農民にとつて、如何につよい關心の對象となりうるかを示す指標である。既述の如く、中國の水爭ひは、しばしば武器を以て鬪ふいはゆる械鬪にまで發展した。實力手段に訴へてもなほ擁護さるべき水の利害が、農民にとつて特に重大な意義を有つものであることは明かである。およそ水は、農作物を繁榮に導くために必要なばかりでなく、耕作活動そのものの能否を決するところの基本的な因子である。水の營む農耕上のこの役割を考へれば、農民が水の不足や缺乏を己れの死活の問題として、その獲得のために命を賭して鬪ふのも、當然のことといはなければならない。しかし農民に對する水の意義が具體的にどの程度のものであるかは、水の缺乏或は不足に對處する農民自身の行爲的實踐を通してのみ、理解せられる。水爭ひはこの意味で、水の重要性を示す好個の指標となりうるのである。

第二に、水爭ひには、對立せる二個の利害共同圈を、それぞれ集團化せしめる作用がある。前述の如く、水爭ひは一般に、水に對する農民の利害的關心の强さを表はす指標であつた。が、水爭ひに於ける水の利害は共同の利害であり、右に述べた水に關する利害的關心の强さも、實は共同の利害に對する共同的關心の强さに他ならないのである。共同的關心はいふまでもなく、關心の共同關係を豫想する。共同的關心を有する人々は、同時に關心の共同關係にある人々でなければならない。しかも兩者の間には、共同の「關心」が高まるにつれて、關心の「共同」が强まるといふ必然的な關係がある。水爭ひは、水に關して人々の間に强い共同的關心のあることを示すが、その强い共同的關心は、すでに水爭ひに媒介されたものである。卽ち水爭ひには、水に對する人々の共同的關心を强化するところの機能がある。とすれば水爭ひに、關心の共同關係を緊密化せしめる機能のあることも明かであらう。ジンメルのいふやうに、敵對的接觸は友誼的接觸よりも遙かに集團的である。要するに、水爭ひは單に水に對する强い共同的關心の存在を示す指標となるのみでなく、さらにその關心を强めるところの原因であり、またそれは水に對する關心の共同關係の緊密さを示す指標であると同時に、さらにその緊密な共同關係の原因ともなつてゐるのである。

水爭ひがもしこのやうな機能を營むものとすれば、水爭ひがこれに參加する人々に對して、共同社會的結束への大きな訓練の機會を與へてゐることは否定されない。しかし、水爭ひに於ける利害の共同意識は恆存性を缺き、人々は二群間の對立抗爭に際して強く團結しながらも、原因の解消と共に、その意識は弱められて行く。水爭ひが數村と數村の間に行はれた後、村を單位とする分水の法の採用せられる例を、我々はすでに見た。分水の法は、水の日常的使用を制限するところの制度である。それは水爭ひを防止するためにも役だつが、とにかく分水の法が使水量の相互抑制をその目的とする以上、そこにはやはり、利害の背馳の意識がなければならない。卽ち水爭ひに於ける利害の共同圈は、水の實際的使用に當つて、互に對立すべきいくつかの利害共同圈をその中に含むのである。

ところで前述の如く、利害の背馳は、一般に集團化の契機となることが出來る。がその場合に重要なのは、水のもつこの集團化機能が、鄕村の社會構造に重大な影響を與へてゐるといふことである。これはいはば水の社會性である。我々はすでに、水爭ひに現はれるこの意味の水の社會性について觸れた。しかしより廣く水の社會性を問題とする場合に、鄕村の社會構造により日常的な、したがつてより強い影響を與へるものが水爭ひ以外のところにあることは明かである。鄕村の社會構造を明かにしようとする立場に於て、水のより日常的な社會性が、特に重要な意義を有つことは斷わるまでもない。さうして水のより日常的な社會性は、水の日常的使用に現はれるであらう。しかるに水の日常的使用は多くの場合、村を單位とする分水の法にしたがつて行はれた。さうしてこの事實は、水の日常的な社會性が、村落の集團化にあることを我々に敎へてゐる。

分水の法は、既述のやうに、水の不足や缺乏に際してその公正なる配分を行はうとする制度であつた。したがつて分水の法の行はれる限り、人々は各單位每に定められた使水量以上を使用することが出來ない。卽ち分水の各單位は、一定の割合にしたがつて水を使用すべき義務を、相互に負はされてゐるのである。使水制限のこの相互義務は、當然、相手方に對して使水の制限を要求する權利を伴ふであらう。使水制限のこの相互要求は、分水の單位間に水に關する利害の背馳のあることを示してゐる。利害の背馳のあるところには、閉鎖性と集團性とがなければならない。分水の單位は、この意味で相互に閉鎖的であると同時に、集團的である。しかも水の共同使用は、日常的に行はれまた反復して行はれるが故に、使水共同圈のもつ閉鎖性と集團性は、共同使水の行爲的實踐を通して絕えず自覺され、また强化されてゐる。もちろん、分水の法は、對立分離の原理であると共に、協調親和の原理でもあるであらう。しかしそれはどこまでも、二つ或はそれ以上のものの協調親和であつて、水の實際的使用に關する限り、二つ或はそれ以上のものが合して、一つになるといふことはない。卽ち使水共同圈は、それぞれ閉鎖性と集團性とをもつ一個の利害共同圈として、已れを現はし、また竝立してゐる。

ところで注意を要するのは、分水の單位が、多くの場合村落であるといふことである。この事實はいふまでもなく、水に關する閉鎖性と集團性が、まづ村落のものであることを敎へる。尤も、村落は單に使水の共同圈としてのみ存在するわけではない。私は數村と數村の間に行はれる水爭ひについてのみ述べたが、水爭ひは村と村との間にも行はれるのであつて、この場合の村落は、共同使水の利害共同圈であると同時に、用水確保の利害共同圈であり、水の社會性は、それだけ村落に對して强く作用することとなる。もちろん、我々は水の社會性を語ることによつて、村落の閉鎖性と集團性とを媒介するものが、水のみであると解してはならない。村落は、水以外にも多くの閉鎖化と集團化の契機を有つてゐる。しかしそれと同時に、水が村落の閉鎖性と集團性とを媒介する最も重要な契機の一つであるといふことも、以上の説明によつて明かにされるはずである。

(1) 前漢書卷八十九、列傳第五十九、召信臣。
(2) 顧炎武、日知錄集釋卷十二、水利。
(3) 宋會要稿、食貨七之一五。
(4) 袁采、袁氏世範卷三、治家。
(5) 河南光緒閿鄉縣志卷二、建置、隄渠。
(6) 山西同治楡次縣志卷六、河渠。
(7) 光緒山西通志卷三十三、水利。
(8) 山西光緒五臺新志卷二、水利。
(9) 山西光緒文水縣志卷二、地利。
(10) 直隷高等審判廳判牘集要、第二册、民事、王明庭控劉錦阿築壩塞河防害水利一案。
(11) 山西光緒絳縣志卷十二、田賦門、水利。
(12) 山西萬曆汾州府志卷六、水利。

五

このやうに、水は共同使水の行爲的實踐過程を通して、村落の閉鎖性と集團性とを維持し、また强化する。では村落を以て使水の共同範圍たらしめ、分水の單位たらしめる原因はそもそも何であらうか。ひとは、この地域的限定の原因を、水そのものに求めることは出來ないであらう。なぜなら、水は村落共同化の一つの契機であつて、水によつて齎された限りの村落の共同性は、村落そのものの共同性に對して、何らの原本性をも主張しえないからである。村落には固有の共同性がある。それは地緣的な共同性でなければならない。村落の共同性は、水をも含むさまざまの契機によつて媒介されてゐる。しかし、地緣的共同性を基底に有たない村落の共同化といふものは考へられない。村落は土地を共同にする地緣共同態として、すでに他村に對する閉鎖性と集團性とを有つてゐるのである。このやうに見れば、水の共同使用が、何ゆゑ村落を單位として行はれるかの理由は明かであらう。卽ち使水の共同關係は、村落に固有の地緣的共同關係とその意識とを基盤として成立した。水の共同使用が、村落の共同關係を維持し强化する有力な契機であるにしても、閉鎖性と集團性をもつ地緣共同態としての村落なくしては、村落を分水の單位とする共同使水の地域的限定は成立しえない。このことはいひかへれば、地緣共同態としての村落が共同使水の主體であること、したがつてまた水の共同使用が、地緣共同態としての村落の機能に他ならぬことを意味する。

しかるに民商事習慣調査報告錄を見ると、陝西省潼關縣報告に

灌漑田地之水、鄕民俗規、燃香按寸、輪流灌漑

とあり(1)、甘肅省隴西隴北報告に

甘肅西路北路、漑田之水、多取於渠、其取用有一定之時刻、燃數寸之香爲限

とあり(2)、また甘肅省甘涼道屬報告に

甘肅甘涼一帶、資雪山黑河之水、以灌漑數縣之田、毎縣村莊中、度量地勢、集資修渠、蓄水以備灌地、公擧輪頭

一人、管理用水、先後輪次、毎爇寸香、灌地若干畝、由輪頭定之、如輪到之戶、因灌漑已足而尙餘、應灌分數、臨時得賣與隔畔地戶

とあつて、(3)これらの例では、分水に於ける使水の時間が燃香によつて計られてゐる。これはいふまでもなく、分水が村内の農民個々の間で行はれたことを意味する。したがつて、農民は、自己に割り當てられた水に餘裕の生じた場合には、その使用權を他人に賣與することさへも出來る。卽ちここでは、村落民の間にさきに述べたやうな水の使用に關する共同の關係が認められず、人々はかへつて、個人的水利權の問題をめぐる反目と對立の可能性を藏し、それは往々にして、宋の陳傅良が

陂塘水利、宜從古來、上流下接、公共分使、若甲家占吝、害及乙丙、群聚爭奪、甚者到官期集、隣保追逮、證佐動經旬月、方得事明、本欲獨得便宜、却被兩相妨廢

と述べたやうな、(4)個人間の激しい抗爭詞訟にまで發展してゆく。しかし地縁共同態としての村落は、水の共同使用に關してのみ、地域的限定の原理となるのではない。假りに水の使用が個人を單位として行はれるにしても、甘肅省甘涼道屬報告の示すやうに、水利施設の構築は村落民全體の協力によつて行はれうるのであり、さうしてこの場合に於ける水の利害共同圈は、やはり村落によつて地域的に限定せられてゐる。そのうへ用水の確保のために一村が團結すれば、それによつても、個人の利害の對立を超えた利害の共同が、村落の全體によつて意識せられるであらう。

水の社會性に對する地縁共同態の原理性は、地縁共同態が一村を超えて村と村との間に成立してゐる場合にも當てはまる。繰り返し述べたやうに、水に關する利害の共同圈は大小その範圍を異にしつつ上下に層を成して重なりあつ

てゐるが、利害共同圏のこの成層性の基礎には、實は地縁共同態の成層的構造が横はつてゐるのである。およそ地縁共同態の特質は、地縁に媒介された共同存在の範圍として、その外部に對する閉鎖性をもつといふ點にある。さうしてこの閉鎖性は、初次的には村落共同態に現はれるであらう。しかし村落の閉鎖性は決して絶對的のものではなく、相隣る村々は、初次的な村落共同態の閉鎖性を超えてさまざまの共同を實現し、それ自身一個の地縁共同態をなすと共に、その外部に對する閉鎖性を有つことが出來る。しかも次ぎ次ぎに相隣る村々は、地縁の遠近につれて共同關係の度合を異にしつつ、地縁共同態の可能的限界に達するまで、大小の地縁共同態として上下に幾重にも重なり合つてゐる。

地縁共同態の右の構造に關聯して重要なのは、水に關する利害共同の最大可能範圍が、地縁共同態の最大可能範圍によつて限界づけられるといふことである。水に對する究極の利害は、その水の本たる河川溝渠に對する利害であり、同じ河川溝渠の流域にある人々は、その水の利用に關して共同の利害を感ずるであらう。同じ河川溝渠の利用に對する利害の共同關係は、その利用施設の共同修築の際に明瞭に現はれる。逆にいへば、水利施設の共同修築の行はれるところ、そこには必ず水利に關する一つの利害共同圏がある。水利施設の共同修築は、前記の例の示す如く、一村の範圍にも止まることが出來る。が同じ河川溝渠が廣大な地域を貫流する場合には、その流域にある數村十數村を連ねた水利施設の構築のための協力も、可能とならなければならない。ただ注意を要するのは、水利施設の構築のための協力、したがつて水の利用に關する利害の共同圏が、無限の擴大を示しえないといふことである。なぜなら、同じ河川溝渠の利用者必ずしも協力の可能性を有たず、また必ずしも利害共同の意識を有つとは限らないからである。それはしばしば協力の可能範圍を超えると共に、利害共同意識の及びうる範圍をも超える。この意味で水の利害共同圏には、可能的な地域的限界がある。しかし水の社會性は、この場合にも、それ自身の中に地域的限定の原理を有たないであらう。地域的限定の原理となりうるのは、それ自身の中に地域的限定をもつ共同態でなければならぬ。さうしてそれはつねに、地緣共同態である。このやうに見れば、水に關する利害共同圏の最大範圍を劃するものが、地緣共同態の可能的限界であることは、明かであらうと思ふ。

およそ水の社會性は、地緣共同態の媒介によつてその範圍を限られると共に、逆に地緣共同態の團結を强めるものである。以上の說明は、我々をこのやうな結論に導く。しかも一般的にいつて、その社會性は利害共同圏の、したがつて地緣共同態の小なるところに强く現はれる。具體的にいへば、それは村落共同態に於てであるが、村落が多くの場合水の日常的使用の共同範圍とされてゐるのを見れば、村落に水に關する特に强い閉鎖性のあることは明かである。さうして水の問題に對する村落のこの重要性は、地緣共同態の體系中に占める村落共同態の特殊な地位に基いてゐる。

水に關する村落の右の重要性は、祈雨の如き特殊な行事に於ても認められるであらう。卽ち、祈雨も多くは、一村のみの行事として行はれるのである。尤も數村或は十數村合同の祈雨の例も稀れではなく、私も前に、浙江蘭谿縣志と山東費縣志の中からその具體的事例を引いた。祈雨の原因はいふまでもなく旱魃の脅威であり、旱魃の脅威はつねに、一村を超えた廣汎なる地域にわたつて同時に起る。したがつて、同じ脅威を受ける村々が降雨に對して共同の關心をいだき、祈雨のための共同の行事を行ふに至るのは自然である。殊に地方的に知られた龍潭や名刹や靈山の存在する場合には、それらを行事の場所とする祈雨の儀式が、相隣る村々によつて共同的に營まれるであらう。蘭谿縣志と費縣志に記された二つの例は、多分このやうな事情に基いて起つた。しかし祈雨は、一村のみの行事として行はれる場合が多いのであつて、一般的にいへば、水の社會性は、雨についてもやはり、村落を以て特につよいその發現の場所としてゐる。雨に關する村落間の利害の對立といふことは、考へられない。がそれにも拘らず村落は、利害の對立と何の關はりもない祈雨の行事に於てさへ、その閉鎖性を露骨に示すのであつて、このことは、水の社會性を規定するものが、究極に於て鄕村の地緣的構造であり、しかもその場合に特に大きな役割を演ずるのが、村落であるといふ我々の主張をつよく支持するのである。

水の社會性についていはれた右の一般的主張に對して例外をなすのは、灌漑用の井戸である。なぜなら、井戸の掘鑿と利用は、普通少數の人々によつて行はれ、村落はおのづから、村内にあるいくつかの井戸を中心とした、いくつかの小集團に分れるからである。灌漑用の井戸の共同使用者は、恐らく地隣であり、井戸の社會性は地隣の範圍に止まつて、それ以上に及ぶことがない。もちろん、それは井戸をめぐる地隣的小集團の存在によつて、村落の有する共同性が破られるといふ意味ではない。村落は、水以外に多くの集團化の契機を有つてゐるからである。しかし水利施設の構築や水の使用が村落によつて共同的に行はれる場合、その水が村落集團化の重要契機となりうることは既述の如くであり、したがつて井戸の掘鑿や使用が地隣のみに止まつてそれ以上に及ばないとすれば、その村落は水といふ村落集團化の重要契機を缺き、それだけ共同性の補强を受けることが少くならざるを得ない。

なほ既揭の江蘇如皐縣志には、數家の協力によつて小池を掘らせるといふ例があるが、井戸について述べたことは、そのままこの場合にも當てはまるであらう。即ち小池の使用者は地隣に限られ、水はここでも村落集團化の契機となることが出來ず、かへつて村落をいくつかの小區劃に分裂せしめる結果に終つてゐる。しかし地隣もまた一つの地緣共同態を構成してゐるのであつて、水に關する利害の共同圈が、地緣共同態を基盤として成立しつつ、逆にその團結を強めるといふ關係は、井戸や小池に關してもやはり存在してゐるわけである。

いづれにせよ、水をめぐる各種の利害の共同、したがつて水を契機とする通力合作のあらゆる形式は、地緣共同態のもつ存在の共同性を地盤とすることなくしては、全く存立の餘地がなかつた。がこの關係はすでに

平時土民同耕者、凡遇旱潦、無論田之高下、通力相濟、自客甿沓來墾田者、惟知自利、遇潦而其田獨高、則恃壟畝之未浍、而不肯助作、遇旱而其田獨下、則冀鄰田之滲漏、而怠於即功

と述べた江蘇光緒宜興荊谿縣新志の中に示されてゐる。(5) 即ちこの文によれば、旱潦に際して通力相濟を行ふのは土著の同耕者に限られ、遠くより來たつて墾田する農民は、自利のみを追うて、助作することがないといふのである。このやうに見れば、私の以上の說明も、結果に於ては、宜興荊谿縣新志の右の言葉を具體的資料によつて敷衍したに過ぎないものといへる。ただその言葉は、通力相濟する土著民の範圍を明かにしてゐないが、要するに、中國の治水灌漑に現はれる通力合作は、一般にその範圍が相互援助に於けるよりも廣く、村落を主要な地盤としつつ、しかも鄉村社會の複雜な成層的構造に規定せられて、廣狹さまざまの段階を示してゐるのである。

（1） 陝西省潼關縣習慣、水田用水之範圍（民商事習慣調查報告錄、六五二—六五三頁）。
（2） 甘肅省隴西隴北習慣、水時（同上、六七五—六七六頁）。
（3） 甘肅省甘涼道屬習慣、共有渠水按畝分用（同上、六七八頁）。

（4）陳傅良、止齋先生文集卷四十四、雜著、桂陽軍勸農文。
（5）江蘇光緒宜興荊谿縣新志卷一、疆土、水利記。

第二節　看青驅蝗に現はれたる通力合作の形式

一

私は前節に於て、水に關する利害の共同の意義と、それに基く合作の形式とについて述べた。水を契機とする通力合作は、水の與へる恩惠の受用のためにも、また水の與へる災害の防止のためにも行はれる。一は水の共同利用であり、他は水の共同排除であるが、水の受用は作物の育成のために、水害の防止は作物の保護のためにそれぞれ不可缺の條件をなすところから、水の利用とその排除に現はれる通力合作は、中國郷村に於ける最も重要な生活共同樣式の一つとなることが出來たのである。

水を契機とする通力合作は、いはば自然を契機として起る通力合作である。しかるに郷村に於てこれに劣らず重要な意義を有つものに、農作物を人畜の加へる被害から守るための通力合作がある。行爲的に見ればそれは作物の共同看守であり、いはゆる看青であるが、看青の習俗は各地に存在してをり、また看青のための會は、種々の名稱を以て呼ばれてゐる。例へば、河南光緒鹿邑縣志には

共有私放牛馬、及盜取麥禾者、則皆嚴其罰、名曰闌青會

とあつて[1]「闌青會」の名が擧げられ、民商事習慣調查報告錄所載の山東省荷澤縣報告には

結社訂立規則、不許他人放縦牛羊、踐食田禾、是謂看青會

とあつて[2]「看青會」の名が用ゐられ、また吉林省舒蘭縣報告に

農民於禾稼將成之時、爲預防人畜之損害、而成一種會約、名曰青苗會、會中所議各種罰則、村鎭各戶、咸遵守而弗違焉

と見え、[3]さらに「義坡會」と題する山東省武城・高苑兩縣報告に

毎屆秋禾將熟時期、各村按地集資、雇人晝夜看守、以防竊取、直至秋禾收穫、會始解散

とあるやうに[4]「義坡會」、「青苗會」等の名もしばしば見出されるが、その目的と機能はつねに同一であつて、いづれも、成熟期にある農作物を人畜の被害から保護しようとするものに他ならない。

これ以外になほ、民商事習慣調査報告錄は、同種の例として山東省城武縣の「攔青會」と山東省荷澤縣の「看棉花會」とを擧げ、[5]スミスは、周知の如く山東に於ける作物看守の會（societies for watching the crops）のためにその著書の一章を割き、[6]王宗培は、浙江省衢州一帶の各村に設けられた稻禁、麥禁、筍禁等のための禁會、農禁會、青苗保護會について語り、[7]尹仲材は、河北省定縣の模範村たる翟城村に光緒三十年以來今日まで禾稼の看守を目的とする特別の組織の設けられてゐることを明かにし、[8]また滿鐵北支慣行班は、河北省の良鄉縣呉店村と順義縣沙井村に青苗會があり、山東省歷城縣冷水溝莊に看坡、河北省欒城縣寺北柴村に公看莊稼、山東省恩縣後夏寨莊に義坡の俗の行はれてゐることを報じてゐるが、[9]興味のあるのは、類似の報告が新聞紙上にしばしば見出されるといふことである。

卽ち山東省鄒平・齊東兩縣一帶の義坡社、[10]河北省定縣大王耨村の看青鋪、[11]河北省永淸縣解口村の青苗會、[12]山西省屯留

縣崔蒙村の看口(13)、綏遠省薩縣東北の綏西、東勝、沃野、臨河地方にある青苗の慣行(14)に關する記事がそれであつて、作物看守の會が如何に廣汎な地域にわたつて行はれるかを、我々は新聞紙の報道によつても敎へられるのである。因みに王宗培は、浙江の前記地方に禁山會、果樹會或は松竹禁を目的とする會の設けのあること、尹仲村は、翟城村に禾稼の看守の會と竝んで、森林の保護を目的とする會が光緒三十一年に設置されたことをそれぞれ指摘してゐるが、これらの會が、その性質と機能に於て、看青若くは農禁のための會と類似のものであることは、斷わるまでもない。

(1) 河南光緒鹿邑縣志卷九、風俗。
(2) 山東省荷澤縣習慣、看青會（民商事習慣調査報告錄、二三八頁）。
(3) 吉林省舒蘭縣習慣、青苗會（同上、一一頁）。
(4) 山東省武城・高苑等縣習慣、義坡會（同上、七九六頁）。
(5) 山東省荷澤縣習慣、哄拾棉花（同上、二三八—二三九頁）。
(6) Smith, Village Life in China. pp. 161-168.
(7) 王宗培、中國之合會、九三—九四頁。
(8) 尹仲村、翟城村、一四七—一四八頁。　翟城村は、全國的な模範村として知られてゐる。同村の中心人物は米迪剛であるが、すでに彼の父米鑑三によつて、光緒二十八年の頃村政の改革が始められ、その子の迪剛に至つて改革事業は一段と推し進められた。卽ちその發展は、以下の四期に分けられる。第一は米鑑三が村治の規畫を開始した「組創時期」、第二は米迪剛が日本留學中に農村に於ける新建設及び新改造の狀態を見て深く感動し、その影響下に村政を辦理したといはれる「組成時期」、第三は村治に關する各種の章程が作られ、職員がその工作に努力した「保守時期」、第四は鄕村建設の一般的風潮が起るに及んで、それとの關聯の下に村治問題が取り上げられるに至つた「改進組織時期」これである。上記の如く、翟城村は模範村として全國的に有名であるが、全國十數省のうち最も勝れてゐるといはれてゐる山西省の村治は、翟城村を範として作られたものであるといふ（翟城村、一九頁。李景漢、定縣社會概況調査、上卷、九九頁）。

(9) 滿鐵北支慣行調査資料、村落篇。

(10) 何治平、山東鄒平・齊東一帶義坡社之調査（天津益世報）。

(11) 張析桂、定縣大王耨村社會組織概況（北平晨報）。

(12) 梁楨、解口村大秋青苗會之概況（同上）。

(13) 李炳衞、山西屯留縣的崔蒙村（同上）。

(14) 奮季良、綏遠農村組織概況（同上）。

二

次に私は、看青の會が具體的にどのやうな內容をもち、またどのやうに運營されてゐるかの豫備概念を得るために、浙江地方の靑苗保護會について述べた王宗培の以下の說明をまづ引用して置きたいと思ふ。

宗旨　以保護青苗生長、禁止牲畜踐踏、和人的損害、爲宗旨。

組織　以戶爲單位、或一村之居戶、單獨組織之、或連合數村之居戶、共同組織之、每戶應有一人到會爲會員、會長則擧鄉里間之有德望者或縉紳爲之、如鄉村間大族居多、間亦有每姓各擧一人、出而負責辦理者。

費用　由各戶按田地之多寡、共同分任、有爲節省經濟計者、則由會員自帶米物到會、以供食用、亦按戶輪流供給食用者。

會期　十日一會、或半月一會、或隨其便、如是半月一會者、則率以朔望爲會期、遇有特別事故、亦得臨時召集會議。

會議　開會時、各人均有發言之權、凡違犯甲條、而損害他人之青苗者、均當議罰。

罰則　輕者罰以酒肉或蔬菜、重則須賠償受害之損失。

卽ち浙江地方の青苗保護會は、一村或は數村の居戸によつて組織されると共に會長一名を選び、田地の多寡によつて異なる會金を醵出せしめる他、定期的に或は臨時的に會議を開いて、他人の青苗を損ぜしめたる者を議罰するといふのである。ただ看守の方法がここには述べられてゐないが、これには會員みづからその責めに當るものと、專門の看視人を雇用して看守に任ぜしめるものとの二種がある。しかし看守の費用は、いづれの場合にも全會員の共同負擔であつて、看青の會が共同看守の組織である點では、兩者の間に何らの相違がないのである。

看青の會はこのやうに、作物の共同看守を目的とするところの會である。ところで看青の會のこの目的に照して特に注意を要するのは、王宗培の右の說明中に、他人の青苗を損ぜしめた者は議罰せらるとあつて、その罰則が例示されてゐることである。一般に看青の會が、單に作物を看守するだけでなく、さらに作物を盜取し或は踐食せしめた者を罰することによつて、共同看守の目的を最も有效に實現しうることはいふまでもない。さうしてこの議罰は、會員といへども恐らく免れることの出來ないものである。しかし看青の會は、すべて作物保護の共同利害を有する人々によつて組織せられたものであり、その規約中に設けられた處罰規定が、主として會員外の者に向けられたものであることは、否定されないであらう。王宗培によれば、浙江地方の看青の會には普通禁約が設けられてゐて、この禁約は鑼を打ちながら逐條大衆に公示せられ、禁約中の特に重要な事項や恆久性をもつ個條は、竪石に勒して保存に堪へしめると共に、縣政府にもこれを呈報して、その公認を求めるといふ。さきに指摘した處罰規定が、禁約中の特に重要なるものの一つに屬することは斷わるまでもない。したがつてこの習俗は、處罰規定があらかじめ會員外の大衆に對して周知せしめられ、またその罰則の適用が、官憲の公認下に行はれることを物語つてゐる。前に擧げた河北省翟城村の「看守禾稼之議定」に

四民之業、惟農最苦、既盡人力、又慮天災、至五穀將熟、若復被人盜取、以勤勞應得之利、而反受意外之累、禍及農家實爲不淺、自清光緒三十年起、本村由村正副米徐二君、商同米紳春明、議定看守規約、每至秋初、經村正副雇用八人、將合村所有之禾稼、劃爲東西南北四段、分段看守、以專責成、倘雇役中有看守不力、於其經管之段內、被人偷竊、而未捉獲者、村正副即與公直等、酌量情形、令其賠償、凡經雇役或地主在地巡獲者、即共同量其輕重、分別處罰、行之既久、而村俗亦漸次改良矣、後至民國二年即減用四人、只在本村邊界輪流巡視、而禾稼亦毫無損傷、較之曩時各管各地、匪直格外多勞、且復屢被竊取者、其利益實大、所有各雇役之工資、係按貧富之畝數、照章集釀、每年所收之數、前雖雇八人、亦有盈餘、復雇二人保管樹木、今既減爲四人、而看樹木者、且已裁撤、其餘欵遂存置義倉、以備救荒之用矣

といふ文があるが、ここにいふ青苗樹木の竊取者は多分會員外の者であり、またこの文は、會の設立前に於ける被害の如何に多かつたかをも示してゐる。

注意を要するのは、右の文に、禾稼に對する看守の實施につれて村俗が次第に改善せられ、民國二年には、八人の看守人を四人に減じうるに至つたとあり、また樹木保管のために雇用した看守人も、すでにこれを裁撤しうるに至つたといはれてゐることである。後の點については「保護森林之議定」中に重ねて

迨至民國元年、見對於所有樹木、人々盡知保護、而竊伐之事、久不一見、乃將雇役裁撤

と記されてゐるが、(1)翟城村治の革新者といはれる米迪剛が、民國三年十一月、時の定縣知事に送つた呈文にも、同じ事實が述べられてゐる。卽ち

自村治革新以來、毎年由村中雇用若干人、秋夏兩季看守禾稼、春冬兩季看守樹木、及夜間巡更等事、故十年以來、村中之禾稼樹木、及夜間被盜者、幾無一見

とあるのが(2)それであつて、翟城村に於ては、禾稼と樹木に對する看守の開始以後、約十年の間ほとんど盜取の跡を絶つに至つたといふのである。既述の如く翟城村は模範村として知られ、右の事實も、同村に於ける村治行政の成功を示す一つの材料と考へられてゐる。しかし森林保護の會が看守人を廢したのは、その會の設立後七年目であり、また禾稼保護の會が看守人を八名から四名に減ぜしめたのも、その會の設立後九年目であつて、禾稼に關する限り、九年目にしてなほ看守人を完全に撤廢せしめうるまでには至らなかつたわけである。さうしてこれは疑ひもなく、禾稼に關する被盜の危險が、當時の翟城村にも伏在してゐたことを物語るものでなければならない。

ところでスミスによれば、中國の如き貧民階級が多數を占め、また畑地の完全に解放されてゐる國では、無防備の財産を有效に保護するための組織が、敢て不可缺といひえないまでも、極めて望ましいものであるといふ。(3)スミスの

いふ貧民階級は、斷わるまでもなく土地なき貧民大衆を意味する。ここに至つて、看青或は看樹の會の性格は判然とするであらう。即ち禾稼や森林に對して害を加へるのは、主としてこれらの貧民であり、この被害を防衞するための看青の會は、專ら土地利用者階級の組織に他ならないのである。尤も、浙江省衢州の青苗保護會は人の害と共に牲畜の踐踏を禁止し、河南省鹿邑縣の闔青會は麥禾の盜取と牛馬の私放とを等しく罰し、同樣に吉林省舒蘭縣の青苗會も人畜の加害を共に豫防するといはれ、また稀れには山東省荷澤縣の看青會の如く、ただ牛羊による踐食の防止のみを目的として揭げる事例も存在するのであつて、看青の會は、ひとり盜みによつて生活する貧民が鄉村に多いといふ理由のみによつて、設けられてゐるのではない。しかし看青の會の發生を見るに至つた主な動機が、貧民たちの盜取から自己の作物を保護しようとするところにあつたことは、疑ふことが出來ないのである。

（1）尹仲村、翟城村、一五〇頁。
（2）同上、一六九頁。
（3）Smith, Village-Life in China. p. 161.

三

右に述べた看青の會の成立動機と關聯して一言を要するのは、中國の鄉村に古くから存在する落穗拾ひの習俗である。詩經大田篇にある

彼有不穫稺、此有不斂穧、彼有遺秉、此有滯穗、伊寡婦之利

といふ句(1)は、周知の如く落穂拾ひの最古の記録として知られてゐるが、これに續くものとしては、列子天瑞篇の

林類年且百歲（書傳無聞、蓋、古之隱者也）、底春被裘、拾遺穗於故畦、竝歌竝進

といふ文(2)が擧げられ、やや後れて漢代では、後漢書范冉傳に

遭黨人禁錮、遂推鹿車載妻子、捃拾自資

とある(3)他、東觀漢記の桓榮傳にも

初榮遭倉卒困厄時、嘗與族人桓元卿俱捃拾、投間輒誦詩、元卿謂榮曰、卿但盡氣爾、當安復有施用時乎、榮笑而不應

といふ記事(4)が殘されてゐる。が同種の事例の一層多く見出されるのは、魏・晉・南北朝の時代であつた。卽ち魏志所引の魏畧の焦先傳に

焦先不踐邪徑、必循阡陌、及其捃拾、不取大穗、饑不苟食、寒不苟衣

とあり(5)、晉書庾袞傳に

歲大饑、藜羹不糝、門人欲進其飯者、而袞每曰已食、莫敢爲設、及麥熟、穫者已畢、而採捃尙多、袞乃引其群子以退曰、待其間、及其捃也、不曲行不旁掇、跪而把之、則亦大獲

とあり(6)、同書夏統傳に

夏統……幼孤貧、養親以孝聞、睦於兄弟、每採梠求食、星行夜歸、或至海邊拘螊蜐、以資養

とあり(7)、また宋書沈道虔傳に

沈道虔……常以捃拾自資、同捃者爭穟、道虔諫之、不止、悉以其所得與之、爭者愧恧、後每爭輒云、勿令居士知

とある[8]のがそれであつて、いづれも正史中の記録に止められてゐるが、さらに降つて唐・宋時代にいたると、詩歌の中に落穂拾ひをうたつた例が少からず現はれてくる。

即ちまづ唐代の例では、「暫往白帝復還東屯」と題する杜甫の詩に

復作歸田去、猶殘穫稻功、築場憐穴蟻、拾穗許村童、落杵光輝白、除芒子粒紅、加食可扶老、倉庾慰飄蓬

といふ句[9]があり、白居易もまた「觀刈麥詩」の中で

田家少閑月、五月人倍忙、夜來南風起、小麥覆隴黃、婦姑荷簞食、童稚攜壺漿、相隨餉田去、丁壯在南岡、足蒸暑土氣、背灼炎天光、力盡不知熱、但惜夏日長、復有貧婦人、抱子在其傍、右手秉遺穗、左臂懸弊筐、聽其相顧言、聞者爲悲傷、家田輸稅盡、拾此充飢腸、今我何功德、曾不事農桑、吏祿三百石、歲晏有餘粮、念此私自愧、盡日不能忘

とうたひ[10]、次に宋代の例では、陸游の「野歩」の詩に

場圃農功畢、村鄰醉叟多、野風吹慘澹、海氣起嵯峨、婦女窺籬看、兒童拾穗歌、身閑不自樂、如此莫年何

とある他[11]、樓璹の『進耕織二圖詩』の中にも「收刈」のことを詠じた

田家刈穫時、腰鎌競倉卒、霜濃手龜坼、日永身磬折、兒童行拾穗、風色淩短褐、歡呼荷擔歸、望望屋山月

といふ一詩[12]が殘されてゐる。なほ明の高啓に「看刈禾」と題した

農工亦云勞、此日始告成、往穫安可後、相催及秋晴、父子俱在田、札々鐮有聲、黃雲漸收盡、曠望空郊平、日入

負擔歸、謳歌道中行、烏雀亦群喜、下啄飛且鳴、今年幸稍豐、私廩各已盈、如何有貧婦、拾穗猶惇々

といふ詩(13)があるが、高啓は明初の人であり、我々はこの詩を見ることによつて、落穗拾ひがその時代の郷村にも行はれてゐたことを知るのである。

しかるに同じ習俗はさらに後世に傳はり、清の紀昀の『閲微草堂筆記』に

郷村麥熟時、婦孺數十爲羣、隨刈者之後、收所殘剩、謂之拾麥、農家習以爲俗

と見え(14)、また秦榮光の「請禁作踐妨農稟」に

棉花、自十月後、賸有零星小朶、郷間舊俗、一聽地方孤寡採之、本業戸不復與較、俗名捉落花、亦古者遺秉滯穗意也

と記されてゐる(15)のを始めとして、いはゆる「拾麥」と「捉落花」、卽ち麥と棉とに關する落穗拾ひの記事は、地理書の中にも習見してゐる。例へば河南光緒鹿邑縣志に

二麥纔登、貧家婦女、聯翩至野、拾取滯穗、狡悍者、或踏隙攙取、往々搆釁致訟、秋成時、各伍私相戒約、拾穗有禁

といひ(16)、河南道光伊陽縣志に

刈麥畢、婦女成羣、往來田塍、拾取遺麥、猶見古昔秉穗之風、竟有捆載而歸者

といはれてゐるのは拾麥の記事であり(17)、同じく伊陽縣志に

至秋末、拾棉花、甚至攘摘一空、名曰轟花、大安茹店諸鎭、屢受其害、今則攜男襁女、環坐田畔、或針黹或乳哺、

佚地主工畢、方群至地中、撿拾綿花、則以丢花之日爲準、然風氣雖改、而條禁尙不可廢

とあり、江蘇光緒嘉定縣志に

十月朔後、花鈴遺滯、鄉民爭攘、俗稱捉野花、十五成羣、鬪毆滋事、宜於九月中、先期示禁

とあり(18)、江蘇光緒川沙廳志に

每至木棉收後、田中尙遺未盡者、游手連羣攫取、名曰捉落花、最爲敝俗

とあり(19)、江蘇同治上海縣志に

九月、是月木棉盡采、有晚花鈴遺滯者、鄰近兒童拾之、名捉落花、恆聚毆、因施禁焉

とあり(20)、また王韜の『瀛壖雜志』に

滬人生計在木棉、……鄉人稱木棉、統謂之花、……花有早晚二種、早花於七月望時、已可采、取晚花則在九月初旬、自花開至結實、須時月餘、婦稚捉花、自朝迄暮、十月望後、花田中、偶有一二晚鈴遺滯者、鄰近兒童拾之、不禁、謂之捉野花

と見え(21)、張春華の「滬城歲事衢歌」の一つに

阡陌秋高日影斜、闌珊田事路三叉、忍敎寡婦空遺秉、留得淳風捉落花

と記されてゐるのは(22)、いづれも捉落花の記錄であつて、捉落花は別に「捉野花」とも呼ばれてゐたことが知られるのである。

ただ注意を要するのは、落穗拾ひがしばしば敝俗と見られ、また禁止を命ぜられてゐることである。その事例は上

記の鹿邑縣志、伊陽縣志、嘉定縣志、川沙廳志、上海縣志等に見出されるが、類似の例として、張春華は前に擧げた滬城歳事衢歌の後で

九月將殘木棉空野矣、偶有一二鈴晩茁者、留綴枝間、窶人拾之、或僅充一飽耳、見者往々爭逐、兩不相讓、鬪毆隨之、相傳爲敝俗

と述べ、秦榮光は捉落花の風の禁ずべきことを指摘して

近乃未至重陽、强壯男婦十百成羣、硬行採摘、並及靑鈴、冒充捉落花、此宜禁者二也

といひ、また河南道光輝縣志に載せられた知縣周際華の「禁拾麥」と題する一文は、拾麥禁止の理由を擧げて、以下の如く說いてゐる。

爲嚴禁拾麥、以靖澆風事、照得、拾麥之風、由來已久、亦所任皆然、詩曰、彼有遺秉、此有滯穗、伊寡婦之利、此最仁人、所宜矜恤、而不必過爲禁止者也、乃輝邑之俗、不惟老婦與寡婦爲之、卽靑年婦女、無論富貧、類皆游手好閑、不勤紡織、一朝麥熟、遂呼羣引類、阡陌充盈、恬然不以爲恥、且自恃女流、莫之敢拒、或偷或搶、釀成厲階、並不自顧死生、如蜂赴蜜、如蟻赴羶、宛轉乎鐮刃之下、奔竄乎車軸之間、偶有撃觸、雖死不懼、種々禍端、不一而足。(23)

因みに周際華によれば、輝縣には他縣及び他省より來たつて拾麥に從事する者が多く、特に收穫の季節に、輝縣の東北にある林縣と、その西北にある山西省陵川縣より拾麥を目的として來縣する者の數は二千を超え、いづれも拾麥十餘日にして始めて去るといふ。中國の落穗拾ひが如何に大規模に行はれるかを示す資料としても、周際華の右の文

は注意されなければならない。

さて上述の如く、落穂拾ひの俗を非としまたこれを禁止せしめるに至つた理由はさまざまであるが、その理由の主なものは、落穂拾ひが闘毆と騒擾の因をなすこと、落穂拾ひが收穫前の盜取に發展すること、强壯の男婦が自己の業を棄てて、かへつて攘竊のみを事とするに至ることの三つである。しかし落穂拾ひの禁止は、實は流弊の禁止であつて、落穂拾ひの俗そのものの一般的否定ではなかつた。周際華は、落穂が寡婦の利となるといふ既述の大田の詩を引いて、「此最仁人、所宜矜恤、而不必過爲禁止者也」と書いてゐるが、張春華も「相傳爲敝俗」といふ文につづいて「獨不思大田之章、彼有遺秉、此有滯穂、伊寡婦之利乎」といひ、秦榮光もまた既述の如く「鄕間舊俗、一聽地方孤寡採之、本業戶不復與較、……亦古者遺秉滯穂意也」と說き、孤寡のみの行ふ落穂拾ひは、大田の詩の示す矜恤の精神にかなふものとしてこれを許容し、さらに推稱しようとさへした。大田の詩のこの解釋が、儒教道德の立場からなされたものであることはいふまでもないであらう。がとにかくこの場合の落穂拾ひに、貧富間の共同精神を認めうることは確かであつて、このことは一般に、落穂拾ひが特に貧民或は困窮者によつて行はれる場合、その落穂拾ひは矜恤の精神に基くものとして、社會的な承認を受けたことを物語つてゐる。事實、古來落穂拾ひの事例として擧げられてゐるのは、その大部分が貧民或は困窮者によつて行はれてをり、落穂拾ひの流弊を認めてこれを禁止する場合にも、貧民或は困窮者のみは例外として、これを許容しようとした。

例へば列子の林類、魏畧の焦先、晉書の夏統、宋書の沈道虔はいづれも隱者であり、また後漢書の范冉、東觀漢記の桓榮、晉書の庾袞は共に窮乏に際して落穂を拾つたといはれ、さらに白居易と高啓の詩では貧婦人、秦榮光の文では孤寡、鹿邑縣志では貧家の婦女、張春華の文では寠人、杜甫、陸游及び樓璹の詩では兒童がそれぞれ落穗拾ひに從事したと記されてゐる。その他吳世勳の『河南』は、同地方の收麥後の落穗拾ひについて「老弱婦孺及無業之人、多以拾麥爲事」と書き、[24]スミスも繰り返し落穗拾ひと貧民との關係に觸れてゐるが、拾麥を禁じた周際華さへ、「鰥寡孤獨、窮而無告之人」のみは禁令の適用外にある者として、これに落穗拾ひの公けの權利を認めようとした。

このやうに、落穗拾ひが人倫的意義を有つものとして社會的な承認を受けるのは、落穗拾ひが、貧民或は困窮者によつて行はれる場合にのみ限られる。しかし落穗拾ひの許容は、反面から見れば、收穫前に於ける作物の盜取に對する禁止でなければならない。これは落穗拾ひの許容に伴ふべき當然の道德的制限であるが、この制限を犯す者が多いために、時期を定めてそれ以後の落穗拾ひのみを許すといふ方法が、各地に行はれてゐる。例へば既引の瀛壖雜志に十月望後と見え、秦榮光の「請禁作踐妨農稟」に十月以後といはれ、また山東省荷澤縣報告の後出の文に十月一日と記されてゐるのがそれであり、さらに同種のより古い例としては、淸の『授衣廣訓』にある

霜後葉乾、采摘所不及者、黏枝墜隴、是爲賸棉、至十月朔、則任人拾取、無禁、猶然遺秉滯穗之風、益徵畿俗之厚焉

といふ言葉を擧げることが出來る。[25]尤も、スミスは「一定の――といふよりもむしろ不定の――日以後、棉花を自由に摘むことの出來るのは貧民の特權であると考へられてゐる。この日の決定は、ある地方では知縣自身の布告によつて行はれ、……他の地方では一村または數村間の地方的協定に任される」と書いてゐるから、[26]落穗拾ひの開禁の日を、その都度決定する場合もあるわけである。がこれ以外になほ、湖北光緒鶴峯州志の保甲章程に

毎於禾穀將登、一家先收、無業游民、卽將其餘在田包□、任意取奪、名爲開禁

とあり[27]、旣揭の紀昀の文に

鄕村麥熟時、婦孺數十爲羣、隨刈者之後、收所殘剩

とあり、また吳世勳の『河南』に

毎屆富戶蠶麥（收麥）之時、隴畔塍上、圍繞如堵、平原麥田之中、遠望皆是、主人及看麥工人、時奮臂呼嚇、其間禁止前攖、有妨工作而拾麥者、亦俯首聽命、莫敢或先、迨收盡若干畝後、主呼曰拾罷、則拾麥者蜂擁而前、爭先恐後、奔馳往來、遠望幾疑、千軍萬馬、衝鋒陷陣、無何遺麥殆盡、喧聲漸寂

と記されてゐるやうに、一農家毎に、取り入れの終了直後若くは取り入れの進行につれて落穗を自由に拾はせるといふ事例も、開禁の名の下に存在してゐた。

すでに述べた如く、落穗拾ひは窮民の救濟を動機として生れた社會的制度と考へられてゐるが、落穗拾ひのこの說明は、詩經大田篇の詩の解釋として古くから行はれると共に、その解釋には儒敎的な立場がつよく反映してゐた。しかし落穗拾ひが窮民のみに許容せられる場合、儒敎的な立場にたつと否とに關はりなく、これに矜恤の動機の作用を認めうることは確かである。がさきにも一言したやうに、落穗拾ひはそれと同時に、落穗以外の作物の盜偸を防ぐといふ效果をも伴つてゐる。とすれば落穗以外の作物の盜偸を防ぐために、かへつて落穗拾ひを許容するといふ動機の存在も、考へられなければならない。道德的な立場から落穗拾ひを單に救恤の制度とのみ解釋する人々は、落穗拾ひの俗のこの一面の機能を見落してゐる。しかし一般に、落穗拾ひに作物の盜取に對する防止機能のあることは疑ひな

く、殊に地方的に開禁の日を定めてその日以後の落穗拾ひのみを許容する制度が、作物の盜取を未然に防止しようとする共同の意圖に導かれたものであることは、問題の餘地がなからうと思ふ。これはもちろん、落穗拾ひのもつ矜恤の機能の否定ではなく、落穗拾ひに矜恤以外の動機の作用しうることを端的に示すものとして、注目されるのである。この意味では、落穗拾ひは農作物保護のための消極的手段であつた。これに對應すべき農作物保護の積極的手段が、さきに述べた共同看守の組織であることは斷わるまでもない。

作物の保護のためにこの二つの手段を併用した例は、山東省荷澤縣に見られるであらう。民商事習慣調査報告錄所輯の同縣報告に

舊曆冬、令十月初一日以後、棉花地主已收十之八九、許貧民入地揀拾餘棉

とある他、その按語に看棉花會の俗を示して

該縣又有看棉花會者、於十月初一日以前、往々有貧民搶檢棉花之惡習、故預爲立會以防之

といつてゐるのがそれであり、(28)また同縣報告が、一方に於て旣述の如く看青會の存在を報ずると同時に、右の按語につづいて更に

又該縣至收麥收秋兩期、地主亦有許貧民入地拾麥拾秋者

と述べてゐるのも恐らくそれであつて、上記の文が、落穗拾ひの機能について何ら觸れるところがないにも拘らず、これらの場合に於ける落穗拾ひの許容が、それ以前に於ける看棉花會や看青會の活動と相俟つて、棉花及び麥禾保護の有力な手段とされてゐることは、疑問の餘地がない。卽ちこの地方の麥禾と棉花は、看青會や看棉花會によつて積

極的に保護されると共に、貧民に落穂拾ひの機會を與へるといふ方法によつても消極的に保護されてゐるのである。

(1) 毛詩注疏卷十四、小雅、甫田之什、大田。
(2) 列子卷一、天瑞（四部叢刊）。列子の製作年代については種々問題があるが、ここでは在來の說にしたがふ。
(3) 後漢書卷一百十一、列傳第七十一、范冉。范冉傳に引かれた袁山松書には「冉去官、嘗使兒捃拾麥、得五斛、鄰人尹臺遺之一斛、囑兒莫道、冉後知、即令并送六斛言、麥已雜矣、遂誓不敢受」とあつて、ここでは落穂拾ひをするのが范冉自身でなく、その子となつてゐる。
(4) 東觀漢記卷十六、桓榮。
(5) 三國志、魏志卷十一、焦先。
(6) 晉書卷八十八、列傳第五十八、庾袞。
(7) 同上卷九十四、列傳第六十、夏統。
(8) 宋書卷九十三、列傳第五十三、沈道虔。
(9) 杜甫、分門集註杜工部詩卷七、居室門、暫往白帝復還東屯（四部叢刊）。
(10) 白居易、白氏長慶集卷一、諷諭、古調詩、觀刈麥詩（同上）。
(11) 陸游、劍南詩稿卷五十四、野步。
(12) 樓璹、於潛令樓公進耕織二圖詩、收刈。
(13) 高啓、高太史大全集卷七、五言古詩、看刈禾（四部叢刊）。
(14) 紀昀、閱微草堂筆記卷十五、姑妄聽之。
(15) 秦榮光、請禁作踐妨農稟（皇朝經世文續編卷三十六、戶政、農政）。

(16) 河南光緒鹿邑縣志卷九、風俗。
(17) 河南道光伊陽縣志卷一、地理、風俗。
(18) 江蘇光緒嘉定縣志卷八、風俗。
(19) 江蘇光緒川沙廳志卷一、疆域、風俗。
(20) 江蘇同治上海縣志卷一、疆域、風俗。
(21) 王韜、瀛壖雜志卷二。
(22) 張春華、滬城歲事衢歌(上海掌故叢書)。
(23) 河南道光輝縣志卷十八、藝文、周際華、禁拾麥。
(24) 吳世勳、河南、四七頁(分省地誌)。
(25) 授衣廣訓卷上、棉花圖第五、採棉説(喜咏軒叢書)。授衣廣訓は、嘉慶十三年の勅撰。
(26) Smith, Village Life in China. p. 167.
(27) 湖北光緒鶴峯州志、附團練保甲章程。
(28) 山東省荷澤縣習慣、哄拾棉花(民商事習慣調査報告錄、二三八―二三九頁)。

四

落穗拾ひの右の機能は、恐らく落穗拾ひの歷史と共に古い。しかるに作物の保護を目的とする共同看守の會については、その發生の時代を審かにすることが出來ない。秦榮光の「請禁作踐妨農稟」は光緒八年の作であり、しかも左記の如く保護を要する作物の種類として、棉禾、荳麥、芝麻、蘆荻等をあげ、さらにその保護を何ゆゑに必要とするかの理由を詳細に說いたものとして、注目さるべき資料であるが、その說は單に作賊踐食の禁止を述べただけで、共同看守の必要と方法とを說いたものではなかつた。

一、棉花開時、鄉農必遲捉一二日、養使力足、則色白衣重、售價可豐、今不論月明黑夜、每被偷捉一空、俗名捉露水花、田宅隔離較遠者、被害尤甚、此宜禁者一也。

一、棉花、自十月後、賸有零星小朶、鄉閒舊俗、一聽地方孤寡採之、本業戶不復與較、俗名捉落花、亦古者遺秉滯穗意也、近乃未至重陽、强壯男婦十百成羣、硬行採摘、並及青鈴、冒充捉落花、此宜禁者二也。

一、近浦諸田、中高四低、俗號坍岡、但宜植棉、迺緣木棉價賤銷滯、閒有翻秔者、然挑高塡低、資本倍大、今於稻始熟時、乘夜偷割其穗、動輒盈畝、狼戾實多、此宜禁者三也。

一、棉箕拔後、有資本者、圖歇地力、任草生田、俗名早荒地、然特十中一二分耳、下戶貧農、多種荳麥、籍接青黃、今有縱牧牛羊、名食荒田之草、實幷荳麥而盡齧之、旣冬種之徒拋、復夏糧之無着、窮檐生計、頓絕其半、此宜禁者四也。

一、植棉之田、每於低塍或腰溝間、雜種赤綠黃豆芝麻等物、均民食所需也、今於將熟之時、縱令潑婦頑童、連根拔取、實不堪食、止可爲柴、於己無益、於人已損、此宜禁者五也。

一、水濱蘆荻、在官河則蘆課有征、在池漊亦準田起賦、自應由該糧戶承管、近乃春芽始生、便多無籍閒民、四出痛斫、賣充牛食、始及道旁岸上、繼幷全灘而蕩滌之、名曰砍青柴、公然白晝作賊、莫敢誰何、此宜禁者六也。

一、雞鴨本民間常畜、然五母雙雞、要有數限、近有不耕之夫、多畜此物、動以百計不加圏束、縦啄鄰田　無論棉禾荳麥、自苗至實、逐節受害、此宜禁者七也。

なほ秦榮光は、禁ずべきものの第八として、隣田の蹂躙を擧げてをり、また牛羊雞鴨による作物の踐食は、作賊に劣らぬ妨農の一因とされてゐる。しかるに秦榮光は、ただこれらの情事に對する永禁の必要を述べただけで、作物保護の對策を說かず、禁を犯した者に對する處置としても、僅かに「如有犯者、許該農業會同地保、捆送到案、從重責處」と論じてゐるに過ぎない。

周知の如く、農作物の踐食盜取は、古くから律法の嚴に禁止するところであつた。唐律疏議の「食官私田園果瓜」の條に

諸於官私田園輒食瓜果之類、坐贓論、棄毀者亦如之、即持去者、準盜論

とあり、(1)「官私畜損食物」の條に

諸放官私畜產、損食官私物者、笞三十、贓重者、坐贓論、失者減二等、各償所損

とあるのがそれであつて、(2)いづれも宋刑統にそのまま承け繼がれてゐるが、(3)明律と淸律もこれと類似の條項を設け、「擅食田園瓜果」の條に同じく

凡於他人田園擅食瓜果之類、坐贓論、棄毀者罪、亦如之

とある他、(4)「宰殺馬牛」の條の後段には

若放官私畜產、損食官私物者、笞三十、贓重者、坐贓論、失者減二等、各賠所損物

といふ規定が掲げられてゐる。[5] しかるに明律と清律には別に「盗田野穀麥」と題する個條があつて、それに

凡盗田野穀麥菜果、及無人看守器物者、並計贓准竊盗論、免刺

と規定せられ、[6] この條と上記の「擅食田園瓜果」の條とは、明確に區別されてゐる。清律の註は、區別の理由を說いて「擅食之義、與盗不同、盗者乘人之不見而竊取之、擅則不掩人知而泰然取之」といつてゐるが、唐律の輒食は擅食と同じく、また唐律の「持去」は恐らく盗取を意味すると思はれるから、明清律の右の區別は、すでに唐宋律に於ても認められてゐたわけである。

教民榜文によつて老人裁判權の一條目とされた「擅食田園瓜果等」、「棄毀器物稼穡等」及び「六畜踐食禾稼」の三つが、明律の前記の規定に基いてゐることはいふまでもない。ただ教民榜文には「盗田野穀麥」に對應する條項が缺けてゐるが、これは恐らく、竊盗の一つの場合として「竊盗」の項下に包含せしめられたがためであらう。[7]

田禾の盗取と牲畜によるその踐食は、呂坤の鄉甲約に於ても重大なる問題の一つとされてゐた。即ちまづ「鄉甲事宜」に

偷雞摸狗、拔樹掐穀、係本縣老戶人民者、牌書做賊某人

とあつて、[8] 雞を盗み犬を索め、樹を拔き穀を摘む者があれば、長さ二尺、廣さ八寸の豎牌一面を作つて、これに「做賊某人」とその名を書せしめ、次に「應和條件」の條に

牲畜食踐田禾、照畝賠償

と見え、[9] また「惡行條件」の條に

縱放生畜、作踐他人田禾、强砍兩隣樹木、……約中有此等人、不分初犯再犯、倶要紀惡、仍指實報官、依法重處

とあつて、[10]單なる踐食の場合にはその賠償を命じ、故意に牲畜を放つて踐食を敢てせしめた場合には、法によつて嚴重に處斷すべきものと定められてゐるのが、それである。

なほ金史刑志に

上見有蹂踐禾稼者、謂宰相曰、今後有踐民田者、杖六十、盜人穀者、杖八十、竝償其直

といふ記事があり、[11]元律にも

諸故縱牛馬、食踐田禾者、禁之

といふ規定が載せられ、[12]さきに述べた唐宋律の精神は、そのまま金・元時代の律法にも現はれてゐるが、この他、朱子の「約束不許偷竊禾穀」と題する文に

照對三縣管下、田禾雖是旱損、其間有水源及可車戽去處、今來漸次成熟、切慮有不守、行止之人聚集、偷竊禾穀、合行下巡尉司、嚴行禁約

と見え、[13]袁采の『世範』に

人有小兒、須常戒約、莫令與鄰里、損折果木之屬、人養牛羊、須常看守、莫令與鄰里、踏踐山地六種之屬、人養雞鴨、須常照管、莫令與鄰里、損啄菜茹六種之屬

と記され、[14]また明の『文昌帝君功過格』の如く

踐踏禾稼、三十過

の過格を定めた例[15]や、熊勉庵の如く「不費錢功德例」の一項として

不藉主人勢、縱放六畜、殘躪田禾苗

といふ個條を揭げた例[16]が見られると共に、より新しい資料としてさらに、山東咸豐濟寧直隷州志所輯の

一、潑婦聚衆、搶奪禾稼、除地主協同約地稟究外、罪坐男夫。

一、淸明前十日、牧放牛馬、踏食麥苗者、公稟究懲、並將牲口入官

といふ鄕約條規[17]や、宣統初年の鐘達の『城鎭鄕地方自治章程論綱』にある

如驅除害蟲、禁止牛馬踐踏等、皆爲實行防護靑苗之要務、以農業爲重之地、尤宜注意

といふ文[18]が擧げられるなど、秦榮光のいふ作踐妨農の行爲が、中國の鄕村に於ける社會秩序破壞の因子として、歷代の官憲及び知識人によつて如何に重大視されてゐたかがわかるのである。尤も、この中には律にいふ作物の竊取と擅食のことに觸れてゐないものもあるが、その場合にも、牲畜の害のみを重んじて、人的の害を無視したものでないことはいふまでもない。

以上の如く、他人の作物に加へる作賊踏食の行爲は、法律と道德のかたく禁ずるところであつた。しかしここにも何ら、民衆自身による防衛の措置が論ぜられてゐない。それにも拘らず作物保護の最も效果的な方法が、民衆自身による作物の直接監視にあることは明かである。さきに述べた共同看守の會はこの意味で注目せられるが、その發生が農民自らの創意に基くと考へられる點で、一層注目すべき意義があるのである。しかし農民はすでに水に關して共同の利害を感ずる人々であり、したがつて彼等が作物の看守に關して共同の利害を感ずるとしても、そこには何らの不

思議もない。要するに、これまでに述べた作物の共同看守は、水に關する通力合作と同樣に、中國の農民のもつ存在の共同性の一つの現はれに他ならなかつたのである。

ただここで注意して置きたいのは、さきに擧げた湖北鶴峯州志所載の保甲章程に「保田疇」といふ一條があつて、その中に

禾稼在田、必須互相保衞、早經出示曉諭、務當守望相助、協力稽査、倘有縱畜踐食苗稼、加倍罰賞、包穀結實之際、輪流出丁看守、盤獲賊盜、綑送究治

と記されてゐることである。保甲は治安確保のための組織であり、それが郷村に行はれる場合、その組織によつて守らるべきものに田疇を加へることは、不自然ではない。作物の看守はここでは保甲の一機能とされ、したがつてその看守は、當然共同的にのみ行はれなければならなかつた。

鶴峯州志によれば、右の規定は光緒十五年に作られたとある。しかし保甲をして作物の共同看守を行はしめる例は、すでに明代にも存在してゐた。浙江天啓衢州府志所輯の保甲規定に

吾謂、欲行保甲、須重保長、保長不必另擇也、昨歲見年里長、即爲今年總甲、令總甲擇立小甲二十人、報名在官、因以小甲二十人、分爲五班、一班四人、晝則譏察、夜則巡邏、有刈菜蔬盜瓜果、烹鷄犬敗田苗、事至微少者、動輒報官、嫌于紛雜、或許量罰

とある(19)のがそれであつて、ここでは小甲二十人を五班に分かち、一班四名を以て、常時作物看守の任に當らせようとしたのである。

右に述べた二つの保甲規定は、いづれも地方官廳の制定にかかるものであつた。治安維持や弭盗詰奸のための組織は、それが保甲の名によつて呼ばれると否とに關はりなく、古くから一般的な國家的制度として、或は特殊的な地方的制度として、種々の內容を與へられ、また多くの有識者によつて、さまざまの內容をもつ治安確保のための方法が考へられてゐる。しかしそれらの諸規定を通じて一般的にいひうることは、作物の看守をその目的の一つとして明示した例が、ほとんど見あたらないといふことである。この意味で、上記の二例は特筆さるべき大きな價値を有つてゐる。農作物に對するかりその盜取や踐食が、人命財產を脅威する賊盜的行爲に比べて、その犯罪性の度合に於て劣つてゐることは確かである。しかし農作物の盜取と踐食も、地方治安を攪亂する因子の一つであり、したがつてもし保甲的制度の目的が地方治安一般の維持にあるとすれば、農作物に關する犯罪の防止のみが、その目的の外に置かれたとは考へられないであらう。それにも拘らず治安の共同維持に關する諸規定中に、作物の看守に關した條項が加へられてゐないのは、恐らく保甲的制度が、元來都市と鄉村との區別なく實施せらるべきものであつて、その規定も、都市と鄉村とに等しく適用されうるやうな一般的な事項のみを必要としたからに他ならない。要するに、作物の共同保護に關する條項の缺如は、それが保甲の目的に合致しないがためではなく、かへつて鄉村の保甲目的に當然含まるべきものと考へられてゐた結果である。とのやうに見れば、農作物に對する共同看守の組織は、保甲的制度の歷史と共に始まるともいふことが出來る。

もちろん、賊盜に對する鄉村の共同防衞は、保甲或はこれと類似の國家的乃至地方的制度の存在を俟たずして、必要の都度、農民の自發的協力によつても行はれうるであらう。作物看守の共同についても、事情は恐らく同樣であつた。しかし治安維持の組織は、古くから公的の制度として行はれてをり、作物保護の獨立した組織も、この公的制度によつて敎へられるところがあつたかも知れない。しかし保甲的組織が、上記の如き廣汎な機能を營むかぎり、農作物保護の獨立の組織を設ける必要は存在しない。したがつて一般的にいへば、作物の看守のみを目的とする會の必要となるのは、恐らく保甲的制度が弛緩し、また具文に歸するに至つた場合である。卽ちそれは、保甲的制度の缺損を補ふために、特に鄕村に設けられた農民の組織に他ならないのである。この見地からみれば、明代の浙江省衢州府に作物の保護を目的の一つとする保甲組織が作られ、さうしてその同じ地域に、現在農禁會、青苗保護會の如きものが盛んに設けられてゐるといふ事實も、單なる偶然とは考へられないであらう。

保甲の如き一般的な防衞組織を設ける代はりに、作物の保護の會と財產の保護の會とを明確に區別して設置する場合がある。例へば山西光緒定襄縣補志所載の樊先瀛の「保泰條目疏」に

凡同牌比牌三十家、每於水火盜賊爭鬪之偶萠、則因切近而急爲援、不可少有遲延、至田野稼穡、約束相連數十家、按地畝多寡、輪流值日守望、誤值則有罰、有遺失、則計所失之數罰

とあるのはそれであり、また河北省定縣の大王耨村に於て、一方に看青と看樹のための看青舖を設けると共に、別に守夜專門の打更的を置いて、夜間に於ける一般治安の維持に當らせたといはれてゐるのもそれであるが、張析桂によれば、大王耨村の看青舖はその後保衞團に發展し、看青、看樹及び守夜の三つは保衞團に吸收されて、いづれもその部分的機能を成すに至つたといふ。したがつて初め別々に設けられた看青の組織と防衞の組織が、より廣汎な治安確保の組織として統一されることも、ありうるわけである。しかしこのことは、看靑をも含む一般的な防衞組織がまづ

設けられて、そこから看青の會が獨立化するといふ逆の過程の可能性を、否定せしめるものではない。既述の如く看青の會の發生の時代は明かでないが、少くとも近世の看青の會を問題とする限り、それは保甲的制度からの派生物と見るのが、至當のやうに思はれる。

(1) 唐律疏議卷二十七、雜律、食官私田園果瓜。
(2) 同上卷十五、廐律、官私畜損食物。
(3) 宋刑統の卷數は、唐律疏議のそれと同一である。
(4) 明律集解附例卷五・大淸律例增修統纂集成卷九、戶律、田宅、擅食田園瓜果。
(5) 明律集解附例卷十六・大淸律例增修統纂集成卷二十一、兵律、廐牧、宰殺馬牛。
(6) 明律集解附例卷十八・大淸律例增修統纂集成卷二十四中、刑律、賊盜、盜田野穀麥。
(7) 皇明制書卷九、敎民榜文。
(8) 呂坤、呂公實政錄、鄕甲約卷二。
(9) 同上、鄕甲約卷三。
(10) 同上、鄕甲約卷五。
(11) 金史卷四十五、志第二十六、刑。
(12) 元史卷一百五、志第五十四、刑法。
(13) 朱熹、晦庵先生朱文公文集別集卷九、公移、約束不許偸竊禾穀。
(14) 袁采、袁氏世範卷三、治家。

(15) 文昌帝君功過格、人類過格。
(16) 熊勉庵、賓善堂不費錢功德例、農家（陳弘謀、五種遺規、訓俗遺規卷四）。
(17) 山東咸豐濟寧直隷州志卷三、風土、東郷士民公呈郷約條規。
(18) 鐘達、城鎭郷地方自治章程論綱、農工商務事宜、防護青苗。
(19) 浙江天啓衢州府志卷十六、政事。
(20) 山西光緒定襄縣補志卷十二、藝文、樊先瀛、保泰條目疏。
(21) 張析桂、定縣大王耨村社會組織概況（北平晨報）。

五

では次に、農作物の共同看守の範圍はどのやうなものであらうか。まづ王宗培によれば、浙江省衢州地方の青苗保護會には、一村の居戶がこれを組織する場合と、數村の居戶が聯合してこれを組織する場合の二種があるといふ。この點についてはすでに前にも一言したが、さらにスミスによると、山東の作物看守の會にも、一村によつて組織される例と、隣接の諸村によつて組織される例の二つある由であり(1)、一般に作物看守の共同範圍には、一村を超えて數村に跨るものもありうるのである。

ところで看青の會の費用は、その會を組織するところの人々、即ちその會の保護を受くべき作物の所有者から、その所有地畝に比例して徵收せられる。一村の人々は普通、住址の近くに土地を有ち、相互に近接して生活すると共に、土地に關してもまた、互に地隣關係に置かれてゐる。村落の周邊に擴がる土地が共同保護の對象となるのは、その土地が彼等の耕作する土地であるからであるが、それらの土地は、その村に坐落を有する土地であつて、これを耕作する人々のすべてがその村に住む場合には、人の住址と土地の坐落とは完全に一致するであらう。例へば土地の坐落が甲村にあると共に、その耕作者もまた甲村に住むといふ場合である。さうしてこのやうな場合には、看青の費用は甲村の人々のみによつて負擔せられる。しかるに土地の坐落が甲村にありながら、これを耕作する者は乙村に生活するといふ場合もありうるのであつて、この場合には、土地の坐落と人の住址とは明かに異なつてゐる。ではこのやうな土地は、如何にして保護されるであらうか。

作物の共同看守は、土地が連續的に擴がつてゐるところに於てのみ可能である。なぜなら、遠隔の地に散在する土地の共同看守は、種々の不便と技術的な困難とを伴ふからである。故に甲村に坐落を有する土地は、その耕作者の住址の如何に關はりなく、甲村に坐落を有する他の土地と共に、同じ組織の保護下に置かれなければならない。甲村に土地を有する乙村の人は、この意味で甲村の看青の會に屬し、看青の費用は、當然甲村の看青會に納められる。このやうに見れば、甲村の看青の會が、人を中心として見るとき乙村の一部を含むにも拘らず、なほ甲村の看青會と呼ばれる理由は明かであらう。即ちそれは、作物の保護が甲村に坐落を有する土地の全體、いひかへれば甲村の土地に關して行はれるが故に甲村の看青會といはれるのであつて、その會を組織する者のすべて、或は大部分が甲村に屬するが故に甲村の看青會と呼ばれるのではない。もちろん實際の問題としては、甲村に土地を有する人々は、その全部或は大部分が甲村に生活し、したがつて甲村の看青會は主として甲村の人々から成り、他村からこれに加はる場合にも、それは會員の一部分に過ぎないであらう。しかし看青の會を限定する基本的要素は、どこまでも土地の坐落の共同といふことでなければならない。土地のもつ重要なる特徴の一つは、その坐落が特定の村との關係に於て固定的であるといふことである。例へば、甲村に坐落を有する土地はつねに甲村に屬して、如何なる場合にもその坐落が乙村に移るといふことはない。明の里甲制下の土地が、人の住址の如何に關はりなく、つねに一定の里に歸屬するものとされてゐたのも、恐らく同じ原理に基いてゐる。かつて述べたやうに、明の呂坤は土地と里との關係を說いて

以地爲主、不以人爲主、人係名於地、不許地係畝於人、蓋里甲有定、人無定、地者萬古里甲之地、人者隨時買賣之人、故不以人爲主

といつてゐるが、(2) 山東咸豐濟寧直隸州志所載の吳檉の「過割」論に

人隨地、地不隨人、人譬則鳥也、地譬則樹也、鳥之棲樹、彼此任其所之、未聞可移樹就鳥也、里有定地、地有定數、則歷久推收、無患隱漏矣

とあるのも、(3) それと同じ原則を示したものであつた。

しかるに吳檉によれば、この地方では上記の如き里甲の古制が破れて、北里の土地を購つてこれを己れの住する南里に過割する者や、西里の土地を購つてこれを己れの住する東里に過割する者が續出し、そのために經界の錯雜を來たして、無窮の弊と無窮の訟とを釀すに至つたといはれる。吳檉はこれが對策として、康熙三十五年に地畝坐落冊なるものを作り、地方を以て里に代へ、莊村を以て甲に代へると共に、地方と地方、莊村と莊村の境界を正すことに努め、また別に丁戶居址冊を置いて、同じ村に住む者の稅は、土地の所在の如何に關はりなく、ただその村のみを單位

として納めしめることとしたが、問題を今土地の所屬のことに限つていへば、それは結局、古の里甲の精神をそのまま莊村についても認めようとするものであつて、この原則の行はれる限り、村に對する土地の歸屬は、土地の坐落によつて一義的に決定せられ、その關係は所有者の他村への移住によつても、また所有權の村外への移動によつても、永久に變更せしめられることがない。がさらに一歩を進めていへば、土地の坐落が特定村の名によつて示されるといふ事實の中に、實は、その土地とこの村との不可離の關係が、すでに明瞭に現はれてゐたのである。

このやうに、吳樫は地畝坐落冊を作つて村と土地との歸屬關係を明かにし、また丁戸居址冊を設けて、村落單位の徵稅法を試みようとしてゐるが、その後に制定された雍正六年の順莊編里の法も、土地の歸屬の不變性の觀念を排除するものではなかつた。かつて述べたやうに、順莊編里の本質は、丁戸居址冊を設けしめた吳樫の意圖したところと同一であつて、それは村莊を單位とした組織を作り、土地の所在の如何に關はりなく、人戸の住址のみを中心とするその組織にしたがつて徵稅を行はんとするものに他ならない。徵稅のためのこの新たな組織は、いふまでもなく催徵上の便宜に基くものであるが、しかし土地の坐落を中心とした在來の組織も、田糧の清釐のためには大きな利便を有つてゐたのであり、それがために順莊編里の法の施行以後に於ても、一方に人戸の住址を中心とした冊籍と鄉村の組織とを作りながら、他方には土地の坐落を中心とした冊籍を設けて、兩者を併用した例が江南地方に多い(4)。後者即ち土地の坐落を中心とする冊籍は、その多くが在來の里若くは圖の形式をそのまま採用してゐるが、とにかく徵稅組織の改編以後に至つてなほこの種の冊籍が尊重せられ、また編造せられたといふことは、吳樫の說いた土地の所屬の不變性の觀念が、その時代の中國にひろく行はれてゐたことを示すものとして興味が深い。異なるのはただ、吳樫が村と土地との不可分の關係を論じたのに對して、江南の事例が、在來の里若くは圖に對する土地の所屬の不變性を考へてゐたといふ點だけである。

ところで右の問題と關聯して注意を要するのは、土地と村との上記の如き關係が、現在の山西及び綏遠地方に行はれる「賣地不賣社」若くは「走地不走社」の慣行の中に見出されるといふことである。「賣地不賣社」と題する民商事習慣調査報告錄所揭の山西省定襄・五臺兩縣報告に

村內所有地畝全數、註載地畝冊內、某人有地若干畝、村中公社支出款項、按地畝冊內畝數公攤、以後村中地畝、如有賣與外村人民時、祇許走地、不許走社、仍應擔負原村社款責任、謂之賣地不賣社

とあり(5)、また「走地不走社」と題する山西省屯留・潞城兩縣報告に

村中公社支出款項、均按照村中人所有地畝公攤、故本村之地、出賣於本村之人、則不生其他問題、倘或甲村之地、出賣於乙村、該地社錢、仍應向甲村公社交納、俗稱之爲走地不走社

と記され(6)、同じく「走地不走社」と題する綏遠省全區報告に

地主雖易、社不因之而易、謂之走地不走社（本地諺語）、例如甲村某乙賣地、與丙村某丁、如地屬甲村、則某丁仍應在甲村應社、不得以地主屬丙村、而社遂變更

とあるのがそれであつて(7)、この慣行は『山西省民政刊要』所輯の判決例に於て、法律上の效力を確認せられてゐる。即ちその判決例によると、山西省沁源縣王和鄉に土地を有する同縣西窰溝その他の村民が、王和鄉より受けた酬神演戲費の攤派を不當としてこれを省の民政廳に訴へたのに對し、民政廳は「賣地不賣社」が多年の慣例であるといふ理

由から、王和鄉に土地を有する者は、住址の如何に關はりなく王和鄉の村費を負擔すべきものとして、西窰村民等の訴願を却下せしめたのである。(8)

尤も、山西省民政刊要に載せられた平遙縣寧固阜村民の訴願に對する民政廳の同種の判決例によれば、この縣では、村費起派の原則としてもと屬人主義が行はれてゐたが、この法に伴ふ種々の弊害のために、光緒に至つて屬地主義にもとづくいはゆる「走地不走差」の原則が採用せられたのであるといふ。(9) しかしいづれにせよ、「賣地不賣社」、「走地不走社」、「走地不走差」等と呼ばれる慣行にもしこのやうな意味があるとすれば、この種の慣行の行はれるところ、我々はつねに村と村との關係に於ける土地の所屬の不變性を考へざるをえない。したがつてその場合には、村はその周邊にその村の土地のみを有つのであつて、村の境域は結局、その土地の終るところまで擴がつてゐる。さうしてこの事實はおのづから、村を異にする土地と土地との接するところに、村と村との境界のあることを敎へるであらう。すでに呉檉は村と村との境界を考へ、また平遙縣民の訴願に對する前記の判決例にも「本村(寧固阜村)與油房堡、村界毗連」といふ言葉がある。中國の村には境界がないとしばしばいはれてゐるが、しかし右の如き事例がかつて存し、また現に存在するのを見れば、中國にも村に對する土地の所屬の不變性と共に、固定的な村界の觀念のあることは明かであつて、それと共に、看青會のもつ地域的獨立性が、その究極に於ては、村との關係に於ける土地の所屬の共同性に基くと見ることも、可能となるのではなからうか。いひかへれば、一つの看青の會が特に「某村」の名を冠して呼ばれるのは、村と村との間に、土地を中心とした一定の地域的境界が考へられてゐる結果なのである。しかもこの原則は、作物の看守が、數村の聯合によつて行はれる場合でも異なるところはない。

以上の諸點を明かにするために、私はここに二三の例を擧げて置きたいと思ふ。そこでまづ梁楨の報告によれば、河北省永清縣解口村では、同村の青苗會に屬する耕田の範圍を「青圏」とよび、この青圏内に土地を有する地主は、解口村以外の東解口、韓村、東西營、大站、莊窩等の諸村にも生活してゐて、その總畝數は千五百三十畝をかぞへ、直徑は約一里半に及び、解口村の位置は青圏のほぼ中心に當つてゐるといふ。ところで上記の諸村に住居をもつ地主が、青圏内に有する地畝の割合は

解口	九三五・五	東解口	三六四・五	韓村	九五・〇	東西營	七五・〇	大站	五三・〇	莊窩	七・〇

となつてゐて、解口村民の土地は青圏全體の約六一％に及んでゐるが、しかしこの場合の青苗會が特に解口村のものとされるのは、その會の保護を受ける土地の過半數が解口村民に屬するといふ理由によるのではなく、むしろ青圏の全體が、解口村に坐落を有する土地であるといふ理由に基くのである。したがつて解口村以外の村に住む人々も、その土地が解口村に所屬する限りに於て解口村の青苗會に屬し、それにつれて「青錢」即ち看青の費用は、解口村の青苗會に對して納付されなければならなかつた(10)。

解口村の場合は、解口村に青苗會が設けられ、解口村に土地を有する他村の人々をそれに參加せしめる例であるが、もし甲村の人が乙村に土地を有し、反對に乙村の人が甲村に土地を有するといふやうな場合には、問題がやや複雜となるであらう。卽ちここでは、甲村の土地は甲村の看青會により、乙村の土地は乙村の看青會によつて、それぞれ共同看守せられると共に、甲村の人が乙村に、乙村の人が甲村に直接青苗錢を納めるといふ方法をとらずに、甲村の人は甲村に、乙村の人は乙村にそれぞれの青苗錢を納付して、最後に兩村間の清算が行はれるのである。例へば、旗田

巍氏の調査された河北省順義縣に於ける沙井、石門、望泉寺、南法信間の關係がそれであつて、この種の關係を有する數個の村は、互に「連圈」の關係にあるといはれる。卽ち沙井、石門、望泉寺、南法信の四村は一つの連圈を構成し、また旗田氏によれば、その附近の北法信村、焦各庄、大井窪村も、同樣の連圈關係を有つてゐる。(11) 連圈をなすこれらの村々は、いづれも村每に青苗會を組織してゐて、一つの連圈に一つの青苗會が設けられてゐるわけではないが、連圈內の青苗會が相互に何ほどかの繫がりを有つてゐるといふ點で、前記の解口村の場合とはおのづから異なつてゐるのである。

がさらに進んで、數個村の聯合によつて共同看守の會を組織するといふ例が、山東省鄒平・齊東地方一帶の義坡社の調査報告に揭げられた、鄭、官、郭、呂、張の五莊間に見られる。卽ち何治平の報告によれば、上記の五莊は會盟して一社を立て、次の如き社規を定めてゐるといふ。

一、坡規　每年必共議定日期、方可打柴亂坡、如有違期犯坡者、無論何莊何人、會社公賞公罰、不准因感情而破社規、因私意而釋放犯者。

一、戲資　每兩銀七角、演戲前湊齊備用、倘有不足、各莊自籌、或有剩餘、歸大社儲蓄、雖共議二年一次、亦必斟酌豐凶年景、而制宜焉。

一、自經大家議定亂坡打柴後、各莊要早雇看坡者、以防患於未然。(12)

卽ちここでは看青の開始期が五村の協議によつて定められ、同じ約規の遵守が五村民に對して要求されると共に、演戲費の徵收も同樣に行はれ、特に演戲費に餘剩の生じた時は、これを大社に儲蓄することと規定せられてゐる。これらの取り極めを見ると、この場合の義坡社が五村共同のものであることは疑ひないが、右の約規中に看守人の雇用は村毎に行ふと記されてゐるから、各村毎に雇用せられた看守人は、相互に協力しつつ、しかも各自の地界内を限つて、その直接の責任範圍としてゐるのである。

このやうに、作物の共同看守には、一村のみによつて行はれるものと數村の聯合によつて行はれるものとの二種類がある。禾苗の看守に現はれる合作のこの諸形式は、治水灌漑の際の合作の諸形式と共に、郷村共同態の重層性を示すものとして注意せられなければならない。がこの他になほ、地隣關係にある二三の家が協同して作物の看視を行ふ例や、自己の畑の看視を主とし、ついでに隣の畑にも注意するに過ぎないといふ程度の協力形式も存在してゐる。河北省欒城縣寺北柴村の公看莊稼は第一の例、山東省恩縣後夏寨莊の義坡は第二の例であつて、いづれも滿鐵北支慣行班の調査報告中に示されてをり、合作範圍の狹小性に於て、前記の諸例と鋭い對立を見せてゐる。しかしこのことは、一村若くは數村によつて行はれる作物の共同看守、とりわけ一村毎に組織せられる看青の會のひろく存在する事實を否定せしめるものではない。

なほ最後に一言を要するのは、看青の會の統制組織であるが、看青の會には普通一人の首長が置かれ、その首長には會員の選擧によるものと、地方自治體の役員がこれを兼ねるものとの二つがある。王宗培の擧げた浙江省衢州地方の青苗保護會は第一の例であつて、ここでは郷里の德望のある者または縉紳が會長に選ばれ、大族の聚居する村では、各姓毎に一名の代表者を選出せしめてゐる。また前記の山東省鄒平・齊東一帶地方に於ける義坡社の長も、年高有德にして公正なる者でなければならなかつた。

次に、地方自治體の役員をして看青の事務を兼ねしめる例は、河北省定縣の翟城村に見られるであらう。即ち光緒三十年と三十一年とに始められた同村の看稼と森林の保護に關する規約は、村正及び村副の作製にかかり、看守人の雇用も村正副の責任に屬し、田疇森林保護の仕事は、ここでは村落行政事務の重要なる一項目とされてゐる。同樣にスミスの述べた看青の會も、村長の管理下にあつたといはれてゐるが、一層古い例では、鄉約をして看青事務を主辦せしめたといふ事例が注目せられる。山本義三氏の引かれた「滿洲遼陽州鄉約執照」に

僱人看守禾苗、不准他人爭奪看青、如有匪徒偷竊禾稼、准該鄉約等起獲賍賊、送案究辦

とあるのがそれであつて、ここにいふ鄉約は、呂氏鄉約に始まる鄉村敎化團體としての鄉約のことではなく、村の公共事務を管理するために清代の鄉村に設けられた鄉職の名であつた。その主な任務は租稅の催徵と治安の維持の二つであるが、この地方では、作物の保護も一般的公共事務の一つとして、鄉約の權限下に置かれてゐたのである。この他、既述の河北省大王耨村に於ては、看青、看樹及び守夜の任務が保衞團に屬すると共に、保衞團の長は村長がこれを兼ねてゐるといはれ、また保甲をして田疇禾稼の保護を行はしめる場合には、浙江衢州府志や湖北鶴峯州志の記載の示すやうに、保甲の長が看青の事務をも辦理した。

(13)

(1) Smith, Village Life in China. p. 164.
(2) 呂坤、呂公實政錄、民務卷四、治民之道、改復過割。
(3) 山東咸豐濟寧直隷州志卷三十一、藝文、吳梩、過割。過割は、名義の書き換へを意味する。
(4) 江南地方では、土地の坐落を中心とした册籍を「坵領戶册」、人戶の住址を中心とした册籍を「戶領坵册」と呼んでゐるが、

後者がいはゆる「順莊」の法であつて、前者はこれと區別するため、特に「版圖」の法と呼ばれてゐた。

（5）山西省定襄・五臺兩縣習慣、賣地不賣社（民商事習慣調査報告錄、二九七頁）。
（6）山西省屯留・潞城兩縣習慣、走地不走社（同上、三〇四―三〇五頁）。
（7）綏遠全區習慣、走地不走社（同上、一三頁）。
（8）山西省民政廳訴願決定書、願字第十六號（山西省民政刊要、訴願決定書、一〇―一一頁）。
（9）同上、願字第二十二號（同上、一七―一八頁）。
（10）梁楨、解口村大秋靑苗會之概況（北平晨報）。
（11）滿鐵北支慣行調査資料、村落篇。
（12）何治平、山東鄒平・齊東一帶義坡社之調査（天津益世報）。
（13）山本義三、舊滿洲に於ける鄕村統治の形態（滿鐵調査月報、第二十一卷第十一號、五五頁）。

六

以上に述べたのは、人畜の盜取或は踐食から農作物を保護するための組織であるが、農作物保護の他の一つの組織として、治蝗卽ち蝗蝻の驅除または捕獲に關するものがある。蝗蝻の害は、人畜の害のやうに一つの地域に不斷に生發する虞れのあるものではない。しかし宋史五行志の示すやうに、全國的に見れば蝗害はほとんど連年所を變へて發生してをり、また稀れには、周期的に飛蝗の來襲を蒙る地方さへも存在してゐる。(1) しかもその災害の程度は、人畜の與へるそれとは比較にならぬほど大きいのであつて、蝗害の甚大を傳へた記錄は、正史の中にも少からず殘されてゐ

る。晉書五行志に

魏懷帝永嘉四年五月大蝗、自幽幷司冀至秦雍、草木牛馬毛鬣皆盡

とあり(2)、魏書靈徵志に

高祖太和五年七月、敦煌鎭蝗、秋稼畧盡

とあり(3)、舊唐書五行志に

興元元年秋、關輔大蝗、田稼食盡、百姓饑、捕蝗爲食、蒸曝颺去足翅而食之

とあり(4)、さらに明史五行志に

萬曆四十四年九月、江寧廣德蝗蝻大起、禾黍竹樹倶盡

とある(5)のはその最も顯著なるものであるが、しかし蝗蝻の害は、人畜の與へる害に比べて單に甚大であるといふばかりではなく、後者がつねに局地的の災禍に止まるのに反して、前者は晉書五行志に

元帝太興元年六月……乙未、東莞蝗蟲、縱廣三百里、害苗稼

といひ、舊唐書五行志に

長慶三年秋、洪州旱螟蝗、害稼八萬頃

といはれてゐるやうに、しばしば廣汎なる地域にわたつて同時に起り、その飛翔の狀態は「雲の如く日を翳ひ」、「煙霧の若く天を蔽ふ」と形容せられ(6)、撲殺捕獲された蝗の數も、舊唐書五行志所載の開元四年五月の山東に於ける例によれば十四萬四、宋史五行志所載の淳熙九年七月の眞・揚・泰三州に於ける例によれば五千斛にも達し、後の例では

日に數十車を捕へた地方さへもあるといはれてゐる。

蝗蝻の被害は、かくの如く甚大且つ廣汎である。蝗害の慘禍について、淸の馬源は

蝻生遍野、厚尺餘、居民顧麥禾在田、相望驚愕、至號泣

と述べ、(7) また魏裔介は

不意蝗災流行、秦晉燕趙、剝食甚慘、百姓迎蝗陣而跪禱、大聲悲號、三春勞苦、盡成枯幹、慘苦之情、不忍見聞

と書いてゐるが、(8) 淸朝に於ては、これがためにしばしば官府若くは地方官廳より捕蝗或は殺蝗の命令が發せられ、また或は蝗蝻驅除のことが村落の行政機關によつて取り上げられ、さらに郷村の間に自治的な治蝗のための團體が組織せられた。さうしてここに、中國郷村に於ける通力合作の新たな問題が起るのである。

ところで治蝗の組織についてまづ注意せられるのは、蝗害地域が廣大となるにつれて、これを驅除するための組織も、相當大規模のものを要するであらうといふことである。尹仲材の『翟城村』に

此問題、非有大組合之團體發生、不易奏功

とあるのは(9)その意味であるが、その地域にはやはり時によつて廣狹の差があり、それに應じて、蝗蝻を驅除するための組織にもさまざまの規模がなければならない。またその組織は、農民自身によつて自治的に行はれるか、或は官憲の統一的計畫に基いて行はれるかの相違にしたがつても、種々に異なつてくるはずである。

『翟城村』の記載によれば、同村では光緒三十四年の秋蝻蟲の發生を見、米春明なる者が各戸に勸め、男女老幼を率ゐて捕打に努めたために蟲災大いに減じたといはれ、ついで民國四年に飛蝗の來襲を受けた時は、全村が叶商して

防除害蟲會を組成し、會長一名と幹事四名とを擧定するほか、別に臨時害蟲防除委員八名を推擧して、害蟲の豫防と驅除の方法を考へしめたといふ。また全村が一致して蝗害の防止に當つた例は、河北省欒城縣寺北柴村に關する滿鐵北支慣行班の調査報告中にも、見られるであらう。(10)

右の二つは、蝗蝻その他の害蟲の驅除が一村の協力により、しかも自治的に行はれた例であるが、官憲の指導下に行はれる治蝗の方法は、一層組織的であると同時に、一層廣汎な地域を對象としてゐる。例へば竇光鼐の「陳捕蝗事宜疏」には

凡蝗蝻生發鄉地、一面報官、牌頭卽率本村居人、齊集撲捕、如本村人不敷用、卽糾集附近毗連村莊居人協捕、如能卽時撲滅、地方官驗明、約加賞賚、如扶同隱匿、一經査出、卽將田戶與牌頭鄉地、一併治罪、如近村人夫仍不敷用、地方官酌撥漸遠村莊、輪替協捕、如蟲孽散布、連延數村、則各村之人、在本村撲捕、各於附近村莊撥夫協濟、以次及遠

とあり、また

捕蝗必用本村近地之人、方得實用、嗣後凡本村及毗連村莊在五里以內者、比戶出夫、計口多寡、不拘名數、止酌留守望餽餉之人而已、五里之外、每戶酌出夫一名、十里之外、兩戶酌出夫一名、十五里之外、仍照舊例三戶出夫一名、均調輪替、如村莊稠密之地、則五里以外、皆可少撥、如村莊稀少、則二十里內外、亦可多用

ともあつて、(11)蝗蝻が特に一地に發生した時はその村をして撲捕の責めを負はしめ、もし人力に不足を生じた時は近村の援助を求め、またもし蟲孽が數村に擴散した場合には、各村每にこれを撲捕すると共に、その附近の村莊をして協

濟せしめることとし、しかも近村よりの協力については、距離の遠近にしたがつてその協力の度合に差等をつけしめようとしてゐる。卽ち竇光鼐は、蝗害驅除のために一村內の合作を說くと共に、隣村間の協力の必要をも指摘したのであつた。驅蝗の組織は、このやうに蝗蝻の生育、擴散、飛來の程度にしたがつておのづからその規模を異にせざるをえない。ただ竇光鼐は、その場合、蝗蝻生發の鄕地に於ける一村の協力をまづ要求したが、莊有恭の「陳捕蝗利弊疏」は

蝻孼一有萠生、甲長一面撥夫撲捕、一面通知地保報官、卽撥鄰保協濟

と述べて(12)、蝻子發生の初期に於ては、隣保のみの協濟によつて驅蝗の目的を十分に達しうると考へてゐる。しかし驅蝗に於ける協力の必要を認める點では、兩者の立場は全く異なるところがないのである。

（1）宋史卷六十二、志第十五、五行。
（2）晉書卷二十九、志第十九、五行。
（3）魏書卷一百十二、志第十七、靈徵。
（4）舊唐書卷三十七、志第十七、五行。
（5）明史卷二十八、志第四、五行。
（6）宋史卷六十二、志第十五、五行。
（7）馬源、捕蝗記（皇朝經世文編卷四十五、戶政、荒政）。
（8）魏裔介、踏勘蝗荒議（同上）。
（9）尹仲村、翟城村、一五一―一五二頁。

(10) 滿鐵北支慣行調査資料、村落篇。
(11) 竇光鼐、陳捕蝗事宜疏（皇清奏議卷五十八）。
(12) 莊有恭、陳捕蝗利弊疏（同上卷四十七）。

七

治水灌漑に於けると同様に、官憲の治蝗政策は、多くの場合、統一的な觀點に立つて一村內の協同若くは村と村との協力を求める。しかるに農民は、往々にして他村の安否に對して無關心を裝ひ、そのうへ自村の蟲害の豫防や除去についてさへ、消極的な態度を取りがちであるといはれてゐる。例へば陳弘謀の「出土蝻子責成佃戶搜除檄」に

蝻子出土、形如螻蟻、甫能蒴動、尙未跳躍、所生地面不過分釐、僅如席片之大、此時撲除仍易滅絕、祇因地主佃戶、以長成之後跳躍別處、未必盡食己苗、又慮起夫撲打踐踏田苗、所以旣不撲打、亦不報官

とあり(1)、また鄧瑤も「與尙邑侯論收蝗蝻書」に於て

新化蝗所遺種、有多者、有最多者、有略少者、亦有蝗所未所至者、鄉愚藉口是村無蝻、卽不肯出丁協搜、彼此推諉、貧富一律不知、蝻一蠢動、災徧四鄉、悔無及矣

と書いてをり(2)、これらの主張を見ると、蝻子がすでに他に飛び去つて、已れの田に被害の少なかつたことを理由とし、或は已れの田苗が撲打踐踏されることを恐れて起夫に努めず、また官に報ずることを怠る者や、さらに蝻子の生じないことを理由として、出丁協搜を免れようとする者のあつたことが知られる。

しかし治蝗或は驅蝗に對する農民の廻避的態度は、他の重要なる原因にも基いてゐる。卽ち沈受宏の「捕蝗說」に

康熙十一年江南大蝗、七月入蘇州、有以蝗爲神、而不敢捕者、予聞之曰、甚矣其惑也

とあり(3)、鄧瑤の文に

郷民多言、蝗爲神蟲、不宜傷害、一人言之、衆人信之、此種謠言、深堪痛憾

と記されてゐるやうに、農民にとつて蝗は神蟲であり、これを傷害することは、神威の怖るべき冒瀆であると考へられてゐた。が一層重要なのは、農民が除蝗の意志を有しながら、しかもそれを神に祈るのみで、自らは手を拱いて捕殺を憚る者が多いといふことである。さきに述べた唐の開元四年五月に於ける山東の大蝗に關して、舊唐書姚崇傳はすでに

開元四年、山東蝗蟲大起、崇奏曰、毛詩云、秉彼蟊賊、以付炎火、又漢光武詔曰、勉順時政、勸督農桑、去彼蝗蜮、以及蟊賊、此並除蝗之義也、蟲既解畏、人易爲驅逐、又苗稼皆有地主救護、必不辭勞、蝗既解飛、夜必赴火、夜中設火、火邊掘坑、且焚且瘞、除之可盡時、山東百姓、皆燒香禮拜、設祭祈恩、眼看食苗、手不敢近、自古有討除不得者、祇是人不用命、但使齊心戮力、必是可除、乃遣御史、分道殺蝗

と書いてゐるが(4)、劉猛將を驅蝗の神として祀る江蘇・浙江地方の習俗も、この種の例に數へられるであらう。例へば江蘇嘉靖吳江縣志に

是月(立春)、坊巷郷村、各爲天曹神會、以賽猛將之神、相傳神能驅蝗、故奉之

とあり(5)、江蘇道光光福縣志に

中元前後、猛將會村々有之、農人報以驅蝗之功也

とあり(6)、江蘇光緒金山縣志に

村落中、莽將廟所在多有、冬春賽禱、以祈田事、按居易錄、南宋劉漫堂宰爲蝗神、劉金壇人、專祠祀之、則蝗不爲災、俗稱呼猛將

とあり(7)、また江・浙地方の風俗を傳へた清の顧祿の『清嘉錄』の一月の條に

十三日、官府致祭劉猛將軍之辰、……相傳神能驅蝗、天旱禱雨、輒應爲福、畎畝故鄉人、酬答尤爲心愫、前後數日、各鄉村民、擊牲獻醴、擡象游街、以賽猛將之神

といひ(8)、七月の條に

是時(七月)、田夫耕耘甫畢、各釀錢以賽猛將之神、舁神于場、擊牲設醴、鼓樂以酬、四野徧插五色紙旗、謂如是則飛蝗不爲災、謂之燒青苗

と書かれてゐる(9)のがそれであつて、劉猛將の祭は、南宋の頃から、江南地方にひろく行はれる定期的年中行事の一つをなしてゐた。その限りに於てそれは、蝗害の發生を未然に防がうとする豫防的な意味を有つが、しかし劉猛將の祭は、蝗害の豫防のためにのみ行はれたのではない。河北乾隆行唐縣新志に

江浙風俗、民間祀劉猛將、歲時祈報、……康熙癸未歲、吳中蝗、鄉民揭竿祭賽、蝗遂滅、事載邑志、吳中猶祀之、事非無稽

とあり(10)、周燾の乾隆十七年の「請除蝻種疏」に

闘地方官、值蝗盛之時、往々束手無策、不過叩禱劉猛、祈以神力驅除、要皆循行故事、未嘗講求拔本塞源之計者也

と述べられてゐるやうに、[11] 劉猛將は蝗蝻のすでに發生を見た場合にも、これを驅除する力を有つものと信ぜられてゐたのである。

これに對して周燾は蝗災に際して祈禱のみを事とする地方官の無策を非難し、「事無稽に非ず」と書いた行唐縣新志は、この文につづいて

第小民無知、專務祈禱、不急撲滅、此大惑也

と記し、さらに顧彥の『治蝗全法』にも

遇蝗禱神、只應禱本處之山川城隍里社邑厲、以及關聖帝君火神劉猛將軍而已、其餘淫祀、無庸多及、且須一面禱、即一面捕、切勿以爲禱必有靈、可不驅捉、蓋設無靈則悔無及矣

とあつて、[12] いづれも祈禱と共に捕殺驅除の不可缺であることを說いてゐるが、すでに姚崇もかかる迷信を非とし、詩經大田篇の言葉を引いて焚瘞の法を說くと共に、農民自身の齊心戮力の必要を論じた。元の社規にある

若有虫蝗遺子去處、委各州縣正官一員、於十月內、專一巡視本管地面、若在熟地併力番耕、如在荒野先行耕圍

といふ規定[13]や、前に述べた賨光鼐その他の捕蝗說が、同じ立場にあることはいふまでもないであらう。農民的迷信は、彼等にとつて關はるところではなかつたのである。

ただここで一言して置きたいのは、祈禱が捕殺を伴ふと否とに關はりなく、驅蝗の祭そのものが、實は農民によつ

て常に共同的に行はれてゐたといふことである。共同の祈願は、蝗害が共同の災厄であり、その除去が共同の關心事と考へられてゐるところにのみ起る。さうしてこの意味の共同の祈願も、明かに共同除蝗の一つの方法でなければならない。祈禱の效果が信ずべからざるものであるにしても、とにかく我々は共同祈願の習俗を通して、蝗蝻の驅除と豫防が、農民にとつて大きな共同の關心事となつてゐたことを知ることが出來る。

しかし既述の如く、蝗蝻の共同驅除は、農民によつて自治的にも行はれうる。諸晦香の『明齋小識』に、鳥害の共同驅除のことを述べた

是歲之秋、農將登穀收穫、若寇盜之至、爲有野鴨、從空奮飛、勢如風雨、不爭而集、數畝之禾可罄、鎗網不能制、鄉人每結隊、鳴鑼以逐之、始不敢下、稍懈羣集矣、如是半月、東西兩鄉爲尤甚

といふ文(14)があるが、鳥害の驅除は、蟲害のそれと同樣に田禾の保護をその目的とするものであつて、私はこの事例を、共同の驅蝗が、農民の間で自發的に行はれうることを示す、一つの傍證として擧げて置きたいと思ふ。

我々の資料は、なほ蝗蝻驅除の自治的な協力範圍を一般的に推定せしめるには足りない。前に擧げた河北省の翟城村と寺北柴村は、明かに全村の協力によつて驅蝗に努めた例であるが、しかし看青の場合に見られるやうに、自治的な驅蝗についても、數家のみの協力と數村間の協力とを考へることは不可能ではないであらう。官憲の指導下に行はれた驅蝗の種々の例は、我々にこのことを敎へる。がそれと同時に、看青の多くの事例と同樣に、蝗害に對する關心の共同範圍、したがつて驅蝗の共同範圍もまた、恐らく村落を以てその一應の限界としてゐたことと思はれる。

捕蝗之夫、宜先用本處村民、必本處村民數不敷用、然後再用他處人夫

と述べた顧彦は、その理由を擧げてさらに

以本處村民、則事關自己、撲捕必力、愛惜田禾、踏傷必少也

といつてゐるが、(15) 本村人を以て驅蝗の主體とし、力足らざる時に始めて近村人の協捕を要求した竇光鼐も、多分同じ事實の認識の上に立つてゐる。自治的に行はれる驅蝗の組織は、多くの場合、村落のもつ共同性の地盤の上に作られる。もちろんこのことは、災害の及ぶ範圍が廣大な地域にわたる場合に、隣村間におのづから何らかの形に於ける協力の行はれうることを否定しない。しかしその禍害が已れの村に波及しない限り、農民は他村の安否を意に介しないのが普通であるといふ。鄧瑤が「鄕愚藉口是村無蝻、即不肯出丁協捜」と述べたのはその意味であつて、農民のこの態度を矯正するためには、官憲による強力な指導と强制とを必要とした。

蝗害の共同驅除に現はれる村落の自主性と閉鎖性は、さきに述べた劉猛將に對する驅蝗の共同祈願にも現はれてゐる。卽ち江蘇光福縣志に「猛將會村々有之」とあり、江蘇金山縣志に「村落中、莽將廟所在多有」とあるのがそれであつて、これらの地方では劉猛將の祭が村毎に行はれてをり、しかもそれは、祈願の目的が蝗害の豫防にあると、すでに發生した蝗蝻の除去にあるとによつて、異なるところはなかつたのである。

私は以上に於て、看青と驅蝗に於ける通力合作の形式を論じ、その主要なる形式が、一村全體の協力にあることを明かにした。これは治水灌漑に於ける合作の形式、卽ち水の社會性について述べた我々の主張と完全に一致する。さうしてこの一致は、看青と驅蝗に於ける協力の範圍を地域的に限定するものが、ここでも村落のもつ強い地緣的共同關係に他ならないことを敎へるであらう。繰り返し述べたやうに、看青驅蝗のための協力は、村落內の地隣的小集團

によつて行はれると共に、村落と村落との間でも可能である。このこともまた治水灌漑のための協力について指摘したところと同様であつて、協力範圍のこの段階的差異は、地縁共同態が成層的構造をもつといふ地縁社會の一般的特質に繋がつてゐる。しかるに共同態を共同態たらしめる本質的契機は、かつて述べたやうに内部に於ける統一性と外部に對する封鎖性の二つであり、村落はこの點に於て勝れた意味の地縁共同態を形成してゐる。私は前に、治水灌漑に於ける協力の主體としての村落の意義を、村落に固有のこの構造的特質によつて説明したが、同じことは看青驅蝗のための協力についても、指摘されうるであらう。即ちこの場合の協力について看取される村落の重要性もまた、村落が勝義の地縁共同態であるといふ、既述の根源的事實に基いてゐるのである。

(1) 陳弘謀、出土蝻子責成佃戸搜除檄(皇朝經世文編卷四十五、戸政、荒政)。
(2) 鄧瑤、與侚邑侯論收蝗蝻書(同上續編卷三十八、戸政、荒政)。
(3) 沈受宏、捕蝗説(皇朝經世文編卷四十五、戸政、荒政)。
(4) 舊唐書卷九十六、列傳第四十六、姚崇傳。
(5) 江蘇嘉靖吳江縣志卷十三、典禮、風俗。
(6) 江蘇道光光福縣志卷一、風俗。
(7) 江蘇光緒金山縣志卷十三、典禮、風俗。
(8) 顧祿、淸嘉錄卷一、祭猛將。 顧祿は劉猛將に關する諸説を擧げてゐるが、宋の名將であるといふこと以外は明かでない。
(9) 同上卷七、燒青苗。
(10) 河北乾隆行唐縣新志卷五、憲政。

(11) 周燾、請除蝻種疏（皇清奏議卷四十七）。
(12) 顧彥、治蝗全法卷一。
(13) 元典章二十三、戶部卷九、農桑、立社、勸農立社事理。
(14) 諸晦香、明齋小識卷十、野鴨食稻（筆記小說大觀）。
(15) 顧彥、前掲書卷二。

第三節　防衞警備に現はれたる通力合作の形式

一

私は前の二節に於て、水の利用及び排除による農作物の保護と、人畜鳥蟲の加害防止による農作物の保護に現はれる中國鄉村の合作形式を見た。これに續いて問題となるのは、兵亂賊盜に對する人命財產の保全を目的とするところの中國鄉村の合作形式である。兵亂賊盜に對する共同保全はいはゆる共同防衞であるが、それは地方治安の維持に繫がるものであり、治安の維持が鄉村統治の最も重要な政治的課題をなすところから、鄉村に於ける共同防衞の事實は、保甲その他の治安維持のために設けられた國家的制度の記錄の蔭に隱れてゐる。しかしそれらの制度がどの程度に實施されたかは問題であり、また定制の存否に關はりなく、鄉村自身による共同防衞の事實も、歷代の正史中に僅かながら殘されてゐる。

この種の組織として歷史上有名なのは、かつて元の鋤社と共にその名を擧げた宋の「弓箭社」であるが、弓箭社については、北宋熙寧三年十一月乙卯の知定州滕甫の上言[1]中にその大様が記されてゐる他、最も詳しい資料として「乞增脩弓箭社條約狀」と題する知定州蘇軾の元祐八年十一月十一日の長文の奏議[2]があり、共に宋史によつて、弓箭社の說明材料として用ゐられてゐる。

そこでまづ弓箭社の一般的性格を知るために擧げて置きたいのは、知定州滕甫の上記の上言にある

臣竊謂、中國之兵、與夷狄之兵、常患多寡之不敵、其故無他、蓋中國兵有定數、至於平民、則素不使之知戰、夷狄之俗、人々能鬪擊、無復兵民之別、有事則擧國皆來、此所以取勝多也、今河北州縣、近山谷處民間、各有弓箭社及獵射等戶、習慣便利、與夷人無異

といふ文と、知定州蘇軾の奏議にある

今河朔西路被邊州軍、自澶淵講和以來、百姓自相團結、爲弓箭社、不論家業高下、戶出一人、又自相推擇家資武藝衆所服者、爲社頭社副錄事、謂之頭目、帶弓而鋤、佩劍而樵、出入山坂、飮食長技、與北虜同、私立賞罰、嚴於官府、分番巡邏、鋪屋相望、若透漏北賊、及本土强盜、不獲、其當番人皆有重罰、遇有緊急、擊鼓集衆、頃刻可致千人、器甲鞍馬、常若寇至、蓋親戚墳墓所在、人自爲戰、虜甚畏之

といふ文の二つである。即ちこれによると、弓箭社は北宋の時代に、北虜防衛の必要から河朔西路の山谷に近い地方に設けられた民間の自衞團體であつて、戶每に一人を出して社を結び、これに頭目として社頭、社副、錄事を立て、平日は弓箭を携へて農耕樵採の事にしたがひ、警急あれば鼓を打つて衆を集め、親戚墳墓の地を守つて夷狄に毫も劣るところがなかつたといふのである。では弓箭社は、どのやうな組織と規模とを有つてゐたであらうか。

この點に關してまづ注意されるのは、蘇軾の上引の文の中に「鼓を擊ちて衆を集め、頃刻にして千人を致すべし」とある他、同じ奏議の別の個所に

逐社各置鼓一面、如有事故及盜賊、並須聲鼓勾集、若尋常社內、聲鼓不到者、每次罰錢一百、如社內一兩村、共爲一火、地里稍遠、不聞鼓聲去處、卽火急差急脚子勾喚、若强盜入村、鼓聲勾喚、及到而不及賊者、並罰錢三貫、如三經罰錢一百、一經罰錢三貫、而各再犯者、並送所屬嚴斷

と記されてゐることである。卽ちこの文によると、弓箭社は社每に鼓一面を置き、事あれば聲鼓を以て衆を集めたのであつて、その聲鼓が普通一村の範圍外に及ばない以上、一社一鼓の右の規定は、當然、一村が原則として一社を組織してゐたことを示すものとならなければならない。蘇軾が聲鼓によつて勾集の可能な社を特に「尋常の社」と呼んだのも、恐らく一村一社が原則とされてゐたためであらう。

がこの推定はまた、蘇軾の

每社及百人以上、選少壯者三人、不滿百人者選二人、不滿五十人者選一人、充急脚子、並輪番、一月一替、專令探報盜賊

といふ言葉によつても裏書きされる。なぜなら、社に大小があるのは、多分村に大小があるためであつて、この文は、その規模の大小に關はりなく村每に一社を設け、村の大小にしたがつて急脚子の數を異ならしめたといふ事實を示すものに他ならないからである。この他蘇軾は、元豐二年に北平軍大悲村の本社頭目冉萬及び冉昇と長行冉捷なる者が社人を率ゐて北賊と戰ひ、賊頭徐德及び賈貴の首級を擧げたことを傳へてゐるが、この記事は明かに、大悲村が一村、

を以て一社を構成してゐたことを教へてゐる。

かくて蘇軾のいふ「尋常の社」は、原則として一村を以て組織されてゐた。しかるに「逐社各置鼓」のことを述べた前引の文の中に

如社内一兩村、共爲一火、地里稍遠、不聞鼓聲去處、卽火急差急脚子勾喚

といふ一句があつて、社が二村より成つて鼓聲の及ばない場合には、急脚子を派して連絡せしめたことと、社の組織と關聯して「火」と呼ばれるものがあり、しかも二村より成る社に、一火のみを設けしめる場合のあつたことが知られる。火とは如何なるものであらうか。

蘇軾によれば、彼が奏議を書いた元祐時代の弓箭社は、河朔西路の極邊にあたる定・保兩州と安肅、廣信、順安三軍所屬の七縣にわたつて一案を構成しつつ存在し、その中に五百八十八村、六百五十一火、三萬一千四百十一人を含んでゐたといはれてゐるが、(3) もし弓箭社中に上記の如き二村一社の例があるとすれば、五百八十八村を以てただちに弓箭社の數と見ることは許されない。また二村一火の例があるにも拘らず、火の數が村の數より多いとすれば、一村にして二火以上を含むものがあつたと見なければならない。しかし一村一社を原則としたことは前述のとほりであり、しかも村の數と火の數との間に大差のないのを見れば、一村一社の原則と共に、一社一火の原則が行はれてゐたことも明かであらうと思ふ。さうしてかく解することが出來れば、社と火は普通自然村を地盤として作られ、したがつてその間には、つねに緊密なる相卽不離の關係が保たれてゐたものと思はれる。

ところでここで想起されるのは、「軍令を內政に寓する」といはれた管子小匡篇の鄕村組織法に於て、五家を以て

軌、十軌を以て里、四里を以て連、十連を以て鄕を編成するかたはら、家每に一人を出して五人を伍、五十人を小戎、二百人を卒、二千人を旅たらしめ、軌、里、連及び鄕の長をして、それぞれ伍、小戎、卒及び旅の統率に當らしめるといはれてゐることである。人を單位として作られる右の伍、小戎、卒、旅の組織は、いふまでもなく軍令上の編成であり、家を單位として作られる組織は內政上の編成であるが、ここでは軍令上の組織が、全く內政上の組織を本として作られてゐる。さうしてこれと類似の關係は、北宋の保甲制度の中にも認められるであらう。卽ち、ここでも五家を保、二十五家を大保、二百五十家を都保たらしめると同時に、家每に壯丁二名づつを出して、自警團を組織せしめたのである。

元豐五年三月十七日の秦鳳等路提擧保甲司の言に

保甲以家聯保、以丁聯兵

とある(4)が、この言葉は一般に、鄕村に設けられた治安維持組織に右の如き二重の構造のあることを敎へるものでなければならない。とすれば社と火の間に認められるのも、このやうな關係ではなからうか。卽ち社は家を單位とすると共に、家每に一人を出して作られた戰守團體若くは自衞團としての火をその中に含むのである。唐代の兵制を見ると、十人を一團とする一つの組織があつて、その組織は當時「火」の名を以て呼ばれてゐた(5)。卽ち火は古くから、特に戰守或は戰鬪團體の名として用ゐられてゐたのであり、したがつて弓箭社內の火も、恐らく戰鬪に直接從事する人々のみの團體であることを必要とした。なほこれに關聯して、蘇軾の奏議中には「北界羣賊、一火約二十餘人」といふ言葉があるが、一つの團體が戰守を以てその任とする限り、たとひ夷狄のものに對する場合でも、やはり火の名でそれを呼ぶことが出來たのである。しかし弓箭社が單に戰守團體としての火の組織のみに終らなかつたことは、蘇軾の奏議中に、「弓箭社戸」、「本社内人戸」等の語が反復して用ゐられてゐるのを見れば明かであらう。要するに、弓箭社は一村内の戸を集めて一社を結び、これに社頭以下の頭目を立てると共に、別に家毎に一丁づつを出して戰守團體としての火を作り、その指揮權もまた社頭以下の頭目に屬してゐたのである。

弓箭社の規模と組織は、槪ね以上の如きものであつた。しかるに蘇軾によれば、弓箭社の發生は、澶淵の講和以後のことであるといふ。澶淵の講和はいふまでもなく、宋の眞宗が契丹を親征して澶州に至り、北虜と休戰を約した景德元年の和議を指してゐる。したがつて假りに景德元年より起算すれば、弓箭社に關する滕甫の上言の行はれたのは、弓箭社の成立以後六十六年であり、蘇軾の奏議の書かれたのは、それよりさらに二十三年後のことである。さうして弓箭社のこの存續は、蘇軾の文に

弓箭社人戸所處、皆必爭之地、世々相傳、結髮與虜戰

といはれてゐるやうに、北虜の侵寇が、澶淵の和議以後もなほ、引き續き行はれてゐた結果である。

ところで注意を要するのは、滕甫が

乞下本道州縣、令募諸色公人及城郭鄉村百姓有武勇願學習弓箭者爲社、每年春、長吏就其射處、勸誘閱試之

と述べて、弓箭社に對する官の閱試をすすめ、また蘇軾の奏議も、專ら官による弓箭社の保護と助成とを目的として書かれてゐることである。それのみではなく、蘇軾によれば、彼の前任者たる知定州韓琦及び龐籍の如き人々も、すでに嘉祐の頃、それぞれ弓箭社のもつ邊防捍禦の役割を認めてこれに意を加へ、その人を拊循して以て爪牙耳目の用

となし、さらにその約束と賞罰とを増損して、これが利用監督に努めたといはれる。では、民間の私的結社に過ぎたい弓箭社が、このやうに重視された理由はどこにあるであらうか。

蘇軾によれば、それは弓箭社人戸が「驍勇敢戰」して「邊防の要用と爲す」に足りたからであるが、彼はなほこの點を明かにするために、沿邊諸郡の軍政が弛み、禁軍將卒の驕惰甚だしく、膽力の耗憊と軍裝の不備とによつて、緩急あるも遂に用をなさざるに至つたことを指摘し、これとの比較によつて、弓箭社人の優越せる諸點を理解せしめようとしてゐる。卽ちそれによると、弓箭社の第一の特色は、弓箭社人戸が北虜に隣りし、その氣質、風俗、環境が彼等に類似するといふことであつた。すでに滕甫は、北人と夷狄とを比較して兩者の類似を指摘し、またその特質を擧げて

北人其俗頸捍、性亦樂爲緩急、雖不可調發、亦足以防守

と書いてゐるが、蘇軾にも同樣に

弓箭社人戸、旣處邊塞、與北人氣俗相似、以戰鬪爲生

といふ言葉や

出入山坂、飮食長技、與北虜同

といふ言葉があつて、弓箭社人は、まづこれらの點に於て遣戍の禁軍にまさつてゐた。

が弓箭社人は第二に、强虜と境を接して必爭の地に住するが故に、寢食起居の間も弓馬を釋かず、出入守望の際も器械を放たず、弓を帶びて鋤き、劍を佩して樵し、もし警急があれば、立ちどころに千人を集めることが出來たとい

はれ、また彼等は骨肉墳墓の地を守るが故に、自ら進んで邊防の任につくを厭はず、この點に於ても彼等は、近戍短使に於てさへ妻孥と泣別したといはれる禁軍の將卒とは、異なつてゐたのである。

蘇軾は、弓箭社が自衞のための團體に他ならぬことを説いて

百姓自相團結、爲弓箭社

といひ、また

弓箭社地分、本係人戶私下情願、自相團結、皆是緣邊之人、衆共相約要害防托之處

と記してゐるが、上に述べた弓箭社人の特色を見れば、彼等の驍勇の原因と、その社が自治的防衞團體として作られるに至つた理由は、おのづから明かにされるであらう。尤も、蘇軾は

今雖名目具存、責其實用、不逮往日

と述べて、弓箭社が往日の面目を失つたことを指摘してゐる。が同時にまた

陝西河東弓箭手、官給良田、以備甲馬、今河朔沿邊弓箭社、皆是人戶祖業田產、官無絲毫之給、而捐軀扞邊、器甲鞍馬、與陝西河東無異、苦樂相遼、未盡其用、近日霸州文安縣及眞定府北寨、皆有北賊、驚劫人戶、捕盜官吏、拱手相視、無如之何、以驗禁軍弓手、皆不得力、向使州縣逐處、皆有弓箭社、人戶致命盡力、則北賊豈敢輕犯邊寨、如入無人之境

といはれてゐるやうに、禁軍と比較すれば、その兵器の精錬と軍紀の嚴肅は、なほ同日の談ではなかつたのである。

しかるに、續資治通鑑長編熙寧六年十二月乙未の條に

眞定府路義勇保甲新法、舊管彊壯人、皆係鄉兵及緣邊州軍弓箭社、亦藉姓名、巡防把截、乞並行廢罷、依義勇保甲編排、從之

とあつて、[6]熙寧六年の暮に、弓箭社の保甲への改編が一たび行はれた。この改編の理由としては、恐らく、開寶三年以後器甲の私蓄が禁ぜられ、また開寶四年に私社の禁が發せられたといふ事情も、擧げられるであらう。[7]しかしそれだけでは、景德の初年から存在する弓箭社が、何ゆゑ特に熙寧六年に至つて、武器携帶の禁や結社の禁に牴觸するものと考へられたかの理由は明かにされない。むしろ弓箭社の保甲への改編は、より單純な理由、卽ち國家的制度の擴充と浸透とを求めるといふ政治制度の劃一主義に起因したと見るべきである。熙寧六年十二月に廢棄された弓箭社が、一月後の熙寧七年一月に復舊存留せしめられたのを見ても、その廢棄が極めて簡單な理由に基いてゐたことは明かである。尤も續資治通鑑長編所載の熙寧七年正月丁巳の詔には、ただ

河北西路兩地供輸戶、舊有弓箭社强壯義勇之類、並存留外、更不編排保甲

とあるだけで、[8]弓箭社復舊の理由は擧げられてゐないが、とにかく弓箭社に期待さるべき邊防の實が、保甲への改編によつてかへつて失はれるといふ懸念が、この復舊を急がせたものと思はれる。

蘇軾は、保境、備禦、小寇に極邊の人を專用することを以て、古今不易の論であると見る立場から、弓箭社の復舊政策を支持し、その約束を增損して別に條目を立てると共に、賞罰を明かにして勸懲を示さんことを請ひ、弓箭社をそのまま邊防の用に利用することに努力を拂つた。がこの方針はその後も續けられ、政和六年十二月七日の詔に

河北路有弓箭社、縣分已降指揮、解發異等、所有逐路縣令佐、候歲終敎閱了畢、仰帥司比較、每歲具最優最劣各

一縣、取旨賞罰、以爲勸沮、仍著爲令

とある他、これに先だつこと七年の大觀三年十一月にも、保甲法にしたがつて弓箭射人を推賞せしめたといはれ、(9)弓箭社は、保甲と同樣に官の査閲を受け、優劣にしたがつて賞罰を加へられるものとなつてゐた。しかし保甲格による賞罰の法の準用は、必ずしも弓箭社の保甲への改編を意味するものではない。なぜなら、すでに滕甫の如きも、保甲法の制定以前から、射處について弓箭社の閲試を行ふべきことを說いてゐるからである。

しかるに弓箭社は、その後地方の吏僚が徒らにその人員の增大をはかつたために本來の堅實さを失ひ、地方に寇あるも殄滅の功を示さず、かへつて民をして非時の追呼と追脇の擾を被らしめるに至つたといはれる。宣和七年二月十四日の臣僚の言に

近歲邀功生事、使無辜之民、坐罹其殃者、京東之置弓箭社是也

と記されてゐるのはそれであるが、臣僚はさらにその具體的事例を列記すると共に、民戶の勸誘と弓箭社の充實を奏請した西路提點刑獄梁楊祖を彈劾し、また弓箭社の兵器を悉く官に收めて、これを解散せしめられんことを朝廷に乞ひ、つひにこの年、梁楊祖の落職と弓箭社の解散とを見るに至つた。(10)澶淵の和議以後、まさに百二十一年である。尤も、建炎以來繫年要錄に載せられた建炎元年八月己卯の李綱の奏議に

陝西保甲、京東西弓箭社、免支移折變、而官爲敎閱

といはれてゐるから、(11)弓箭社は南宋の初めに至つても部分的には存在して、自衞團體としての面目を保持し、また官の敎閱を受けてゐたものであらう。しかしその頃すでに弓箭社が衰滅の一途をたどつてゐたことは、もはや疑ふこと

が出來ないのである。

弓箭社とは、およそ以上の如きものである。その發生と存續は、その地域が强虜に隣りし、またその氣風が彼等に似て質實豪健であるといふ特殊の事情によるものであるが、官の與へた保護利用政策が、その存續發展に與つて力のあつたことはいふまでもない。がその反面に於て、官の助成利用が徒らに外形のみをととのへ、數の多きことを求めることによつて、弓箭社の弱體化を速めたことも否定されないであらう。しかし一方に禁軍があり、他方に保甲法や鄕兵の制の施行せられた時代にありながら、弓箭社が、鄕土防衞のための自治的戰鬪團體としての性格をよく一世紀以上にもわたつて保存し、史乘にながくその足跡をとどめたといふ事實は注目さるべきであつて、弓箭社が鋤社と共に通力合作の典型として擧げられるのも、故なしとしないのである。

なほ弓箭社と關聯して一言を要するのは、弓箭社と類似の自衞團體が、宋代の湖南・福建地方にも存在してゐたといふことである。建炎以來朝野雜記に

湖南鄕社者、舊有之、領於鄕之豪酋、或曰彈壓、或曰緝捕、大者所統數百家、小者三二百、自長沙以及連道英韶、而郴桂宜章尤盛

とあり、また

福建保伍者、鄕村自相團結、立豪戶爲首領、所以備盜也、閩中人素勇敢

とあるの(12)がそれであつて、後者は紹興以後廢止せられ、前者も淳熙七年に鄕社の擾が因となつてその廢棄が論ぜられ、その結果、大なるものは五十家、小なるものはその半ばに縮小すると共に、巡尉に隷屬して縣令の統轄を受けしめる

こととし、所有の兵器も官の沒收するところとなつたといはれてゐる。弓箭社と比較すれば、兩者は、もとよりその規模と存續期間とに於て劣つてゐるが、なほ中國の鄕村に發生した自治的防衞團體の一例となすには足りるのである。

しかし恆久的な自衞團體の存するところにのみ、我々は中國鄕村に於ける防衞警備の合作行爲を求めてはならない。なぜなら、宋史曲珍傳に

曲珍、……世爲著姓、寶元康定間、夏人數入寇、珍諸父、糾集族黨禦之、敵不敢犯

といひ、(13) 同書周淙傳に

淮楚、舊有並山水置砦自衞者、淙立約束、結保伍

と見え、(14) さらに同書の連萬夫傳に

連萬夫、……補將仕郎、建炎四年、羣賊犯應山、萬夫率邑人數千、保山砦、賊不能犯

といはれてゐるやうに、(15) 賊寇の都度防衞的措置の講ぜられた例も、正史中に見出されるからである。さうして保甲その他の國家的治安維持組織の鄕村に設けられる場合に、民間の共同防衞の事實がその蔭に隱れるといつたのは、主としてこのやうな臨時的措置としての鄕村防衞の事實であつた。

(1) 續資治通鑑長編卷二百十七。　宋會要稿、兵一之六―七。　兩書に載せられた滕甫の文には、若干の出入がある。

(2) 蘇軾、東坡集、東坡奏議卷十四、乞增修弓箭社條約狀(涇陽端方刊本)。

(3) 宋史兵志には「自來團結弓箭社、五百八十八社、六百五十一火、共計三萬一千四百一十一人」とあるが(卷一百九十、志第一百四十三)、上記の東坡奏議には「五百八十八村」の文字が三たび出てゐる。

（4）宋會要稿、兵二之二二。
（5）新唐書卷五十、志第四十、兵。
（6）續資治通鑑長編卷二百四十八。
（7）長部和雄、宋代の弓箭社に就いて（史林、第二十四卷第三號、一〇四頁）。
（8）續資治通鑑長編卷二百四十九。
（9）宋會要稿、兵一之一二。
（10）同上、兵一之一四。
（11）建炎以來繫年要錄卷八。
（12）李心傳、建炎以來朝野雜記、甲集卷十八、兵馬。
（13）宋史卷三百五十、列傳第一百九、曲珍。
（14）同上卷三百九十、列傳第一百四十九、周淙。
（15）同上卷四百五十三、列傳第二百十二、連萬夫。

二

宋代は、保甲法や鄉兵の制の施行せられた時代である。それにも拘らず北虜の入寇の盛んな地方や、交通不便の深山窮谷の地方では、大規模且つ恆久的な民衆の自衞組織を必要とした。とすれば兵亂擊攻の時代に、同種の自衞的措置が民衆自身によつて講ぜられたことは、容易に想像せられるであらう。さうしてそのやうな記錄に富むのは、いふまでもなく、後漢から魏・晉・南北朝にかけての時代である。

山東光緒寧陽縣志を見ると

一村自爲一堡、或數村共爲一堡

とあつて、その注に

民間、環村築垣防寇、大抵春秋謂之壘、秦漢謂之壁、東漢謂之塢、三國吳蜀謂之圍、以後通謂之堡、在山者謂之砦、桼木謂之寨、亦謂之柵、今俗謂之圍子、亦謂之圩

と記されてゐるが、(1)時代的に區別されたいはゆる環村築垣の上記の名稱が、果して史實に合するものであるかどうかは姑らく別として、右に指摘した後漢及び魏・晉・南北朝時代の鄕村自衞を語るにあたつて問題の中心に置かれるのは、實は、寧陽縣志に環村築垣の一種として擧げられた「塢」に他ならない。

塢の問題を始めて提起して詳細なる說明を試みられたのは、周知の如く那波博士である。卽ち博士は、都市を防衞するために城郭の築造せられる事實を本として、都邑よりも小なる田鄕の間に、聚落の防衞を目的とする類似の施設が行はれたかどうかの疑問をいだき、かかる施設の存在を示すものとして、後漢及び魏・晉・南北朝時代の正史中に現はれる築塢の現象を取り上げられたのであつた。(2)しかし塢に關する記錄は、隋書や舊五代史にも殘されてをり、もし塢が鄕村に於ける共同防衞施設としての意義を有つとすれば、その塢について語ることは、後漢及び魏・晉・南北朝時代の鄕村自衞形式が、そのまま隋以後の時代まで傳へられてゐた事實を、正史の記錄によつて論證することとなるのである。では、塢とは如何なるものであらうか。

那波博士の指摘されたやうに、塢の文字の初見は後漢書であるが、まづ注意を要するのは、後漢書に於て、塢がしばしば小障及び小城と說明されてゐることである。即ち馬援が羌族と戰つた時のことを記した個所に

　是時朝臣、以金城破羌之西、塗遠多寇、議欲棄之、援上言、破羌以西、城多完牢、易可依固、其田土肥壤、灌漑流通、如令羌在湟中、則爲害不休、不可棄也、帝然之、於是詔武威太守、令悉還金城客民、歸者三千餘口、使各反舊邑、援奏、爲置長吏、繕城郭、起塢候

とあつて、その注に

　字林曰、塢小障也、一曰小城、字或作隖

と見え、(3)また同樣に樊準が羌族を討つた時のことを記した個所に

　永平……五年、轉河內太守、時羌復屢入郡界、準輒將兵討逐、修理塢壁、威名大行

とあつて、その注に

　說文曰、塢小障也

といはれてゐる(4)のがそれであるが、右の二つの注の示す如く、塢の一般的意味は小障であり、規模のやや大なる小城の如きものも、同じく塢と呼ばれたのである。障は說文によれば「隔」を意味し、堡、堤、垣の如き防塞を目的とする一切の營造物を指す。なほ樊準傳の注は、說文を引いて、塢を單に小障なりと說明してゐるに過ぎないが、說文にはさらに「一曰庳城也」ともある(5)から、塢がひろく小城の意味に用ゐられてゐたことは、疑ふ餘地がない。

注意を要するのは、後漢書の右の文に於て、塢が小城若くはそれに附隨した防禦用の施設として設けられ、軍事的

要塞としての機能を有たされてゐたといふことである。後漢書西羌傳に

居延都尉貫友、代爲校尉、友以迷唐難用德懷、終於叛亂、乃遣譯使、搆離諸種、誘以財貨、由是解散、友乃遣兵出塞、攻迷唐於大小楡谷、獲首虜八百餘人、收麥數萬斛、遂夾逢留大河、築城塢、作大航、造河橋、欲渡河擊迷唐

と見え(6)、三國志魏志の鄧艾傳に

艾在西時、脩治障塞、築起城塢

といはれて(7)、城塢の文字の用ゐられてゐるのはその適例であるが、前記の馬援傳と樊準傳にある塢候と塢壁も、その文の意味を見れば、明かに軍事的要塞として設けられたものであり、また西羌傳に

永初……五年春、羌遂入寇河東、至河內、百姓相驚、多奔南度河、使北軍中候朱寵、將五營士屯孟津、詔魏郡趙國常山中山、繕作塢候六百一十六所、羌既轉盛、而二千石令長、多內郡人、並無戰守意、皆爭上徙郡縣、以避寇難

とあり、後漢書李章傳に

時趙魏豪友、往々屯聚淸河、大姓趙綱、遂於縣界起塢壁、繕甲兵、爲在所害、章到乃設饗會、而延謁綱、綱帶文劍、被羽衣、從士百餘人來到、章與對讌飮、有頃手劍斬綱、伏兵亦悉殺其從者、因馳詣塢壁、掩擊破之

と記されてゐる場合(8)の塢候と塢壁も、同じ軍事上の施設としての機能を營んでゐる。

もちろん、塢は城塢、塢候、塢壁等と熟する場合にのみ、軍事的要塞の意味に用ゐられてゐたのではない。なぜな

ら、後漢書順帝本紀に

且凍羌寇三輔、殺令長、……九月令、扶風漢陽、築隴道塢三百所、置屯兵、辛未、……且凍羌寇武都、燒隴關

といひ、(9) 三國志の呉志孫權傳に

建安……十六年、權徙治秣陵、明年城石頭、改秣陵爲建業、聞曹公將來侵、作濡須塢

といはれ、(10) また同志の呂蒙傳に

後從權、拒曹公於濡須、數進奇計、又勸權、夾水口立塢、所以備御甚精

とあつて、(11) この場合の塢も明かに戰守防衞上の施設として作られてゐるからである。

上述の如く、塢はまづ小城またはそれに附屬する小障を意味して、軍事上の施設として設けられた。が第二に塢は、村落を圍繞する小規模の防衞設備の意味にも用ゐられる。塢は元來、既述の如く小障の意味をもつが、小障は土堤であり土堡であつて、この意味の小障は、村落防衞上の施設として最もふさはしい。魏書爾朱榮傳に

時葛榮將向京師、衆號百萬、相州刺史李神軌、閉門自守、賊鋒已過汲郡、所在村塢、悉被殘略、榮啓求討之

とあり、(12) 隋書賀婁子幹傳に

高祖、以隴西頻被寇掠、甚患之、彼俗不設村塢、勅子幹、勒民爲堡、營田積穀、以備不虞

とあり、(13) また舊五代史の唐書莊宗紀に

天祐八年正月丁亥、周德威史建瑭、帥三千騎、致師于柏鄉、設伏于村塢間、遣三百騎、直壓其營、梁將怒、悉其軍、結陣而來、德威與之轉戰

とある(14)のはその例であつて、この場合の村塢はいづれも村落に防禦施設の作られてゐたことを示すが、それと同時に我々は、上記第一及び第三の文から、特に塢を環らした村が、當時村塢とも呼ばれてゐたことを教へられるのである。村塢に關する右の三つの記録は、北魏、隋及び五代のものであつた。が「發閬中」と題する杜甫の詩に

　前有毒蛇後猛虎、溪行盡月無村塢、……

と謳はれてゐるから(15)、唐代の村が村塢とも呼ばれてゐたことは疑ひなく、これまた當時の村落が、普通その周圍に、防衛施設としての塢をめぐらしてゐたことを示してゐる。尤も、舊唐書韓滉傳に

　所修塢壁、建業抵京峴、樓雉相屬

とあつて(16)、村塢と共に、軍事的城砦としての塢の名も、やはり唐の時代に傳へられてゐた。

しかし村落に於ける築塢の風は、北魏に至つて始めて起つたのではない。洛陽の大亂を見て淮泗の間に走つた祖逖の北征のことを記した晉書の文に

　逖討諸屯塢未附者

といふ言葉があるが(17)、祖逖の討伐を受けた屯塢は、いづれも羌族の支配下にあつてなほ東晉に服屬しない村々を指し、また後漢書趙彦傳に

　延熹三年、琅邪賊勞丙與太山賊叔孫無忌、殺都尉、攻沒琅邪屬縣、殘害吏民、……彦爲陳孤虚之法、以賊屯在莒、莒有五陽之地、宜發五陽郡兵、從孤擊虚、以討之、資具以狀、上詔書遣五陽兵到、彦推遁甲教、以時進兵、一戰破賊、燔燒屯塢、徐袞二州、一時平夷

と記されてゐる[18]場合の屯塢も、恐らく賊盗の村塢を焼いたのであつて、その屯塢は、必ずしも軍事上の城砦として設けられた大規模の施設ではなかつたであらう。

このやうに、塢は村や屯の防衞施設として設けられて村塢或は屯塢とよばれ、また當時の村や屯が普通塢を有するところから、塢をめぐらす村や屯も、村塢或は屯塢の名で示された。ところで村塢や屯塢が、防衞設備を有する聚落の意味に用ゐられてゐたことを一層明瞭に示すのは、「塢主」と稱するものの存在である。晉書の李矩傳に

李矩……平陽人也、童齓時、與群兒聚戲、便爲其率、計畫指授、有成人之量、……屬劉元海攻平陽、百姓奔走、矩素爲郷人所愛、乃推爲塢主、東屯滎陽、後移新鄭

とあり[19]、郭默傳に

郭默河内懐人、少微賤、以壯勇事太守裴整、爲督將、永嘉之亂、默率遺衆、自爲塢主、以漁舟抄東歸行旅、積年、遂致巨富、流人依附者漸衆、撫循將士、甚得其歡心

とあり[20]、劉遐傳に

劉遐……廣平易陽人也、性果毅、便弓馬、開豁勇壯、値天下大亂、遐爲塢主、毎擊賊、率壯士陷堅摧鋒、……沛人周堅、一名撫、與同郡周默、因天下亂、各爲塢主、以寇抄爲事

とあり[21]、また既引の祖逖傳に

流人塢主張平樊雅等、在譙演署、平爲豫州刺史、雅爲譙郡太守、又有董瞻于武謝浮等十餘部衆、各數百、皆統屬平、逖誘浮使取平、浮譎平與會、遂斬以獻逖、帝嘉逖勳、使運糧給之、而道遠不至、軍中大飢、進據太丘、樊雅

遣衆夜襲逖、遂入壘、拔戟大呼直趣逖、幕軍士大亂、逖命左右距之、督護董昭、與賊戰走之、逖率衆追討、而張平餘衆助雅攻逖、蓬陂塢主陳川、自號寧朔將軍陳留太守、逖遣使求救於川、川遣將李頭、率衆援之、逖遂剋譙城

とあるのがそれであつて、その記事はいづれも晉の時代のものであるが、とにかくそれは、塢主が單なる塢の長ではなく、村塢、卽ち塢をもつ聚落の長に他ならなかつたことを敎へるのである。

このうち李矩と郭默は、戰亂を避けて轉々各地に移動してをり、また祖逖傳の張平及び樊雅も流人の塢主といはれて、共に避難民の形成せる聚落の長となつてゐる。しかし塢主が必ずしも避難民のみの聚落に限られなかつたことは、李矩が最初、鄕人の推擧によつて塢主となつたと記されてゐるのを見れば明かであり、また「逖討諸屯塢未附者」と書いた前引の祖逖傳は、さらに

未附諸塢主

とも述べて、土著民の聚居せる屯塢に塢主の立てられてゐたことを示してゐる。岡崎博士が、祖逖傳の屯塢と塢主とを說明して、各村落は塢卽ち土堡を設け、土豪を推して塢主となし、以て自衞の手段に出たと述べてをられる(22)のも、多分この點を指摘されたものであらう。

次に塢主の中には、劉遐傳の明記するやうに、塢に據つて寇掠を事とした者がある。したがつてこの場合の塢主は、同時に賊盜の頭目たる一面を有つてゐるが、しかし賊盜の聚居せるところにも聚落は形成せられるのであり、その限りに於て、賊盜團體の長も聚落の長であり、塢主と呼ばれることを妨げなかつたのである。なほ晉書李流傳を見ると

三蜀百姓、並保險結塢、城邑皆空

といふ文[23]があつて、この文は、自衞のために塢を築くことが、當時の村落生活に不可缺の要件であつたことを示してゐる。しかしそのやうな普通の聚落に於ても、自衞のことが人々の生活の第一義を占めるにしたがつて、それらの聚落の長を一般に塢主と呼ぶことは、可能であつたと思はれる。

この時代の村落生活が、一般に自衞を中心として營まれ、またそのために村落の指導者を不可缺としたことは、三國志魏志の田疇傳や晉書の庾袞傳のつぶさに語るところである。即ち田疇傳に

疇得北歸、率擧宗族、他附從數百人、埽地而盟曰、君仇不報、吾不可以立於世、遂入徐無山中、營深險平、敞地而居、躬耕以養父母、百姓歸之、數年間、至五千餘家、疇謂其父老曰、諸君不以疇不肖、遠來相就、衆成都邑、而莫相統一、恐非久安之道、願擇其賢長者、以爲之主、皆曰善、同僉推疇

とあり[24]、庾袞傳に

齊王冏之唱義也、張弘等肆掠于陽翟、袞乃率其同族及庶姓、保于禹山、是時百姓安寧、未知戰守之事、袞曰、孔子云、不敎而戰、是謂棄之、乃集諸羣士而謀曰、二三君子相與處於險、將以安保親尊全妻孥也、古人有言、千人聚、而不以一人爲主、不散則亂矣、將若之何、衆曰善、今日之主、非君而誰、袞默然、有間乃言曰、古人急病、讓夷不敢逃難、然人之立主、貴從其命也、乃誓之曰、無恃險、無怙亂、無暴鄰、無抽屋、無樵採人所植、無謀非德、無犯非義、戮力一心、同恤危難、衆咸從之、於是峻險阨杜蹊徑、修壁塢、樹藩障、考功庸、計丈尺、均勞逸、通有無、繕完器備、量力任能、物應其宜、使邑推其長、里推其賢、而身率之、分數旣明、號令不二、上下有禮、少長有儀、將順其美、匡救其惡

とあるのがそれであつて、(25)田疇は董卓の亂を南に避けた後北歸して徐無山に入り、庾袞も趙王と齊王との黨爭を逃れて禹山に入つた人であるが、共に山中に於ける聚落生活の長に推されてゐる。しかも田疇傳に「深きを營み平かなるを險にし、地を敞きて居る」といひ、また庾袞傳に「峻險、蹊徑を阨杜し、壁塢を修め、藩障を樹う」といはれてゐるところから明かなやうに、人々は入山後ただちに天險を利用し、或は人爲を加へて防塞を設けてをり、その生活の中心は、まづ自衞警防のことに置かれてゐた。私はかつて、聚落の共同生活にその指導者を必要とする例として、田疇傳と庾袞傳の記事を擧げたが、今我々に重要なのは、彼等の生活の中心が防衞に求められ、その防衞のために指揮者を缺きえなかつたといふことである。この關聯を最も明瞭に示したのは庾袞傳であつて、我々は庾袞の「古人に言あり、千人聚まつて、而も一人を以て主と爲さざれば、散ぜずして則ち亂る」といふ言葉の中に、聚落防衞に對する指導者の不可缺性を看取することが出來る。田疇と庾袞の二人が、衆を率ゐて山中に移つたといふことが、すでに自衞保全のためであり、したがつて人爲的防衞設備が設けられると否とに關はりなく、そこに置かれた聚落の長は、塢主的な存在でなければならない。それは平地にあつて塢をめぐらす村塢の長と、本質的に異なるところがないからである。さうしてこの事實は、塢主が塢をもつ聚落一般の長であつて、必ずしも賊盜或は戰鬪團體のみの聚居する特殊村落の長に限られなかつたことをも、傍證するのである。

以上に述べたやうに、後漢から魏・晉・南北朝にかけて塢と稱するものが所在に設けられ、その規模のやや大なるものは小城としての、卽ち軍將の戰守攻略の據點としての役割を果たし、土堡、土堤の如き小規模のものは、聚落の防衞施設として村屯の周邊に築造せられた。この時代の記錄に、軍事上の城砦としての塢と共に、村落の防衞施設としての塢のことが累積して現はれるのは、この時代が特に戰亂と攻伐の時代であつたからである。しかし既述の如く村塢のことは隋書や舊五代史や杜甫の詩にも載せられてをり、いはゆる小障を築くことが、ながく村落自衞の最有效手段と考へられてゐたことを明かにしてゐる。もちろん、既引の隋書賀婁子幹傳に「彼俗不設村塢、勅子幹、勸民爲堡」とある他、晉書李特傳に

是時蜀人危懼、並結村堡、請命于特、特遣人安撫之、益州從事任明說（羅）尙曰、特既凶逆、侵暴百姓、又分人散衆、在諸村堡、驕怠無備、是天亡之也、可告諸村、密尅期日、内外擊之、破之必矣、尙從之、明先僞降特、特問城中虛實、明曰、米穀皆欲盡、但有貨帛耳、因求省家、特許之、明潛說諸村、諸村悉聽命、還報尙、尙許如期出軍、諸村亦許一時赴會

と見え、(26)また新唐書劉君良傳に

天下亂、鄕人共依之、衆築爲堡、因號義成堡

といはれてゐるやうに、(27)それらの時代に於ても、築塢の記事のあるところにのみ村落防衞の事實があつたわけではない。なぜなら堡は塢に等しく、しかも同じ村落防衞の施設が異なる種々の名を以て呼ばれてゐたことは、山東寧陽縣志の指摘する如くだからである。しかしいづれにせよ、防衞施設を離れて中國村落の保全を考へることは出來ない。我々は塢の中にその適例を見ようとしたのであつて、塢の盛んに設けられた後漢以後の時代が、兵亂賊寇の時代であつたといふ既述の如き事情が、正史の中に特にその事例を多く殘さしめたのである。

しかし我々に必要なのは、共同防衞が當時の村落によつて自治的に行はれたといふ事實であり、塢の性質と機能が

我々の問題となるのも、それが村落防衛の手段となり、また村落自衛の存在を教へる資料となる限りに於てである。したがつて防衛施設の存否に關はりなく、我々はここでも、共同自衛の事實を傳へた記錄をさらに問題としなければならない。私は正史の中から、そのやうな事例を二三擧げて置きたいと思ふ。卽ち舊唐書程知節傳に

少驍勇、善用馬矟、大業末、聚徒數百、共保鄕里、以備他盜

とあり(28)、同書高子貢傳に

徐敬業作亂於揚州、遣弟敬猷統兵五千人、緣江西上將逼和州、子貢率鄕曲數百人拒之、自是賊不敢犯

とあり(29)、また新五代史蘇逢吉傳に

衞州刺史葉仁魯、聞部有盜、自帥捕之、時村民十數、共逐盜入于山中、盜皆敗走

とある(30)のがそれであつて、防衛の主體は聚徒數百であり、鄕曲數百人であり、また村民十數であるが、いづれも、鄕村に於ける自衛のための通力合作たる點に於て、その軌を全く一にしてゐたのである。

(1) 山東光緖寧陽縣志卷五、續增村堡。
(2) 那波利貞、塢主攷（東亞人文學報、第二卷第四號、一八頁以下）。
(3) 後漢書卷五十四、列傳第十四、馬援。
(4) 同上卷六十二、列傳第二十二、樊準。
(5) 段玉裁、說文解字注、第十四篇下。
(6) 後漢書卷一百十七、列傳第七十七、西羌。

(7) 三國志、魏志卷二十八、鄧艾。
(8) 後漢書卷一百七、列傳第六十七、李章。
(9) 同上卷六、帝紀第六、順帝。
(10) 三國志、吳志卷二、孫權。
(11) 同上卷九、呂蒙。
(12) 魏書卷七十四、列傳第六十四、爾朱榮。
(13) 隋書卷五十三、列傳第十八、賀婁子幹。
(14) 舊五代史卷二十七、唐書第三、莊宗。
(15) 杜甫、分門集註杜工部詩卷十一、紀行、古詩、發閬中。
(16) 舊唐書卷一百二十九、列傳第七十九、韓滉。
(17) 晉書卷六十二、列傳第三十二、祖逖。
(18) 後漢書卷一百十二下、列傳第七十二下、趙彥。
(19) 晉書卷六十三、列傳第三十三、李矩。
(20) 同上卷六十三、列傳第三十三、郭默。
(21) 同上卷八十一、列傳第五十一、劉遐。
(22) 岡崎文夫、魏晉南北朝通史、一七〇頁。
(23) 晉書卷一百二十、載記第二十、李流。
(24) 三國志、魏志卷十一、田疇。

(25) 晉書卷八十八、列傳第五十八、庾袞。
(26) 同上卷一百二十、載記第二十、李特。
(27) 新唐書卷一百九十五、列傳第一百二十、劉君良。
(28) 舊唐書卷六十八、列傳第十八、程知節。
(29) 同上卷一百八十九下、列傳第一百三十九、高子貢。
(30) 新五代史卷三十、漢臣傳第十八、蘇逢吉。

三

宋代の河北地方に弓箭社があり、また福建と湖南に鄕社や保伍の設けられてゐたことは、すでに述べたとほりである。それらはいづれも、鄕土の防衞を目的とする恆久的な團體であり、殊に弓箭社の如きは、一世紀以上にも亙つて存續してゐた。これに比較すると、後漢以後の自衞組織は、必ずしも結社としての形式を有するものではなかつた。がとにかくそれは、鄕土の防衞が自治的に行はれうることを示す有力な材料とはなりえたのである。既述の如く、保甲法若くはそれと類似の治安維持の組織が、國家の公けの制度として設けられてゐる場合には、鄕村自衞の事實は多く保甲的制度の記錄にその席を奪はれる。これに反して、後漢以後の正史に鄕村自衞の記錄が比較的豐富に現はれるのは、それが社會秩序の亂れた外寇内戰の時代であつたからである。しかし民衆自身に鄕土防衞の力なくしては、保甲法の如き國家的制度も、恐らくその成立の餘地をもたなかつたであらう。例へば熙寧三年の宋の保甲法は、その實際の發案者といはれる趙子幾によれば、(1)當時畿縣の郷村にすでに行はれてゐた自衞組織としての保甲を範としたものであり、また建炎元年八月十日の詔によつて安撫使司に隷屬を命ぜられた諸路州軍府の「忠義巡社」も、宋會要に

以戸部尙書張慤講究、到河北路、坊郭村鄕民戸、自結集强壯巡社、可因其情而用之、奬之、以忠義之名加之

と記されてゐるやうに、(2)もと民間に生れた防衞の組織を、官の利便にしたがつて再編成せしめたものに過ぎなかつた。韓琦以下の知定州が弓箭社を保護利用しようとし、また熙寧六年に一度弓箭社の保甲への改編が行はれたこと、及び民間に發生した湖南の鄕社と福建の保伍が官の指揮下に置かれたことは前にも一言したが、これらの事實も、共同自衞が、本來、民衆自身にとつての生活上の第一要件をなしてゐたことを示してゐる。

保甲法を語る者は、しばしば保甲法を以て「守望相助」の實を擧げしめるための制度であると見てゐる。眞德秀の「浦城諭保甲文」に

古者、於鄕田同井之義甚重、出入相友、守望相助、疾病相扶持、今之里社、亦古之遺意、然今人少知此義、鄰里相視、往々皆如路人、近因官司奉行保甲、某甚以爲善、蓋不惟可備不虞之患、亦欲因此與里社相親、漸還古意

とあり、(3)虞剛簡の嘉定十五年九月十六日の言に

所以弭盜之計、固無出保伍之法、蓋使之比聯保愛、出入守望、使民相親相恤、相友相助、平居無乖爭之習、緩急有援救之義、而又有以察姦不敢容姦、此誠成周鄕井之制、寔萬世經久之利也、是以熙寧盛時、嘗申行保甲之法

とあり、(4)王守仁の「告諭廬陵父老子弟」に

夫鄕鄰之道、宜出入相友、守望相助、疾病相扶持、……在鄕村者、村自爲保、平時相與講信修睦、寇至務相救援、

庶幾出入相友守望相助之義

とあり、(5)于成龍の「弭盜條約」に

今欲爲爾等、謀保護安全之計、莫如力行保甲、古人守望相助、出入相扶持、良法美意、可則可倣用

とあるもの(6)即ちそれであるが、守望相助はいふまでもなく孟子によつて井田生活の一機能とされたものであり、我々はこれを以て、鄕村に於ける共同自衞のことを述べた最も古典的な言葉として擧げることが出來る。と同時に我々は、孟子の右の言葉から、守望相助が、民衆自身の生活中におのづから芽ばえるものであることを敎へられるであらう。さうしてそれは守望相助が、保甲法の如き國家的制度を俟たずして、すでに鄕村生活に不可缺のものであつたことをも暗示するのである。

ところで、守望相助に現はれる防衞の共同性は、地緣共同態の地盤の上に成立するものでなければならない。私はかつて、治安維持のための國家的制度が地緣共同態の地盤の上に成立する理由を說いて、治安の維持に對する有效なる協力が、地緣共同態に固有の親愛と運命の共同感とを離れては、成り立ちえないものであることを指摘した。しかし民衆自身によつて自治的に行はれる防衞も、地緣共同態の存在を前提せずしては考へられないであらう。否むしろ、治安維持のために設けられたあらゆる國家的制度は、地緣共同態の地盤の上に成立すべき民衆の共同防衞組織を利用し、またそれに法的表現を與へたものに過ぎない。では、鄕村に行はれる防衞警備のための合作關係は、どのやうな規模を以て行はれたであらうか。

第一に、塢や堡の如き防衞施設の築造が、村每に行はれることから知られるやうに、鄕村の防衞はまづ村落を單位

として行はれる。村落を防衞するのは、どこまでも村落自身でなければならない。弓箭社が原則として一村毎に設けられたのはそのためであり、また塢に塢主が立てられ、社に社頭以下の頭目を置いて、村や社の防衞の中心たらしめたのも、鄕村の治安維持に於ける村落防衞の重要性のためであつた。が第二に、鄕村の防衞は、村と村との協力によつても行はれる。それは村と村との聯合であり、この聯合は一村單獨の場合よりも、鄕村防衞のためのより大きな力を發揮しうるであらう。李特の侵暴を防ぐために、晉代の四川の諸村堡が聯合したと傳へられるのは、その適例である。鼓を擊つて頃刻にして千人を集めたといはれる弓箭社に於て、村と村との間に緊密な連繫の取られたことはいふまでもない。

中國に於ける鄕村防衞の形式に以上二つの種類のあることは、州縣志類の記載によつても確められるであらう。その事例は枚擧に遑がないが、ここではただ、一村、數村及び數十村合作の例を一つづつ擧げて置きたいと思ふ。卽ちまづ

趙春陽　與子彭庚、率村衆拒賊、春陽傷、彭庚竭力救護、以背受刃、大罵不屈、父子同時遇害

とあるのは一村防衞の例、次に(7)

張瑞珍　同治二年、流賊南北奔竄、村莊被蹂躪者居多、鄕衆與瑞珍議守、……賊自北南竄哨馬突、至村邊、瑞珍率數村鄕兵數百餘人、禦賊村東

とあるのは數村防衞の例、最後に(8)

王汝桐　咸豐辛酉、土寇起、聯絡數十村、結砦富貴頂、以禦之

とある(9)のは數十村防衛の例であつて、いづれも方志中の「人物」の項に見られるものである。尤も、それは郷村に於ける共同防衛の事實を語るよりも、むしろ防衛指導者の義烈の顯揚をその目的としてゐるが、我々はとにかく、これらの記錄中に郷村自衛の實例を求めうると同時に、その自衛方法に、一村單獨のものと數村數十村聯合のものとのあることを敎へられるのである。

ところで、これと同じ原則は、そのまま現在の郷村防衛形式についても認められる。例へば、かつてその名を擧げた王堉棠の『江蘇省郷土誌』に、同省に於ける銅山區の自衛組織を述べて

彼等組織之共同原理、概以數郷鎭相結合、稱爲聯郷或聯鎭、甚或有聯保聯村或半聯村之組織、而單村組織則頗少、見此共原因、不外因地域方便而互爲聯合、以期增加抵抗實力、含有守望相助之意

とある(10)のがそれであつて、文中の聯郷、聯鎭及び聯保は、聯村の特殊形態若くはその複合形態であり、したがつて銅山區の自衛組織は、結局半聯村のものを除けば、他は聯村か單村かのいづれかの方法によつてゐる。しかも王堉棠の擧げた數字を見ると、聯村の百八十八件に對して單村は九件であり、他は聯郷と聯鎭三件、聯保及び半聯村各〻二件となつてゐて、半聯村の組織は結局その數が最も少い。卽ちこれらの數字は、單村と聯村の法が、今日に於ても、郷村に於ける共同自衛組織の中心原理となつてゐることを示すのである。

このやうに、郷村に於ける共同防衛の形式は、一村單獨若くは數村數十村聯合のいづれかであつて、普通それ以外の方法といふものは考へられない。さうしてこの形式を不可避ならしめる原因は、防衛の力が地緣共同態の中にのみ生れるといふ事實である。私は前に、定制の明示する戶數編成原則を無視して村を單位とした防衛の組織を郷村に設

けしめようとする試みの、數多あることを淸代の實例によつて示した。が戶數編成原則も、實は右に述べた鄕村自衞の二つの形式を離れて考へられたものではない。なぜなら、戶數編成原則は、法定の戶數を編成の一應の規準としつつ、しかも實際に於ては、一村單獨及び數村の聯合を構成原理としてその組織を作ることを妨げないからである。私は、鄕村統治に現はれる治安維持組織が、民衆自身によつて行はるべき鄕村防衞組織の法制化に他ならぬことを豫想した。が鄕村に於ける防衞警備の合作形式を明かにすることによつて、我々はこの豫想を事實によつて裏書きすることが出來たわけである。

要するに、以上に述べた中國鄕村の防衞警備は、私のいふ共同保全の一つの例であるが、共同保全は、かつて述べたやうに、相互援助と共に中國に於ける通力合作行爲の二つの種別を形成してゐる。さうしてこれら二種の通力合作は、行爲の共同を內容とする限りに於て、共に人倫をその根柢に含むものであつた。がそれと同時に、相互援助と共同保全を二つの內容とする中國の通力合作は、その合作の範圍に種々の段階を有つてをり、合作範圍に現はれるこの段階差は、やがて地緣共同態のもつ成層的構造の反映に他ならなかつたのである。

（1）　續資治通鑑長編卷二百十八。　宋會要稿、兵二之六。
（2）　宋會要稿、兵二之五〇。
（3）　眞德秀、西山先生眞文忠公文集卷四十、文、浦城諭保甲文。
（4）　宋會要稿、兵二之四八―四九。
（5）　王守仁、王文成公全書卷二十八、續編、告諭廬陵父老子弟（四部叢刊）。

(6) 于成龍、于清端公政書卷五、畿輔書。
(7) 江蘇光緒丹徒縣志卷二十九、人物、義烈。
(8) 河北光緒唐山縣志卷十、人物、忠烈。
(9) 山東光緒費縣志卷十一、人物。
(10) 王培棠、江蘇省鄉土誌、三四〇頁。

結言　郷村結合の特質

私は以上の三篇に於て、中國に於ける郷村統治の原則と自然村との關係、郷黨道德思想の內容と民衆敎化の方法、郷村の通力合作とその共同的性格とについて述べた。郷村統治の原則と自然村との關係を第一の問題としたのは、郷村編成の原則中に自然村を無視して作られたものが多いからである。しかしその原則の實際的適用に當つては、自然村の統一性と共同性とを完全に無視することが出來なかつた。それのみでなく、郷村統治の內容をなす治安の維持、租稅の徵收、勸農及び敎化のための民衆生活の規制も、實は自然村のもつ共同性の利用の上にはじめて、その實效を收めることが出來たのである。要するに、自然村を無視した郷村編成原則の背後に自然村を見出すと共に、郷村統治が自然村のもつ共同性の利用に基くといふ事實を明かにすること――これが第一篇の問題の中心であつた。

ところで右の結論は、我々をただちに中國の郷村に於ける共同生活の實態の問題にみちびく。が私はこの問題にうつる前に、郷黨道德思想の吟味を第二篇の課題として取り上げねばならなかつた。郷黨道德思想は元來、郷村の間におのづから生ずべき人倫を地盤として作られたものである。その中心をなすのはいふまでもなく「和郷黨」の要求であるが、この要求はつねに、郷黨の和を媒介すべき各種行爲的聯關樣式の說示をその中に含んでゐた。とすれば、郷黨道德思想によつて郷黨の和を實現するために必要と考へられた行爲的聯關の諸樣式も、究極に於ては郷村の共同生活の中にその範を求めざるをえなかつたであらう。この意味で我々は、郷黨道德思想を以て郷村に於ける共同生活の一種の發見手段とすることが出來る。即ち第一篇に於て鄉村統治にとつて地緣共同態の利用の不可缺であることを敎へられた我々は、第二篇に至つてさらに、鄉村に見出さるべき共同生活の內容と種類とをより具體的に示されるのである。かくて第一篇と第二篇は第三篇のいはば序說であり、またその準備研究に他ならなかつたともいへる。

鄉村に於ける共同生活の研究は、中國鄉村社會論の中心である。私は通力合作の名の下に、中國鄉村の共同生活の實態を明かにしようとした。私がそこで取り上げたのは、ただその中の主要なるもののみに限られるが、なほこれによつて、民衆の共同生活が中國鄉村社會の如何にひろい分野に及び、また如何にひろい地方にわたつて行はれるものであつたかを知りうるであらう。では、舊時代に於ける中國鄉村結合の一般的特質はどのやうなものであらうか。

興味のあるのは、私の述べた通力合作の二種類、即ち相互援助のための合作と共同保全のための合作が、現在の鄉村にもある程度に見出され、それを本として現代中國鄉村結合の特質づけが、しばしば試みられてゐるといふことである。私は私の問題への手懸りとするために、その中の最も有力なる一例として、ここに福武直氏の說(1)を擧げて見たい。福武氏は、私が通力合作と呼んだものを協同と名づけ、これを村落の全體による協同と村民間の私的協同とに分けてゐるが、內容的に見ると、前者は私のいふ共同保全のための通力合作に近く、後者もほぼ私の述べた相互援助のための通力合作に類似してゐる。したがつて私にいま必要なのは、福武氏が、現在の中國鄉村に於ける協同生活の特質をどのやうに理解されたかといふ點である。

福武氏によれば、一般的にいつて、村落の結合が鞏固なところではその協同は積極的となり、生活共同體的性格が村落生活のあらゆる方面に顯著に現はれるが、然らざる場合には協同が消極的となり、その上その協同の面も各種生活の極めて狭い範圍に止められる。また村落民の私的な協同も、その間に運命共同體的なつよい我等感情があれば、そこに相互扶助的意識に支へられた強い協力が成立しうるのに反し、村落民の間に連帯精神の乏しい所では、その協力が利益打算的なものとなつて、いはば合理的な授受的性格を帶びてくる。これを逆にいへば、村落の全體による協同が積極的に行はれるか否か、その協同が生活のひろい分野に擴がるか否かを見ることによつて、村落結合の强さが推し測られ、同樣に村民間の私的協同が積極的であるか否か、その協同が多樣な生活面に現はれるか否かを知ることによつて、村民間の連帶精神の固さが判定されるといふのである。

ところで福武氏によると、右の觀點から中國鄕村の協同生活を眺める時、そこには從來考へられてゐたほどの強い「共同體」的性格が認められない。卽ち村落民全體の協同は極めて消極的であり、村民間の私的な協同も、積極性を缺くと共に、著しく合理的打算性に支配されてゐる。

そこで說明の便宜上、まづ村民間の私的協同について見ると、中國鄕村に於ける協同生活の消極性は、農耕上の協力が豫想外に少いといふ點に最も明瞭に現はれてゐる。もちろん、近親や近隣の間に換工卽ち勞力の交換がないわけではなく、役畜の融通や農具の貸借もひろく行はれてはゐる。したがつて互助的な農耕上の協力がないとはいへず、勞力の不足する者は、金錢によつて支拂はれる雇傭勞働にのみその補充の道を見出してゐるわけではない。しかし稀れに行はれる換工さへ、二三戶に止まるのが普通であつて、より多くの農家が相互に利害計算を無視して協力するといふやうな例は、ほとんど見あたらない。農耕上の協同がこのやうに小規模に止まるのは、耕地畝數がほぼ等しく、したがつて勞働量もほぼ均しい勞力交換方式の成立が、多數者の間では極めて困難だからである。ところで等價的勞力交換の要求は、合理的打算性の現はれに他ならない。とすれば農耕上の協力が小規模となるのは、中國農民の合理的打算主義が否定的に作用して、ただ等價的な勞力交換のみを求めしめるからであり、さうしてその同じ原因がまた農耕上の協力を消極化せしめる力としても働く。福武氏の言葉をかれば、村民間の私的協同は、村落全體の協同と違つて小規模であるために、その效果が見究めやすく、それにつれてその實現の可能性も大であるにも拘らず、また農業生産を以て生活の根據とする中國の農民にとつては、農耕上の協同が最も必要であるにも拘らず、事實はかへつて現代中國郷村に於ける農耕上の協力の消極性と、その協力に於ける合理的打算性の優越とを示してゐる。

しかるに右と同樣の推論は、財物の交換を主內容とする農耕時以外の協同についても認められるであらう。もとより、中國農民の私的協同がすべて打算のみに基いてゐるわけではなく、婚喪時の協力や家屋建造の際の手傳ひや、その他各種の金錢的な援助に至るまで、多くの面に於て、同族意識や近隣感情に基礎づけられた非打算的な相互扶助が見られる。特に宗教的信仰に於ける協同が、合理的打算の觀念のみに基くものでないことはいふまでもない。しかしこの種の協同さへ、合理的な經濟組織に裏づけられたものが多く、さうしてこのやうな組織に裏づけられる場合にとりわけ、協力が積極化されるといふ事實は看過されてはならない。例へば助葬のための會が、金融上の機能をも併せ營むことによつて、その活動を積極化させるのがそれである。かくて協力を最も切實に感ずべき農耕生活に協力が少く、ただ容易に合理的打算性を滿たしうる種類の協同のみが盛んであるといふ一聯の事實の中に、我々は中國人に固有の性格といはれた團結的才能が、實は合理的打算に支へられて始めて有效に作用するものであることを、發見するのである。

福武氏の指摘された事例は、既述の如く、私が相互援助のための合作の事例として擧げたものとほゞ一致してゐる。では氏の所論は、そのまま我々にも適用されうるであらうか。

重大なる相違は、まづ農耕上の合作範圍に現はれる。即ちすでに述べたやうに、舊い時代の中國の換工は概ね數家乃至十家前後の間で輪流的に行はれ、二三家に止まるといはれる今日の換工よりも、その規模が大きい。我々の見た換工が、近隣若くは隣里の中で行はれる點は今日と大差ないが、その換工は上記の如く規模に於て大きいばかりでなく、さらに鼓鑼の伴奏と共働者の合唱とを伴ひ、またしばしば業間或は作業後の共食會宴の機會をも有つてゐた。これは一體、何を意味するものであらうか。

福武氏によれば、我國のユイの如き比較的規模の大きい協力組織は、合理的打算、即ち等價的勞力交換の要求の上には成立しえないのであつて、それは必ず、このやうな打算的合理性を超えた非合理的非打算的な協力を要するといふ。したがつてこの見地からすれば、中國に於ける舊い時代の比較的大規模な協同も、原則としてすべて、合理的打算性を超えて行はれる不等價的勞力交換の形式を取らなければならない。事實、元の鋤社を始めとする舊い時代の換工が、一般的な特徴として極めて友好的であつたといふことは、それらの換工が、等價的勞力交換の要求を超えるところに成立してゐたことを明かにするであらう。

等價的勞力交換はもちろん、協力者間の勞働量の差を金錢に換算して決濟するといふ方法によつても行はれうる。しかしその計算は煩雜であり、殊にこの方法を互に條件を異にした多數者の間に適用することは、實際上の問題として不可能に近い。この方法が今日の鄉村に於てしばしば行はれるにも拘らず、その場合の規模がつねに二三家に止まつて、それ以上に及ばないのは多分そのためである。その上、貨幣經濟の未發達な過去の時代に、金錢による勞働量換算の方法がひろく行はれたと考へることも、實は許されない。とすればこのやうな事實も、舊時代の大規模な換工が、不等價的勞力交換の形式を取らざるをえなかつたことを敎へるであらう。即ち中國の換工は、規模の比較的大なるものから小なるものへ移ると共に、友好性のより支配的なものから打算性のより支配的なものへと發展したのである。尤も私はかく解することによつて、舊い時代に小規模の換工が不可能であつたと主張してゐるわけではない。地誌の記載も、恐らくその意味ではなからうと思ふ。むしろ小規模な換工が存在すると同時に、それを超えた大規模な換工が成立しえたと考へられるところに、我々の問題があるのである。したがつて大規模な換工が友好的なものであつたとすれば、その時代の小規模な換工もまた、同じ不等價的勞力交換の形式に支配されてゐたものと思はれる。

なほこのことと關聯して注意しておきたいのは、私のいふ換工の規模の縮小過程が、その反面に於て、換工の消極化過程を伴つたと考へられることである。なぜなら、貨幣經濟の發達は人々の間に合理的精神を培養し、また金錢による勞働量の換算を容易ならしめることによつて、條件の異なる少數者間に合理的な換工關係を成立せしめうるが、それは同時に、換工に代はるべき傭工制度發達の原因ともなるからである。今日の鄕村に於ては、零細農家もしばしば雇傭勞働を用ゐるといはれる。とすれば傭工制度の榮える時代は、當然に換工組織の衰へる時代とならなければならない。かくて舊い時代の換工は、今日のそれに比べて規模に於て大きく、また友好性に於てまさつてゐただけでなく、さらにその習俗としての意義に於ても、現代のそれを超えるものであつたといふことが出來る。

ところで婚喪時その他に於ける鄕村の私的協同は、後で述べる金融の會の如き特殊のものを除けば、その多くが財物の等價的交換を以て內容とし、その規模も換工に比して遙かに大きいのが普通であつた。これはいふまでもなく、この場合の協同が婚喪費の如き財物の醵出を目的とし、協同を必要とする條件が協同者のすべてを通じてつねに同一であり、それにつれて協同者各自の負擔をも、容易に均等化せしめることが出來るからである。しかし協力の機構そのものは、以下に述べるやうに、それが農耕上のものであるとその他の種類のものであるとによつて、異なるところはなかつた。卽ち鄉村に於ける私的協同は、一方に於て合理的な交換性の原理に基きながらも、その協同は原則として近隣若くは隣里の間で行はれるのであつて、そこで交換される勞力や財物は、つねに友好感情の表現たる一面を有し、この點でそれは、非合理的な援助性の原理によつても支へられてゐる。交換性の合理主義は、援助性の非合理主義と必ずしも矛盾しない。つまり交換性の原理は、援助の返還を條件として援助を與へ、また援助の供與に對して必ず援助が還へされるといふ意味の援助交換の原理に他ならないのである。したがつて私的協同の機構は、援助のための機構であるが、その援助は援助の交換を絕對の條件とする點で制限的であり、無制限的な援助關係を結ぶ家族內の援助とは、おのづから異なつてゐる。鄉村に於ける私的協同の合理性は、まづ援助の供與を規制するこの制限、卽ち援助の授受的性格の中に認められるのであつて、その授受關係に於ける援助の割合が無條件的であるか條件づきであるかの區別は、援助交換の本質にとつてはただ第二次的な意味を有つに過ぎない。

ところで、鄉村に於ける援助がこのやうに制限的のものとなるのは、家のもつ經濟的閉鎖性と獨立性、卽ち家に固有の私的性格のためである。鄉村の人々は、結合しつつ分離してゐる。さうしてこの事實は、鄉村人のもつ共同的性格が、一般に家族のそれに比べて遙かに劣つたものであることを敎へるであらう。しかし鄉村に見られる援助交換のこの合理主義は、ひとり中國のみでなく、他のあらゆる民族にもひろく見出される世界的な現象であつて、中國農民の連帶精神が他に比して弱いために、その協同が特に合理的な授受的性格を帶びるのではない。

もちろん、授受を意味する援助交換の合理主義は、等價的援助交換の要求に至つて極まるであらう。しかし援助の交換に於ては、友好性が如何につよく作用しても合理的性格は失はれず、また逆に合理的性格が如何に高まつても、それは友好性の地盤を離れることが出來ない。我々はその適例を、舊い時代の換工と現代のそれとの比較の中に求めることが出來る。即ち合理的打算性に即していへば、現代の換工は古のそれにまさり、非合理的友好性に即していへば、古の換工は今の換工を超えるのである。要するに、中國に見られる換工のこの二つの型は、友好的精神と打算的精神とによつてそれぞれの程度に支へられながら、しかもその基調とするところを互に異にしてゐる。さうしてこれが、古の換工が規模に於て今のそれよりも大きいといふことの、一般的な意味であつた。

なほ援助の相互交換には、これまでに述べた、援助の交換そのことのみを條件として援助の大小を問題にしないものと、援助の均等を援助交換の重要なる條件として立てるものとの他に、いま一つの形式として、より大きい援助の返還を條件として援助を求め、またこれを與へるものがある。この形式は特に金融の會に見られ、合理主義の最も徹底したものとして貨幣經濟の發達との深い關係を想はせるが、しかしこの場合に行はれるのも、やはり友好性に支へられた援助の交換であり、その限りに於てこのやうな組織も、中國の郷村に行はれる私的協同中の主要なるものの一つに數へられるのである。

次に、現代中國村落の全體によつて行はれる協同、即ち協同的自治も、村民間の私的協同に劣らず低調且つ消極的であると考へられてゐる。卽ち福武氏によると、中國の村落には、作物の看視や村落の防衞の如く積極的に行はれる協同もあるが、それらはいづれも村落生活の非建設的非生產的な面であり、より建設的生產的と見られる水利施設の建造、公井の掘鑿と浚渫、道路の改修等の事業は村落全體の仕事となることが少く、さらに廟の修理や牆壁及び望樓の造築の如きことも、それが行はれるのは、ただそれを不可避とするやうな事態の發生した場合に限られる。いひかへれば、建設的生產的な事業は、何事もなされないか或は僅かばかりのことが行はれるだけで、村民が全體として協同するのは、非常且つ緊急の時のみである。しかも非常緊急の際の協同さへ、一人一人の力では目的の達成が不可能であるがために、やむをえず行はれるといふに過ぎない。

私は前に、これと類似の見解を清末民初の頃の外國人の報告中に見出した。しかし本書に擧げた治水灌漑、看靑驅蝗、防衞警備等のための共同保全の實例は、村落の全體による協同が、中國に於ても舊い時代にはかなりの程度に行はれ、しかもその協同が一村を超えて數村或は十數村にも及びえたことを示してゐる。それらの協同は、生命、財產若くは作物の保護が一人の力を以てしては不可能であるが故に、やむなく行はれたものであるといはれるかも知れない。しかし個人若くは一家の力の不足に起因しない協同といふものは、考へられない。如何なる種類の協同も、究極に於ては個人若くは一家の力の不足に基くのである。また右の協同は、個人的利害をまもる打算性にのみ基くとも考へられるであらう。しかし個人的利害は、その利害が同時に共同の利害であることを少しも妨げない。したがつて例へば、治水灌漑施設の修築整備に於ける協同は、自己の利害をまもる行爲であると同時に他人の利害をまもる行爲である。それは個人的利害をまもる點に於て合理的であるが、他人の利害をまもる點に於て非合理的であり、合理的動機と非合理的動機とは、ここでも結びついてゐる。卽ち、相互援助のための協同に見られる援助性と交換性の原理に倣つていへば、共同保全のための協同は、奉仕性の原理と受用性の原理とに基いて成立すると見ることが出來る。奉仕はいふまでもなく公共への奉仕であり、受用はその奉仕を通じての利益の個人的受用に他ならない。さうして援助性の原理の作用するところに鄕村の共同性を見出したやうに、奉仕性の原理のあるところにも、同じ鄕村の共同的性格を認めることが許されるであらう。

尤も共同保全のための合作は、舊い時代に於ても經費を伴ふ場合には消極的になりやすく、適當な指導者を缺く場合には混亂に陷りがちであつた。そればかりではなく、非常事態の切迫にも拘らず合作への參加を廻避しようとした農民の利己的態度さへ、しばしば報ぜられてゐる。しかしそれを以て、ただちに中國の鄕村に於ける運命の共同感の一般的缺如を示したものと見るのは、誤りであると思ふ。

私は以上に於て、現代中國鄕村の協同生活に關する福武氏の說を一應の手引きとしつつ、より舊い時代の協同について私の考へるところを述べ、私の擧示した各種の事例が、舊時代に於ける中國鄕村の共同的性格を認めしめるに足る理由を明かにした。ところで中國鄕村の協同生活は、近隣を地盤とするものに始まつて一村に及び、稀れには數村或は十數村にも達してゐる。協同生活の範圍に於けるこの段階性は、いふまでもなく結合の强さの段階性であつて、それは結局地緣共同態の成層的構造の反映として示されるが、地緣共同態のこの成層的關聯に於て、特殊の地位を占めるのは村落である。なぜなら、村落は他村に對するその分離的聚居性によつて、他のあらゆる地緣共同態から區別されるからである。結合の程度からいへば、近隣の親和は一般村民間のそれを超えるであらう。しかし一村內の家居は、地域的遠近の差等を有しつつ連續的に排列され、その限界は流動的且つ經過的である。これに反して村と村との距離は、如何なる場合にも村落内のそれよりも大であり、一村内の結合を標準としていへば、村と村との關係は明かに非連續的閉鎖的である。さうしてここから、村落結合の特異性の問題が生れるのである。

鄕村に於ける聚落の形成は、いふまでもなく人間の空間性にもとづく。存在を共同にせんとする者は、まづ肉體的な接近を求めなければならない。ところで肉體的接近は同じ地域に住むこと、即ち土地の共同を前提としてのみ行はれる。したがつて村落結合は、種々の契機を含みながらも、それはつねに土地の共同に基くところの結合、即ち地緣結合を基盤としてのみ成立してゐる。

第一に、村落に住む人々は、同じ土地に聚居することによつて相互に朝夕相見の機會をもつ。村は家居の接近に媒介せられた面識の範圍であり、また日常的接觸の繰り返し行はれる場所であるが、日常的接觸は地緣結合を成立せしめるための最も基礎的な契機である。もちろん、面識と接觸の範圍は村を超えることが出來、その範圍が村を超える場合には、村よりも大きい地緣共同態が成立するであらう。しかし他村から離在する一村の人々が、日常的直觀的に面識の相手として見出すのは村内の人であり、殊に幼少の時代に人々の體驗する生空間は、村落の内部に止まつてそれを遠く離れることが出來ない。即ち村落に固有の地域的聚居性は、その反面をなす村落間の地域的分離性と相俟つて、地緣結合をまづ村落の中に成立せしめるのである。が第二に、村落に住む人々は、村落の土地、特に農耕地がその生産性を通して人間生活の基礎條件を提供するところから生ずる土地そのものに對する依存感情と、この感情に於ける人々の土地への共屬意識とを體驗するであらう。土地へのこの共屬意識は、一面に於ては勞働の共同、即ち同種の勞働に從事するといふ事實によつて媒介されるものであるが、その勞働が土地との關聯を離れえない性質のものである點に於て、やはり地緣結合を生むための一つの契機となる。

なほこのことと關聯してここで觸れておきたいのは、土地に對する村落民の共屬意識が、中國では古くから鄉村に於ける土神の共同崇拜となつて形象化されてゐたといふことである。社に對する農耕儀禮としての春祈秋報の祭がそれであつて、鄉村の社は、置社、里社、民社或は單に社の名の下に周から淸の時代まで傳へられ、安徽の一部には、現在もその風が存在してゐるといはれる。しかも多くの記錄は、社祭が一般に村落の儀禮であり公共の祝祭であつて、そのために村内に會或は社會が組織せられ、それに社正若くは會首を立てて社人や會員をして祭の費用を負擔せしめたこと、また社祭には供進、張樂、歌舞、演劇、饗宴等が行はれ、神を慰めるための諸行事が同時に村民自身を娛ませると共に、さらに神惠を頒つための社餘の饗宴が、村民に對してつねに酒神《バッカス》祭的交歡の機會ともなつてゐたことを示してゐる。それは元來宗敎的動機に基くものであるが、同時にそれは合席聚飮による共同感情の昂揚を通して、村民間の親睦と融合とを實現せしめることが出來たのである。社祭については、今これ以上述べることを避ける。がとにかく土地への共屬の意識が、土地のもつ生產力の聖別としての社の信仰を生み、春秋の二期に營まれるその祭が、村民に酣宴作樂の機會を與へることによつて村落結合の一契機となりえたといふ事實は、注意されなければならないと思ふ。

次に、村落の全體によつて行はれる各種の通力合作も、それのもつ行爲の協同性によつて村落の統一化に寄與しえたであらう。もちろん、その場合の合作範圍を限定するものは村落であり、またその合作を媒介するのも村落に固有の共同的性格であるが、村落の共同的性格によつて媒介された村民間のこの協同は、逆に村落の結合を維持し強化する一つの力となる。したがつて村落結合は單なる地緣結合以上のものであり、我々はここに村落結合に對する地緣結合の根源性を認めることが出來る。しかし他の一面に於て、聚落の形成と存續がすでに共同保全をその契機の一つとするものであつた。とすればこの點に於ても、村落からその共同的性格を奪ふことは不可能となるであらう。要するに、中國の村落は根源的な地緣結合に基きつつ、しかも人事、自然及び祭事に於ける協同を實現することによつて、村民間の統一性と全體性とを自覺せしめることが出來たのである、卽ち中國の村落は分散的個人の單なる集合態でもなく、村民間に日常的接觸のみの行はれる場所でもなく、また村民一部の小規模な私的協同のみの營まれる所でもない。それはそのすべてを含むと共に、それ自身一つの閉鎖的な地域的存在共同圈をなし、村民は內に於ける村落の全體性を意識すると同時に、外に對する村落の主體性をも意識しえたのであつた。

しかし中國の村落には、以上の如き集團化の諸契機の他に、その結合を攪亂しまた阻礙するところの契機も存在してゐる。その第一は、村落が數姓より成る場合の異姓間の分離的傾向である。この分離的傾向は、緊張、反感、對立、競爭、鬪爭等の種々の形をとり、また村內に大姓が存在する場合には、その大姓による他姓の抑壓となつて現はれるが、とにかく異姓間の分離の程度の異なるにつれて、村落結合の破壞される程度も大或は小となる。一姓が一村をなす同姓村落に於ては、この意味の村落結合の破壞は原則として起りえないであらう。一般的にいつて、同姓村落の統一性は雜姓村落のそれよりも大であり、殊に同姓村落と同姓村落が對立關係にある場合には、各村落の集團化は極點に達する。同族に固有のこの結聚的傾向は、一村內の異姓が對立分離する場合にも同樣に現はれ、その反面の現象として村落の統一化を阻礙するのである。

右に述べたことと竝んで、家族のもつ自家本位主義も、村落結合を攪亂するところの因子となる。家族は村落に於ける社會化の單位であるが、同時に家族は、その閉鎖性と獨立性とによつて村落の集團化に一定の制限をおく。中國家族のつよい私的性格は、公共意識の成立にとつての大きな障礙である。しかしそれは具體的には、村落自治に對する階級的制約を通して作用するであらう。その意味で我々は、この階級的制約を、中國村落の集團化を消極化せしめる第二の契機として擧げることが出來る。尤も私はいま、舊い時代の中國村落に於ける階級分化と村落自治の樣相について、したがつてまた村落結合に及ぼすその影響について、具體的な事例を擧げてこれを論ずるだけの用意を有たない。が斷片的な記錄や、各種の協同に反映する階級的性格や、前淸末期の外國人の報告などを本にしてある程度の推定を試みることは不可能ではない。卽ちその一つは、一部の階級による村治に關する指導的地位の獨占と、それに伴ふ私曲の發生であり、他の一つは、公共的見地の喪失にもとづく協同事業の抛擲と、村內極貧層の共同生活からの排除これである。さうしてその場合に一部の階級をしてこのやうな態度を取らしめる究極の原因は、さきに述べた彼等の積極的な自家本位主義である。が村落の共同生活から排除された極貧者も、村の共同化に無關心を示すと共に、その關心が專ら家族生活にのみ向けしめられることによつて、消極的に村落の統一化を弱めてゐる。

以上に於て、私は中國村落の集團化契機と、これに對する否定的契機とを擧げた。では、ここから導かれる村落結合の一般的な强さはどのやうなものであらうか。私の資料は、なほこの問に答へうるほど十分に蒐められてゐない。が、さきに述べた集團化の諸契機中に年中行事的若くは臨時的性質のものが多く、しかも集團化に對する否定的契機がかへつて恆常的に作用しうるのを見ると、中國の村落を、ラヴレーの述べたやうな「村落共同體」(communauté de village)、即ち氏族の解體後各民族の間に成立し、一部の地方では近世に至るまで存續したといはれる村落共同體[2]に比較することは、もとより困難であらうと思ふ。中國に於ける村有地の一般的缺如は、その端的な徵標である。村落共同體はいふまでもなく、何ほどかの土地の共有を原則とするものであるが、土地の共有を原則とするこの種の村落が、その生活の共同化の度合に於て、然らざる村落を遙かに超えたものとなることは疑ひなく、中國の村落もこの點で、村落共同體からは區別されなければならないのである。[3]しかしそれと同時に、私は現代の中國村落に關する福武氏の說をそのまま舊い時代に移すことにも、大きな躊躇を感ずる。なぜなら、私の前に擧げた資料は、中國に於ける舊時代の村落が、その友好性と統一化の程度に於て、現代のそれにまさることを敎へてゐるからである。この意味で中國の鄉村結合には時代的な推移があり、また發展がある。さうしてこの事實は、中國に於ける鄉村結合の特質といはれるものが、一面に於ては明かに民族的なものでありながら、他の一面に於ては單に歷史的のものに過ぎないことを暗示するであらう。以上の硏究は、我々を一應このやうな結論にみちびく。

尤も、私のこれまでに述べたことはなほ暫定的な試論の域を脫しない。がそれにも拘らず私は、私の主張の根據が大部分、舊時代の記錄中から取られてゐることに滿足したいと思ふ。ひとはしばしば、現代のみの調査資料によつて過去の中國鄉村結合を類推しようとした。しかし過去を知らずして、ひとは如何にして過去を語りうるであらうか。過去を語らうとする者は、まづ過去の資料を通してその實態を究めるところから始めなければならない。これは私には、自明の事柄のやうに思える。しかもこの自明の理が忘れられてゐるところに、實は、我々の取り上ぐべき中國鄉村研究の新たなる課題が殘されてゐたのである。要するに、臆斷を避けて舊時代の中國鄕村結合を出來るだけその時代の資料によつて特質づけること――これがこの書に於ける究極の目標であり、また私の明かにしようとする問題の中心であつた。

（1）福武直、中國農村社會の構造、四九四頁以下。

（2）Laveleye, De la propriété et de ses formes primitives. Cinquième édition revue, 1901, passim. ラヴレーの擧げた村落共同體の事例は、記述の明瞭なもののみを取つても、ドイツ、フランス、スイス、イタリー、スペイン、ポルトガル、オランダ、デンマーク、フィンランド、スカンヂナヴィア、イギリス、ロシア、インド、アフガニスタン等の廣汎な地域に亙つてゐる。尤も、これらの地方に村落共同體の榮えたのは古代及び中世のことであるが、一部の地方では近世に至るまで存在してをり、またそれはアフリカ、アメリカ、ペルー、メキシコ、ジャワ等の原住民の間に見出されると共に、太古のギリシアとローマにもその痕跡が認められるといふ。なほラヴレーは中國の土地制度に言及し、その共有制から私有制への發展が、西歐のそれと同樣であるといつてゐるが（pp. 453-454）、村落による土地共有の事實、卽ち村落共同體の存否については、何ら具體的に述べるところがない。

（3）前に述べたやうに、中國の同姓村落はその結聚的傾向が比較的つよく、殊に族產を有する場合にその傾向は一層助長される。それは共有地を有する村落として中國では一つの例外をなすが、しかし族產はその目的、起源、性格、利用方法等に於て村落共同體の共有地とは異なつてをり（拙著、中國族產制度攷參照）、したがつて中國の同姓村落が族產を有する場合にも、それをただちに、サンダーソンのやうに村落共同體（village community）の範疇に屬するものと見ることは、許されない（cf. Sanderson, The Rural Community. 1923, p. 183 ff.）。また中國の同姓村落は南方に行くにつれて多くなるが、中國の全體に於けるその比重と雜姓村落との差異を、あまり過大視することも恐らく誤つてゐる。とすれば中國村落の一般的性格を論じようとする場合、同姓村落を族產の有無に關はりなく、一應その問題の外に置きうることは、いふまでもないと思ふ。

■岩波オンデマンドブックス■

中国郷村社会論

1951年7月10日　第1刷発行
1983年9月7日　第2刷発行
2014年4月10日　オンデマンド版発行

著　者　清水盛光《しみずもりみつ》

発行者　岡本　厚

発行所　株式会社　岩波書店
〒101-8002 東京都千代田区一ツ橋2-5-5
電話案内 03-5210-4000
http://www.iwanami.co.jp/

印刷／製本・法令印刷

ISBN978-4-00-730098-1　　Printed in Japan